A Frequency Dictionary of Russian

A Frequency Dictionary of Russian is an invaluable tool for all learners of Russian, providing a list of the 5,000 most frequently used words in the language and the 300 most frequent multiword constructions.

The dictionary is based on data from a 150-million-word Internet corpus taken from more than 75,000 webpages and covering a range of text types from news and journalistic articles, research papers, administrative texts and fiction.

All entries in the rank frequency list feature the English equivalent, a sample sentence with English translation, a part of speech indication, indication of stress for polysyllabic words and information on inflection for irregular forms.

The dictionary also contains twenty-six thematically organized and frequency-ranked lists of words on a variety of topics, such as food and drink, travel, and sports and leisure.

A Frequency Dictionary of Russian enables students of all levels to get the most out of their study of vocabulary in an engaging and efficient way. It is also a rich resource for language teaching, research, curriculum design and materials development.

A CD version is available to purchase separately. Designed for use by corpus and computational linguists it provides the full text in a tab-delimited format that researchers can process and turn into suitable lists for their own research purposes.

Serge Sharoff is Senior Lecturer and **James Wilson** is Research Fellow, both at the Centre for Translation Studies within the School of Modern Languages and Cultures, University of Leeds.

Elena Umanskaya is a freelance teacher of Russian as a foreign language.

Routledge Frequency Dictionaries

Other books in the series
A Frequency Dictionary of Arabic
A Frequency Dictionary of Czech
A Frequency Dictionary of Contemporary American English
A Frequency Dictionary of Dutch (forthcoming)
A Frequency Dictionary of German
A Frequency Dictionary of French
A Frequency Dictionary of Japanese
A Frequency Dictionary of Mandarin Chinese
A Frequency Dictionary of Portuguese
A Frequency Dictionary of Spanish

A Frequency Dictionary of Russian

Core vocabulary for learners

Serge Sharoff, Elena Umanskaya and James Wilson

Routledge
Taylor & Francis Group

LONDON AND NEW YORK

First published 2013
by Routledge
2 Park Square, Milton Park, Abingdon, Oxon OX14 4RN

Simultaneously published in the USA and Canada
by Routledge
711 Third Avenue, New York, NY 10017

Routledge is an imprint of the Taylor & Francis Group, an informa business

British Library Cataloguing in Publication Data
A catalogue record for this book is available from the British Library

Library of Congress Cataloging in Publication Data
Sharoff, Serge.
  A frequency dictionary of Russian : core vocabulary for learners / Serge
Sharoff, Elena Umanskaya and James Wilson.
    pages ; cm. – (Routledge frequency dictionaries)
  Includes bibliographical references and index.
  1. Russian language – Word frequency – Dictionaries.   I. Umanskaya, Elena.
II. Wilson, James, 1979–   III. Title.   IV. Series: Routledge frequency dictionaries.
  PG2691.S44 2013
  491.73′21 – dc23

                                                    2012031935

ISBN: 978-0-415-52141-3 (hbk)
ISBN: 978-0-415-52142-0 (pbk)
ISBN: 978-0-415-66305-2 (CD)

Typeset in Parisine and Arial
by Graphicraft Limited, Hong Kong

Printed and bound in Great Britain by
TJ International Ltd, Padstow, Cornwall

Contents

Thematic vocabulary lists

Series preface

Frequency information has a central role to play in learning a language. Nation (1990) showed that the 4,000–5,000 most frequent words account for up to 95 per cent of a written text and the 1,000 most frequent words account for 85 per cent of speech. Although Nation's results were only for English, they do provide clear evidence that, when employing frequency as a general guide for vocabulary learning, it is possible to acquire a lexicon which will serve a learner well most of the time. There are two caveats to bear in mind here. First, counting words is not as straightforward as it might seem. Gardner (2007) highlights the problems that multiple word meanings, the presence of multiword items, and grouping words into families or lemmas present in counting and analysing words. Second, frequency data contained in frequency dictionaries should never act as the only information source to guide a learner. Frequency information is nonetheless a very good starting point, and one which may produce rapid benefits. It therefore seems rational to prioritise learning the words that you are likely to hear and read most often. That is the philosophy behind this series of dictionaries.

Lists of words and their frequencies have long been available for teachers and learners of language. For example, Thorndike (1921, 1932) and Thorndike and Lorge (1944) produced word frequency books with counts of word occurrences in texts used in the education of American children. Michael West's *General Service List of English Words* (1953) was primarily aimed at foreign learners of English. More recently, with the aid of efficient computer software and very large bodies of language data (called corpora), researchers have been able to provide more sophisticated frequency counts from both written text and transcribed speech. One important feature of the resulting frequencies presented in this series is that they are derived from recently collected language data. The earlier lists for English included samples from, for example, Austen's *Pride and Prejudice* and Defoe's *Robinson Crusoe*, thus they could no longer represent present-day language in any sense.

Frequency data derived from a large representative corpus of a language brings students closer to language as it is used in real life as opposed to textbook language (which often distorts the frequencies of features in a language, see Ljung, 1990). The information in these dictionaries is presented in a number of formats to allow users to access the data in different ways. So, for example, if you would prefer not to simply drill down through the word frequency list, but would rather focus on verbs for example, the part-of-speech index will allow you to focus on just the most frequent verbs. Given that verbs typically account for 20 per cent of all words in a language, this may be a good strategy. Also, a focus on function words may be equally rewarding – 60 per cent of speech in English is composed of a mere 50 function words. The series also provides information of use to the language teacher. The idea that frequency information may have a role to play in syllabus design is not new (see, for example, Sinclair and Renouf, 1988). However, to date it has been difficult for those teaching languages other than English to use frequency information in syllabus design because of a lack of data.

Frequency information should not be studied to the exclusion of other contextual and situational knowledge about language use and we may even doubt the validity of frequency information derived from large corpora. It is interesting to note that Alderson (2007) found that corpus frequencies may not match a native speaker's intuition about estimates of word frequency and that a set of estimates of word frequencies collected from language experts varied widely. Thus corpus-derived frequencies are still the best current estimate of a word's importance that a learner will come across. Around the time of the construction of the first machine-readable corpora, Halliday (1971: 344) stated that "a rough indication of frequencies is often just what is needed". Our aim in this series is to provide as accurate as possible estimates of word frequencies.

Paul Rayson and Mark Davies
Lancaster and Provo, 2008

References

Alderson, J. C. (2007) "Judging the frequency of English words." *Applied Linguistics*, 28 (3): 383–409.

Gardner, D. (2007) "Validating the construct of Word in applied corpus-based vocabulary research: a critical survey." *Applied Linguistics*, 28, pp. 241–65.

Halliday, M. A. K. (1971) "Linguistic functions and literary style." In S. Chatman (ed.) *Style: A Symposium*. Oxford University Press, pp. 330–65.

Ljung, M. (1990) *A Study of TEFL Vocabulary*. Almqvist & Wiksell International, Stockholm.

Nation, I. S. P. (1990) *Teaching and Learning Vocabulary*. Heinle & Heinle, Boston.

Sinclair, J. M. and Renouf, A. (1988) "A lexical syllabus for language learning." In R. Carter and M. McCarthy (eds) *Vocabulary and Language Teaching*. Longman, London, pp. 140–58.

Thorndike, E. (1921) *Teacher's Word Book*. Columbia Teachers College, New York.

Thorndike, E. (1932) *A Teacher's Word Book of 20,000 Words*. Columbia University Press, New York.

Thorndike, E. and Lorge, I. (1944) *The Teacher's Word Book of 30,000 Words*. Columbia University Press, New York.

West, M. (1953) *A General Service List of English Words*. Longman, London.

Acknowledgements

The development of the corpus and the tools for processing Russian received funding from EPSRC grant EP/C005902 (Project ASSIST), and the EU FP7 programme under Grant Agreement No 248005 (Project TTC). The initial stage for preparation of the frequency lists received funding from the EU LLP-KA2 Programme, 505630-LLP-1-2009-1-SE-KA2-KA2MP (Project Kelly).

Abbreviations

The following part-of-speech codes have been used:

A	Adjective
Adv	Adverb
C	Conjunction
I	Interjection
Nc	Noun, common gender, e.g., **убийца**, killer, which can be used as either a masculine or feminine noun in the same form
Nf	Noun, feminine
Nm	Noun, masculine
Nn	Noun, neutral
N-	Noun (existing in plural form only, so no gender can be indicated)
Num	Numeral
P	Pronoun
Part	Participle
Prep	Preposition
V	Verb

Introduction

1 Corpora and frequency lists for language learners

Corpus-based approaches to defining the language curriculum are not new. The assumption that more common words are more useful to language learners has been tested in various studies, starting with the works of Michael West in the 1930s on the *General Service List* (West, 1953) and by Thorndike and Lorge on the *Teacher's Word Book* (Thorndike and Lorge, 1944). Developments in the field of computer technology led to the proliferation of statistical studies of word frequency from the 1960s (Juilland, 1964; Kučera and Francis, 1967; Juilland et al., 1970), and frequency dictionaries for Russian were developed around this time as well (Shteinfeld, 1963; Zasorina, 1977).

Corpus-derived frequency lists are based on objective word counts; that is, words are 'arranged according to the number of times they occur in particular samples of language' (Richards, 1974: 71). The pedagogical relevance of such word lists has been brought into question in that (1) lists differ, sometimes quite substantially, depending on their source (i.e. the corpus from which they were extracted), and (2) many common words are often absent from such lists. With regard to point (2), words like *soap*, *soup*, *bath* and *trousers* do not appear in the first 2,000 words of a 30,000-word frequency list compiled by Thorndike and Lorge (1944); likewise, in other frequency lists compiled by Earnest Horn, John Dewey and Edward Thorndike words like *dispose*, *err* and *execute* appeared among the first 1,000, while *animal*, *hungry* and *soft* did not.

Gougenheim et al. (1956) were probably the first to notice that 'objective' frequency lists lack some everyday words (*mots disponibles*), which most speakers of a language would consider common. This problem was referred to as the problem of *oranges and bananas* in the Kelly project (Kilgarriff, 2010), because traditional corpora often lack words of this sort. For this reason, the relationship between the frequency of words and their pedagogical relevance has been questioned, and many researchers believe that word frequency is too problematic to be useful.

Nevertheless, corpus-derived frequency data are invaluable for syllabus and materials design, as evident from the success of this current series (Xiao et al., 2009; Cermák and Kren, 2010; Davies and Gardner, 2010).

Language teachers know intuitively what is suitable for learners, but frequency lists can both support and challenge their intuitions (Alderson, 2007). Pedagogic studies demonstrate the relevance of using frequency lists in language teaching (Bauer and Nation, 1993; Nation, 2004). Extracting frequency lists from corpora is now a standard practice in many areas of lexicography and many modern dictionaries and, increasingly, grammars are corpus-based. Kilgarriff (2010) writes that there are three methods of producing word frequency lists: by (1) copying, (2) guessing and (3) counting (i.e. from corpora); he goes on to state that now corpora are available for many languages, the 'corpus' approach *must* be used. Corpus research has an important role in defining teaching curricula because corpus data show 'which language items and processes are most likely to be encountered by language users, and which therefore may deserve more investment of time in instruction' (Kennedy, 1998: 281). Römer (2008: 115) writes that while word frequency is not the only criterion that should inform decisions regarding the inclusion of words in teaching programmes and curricula, it as an 'immensely important one'; a similar view is expressed by Leech (1997: 16) and Aston (2000: 8).

Moreover, some of the problems outlined above may be linked to limitations in technology and/or available corpora. A corpus is only as good as its contents and the same holds for frequency lists. Nowadays, corpora are much larger (some are made up of hundreds of millions or even more than a billion words), balanced and built to be representative of a language variety; therefore, the results obtained from these corpora are more 'reliable'. Since the earlier studies mentioned above were published more texts have become available in electronic form and computing power is much greater, making it easier to collect large corpora and produce more reliable frequency lists, e.g. for English (Leech et al., 2001; Davies and Gardner, 2010). Yet there are, of course, still anomalies: some frequent words do not show up in frequency lists, while some obscure or domain-specific words do. A way of overcoming this problem is manually to 'clean' the lists. Waddington (1998) argues that words in frequency lists need to be checked against 'commonsense observations'; tutors may thus review and fix any problems by taking out anomalous words or adding any common words that for whatever reason were absent from the original list. This method was used on the Kelly project (Kilgarriff, 2010), on which cleaned corpus-derived frequency lists for nine languages (Arabic, Chinese, English, Greek, Italian, Norwegian, Polish, Russian and Swedish), each of 9,000 words, were created. The cleaned list of Russian words developed in Kelly served as the basis for the list of words presented in this dictionary.

Tutors may introduce frequency list data to their students in numerous ways, or students may use frequency lists to structure their own language learning. Tutors may test students on the lists to monitor their progress in vocabulary acquisition – such an approach is especially useful at the *ab initio* level – or they may incorporate the words in language-learning exercises and teaching materials. Students may work through the lists systematically and test themselves at regular intervals or they may use them for reference as a guide to their progress. While grammar is considered by many learners to be the hardest part of learning Russian, there is a finite number of rules and forms that can be taught systematically. Vocabulary, on the other hand, is much harder to teach in a structured way, as there are thousands of words in a language and it is difficult to know which of these words should be introduced to students and when. Brown (1996: 2) writes that 2,000 words may be considered a core vocabulary for a British A-Level Russian language course and the recognition of 2,000 words guarantees at least 75 per cent of the words in a Russian text; he considers 8,000 words, guaranteeing

the recognition of over 90 per cent of words in any Russian text, the target for a university graduate. He writes: 'Any foreign student with a sound knowledge of Russian grammar and a passive knowledge of 8,000 to 10,000 vocabulary items (with perhaps an active vocabulary of half that) can reasonably call him or herself competent in the language for all normal purposes.' Word frequency lists, especially those annotated and adapted for language-learning purposes, support vocabulary acquisition by informing teachers and students of the most common words in a language, and allow them to structure the teaching or learning of vocabulary more effectively. They may be used *indirectly* in materials or syllabus design or applied *directly* in the classroom and integrated among core learning activities and/or used for independent self-study and progress monitoring.

2 The Russian Internet Corpus

The dictionary is based on the Russian Internet Corpus, I-RU (Sharoff, 2006), which consists of more than 150 million orthographic words taken from more than 30,000 webpages. More precisely, it contains 198,509,029 tokens (counting orthographic words, numbers and punctuation marks), 159,175,960 words (including words written in both Cyrillic and Latin characters) or 147,803,971 words consisting entirely of Cyrillic characters. The corpus was collected in 2005 according to a method of making queries to Google and collecting the top ten pages retrieved for each query. Although we may question the quality of texts available on the web, a closer investigation of this corpus (Sharoff, 2006; Sharoff, 2007) shows that the Internet does not consist of 'porn and spam'. Traditional corpora like the British National Corpus (Aston, 2000) or the Russian National Corpus (Sharoff, 2005) have been collected manually. Therefore, it is possible to describe the properties of their documents manually as well. Manual annotation is not feasible for a corpus of 30,000 pages, so we have attempted to estimate its contents in two ways.

An automated estimate of the genre composition of I-RU given in Table 1 is based on supervised machine learning. The computer learns statistically significant features of texts belonging to known genre categories to recognize texts in the corpus. The accuracy of machine learning in this task is

Table 1 Genres of I-RU

Genre	Percentage
Reporting (newswires)	10.24%
Fiction and popular lore	27.46%
Legal texts	0.07%
Instruction (FAQ&teaching)	6.88%
'Discussion' (argumentative texts)	55.12%

about 70 to 75 per cent (Sharoff, 2010), so we need to treat the accuracy of each individual figure with caution. Nevertheless, this method gives us a useful estimate of the distribution of genre categories found in the corpus and in the Russian Internet overall. It is known that fiction is under-represented on the web for many languages (Sharoff, 2006), but for Russian the situation is different: a considerable amount of modern fiction is available, and the unclear copyright status of fiction produced during the Soviet era means that it is available as well. Thus, the Russian Internet may be seen as representative of what the Russian population reads at the moment. The largest category of 'Discussion' contains various argumentative texts, including newspaper opinion texts, research papers, student essays, forums and blogs, etc.

Another way of approximating the composition of the Russian Internet corpus is by arranging its documents in a number of dimensions according to their internal similarity to known texts (Forsyth and Sharoff, 2011). We rated eighty-seven documents according to seventeen textual parameters such as:

Argumentative To what extent does the text seek to persuade the reader to support (or renounce) an opinion or point of view?

Instructive To what extent does the aim of the text seem to be to teach the reader how to do something (e.g. a tutorial)?

Promotional/commercial To what extent does the document promote a commercial product or service?

Then we merged the scores into the two most significant dimensions using multi-dimensional scaling (Sammon, 1969) and applied Machine

Learning (SVM regression) to estimate the position of all texts in this corpus. We also applied the same procedure to texts from known categories, which were selected as representing the Brown Corpus categories (Kučera and Francis, 1967): A (news), B (editorials), C (reviews), down to categories K–R (different kinds of fiction). The heatmap in Fig. 1 shows that the most frequent text types approximate fiction, fiction-like texts in the upper-right corner (often they are personal blogs), and news texts on the left side of the picture, extending from news (Category A in the bottom) to editorial-like argumentative texts (Category B).

An interesting issue for language learning concerns the overall size of the lexicon and the portion of the lexicon needed for learners. The total number of orthographic Cyrillic-only lemmas in the lexicon of this corpus is 1,078,346 (after unification for the lower- and upper-case characters); however, only 513,184 of them occur in this corpus more than once: 154,890 lemmas occur more than ten times. The total number of Cyrillic word forms was 1,900,791, while the number of Cyrillic word forms occurring more than ten times was 405,635. In spite of the fact that Russian is considered to be a morphologically rich language, the ratio of forms to lemmas in the entire corpus appears to be relatively small: 1.76 forms per lemma. However, if we take into account only the words occurring in the dictionary, the ratio raises to 8.35 (41,729 attested forms for the 5,000 lemmas), which is a good estimate for the productivity of Russian lemmas. As expected, the verbs (including participles) have the largest number of forms per lemma, 34.56 (32,420 forms per 938 lemmas), with the ratio for the nouns of 8.18 (21,292 attested forms per 2602 lemmas).

Finally, it is possible to estimate the relationship between the lexicon presented in this dictionary and the coverage of texts in the corpus. In Fig. 2 we illustrate the amount of the corpus covered by words up to a given rank. In total, the 5,000 words from this dictionary cover 90.40 per cent of texts in this corpus; the top 2,000 words cover 80 per cent of texts.

3 Existing frequency lists for Russian

As mentioned above, existing lists are outdated and/or not suitable for learners. Frequency dictionaries of Russian appeared fairly early

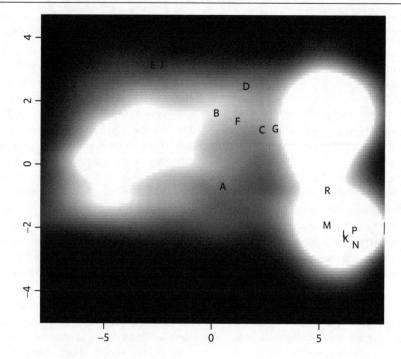

Fig. 1 Distribution of text types in I-RU (i-ru-compos)

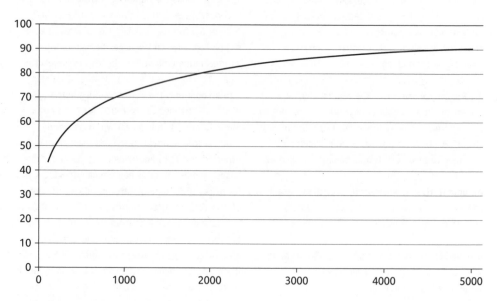

Fig. 2 Lexical coverage

(Shteinfeld, 1963; Zasorina, 1977), but they were based on relatively small collections of texts; therefore, their word lists are not reliable. Moreover, the sources of these texts from the Soviet era make them seriously outdated now; for example, советский 'Soviet', товарищ 'comrade' and борьба 'struggle' are in the first hundred in the Zasorina list, on a par with function words. The most recent proper frequency list (Lönngren, 1993) is based on the Uppsala corpus, which is still small by modern standards. It consists of one million words, with an approximately equal amount of fiction and journalistic texts published between 1960 and 1987. The word list included in Nicholas Brown's *Learner Dictionary* (Brown, 1996) is an adaptation of the Zasorina frequency list produced by moving the Communist vocabulary of Lenin, Khrushchev and Soviet newspapers down the frequency list. However, this dictionary is not a proper frequency dictionary per se; human judgement does not correlate with actual frequencies (Alderson, 2007), while the Zasorina list is based on a very small corpus, so it is not reliable in itself. Brown mentions editing the frequency of катер 'boat', but many other words, like пауза 'pause' and молчать 'keep silence', are also disproportionately more frequent in the Zasorina list.

There is a more modern Russian National Corpus (Sharoff, 2005) containing about 90 million words from a range of sources covering texts from the 1950s to 2000s. The corpus also resulted in a frequency dictionary (Ljashevskaja and Sharoff, 2009), which contains a list of about 50,000 words with information on their frequency distribution by years and genres. However, it is an academic publication with information entirely in Russian and with little potential for its use in foreign language teaching. Besides, even though the RNC isconsiderably bigger than corpora from which previous Russian frequency lists have been extracted, I-RU is nearly twice the size of the RNC. Table 2 also indicates some of the problems with the RNC frequency list.

Forums and blogs available in I-RU provide an account of the language of personal interaction, which is important to language learners. An example comparing the frequency of some words in I-RU against the Russian National Corpus (RNC) is given in Table 2. Studies of other corpora derived from the Web (e.g. Ferraresi et al., 2008) also show that in comparison to traditional corpora, web corpora contain more words related to personal interaction, like first- and second-person pronouns and verbs in the present tense.

This stems from the fact that traditional corpora cannot fully represent spontaneous personal interaction. It is quite difficult to collect a sufficient amount of spoken language data, and the compilers had to rely on written sources, while web corpora contain some material (e.g. from blogs) that may be seen as an approximation to the language of personal interaction, and such materials is useful for language learners.

As for domains, I-RU is based on a much larger number of sources than traditional manually collected corpora. It is inevitable that some words become over-represented in traditional corpora, since the amount of sources for each text type is usually limited by what was available to researchers responsible for their collection. Adam Kilgarriff refers to this as a 'whelk problem'; that is, if a text is about *whelks*, the frequency of this word becomes disproportionately high (Kilgarriff, 1997). The RNC contains a number of memoirs of former actors and theatre directors, the business section of the Russian legal code (partly responsible for the frequency of the formal reference to Russia as the *Russian Federation* in Table 2), and a large number of medical texts. The number of different sources of I-RU results in a better coverage of *core* vocabulary, as individual topics of each document are levelled out. Overall, I-RU provides the most reliable frequency list currently available for Russian language learners.

4 Facts about Russian

Russian, or Contemporary Standard Russian (Современный русский литературный язык),

Table 2 Comparing the frequencies in I-RU against RNC (data per million words)

Word	I-RU	RNC	Word	I-RU	RNC
Personal interaction words			Topic-specific words		
я 'I'	10146	9714	премьера 'première'	9	90
ты 'you, fam'	2530	2390	театр 'theatre'	86	303
вы 'you, polite'	2918	2194	арбитражный 'arbitrage'	7	55
спасибо 'thank you'	151	91	Федерация 'Federation'	83	255
пожалуйста 'please'	104	72	вирус 'virus'	20	107
давай / давайте 'let's'	106	84	штамм 'virus strain'	1	36

is a Slavonic language, in the East Slavonic group (together with Ukrainian and Belarusian), spoken as a native language by approximately 150 million people. Russian is the official state language of Russia as well as an official language in Belarus, Kazakhstan, Kyrgyzstan and Tajikistan; it is also widely spoken in other countries of the former USSR as well as in Russian diaspora communities throughout the world.

The Russian (Cyrillic) alphabet is made up of thirty-three letters: twenty-one consonants, ten vowels and the soft (ь) and hard (ъ) signs. A phonological description of Russian is somewhat complicated, as there is disagreement with regard to how many phonemes (the number of distinguishable sounds) make up the Russian sound system. It is generally accepted that Russian has five vowel phonemes (/a/, /e/, /i/, /o/ and /u/), though linguists of the Leningrad School attach phonemic status to */i/ (ы), which is considered an allophone (a variant of a phoneme that occurs only in specific positions) of /i/ (и) by most other linguists. Russian has at least thirty-two consonant phonemes. Moscow School linguistics distinguish thirty-four consonant phonemes and Leningrad School linguists thirty-seven; according to most works in the Western literature on Russian phonology, Russian has either thirty-two or thirty-three consonant phonemes. For a more detailed description of Russian phonology readers are directed to Timberlake (1993: 828–836), Hamilton (1980), and Townsend and Janda (1996: 252–258).

Russian is characterized by mobile stress. Stress in Russian is contrastive and serves to differentiate meaning, either (1) marking differences between words (lexical differences) or (2) marking differences in the grammatical forms of the same word (grammatical differences). For (1), examples such as за́мок 'castle' vs замо́к 'lock', and му́ка 'torment; torture' vs мука́ 'flour' highlight this point; many more heteronyms (words that share the same spelling but have a different pronunciation and meaning) are identified when inflected forms are considered: бе́лка 'squirrel' vs белка́ 'egg white' (Gen. Sing.), во́рона 'raven' (Gen. Sing.) vs воро́на 'crow', по́том 'sweat' (Instr. Sing.) vs пото́м 'then, later'. For (2), examples include го́рода 'town' (Gen. Sing.) vs города́ 'towns' (Nom./Acc. Pl.), окна́ 'window' (Gen. Sing.) vs о́кна 'windows'

(Nom./Acc. Pl.) and смо́трите 'you look (watch); you are looking (watching)' (2nd Pers. Pl.; indicative mood) vs смотри́те 'look, watch' (2nd Pers. Pl.; imperative mood). As stress in Russian is important, stress marks are included in the list of headwords, but stress is not indicated in the examples. Information about stress was taken from the Russian wiktionary.

Russian is a morphologically complex and highly inflected language. Nouns, adjectives and pronouns are inflected according to gender (masculine, feminine and neuter), number (singular and plural) and case (nominative, accusative, genitive, dative, instrumental and prepositional). There is a fairly high level of syncretism between forms across the cases, especially in adjectival and pronominal morphology (and to a lesser degree in nominal morphology). For example, моей and новой are feminine singular genitive, dative, prepositional and instrumental forms of the pronoun мой 'my' and adjective новый 'new', respectively; моих and новых are genitive and prepositional plural forms of these words. Feminine nouns have the same form in the dative and prepositional singular, and neuter nouns of the время 'time' type have the same form in the genitive, dative and preposition singular (времени). Old Russian had a dual number, but as in many other contemporary Slavonic languages, with the notable exception of Slovene, in modern Russian only vestiges of the dual remain (e.g. уши 'ears' or forms that occur after the numeral 2 (and also 3 and 4) that have been re-categorized as the genitive singular (два часа 'two hours'), or in many other Slavonic languages replaced by plural forms).

There are also three other cases in Russian: the partitive genitive, the second prepositional (locative) and the vocative. The partitive genitive is used to denote 'a quantity of' and is common with certain verbs (хотеть 'to want', налить 'to pour', выпить 'to drink' as well as with several verbs beginning with the prefix на-); masculine nouns have an ending (сыр 'cheese' / сыру, чай 'tea' / чаю) distinct from that of the 'regular' genitive (сыр / сыра, чай / чая), though the regular forms are increasingly common in partitive genitive contexts, while feminine and neuter nouns have the same ending as in the 'regular' genitive (see Wade 1992: 56 and 89–92 for a more detailed description). The second prepositional or locative case is used to denote location with the prepositions **в** 'in' and **на** 'in, on'; it does not occur with other prepositions that govern the prepositional case (cf. **в саду** 'in the garden' vs **о саде** 'about the garden'). The vocative case, common to other Slavonic languages such as Bulgarian (in which grammatical case has been lost, barring a few exceptions), Czech and Polish, in Russian is used 'colloquially' in some proper nouns (people's names) and common nouns denoting people (mum, dad, grandma, etc.): word-final consonant phonemes are dropped in mono- and disyllabic words, as in the examples **мама** 'mum' / **мам**, **папа** 'dad' / **пап**, **Таня** 'Tanya' / **Тань** and **Коля** 'Kolya' / **Коль**. It is also used vestigially in religious words: **боже** (from **бог** 'God'), **господи** (from **господь** 'Lord') and **отче** (from **отец** 'father'), as in **Отче наш** 'Our Father' (The Lord's Prayer).

Russian verbal morphology is dominated by verbal aspect. Most Russian verbs have an imperfective and perfective form (e.g. **читать** / **прочитать** 'to read', **объяснять** / **объяснить** 'to explain'); the imperfective form comes before the forward slash. Some verbs are only imperfective (e.g. **наблюдать** 'to observe', **нуждаться** 'to need'), or only perfective (e.g. **очутиться** 'to find oneself', **понадобиться** 'to come in handy'). Some verbs are bi-aspectual (e.g. **исследовать** 'to research', **велеть** 'to command'). Aspectual pairs are formed by: (1) modification to the verbal suffix (e.g. **получать** / **получить** 'to receive'); (2) prefixation (e.g. **смотреть** / **посмотреть** 'to look; watch'); (3) internal modification (e.g. **выбирать** / **выбрать** 'to choose'); in addition, (4) a few verbs have different roots (e.g. **говорить** / **сказать** 'to say', **брать** / **взять** 'to take'). Russian verbs are categorized into finite, infinitive, participle and gerund forms; they have four moods (indicative, conditional, subjunctive and imperative) and three tenses (past, present and future). The past tense has two forms, imperfective and perfective, (past-tense forms of the verb **читать** 'to read', for example, are **читал** (Imperf.) and **прочитал** (Perf.)), as does the future (**буду читать** (Imperf.) and **прочитаю** (Perf.)), while the present tense has just one (**читаю**). Some language tutors try to map Russian aspect to the English tenses, though this is only partially successful. In very simplistic terms, the imperfective is used for durative, habitual, incomplete or unsuccessful actions as well as for general statements; certain verbs also require an imperfective. The perfective is used for single and completed actions and with certain verbs.

Aspect affects not only the past and future tenses but also infinitives, conditional statements and imperatives. Russian verbs conjugate according to person, tense and mood. Present-tense and perfective future-tense verbs have six forms, as shown in the conjugations of the aspectual pair **делать** / **сделать** 'to do' (1st Pers. Sing. (**делаю** / **сделаю**), 2nd Pers. Sing. (**делаешь** / **сделаешь**), 3rd Pers. Sing. (**делает** / **сделает**), 1st Pers. Pl. (**делаем** / **сделаем**), 2nd Pers. Pl. (**делаете** / **сделаете**) and 3rd Pers. Pl. (**делают** / **сделают**)). Imperfective future-tense verbs also have six forms and are formed by adding a verb infinitive to a conjugated form of **быть** 'to be' (**буду, будешь, будет, будем, будете, будут**). In the past tense, verbs, both imperfective and perfective, have four forms distinguished according to gender and number: masculine singular (**делал** / **сделал**), feminine singular (**делала** / **сделала**), neuter singular (**делало** / **сделало**) and plural (**делали** / **сделали**). In addition, all verbs have imperative (**делай(те)** / **сделай(те)**) and conditional forms (formed by adding the particle **бы** to the past-tense form of a verb: **делал бы** / **сделал бы**), and many aspectual pairs have four participle forms (present active (**делающий**), past active (**делавший** / **сделавший**), present passive (**делаемый**) and perfective passive with distinct long and short forms (**сделанный** / **сделан**)) and two gerunds (imperfective (**делая**) and perfective (**сделав**)).

5 Statistical tagging and lemmatization

Because of the considerable amount of morphological variation in Russian, mapping forms to their lemmas (dictionary headwords) is not straightforward. In addition, the level of syncretism is relatively high: forms can usually have several grammatical interpretations depending on the context; the same is observed across part-of-speech (POS) categories – for example, **мой** is both a possessive pronoun (meaning 'my') and the imperative form of the verb **мыть** 'to wash'. Statistical tagging assigns the most probable tag to the next word given a sequence of n (usually $n = 2$) previous words (see chapter 5 in Jurafsky and Martin, 2008). Once the tag is known, the lemma can be derived using the list of forms with their tags. The ambiguity in this mapping also depends on the set of tags used by the tagger. If a tagset can discriminate between the major syntactic classes (e.g. pronouns vs verbs), we can detect whether the form мой has the reading 'my' or 'wash' in a given context. However, a tagset distinguishing between only the basic parts of speech is not capable of lemmatizing word forms like банки or физику to the right lemma, because these forms have both masculine and feminine readings, which map to different lemmas, банк 'bank' vs банка 'jar'; физик 'physicist' vs физика 'physics'. A more extensive tagset distinguishing nouns by their gender can do this task (provided that the tagger assigns the right tag).

We have a reliable POS tagger and lemmatizer (Sharoff et al., 2008), which has been used to process I-RU. The corpus used for training the tagger was the disambiguated portion of the Russian National Corpus (Sharoff, 2005). The accuracy of tagging is about 95 per cent and the accuracy of lemmatization more than 98 per cent. However, we checked the I-RU-derived frequency list manually. Grammatical aspect is an area of Russian grammar that English-speaking students fail to assimilate fully.

The translations of a verb in the two aspects are usually quite similar, so lemmatization mapped the closely related aspectual pairs (e.g. бросать / бросить 'to throw') into one entry corresponding to the verb in the imperfective aspect. However, we avoided doing this for the perfective verbs produced by prefixation (делать / сделать 'to do') or having an irregular pattern (говорить / сказать 'to say'). Both verbs are listed in the dictionary in such cases. We have also unified many fine-grained distinctions made for uninflected forms, i.e. cases in which the difference in the syntactic function of a word has no overt morphological expression, e.g. пусть, 'let' as a conjunction and as a particle. Many native speakers fail to make such distinctions; the same applies to the language learners and statistical POS taggers. Finally, for this dictionary we also unified the adjectival nouns with their respective source adjectives; for example, гласный 'vowel' and русский, 'Russian'. This decision was partly determined by the similarities in their meaning, and partly again by the less reliable detection of this distinction.

6 Creating the dictionary

We started with a rough frequency list of the lemma-POS pairs in I-RU. For the purposes of compiling this dictionary we deleted from this initial list all the proper names (e.g. Владимир 'Vladimir' and Газпром 'Gazprom') with the exception of the most common geographical names, which are likely to benefit beginners (Москва 'Moscow'). Towards the end of the list we applied more filtering by removing trivial morphological transformations (e.g. республиканский 'republican', since it can be easily derived from республика 'republic') and words that are likely to be of little interest to the general language learners except those studying specialized domains (дупло 'tree hole').

The lemmas were ranked by their frequency (normalized as instances per million words). We also computed Juilland's D coefficient (Juilland et al., 1970), which represents the dispersion of frequency across the range of documents:

$$D(x) = 1 - \frac{\sigma(x)}{\mu(x)}$$

where $\sigma(x)$ is the standard deviation of the normalized frequency of word x over the documents in the corpus, while $\mu(x)$ is the overall average frequency of this word. The value ranges from 1 ($\sigma = 0$), i.e. a word is equally frequent in all documents, to 0, when a word is extremely frequent in a small number of documents. In this dictionary we multiply this value by 100 for typographic reasons.

A technical issue concerns the use of the letter ё (yo), which is normally written as е in standard Russian texts except those intended for children and foreign language learners. Given that the letter is not marked in the vast majority of Russian texts and is rare in our corpus, it is only marked in the headword, while we have not adapted the examples from the corpus. In most of the examples ё is written as е, but readers can work out where ё occurs from the headword. In addition to ranking the top 5,000 individual words, we included the 300 most common multiword constructions consisting of two or three words. Formulaic language is very important for language learners (Biber, 2009). Furthermore, many Russian constructions make sense only taken as a whole, e.g. друг друга ('each other', lit. 'friend (to, of) friend'). For this task we started from an initial list of the most common two- and three-word expressions ranked by the log-likelihood score (Dunning, 1993) and then selected a pedagogically relevant list.

The examples in the dictionary entries were selected from the same corpus, from which the frequency lists were extracted. We aimed at selecting representative examples in which the headword is used with its most significant collocates as detected by the SketchEngine. A word normally has a number of contexts of use. In some cases, we selected more than one example per headword to illustrate very different contexts, but in this dictionary we did not have space to cover all words. In selecting the examples we balanced the need to illustrate the most common patterns of use vs the need to show the 'basic' sense of the word, from which more metaphorical senses can be derived (even if a metaphorical sense is itself more common than the literal sense). All the examples have been taken from the corpus. However, in many cases we have adapted the authentic examples to shorten them, to reduce the amount of unfamiliar words or to remove less common syntactic constructions.

Translation of the examples revealed many aspects specific to Russian language or culture. In a short isolated example it was often difficult to give justice to the connotations of a particular expression, while keeping the same structure as in the original Russian example. It is also useful to expose students to the differences between the syntactic structures expected in English and in Russian. Therefore, we tried to provide the most fluent translation, even at the expense of deviating from the precise wording of the Russian.

For example, for illustrating the use of такой as an intensifier, the Russian sentence 'Почему у вас такой усталый вид?' (lit. 'why with you such a tired look?') was translated as *Why do you look so tired*? The noun вид in this example was also translated as the verb *look*. Another case in point is the translation of the Russian term Великая Отечественная война (lit. 'Great Patriotic War') as *World War II* in our examples. While technically the two terms are not fully equivalent, learners should benefit from the possibility of recognizing the connotations of the collocation (e.g. ветеран Великой Отечественной 'World War II veteran').

7 Using the dictionary

The dictionary includes the following lists:

Frequency list The frequency list contains the 5,000 most frequent lemmas with the following information:

- rank order of frequency
- normalized frequency (per million words)
- headword (lemma) with stress given for polysyllabic words
- part of speech indication (with gender information for nouns)
- illustrative example from the corpus with translations into English
- Juilland's D dispersion index.

For example, the entry

> **2565 да́ча** *Nf* summer home, dacha
> - Она провела лето на даче — She spent the summer at the dacha.
> 39.8; D 95

indicates that this word has the rank 2565 in the frequency list, it is a feminine noun (Nf), its frequency in the corpus is 39.8 ipm (instances per million words), while the D value is 95, making it a lexical item reasonably well spread across the texts we have in the corpus.

Alphabetical listing This lists the 5,000 words in alphabetical order with the following information included:

- rank in the frequency listing
- lemma with part of speech
- English translation.

Part-of-speech listing This lists the words in the frequency order separately for the main parts of speech (nouns, adjectives, verbs, adverbs) with the following information included:

- rank in the listing for this part of speech
- rank in the overall frequency listing
- lemma.

Multiword constructions This lists 300 multiword constructions (consisting of two or three words).

An example of a multiword entry:

---

226 на ходý on the move; in working order
- Он не любит курить на ходу. — He doesn't like to smoke on the move.
- Машина не на ходу. — The car is out of order.

LL: 2912

This expression has the rank 226 in the list of constructions, it has two examples corresponding to the most common patterns of its use, while the log-likelihood score for this expression is 2912, indicating that the construction occurs considerably more often in this corpus than any chance encounter of these words.

To help learners with topic-specific lexicons, we provide the following thematic vocabulary lists in the call-out boxes:

1   Animals (45 words)
2   Clothing (50 words)
3   Colours (19 words)
4   Communication (37 words)
5   Directions and location (83 words)
6   Drinks (22 words)
7   Expressing motion (122 words)
8   Food (86 words)
9   Friends and family (61 words)
10   Fruit and vegetables (20 words)
11   Health and medicine (77 words)
12   House and home (147 words)
13   Human body (56 words)
14   Language learning (122 words)
15   Moods and emotions (156 words)
16   Numbers (91 words)
17   Popular festivals (12 words)
18   Professions (121 words)
19   School and education (105 words)
20   Size and dimensions (62 words)
21   Sports and leisure (131 words)
22   The natural world (59 words)
23   Time expressions (154 words)
24   Town and city (48 words)
25   Travel (80 words)
26   Weather (40 words)

7.1 POS codes

The following part-of-speech codes have been used:

A	Adjective
Adv	Adverb
C	Conjunction
I	Interjection
Nc	Noun, common gender, e.g. убийца, killer, which can be used as either a masculine or feminine noun in the same form
Nf	Noun, feminine
Nm	Noun, masculine
Nn	Noun, neutral
N-	Noun (existing in plural form only, so no gender can be indicated)
Num	Numeral
P	Pronoun
Part	Participle
Prep	Preposition
V	Verb

References

Alderson, J. C. (2007). Judging the frequency of English words. *Applied Linguistics*, 28(3): 383–409.

Aston, G. (2000). Corpora and language teaching. In Burnard, L. and McEnery, T., eds, *Rethinking Language Pedagogy from a Corpus Perspective*, pages 7–17. Peter Lang, Frankfurt.

Bauer, L. and Nation, I. (1993). Word families. *International Journal of Lexicography*, 6(4): 253–279.

Biber, D. (2009). A corpus-driven approach to formulaic language in English: Multiword patterns in speech and writing. *International Journal of Corpus Linguistics*, 14(3): 275–311.

Brown, N. J. (1996). *Russian Learners' Dictionary: 10,000 Words in Frequency Order*. Routledge, London.

Cermák, F. and Kren, M. (2010). *A Frequency Dictionary of Czech: Core Vocabulary for Learners*. Routledge, London.

Davies, M. and Gardner, D. (2010). *A Frequency Dictionary of Contemporary American English*. Routledge, London.

Dunning, T. (1993). Accurate methods for the statistics of surprise and coincidence. *Computational Linguistics*, 19(1): 61–74.

Ferraresi, A., Zanchetta, E., Bernardini, S. and Baroni, M. (2008). Introducing and evaluating ukWaC, a very large web-derived corpus of English. Fourth Web as Corpus Workshop: Can we beat Google? (at LREC 2008), Marrakech.

Forsyth, R. and Sharoff, S. (2011). From crawled collections to comparable corpora: An approach based on automatic archetype identification. Proc. Corpus Linguistics Conference, Birmingham.

Gougenheim, G., Michéa, R., Rivenc, P. and Sauvageot, A. (1956). L'élaboration du français élémentaire et d'une grammaire de base. Didier, Paris.

Hamilton, W. (1980). Introduction to Russian Phonology and Word Structure. Slavica, Columbus OH.

Juilland, A. (1964). Frequency Dictionary of Spanish Words. Mouton, The Hague.

Juilland, A., Brodin, D. and Davidovitch, C. (1970). Frequency Dictionary of French Words. Mouton, The Hague.

Jurafsky, D. and Martin, J.H. (2008). Speech and Language Processing: An Introduction to Natural Language Processing, Computational Linguistics, and Speech Recognition. Prentice Hall, London.

Kennedy, G. (1998). An Introduction to Corpus Linguistics. Longman, London.

Kilgarriff, A. (1997). Putting frequencies in the dictionary. International Journal of Lexicography, 10(2): 135–155.

—— **(2010).** Comparable corpora within and across languages, word frequency lists and the Kelly project. Proc. of workshop on Building and Using Comparable Corpora at LREC, Malta.

Kučera, H. and Francis, W.N. (1967). Computational analysis of present-day American English. Brown University Press, Providence.

Leech, G. (1997). Teaching and language corpora: A convergence. In Wichmann, A., Fligelstone, S., McEnery, A.M., and Knowles, G., eds, Teaching and Language Corpora, pages 1–23. Longman, London.

Leech, G., Rayson, P. and Wilson, A. (2001). Word Frequencies in Written and Spoken English: Based on the British National Corpus. Longman, London.

Ljashevskaja, O. and Sharoff, S. (2009). Chastotnyj slovar sovremennogo russkogo jazyka. Azbukovnik, Moscow.

Lönngren, L. (1993). Chastotnyi slovar' sovremennogo russkogo yazyka (The Frequency Dictionary of Modern Russian). Acta Univ. Ups., Uppsala.

Nation, I. (2004). A study of the most frequent word families in the British national corpus. In Bogaards, P. and Laufer, B., eds, Vocabulary in a Second Language: Selection, Acquisition and Testing, pages 3–13. John Benjamins, Amsterdam.

Richards, J. (1974). Word lists: problems and prospects. RELC Journal, 5: 69–84.

Römer, U. (2008). Corpora and language teaching. In Lüdeling, A. and Kytö, M., eds, Corpus Linguistics. An International Handbook, volume 1, pages 112–131. De Gruyter, Berlin.

Sammon, J. (1969). A nonlinear mapping for data structure analysis. IEEE Transactions on Computers, 18(5): 401–409.

Sharoff, S. (2005). Methods and tools for development of the Russian Reference Corpus. In Archer, D., Wilson, A., and Rayson, P., eds, Corpus Linguistics Around the World, pages 167–180. Rodopi, Amsterdam.

—— **(2006).** Open-source corpora: using the net to fish for linguistic data. International Journal of Corpus Linguistics, 11(4): 435–462.

—— **(2007).** Classifying web corpora into domain and genre using automatic feature identification. Proc. of Web as Corpus Workshop, Louvain-la-Neuve.

—— **(2010).** In the garden and in the jungle: comparing genres in the BNC and Internet. In Mehler, A., Sharoff, S. and Santini, M., eds, Genres on the Web: Computational Models and Empirical Studies, pages 149–166. Springer, Berlin/New York.

Sharoff, S., Kopotev, M., Erjavec, T., Feldman, A. and Divjak, D. (2008). Designing and evaluating a Russian tagset. Proceedings of the Sixth Language Resources and Evaluation Conference, LREC 2008, Marrakech.

Shteinfeld, E. (1963). Chastotnyj slovarj sovremennogo russkogo literaturnogo jazyka (Frequency dictionary of modern Russian literary language). Tallin.

Thorndike, E. and Lorge, I. (1944). The Teacher's Word Book of 30,000 Words. Bureau of Publications, Teacher's College, Columbia University, New York.

Timberlake, A. (1993). Russian. In Comrie, B. and Corbett, G., eds, The Slavonic Languages. Routledge, London.

Townsend, C. and Janda, L. (1996). *Common and Comparative Slavic: Phonology and Inflection with Special Attention to Russian, Polish, Czech, Serbo-Croatian, Bulgarian*. Slavica, Columbus OH.

Waddington, P. (1998). *A First Russian Vocabulary*. Blackwell, Oxford.

Wade, T. (1992). *A Comprehensive Russian Grammar*. Blackwell, Oxford.

West, M. (1953). *A General Service List of English Words*. Longman, Green and Co., London.

Xiao, R., Rayson, P. and McEnery, A. (2009). *A Frequency Dictionary of Mandarin Chinese: Core Vocabulary for Learners*. Routledge, London.

Zasorina, L., ed. (1977). *Chastotnyj slovarj russkogo jazyka* (Frequency Dictionary of Russian). Russkij Jazyk, Moscow.

Frequency index

1 и *C* and
• Мы здесь живем и работаем. — We live
and work here.
32058.96; D 100

2 в *Prep* in, to, into
• Он вышел в коридор. — He went out into
the corridor.
29300.59; D 100

3 не *Part* not
• Я не хочу читать эту книгу. — I do not
want to read this book.
16469.66; D 100

4 на *Prep* on, onto
• На стуле сидел пожилой мужчина. —
An elderly man was sitting on the chair.
14432.34; D 100

5 я *P* I, me
• Я хочу тебя кое о чем попросить. —
I want to ask you a favour.
12872.27; D 99

6 быть *V* be
• Ты был вчера в кино? — Were you at the
cinema yesterday?
11587.61; D 100

7 с *Prep* with, from, since
• Я сделаю тебе чаю с лимоном. — I'll
make you a cup of tea with lemon.
9990.01; D 100

8 он *P* he
• Я надеялся, что он мой друг. — I hoped
that he was my friend.
9939.07; D 100

9 что *C* that
• Мне очень приятно, что ты хочешь мне
что-нибудь подарить. — I'm very happy
that you want to give me something.
9313.55; D 100

10 а *C* and, but
• Меня зовут Кирилл. А тебя? — I'm called
Kirill. And you?
7268.22; D 100

11 это *P* this
• Вы уже знаете это правило. — You
already know this rule.
6224.15; D 100

12 этот *P* this
• Кто готовил этот обед? — Who cooked
this lunch?
5559.96; D 100

13 по *Prep* along
• Они побежали по коридору. — They ran
along the corridor.
5360.24; D 100

14 к *Prep* to
• Ты уже ходил к врачу? — Have you
already been to the doctor's?
5096.42; D 100

15 но *C* but
• Я хотела спать, но не могла заснуть. —
I wanted to sleep, but I couldn't drop off.
4978.83; D 100

16 они *P* they
• Они уже легли спать. — They have
already gone to bed.
4895.90; D 100

17 мы *P* we
• Мы еще увидимся. — We will see each
other again.
4766.30; D 99

18 она *P* she
• Она молодая женщина. — She's a young
woman.
4614.42; D 99

19 как *C* how
• Как пройти на почту? — How can I get to
the post office?
4498.01; D 100

20 то *P* that, what
• Это не то, чего мы хотим. — This is not
what we want.
4472.96; D 100

21 который *P* which, what, who
• Мы должны успеть на поезд, который
отправляется в 6.15. — We need to make
the train which leaves at 6:15.
4452.84; D 100

22 из *Prep* from, of
• Эти книги я привезла из Москвы. —
I brought these books from Moscow.
4006.10; D 100

23 у *Prep* by, at
- Кресло стоит у окна. — The armchair is by the window.
  3988.37; D 100

24 свой *P* one's (own)
- У нее есть свой ключ. — She has her own key.
  3912.89; D 100

25 вы *P* you
- Вы турист или бизнесмен? — Are you a tourist or a businessman?
  3615.20; D 99

26 весь *P* all, whole
- Там собрался весь Старгород. — The whole of Stargorod was there.
  3592.90; D 100

27 за *Prep* after, behind, for
- Сторож закрыл за ними дверь. — The attendant closed the door behind them.
- Огромное Вам спасибо за присланную книгу! — Many thanks for sending the book!
  3478.19; D 100

28 для *Prep* for
- У меня для тебя две новости: хорошая и плохая. — I have two pieces of news for you: one good, one bad.
  3399.38; D 99

29 от *Prep* from, against
- В этой женщине было что-то, отличавшее её от всех других. — There was something about this woman that distinguished her from all the others.
  3388.62; D 100

30 мочь *V* be able
- Я могу писать и разговаривать на белорусском языке. — I can write and speak Belarusian.
  3241.10; D 100

31 так *P* so
- Он так много работает! — He works so much!
  3221.77; D 100

32 ты *P* you
- Алиса, ты с нами пойдешь? — Alisa, will you come with us?
  3210.03; D 99

33 о *Prep* about
- А теперь вы расскажите о себе. — And now you tell me about yourself.
  3186.74; D 99

34 что *P* what
- Что ты хочешь сказать? — What do you mean?
  3177.27; D 100

35 человек *Nm* human, person
- Приятно с умным человеком пообщаться. — It's nice to have a conversation with an intelligent person.
  2829.02; D 99

36 же *Part* indeed
- Антон, я же вас предупреждала! — I did warn you, Anton!
  2821.91; D 100

37 год *Nm* year
- Сколько вы зарабатываете в год? — How much do you earn a year?
  2790.29; D 99

38 всё *Adv* still, all, nevertheless
- Он все еще жив. — He is still alive.
  2787.41; D 100

39 такой *P* such, so
- Почему у вас такой усталый вид? — Why do you look so tired?
  2766.71; D 100

40 тот *P* that, the
- Это тот полицейский, который приходил вчера. — It's the policeman who came yesterday.
  2689.24; D 100

41 или *C* or
- Вы будете чай или кофе? — Would you like tea or coffee?
  2509.85; D 99

42 если *C* if, in case
- Я буду молчать, если ты дашь мне денег. — I will keep quiet if you give me some money.
  2492.64; D 99

43 только *Part* only
- Нашему сыну только три года. — Our son is only three years old.
  2301.29; D 100

44 его *P* his, its
- Его мать была художницей. — His mother was an artist.
  2296.16; D 99

45 один *P* one
- У меня четверо детей – один мальчик и три девочки. — I have four children: one boy and three girls.
  2251.69; D 100

46 бы *Part* would
- Мы хотели бы купить новую квартиру. — We would like to buy a new flat.
  2230.53; D 99

47 себя́ *P* oneself
- Я хотел бы заказать места в круизе для себя и своей жены. — I'd like to book a place on the cruise for myself and for my wife.
  2188.39; D 100

48 вре́мя *Nn* time
- Как Вы проводите свободное время? — How do you spend your free time?
  2105.19; D 99

49 ещё *Adv* more, still
- Леночка, хочешь еще мороженого? — Lenochka, would you like some more ice-cream?
- Мой брат еще учится в школе. — My brother is still at school.
  1952.64; D 100

50 друго́й *P* other, another
- Наши друзья уехали в другую страну. — Our friends have gone to another country.
  1908.71; D 100

51 уже́ *Adv* already
- Я уже рассказывала об этом. — I've already spoken about this.
  1894.82; D 100

52 когда́ *C* when
- Когда ты вернешься домой? — When will you get home?
  1870.35; D 100

53 сказа́ть *V* say
- Что тебе сказал доктор? — What did the doctor say to you?
  1858.52; D 99

54 до *Prep* before, until, to
- Как доехать до вокзала? — How can I get to the station?
  1841.49; D 99

55 мой *P* my
- Это мои вещи. — These are my things.
  1823.50; D 99

56 наш *P* our, ours
- Это наш дом. — This is our house.
  1681.92; D 99

57 что́бы *C* in order to
- Повторите несколько раз это слово, чтобы запомнить его. — In order to remember this word repeat it several times.
  1678.85; D 99

58 станови́ться *V* become
- Мы не хотим становиться стариками раньше времени. — We don't want to become old before our time.
  1656.84; D 99

59 говори́ть *V* talk, speak, tell
- Я всегда говорю правду. — I always tell the truth.
  1643.84; D 99

60 са́мый *P* most, the very
- Рита – самая красивая девочка в школе. — Rita is the most beautiful girl in school.
  1601.91; D 100

61 знать *V* know
- Ты знаешь этого человека? — Do you know this person?
  1579.18; D 99

62 вот *Part* here
- Вот наш дом. — Here's our house.
  1537.45; D 99

63 о́чень *Adv* very
- Тебе очень больно? — Are you in very bad pain?
  1478.83; D 99

64 кто *P* who
- Кто это? — Who is it?
  1408.77; D 99

65 при *Prep* by, when, in the presence of
- Как вам не стыдно ругаться при ребенке! — You should be ashamed of yourself swearing like that in front of a child!
  1400.98; D 99

66 день *Nm* day
- Какой сегодня день недели? — What day of the week is it?
  1279.86; D 99

67 мо́жно *Adv* may, can
- Можно выйти из класса? — May I leave the classroom?
  1276.00; D 99

68 жизнь *Nf* life
- В повседневной жизни я люблю ходить в джинсах и свитере. — In my day-to-day life I like to wear jeans and a jumper.
  1267.86; D 99

69 пе́рвый *Num* first
- Сегодня первое сентября. — Today is the 1st of September.
  1261.92; D 99

70 сам *P* myself, yourself, himself
- Ты должен это сделать сам. — You must do it yourself.
  1252.73; D 100

71 де́ло *Nn* business, case
- Мне необходимо с Вами поговорить по очень важному делу. — I need to speak to you about something very important.
  1243.86; D 99

72 два *Num* two
- У нас осталось две минуты. — We have two minutes.
  1223.54; D 99

73 но́вый *A* new
- Мы начинаем новый этап своего развития. — We're starting a new phase in our development.
  1164.77; D 99

74 да́же *Part* even
- Он даже виду не подал, что ему больно. — He didn't even show that he was in pain.
  1121.27; D 99

75 хоте́ть *V* want
- Ты хочешь пить? — Do you want a drink?
  1096.88; D 99

76 до́лжен *A* must, have to, owe
- Сначала я должен сделать домашнее задание. — First I must do my homework.
  1091.26; D 99

77 раз *Nm* time
- В последний раз мы виделись в 1990 году. — The last time we saw one another was in 1990.
  1067.50; D 99

78 их *P* their, theirs, them
- Мама их ждет. — Mum is waiting for them.
  1064.79; D 99

79 рабо́та *Nf* work, job
- В чем же тогда заключается работа переводчика? — What exactly does a translator's job involve then?
  1062.11; D 98

80 како́й *P* which, what
- Ты в каком классе учишься? — Which class are you in?
  1057.14; D 99

81 име́ть *V* have
- Ты не имеешь права находиться здесь. — You don't have the right to be here.
  1056.14; D 99

82 со *Prep* with, from, since
- Она не говорила со мной. — She didn't speak to me.
  1051.49; D 100

83 там *P* there
- Там никого нет. — There is nobody there.
  1048.86; D 99

84 по́сле *Prep* after, afterwards
- Что ты будешь делать после школы? — What are you doing after school?
  1047.18; D 99

85 понима́ть *V* understand
- Они всегда понимали друг друга без слов. — They were always able to understand one another without saying a word.
  1047.05; D 99

86 ли *Part* whether
- Мне неизвестно даже, живы ли они. — I don't even know whether they are alive.
  1045.33; D 99

87 где *P* where
- Ты где был? — Where have you been?
  1044.26; D 99

88 рука́ *Nf* hand, arm
- У него сильные руки. — He has strong hands.
  1000.92; D 99

89 го́род *Nm* city
- За окном шумел большой город. — We could hear the sound of the big city outside.
  995.35; D 98

90 вопро́с *Nm* question, issue
- Я задаю самый простой вопрос: сколько бит в байте? — My question is a most simple one: how many bits are in a byte?
  994.26; D 95

91 её *P* her, hers
- Ее судьба – в наших руках. — Her destiny is in our hands.
  964.39; D 99

92 под *Prep* under
- Белая кошка сидит под столом. — The white cat is sitting under the table.
  961.31; D 99

93 дава́ть *V* give
- Мясо желательно давать ребенку не ранее чем с 7 – 8 месяцев. — Ideally, meat shouldn't be given to babies until they are 7–8 months old.
  955.86; D 99

94 сло́во *Nn* word
- Он говорил единственное русское слово, которое сумел выучить: –Это!– — He said the only word of Russian that he'd managed to learn: 'This!'
  946.51; D 99

95 нет *Adv* no, not
- У меня нет денег. — I have no money.
  934.40; D 99

96 ме́сто *Nn* place
- Нам надо найти безопасное место для лагеря. — We need to find a safe place to set up camp.
  928.42; D 99

97 ка́ждый *P* every
- Я звоню маме каждый день. — I call mum every day.

921.28; D 99

98 без *Prep* without
- Как мы будем жить без электричества? — How are we going to live without electricity?

919.99; D 99

99 ребёнок *Nm* child
- Неизвестно, кем этот ребенок еще вырастет. — We don't know how the child will turn out.

909.68; D 98

100 ну *Part* well
- Ну и ну, до чего же все просто! — Well, well, it's so simple!

908.10; D 99

101 бо́лее *Adv* more
- Мы остались именно друзьями, не более. — We remained just friends – nothing more.

902.73; D 99

102 друг *Nm* friend
- Разве можно так обращаться со старым другом! — How can you treat an old friend like that!

882.80; D 99

103 идти́ *V* go
- Куда же мне идти? — But where should I go?

847.94; D 99

104 большо́й *A* big, large
- Там две такие большие собаки ходят. — There are two big dogs over there.

844.92; D 99

105 про́сто *Part* simply, just
- По-моему, он просто идиот. — In my view he is just an idiot.

841.82; D 99

106 начина́ть *V* begin
- Пора начинать урок! — It's time to begin the lesson!

837.80; D 99

107 чем *C* than
- Я наловила рыбы больше, чем он. — I caught more fish than he did.

836.06; D 99

108 сде́лать *V* do, make
- Ты сделала домашнее задание по английскому? — Have you done your English language homework?

829.01; D 99

109 ваш *P* your, yours
- А где ваш кот? — And where's your cat?

828.41; D 97

110 на́до *Adv* necessary, must, have to
- Что мне надо делать? — What should I do?

821.74; D 99

111 здесь *P* here
- Послушайте, ребята, здесь нет Варечки? — Hey, lads, is Varya here?

818.16; D 99

112 Росси́я *Nf* Russia
- Россия готова сотрудничать в решении этих проблем. — Russia is willing to cooperate in solving these problems.

812.90; D 98

113 де́лать *V* do
- Он ничего не умеет делать и никогда не умел. — He can't, and never could, do anything.

810.64; D 99

114 ви́деть *V* see
- Где ты это видел? — Where did you see it?

807.22; D 99

115 пото́м *P* after, afterwards
- А потом она вышла замуж. — And then she got married.

806.15; D 99

116 да *C* yes
- Да, я знаю. — Yes, I know.

805.60; D 99

117 ничто́ *P* nothing
- Абсолютно ничто не может оправдать такие действия. — Absolutely nothing can justify these actions.

804.24; D 99

118 получа́ть *V* receive
- Солдат получил письмо из дома. — The soldier received a letter from home.

800.47; D 99

119 сейча́с *P* now
- Сейчас у меня нет времени. — I don't have time now.

784.52; D 99

120 че́рез *Prep* in, after, across
- Он придет через пять минут. — He's coming in five minutes.
- Они переплыли через озеро. — They swam across the lake.

783.62; D 99

121 мно́го *Num* many
- У нас в группе много новых студентов. — There are many new students in our group.
776.28; D 99

122 мир *Nm* world, peace
- Миру – мир! — Peace to the world!
771.62; D 99

123 тепе́рь *P* now
- А теперь подпишитесь. — And now sign your name.
768.31; D 99

124 остава́ться *V* remain
- Пока этот вопрос остается открытым. — This question remains open for the time being.
758.95; D 99

125 слу́чай *Nm* case
- По-моему, это единственный случай в истории человечества. — I believe that this is the only case of its kind in the history of mankind.
757.13; D 99

126 ду́мать *V* think
- Когда мне было 20 лет, я думал только о любви. — When I was 20 the only thing that I thought about was love.
744.02; D 99

127 ни *Part* no, neither, nor
- У нас нет ни друзей, ни врагов. — We have neither friends nor enemies.
741.80; D 99

128 сторона́ *Nf* side
- Двор был большой, окруженный домами со всех сторон. — The courtyard was spacious and surrounded by houses on all sides.
732.73; D 99

129 хоро́ший *A* good
- Он был в хорошем настроении. — He was in a good mood.
718.76; D 99

130 глаз *Nm* eye
- У него светлые волосы и голубые глаза. — He has light hair and blue eyes.
705.33; D 99

131 тогда́ *P* then, at the time
- Тогда мне было всего четыре года. — At the time I was only four years old.
699.15; D 99

132 тут *P* here
- Тут никого нет. — There's nobody here.
696.58; D 99

133 не́сколько *Num* several, a few
- Он опоздал на несколько минут. — He was a few minutes late.
691.57; D 99

134 то́же *Part* too, also
- Меня тоже Михаилом зовут. — I'm also called Mikhail.
690.48; D 99

135 приходи́ть *V* come
- Я люблю, когда приходят гости, но сегодня это некстати. — I like it when guests come, but today isn't an appropriate time.
686.46; D 99

136 дом *Nm* home, house
- Мы много лет жили в этом доме. — We lived in this house for many years.
676.51; D 99

137 страна́ *Nf* country
- Он тосковал в чужой стране. — He felt homesick in a foreign country.
673.28; D 98

138 рабо́тать *V* work
- Удивительно работает мозг в критической ситуации! — The brain works exceptionally well in critical situations.
654.05; D 99

139 отвеча́ть *V* reply, answer
- Я не могу ответить на этот вопрос. — I cannot answer this question.
643.73; D 99

140 после́дний *A* last
- Последним уроком в этот день было природоведение. — Natural history was the last lesson of the day.
641.24; D 99

141 лицо́ *Nn* face
- У него доброе, умное, красивое лицо. — He has a kind, clever and beautiful face.
640.11; D 99

142 жить *V* live
- Мы живем в Москве. — We live in Moscow.
639.83; D 99

143 си́ла *Nf* strength, force
- Не могу понять, как у меня хватило сил пережить эти семь дней. — I don't know how I had the strength to get through those seven days.
639.52; D 99

144 же́нщина *Nf* woman
- По коридору прошла пожилая женщина. — An elderly woman walked down the corridor.
635.61; D 98

145 выходи́ть *V* go out
- Вы́йдя на у́лицу, он сел в такси́. — He went out of the house and got in a taxi.
623.53; D 99

146 часть *Nf* part, proportion
- Значи́тельную часть покупа́телей дороги́х магази́нов составля́ет молодёжь. — Young people make up a significant proportion of those who shop at expensive stores.
621.21; D 99

147 та́кже *Part* also
- Та́кже ва́жное значе́ние име́ют видеоматериа́лы о хо́де суде́бных проце́ссов. — Video recordings of trials are also important.
621.17; D 99

148 всегда́ *P* always
- С на́шей то́чки зре́ния, проце́сс глобализа́ции существова́л всегда́. — In our view, globalization has always existed.
616.58; D 99

149 явля́ться *V* be, appear
- Его́ дальне́йшее пребыва́ние в учи́лище явля́ется бесполе́зным. — There is no point in him being at the institution any longer.
616.12; D 99

150 систе́ма *Nf* system
- Систе́ма правосу́дия все еще нахо́дится в зача́точном состоя́нии. — The justice system is still in a nascent state.
615.41; D 95

151 вид *Nm* look, view, kind
- У нее серди́тый вид. — She looks angry.
- У вас прекра́сный вид из окна́. — You have a wonderful view from your window.
611.26; D 99

152 голова́ *Nf* head
- У тебя́ голова́ бо́льше мое́й! — Your head is bigger than mine!
607.40; D 99

153 коне́ц *Nm* end, finish
- То, что я на́чал, я всегда́ довожу́ до конца́. — I always finish what I start.
601.33; D 99

154 находи́ть *V* find
- Она́ нашла́ ключ и откры́ла дверь. — She found the key and opened the door.
600.33; D 99

155 ме́жду *Prep* between
- Кре́сло стои́т у стены́ ме́жду окно́м и шка́фом. — The armchair is by the wall between the window and the cupboard.
598.74; D 99

156 ока́зываться *V* turn out, end up
- На его́ ме́сте мог оказа́ться ка́ждый. — Anyone could end up in his position.
597.96; D 99

157 хотя́ *C* although, but
- Они́ рабо́тали аккура́тно, хотя́ и ме́дленно. — They worked diligently, but slowly.
592.28; D 99

158 смотре́ть *V* watch
- Я смотре́ла фильм в оригина́ле, на англи́йском языке́. — I watched the film in the original, in English.
592.07; D 99

159 коне́чно *Adv* certainly
- Мы, коне́чно, гото́вы внести́ свой вклад в реше́ние э́той пробле́мы. — We are certainly willing to play our part in tackling this issue.
591.77; D 99

160 пробле́ма *Nf* problem
- У меня́ возни́кли пробле́мы с переключе́нием переда́ч. — I had problems changing channels.
589.55; D 99

161 принима́ть *V* take
- Вам пора́ принима́ть табле́тки. — It's time for you to take your tablets.
581.21; D 99

162 спра́шивать *V* ask
- Вы хоте́ли меня́ о чем-то спроси́ть? — Did you want to ask me something?
571.69; D 99

163 проходи́ть *V* pass
- Я сейча́с проходи́ла ми́мо столо́вой. — I just passed the canteen.
567.91; D 99

164 отноше́ние *Nn* relationship
- Ника́ких дли́тельных отноше́ний у нас не полу́чится. — We couldn't have any kind of lasting relationship.
563.75; D 99

165 три *Num* three
- Нас отпусти́ли на три часа́. — We were given three hours off.
560.35; D 99

166 второй *Num* second, two
- Я в соседнем вагоне, второе купе. — I'm in the next car down, compartment two.
  558.28; D 99

167 перед *Prep* before, in front
- Перед ним было три пути. — Three paths were in front of him.
  539.70; D 99

168 лишь *Part* only
- Такие решения принимают лишь в самых крайних случаях. — Such decisions are made only in emergencies.
  537.56; D 99

169 именно *Part* namely
- Почему вы выбрали для поступления именно этот институт? — Why did you choose to study namely at this institute?
  533.18; D 99

170 образ *Nm* image, way
- Мы никогда не вели себя подобным образом. — We never behaved in such a way.
  532.79; D 99

171 поэтому *P* therefore, that's why
- У матери проблемы с дыханием, поэтому я отвезла ее в больницу. — Mother has breathing difficulties; that's why I took her to the hospital.
  519.44; D 99

172 почему *P* why
- А почему вы со мной так откровенны? — And why are you being so frank with me?
  518.72; D 99

173 Москва *Nf* Moscow
- Я не помню, когда последний раз бывал в Москве. — I can't remember the last time I was in Moscow.
  511.22; D 98

174 любой *P* any
- В любой момент я мог отказаться от предложенного шефом плана. — I could have rejected my boss's plan at any moment.
  510.06; D 91

175 однако *C* however
- Ей удалось вырваться, однако, по ее словам, последствия ударов по голове продолжают сказываться на ее здоровье. — She managed to get away; however, she says that the blows to the head that she suffered continue to affect her health.
  509.12; D 99

176 никто *P* no one, nobody
- Зимой здесь никто не живет. — Nobody lives here in the winter.
  508.43; D 99

177 час *Nm* hour
- До отправления поезда ещё целый час. — There's a whole hour before the train goes.
  507.40; D 98

178 решать *V* decide, solve
- Мы решили пойти в бар. — We decided to go to a bar.
- У нас эти проблемы уже решены. — We've already solved these problems.
  507.04; D 99

179 деньги *N-* money
- Деньги – очень важны. — Money is very important.
  499.76; D 99

180 считать *V* count
- До скольких ты умеешь считать? — How high can you count?
  492.04; D 99

181 над *Prep* above
- Я смотрела на фотографию, что висела над рабочим столом. — I looked at the photograph hanging above the desk.
  489.85; D 99

182 земля *Nf* land, ground
- Мы будем продолжать бороться за эту благословенную землю. — We will continue to fight for this blessed land.
  485.25; D 99

183 сегодня *Adv* today
- Мы не можем сегодня изменить решение, принятое два месяца тому назад. — We cannot change today a decision that was taken two months ago.
  484.17; D 99

184 русский *A, N-* Russian
- У нас первым уроком был русский язык. — Our first lesson was Russian language.
  483.86; D 99

185 вообще *Adv* generally, at all
- Я с ним вообще не знаком. — I don't know him at all.
  482.95; D 99

186 взять *V* take
- Мишка взял книгу и стал читать. — Mishka took the book and started to read.
  479.91; D 99

187 кни́га *Nf* book
- Под мышкой она держала толстую старинную книгу. — She had a big old book under her arm.

  476.90; D 98

188 хорошо́ *Adv* well, all right
- Директор школы хорошо знает Вику. — The headmaster of the school knows Vika well.

  475.87; D 99

189 пойти́ *V* go, start going
- Спешить мне было некуда и я пошел гулять пешком. — There was no rush, so I went on foot.

  475.27; D 99

190 не́который *P* some
- В то же время он отметил некоторое улучшение экономического положения страны. — At the same time, he noted some improvement in the country's economy.

  470.96; D 99

191 компа́ния *Nf* company
- Она работает в компании 'МТС'. — She works at the 'MTS' company.

  468.06; D 97

192 исто́рия *Nf* history, story
- Сейчас я расскажу вам интересную историю. — Now I'll tell you an interesting story.

  464.28; D 99

193 мно́гие *P* many
- Многие мужчины так поступают. — Many men behave like that.

  462.33; D 99

194 приходи́ться *V* have to
- Мне приходится часто вести переговоры. — I often have to chair negotiations.

  462.14; D 99

195 люби́ть *V* love
- Как все малыши, он очень любил сладкое. — He, as all children, loved sweets.

  461.93; D 99

196 возмо́жность *Nf* opportunity, possibility
- Мы даже сейчас не исключаем возможность ошибки. — Even now we can't exclude the possibility that a mistake was made.

  460.11; D 99

197 ну́жно *Adv* necessary
- Если дать больше, чем нужно, это убьет пациента. — If more than the necessary dose is administered, it will kill the patient.

  450.90; D 99

198 всё *P* all, everything
- Я сделаю все, что вы хотите. — I'll do everything you want.

  444.20; D 100

199 результа́т *Nm* result
- Опыты эти дали потрясающие результаты. — These experiments produced amazing results.

  442.78; D 99

200 бо́льше *Adv* more
- Я больше не мог вытерпеть. — I couldn't bear it anymore.

  442.71; D 99

201 высо́кий *A* tall, high
- Дом окружали высокие деревья. — The house was surrounded by tall trees.

  441.55; D 98

202 наприме́р *Adv* for example
- Некоторые товары, например, яблоки, стоят здесь дороже. — Some products, for example apples, are more expensive here.

  440.15; D 99

203 почти́ *Adv* almost
- С тех пор прошло почти шесть лет. — Almost six years have passed since then.

  438.27; D 99

204 писа́ть *V* write
- Ты просто не умеешь писать грамотно. — You're simply incapable of writing in a literate manner.

  436.00; D 99

205 возвраща́ться *V* return
- Дети возвращались вместе из школы домой. — The children returned from school together.

  434.47; D 99

206 сиде́ть *V* sit
- Часами приходилось сидеть за столом, занимаясь бумажной работой. — I had to spend hours sitting behind a desk doing paper work.

  433.30; D 99

207 уходи́ть *V* leave
- Поезд уходит с Казанского вокзала в 12 часов по московскому времени. — The train leaves Kazan' Station at 12:00 Moscow time.

  432.97; D 99

1 Animals

соба́ка 718 dog	медве́дь 2877 bear	бык 4047 bull
живо́тное 1117 animal	мышь 2985 mouse	козёл 4099 he-goat
пти́ца 1266 bird	ла́па 2991 paw	обезья́на 4116 monkey
ло́шадь 1398 horse	мо́рда 3235 snout	ба́бочка 4200 butterfly
ры́ба 1412 fish	рак 3297 crawfish	овца́ 4237 sheep
ко́шка 1774 cat	поро́да 3309 breed	соба́чий 4271 dog
крыло́ 1787 wing	кры́са 3548 rat	тигр 4295 tiger
ди́кий 1806 wild	му́ха 3568 fly	щено́к 4309 puppy
конь 1906 horse	свинья́ 3669 pig	насеко́мое 4414 insect
кот 1950 cat (male)	змея́ 3682 snake	котёнок 4518 kitten
лев 2030 lion	слон 3745 elephant	кома́р 4572 mosquito
хвост 2118 tail	за́яц 3782 hare	коза́ 4625 goat, she-goat
зверь 2304 beast	орел 3805 eagle	корм 4656 feed
волк 2630 wolf	гнездо́ 3881 nest	павли́н 4794 peacock
коро́ва 2803 cow	рог 4008 horn	мураве́йник 4851 anthill

208 твой *P* your, yours
- Все будет в порядке, твоя мама поправится. — Everything is going to be okay; your mum is going to get better.
  431.80; D 98

209 маши́на *Nf* machine, car
- В переулке стояла машина. — There was a car in the alley.
  430.52; D 98

210 гру́ппа *Nf* group, grouping
- В возрастной группе до 30 лет утвердительный ответ дали 44%. — 44% of those in the 'under 30' group answered 'Yes'.
  426.69; D 98

211 пока́ *C* while
- А пока мы ждем ответа, давайте поиграем. — Let's play a game, while we're waiting for a response.
  425.12; D 99

212 находи́ться *V* be
- Водитель находился в нетрезвом состоянии. — The driver was under the influence of alcohol.
  421.96; D 99

213 пра́во *Nn* right, rights, law
- Вы не имеете права так говорить! — You have no right to talk like that!
  420.98; D 97

214 уви́деть *V* see
- Увидя нас, они остановились. — They stopped when they saw us.
  420.44; D 99

215 война́ *Nf* war
- С сентября прошлого года в нескольких частях мира начались новые войны. — Since last September new wars have begun in several parts of the world.
  420.33; D 99

216 путь *Nm* way
- Остаток пути мы прошли молча. — We went the rest of the way in silence.
  419.24; D 99

217 что-то *P* something, anything
- Вас тревожит что-то серьёзное? — Is it something serious that's worrying you?
  418.11; D 99

218 ведь *Part* but, after all
- Но это же нечестно, папа, ведь ты обещал щенка! — But that's not fair, dad: you did promise me a puppy after all!
  417.80; D 99

219 стоя́ть *V* stand
- Десять солдат стояли на страже возле его резиденции. — Ten soldiers stood guard outside his residence.
  417.21; D 99

220 имя *Nn* name
- Пообещай, что никому не откроешь мое настоящее имя. — Promise that you won't tell anyone my real name.
  415.54; D 94

221 никогда *P* never
- Мы никогда не простим себе этого. — We will never forgive ourselves for this.
  414.99; D 99

222 помогать *V* help
- Я могу вам чем-то помочь? — Can I help you?
  414.40; D 99

223 стоить *V* cost
- Мы привыкли, что буханка хлеба стоит пять рублей с копейками. — We were used to a loaf of bread costing just over five rubles.
  413.77; D 99

224 ответ *Nm* answer, reply
- Однозначного ответа на этот вопрос, к сожалению, нет. — Unfortunately, there's no single answer to this question.
  412.80; D 98

225 появляться *V* appear
- В окнах начали появляться любопытные лица. — Curious faces appeared at the windows.
  412.50; D 99

226 бог *Nm* God
- А вдруг, не дай Бог, случится авария? — What if there's an accident, God forbid?
  412.39; D 98

227 вода *Nf* water
- Выпей воды. — Drink some water.
  412.19; D 98

228 совсем *Adv* completely, very
- Они совсем забыли об этом. — They completely forgot about it.
  410.40; D 99

229 язык *Nm* language, tongue
- А сколько вы языков знаете? — And how many languages do you know?
- Высуньте, пожалуйста, язык и скажите 'а'. — Stick out your tongue, please, and say 'ah'.
  410.26; D 98

230 показывать *V* show
- Попроси его показать тебе Москву. — Ask him to show you Moscow.
  408.84; D 99

231 казаться *V* seem
- Казалось, с минуты на минуту польется дождь. — It seemed that it would start raining any moment.
  408.66; D 99

232 далеко *Adv* far
- Он не успел далеко уйти. — He didn't manage to get very far.
  407.75; D 99

233 нужный *A* necessary
- Решение следует принимать, только имея всю нужную информацию. — Only once we've got the necessary information can we make a decision.
  407.68; D 99

234 маленький *A* small
- В маленьком городке, где он живет, негде учиться. — There's nowhere to study in the small town where he lives.
  403.50; D 99

235 российский *A* Russian
- Он – известный российский ученый. — He's a well-known Russian scholar.
  401.59; D 97

236 решение *Nn* decision
- Решения принимают на основе консенсуса. — Decisions are made by consensus.
  401.26; D 98

237 народ *Nm* people, nation
- Какой народ самый умный? — Which nation is the most intelligent?
  401.13; D 99

238 рассказывать *V* tell
- Расскажи нам, как это произошло. — Tell us how it happened.
  399.79; D 99

239 власть *Nf* power
- Они организовали заговор с целью захвата власти и свержения конституционного строя. — They conspired to seize power and to overthrow the constitutional system.
  399.16; D 98

240 сразу *Adv* at once
- А я тебя не узнала сразу. — I didn't recognize you at first glance.
  396.52; D 99

241 ночь *Nf* night
- После бессонной ночи я встал слабый и измученный. — After a sleepless night I got up weak and exhausted.
  393.99; D 99

242 полный *A* full, total
- Я взял себе полную тарелку жареной рыбы. — I took a full plate of fried fish.
  392.08; D 98

243 никакой *P* no, none, any
- Но у них нет никаких доказательств! — But they don't have any evidence!
389.92; D 99

244 главный *A* chief, main
- Наша главная задача состоит в повышении эффективности управления. — Our main task is to make the administration more effective.
388.98; D 98

245 оно *P* it
- Вот оно, это письмо. — There it is, the letter.
388.84; D 99

246 дверь *Nf* door
- Из открытой двери в коридор лился неяркий свет. — A dim light shone into the corridor from the open door.
384.52; D 99

247 часто *Adv* often
- Не так часто бывает, чтобы мы собирались вместе. — It's not that often that we meet.
383.13; D 99

248 уровень *Nm* level, rate
- Уровень безработицы среди женщин снизился до 10 процентов. — The rate of unemployment among women dropped to 10 per cent.
382.11; D 98

249 создавать *V* create
- Ученые создали новую безопасную и эффективную вакцину. — Scientists have created a new safe and effective vaccine.
380.31; D 99

250 закон *Nm* law
- Эти действия нарушают закон о защите авторского права. — These actions infringe copyright laws.
380.00; D 98

251 развитие *Nn* development
- ООН играет важную роль в области дальнейшего развития мировой информационной сети. — The United Nations has an important role to play in the further development of the world information network.
379.93; D 98

252 программа *Nf* programme
- Правительство разрабатывает программу по борьбе с этим бедствием. — The Government is putting together a programme to combat the scourge.
378.02; D 97

253 начало *Nn* beginning
- До начала учебного года оставалось недели две. — There are only two weeks to go before the start of the academic year.
377.37; D 99

254 написать *V* write
- Перед новогодними праздниками девочка написала письмо Деду Морозу. — The young girl wrote a letter to Father Christmas just before the New Year holidays.
375.99; D 98

255 отец *Nm* father
- Малыш, а где твой отец? — Child, where's your father?
375.85; D 98

256 нога *Nf* leg, foot
- Они с трудом поднялись на ноги. — They struggled to get to their feet.
373.51; D 99

257 вместе *Adv* together
- Мы можем уйти все вместе. — We can all leave together.
372.44; D 99

258 старый *A* old
- Мне нужно сказать пару слов старому другу. — I need to say a few words to an old friend.
371.07; D 99

259 момент *Nm* moment
- Однако в самый последний момент возникли непредвиденные обстоятельства. — However, there were some unforeseen developments right at the last moment.
370.90; D 98

260 помощь *Nf* help
- Иван вызвал по радио помощь. — Ivan radioed for help.
369.13; D 99

261 цель *Nf* goal
- Есть более спокойные пути к намеченной цели. — There are easier ways of achieving your goal.
366.95; D 99

262 следующий *A* next
- По графику примерки намечены на следующую неделю. — The fittings are scheduled for next week.
366.90; D 98

263 число *Nn* number, date
- Какое сегодня число? — What's the date today?
365.77; D 98

264 подóбный *A* similar
- Нам неизвестны подобные случаи. — We are not aware of such cases.
  364.27; D 99

265 рáзный *A* different, all kinds of
- В храм приходят совершенно разные люди. — All kinds of people go to the temple.
  363.71; D 99

266 тьíсяча *Nf* thousand
- Возраст этих рифов может достигать восьми тысяч лет. — Some of these reefs are up to eight thousand years old.
  362.72; D 99

267 про *Prep* about
- Мне уже рассказывали про этого парня. — I've already been told about this boy.
  361.53; D 99

268 óбщий *A* general, common
- На осень запланировано общее собрание членов Ассоциации. — A general meeting of the Association is planned for the autumn.
  360.28; D 99

269 минýта *Nf* minute
- Кульминационный момент произошёл на последней минуте матча. — The decisive moment came in the last minute of the match.
  356.24; D 99

270 информáция *Nf* information
- В Управление Верховного комиссара поступила информация из самых разных источников. — The Office of the High Commissioner has received information from various sources.
  355.57; D 97

271 крóме *Prep* besides, apart from
- Аплодируют все, кроме одного зрителя. — All apart from one member of the audience are clapping.
  355.55; D 99

272 смочь *V* be able, can
- Всю необходимую информацию вы сможете получить по телефону. — You can get all the necessary information over the telephone.
  353.13; D 99

273 процéсс *Nm* process
- Большинство химических процессов сильно зависят от температуры. — The majority of chemical processes heavily depend on temperature.
  352.90; D 98

274 áвтор *Nm* author
- Права на публикуемые материалы принадлежат авторам. — Authors hold publication rights for their work.
  352.15; D 96

275 фóрма *Nf* form, shape
- Они могут быть в форме рыбки, звездочки, шарика, колокольчика. — They can be in the shape of a fish, a star, a ball or a bell.
  352.05; D 98

276 гóлос *Nm* voice, vote
- В это время по радио раздался голос диктора. — At this time the director's voice came over the radio.
  352.02; D 99

277 мéсяц *Nm* month
- Он пообещал вернуться через месяц. — He promised to come back in a month.
  349.41; D 99

278 мысль *Nf* thought
- Эта мысль приходила мне в голову и раньше. — This thought had occurred to me earlier.
  347.96; D 99

279 свет *Nm* light
- Вся комната была залита солнечным светом. — The whole room was filled with sunlight.
  347.62; D 99

280 шкóла *Nf* school
- Мы учились в одной школе, правда, он на год младше. — We went to the same school, though he was a year younger.
  344.90; D 97

281 дéйствие *Nn* action, effect
- Закон был введен в действие с сентября прошлого года. — The law came into effect last September.
  344.46; D 98

282 всяíкий *P* any, every
- У Славки, как и у всякого человека, есть свои недостатки. — Slavka has her faults just like any other person.
  344.42; D 99

283 кáчество *Nn* quality
- Этот факт говорит о высоком качестве нашей продукции. — This fact speaks volumes about the high quality of our products.
  343.92; D 98

284 ситуа́ция *Nf* situation
- Самая неблагоприятная ситуация сложилась в Центральном Федеральном округе. — The most unfavourable situation was in the Central Federal District.
343.41; D 99

285 о́бласть *Nf* region, area, field
- Последние крупные исследования в этой области были опубликованы в 1970-х годах. — The most recent major studies in the field were published in the 1970s.
341.71; D 98

286 внима́ние *Nn* attention
- Опыт Совета заслуживает пристального внимания со стороны ООН. — The Council's experience deserves close attention from the United Nations.
340.82; D 99

287 сле́довать *V* follow, should
- Следуйте за мной. — Follow me.
- Если это не поможет, вам следует обратиться к врачу. — You should see a doctor if this doesn't work.
340.40; D 99

288 доро́га *Nf* road
- Строительство дороги планируется начать в апреле 2001 года. — Construction of the road is due to begin in April 2001.
339.68; D 99

289 испо́льзовать *V* use
- Было рекомендовано и далее использовать эти методы. — It was recommended that the methods continue to be used.
339.66; D 98

290 со́бственный *A* own
- В этом я убедилась на собственном опыте. — My own experience convinced me of this.
339.19; D 99

291 замеча́ть *V* notice, note
- Ты успел заметить номер машины? — Did you manage to note the car's number plate?
337.74; D 99

292 взгляд *Nm* glance
- Бросив на меня беглый взгляд, она все поняла. — Having given me a quick glance, she realized everything.
334.39; D 99

293 усло́вие *Nn* condition
- Я еду с женой, это мое условие. — I'm going with my wife; that's my condition.
333.94; D 99

294 молодо́й *A* young
- В литературу вошло новое молодое поколение. — A young new generation has appeared in literature.
333.15; D 99

295 мужчи́на *Nm* man
- Им было приказано задерживать всех мужчин. — They were ordered to detain all the men.
332.32; D 98

296 предлага́ть *V* offer, propose
- Я предлагаю выпить за нашего друга, у которого сегодня день рождения! — I propose a toast to our friend, whose birthday it is today.
332.01; D 99

297 сно́ва *Adv* again
- Миша снова посмотрел на часы. — Misha looked at his watch again.
330.89; D 99

298 любо́вь *Nf* love
- Человек способен на безграничную любовь. — Human beings are capable of unbounded love.
330.20; D 98

299 связь *Nf* connection, bond, communication
- Мы всегда поддерживаем тесную связь с Родиной. — We've always maintained a close bond with our homeland.
329.22; D 98

300 ва́жный *A* important
- Нет более важного вопроса, чем этот. — There isn't a question that is more important than this one.
328.42; D 99

301 ждать *V* wait
- Я долго ждал звонка, но так и не дождался. — I waited and waited, but didn't get a call.
328.38; D 99

302 вдруг *Adv* suddenly
- Вдруг я услышал два выстрела. — Suddenly I heard two shots.
324.70; D 99

303 игра́ *Nf* game
- Начинается игра, как обычно, с выбора водящего. — The game usually starts when a captain is chosen.
324.06; D 96

304 чита́ть *V* read
- Саша охотно давала читать книги друзьям. — Sasha willingly gave his friends books to read.
323.92; D 98

305 скóро *Adv* soon
- Война скоро кончится, я опять буду дома. — The war will soon be over and I'll be back home.
  323.01; D 99

306 организáция *Nf* organization
- Мы работаем с общественной организацией 'Матери против наркотиков'. — We work with the community organization 'Mothers against Drugs'.
  322.85; D 97

307 статья́ *Nf* article
- Статья появилась в 'Правде' на следующее утро. — The article appeared in Pravda the next morning.
  322.85; D 98

308 срéдство *Nn* remedy, means, way
- Для нее это единственное средство спасти отца. — This was the only way for her to save her father.
  322.10; D 97

309 душá *Nf* soul
- Музыка проникала в ее душу. — Music seeped into her soul.
  321.64; D 99

310 входи́ть *V* enter
- Он категорически запретил входить в свой кабинет. — He put a strict ban on anyone entering his office.
  321.38; D 99

311 пыта́ться *V* try, attempt
- Женщины безуспешно пытались найти новую работу. — The women were unsuccessful in their attempt to find a new job.
  320.78; D 99

312 основнóй *A* main, fundamental
- Одной из основных задач деятельности администрации является искоренение нищеты. — Poverty eradication was a fundamental task of the administration.
  320.49; D 99

313 тéло *Nn* body
- Леонардо да Винчи достиг совершенства в изображении человеческого тела. — Leonardo da Vinci became a master at portraying the human body.
  320.14; D 98

314 посмотрéть *V* watch, look
- Женщина посмотрела на меня и улыбнулась. — The woman looked at me and smiled.
  320.10; D 99

315 женá *Nf* wife
- Пять лет назад от него ушла жена. — His wife left him five years ago.
  318.95; D 98

316 открыва́ть *V* open
- Они хотели открыть дверь, но не было ключа. — They wanted to open the door, but they didn't have the key.
  316.73; D 99

317 порá *Nf* it's time
- Остап понял, что пора уходить. — Ostap realized it was time to go.
  315.83; D 99

318 узнава́ть *V* recognize, find out
- Я узнаю голоса друзей. — I can recognize the voices of my friends.
- Он прибыл сюда, чтобы узнать о судьбе отца. — He came here to find out about the fate of his father.
  313.22; D 99

319 письмó *Nn* letter
- Его жена получила от него последнее письмо весной 1942 года. — His wife received the last letter from him in spring 1942.
  312.01; D 96

320 óбщество *Nn* society
- Положение женщин в семье тесно связано с их положением в обществе. — The status of women within the family is closely related to their status within society.
  311.77; D 98

321 состоя́ние *Nn* condition, state
- Меня волнует его состояние здоровья. — I'm worried about the state of his health.
  310.08; D 99

322 настоя́щий *A* present
- В настоящее время это невозможно. — This isn't possible at the present time.
  310.03; D 98

323 вéчер *Nm* evening
- Каждый вечер я прихожу сюда. — I come here every evening.
  310.01; D 99

324 существова́ть *V* exist, be
- Существует множество противоречивых мнений по этому поводу. — There are lots of contradictory opinions about this.
  309.85; D 96

325 назáд *Adv* back, ago
- 30 лет назад вышла его первая книга. — His first book was published 30 years ago.
  309.33; D 99

326 смысл *Nm* meaning, sense, point
- Не имеет смысла тратить на это время. — There's no point wasting time on it.
  308.61; D 99

327 семья *Nf* family
- Я всегда мечтала о большой дружной семье. — I always dreamed of having a big happy family.
  307.27; D 98

328 мера *Nf* measure
- Необходимо принять срочные меры по стабилизации экономики. — We need to take urgent measures to stabilize the economy.
  307.13; D 99

329 государство *Nn* state
- Большинство процветающих стран мира – демократические государства. — Most prosperous countries are democratic states.
  306.76; D 98

330 совершенно *Adv* entirely
- На мой взгляд, это совершенно разные вещи. — In my opinion, these are entirely different issues.
  306.60; D 99

331 вещь *Nf* thing
- Это очень нужная вещь. — This is something that is very necessary.
  306.46; D 99

332 простой *A* simple
- Можно это сделать более простым способом? — Can it be done any simpler?
  304.58; D 99

333 оставлять *V* leave
- Я тысячу раз звонила ему и оставляла сообщения на автоответчике. — I've called him a thousand times and left messages on his answering machine.
  304.28; D 99

334 утро *Nn* morning
- Несмотря на раннее утро, город уже проснулся. — Although it was early in the morning, the city was alive.
  303.45; D 99

335 действительно *Adv* really
- Они действительно были очень озабочены кризисом. — They were really concerned about the crisis.
  301.88; D 99

336 мать *Nf* mother
- Его мать пришла в офис. — His mother came into the office.
  299.50; D 98

337 девушка *Nf* girl
- Познакомлюсь с некурящей симпатичной девушкой. — I'd like to meet a nice girl who doesn't smoke.
  298.55; D 98

338 затем *Adv* then
- Сначала загорелся бензобак, затем последовал взрыв. — First the fuel tank caught fire, then there was an explosion.
  298.29; D 99

339 вести *V* lead, drive
- Она ведет активный образ жизни. — She leads an active lifestyle.
  295.97; D 99

340 стол *Nm* table
- Гости расселись за дубовым столом. — The guests took their seats at the oak table.
  295.60; D 99

341 причина *Nf* cause
- Я хочу лишь знать, что явилось причиной смерти моего сына. — I just want to know what the cause of my son's death was.
  295.48; D 99

342 проект *Nm* project, draft
- Проект памятника разработал Тихонов. — The monument was designed by Tikhonov.
  295.03; D 96

343 улица *Nf* street
- Мы бродили по улицам и скверам города. — We walked around the town's streets and squares.
  294.58; D 98

344 рынок *Nm* market
- Мед мы купили на рынке. — We bought the honey at the market.
  293.69; D 97

345 играть *V* play
- Он любит играть в компьютерные игры. — He likes playing computer games.
  292.91; D 98

346 государственный *A* state
- Правительство РФ утвердило государственную программу 'Энергосбережение'. — The Government of the Russian Federation has approved the state programme 'Energy saving'.
  292.50; D 97

347 происходить *V* take place, originate
- Пока ты была за границей, у нас происходили драматические события. — All hell broke loose while you were abroad.
  291.71; D 99

348 помнить *V* remember, recall
- Вы хорошо помните, что произошло двадцать второго мая? — Can you recall what happened on the 22nd of May?

291.66; D 99

349 называть *V* name
- Он отказался назвать имена клиентов. — He refused to disclose the names of his clients.

291.39; D 99

350 точка *Nf* point
- Эта башня видна из любой точки города. — The tower is visible from all points of the city.

290.77; D 98

351 нельзя *Adv* impossible
- Нельзя было без волнения слушать ее рассказы. — It was impossible to listen to her stories without getting agitated.

290.42; D 99

352 начинаться *V* begin
- Во сколько у тебя начинаются занятия? — What time do your lessons begin?

289.95; D 99

353 данный *P* given, the
- В данный момент все операторы заняты. — All our operators are busy at the moment.

289.28; D 97

354 подходить *V* come, approach
- Подойдите, пожалуйста, сюда. — Come here, please.

288.58; D 99

355 опять *Adv* again
- Ночью опять пошел снег. — It snowed again during the night.

288.41; D 99

356 тема *Nf* theme, topic
- Не так давно эта тема обсуждалась на форуме. — It's not so long ago that this topic was discussed on our forum.

288.30; D 95

357 равный *A* equal
- Их силы примерно равные. — Their powers are roughly equal.

287.50; D 99

358 неделя *Nf* week
- У меня еще целая неделя отдыха до начала съемок. — I've got a whole week off before filming begins.

286.72; D 98

359 хотеться *V* want, like
- Хотелось бы знать мнение ученых по этому поводу. — I'd like to know what the scientists think about it.

284.59; D 99

360 вызывать *V* cause, call
- Ее поведение вызывало раздражение окружающих. — Her behaviour irritated the others.

284.21; D 99

361 комната *Nf* room
- Ему показалось, что в соседней комнате кто-то есть. — He thought that there was someone in the next room.

283.67; D 99

362 иной *P* other, different
- Ведущие западные производители придерживаются иного принципа. — Leading Western manufacturers adhere to a different principle.

283.13; D 99

363 белый *A* white
- На земле лежит белый снег. — White snow is on the ground.

281.01; D 99

364 наконец *Adv* finally
- Он наконец нашла работу. — He finally found a job.

280.86; D 99

365 куда *P* where
- Куда вы идете? — Where are you going?

280.64; D 99

366 известный *A* known
- Грузинские красные вина хорошо известны потребителю. — Georgian red wines are well known to the consumer.

280.19; D 99

367 центр *Nm* centre
- Наш отель находится в центре города недалеко от станции метро 'Трубная'. — Our hotel is in the city centre close to the 'Trubnaya' Metro station.

279.38; D 98

368 цена *Nf* price
- По сравнению с августом предыдущего года цены выросли на 7,8 процента. — Prices in comparison to those of last August have risen by 7.8 per cent.

279.32; D 97

369 сын *Nm* son
- Чем занимается ваш старший сын? — What does your eldest son do?

278.12; D 98

370 забыва́ть *V* forget

- Он никогда не забывал свои обещания. — He never forgot what he promised.

277.95; D 99

371 де́ятельность *Nf* activity

- В России данная сфера деятельности регулируется Предпринимательским правом. — Such activity in Russia is regulated by Entrepreneurial Law.

277.68; D 98

372 осо́бенно *Adv* especially, particularly

- Ваше мнение для меня особенно важно. — Your opinion is particularly important to me.

277.53; D 99

373 иде́я *Nf* idea

- У меня возникла идея написать книгу. — I had the idea of writing a book.

276.90; D 98

374 про́тив *Prep* against

- Медики выступают против рекламы медикаментов. — Doctors are against advertising medicine.

276.52; D 99

375 пра́вило *Nn* rule

- Сообщение этого автора нарушает правила нашего форума. — This author's comment breaks the rules of our forum.

276.29; D 97

376 сове́тский *A* Soviet

- Сегодня этот показатель в два раза выше, чем в советский период. — Today this indicator is twice as high as it was during the Soviet period.

275.84; D 97

377 лу́чший *A* best

- 2 недели у моря – это самый лучший отдых для меня. — Two weeks by the sea – that's the best kind of holiday for me.

274.09; D 98

378 движе́ние *Nn* movement, traffic

- Медленно делайте круговые движения головой от плеча к плечу. — Slowly move your head in a circular direction from one shoulder to the other.

273.64; D 97

379 занима́ться *V* study, work

- Эта компания занимается разработкой программ в области искусственного интеллекта. — The company works on artificial intelligence programming.

273.12; D 99

380 огро́мный *A* huge

- Этот курорт пользуется огромной популярностью. — This resort is extremely popular.

271.96; D 99

381 среди́ *Prep* among

- Особенный рост наркомании наблюдается среди молодежи. — A particular rise in drug addiction has been observed among young people.

271.85; D 99

382 ма́ма *Nf* mum

- Молодая мама везла на санках малыша. — A young mum was carrying her child on a sledge.

271.81; D 98

383 вели́кий *A* great

- Да здравствует 60-я годовщина Великой Победы над фашизмом! — All hail the 60th anniversary of our Great Victory over fascism!

271.32; D 98

384 коли́чество *Nn* quantity

- Эта партия набрала достаточное количество голосов для прохождения в парламент. — The party gained enough votes to make it into parliament.

270.10; D 99

385 чу́вство *Nn* feeling

- Только один раз в жизни он испытал чувство страха. — He'd only felt fear once in his life.

270.07; D 99

386 сли́шком *Adv* too

- Это слишком дорого для меня. — That's too expensive for me.

269.48; D 99

387 иногда́ *Adv* sometimes

- Мне иногда кажется, что ты меня больше не любишь. — Sometimes I get the feeling that you don't love me anymore.

268.93; D 99

388 смерть *Nf* death

- Экспертиза установила, что смерть наступила в результате передозировки наркотиков. — The post mortem revealed that death had been caused by a drugs overdose.

267.56; D 99

389 лежа́ть *V* lie

- Больше всего на свете я люблю лежать на диване и читать. — The thing I love most of all in the world is lying on the sofa and reading.

266.46; D 99

390 труд *Nm* work
- Балет – это тяжелый труд. — Ballet is hard work.
  266.36; D 98

391 вспомина́ть *V* remember
- Я не могу вспомнить его фамилию. — I can't remember his surname.
  266.34; D 99

392 пять *Num* five
- Рита замужем уже пять лет. — Rita has been married for five years.
  264.94; D 98

393 зада́ча *Nf* task
- Наша главная задача – не допустить эпидемии. — Our main task is to not give in to the epidemic.
  264.24; D 98

394 быва́ть *V* be, visit, happen
- Я никогда не бывал в России. — I have never been to Russia.
  262.11; D 99

395 получа́ться *V* come out, be
- Особенно хорошо у тебя получается яичница с помидорами. — Your egg and tomato omelette is especially good.
  261.89; D 99

396 доста́точно *Adv* enough
- Твои родители жалуются, что ты не уделяешь им достаточно внимания. — Your parents have been complaining that you don't pay them enough attention.
  260.15; D 99

397 си́льный *A* strong, powerful
- Сильный удар сбил его с ног. — The powerful strike knocked him off his feet.
  259.68; D 99

398 мне́ние *Nn* opinion
- Я свое мнение высказал и менять его не собираюсь. — I've expressed my opinion and I don't intend to change it.
  259.56; D 97

399 бы́стро *Adv* quickly
- Я не могу быстро бегать. — I can't run quickly.
  259.48; D 98

400 чу́вствовать *V* feel, sense
- Ты что-нибудь чувствуешь? — Can you feel anything?
  258.33; D 99

401 тре́тий *Num* third
- С началом третьего тысячелетия мир, к сожалению, не стал безопаснее. — The world, at the beginning of its third millennium, has not, unfortunately, become a safer place to live.
  257.95; D 99

402 чёрный *A* black
- Напротив меня сидел человек в черном костюме. — A man in a black suit was sitting opposite me.
  256.39; D 98

403 приме́р *Nm* example
- Участницы форума приводили примеры дискриминации женщин в сфере труда. — Participants of the forum gave examples of sexual discrimination in the work place.
  255.36; D 99

404 гото́вый *A* ready, willing
- За это я готова заплатить любую сумму. — For this I'm willing to pay any amount.
  254.37; D 99

405 положе́ние *Nn* position, situation
- За это время наше финансовое положение немного улучшилось. — Our financial situation improved a little during that time.
  253.14; D 99

406 поря́док *Nm* order
- Фамилии участников приведены в алфавитном порядке. — The surnames of the participants are given in alphabetical order.
  252.56; D 99

407 продолжа́ть *V* continue, carry on
- Мы продолжим нашу игру после выпуска новостей. — We'll carry on with our game after the news.
  251.63; D 99

408 век *Nm* century
- В прошлом веке люди были романтичнее. — People were more romantic a century ago.
  251.29; D 98

409 поско́льку *C* because
- Но поскольку денег было мало, то послали короткую телеграмму. — But because they didn't have much money, they sent a short telegram.
  251.05; D 99

410 муж *Nm* husband
- Расскажите, как вы познакомились с вашим мужем. — Tell me how you met your husband.
  249.78; D 98

2 Clothing

вещь 331 thing	боти́нок 3192 shoe	га́лстук 4171 tie
носи́ть 483 wear	рука́в 3245 sleeve	шерсть 4257 wool
снима́ть 486 take off	плато́к 3294 shawl	трусы́ 4437 pants, boxers
оде́жда 1014 clothing	ша́пка 3380 cap	джи́нсы 4489 jeans
карма́н 1210 pocket	плащ 3494 raincoat	шёлковый 4507 silk
надева́ть 1743 put on	брю́ки 3524 trousers	пу́говица 4530 button
пла́тье 1922 dress	хала́т 3534 bathrobe	каблу́к 4577 heel
костю́м 1946 suit, costume	пальто́ 3540 coat	ма́йка 4628 T-shirt
одева́ть 2131 dress	о́бувь 3592 footware, shoes	сви́тер 4662 sweater
су́мка 2135 bag	ю́бка 3652 skirt	купа́льник 4764 swimming costume, bikini
руба́шка 2735 shirt	ко́жаный 3680 leather	зонт 4771 umbrella
мо́да 2745 fashion	рюкза́к 3696 rucksack	пижа́ма 4790 pyjamas
по́яс 2773 belt	пиджа́к 3722 jacket	ли́фчик 4802 bra
сапо́г 2791 boot	носо́к 3764 sock	була́вка 4877 pin
мо́дный 3115 fashionable	реме́нь 3781 belt	бюстга́льтер 4987 bra
ку́ртка 3171 jacket	одева́ться 3949 dress	застёжка 4994 fastener
белье 3174 underwear	перча́тка 4154 glove	

411 речь *Nf* speech
- Александр произносит речь по-французски. — Aleksandr is giving his speech in French.
  248.39; D 99

412 полити́ческий *A* political
- Он не принадлежит ни к какой политической партии. — He doesn't belong to any political party.
  247.13; D 98

413 представля́ть *V* present, imagine
- Ты не представляешь себе, какая она красавица! — You can't imagine how beautiful she is!
  246.65; D 99

414 стена́ *Nf* wall
- Город окружен крепкой каменной стеной. — The town is surrounded by a strong brick wall.
  246.59; D 99

415 попада́ть *V* hit, get
- Вторая пуля попала ему в грудь. — The second bullet hit him in the chest.
- Как попасть на прием в вашу клинику? — How do I get an appointment at your clinic?
  246.34; D 99

416 слы́шать *V* hear
- Ты слышишь этот странный звук? — Can you hear that strange sound?
  245.97; D 99

417 поду́мать *V* think
- Мне нужно немного подумать и собраться с мыслями. — I need time to think and collect my thoughts.
  245.96; D 99

418 ходи́ть *V* walk
- Не успев научиться ходить, местные малыши уже вставали на лыжи. — The local kids could stand on skis before they could walk.
  244.73; D 99

419 окно́ *Nn* window
- Ветер врывался в раскрытое окно. — The wind gusted through the open window.
  244.42; D 98

420 ря́дом *Adv* near
- Рядом с женщиной сидел ее маленький сын. — The woman's little boy was sitting next to her.
  244.15; D 99

421 план *Nm* plan
- У вас уже есть план действий? — Do you already have a plan of action?
  242.95; D 98

422 тип *Nm* type
- В газетах писали о разработке нового типа двигателя. — The papers reported on a new type of engine.
  242.91; D 98

423 о́ба *Num* both
- Вы оба правы. — You are both right.

242.48; D 99

424 сове́т *Nm* council, advice
- Лучше последовать маминому совету. — You would do best to take your mum's advice.

241.90; D 97

425 совреме́нный *A* modern
- Современная цивилизация основана на достижениях науки прошлых времен. — Modern society is based on the scientific achievements of previous years.

238.14; D 98

426 удава́ться *V* manage
- Врачам удалось сохранить ей зрение. — The doctors managed to save her sight.

237.83; D 99

427 приезжа́ть *V* arrive, come
- Она пообещала приехать в понедельник часов в пять. — She promised to come on Monday at around five o'clock.

237.52; D 99

428 плохо́й *A* bad
- Что вы делаете, когда у вас плохое настроение? — What do you do when you're in a bad mood?

237.27; D 99

429 из-за *Prep* from behind, because of
- Из-за угла выехал велосипедист. — A cyclist rode out from behind the corner.

236.11; D 99

430 о́пыт *Nm* experience, experiment
- Твой жизненный опыт пока еще невелик. — You still don't have that much life experience.

235.70; D 98

431 се́рдце *Nn* heart
- Кто знает, где находится сердце? — Who knows where the heart is located?

235.43; D 99

432 нау́ка *Nf* science
- Он внес огромный вклад в науку. — He made a huge contribution to science.

234.52; D 98

433 сообще́ние *Nn* message
- Для вас поступило важное сообщение. — There is an important message for you.

234.19; D 95

434 управле́ние *Nn* management, control
- Она взяла управление компанией на себя. — She took control of the company.

234.17; D 97

435 да́нные *N-* data
- В этой таблице приведены данные за октябрь прошлого года. — The data for last October are displayed in the table.

234.08; D 96

436 о́коло *Prep* near, by
- Мой мотоцикл припаркован около дома. — My motorbike is parked by the house.

232.48; D 99

437 интере́с *Nm* interest
- Люди начинают терять интерес к чтению. — People are starting to lose interest in reading.

232.32; D 99

438 проси́ть *V* ask
- Я прошу вашей помощи. — I am asking for your help.

232.26; D 98

439 газе́та *Nf* newspaper
- Об этом происшествии сообщали все газеты. — All the newspapers reported on this incident.

231.64; D 98

440 интере́сный *A* interesting
- Хочу обратить ваше внимание на один интересный факт. — I'd like to direct your attention to an interesting fact.

231.41; D 99

441 необходи́мый *A* necessary
- Мы с трудом набрали необходимую сумму. — We found it hard to gather the necessary amount.

230.32; D 98

442 материа́л *Nm* material
- В книге широко представлен фактический материал. — The book is full of factual material.

229.75; D 96

443 роль *Nf* role
- Выбор бокала играет важную роль в тестировании вин. — The choice of glass plays an important role in wine tasting.

229.12; D 98

444 вполне́ *Adv* quite
- Вполне возможно, что он будет баллотироваться на второй срок. — It's quite possible that he'll run for a second term in office.

228.43; D 99

445 объясня́ть *V* explain
- Учитель объясняет новый материал. — The teacher is explaining new material.

227.18; D 99

446 рáно *Adv* early
- Как же я ненавижу рано вставать! — How I hate getting up early!

  226.72; D 99

447 обращáться *V* consult, treat
- В подобных случаях необходимо обратиться к врачу. — You should consult a doctor in cases like these.
- Отец жестоко обращался с дочерьми. — The father mistreated his daughters.

  225.38; D 96

448 постáвить *V* put
- Поставь машину на обычное место. — Park the car in its usual place.

  225.14; D 99

449 áрмия *Nf* army
- Эта история случилась во время моей службы в армии. — This happened while I was serving in the army.

  224.63; D 96

450 свя́зывать *V* connect, tie together
- Свяжите меня с Киевом, с нашим посольством. — Put me through to Kiev, to our Embassy.
- Пленнику связали руки и ноги. — The prisoner's arms and legs were tied together.

  224.10; D 99

451 тóчно *Adv* exactly
- Теперь вы можете точно определить свои координаты. — Now you can work out exactly where you are.

  224.08; D 99

452 четы́ре *Num* four
- Он был женат четыре раза. — He was married four times.

  223.90; D 99

453 дóлго *Adv* long
- Прости, что заставил тебя так долго ждать. — Sorry to keep you waiting for so long.

  223.33; D 99

454 разли́чный *A* different
- В результате теракта 50 человек получили ранения различной степени тяжести. — As a result of the terrorist attack 50 people received injuries of varying severity.

  223.25; D 99

455 ли́бо *C* or
- Выбирай: либо я, либо она. — You need to choose: either me or her.

  223.24; D 98

456 социáльный *A* social
- Одна из важнейших отраслей социальной сферы – национальное здравоохранение. — One of the most important areas of the social services is national health.

  222.16; D 97

457 мéнее *Adv* less, under
- Есть еще один способ, правда, менее эффективный. — There is another way, albeit a less effective one.

  222.13; D 99

458 собы́тие *Nn* event
- Весной 1978 года у нас произошло радостное событие. — A joyous event took place in our family in spring 1978.

  222.05; D 98

459 искáть *V* look for
- Друзья искали выход из сложившейся ситуации. — The friends looked for a way out of the situation.

  221.63; D 99

460 большинствó *Nn* majority
- Подавляющее большинство людей – правши. — The overwhelming majority of people are right-handed.

  221.62; D 99

461 прáвда *Adv* truth
- Мир должен знать правду. — The world should know the truth.

  221.23; D 99

462 крáсный *A* red
- Горит красный сигнал светофора. — The red traffic light is on.

  220.89; D 98

463 давнó *Adv* long, long ago
- Мы с тобой давно знаем друг друга. — You and I have known one another for a long time.

  220.78; D 99

464 легкó *Adv* easy, easily
- С ним было легко найти общий язык. — It was easy to get on with him.

  220.32; D 99

465 прави́тельство *Nn* government
- Правительство ввело новый налог. — The government introduced a new tax.

  220.16; D 98

466 боя́ться *V* fear, be afraid
- Она ужасно боится оставаться одна в квартире. — She's terribly afraid of staying home alone.

  219.55; D 99

467 суд *Nm* court
- Суд приговорил его к 14 годам лишения свободы. — The court sentenced him to 14 years in prison.
  218.56; D 97

468 президе́нт *Nm* president
- Михаил Горбачев был первым и единственным президентом СССР. — Mikhail Gorbachev was the first and only president of the USSR.
  218.36; D 97

469 возмо́жно *Adv* possibly, may
- Кому-то это, возможно, и покажется странным. — This may seem strange to some.
  218.22; D 98

470 занима́ть *V* borrow, occupy the position of, be
- Ты у меня на прошлой неделе 4 рубля занимал. — You borrowed 4 rubles from me last week.
- По этому показателю Россия занимает второе место в мире. — Russia is second in the world according to this indicator.
  217.87; D 99

471 вое́нный *A, N-* military
- Во время войны мой отец был военным врачом. — My father was a military doctor during the war.
  217.83; D 97

472 рубль *Nm* ruble
- Каждое SMS-сообщение стоит 1 рубль. — Every SMS costs 1 ruble.
  217.82; D 96

473 це́лый *A* whole
- В воскресенье целый день проходили с подружкой по магазинам. — My girlfriend and I spent the whole of Sunday shopping.
  216.99; D 99

474 фильм *Nm* film
- Этот фильм надо обязательно посмотреть. — You've got to see this film.
  216.76; D 96

475 умира́ть *V* die
- В тридцать третьем люди умирали от голода прямо на улице. — In 1933 people were dying from famine in the middle of the street.
  216.19; D 99

476 би́знес *Nm* business
- Вы каким бизнесом занимаетесь? — What area of business do you work in?
  216.04; D 96

477 обы́чно *Adv* usually
- Я встаю обычно в 7 утра. — I usually get up at 7 in the morning.
  215.68; D 99

478 спать *V* sleep
- Пора ложиться спать. — It's time to go to bed.
  215.59; D 99

479 миллио́н *Nm* million
- Если бы у тебя был миллион, что бы ты сделал? — What would you do if you had a million?
  215.39; D 98

480 сообща́ть *V* report
- Об этом сообщает пресс-служба администрации губернатора. — The press service of the governor's administration is reporting on this.
  215.05; D 98

481 культу́ра *Nf* culture
- Его произведения стали достоянием мировой культуры. — His works became the property of world culture.
  214.73; D 97

482 текст *Nm* text
- Полный текст доклада на английском языке размещен на нашем сайте. — The full text of the report is available in English on our site.
  214.68; D 98

483 носи́ть *V* carry, wear
- Тебе нельзя носить тяжести! — You shouldn't carry the burden!
- В то время было модно носить длинные платья. — At the time it was fashionable to wear long dresses.
  214.22; D 99

484 брать *V* take
- Ты не брал мою книжку? — Did you take my book?
  214.14; D 99

485 докуме́нт *Nm* document
- Больничный лист – это официальный документ. — A sick note is an official document.
  214.02; D 97

486 снима́ть *V* rent, remove, withdraw, shoot (film)
- После этого мы решили снимать квартиру. — After this we decided to rent a flat.
- Он лег на свою кровать, не сняв обувь. — He lay down on his bed without taking off his shoes.
- Я почти ничего не снимал со счета. — I've hardly withdrawn anything from my account.
- Мы снимаем детское кино. — We are shooting a children's film.

  213.98; D 99

487 член *Nm* member
- Он же не член моей семьи. — He isn't a member of my family.

  213.98; D 98

488 телефо́н *Nm* telephone
- У этой модели сотового телефона огромный объем памяти. — This type of mobile telephone has lots of memory.

  213.24; D 96

489 относи́ться *V* relate, be part of
- Это относится к вашим прямым служебным обязанностям. — This is part of your immediate job responsibilities.

  212.82; D 99

490 выбира́ть *V* choose
- Как показало исследование, 12% покупателей выбирают ноутбук по весу. — As the survey showed, 12% of buyers choose a notebook according to how much it weighs.

  211.76; D 96

491 определя́ть *V* define, determine
- Как определить возраст кошки по зубам? — How can you determine the age of a cat by its teeth?

  211.45; D 99

492 спо́соб *Nm* way, means
- Самый простой способ попасть туда – электричка. — The easiest way of getting there is by train.

  211.06; D 99

493 тече́ние *Nn* course, current
- Скорость течения реки в этом месте невелика. — Here the river's current is not so strong.

  210.65; D 99

494 счёт *Nm* account, bill
- Теперь вы можете управлять своим банковским счетом через интернет. — Now you can manage your bank account online.

  210.15; D 98

495 живо́й *A, N-* alive, live
- Больше всего им хотелось увидеть живых обезьян. — Most of all they wanted to see live monkeys.

  210.07; D 99

496 встава́ть *V* stand (up), get up
- Прошу всех встать. — I ask everyone to stand.

  209.99; D 99

497 случа́ться *V* happen
- Подобные неприятности случаются со мной все время. — Unpleasant things like this happen to me all the time.

  209.99; D 99

498 роди́тель *Nm* parent
- Ребенком я часто ездила отдыхать с родителями на море. — As a child I often used to go to the seaside with my parents.

  209.91; D 98

499 небольшо́й *A* small, little
- Смешайте муку с небольшим количеством воды. — Mix the flour with a little water.

  209.87; D 99

500 купи́ть *V* buy
- Где можно купить билеты на автобус? — Where can I buy a bus ticket?

  209.65; D 98

501 разгово́р *Nm* talk, conversation
- Она резко прервала телефонный разговор. — She abruptly ended the telephone conversation.

  208.98; D 99

502 сей *P* this
- И по сей день не знаю причину, почему команда не приехала — And to this day I don't know the reason why the team didn't show up.

  208.69; D 99

503 еди́нственный *A* only
- Это наш единственный шанс спастись. — It's our only chance of saving ourselves.

  208.18; D 99

504 метр *Nm* metre
- Площадь этой квартиры – 53 квадратных метра. — The flat's area is 53 square metres.

  207.93; D 97

505 при́нцип *Nm* principle
- Основной принцип нашего питания – умеренность. — A main principle of our diet is moderation.

  207.38; D 98

506 сайт *Nm* site
- С тарифами на обслуживание вы можете ознакомиться на нашем сайте. — You can find out about service charges on our site.
  207.34; D 90

507 пра́вый *A, N-* right
- Фотография наклеивается в верхнем правом углу резюме. — You should affix your photograph in the top right-hand corner of the CV.
  207.00; D 99

508 немно́го *Adv* little, a bit
- Увидев мужа, Наташа немного успокоилась. — Seeing her husband, Natasha calmed down a bit.
  206.44; D 99

509 па́ртия *Nf* party, consignment
- Правящая партия готова к диалогу с оппозицией. — The ruling party is willing to talk to the opposition.
  206.11; D 97

510 образова́ние *Nn* education
- Сейчас многие стремятся получить образование за рубежом. — Nowadays many people aim to get their education abroad.
  206.04; D 97

511 ско́лько *Num* how many, how much
- Сколько стоит билет? — How much is the ticket?
  206.03; D 99

512 заче́м *P* why, what for
- Зачем нужна эта кнопка? — What is this button for?
  205.40; D 99

513 приноси́ть *V* bring
- Нам запрещали приносить на базу личные вещи. — We were forbidden to bring our personal belongings to the base.
  205.22; D 99

514 наве́рное *Adv* probably
- Вы, наверное, уже знаете этот анекдот. — You probably already know this joke.
  205.22; D 99

515 убива́ть *V* kill
- Они угрожают убить заложника. — They are threatening to kill the hostage.
  204.87; D 98

516 пери́од *Nm* period
- Переходный возраст у подростков – это сложный период. — The teenage years are a tricky period.
  203.80; D 98

517 кста́ти *Adv* by the way
- Это, кстати говоря, не такой простой процесс. — By the way, this isn't a simple process.
  203.28; D 99

518 па́ра *Nf* couple, pair
- Он попросил подождать пару минут. — He asked me to wait a couple of minutes.
  203.24; D 98

519 ряд *Nm* row, number
- Существует ряд компьютерных программ, специально написанных для этой цели. — There are many computer programs that are specially designed for this.
  202.97; D 99

520 кварти́ра *Nf* flat
- Я снимаю квартиру близко от работы. — I'm renting a flat not far from work.
  202.51; D 97

521 значе́ние *Nn* meaning
- Посмотрите в словаре значение этого слова. — Look up the meaning of this word in a dictionary.
  201.16; D 98

522 вну́тренний *A* internal, inside
- Мой паспорт лежит во внутреннем кармане пиджака. — My passport is in the inside pocket of my jacket.
  200.28; D 99

523 позволя́ть *V* allow, enable
- Я не позволю приходить сюда женщинам! — I don't allow women to come here!
  199.59; D 98

524 да́лее *Adv* further
- Чехов в этом отношении идет далее Толстого. — Chekhov in this respect goes further than Tolstoy.
  199.30; D 98

525 успева́ть *V* manage
- Мне надо к десяти успеть в банк. — I need to manage to get to the bank by ten o'clock.
  199.28; D 99

526 возмо́жный *A* possible
- В такую жару раннее утро – единственно возможное время для прогулки. — In heat like this the only possible time to go for a walk is early in the morning.
  198.28; D 99

527 жела́ние *Nn* desire, wish
- Это мое последнее желание. — This is my last wish.
198.15; D 97

528 слу́шать *V* listen
- Я люблю слушать радио в машине. — I like listening to the radio in the car.
198.09; D 99

529 поднима́ть *V* lift, raise
- Ей трудно поднимать сумки с книжками. — She finds it hard to lift bags of books.
197.87; D 99

530 но́мер *Nm* number, hotel room
- Ты помнишь ее номер телефона? — Can you remember her telephone number?
197.30; D 97

531 броса́ть *V* throw
- Мы сидим на берегу и бросаем камешки в океан. — We're sitting on the shore and throwing stones into the ocean.
197.24; D 99

532 чуть *Adv* slightly, a bit
- Вы не могли бы зайти чуть позже? — Could you come a bit later?
196.71; D 99

533 о́чередь *Nf* queue
- Терпеть не могу стоять в очереди! — I can't stand queuing!
196.15; D 98

534 поли́тика *Nf* politics
- Я политикой не интересуюсь. — I'm not interested in politics.
196.13; D 98

535 класс *Nm* class, year
- В этом году я заканчиваю десятый класс. — I'm finishing year ten this year.
195.85; D 97

536 брат *Nm* brother
- У меня есть два младших брата. — I have got two younger brothers.
195.51; D 98

537 собира́ться *V* prepare, plan
- Я никуда не собираюсь уходить. — I'm not planning on going anywhere.
195.26; D 99

538 тре́бовать *V* require
- Закон требует, чтобы животных лечили дипломированные ветеринары. — The law requires that animals are treated by qualified veterinarians.
195.19; D 99

539 отмеча́ть *V* mark, celebrate
- Рыбников отметил на карте точку, откуда был послан сигнал. — Rybnikov marked the spot on the map from where the signal was sent.
- Люди города собрались, чтобы отметить юбилей мэра. — Townsfolk gathered to celebrate the mayor's jubilee.
194.84; D 98

540 произво́дство *Nn* manufacture, production
- Сорт 'робуста' используют в производстве растворимого кофе. — The Robusta coffee bean is used in the production of instant coffee.
194.19; D 97

541 райо́н *Nm* area, district
- 80 процентов населения нашего города живут в спальных районах. — 80 per cent of the town's population live in 'sleeping districts'.
193.53; D 98

542 осно́ва *Nf* base
- Политика России строится на основе Конституции. — Russia's politics is based on the Constitution.
192.50; D 98

543 ве́рить *V* believe
- Никто больше не верит его обещаниям. — Nobody believes his promises anymore.
192.40; D 99

544 измене́ние *Nn* change
- Виновато ли человечество в изменении климата? — Is mankind to blame for climate change?
191.09; D 98

545 бли́зкий *A* close
- Твоя мать была моей самой близкой подругой. — Your mother was my closest friend.
190.68; D 99

546 челове́ческий *A* human
- Человеческий организм почти на 65% состоит из воды. — The human body is made up of almost 65% water.
190.22; D 99

547 дово́льно *Adv* quite
- Это упражнение довольно сложное. — This exercise is quite complicated.
190.18; D 99

548 экономи́ческий *A* economic
- Правительству удалось стабилизировать экономическое положение в стране. — The government managed to stabilize the economic situation in the country.
190.17; D 97

549 факт *Nm* fact
- Это доказанный исторический факт. — This is a historically attested fact.
189.96; D 99

550 стро́ить *V* build
- Мы строим дома, мосты, цирки и тому подобное. — We build houses, bridges, churches and the like.
189.66; D 98

551 ме́стный *A* local
- Более подробную информацию вы можете получить в местной администрации. — You can get further information at your local council office.
189.26; D 98

552 определённый *A* definite, specific
- Мы сделали это по вполне определенной причине. — We did this for a very specific reason.
189.26; D 99

553 не́бо *Nn* sky
- На стене висела карта звездного неба. — There was a picture of a starlit sky on the wall.
188.35; D 98

554 созда́ние *Nn* creation
- Создание эффективных вакцин остается по-прежнему актуальной задачей. — The creation of effective vaccines remains a high-priority task.
188.07; D 98

555 направле́ние *Nn* direction
- Та же машина проехала мимо нас в обратном направлении. — The same car passed us in the opposite direction.
188.03; D 98

556 осо́бый *A* special
- Эта тема заслуживает особого внимания. — This topic deserves special attention.
187.71; D 99

557 предприя́тие *Nn* enterprise
- Мой отец – директор крупного предприятия. — My father is the director of a major enterprise.
187.05; D 96

558 шаг *Nm* step
- Я услышал шаги за дверью. — I heard footsteps outside the door.
186.79; D 99

559 до́брый *A* good, kind
- Его мать – очень добрый человек. — His mother is a very kind person.
186.00; D 99

560 по́ле *Nn* field
- Короткая дорога в школу проходила через кукурузное поле. — The short cut to school went through a corn field.
185.97; D 98

561 ход *Nm* course
- В ходе предвыборной кампании я много общался с жителями нашего города. — In the course of the election campaign I regularly spoke to the residents of our town.
185.73; D 98

562 иссле́дование *Nn* research
- Мы провели социологическое исследование в Екатеринбурге. — We carried out sociological research in Yekaterinburg.
185.70; D 97

563 остально́й *P* other, remaining
- Всех мусульман Средней Азии, России и остального мира поздравляю с праздником Рамадан. — I wish a happy Ramadan to all Muslims in Central Asia, Russia and other parts of the world.
185.56; D 98

564 пол *Nm* floor, sex
- Стакан выскользнул и упал на пол. — The glass slipped and fell on the floor.
- Он помогает больным независимо от возраста и пола пациента. — He helps patients regardless of their age or sex.
185.49; D 99

565 кома́нда *Nf* team
- Любимая футбольная команда проиграла со счётом 0:7. — My favourite football team lost 7:0.
185.46; D 96

566 поднима́ться *V* raise, ascend, walk up
- Женщина медленно поднимается на вершину холма. — The woman is slowly walking up to the top of the hill.
184.72; D 99

567 обще́ственный *A* public
- Стоимость одной поездки в общественном транспорте с 1 января повысится на 15%. — The price of a single journey on public transport will go up by 15% from the 1st of January.
184.68; D 97

568 ма́льчик *Nm* boy
- У нас в классе учился мальчик по фамилии Козочкин. — There was a boy called Kozochkin in our class.
184.55; D 98

569 заставля́ть *V* force
- Нельзя насильно заставить себя полюбить. — You can't force yourself to fall in love.
  184.38; D 99

570 туда́ *P* there
- Как туда добраться? — How can I get there?
  184.04; D 99

571 пусть *Part* let
- Ладно, пусть будет по-твоему. — Okay, have it your own way.
  183.97; D 99

572 ме́тод *Nm* method
- Тот же метод используется в других видах спорта. — The same method is used in other sports.
  183.86; D 97

573 ма́ло *Adv* little, not much
- Меня мало интересует технология бизнеса. — I'm not that interested in the specifics of business.
  183.49; D 99

574 встре́ча *Nf* meeting
- Наша первая встреча состоялась в мае 1999 года. — Our first meeting was in May 1999.
  183.00; D 98

575 снача́ла *Adv* at first
- Она сначала испугалась, но быстро успокоилась. — She was frightened at first, but she soon calmed down.
  182.96; D 99

576 сон *Nm* sleep, dream
- Мне часто снятся странные сны. — I often have strange dreams.
  182.73; D 97

577 отдава́ть *V* return, give
- Отдай денежки, и все хорошо будет. — Give me the money and everything will be fine.
  182.44; D 99

578 слу́жба *Nf* service
- Когда кончился срок военной службы, он вернулся в родное село. — Once he'd finished his military service he returned to his home village.
  181.71; D 97

579 остана́вливаться *V* stop
- Рядом часто останавливались прохожие, чтобы послушать музыканта. — Nearby, passers-by often stopped to listen to the musician.
  181.34; D 99

580 во́здух *Nm* air
- Побольше бывайте на свежем воздухе. — Spend more time in the fresh air.
  181.11; D 98

581 кровь *Nf* blood
- Вам необходимо сделать анализ крови на сахар. — You'll need to have your blood tested for sugar.
  180.97; D 98

582 зре́ние *Nn* sight
- Из-за травмы он чуть не потерял зрение. — He almost lost his sight due to the injury.
  180.30; D 98

583 врач *Nm* doctor
- Многие люди обращаются к врачам с жалобами на хроническую усталость. — Many people complain to doctors that they suffer from chronic fatigue.
  179.82; D 96

584 по́вод *Nm* cause, reason
- Погода плохая, но это не повод для плохого настроения! — The weather is bad, but this isn't a reason for being in a bad mood!
  179.75; D 99

585 рост *Nm* growth, height
- Да, он ростом примерно с вас. — Yes, he's about the same height as you.
  179.24; D 97

586 е́хать *V* go, ride, drive
- По горной дороге автобус ехал медленно. — The bus went slowly along the mountain road.
  179.04; D 99

587 встреча́ть *V* meet
- Я так рад, что тебя сегодня встретил! — I'm so happy that I met you today!
  178.63; D 99

588 нра́виться *V* like
- Мне не очень нравится коллектив у меня на работе. — I don't like my work colleagues very much.
  178.55; D 97

589 зна́ние *Nn* knowledge
- Она продемонстрировала прекрасное знание русского языка. — She demonstrated an excellent knowledge of Russian.
  177.42; D 98

590 како́й-то *P* some
- Прошлой ночью меня разбудил какой-то странный шум. — I was woken up last night by some kind of strange noise.
  176.72; D 99

591 всё-таки *Part* nevertheless, still
- Мне все-таки удалось найти ошибку в программе. — I still managed to find a mistake in the program.
  176.42; D 99

592 населе́ние *Nn* population
- Какая численность населения в Одессе? — What's the population of Odessa?
  176.34; D 98

593 па́лец *Nm* finger
- На пистолете мы нашли отпечатки ваших пальцев. — We found your fingerprints on the gun.
  176.10; D 98

594 де́сять *Num* ten
- Моей младшей дочери десять лет. — My younger daughter is ten.
  176.02; D 99

595 обы́чный *A* usual
- Для этого блюда приготовьте рис обычным способом. — For this meal cook rice in the usual way.
  175.90; D 99

596 орга́н *Nm* organ, authorities
- Это мешает нормальной работе внутренних органов. — This disrupts the normal functioning of the internal organs.
  175.89; D 97

597 до́ллар *Nm* dollar
- Какой сегодня курс доллара к евро? — What is today's exchange rate of the Dollar against the Euro?
  175.76; D 97

598 держа́ть *V* keep, hold
- Она держала в руке небольшую сумку. — She was holding a small bag in her hand.
  175.11; D 99

599 похо́жий *A* similar
- Похожая ситуация была и у меня в семье. — There was a similar situation in my family.
  174.93; D 99

600 устана́вливать *V* establish, install
- Нам удалось установить телефонную связь с губернатором. — We were able to establish a telephone link with the governor.
- Руководство завода установило камеры видеонаблюдения. — The managers of the factory have installed surveillance cameras.
  174.83; D 98

601 уча́стие *Nn* participation, role
- Они приняли активное участие в подготовке выставки. — They took an active role in setting up the exhibition.
  174.63; D 98

602 дорого́й *A* expensive, dear
- Мы сейчас не можем позволить себе дорогие покупки. — We can't afford such expensive goods at the moment.
  174.57; D 98

603 реа́льный *A* real
- Его жизнь подвергается реальной опасности. — His life is in real danger.
  174.44; D 98

604 род *Nm* gender, kind
- Существительные относятся к мужскому, женскому или среднему роду. — Nouns are of masculine, feminine or neuter gender.
  174.43; D 99

605 наибо́лее *Adv* most(ly)
- В нашем каталоге представлены наиболее популярные сайты знакомств. — The most popular dating sites are listed in our catalogue.
  174.39; D 99

606 де́вочка *Nf* girl
- Странно, что наши девочки выросли такими разными. — It's strange that our girls turned out to be so different.
  173.65; D 98

607 кру́пный *A* large
- Объявление было напечатано самым крупным шрифтом на первой странице. — The announcement was printed in a very large font on the first page.
  173.17; D 98

608 мо́ре *Nn* sea
- Мы смотрели на море с балкона. — We looked at the sea from the balcony.
  173.06; D 98

609 как-то *P* somehow
- Можно было сделать это как-то иначе. — We could have done things differently somehow.
  172.97; D 99

610 хоть *Part* at least
- Позволь мне хоть один раз поцеловать тебя! — Let me kiss you at least once!
  172.75; D 99

3 Colours

бе́лый 363 white	**си́ний** 1753 blue	**ры́жий** 3147 ginger
чёрный 402 black	**голубо́й** 1851 light blue,	**отте́нок** 3432 shade
кра́сный 462 red	gay (slang)	**ора́нжевый** 3868 orange
цвет 819 colour	**жёлтый** 2001 yellow	**кори́чневый** 4013 brown
зелёный 1133 green	**ро́зовый** 2707 pink	**разноцве́тный** 4418 multi-
се́рый 1500 grey	**цветно́й** 3075 colour(ed)	coloured
све́тлый 1616 light	**бле́дный** 3101 pale	**фиоле́товый** 4675 purple

611 приро́да *Nf* nature, natural environment
- Одним из важных методов охраны природы является создание заповедников. — A key method of protecting the environment is through the establishment of nature reserves.
172.64; D 98

612 магази́н *Nm* shop
- Надо на обратном пути зайти в магазин и купить продуктов. — We need to nip to the shop on the way back to buy some groceries.
172.26; D 96

613 улыба́ться *V* smile
- Он смотрел на нас и улыбался. — He looked at us and smiled.
171.97; D 99

614 весьма́ *Adv* highly, very
- Увы, реальность весьма далека от их розовых мечтаний — Alas, reality is very far away from their rosy dreams.
171.89; D 99

615 испо́льзование *Nn* use
- Запрещается использование материалов сайта без письменного разрешения авторов. — Use of material from the site is prohibited without the written consent of the authors.
171.82; D 96

616 бо́льший *A* bigger, larger
- У этого ноутбука больший экран, чем у того. — This laptop has a bigger screen than that one.
171.80; D 98

617 домо́й *Adv* home
- Уже поздно, пора домой возвращаться. — It's already late; it's time to go home.
171.80; D 99

618 объе́кт *Nm* object, subject
- Объектом нашего исследования были 72 больных в возрасте от 56 до 70 лет. — The subjects of our investigation were 72 patients aged from 56 to 70.
171.62; D 97

619 па́мять *Nf* memory
- У детей хорошая память. — Children have a good memory.
171.41; D 98

620 свобо́да *Nf* freedom
- Борьба с терроризмом не должна влиять на свободу прессы. — The war on terrorism should not influence freedom of the press.
171.10; D 98

621 борьба́ *Nf* struggle, battle
- Выборы – это серьезная политическая борьба. — An election is a serious political battle.
170.85; D 98

622 ли́чный *A* personal
- В этом чемодане находятся мои личные вещи. — My personal belongings are in the suitcase.
170.73; D 97

623 каса́ться *V* touch
- У них не принято касаться друг друга на улице. — There it's not the done thing to touch one another on the street.
170.55; D 98

624 причём *C* moreover, on top of that, and also
- Нам надо сделать то же самое, причем как можно быстрее. — We must do the same, and also as quickly as we can.
170.24; D 99

625 необходи́мо *Adv* necessary, need
- Ему необходимо соблюдать строгую диету. — He needs to follow a strict diet.
170.21; D 98

626 назва́ние *Nn* name
- Вы запомнили название отеля? — Did you remember the name of the hotel?
  170.12; D 98

627 проводи́ть *V* lead, spend
- Как ваши дети проводят каникулы? — How are your children spending the holidays?
  170.11; D 99

628 отде́льный *A* separate
- У нас в доме нет отдельной комнаты для гостей. — There isn't a separate guest room in our house.
  170.06; D 99

629 предме́т *Nm* item, subject
- История была моим любимым школьным предметом. — History was my favourite subject at school.
  169.58; D 98

630 добавля́ть *V* add
- В натертую свеклу добавьте растительного масла и уксуса. — Add olive oil and vinegar to a grated beetroot.
  169.33; D 97

631 плечо́ *Nn* shoulder
- Она повесила сумку на левое плечо. — She put the bag over her left shoulder.
  169.25; D 99

632 му́зыка *Nf* music
- Вика с детства серьезно занималась музыкой. — Vika had been very interested in music since she was a child.
  168.86; D 97

633 самолёт *Nm* (aero)plane
- Самолет приземлился в аэропорту Лос-Анджелеса. — The plane landed at Los Angeles airport.
  168.56; D 97

634 пози́ция *Nf* position
- Китайская сторона изложила свою позицию по данной проблеме. — The Chinese have given their position on the issue.
  168.22; D 98

635 стара́ться *V* try
- Если ко мне обращаются с просьбами, стараюсь помочь каждому. — I try to help anyone who comes to me with a request.
  168.15; D 99

636 хара́ктер *Nm* character, nature
- В этом регионе безработица носит сезонный характер. — In this region unemployment is of a seasonal nature.
  168.13; D 99

637 ука́зывать *V* state
- Не забудьте указать имя, фамилию и возраст ребенка. — Don't forget to state the name, surname and age of your child.
  168.13; D 97

638 разме́р *Nm* size
- Какой размер обуви вы носите? — What's your shoe size?
  167.92; D 97

639 пить *V* drink
- Что вы будете пить – чай или кофе? — What would you like to drink? Tea or coffee?
  167.60; D 98

640 сре́дний *A* average, middle
- Средний возраст спортсменов – 25 лет. — The average age for a sportsman is 25.
  167.46; D 98

641 проду́кт *Nm* product
- Наш комбинат производит молочные продукты. — Our factory produces dairy products.
  167.29; D 97

642 геро́й *Nm* hero
- Они были настоящими героями. — They were true heroes.
  166.98; D 98

643 собира́ть *V* collect, pick (up)
- Я помог детям собрать игрушки и велел ложиться спать. — I helped the children to pick up their toys and told them to go to bed.
  166.83; D 99

644 серьёзный *A* serious
- Я не считаю это серьезной проблемой. — I don't consider it a serious problem.
  166.49; D 99

645 со́лнце *Nn* sun
- Солнце садилось за горизонт. — The sun disappeared behind the horizon.
  166.46; D 97

646 передава́ть *V* give, pass, tell
- Скажите честно, кому вы должны были передать деньги? — Be honest: who were you supposed to give the money to?
- Передай маме, что я ее люблю. — Tell mum that I love her.
  165.91; D 99

647 дух *Nm* spirit, morale
- Водяной – человекоподобный дух воды. — The Vodyanoy is a human-like spirit of water.
- Командир старался поднять боевой дух своих солдат. — The Captain tried to raise the morale of his troops.
  165.71; D 98

648 сеть *Nf* network, chain
- Спонсор фотоконкурса – сеть супермаркетов 'СПМ'. — The photo competition is sponsored by the 'SPM' supermarket chain.
  165.58; D 94

649 представитель *Nm* representative
- Об этом заявила в пятницу официальный представитель Еврокомиссии Эмма Удвин. — The official representative of the European Commission Emma Udwin reported on this on Friday.
  165.12; D 98

650 лес *Nm* forest
- Оба берега реки были покрыты густым лесом. — Both banks of the river were covered in thick forest.
  164.78; D 98

651 журнал *Nm* magazine
- Перед вами очередной номер журнала 'Вокруг света'. — The latest issue of the magazine 'Vokrug sveta' is in front of you.
  164.57; D 97

652 март *Nm* March
- Выставка продлится до середины марта. — The fair lasts until the middle of March.
  163.99; D 96

653 национальный *A* national
- Сегодня японский национальный костюм используется в основном только во время официальных мероприятий и праздников. — Nowadays Japanese national dress is worn mainly at official events and during festivals.
  163.93; D 97

654 территория *Nf* territory
- Территория России занимает площадь около 17,1 миллиона квадратных километров. — The territory of Russia takes up around 17.1 million square kilometres.
  163.85; D 98

655 искусство *Nn* art
- В нашем музее представлено традиционное искусство народов Севера. — Collections of traditional art from northern nations are on display in our museum.
  163.65; D 98

656 американский *A* American
- В нашем издательстве вышла новая книга известного американского писателя Стивена Кинга. — Our publishing house has released the latest book written by the American author Stephen King.
  163.64; D 98

657 словно *C* as if
- Он стоит, словно монумент. — He stands as if he's a monument.
  163.59; D 99

658 участник *Nm* participant
- Большое спасибо всем участникам сегодняшней дискуссии. — Many thanks to all those who have participated in today's discussion.
  163.56; D 97

659 впрочем *Adv* however
- Впрочем, ученые решили и эту проблему — However, scientists have solved this problem as well.
  163.34; D 99

660 вариант *Nm* option, variant
- По сути, это один из вариантов цензуры. — This is essentially one of the options of censorship.
  163.02; D 98

661 свободный *A* free
- Как ты проводишь свое свободное время? — How do you spend your free time?
  162.96; D 95

662 судьба *Nf* fate
- Это рассказ о нелегкой судьбе бывшего солдата. — This is a story about the complicated fate of a former soldier.
  162.95; D 99

663 срок *Nm* term, period
- Испытательный срок при приеме на работу не может превышать трех месяцев. — The probation period at the start of a new job shouldn't exceed three months.
  162.79; D 98

664 институт *Nm* institute
- Маша Кузьмина – студентка педагогического института. — Masha Kuz'mina is a student at the pedagogical institute.
  162.66; D 97

665 переходить *V* pass, cross, change
- Из кухни он переходит в коридор, потом в комнату. — He passes from the kitchen to the corridor and then to his room.
- Я перехожу на новую работу со следующей недели. — I'm changing jobs next week.
  162.56; D 99

666 гость *Nm* guest
- К нам сегодня придут гости. — We're expecting guests today.
  162.49; D 96

667 международный *A* international
- Этим летом в Нижнем Новгороде будет проходить международный конкурс молодых дизайнеров. — An international competition of young designers will take place this summer in Nizhny Novogorod.
  161.94; D 95

668 действовать *V* act
- Мы должны действовать очень осторожно. — We need to act very carefully.
  161.83; D 98

669 способный *A* capable
- Катя способная девочка, но ленивая. — Katya is a very capable girl, but she's lazy.
  161.66; D 99

670 практически *Adv* practically
- Это практически невозможно. — This is practically impossible.
  161.21; D 99

671 союз *Nm* union, alliance, conjunction
- Премьер-министр заключил временный союз с оппозицией. — The Prime Minister has formed a temporary alliance with the opposition.
  161.04; D 98

672 отказываться *V* refuse
- Два дня он отказывался от пищи. — He refused to eat for two days.
  160.55; D 99

673 Интернет *Nm* Internet
- Можно сэкономить, делая покупки через Интернет. — You can save money by doing your shopping on the Internet.
  160.36; D 94

674 песня *Nf* song
- Мы весь вечер пели песни. — We sang songs all evening.
  160.35; D 97

675 поздний *A* late
- Каждый год поздней осенью в Зальцбурге проходит джазовый фестиваль. — A jazz festival takes place in Salzburg every year in late Autumn.
  160.17; D 99

676 лучше *Part* better
- По-моему, лучше все же завести собаку. — I think it'd be better to get a dog.
  160.04; D 99

677 ум *Nm* mind
- Она одарена острым умом и замечательной интуицией. — She's endowed with a sharp mind and remarkable intuition.
  159.71; D 98

678 степень *Nf* degree, extent, degree (academic)
- За ряд замечательных работ он получил степень доктора наук и звание профессора. — For his many excellent works he received the degree of Doctor of Sciences and was awarded the title of Professor.
  159.65; D 97

679 успех *Nm* success
- Мероприятие прошло с большим успехом. — The event was a big success.
  159.44; D 98

680 парень *Nm* guy, boy
- Молодой парень что-то рассказывал своей подруге. — The young boy said something to his girlfriend.
  159.38; D 98

681 соглашаться *V* agree
- Все согласились с моим предложением. — Everyone agreed to my suggestion.
  159.34; D 99

682 кто-то *P* anyone, someone
- Пока он был в реке, кто-то украл всю его одежду. — While he was in the river, someone stole all his clothes.
  159.11; D 99

683 товар *Nm* product, item
- Даже тому, как разложить товар на прилавке, нужно учиться. — You even need to learn how to put items on the counter.
  159.07; D 96

684 надеяться *V* hope, rely
- Я очень надеялась на вашу помощь. — I was really relying on your help.
  158.82; D 99

685 предложение *Nn* offer, sentence
- Мы рассмотрим ваше предложение. — We will consider your offer.
  158.82; D 97

686 обнаруживать *V* find, discover
- У него обнаружено самодельное взрывное устройство. — An improvised explosive device was found on his person.
  158.72; D 97

687 река *Nf* river
- Лодка плыла по реке. — The ship cruised along the river.
  158.54; D 98

688 обеспечивать *V* provide
- Поставки продовольствия обеспечивает ООН. — The UN provides food supplies.
  158.25; D 98

689 фи́рма *Nf* firm
- Сейчас у него своя строительная фирма. — Now he has his own construction firm.
158.20; D 97

690 граждани́н *Nm* citizen
- Принять участие в конкурсе могут граждане России, стран СНГ и Балтии. — The competition is open to citizens of Russia, other countries of the CIS and the Baltic states.
158.03; D 98

691 составля́ть *V* compile, make, put together
- Милиция составляет список ее друзей и родни. — Police officers are compiling a list of her friends and relatives.
158.02; D 98

692 моско́вский *A* Moscow
- Игорь и Олег – московские предприниматели. — Igor and Oleg are entrepreneurs from Moscow.
157.56; D 97

693 заявля́ть *V* report, claim
- Он заявил в полицию о краже лодки. — He reported the theft of his boat to the police.
- Ученые заявляют, что подобные случаи очень редки. — Scientists claim that such cases are very rare.
157.41; D 98

694 това́рищ *Nm* comrade
- Я хочу поблагодарить всех своих товарищей за помощь. — I'd like to thank all comrades for their help.
157.20; D 98

695 норма́льный *A* normal, regular
- После развода они сохранили нормальные отношения. — They maintained normal relations after the divorce.
157.05; D 97

696 Евро́па *Nf* Europe
- Мы вас навестим, когда вернемся из поездки в Европу. — We'll come to visit you once we get back from our trip to Europe.
156.86; D 97

697 карти́на *Nf* painting, picture
- Многие знаменитые художники писали картины на религиозные сюжеты. — Many eminent artists painted pictures of religious themes.
156.66; D 98

698 созна́ние *Nn* consciousness
- От ужаса я чуть не потеряла сознание. — I almost lost consciousness from the fright.
156.64; D 98

699 апре́ль *Nm* April
- Чемпионат России по шахматам пройдет в апреле в Дагомысе. — The Russian Chess Championship will take place in Dagomys in April.
156.61; D 92

700 по́лностью *Adv* completely
- Я полностью согласна с вашими выводами. — I completely agree with your conclusions.
156.41; D 99

701 си́льно *Adv* strongly, considerably
- За эти годы ты сильно изменился. — You've changed considerably over the years.
156.38; D 98

702 обраща́ть *V* pay, render, turn
- Москвичи бегают по дорогам, не обращая внимания на сигналы светофоров. — Muscovites run along the roads, not paying attention to traffic lights.
156.35; D 99

703 исто́чник *Nm* source
- Рост цен на нефть делает необходимым использование возобновляемых источников энергии. — Rising oil prices are making it necessary to use renewable sources of energy.
155.88; D 97

704 дире́ктор *Nm* director
- Директор завода будет контролировать лично выполнение плана. — The director of the factory will himself see that the plan is fulfilled.
155.73; D 97

705 грани́ца *Nf* border
- Трое иностранных граждан были осуждены за незаконное пересечение государственной границы РФ. — Three foreign citizens were convicted of illegally crossing the Russian state border.
155.37; D 98

706 состоя́ть *V* be, consist of
- Молекулы состоят из атомов. — Molecules consist of atoms.
155.17; D 99

707 вме́сто *Prep* instead of
- Вы мне вместо швейцарского сыра продали голландский. — You sold me Dutch cheese instead of Swiss cheese.
154.94; D 98

708 закрыва́ть *V* close
- Закрой глаза. — Close your eyes.
154.89; D 97

709 полови́на *Nf* half
- Ей принадлежала половина большого деревянного дома. — She owned half of the big wooden house.
154.76; D 99

710 опера́ция *Nf* operation
- Операция выполняется под местной анестезией. — The operation is carried out under a local anaesthetic.
154.60; D 97

711 поступа́ть *V* enter, enrol, behave
- В 1992 году он поступил в Московскую духовную академию и закончил ее в 1996 году. — In 1992 he enrolled at the Moscow Theological Academy and graduated in 1996.
- Я должен поступить именно так. — That's how I should behave.
154.23; D 99

712 про́бовать *V* try
- Ты пробовала это вино? — Have you tried this wine?
154.05; D 98

713 вы́бор *Nm* choice
- Вы сделали прекрасный выбор. — You've made an excellent choice.
154.03; D 98

714 оце́нка *Nf* evaluation, mark
- Нас не интересуют его оценки по тригонометрии. — We aren't interested in what marks he got for trigonometry.
154.01; D 97

715 ого́нь *Nm* fire, light
- Повсюду в городе зажигались огни. — Fires were lit all over the town.
153.80; D 98

716 моде́ль *Nf* model
- Союз строился на модели, выработанной в Закавказье. — The union was built on a model developed in Transcaucasia.
153.67; D 96

717 специали́ст *Nm* specialist
- Установку газовой плиты может производить только квалифицированный специалист. — Only a qualified specialist can fit a gas cooker.
153.29; D 97

718 соба́ка *Nf* dog
- Родители не разрешили мне завести собаку. — My parents didn't allow me to have a dog.
153.13; D 95

719 компью́тер *Nm* computer
- Мне придется отложить покупку нового компьютера. — I'll have to put off buying a new computer.
153.09; D 96

720 краси́вый *A* beautiful
- Она вошла, и я сразу увидела, какая это красивая женщина. — She walked in and I immediately saw what a beautiful woman she was.
152.63; D 98

721 техноло́гия *Nf* technology
- Современные технологии позволяют решить эту задачу. — Modern technology will allow us to solve this problem.
152.03; D 94

722 де́рево *Nn* tree
- В нашем парке растет много старых деревьев. — There are many old trees in our park.
151.88; D 98

723 вы́ход *Nm* exit, way out
- Единственный выход для него – уехать навсегда. — His only way out is to leave for ever.
151.79; D 98

724 нау́чный *A* scientific
- Эта работа требует серьезного научного подхода. — This work requires a serious scientific approach.
151.58; D 97

725 мирово́й *A* world
- Проблема глобального изменения климата касается всех стран мирового сообщества. — Climate change affects all countries of the world.
151.52; D 98

726 гора́ *Nf* mountain, hill
- Дом стоит на горе. — The house is on a hill.
151.25; D 98

727 де́тский *A* child's, childlike
- Раньше я работала медсестрой в детской поликлинике. — I used to work as a nurse in a children's polyclinic.
151.25; D 97

728 уме́ть *V* be able, can
- Там, где я живу, умеют плавать все. — Everyone can swim where I live.
151.20; D 99

729 жела́ть *V* wish
- Пожелайте мне удачи. — Wish me luck.
150.92; D 99

730 бе́рег *Nm* shore, bank
- Мы расставили палатки прямо на берегу реки. — We pitched the tents right on the bank of the river.
150.80; D 98

731 кора́бль *Nm* ship
- Командир корабля до последней минуты находился на капитанском мостике. — The ship's captain remained on the command bridge right until the last moment.
150.73; D 97

732 широ́кий *A* wide
- У нас вы найдете широкий ассортимент товаров для строительства и ремонта. — We stock a wide range of building materials and tools.
150.60; D 99

733 прекра́сный *A* fine, great
- Я проснулась в прекрасном настроении. — I woke up in a great mood.
149.88; D 98

734 и́бо *C* for, because
- Будем говорить о ХХ веке, ибо XXI еще только начался. — We will talk about the 20th century, for the 21st century has just begun.
149.67; D 98

735 постоя́нно *Adv* constantly
- Количество наших клиентов постоянно растет. — Our client base is constantly growing.
149.42; D 99

736 рабо́чий *A, N-* worker
- Заводу требуются квалифицированные рабочие. — The factory needs qualified workers.
149.11; D 98

737 вне́шний *A* external
- Это устройство полностью защищено от внешних факторов специальным покрытием. — The device is fully protected from external elements by a special cover.
149.07; D 98

738 литерату́ра *Nf* literature
- Виктор Пелевин – культовое имя в современной русской литературе. — Viktor Pelevin is a cult figure in modern Russian literature.
149.07; D 97

739 тяжёлый *A* heavy, serious
- Недавно от тяжелой болезни скончалась ее мать. — Her mother recently passed away from a serious illness.
148.91; D 99

740 среда́ *Nf* Wednesday
- Я буду свободна в среду после обеда. — I'll be free on Wednesday afternoon.
148.47; D 98

741 сотру́дник *Nm* employee, colleague
- Иван Иванович – старейший сотрудник нашего института. — Ivan Ivanovich is a long-serving employee of our institute.
148.42; D 97

742 услы́шать *V* hear
- Вчера в магазине я случайно услышал разговор двух молодых людей. — I happened to hear the conversation of two young people in a shop yesterday.
148.13; D 99

743 сло́жный *A* complex, sophisticated
- В стране сложилась сложная экономическая ситуация. — A complex economic situation has arisen in the country.
147.94; D 99

744 зал *Nm* hall, room
- В зале прилета на первом этаже работают пункты обмена валют. — There are currency exchange offices on the first floor of the arrivals hall.
147.93; D 98

745 во́йско *Nn* army
- Они атаковали войска противника. — They were attacking the enemy's army.
147.86; D 98

746 структу́ра *Nf* structure
- Пока не известна структура нового комитета. — The structure of the new committee still isn't known.
147.75; D 98

747 бой *Nm* fight, battle
- Оставалось лишь одно – вступить в неравный бой. — There was only one thing left: to enter into an uneven battle.
147.71; D 98

748 несмотря́ *Adv* despite
- Несмотря на трудности, она полна оптимизма. — Despite the difficulties she is full of optimism.
147.65; D 99

749 коро́ткий *A* short
- Сейчас мы сделаем короткий перерыв. — Now we'll have a short break.
147.05; D 99

750 стра́нный *A* strange
- Я слышу какой-то очень странный звук. — I can hear some kind of strange noise.
147.02; D 98

751 нача́льник *Nm* head
- Он работает начальником отдела крупного банка. — He's a head of a department at a large bank.
146.98; D 98

752 ни́зкий *A* low
- Наш благотворительный фонд оказывает помощь семьям с низким уровнем дохода. — Our charity helps families who are on a low income.
146.56; D 98

753 край *Nm* edge
- Будьте осторожны, отойдите от края платформы. — Be careful: move away from the edge of the platform.
146.40; D 97

754 оши́бка *Nf* mistake
- Я сделала три ошибки в диктанте. — I made three mistakes in the dictation.
146.30; D 90

755 це́рковь *Nf* church
- Моя свекровь ходит в церковь каждое воскресенье. — My mother-in-law goes to church every Sunday.
146.28; D 97

756 сюда́ *P* here
- Зачем ты сюда приехала? — Why have you come here?
145.55; D 98

757 бу́дущее *Nn* future
- Этого талантливого ребенка ждет блестящее будущее. — This talented child has a bright future ahead of him.
145.44; D 98

758 про́шлый *A* last
- Прошлый год был для меня очень тяжелым. — Last year was very hard for me.
144.84; D 98

759 бума́га *Nf* paper
- Она взяла лист бумаги и стала что-то быстро писать. — She took a sheet of paper and quickly started to write something.
144.49; D 97

760 подде́ржка *Nf* support
- Ты можешь рассчитывать на нашу поддержку. — You can count on our support.
144.33; D 97

761 по́льзоваться *V* use
- А вы не пробовали пользоваться дезодорантом? — And have you tried using deodorant?
143.78; D 95

762 ли́ния *Nf* line
- Проведите прямую линию из точки А в точку В. — Draw a straight line from point A to point B.
143.76; D 98

763 бы́стрый *A* fast, quick
- От быстрой ходьбы ему стало жарко. — He started to feel hot from walking quickly.
143.76; D 98

764 защи́та *Nf* protection
- Наша схема защиты от нелегального копирования работает достаточно эффективно. — Our method of protection against illegal copying works fairly well.
143.60; D 97

765 сча́стье *Nn* happiness
- В чем секрет семейного счастья? — What's the secret of family happiness?
143.49; D 98

766 всего́ *Part* only
- У нас осталось всего три дня до отъезда. — There are only three days left until we go.
143.33; D 96

767 рома́н *Nm* affair, novel
- Их роман не имеет будущего. — Their affair doesn't have a future.
- Этот роман был любимой книгой моего отца. — This novel was my father's favourite book.
143.21; D 97

768 вы́глядеть *V* look
- Он выглядит спокойным и уверенным в себе. — He looks calm and confident.
142.95; D 99

769 име́ться *V* be available, have
- У вас имеется педагогический опыт? — Do you have any teaching experience?
142.89; D 99

770 ве́тер *Nm* wind
- Дует сильный ветер. — There's a strong wind.
142.57; D 98

771 соста́в *Nm* composition
- Что входит в состав этого препарата? — What does this drug consist of?
142.21; D 98

772 возника́ть *V* occur, arise, be encountered
- У них каждый день возникают новые проблемы. — They encounter new problems every day.
142.16; D 99

773 английский *A* English
- Мне придется читать свой доклад на английском языке. — I'll have to give my presentation in English.
141.91; D 98

774 высший *A* high, highest
- Это одно из высших достижений человеческого разума. — It is one of the highest achievements of human intelligence.
141.87; D 98

775 курс *Nm* course
- Я окончила бухгалтерские курсы. — I completed an accounting course.
141.84; D 97

776 теория *Nf* theory
- Чарльз Дарвин – автор теории эволюции. — Charles Darwin is the author of the Theory of Evolution.
141.54; D 97

777 разве *Part* really
- А ты с нами разве не пойдешь? — Are you really not going to come with us?
141.40; D 97

778 вокруг *Prep* around
- Вокруг него толпились поклонники. — Worshippers crowded around him.
141.29; D 99

779 длинный *A* long
- Раньше у меня были длинные волосы. — I used to have long hair.
141.27; D 99

780 бывший *A* ex-, former
- Я на днях встретила своего бывшего одноклассника. — I met a former classmate the other day.
141.26; D 96

781 пространство *Nn* space
- Ученые продолжают исследования космического пространства. — Scientists are continuing their investigation into space.
141.18; D 97

782 учиться *V* study
- Где ты учишься? — Where do you study?
140.84; D 98

783 возраст *Nm* age
- У меня в вашем возрасте было уже двое детей. — At your age I already had two children.
140.73; D 98

784 понятие *Nn* idea, concept
- Многие путают понятия 'скромность' и 'воспитанность'. — Many confuse the concepts of 'modesty' and 'politeness'.
140.61; D 98

785 чистый *A* clean, pure
- Здесь чистая прозрачная вода и хороший пляж. — Here the water is crystal clear and the beach is good.
140.36; D 98

786 потерять *V* lose
- Ты опять потерял ключи от квартиры? — Have you lost the house keys again?
140.31; D 99

787 поведение *Nn* behaviour
- Чем объясняется ваше агрессивное поведение? — What is the cause of your aggressive behaviour?
140.14; D 98

788 спина *Nf* back
- Иногда у него ужасно болит спина. — He sometimes suffers from terrible back pain.
140.12; D 99

789 трудно *Adv* difficult
- Мне трудно привыкнуть к новой стране. — It's difficult for me to get used to another country.
140.08; D 99

790 услуга *Nf* service
- В аэропорту появилась новая услуга – бесплатный Wi-Fi доступ к сети Интернет. — There's a new service at the airport: free Wi-Fi.
139.92; D 96

791 продавать *V* sell
- В какой кассе продают билеты на ближайший сеанс? — At which box office are tickets for the next show being sold?
139.87; D 98

792 служить *V* serve
- Сейчас он служит в армии. — He's currently serving in the army.
139.76; D 99

793 оружие *Nn* weapon, firearm
- Перевозка огнестрельного оружия в салоне самолета запрещается. — It is forbidden to carry firearms onto a plane.
139.20; D 97

794 США *N-* USA
- Наш оркестр отправляется в гастрольный тур по США. — Our orchestra is setting off on a tour of the USA.
139.16; D 96

795 направля́ть *V* send, direct
- Мы направим жалобу в Европейский Суд по правам человека. — We shall send a complaint to the European Court of Human Rights.
- Поэтому много сил и средств направлено на разрешение данной проблемы. — That's why so much effort and money is going on solving this problem.
  139.08; D 99

796 страх *Nm* fear, worry
- Вы испытываете страх перед экзаменами? — Do you worry before an exam?
  138.69; D 98

797 страни́ца *Nf* page
- Соколов перелистывал страницы какого-то журнала. — Sokolov was flicking through the pages of a magazine.
  138.67; D 91

798 па́па *Nm* dad
- Папа пришел домой. — Dad came home.
  138.55; D 96

799 враг *Nm* enemy
- Мы солдаты и наша задача победить врага. — We are soldiers and our task is to defeat the enemy.
  138.39; D 98

800 по́иск *Nm* search
- Спасатели уже обнаружили 50 человек, поиски продолжаются. — Rescuers have already found 50 people; the search is continuing.
  137.89; D 95

801 два́дцать *Num* twenty
- Что можно купить на двадцать рублей? — What can I buy for twenty rubles?
  137.83; D 99

802 руководи́тель *Nm* director
- Руководитель предприятия оштрафован за нарушение трудового законодательства. — The director of the enterprise was fined for breaking labour laws.
  137.74; D 97

803 эконо́мика *Nf* economy
- Темпы роста мировой экономики сейчас ниже, чем в 1970-х годах. — The world economy is progressing at a slower pace than in the 1970s.
  137.64; D 97

804 столь *P* so, that
- Подобное увлечение может быть и не столь безобидным. — Such enthusiasm might not be so harmless.
  137.57; D 99

805 отку́да *P* where (from)
- Откуда вы приехали? — Where did you come from?
  137.42; D 98

806 гора́здо *Adv* much
- Испанский язык дается мне гораздо легче немецкого. — I find Spanish much easier than German.
  137.27; D 97

807 хозя́ин *Nm* master
- Кто хозяин этого дома? — Who's the master of the house?
  136.85; D 98

808 стра́шный *A* terrible
- О, это был очень страшный фильм! — Oh, that was a terrible film!
  136.84; D 99

809 ожида́ть *V* expect, await
- Она ожидает приезда нового французского посла. — She is awaiting the arrival of the new French ambassador.
  136.83; D 98

810 ка́мень *Nm* stone
- Петька поднял камень и кинул в воду. — Pet'ka picked up a stone and threw it into the water.
  136.71; D 98

811 расска́з *Nm* story
- Мы с большим интересом читаем все ваши рассказы. — We read all your stories with great interest.
  136.65; D 98

812 звук *Nm* sound
- Все услышали звук выстрела. — Everyone heard the sound of the gunshot.
  136.61; D 98

813 вновь *Adv* again
- Кажется, что вновь вернулась зима. — It seems that winter is back again.
  136.57; D 99

814 солда́т *Nm* soldier
- Солдаты бежали с криками 'ура'. — The soldiers were running, shouting 'hurrah'.
  136.53; D 98

815 наде́жда *Nf* hope
- Болезнь отнимает у меня всякую надежду на будущее. — The illness is taking away any hope I have for the future.
  136.48; D 98

4 Communication

предлага́ть 296 offer, propose	благода́рный 3113 grateful
проси́ть 438 ask	приглаше́ние 3216 invitation
господи́н 817 master, mister, gentleman	приве́тствовать 3291 greet, welcome
пожа́луйста 845 please	проще́ние 3423 forgiveness
спаси́бо 905 thanks	пожела́ние 3831 wish
проща́ть 930 forgive	госпожа́ 3879 mrs
приглаша́ть 986 invite	поблагодари́ть 4060 thank
здра́вствовать 1336 hello | long life	ве́жливо 4074 politely
разреша́ть 1361 allow; solve	проща́ться 4254 say goodbye
про́сьба 1526 request, ask	извиня́ться 4393 apologise
уважа́емый 1592 respected	ве́жливый 4438 polite
извиня́ть 1646 forgive, excuse	откры́тка 4460 postcard
представля́ться 1934 introduce; arise	проща́ние 4464 farewell
прия́тно 2129 nice	поздравле́ние 4477 congratulation, greetings
приве́т 2288 hi; regards	сча́стливо 4524 happily; good luck
поздравля́ть 2353 congratulate	приве́тствие 4552 greeting
благодари́ть 2709 thank	извине́ние 4553 excuse, apology
благода́рность 2923 thanks, gratitude	тост 4589 toast
норма́льно 3103 it is normal	

816 ка́рта *Nf* card, map
• Я могу расплатиться кредитной картой? — Can I pay by credit card?
• У вас есть карта Московской области? — Do you have a map of the Moscow region?
136.42; D 93

817 господи́н *Nm* master, mister, gentleman
• Уважаемые дамы и господа, вас приветствует командир корабля. — Dear ladies and gentlemen, the captain would like to welcome you onboard.
136.39; D 98

818 лета́ть *V* fly
• Птицы летают над рекой. — Birds are flying above the river.
136.39; D 98

819 цвет *Nm* colour
• Мне нравится синий цвет. — I like the colour blue.
136.05; D 96

820 сесть *V* sit down
• Сядьте на этот стул, пожалуйста. — Sit down on this chair, please.
136.02; D 99

821 специа́льный *A* special
• Разведчики проходят здесь специальную подготовку. — Intelligence officers undergo special training here.
135.73; D 98

822 попы́тка *Nf* attempt
• Будьте внимательны, это ваша последняя попытка. — Be careful: this is your final attempt.
135.60; D 98

823 круг *Nm* circle
• Как нарисовать круг без циркуля? — How do you draw a circle without a compass?
135.43; D 98

824 одна́жды *Adv* once
• Я однажды здесь была. — I was once here.
135.34; D 99

825 устра́ивать *V* organize, arrange, suit, be convenient
• В субботу мы с женой устраиваем небольшую вечеринку. — My wife and I are having a small party on Saturday.
• Она недовольна, ее не устраивает цена. — She's unhappy; the price doesn't suit her.
135.28; D 99

826 коммента́рий *Nm* comment
• Оставлять комментарии на сайте могут только зарегистрированные пользователи. — Only registered users can leave comments on the site.
135.27; D 65

827 посыла́ть *V* send
- Звонят из одного из агенств, куда я посылал резюме. — Someone from one of the agencies that I sent my CV to is on the phone.

  135.25; D 98

828 глава́ *Nf* head, chapter
- Президент республики является главой государства. — The President of the Republic is the Head of State.

  134.99; D 98

829 уда́р *Nm* stroke, blow
- Сильный удар свалил мужчину на землю. — The man was knocked off his feet by the powerful blow.

  134.96; D 98

830 клие́нт *Nm* client, customer
- У вас есть скидки для постоянных клиентов? — Do you have any reductions for long-term clients?

  134.43; D 95

831 ина́че *P* otherwise
- Сидите тихо, иначе я очень рассержусь. — Sit quietly, otherwise I'll get angry.

  134.42; D 99

832 кра́йний *A* extreme, far
- Он добрался до самого маяка, находившегося на крайней северной точке острова. — He got right to the lighthouse on the far north tip of the island.

  134.38; D 98

833 признава́ть *V* recognize, admit
- Иудаизм законодательно признан в России традиционной религией. — Judaism is legally recognized in Russia as a traditional religion.
- Он был вынужден признать поражение. — He was forced to admit defeat.

  134.31; D 98

834 до́ктор *Nm* doctor
- Доктор пропишет тебе антибиотики. — The doctor will prescribe you antibiotics.

  134.01; D 97

835 достига́ть *V* reach
- Во второй половине дня в среду цена барреля нефти достигала 67,40 долл. — The price of a barrel of oil reached 67.40 dollars on Wednesday afternoon.

  133.70; D 99

836 исчеза́ть *V* disappear
- Улыбка мгновенно исчезла с ее лица. — Her smile disappeared in an instant.

  133.51; D 99

837 означа́ть *V* mean
- Что означает этот термин? — What does this term mean?

  133.35; D 98

838 гляде́ть *V* look
- Поглядите внимательно на фотографию. — Look carefully at the photograph.

  133.32; D 99

839 пока́зываться *V* appear
- Солнышко показалось на минуту из-за туч. — The sun appeared for a moment from behind the clouds.

  133.27; D 99

840 изменя́ть *V* change, be unfaithful
- У нас есть возможность изменить свою жизнь к лучшему. — We have the chance to change our life for the better.
- Недавно она узнала, что муж изменяет ей уже в течение двух лет. — She recently found out that her husband had been cheating on her for two years.

  133.12; D 98

841 дочь *Nf* daughter
- Ваша дочь учится или работает? — Is your daughter a student or does she work?

  133.03; D 98

842 отправля́ть *V* send
- Я хочу отправить посылку другу. — I want to send a parcel to a friend.

  132.99; D 97

843 респу́блика *Nf* republic
- Словения – бывшая югославская республика. — Slovenia is a former republic of Yugoslavia.

  132.67; D 93

844 ста́вить *V* put
- Поставь, пожалуйста, книгу на полку. — Put the book on the shelf, please.

  132.24; D 99

845 пожа́луйста *Part* please
- Вот здесь распишитесь, пожалуйста. — Sign here, please.

  132.00; D 96

846 пое́хать *V* go
- Мы с подругой завтра поедем на дачу. — My friend and I are going to the dacha tomorrow.

  131.84; D 98

847 еди́ный *A* united
- Партия 'Единая Россия' может получить в Госдуме 222 депутатских мандата. — The party 'Edinaya Rossiya' may receive 222 deputy mandates in the State Duma.

  131.78; D 98

848 во́лос *Nm* hair
- У моей дочери светлые волосы. — My daughter has fair hair.

131.63; D 94

849 соверша́ть *V* accomplish, do, make
- Он совершает главную ошибку в своей жизни. — He's making the biggest mistake of his life.

131.34; D 98

850 Герма́ния *Nf* Germany
- Я тоже живу в Германии. — I also live in Germany.

131.19; D 96

851 называ́ться *V* be called
- Как называется ваш любимый фильм? — What is your favourite film called?

131.14; D 99

852 отсу́тствие *Nn* absence
- Причина нашей неустроенности – в отсутствии в доме женщины. — The absence of a woman in the household is the reason for us being disorganized.

131.07; D 98

853 прямо́й *A* straight, direct
- Отсюда идет прямая дорога к реке. — There's a direct road to the river from here.

130.84; D 98

854 проце́нт *Nm* per cent, percentage
- Его поддерживает 77 процентов населения. — He is supported by 77 per cent of the population.

130.80; D 97

855 ма́сса *Nf* mass, lots, weight
- Белая густая масса поглотила его. — Thick white mass consumed him.
- Вас ждет масса удовольствий. — You are in for lots of fun.
- Карат – единица измерения массы драгоценных камней. — Carat is a unit used for measuring the weight of precious stones.

130.67; D 98

856 ба́за *Nf* base
- Вся информация хранится в компьютерной базе данных. — All the information is stored in a computer database.

130.65; D 97

857 до́лгий *A* long
- Он долгое время не работал. — He didn't work for a long time.

130.57; D 99

858 необходи́мость *Nf* necessity
- Я готов помочь вам, если возникнет необходимость. — I'm willing to help you should the necessity arise.

130.38; D 98

859 ве́ра *Nf* faith
- Он потерял веру в собственные силы и возможности. — He lost faith in his own powers and capability.

130.38; D 98

860 студе́нт *Nm* student
- У нас обучаются студенты из многих стран мира. — Students from many countries study here.

130.32; D 96

861 ана́лиз *Nm* analysis, test
- Я был отправлен на анализ крови. — I was sent for a blood test.

130.31; D 97

862 отправля́ться *V* depart
- Наш поезд отправляется через 15 минут. — Our train departs in 15 minutes.

130.18; D 98

863 зда́ние *Nn* building
- Я работаю на строительстве нового здания библиотеки. — I'm working on the construction of a new library building.

130.18; D 97

864 ребя́та *N-* children, guys
- Послушайте меня внимательно, ребята. — Listen to me carefully, guys.

130.00; D 98

865 конкре́тный *A* specific
- Я могу привести конкретный пример. — I can give a specific example.

129.85; D 98

866 у́гол *Nm* corner, angle
- В углу стоит кресло. — There's a chair in the corner.

129.68; D 98

867 ско́рость *Nf* speed
- Мы едем со скоростью 80 км/ч. — We're travelling at a speed of 80km/hour.

129.36; D 97

868 тре́бование *Nn* requirement, demand
- Если же Ваш материал не отвечает нашим требованиям, то мы вправе отклонить его без дополнительных объяснений. — If your material does not meet our requirements, then we may reject it without further explanation.

129.25; D 97

869 бýдто *Part* as if
- Он делает вид, как будто я просто не существую. — He's acting as if I don't exist.
  128.83; D 99

870 бежáть *V* run
- Ты слишком быстро бежишь! — You're running too quickly!
  128.48; D 99

871 нóвость *Nf* news
- После выпуска новостей мы продолжим нашу передачу. — We'll resume our programme after the news.
  128.33; D 92

872 откры́тый *A* open
- В открытое окно светило яркое солнце. — The bright sun shone through the open window.
  128.31; D 98

873 спи́сок *Nm* list
- Диетологи составили список самых полезных продуктов. — Dieticians have drawn up a list of the most healthy types of food.
  128.20; D 97

874 представлéние *Nn* performance, idea
- Я не имею представления о том, что нам делать дальше. — I have no idea what to do next.
  128.17; D 98

875 учи́тель *Nm* teacher
- Он был моим любимым школьным учителем. — He was my favourite school teacher.
  128.17; D 97

876 вы́вод *Nm* conclusion
- К какому выводу вы пришли? — What's your conclusion?
  128.02; D 98

877 договóр *Nm* agreement
- Авиакомпания BMI заключила договор с авиакомпанией Трансаэро (Россия). — The airline BMI has set up an agreement with Transaero Airlines (Russia).
  127.81; D 94

878 положи́ть *V* put
- Куда ты положил мою книгу? — Where did you put my book?
  127.49; D 99

879 энéргия *Nf* energy
- Нам нужны альтернативные источники энергии. — We need alternative sources of energy.
  127.35; D 96

880 зави́сеть *V* depend
- Цена аренды зависит от района, в котором расположена квартира. — Rent costs depend on the region in which the flat is located.
  127.22; D 96

881 немéцкий *A* German
- Мы познакомили Ольгу Николаевну с немецкими специалистами. — We introduced Ol'ga Nikolaevna to the German specialists.
  127.09; D 96

882 обязáтельно *Adv* obligatory
- Вы обязательно должны ему помочь! — You must help him!
  127.05; D 99

883 боль *Nf* pain, ache
- Головная боль может оказаться признаком серьезного заболевания. — Headache may be a symptom of a more serious illness.
  126.80; D 97

884 примéрно *Adv* roughly
- В Риге проживают примерно одинаковое количество латышей и русских. — A roughly even number of Latvians and Russians live in Riga.
  126.78; D 98

885 безопáсность *Nf* safety, security
- Наша задача – обеспечивать безопасность жизни и здоровья потребителей. — Our task is to ensure the safety and well-being of our users.
  126.72; D 97

886 май *Nm* May
- У меня день рождения в мае. — My birthday is in May.
  126.11; D 97

887 плóхо *Adv* bad(ly)
- В переулке плохо пахло. — There was a bad smell in the alley.
  126.05; D 99

888 ви́дно *Adv* visible
- Отсюда все хорошо видно. — Everything is clearly visible from here.
  125.84; D 99

889 удовóльствие *Nn* pleasure
- Ты получаешь удовольствие от занятий спортом? — Do you get a feeling of pleasure from playing sport?
  125.47; D 98

890 некий *P* a certain, some
- Ходят слухи, что некая швейцарская клиника готова принять высокопоставленного больного из России. — Rumour has it that a certain Swiss clinic is willing to accept the high-ranking Russian patient.

125.45; D 99

891 способность *Nf* ability
- Мы помогаем нашим ученикам развивать их творческие способности. — We help our pupils develop their creative abilities.

125.45; D 98

892 прежде *Prep* before, first
- Мне прежде всего мне нужно принять душ. — First of all I need to take a shower.

125.13; D 99

893 произносить *V* pronounce, say
- Четко произноси каждое слово. — Pronounce each word clearly.

124.88; D 99

894 переставать *V* stop
- Наши соседи перестали шуметь по ночам. — Our neighbours have stopped making noise during the night.

124.84; D 99

895 дома *Adv* at home
- Я буду дома около шести часов вечера. — I'll be at home at around six o'clock in the evening.

124.45; D 99

896 ощущение *Nn* feeling, sensation
- Год назад у меня были болезненные ощущения при мочеиспускании. — A year ago I felt a painful sensation when urinating.

124.22; D 97

897 адрес *Nm* address
- Укажите, пожалуйста, ваш почтовый адрес, включая индекс. — Please give me your address, including your post code.

124.04; D 96

898 западный *A* western
- В Западной Европе этот праздник отмечают с XIII века. — In Western Europe this festival has been celebrated since the thirteenth century.

124.02; D 97

899 писатель *Nm* writer
- Это книга знаменитых писателей Аркадия и Бориса Стругацких. — This is a book by the famous writers Arkady and Boris Strugatsky.

123.86; D 97

900 противник *Nm* enemy
- У них нет никаких шансов уничтожить противника. — They have no chance of defeating the enemy.

123.73; D 97

901 сфера *Nf* sphere, sector
- У меня стаж работы в банковской сфере более 9 лет. — I have worked in the banking sector for more than 9 years.

123.73; D 98

902 любимый *A, N-* favourite, beloved
- Это моя любимая песня. — This is my favourite song.

123.64; D 98

903 звезда *Nf* star
- В небе светит яркая звезда. — A bright star is shining in the sky.

123.58; D 97

904 проверять *V* check
- Пограничники проверяют паспорта пассажиров. — Border officials are checking the passengers' passports.

123.49; D 98

905 спасибо *Part* thanks
- Большое спасибо за поздравление! — Many thanks for your greetings!

123.48; D 98

906 вперёд *Adv* forward
- Иди вперед и ничего не бойся. — Go forward and fear nothing.

123.46; D 99

907 знак *Nm* sign, mark
- Расставь знаки препинания в предложении. — Put punctuation marks in the sentence.

123.37; D 98

908 влияние *Nn* influence, effect
- Две женщины имели влияние на него – его мать и его жена. — Two women had an influence on him: his mother and his wife.

123.25; D 98

909 вовсе *Adv* at all
- Это вовсе не доказывает, что я был пьян. — This does not at all prove that I was drunk.

123.22; D 99

910 уверенный *A* confident, certain
- Он абсолютно уверен в своей правоте. — He is absolutely certain that he is right.

123.20; D 98

911 грудь *Nf* chest, breast
- Его убили выстрелом в грудь. — He was killed by a shot to the chest.
123.06; D 97

912 двор *Nm* yard
- На школьном дворе мальчишки играли в футбол. — The boys were playing football in the school yard.
122.67; D 98

913 никак *P* no way
- Я никак не могу похудеть. — There's just no way that I can lose weight.
122.59; D 99

914 описывать *V* describe
- Автор подробно описывает это событие. — The author describes the event in detail.
122.51; D 99

915 банк *Nm* bank
- Я бы хотела открыть счет в вашем банке. — I'd like to open an account at your bank.
122.45; D 94

916 контроль *Nm* control
- Мы прошли паспортный контроль очень быстро. — We got through passport control very quickly.
122.45; D 97

917 пункт *Nm* paragraph
- Редакция газеты нарушила пункт 3 статьи 5 Закона РФ 'О рекламе'. — The newspaper's editors violated Paragraph 3 of Article 5 of the Russian Advertising Act.
122.40; D 97

918 радость *Nf* gladness, joy
- Я не испытываю радости от этой победы. — I feel no joy from this victory.
122.29; D 98

919 чужой *A, N-* strange, unfamiliar
- Найти работу в чужом городе не так просто. — It's not so simple to find work in an unfamiliar town.
122.27; D 98

920 функция *Nf* function
- Этот предмет выполняет очень важную функцию. — This object serves a very important function.
122.13; D 96

921 завтра *Adv* tomorrow
- Ты уезжаешь завтра? — Are you leaving tomorrow?
121.94; D 99

922 впечатление *Nn* impression
- С первой секунды он произвел ужасное впечатление. — He made a terrible impression right from the start.
121.78; D 98

923 задавать *V* ask, give
- Этот вопрос задавала себе каждая девушка. — Every girl has asked herself this question.
- Почему-то нам задают слишком много уроков. — For some reason they're giving us too many assignments.
121.29; D 98

924 содержание *Nn* contents
- Ты можешь пересказать мне содержание рассказа? — Can you retell me the contents of the story?
121.11; D 98

925 сохранять *V* keep
- На корабле началась паника, спокойствие сохраняли только два человека. — Panic broke out on the ship; only two people managed to keep their cool.
120.91; D 99

926 основание *Nn* foundation, basis, setting up
- Он вложил все свои деньги в основание этого бизнеса. — He put all his money into setting up the business.
120.66; D 98

927 заканчивать *V* finish
- Через сорок пять минут учитель закончил урок. — After forty-five minutes the teacher finished the lesson.
120.64; D 98

928 объём *Nm* volume, size
- Этот шампунь придает волосам объем. — This shampoo gives hair volume.
120.35; D 97

929 вчера *Adv* yesterday
- Где ты был вчера? — Where were you yesterday?
120.27; D 98

930 прощать *V* forgive
- Мамочка, прости меня! — Mum, forgive me!
120.21; D 98

931 прямо *Adv* straight
- Ты с работы иди прямо домой, нигде не задерживайся. — Go straight home from work and don't hang about anywhere.
120.15; D 99

932 режи́м *Nm* mode, regime
- К началу 30-х гг. тоталитарный режим стал суровой политической реальностью. — By the start of the 1930s the totalitarian regime had become a harsh political reality.
119.97; D 96

933 во́ля *Nf* will
- Такова воля нашего народа. — Such is the will of our nation.
119.77; D 98

934 киломе́тр *Nm* kilometre
- Город Александров находится в ста километрах от Москвы. — The town of Aleksandrov is one hundred kilometres away from Moscow.
119.34; D 97

935 расти́ *V* grow
- Наши дети быстро растут. — Our children are growing up very quickly.
119.29; D 98

936 звать *V* call
- Меня зовут Марина. — I'm called Marina.
119.22; D 99

937 пра́вильный *A* correct
- Выберите правильный вариант ответа. — Choose the correct answer.
119.21; D 97

938 ли́чность *Nf* personality, identity
- Вы установили личность преступника? — Have you established the identity of the culprit?
119.15; D 98

939 шесть *Num* six
- Я приехала в Россию шесть месяцев назад. — I came to Russia six months ago.
118.96; D 98

940 одновреме́нно *Adv* simultaneously
- Чтобы выйти из полноэкранного режима, нажмите одновременно клавиши [Ctrl] и [Alt]. — To exit full-screen mode press 'Ctrl' and 'Alt' simultaneously.
118.77; D 99

941 здоро́вье *Nn* health
- Они очень заботятся о своем здоровье. — They are very concerned about their health.
118.68; D 96

942 рот *Nm* mouth
- Закрой рот. — Close your mouth.
118.61; D 98

943 регио́н *Nm* region
- Несколько тысяч жителей этого региона остались без крова. — Several thousand inhabitants of the region were left without shelter.
118.48; D 96

944 преде́л *Nm* limit, bound
- Всему есть предел. — There's a limit for everything.
118.44; D 98

945 мо́жет *Adv* maybe, might
- Я, может быть, приду сегодня поздно. — I might not get home until late today.
118.40; D 99

946 физи́ческий *A* physical
- Ему необходима регулярная физическая нагрузка. — He needs regular physical activity.
118.38; D 97

947 чита́тель *Nm* reader
- В редакцию приходят письма читателей. — Readers' letters go to the editorial office.
118.34; D 98

948 стари́к *Nm* old man
- На стене висит портрет седого старика. — There's a portrait of a grey-haired old man on the wall.
118.31; D 98

949 пра́ктика *Nf* practice
- Вы можете применить свои знания на практике. — You can put your knowledge into practice.
118.27; D 98

950 знако́мый *A, N-* familiar, acquainted
- Андрей услышал чей-то очень знакомый голос. — Andrey heard someone's very familiar voice.
118.22; D 99

951 ме́дленный *A* slow
- Здесь лифт ужасно медленный. — The lift here is terribly slow.
118.18; D 99

952 боево́й *A* battle
- В два часа утра полк был поднят по боевой тревоге. — The regiment was put on battle alert at 2 o'clock in the morning.
118.11; D 94

953 побе́да *Nf* victory
- Наступил великий день победы! — The great day of victory arrived!
118.11; D 98

954 хвата́ть *V* grasp, be enough
- Мне не хватает моей зарплаты. — I can't get by on my salary.

117.82; D 99

955 элеме́нт *Nm* element
- Газетная страница состоит из разных элементов: текста, фотографий, таблиц, графиков. — A page of a newspaper consists of various elements: text, photographs, tables, columns.

117.74; D 97

956 янва́рь *Nm* January
- В январе я поеду в зимний спортивный лагерь. — I'm going to a winter sports camp in January.

117.61; D 97

957 руково́дство *Nn* guidance, management, leadership
- Вчера руководство компании в полном составе подало в отставку. — Members of the company's management all resigned yesterday.

117.61; D 98

958 есте́ственно *Adv* naturally, of course
- На озеленение выделено 28 млн рублей, естественно, из городского бюджета. — Landscaping has been allocated 28 million rubles – from the municipal budget, of course.

117.52; D 99

959 постоя́нный *A* constant
- Он долгие годы живет в постоянном страхе. — He's been living in constant fear for many years.

117.48; D 98

960 же́нский *A* female, feminine, woman's, ladies'
- Где находится женский туалет? — Where's the ladies' toilet?
- Вдали показались две женские фигуры. — Two female figures appeared in the distance.

117.29; D 97

961 встреча́ться *V* meet
- Такие люди очень редко встречаются. — Such people rarely meet.

117.26; D 98

962 сто́имость *Nf* cost
- Стоимость проезда в автобусах повышается в среднем на 7,5 процента. — The cost of bus transport is going up by an average of 7.5 per cent.

117.13; D 95

963 а́вгуст *Nm* August
- В августе мы едем в Сочи. — We're going to Sochi in August.

117.04; D 97

964 очередно́й *A* next, another
- Они совершили очередную попытку провезти наркотики через границу. — They made another attempt to bring drugs over the border.

117.01; D 99

965 счастли́вый *A* happy
- У нас была очень счастливая семья. — We had a very happy family.

116.90; D 98

966 секу́нда *Nf* second
- В воздухе скорость звука составляет 340 метров в секунду. — The speed of sound through the air is 340 metres per second.

116.87; D 93

967 жи́тель *Nm* inhabitant, resident
- Жители Москвы празднуют сегодня День города. — Residents of Moscow are today celebrating their 'town day'.

116.72; D 97

968 мно́жество *Nn* many, multitude
- Для этого существует множество причин. — There are many reasons for this.

116.62; D 98

969 пра́здник *Nm* holiday, festival
- Какой праздник отмечается 12 июня? — What festival is celebrated on the 12th of June?

116.59; D 95

970 су́мма *Nf* amount
- Сумма заказа составила 22 тысячи рублей. — The sum of the order came to 22 thousand rubles.

116.53; D 97

971 ви́димо *Adv* evidently
- Ты, видимо, забыл, что работаешь в вагоне-ресторане! — You've evidently forgotten that you work in the restaurant car!

116.51; D 99

972 ка́жется *Adv* seem
- Мне кажется, что ты меня больше не любишь. — It seems that you don't love me anymore.

116.49; D 99

973 команди́р *Nm* commander
- Командир приказал приготовиться к бою. — The commander gave the order to prepare for battle.

116.35; D 98

974 сце́на *Nf* scene, stage
- Под аплодисменты певец появился на сцене и поклонился публике. — The singer came on stage to a round of applause and bowed to the audience.
116.27; D 98

975 наско́лько *Adv* how
- Вы даже не представляете, насколько важны для меня эти документы. — You can't imagine how important these documents are to me.
115.93; D 99

976 те́хника *Nf* equipment, technique
- Это техника столь же древняя, как йога. — This is a technique as old as yoga.
115.90; D 98

977 подгото́вка *Nf* preparation
- Самое главное при подготовке к празднику – это не забыть про подарки. — The main thing in preparing for a festival is not to forget to buy presents.
115.54; D 97

978 истори́ческий *A* historical
- Алексей Толстой – автор знаменитого исторического романа 'Петр I'. — Aleksey Tolstoy is the author of the famous historical book Petr I.
115.42; D 98

979 лёгкий *A* easy, light
- Это очень легкая задача. — This is a very easy task.
115.36; D 98

980 ито́г *Nm* total, result
- Я говорил об итогах космических полетов. — I spoke about the results of space missions.
115.28; D 98

981 сожале́ние *Nn* regret, sympathy
- Я хочу выразить глубочайшее сожаление по поводу смерти моего коллеги. — I'd like to express my deepest sympathy at the loss of my colleague.
115.22; D 98

982 у́хо *Nn* ear
- У Дениса серьга в ухе и татуировка на левом плече. — Denis has an earring and a tattoo on his left shoulder.
115.10; D 99

983 заня́тие *Nn* occupation, lesson
- Занятия проводятся ежедневно кроме субботы и воскресенья. — Lessons take place on all days except Saturdays and Sundays.
114.87; D 97

984 соотве́тствующий *A* corresponding
- Их объем по сравнению с соответствующим периодом прошлого года возрос на 14 процентов. — Their volume in comparison to the same period last year has risen by 14 per cent.
114.51; D 98

985 существова́ние *Nn* existence, being
- Сейчас уже никого не удивляет сам факт существования такой сферы услуг, как секс по телефону. — Nowadays nobody is surprised by the fact that there are such services as telephone sex.
114.33; D 98

986 приглаша́ть *V* invite
- Мы пригласили много гостей. — We invited many guests.
114.27; D 98

987 мужи́к *Nm* man
- Он был здоровым мужиком лет сорока пяти. — He was a strapping man, around forty-five years old.
114.23; D 97

988 городско́й *A* urban, town
- В целях безопасности городская администрация призвала население города не покидать дома. — In the interest of safety representatives of the town council asked residents not to leave their homes.
114.14; D 97

989 октя́брь *Nm* October
- Уже наступил октябрь, но воздух был по-прежнему теплым. — It was already October, but the air was still warm.
114.09; D 97

990 впервы́е *Adv* for the first time
- После войны он впервые увидел свою дочь. — He saw his daughter for the first time after the war.
114.01; D 99

991 неда́вно *Adv* recently
- Он недавно вернулся из поездки по Италии. — He recently returned from a trip around Italy.
113.93; D 99

992 нос *Nm* nose
- Нос у собаки холодный и мокрый. — A dog's nose is cold and wet.
113.80; D 98

993 существо́ *Nn* creature
- Человек – это единственное разумное существо на Земле? — Are humans the only intelligent life form on the planet?
113.63; D 95

994 генера́л *Nm* general
- В это время генералу передали срочный пакет. — At that time the general was handed an urgent package.
113.48; D 98

995 есть *V* eat
- Мужчина в столовой ест борщ. — The man in the canteen is eating borscht.
113.45; D 98

996 зна́чить *V* mean
- Что значит слово 'стибрить'? — What does the word 'stribit' mean?
113.37; D 99

997 благодаря́ *Prep* thanks to
- Благодаря врачам она победила болезнь. — She overcame the illness thanks to the doctors.
113.32; D 98

998 облада́ть *V* own, have
- Ваш сын обладает исключительными математическими способностями. — Your son has an exceptional ability for mathematics.
113.29; D 98

999 мно́гое *P* much, many things
- В вашем рассказе мне многое непонятно. — There are many things that I don't understand in your story.
113.18; D 98

1000 сентя́брь *Nm* September
- Занятия в университете начинаются первого сентября. — Classes at the university start on the 1st of September.
112.81; D 97

1001 пра́вильно *Adv* correct(ly)
- Как правильно писать резюме? — What's the correct way to write a CV?
112.58; D 99

1002 счита́ться *V* be considered
- 4 сентября 1975 года официально считается днем рождения игры 'Что? Где? Когда?'. — The 4th of September 1975 is officially considered to be the release date of the game 'What? Where? When?'.
112.20; D 98

1003 клуб *Nm* club
- Это самый модный ночной клуб нашего города. — This is the trendiest nightclub in our town.
112.12; D 94

1004 глубо́кий *A* deep
- Сделайте глубокий вдох. — Take a deep breath.
112.09; D 99

1005 принадлежа́ть *V* belong
- Чей это завод? Он принадлежит рабочим? — Who owns the factory? Does it belong to the workers?
111.94; D 97

1006 наступа́ть *V* step on, come, attack, arrive
- Во время танцев мне не раз наступали на ноги. — My feet were stepped on several times during the dancing.
- Наступает лето. — Summer is on its way.
- Красная Армия наступала на всех фронтах. — The Red Army was advancing on all fronts.
111.48; D 99

1007 приобрета́ть *V* acquire, get
- Я вам советую приобрести эту книгу. — I advise you to get this book.
111.14; D 98

1008 абсолю́тно *Adv* absolutely, completely
- Мы с ней абсолютно разные люди. — She and I are completely different people.
111.01; D 99

1009 ле́то *Nn* summer
- Вот и кончилось лето. — And so summer came to an end.
111.01; D 98

1010 споко́йно *Adv* quietly, peacefully
- Я хочу жить спокойно и чувствовать себя в безопасности. — I want to live in peace and feel safe.
111.01; D 99

1011 доходи́ть *V* reach
- Мы наконец дошли до пляжа. — We finally reached the beach.
110.97; D 99

1012 приводи́ть *V* bring, lead
- Это приводит к повышению цен. — This leads to an increase in prices.
110.92; D 99

1013 францу́зский *A* French
- Он любит французские вина и французскую кухню. — He likes French wine and French cuisine.
110.67; D 97

1014 оде́жда *Nf* clothing, clothes
- Повесь всю одежду в шкаф. — Hang all the clothes in the wardrobe.
110.60; D 98

5 Directions and location

там 83 there
где 87 where
здесь 111 here
сторона 128 side
тут 132 here
далеко 232 far
дорога 288 road
назад 325 back
куда 365 where
положение 405 position
рядом 420 near
правый 507 right
близкий 545 close
направление 555 direction
туда 570 there
домой 617 home
сюда 756 here
направлять 795 direct
откуда 805 where (from)
прямой 853 straight, direct
вперёд 906 forward
прямо 931 straight
где-то 1027 somewhere
левый 1077 left
вниз 1096 down
ближайший 1112 nearest,
   closest
обратно 1256 back
вверх 1277 up
отсюда 1317 from here
глубина 1387 depth

середина 1455 middle
нижний 1530 lower, bottom
расстояние 1626 distance
впереди 1665 ahead, in front
верхний 1673 top, upper
оттуда 1710 from there
далёкий 1713 distant
обратный 1755 reverse,
   return
дальний 1762 far
соседний 1791 neighbouring
везде 1856 everywhere
задний 1887 back
сверху 2035 above, on top
напротив 2068 opposite
противоположный 2092
   opposite
вон 2224 there
куда-то 2326 somewhere
никуда 2392 nowhere,
   anywhere
навстречу 2424 towards
близко 2452 near, close
внизу 2467 below
сзади 2620 behind
нигде 2675 nowhere,
   anywhere
высоко 2698 high up
слева 2770 on the left
справа 2799 on the right
передний 2834 front

наверх 2872 up
выше 3079 higher up
недалеко 3114 near
кругом 3163 around
верх 3250 top
близость 3407 proximity
снизу 3545 from below, from
   the bottom
наружу 3585 out
где-нибудь 3595 somewhere,
   anywhere
внутрь 3679 inside
снаружи 3729 outside
изнутри 3791 from within
неподалёку 3802 not far
всюду 3871 everywhere
направо 3899 to the right
позади 3966 behind
налево 4009 to the left
наверху 4041 upstairs, on top
дальше 4312 further
вправо 4421 to the right
влево 4439 to the left
низко 4452 low
встречный 4472 counter,
   oncoming
наружный 4512 exterior,
   outside
сбоку 4676 at the side
посередине 4727 in the
   middle

1015 старший *A*, *N-* senior, elder
- Моему старшему брату 35 лет. — My
  elder brother is 35.
  110.49; D 98

1016 подавать *V* submit
- Самое главное – успеть подать заявку
  на участие в конкурсе до 27 марта. —
  The main thing is to submit your
  application for the competition before the
  27th of March.
  110.31; D 98

1017 доставать *V* get, pester (slang)
- Он достал из кармана сотовый телефон.
  — He got a mobile phone out of his
  pocket.
- Сперва твой братец меня доставал,
  теперь – ты. — First it was your brother
  pestering me and now you.
  110.21; D 99

1018 автомобиль *Nm* car
- Автомобиль остановился у тротуара. —
  The car stopped by the pavement.
  109.99; D 95

1019 оце́нивать *V* evaluate, assess
- Жюри оценивает работы участников конкурса. — The panel is assessing the work of those who participated in the competition.
  109.82; D 98

1020 прода́жа *Nf* sale
- Агентство занимается продажей недвижимости в Москве. — The agency sells real estate in Moscow.
  109.68; D 96

1021 ра́мка *Nf* frame, scope
- На столе стояла папина фотография в рамке. — A framed photograph of dad was on the table.
  109.59; D 98

1022 дека́брь *Nm* December
- Наступил декабрь с обильными снегопадами. — December came with heavy snowfall.
  109.56; D 97

1023 теа́тр *Nm* theatre
- Вы часто ходите в театр? — Do you often go to the theatre?
  109.51; D 95

1024 университе́т *Nm* university
- Я учусь в университете. — I study at university.
  109.43; D 93

1025 произведе́ние *Nn* production, creative work
- В стенах дворца собрано множество произведений искусства. — The walls of the palace were decorated with many works of art.
  109.32; D 97

1026 СССР *Nm* USSR
- Это первая находка такого рода на территории бывшего СССР. — It's the first find of this kind in the former Soviet Union.
  109.27; D 97

1027 где-то *P* somewhere
- Я уже где-то слышал эту шутку. — I've already heard this joke somewhere before.
  109.23; D 99

1028 ма́лый *A*, *N-* minor, small
- Доля малого бизнеса в экономике страны составляет 15 процентов. — The proportion of small businesses in the nation's economy is 15 per cent.
  109.02; D 97

1029 ча́стный *A* private
- Этот дом находится в частной собственности. — This house is under private ownership.
  108.96; D 98

1030 сестра́ *Nf* sister, nurse
- Таня – моя сестра. — Tanya is my sister.
  108.94; D 98

1031 фина́нсовый *A* financial
- Работа проведена при финансовой поддержке Российского фонда фундаментальных исследований. — The work was carried out with the financial support of the Russian Foundation of Basic Research.
  108.85; D 96

1032 крича́ть *V* shout
- – Бис! Бис! – кричали зрители. — 'Encore! Encore!', the spectators shouted.
  108.71; D 99

1033 фонд *Nm* fund
- Я являюсь президентом фонда. — I'm the president of the fund.
  108.68; D 94

1034 РФ *Nf* Russian Federation
- Конституция РФ гарантирует избирательное право каждому гражданину. — The Russian Constitution guarantees every one of its citizens the right to vote.
  108.63; D 96

1035 наблюда́ть *V* observe
- В течение недели астрономы наблюдали на поверхности Солнца крупное пятно. — During the week astronomers observed a large spot on the surface of the sun.
  108.53; D 99

1036 отлича́ться *V* differ
- Фильм 'Турецкий Гамбит' сильно отличается от одноименного романа. — The film 'Turetsky Gambit' is very different from novel that has the same name.
  108.47; D 98

1037 плати́ть *V* pay
- Сколько ты платишь за квартиру? — How much do you pay for the flat?
  108.46; D 98

1038 Фра́нция *Nf* France
- Он сказал, что приехал из Франции. — He said that he'd come from France.
  108.30; D 97

1039 выпива́ть *V* drink, take (tablets)
- Перед этим хорошо выпить чашечку кофе. — It's a good idea to drink a cup of coffee beforehand.
- Водитель посоветовал ему выпить таблетку от головной боли. — The driver advised him to take a headache tablet.
  108.28; D 98

1040 за́пад *Nm* west
- Самолет повернул на запад. — The plane turned to the west.
  108.21; D 98

1041 выраже́ние *Nn* expression
- Выражение лица у нее было задумчивое. — She had a pensive expression on her face.
  108.09; D 98

1042 располага́ть *V* have, possess, be favourable, be conducive
- Он располагал значительно большими средствами, чем я. — He had considerably more money than I did.
- Здесь обстановка более располагает к разговорам. — The surroundings here are more conducive to conversation.
  107.59; D 98

1043 золото́й *A* gold
- Я окончил среднюю школу с золотой медалью. — I finished school with a gold medal.
  107.52; D 97

1044 тёмный *A* dark
- За дверью обнаружилась большая темная комната. — A large dark room was on the other side of the door.
  107.50; D 98

1045 ве́рсия *Nf* version
- Есть две версии происшедшего. — There are two versions of what happened.
  107.18; D 96

1046 мини́стр *Nm* minister
- С докладом выступил министр иностранных дел России. — The Russian Minister of Foreign Affairs gave a report.
  107.12; D 97

1047 це́лое *Nn* whole
- Дирижер никак не мог собрать оркестр в единое целое. — The director couldn't bring together the orchestra into a united whole.
  106.98; D 98

1048 ра́ди *Prep* for, for the sake of
- Я подозревал, что ради денег он готов на все! — I suspected that he would do anything for money!
  106.97; D 99

1049 не́мец *Nm* German
- Знакомых немцев у меня никогда не было. — I never had any German friends.
  106.91; D 98

1050 губа́ *Nf* lip
- Он целовал ее розовые губы. — He kissed her pink lips.
  106.86; D 98

1051 допуска́ть *V* accept, admit
- Французские и российские законы допускают двойное гражданство. — French and Russian laws permit dual citizenship.
  106.79; D 98

1052 а́кция *Nf* campaign, share, stock
- Их рекламная акция была достаточно необычной и остроумной. — Their advertising campaign was quite unusual and witty.
- Акционеры получат дивиденды по простым и привилегированным акциям. — Stockholders will receive dividends on common and preferred shares.
  106.77; D 94

1053 суди́ть *V* try, judge
- Он — дезертир. Скоро его будут судить. — He's a deserter. He will be tried soon.
- Я не берусь судить, прав Дима или не прав. — I'm not going to judge whether Dima is right or not.
  106.55; D 99

1054 объявля́ть *V* announce
- Председатель избирательной комиссии объявил итоги голосования. — The chair of the electoral committee announced the results of the voting.
  106.52; D 98

1055 изменя́ться *V* change
- Существительные изменяются по падежам. — Nouns change according to case.
  106.52; D 98

1056 дополни́тельный *A* additional
- Дополнительную информацию можно получить, связавшись с нами по электронной почте. — For additional information send us an e-mail.
  106.49; D 96

1057 пусто́й *A* empty
- Он наполнил пустую бутылку холодной водой. — He filled the empty bottle with cold water.
  106.47; D 99

1058 Амéрика *Nf* America
- В него была влюблена вся Америка. — All of America was in love with him.
106.43; D 98

1059 холóдный *A* cold
- Дул холодный ветер. — There was a cold wind.
106.43; D 98

1060 цветóк *Nm* flower
- В его руках был огромный букет цветов. — He had a huge bouquet of flowers in his hands.
106.15; D 97

1061 затó *C* but, on the other hand
- Ты умная, а я зато самая красивая! — You are clever, but I, on the other hand, am the most beautiful.
106.14; D 98

1062 центрáльный *A* central
- Они живут в центральном районе Риги. — They live in Riga's central district.
106.13; D 97

1063 профессионáльный *A* professional
- Ты хочешь стать профессиональным музыкантом? — Do you want to be a professional musician?
106.09; D 97

1064 суть *Nf* essence, crux
- Вкратце напомню суть дела. — I'll briefly remind you of the crux of the matter.
106.06; D 98

1065 завóд *Nm* factory, plant
- Завод выпускает сельскохозяйственные машины. — The factory produces agricultural machinery.
106.02; D 97

1066 федерáция *Nf* federation
- Федерация компьютерного спорта провела Чемпионат России по компьютерным играм. — The Computer Sports Federation held the Russian Video Games Championship.
105.89; D 95

1067 федерáльный *A* federal
- 26% абонентов сотовой связи проживает в Центральном Федеральном округе. — 26% of mobile phone subscribers live in the Central Federal District.
105.84; D 96

1068 техни́ческий *A* technical
- Технический прогресс не остановить. — Technical progress cannot be halted.
105.79; D 97

1069 приём *Nm* reception
- Все было готово к торжественному приему. — Everything was ready for the ceremonious reception.
105.77; D 98

1070 превращáться *V* turn into
- Став богатыми, люди превращаются в рабов своей собственности. — People who get rich turn into slaves of their own fortune.
105.70; D 99

1071 осóбенность *Nf* feature
- Главной особенностью игры является ее поразительная реалистичность. — A main feature of the game is that it's strikingly realistic.
105.64; D 98

1072 дерéвня *Nf* village
- Она давно уехала из города и живет в деревне. — She left the city a long time ago and now lives in a village.
105.62; D 98

1073 понимáние *Nn* understanding
- Комментарии облегчают понимание сложного текста. — Commentaries make it easier to understand a complex text.
105.56; D 98

1074 рождéние *Nn* birth
- У Жени сегодня день рождения. — It's Zhenya's birthday today.
105.49; D 97

1075 феврáль *Nm* February
- Их первый концерт состоялся в феврале 1993 года. — Their first concert was in February 1993.
105.47; D 96

1076 обстоя́тельство *Nn* fact
- Следует учесть еще одно важное обстоятельство. — One more important fact should be taken into consideration.
105.46; D 98

1077 лéвый *A, N-* left, unauthorized
- Вилку надо держать в левой руке, а нож, – в правой. — You should hold your fork in your left hand and your knife in your right.
- Нет у меня никакого левого товара. — I don't have any unauthorized goods.
105.22; D 98

1078 июнь *Nm* June
- Съемка фильма начнется в июне. — Shooting of the film will start in June.
105.14; D 96

1079 добива́ться *V* seek to attain
- Он последовательно добивался намеченных целей. — He consequently sought to achieve his goals.
105.12; D 98

1080 выступа́ть *V* perform, be in favour
- Здесь выступали прославленные актеры. — Famous actors performed here.
- Мы выступаем за отмену обязательного призыва в армию. — We are in favour of abolishing compulsory military conscription.
105.06; D 98

1081 боле́знь *Nf* disease
- Его отец умирает от неизлечимой болезни. — His father is dying from an incurable disease.
104.99; D 98

1082 пло́щадь *Nf* square, area
- На центральной площади города расположены дорогие магазины. — Expensive shops line the town's central square.
- Остров занимает площадь в 12 га. — The area of the island is 12 hectares.
104.82; D 97

1083 подхо́д *Nm* approach
- К каждому ребенку должен быть индивидуальный подход. — Every child needs an individual approach.
104.80; D 98

1084 родно́й *A* (one's) own
- Он принял меня как родную дочь. — He accepted me like his own daughter.
104.76; D 98

1085 стреми́ться *V* strive, try
- Переводчик стремился сохранить стилистические особенности оригинала. — The translator tried to keep the style of the original.
104.69; D 99

1086 ста́нция *Nf* station
- Мы вышли из метро на станции 'Рижская'. — We left the Metro at the 'Rizhskaya' station.
104.50; D 97

1087 обуче́ние *Nn* training, learning
- Такой метод обучения быстро дает положительные результаты. — This method of learning quickly produces positive results.
104.41; D 93

1088 вро́де *Part* like, such as
- А еще приходится оценивать стоимость дополнительных услуг вроде определителя номера, голосовой почты. — We still need to assess the value of additional services such as caller ID and voicemail.
104.33; D 99

1089 насто́лько *Adv* so
- Моей жене позавчера стало настолько плохо, что ее на 'скорой' увезли. — My wife was so bad the day before yesterday that she had to be taken to hospital in an ambulance.
104.30; D 99

1090 подде́рживать *V* maintain, support
- В электроутюг встроен терморегулятор, который автоматически поддерживает заданную температуру. — An electric iron has a built-in thermostat that maintains the set temperature.
- Столичные власти поддержали эту идею. — The capital's authorities supported this initiative.
104.29; D 98

1091 упа́сть *V* fall
- Яблоко упало на землю. — The apple fell to the ground.
104.28; D 98

1092 за́пись *Nf* note, record, recording
- У тебя нет тетради с записями лекций? — Do you have a notebook with your lecture notes?
- Сохранилась запись этого концерта. — A recording of the concert was kept.
104.22; D 96

1093 значи́тельный *A* significant
- Это потребует значительных расходов. — This requires significant funds.
104.20; D 98

1094 напомина́ть *V* remind
- Напомни мне, пожалуйста, название фильма, который мы с тобой смотрели недавно. — Remind me please of the name of the film that we watched recently.
104.14; D 97

1095 наро́дный *A* national, public, folk
- Опасаясь народного гнева, он покинул страну. — Fearing public outrage, he left the country.
- Хор исполнил русскую народную песню 'Черный ворон'. — The choir performed the Russian folk song 'Cherny voron'.
104.12; D 98

1096 вниз *Adv* down
- Она спустилась вниз по лестнице. — She went down the stairs.
103.09; D 98

1097 учёный *A, N-* academic, scientific
- Вам присуждается ученая степень доктора архитектуры. — You are being awarded the academic degree of Doctor of Architecture.
103.73; D 97

1098 складываться *V* develop, take shape, consist of, be made up of
- Сегодня в Молдове складывается уникальная ситуация. — A unique situation is currently developing in Moldova.
- Эта сумма складывается из регистрационного взноса, стоимости рабочего места, а также стоимости подключения к Интернету. — This amount is made up of the registration fee, the cost of the workplace and the cost of connecting to the Internet.
103.68; D 98

1099 соответствие *Nn* correspondence, accordance
- Возврат и обмен товара существляется в соответствии с Законом о защите прав потребителя. — The return and exchange of goods is in accordance with the Consumer Protection Act.
103.59; D 97

1100 поэт *Nm* poet
- Александр Сергеевич Пушкин – великий русский поэт начала девятнадцатого века. — Aleksandr Sergeevich Pushkin is a great poet of the start of the nineteenth century.
103.41; D 97

1101 утверждать *V* claim
- Очевидцы утверждают, что видели НЛО. — Eyewitnesses claim to have seen the UFO.
103.34; D 99

1102 позвонить *V* ring, call
- Пожалуйста, позвоните мне через неделю. — Call me in a week, please.
103.30; D 98

1103 офицер *Nm* officer
- Офицер приказал солдатам ждать его во дворе. — The officer ordered his soldiers to wait for him in the courtyard.
103.29; D 98

1104 революция *Nf* revolution
- Каждая революция влечет за собою жертвы. — Every revolution results in casualties.
103.23; D 97

1105 реклама *Nf* advertisement
- Во Франции с 1991 года строго запрещена реклама алкоголя на телевидении. — In France the advertising of alcohol on television has been strictly prohibited since 1991.
103.20; D 95

1106 выборы *N-* election(s)
- Парламентские выборы прошли в демократической обстановке. — The parliamentary elections were held democratically.
103.09; D 95

1107 явление *Nn* phenomenon, feature, fact
- Природа этого явления для меня остается загадкой. — The nature of this phenomenon remains a mystery to me,
103.03; D 98

1108 выпускать *V* produce, let out
- Основная задача самарского завода – выпускать пиво. — The main job of the Samara factory is to produce beer.
- Поэтому в солнечный день белых кошек не выпускают на улицу. — Therefore, on sunny days white cats aren't let outside.
103.01; D 98

1109 вскоре *Adv* soon
- Новый смартфон вскоре появится в продаже. — The new smartphone will soon go on sale.
102.95; D 99

1110 отдел *Nm* department
- Он возглавлял отдел по связям с общественностью. — He was in charge of the PR department.
102.84; D 96

1111 король *Nm* king
- Старый король очень тосковал по дочери. — The old king yearned for a daughter.
102.82; D 96

1112 ближайший *A* nearest, closest
- Он уселся на ближайший стул. — He sat down on the nearest chair.
102.70; D 98

1113 фронт *Nm* front line
- Он погиб на фронте в первые дни войны. — He died on the front line during the first days of the war.
102.60; D 93

1114 дока́зывать *V* prove
- Это доказали японские ученые. — This was proved by Japanese scientists.
102.56; D 98

1115 выража́ть *V* express
- Лицо ее выражало презрение. — Her face expressed suspicion.
102.42; D 99

1116 худо́жник *Nm* artist
- Талантливый художник, он получил широкое международное признание. — A talented artist, he received wide international acclaim.
102.38; D 97

1117 живо́тное *Nn* animal
- Чем питаются эти животные? — What do these animals eat?
102.22; D 97

1118 информацио́нный *A* information
- Союз компаний по информационным технологиям опубликовал свое исследование. — The Union of Information Technology published its research.
102.22; D 93

1119 по́льзователь *Nm* user
- В первую группу вошли наиболее продвинутые пользователи сети Интернет. — The first group was made up of the most advanced Internet users.
102.07; D 90

1120 стиль *Nm* style
- Я предпочитаю классический стиль в одежде. — I prefer clothes of a classic style.
101.98; D 95

1121 дви́гаться *V* move
- Не разговаривайте и не двигайтесь во время измерения давления. — Do not speak or move while your blood pressure is being taken.
101.70; D 98

1122 ию́ль *Nm* July
- Уже наступил июль. — July is already here.
101.49; D 96

1123 но́рма *Nf* norm, standard
- Для них это считается нормой. — This is considered the norm for them.
101.49; D 97

1124 отве́тственность *Nf* responsibility
- Они не смогут уйти от уголовной ответственности. — They cannot evade criminal responsibility.
101.48; D 97

1125 сто *Num* hundred
- Эта звезда в сто раз больше нашего Солнца. — This star is one hundred times bigger than our sun.
101.44; D 99

1126 чего́ *P* what, why
- От чего он умер? — What did he die of?
- Ты чего кричишь? — Why are you shouting?
101.17; D 99

1127 европе́йский *A* European
- Евро – это единая европейская валюта. — The Euro is the common European currency.
101.07; D 97

1128 переда́ча *Nf* transmission, programme
- Она пропустила свою любимую передачу по телевизору. — She missed her favourite television programme.
100.90; D 97

1129 фра́за *Nf* phrase
- Тогда эта фраза облетела всю страну. — At the time this phrase spread throughout the whole country.
100.83; D 98

1130 определе́ние *Nn* definition, determination
- Я уже давала определение любви. — I've already given my definition of love.
- Для правильного определения температуры поместите термометр на 5-10 минут в подмышечную впадину. — To accurately determine your temperature place a thermometer in your armpit for 5–10 minutes.
100.61; D 98

1131 рабо́тник *Nm* worker, employee
- Он был добросовестным работником. — He was a conscientious worker.
100.60; D 96

1132 едва́ *Adv* hardly, barely
- Тропинка едва заметна в густой траве. — The path is barely visible in the thick grass.
100.58; D 99

1133 зелёный *A* green
- Дети побежали по зеленой траве. — Children ran on the green grass.
100.58; D 98

1134 петь *V* sing
- Папа играл на гитаре и пел. — Dad played the guitar and sang.
100.56; D 98

1135 да́та *Nf* date
- Назовите дату вашего рождения. — Specify your date of birth.

  100.54; D 95

1136 бу́дущий *A* future
- Ты уже выбрал свою будущую профессию? — Have you already chosen your future career?

  100.34; D 98

1137 вводи́ть *V* lead in, introduce, enter
- Вы намеренно вводите в заблуждение ваших потенциальных клиентов. — You are deliberately misleading your potential clients.
- Нет необходимости вводить в компьютер все цифры этой последовательности. — There is no need to enter all numbers of the sequence into the computer.

  100.24; D 77

1138 семь *Num* seven
- Сколько будет шестью семь? — What is six times seven?

  100.00; D 98

1139 фотогра́фия *Nf* photograph
- На столе стояла семейная фотография. — A family photograph was on the table.

  100.00; D 97

1140 волна́ *Nf* wave
- Большие волны с шумом набежали на берег. — Big waves hit the shore with a loud splash.

  99.99; D 97

1141 разрабо́тка *Nf* development
- Начинается разработка гигантского нефтяного месторождения. — A gigantic oil field is being developed.

  99.97; D 97

1142 дохо́д *Nm* income
- Наши доходы упали. — Our income has dropped.

  99.91; D 96

1143 капита́н *Nm* captain
- – Стоп! – скомандовал капитан. — 'Stop!', the captain ordered.

  99.85; D 91

1144 уси́лие *Nn* effort
- Вам придется приложить немало усилий для достижения намеченной цели. — You will need to put in a lot of effort to achieve your goal.

  99.56; D 98

1145 сто́лько *Num* so much, so many
- Здесь столько интересных экспонатов! — There are so many interesting exhibits here!

  99.49; D 99

1146 зака́нчиваться *V* end
- Моя виза заканчивается 6 мая. — My visa ends on the 6th of May.

  99.47; D 98

1147 профе́ссор *Nm* professor
- Она – университетский профессор. — She's a university professor.

  99.34; D 97

1148 я́сный *A* clear
- Утро было ясное, солнечное. — The morning was clear and sunny.

  99.31; D 99

1149 ноя́брь *Nm* November
- Начался мокрый и холодный ноябрь. — A wet and cold November set in.

  99.06; D 94

1150 понра́виться *V* like
- Как вам понравился фильм? — How did you like the film?

  98.99; D 98

1151 эта́п *Nm* stage
- Транскрипция очень важна на начальном этапе изучения иностранного языка. — Transcription is very important at the initial stage of learning a foreign language.

  98.99; D 97

1152 предоставля́ть *V* provide, give
- Потрясающая новость: мне предоставили возможность выступить перед камерой. — Fantastic news: I've been given the opportunity to perform in front of the camera.

  98.96; D 94

1153 приду́мывать *V* create, think up
- Каждый год дизайнеры придумывают новые фасоны и модели одежды. — Every year designers create new fashions and styles of clothing.

  98.94; D 98

1154 перево́д *Nm* translation, transfer
- До четвертого курса Рита подрабатывала переводами. — Until her fourth year Rita earned extra income working as a translator.
- 7 июня нами получен банковский перевод на 1500 рублей. — On the 7th of June we received a bank transfer of 1500 rubles.

  98.82; D 96

1155 фа́ктор *Nm* factor
- Имеются данные о том, что климато-географические факторы тоже влияют на частоту рождения леворуких детей. — There is evidence that geoclimatic factors influence the birth rate of left-handed children.
98.57; D 98

1156 це́нность *Nf* value
- Ценность подарка определяется вовсе не его денежной стоимостью. — The value of a present is not measured by how much it costs.
98.52; D 97

1157 ти́хо *Adv* quiet(ly)
- Очень тихо было в доме. — It was very quiet in the house.
98.43; D 99

1158 кана́л *Nm* channel, canal
- Премьера этого фильма состоится скоро на нашем канале. — Our channel will soon show the premiere of the film.
- Несколько часов я бродил по берегу канала. — I spent several hours wandering along the bank of the canal.
98.39; D 96

1159 сравне́ние *Nn* comparison
- Целью исследования являлось сравнение эффективности противовирусных препаратов. — The aim of the investigation was to compare the effectiveness of antiviral drugs.
98.35; D 98

1160 что-нибу́дь *P* something, anything
- Хочешь что-нибудь выпить, Боря? — Would you like something to drink, Borya?
98.23; D 99

1161 кабине́т *Nm* cabinet, study
- В состав 'теневого кабинета' вошли 22 министра. — 22 ministers were drafted in to the shadow cabinet.
- Старик заперся в кабинете и не вышел обедать. — The old man locked himself in his study and didn't come out for lunch.
98.22; D 98

1162 роди́ться *V* be born
- Соня родилась в Москве. — Sonya was born in Moscow.
98.21; D 98

1163 се́верный *A* northern
- Весь день дует сильный северный ветер. — A strong northerly wind has been blowing all day.
98.13; D 98

1164 чай *Nm* tea, tip
- Он выпил чашку зеленого чая. — He drank a cup of green tea.
- Сколько принято давать на чай в вашей стране? — How much is it customary to tip in your country?
98.12; D 96

1165 поле́зный *A* useful, good
- Кухонный комбайн – очень полезная вещь. — A food processor is a very useful appliance.
- Все эти продукты полезны для здоровья. — All these products are good for you.
98.09; D 97

1166 ли́чно *Adv* personally
- Я его лично знаю. — I know him personally.
97.84; D 98

1167 выдава́ть *V* give (out), reveal
- На каких условиях вы выдаете кредиты? — Under what conditions do you give credit?
- Не выдавайте меня, пожалуйста. — Please don't reveal my identity.
97.67; D 98

1168 подро́бный *A* detailed
- На нашем сайте вы найдете подробное описание достопримечательностей столицы. — You can find a detailed description of the capital's sights on our website.
97.62; D 93

1169 сла́бый *A* weak
- Она такая слабая и беззащитная. — She's so weak and defenceless.
97.58; D 98

1170 журнали́ст *Nm* journalist
- Он стал известным журналистом. — He became a well-known journalist.
97.47; D 97

1171 наоборо́т *Adv* on the contrary
- Это не гарантирует снижения цен, а даже наоборот провоцирует их повышение. — This doesn't guarantee that prices will be reduced; on the contrary, it may lead to their increase.
97.47; D 99

1172 проведе́ние *Nn* holding
- Большинство граждан высказываются за проведение референдума по вопросу независимости. — Most citizens are in favour of holding a referendum on independence.
97.23; D 97

1173 итáк *Adv* so
- Итак, коллега, сегодня у вас первая самостоятельная операция. — So, my colleague, today you have your first independent operation.
97.22; D 98

1174 выполня́ть *V* perform, do, fulfil
- Взрослый не должен выполнять задание за ребенка. — Adults shouldn't do children's tasks for them.
97.06; D 98

1175 ны́нешний *A* current
- Это был никто иной как нынешний премьер-министр. — It was none other than the current prime minister.
97.06; D 98

1176 гражда́нский *A* civil
- Это привело к началу гражданской войны. — It led to the start of a civil war.
96.95; D 97

1177 лист *Nm* leaf, sheet
- На деревьях уже распустились листья. — Leaves have already blossomed on the trees.
- Я беру чистый лист бумаги и ручку. — I take a blank sheet of paper and a pen.
96.93; D 97

1178 обеспече́ние *Nn* provision, securing
- Он работает в американской фирме, занимающейся обеспечением безопасности аэропортов. — He works at an American company that provides airport security.
96.84; D 97

1179 коми́ссия *Nf* commission
- Людмила Алексеева – член Комиссии по правам человека. — Lyudmila Alekseeva is a member of the Commission on Human Rights.
96.84; D 96

1180 снег *Nm* snow
- Падал снег. — It snowed.
96.79; D 95

1181 испо́льзоваться *V* be used
- Зерна кофе этого сорта используются для приготовления бескофеинового кофе. — Such coffee beans are used to make decaffeinated coffee.
96.77; D 97

1182 уча́ствовать *V* take part
- Кто еще будет участвовать в конкурсе? — Who else is going to take part in the competition?
96.30; D 98

1183 рассма́тривать *V* consider
- Бытовое насилие рассматривается как серьезное нарушение прав человека. — Domestic violence is considered a serious breach of human rights.
96.21; D 98

1184 дре́вний *A* ancient
- Отправляемся дальше в Великие Луки – древний русский город. — We are continuing our trip to Velikie Luki – an ancient Russian town.
96.08; D 98

1185 бить *V* beat, hit
- Бить детей нельзя. — You should not hit children.
95.90; D 98

1186 зуб *Nm* tooth
- Мальчики, идите мыться и чистить зубы. — Boys, get washed and clean your teeth.
95.86; D 97

1187 тради́ция *Nf* tradition
- Хочется верить, что славные традиции будут продолжены. — I'd like to believe that these glorious traditions will continue.
95.67; D 98

1188 невозмо́жный *A* impossible
- Это стало невозможным после падения режима талибов. — This became impossible after the fall of the Taliban.
95.63; D 99

1189 высота́ *Nf* height
- Мы летели на высоте 2000 метров. — We were flying at a height of 2000 metres.
95.39; D 98

1190 фо́рум *Nm* forum
- Вежливость на нашем форуме очень приветствуется. — Politeness on our forum is very welcome.
95.31; D 89

1191 есте́ственный *A* natural
- Ревность – совершенно естественное и нормальное чувство. — Jealousy is a completely natural and normal feeling.
95.26; D 98

1192 иностра́нный *A* foreign
- Он не говорит ни на одном иностранном языке. — He doesn't speak a single foreign language.
95.22; D 97

1193 ла́дно *Part* okay
- Ну ладно, не будем ссориться по пустякам. — Okay, let's not argue over nothing.
95.16; D 99

6 Drinks

вода́ 227 water

пить 639 drink

выпива́ть 1039 drink

чай 1164 tea

пи́во 1226 beer

буты́лка 1275 bottle

вино́ 1344 wine

во́дка 1535 vodka

ко́фе 1647 coffee

молоко́ 1944 milk

пья́ный 2208 drunk

напи́ток 2809 drink

налива́ть 2856 pour

сок 2966 juice

алкого́ль 3040 alcohol

конья́к 3822 cognac, brandy

шампа́нское 3984
champagne

тре́звый 4185 sober

про́бка 4202 cork

алкого́льный 4560 alcoholic

кокте́йль 4691 cocktail, shake

квас 4901 kvass (drink made
from bread)

1194 председа́тель *Nm* chairman
- В школе меня выбрали председателем биологического кружка. — At school I was elected as chairman for the biology club.
  95.11; D 93

1195 ма́ссовый *A* mass
- Большой проблемой была массовая безработица. — Mass unemployment was a major problem.
  95.02; D 92

1196 звони́ть *V* ring, call
- В 7.00 звонит будильник. — The alarm rings at 07:00.
- Звонила твоя мама. — Your mum called.
  94.82; D 98

1197 организо́вывать *V* organize, arrange
- Как правильно организовать уход за новорожденным дома? — What is the correct way to arrange home care for a newborn baby?
  94.44; D 97

1198 я́сно *Adv* clear
- Мне было ясно, что он серьезно болен. — It was clear to me that he was seriously ill.
  94.40; D 99

1199 молча́ть *V* be silent
- Прошло две минуты, три, но она продолжала молчать. — Two, three minutes passed, but she remained silent.
  94.25; D 99

1200 о́стров *Nm* island
- Я только что возвратился с отдыха на острове Корфу. — I've only just got back from holiday on the island of Corfu.
  94.10; D 97

1201 прия́тный *A* pleasant
- – Анастасия Павловна? – спросил приятный мужской голос. — 'Anastasia Pavlovna?', said a pleasant male voice.
  93.95; D 98

1202 прочита́ть *V* read
- Вы уже прочитали книгу, которую я вам дал? — Have you already read the book that I gave you?
  93.89; D 98

1203 поня́тный *A* clear
- Вам понятен мой вопрос? — Is my question clear?
  93.81; D 98

1204 ма́стер *Nm* master
- Изготовить такую красоту мог только настоящий мастер. — Only a genuine master could produce something so beautiful.
  93.47; D 97

1205 ку́хня *Nf* kitchen
- Утром я готовлю на кухне завтрак. — In the morning I make breakfast in the kitchen.
  93.42; D 97

1206 про́чий *P* other
- Они оставляют после себя банки, бутылки, полиэтиленовые пакеты и прочий мусор. — They leave behind cans, bottles, plastic bags and other mess.
  93.41; D 98

1207 де́тство *Nn* childhood
- У них было трудное детство. — They had a difficult childhood.
  93.39; D 98

1208 сад *Nm* garden
- Люба позвала его гулять в сад. — Lyuba asked him to walk to the garden.
  93.37; D 97

1209 па́дать *V* fall
- С дерева падают желтые листья. — Yellow leaves are falling from the tree.
  93.35; D 98

1210 карма́н *Nm* pocket
- Он достал из заднего кармана носовой платок и высморкался. — He took a handkerchief from his back pocket and blew his nose.
  93.33; D 99

1211 сомне́ние *Nn* doubt
- Личность убийцы не вызывала сомнений. — The identity of the killer caused no doubts.
  93.18; D 99

1212 со́тня *Nf* hundred
- Десятки компаний разорены, сотни людей остались без работы. — Dozens of companies have been ruined; hundreds of people have been left without work.
  93.08; D 98

1213 запи́сывать *V* write down, record
- Эту фразу нужно будет записать в блокнот. — I must write down this phrase in my notebook.
- Весь разговор она записала на диктофон. — She recorded the entire conversation on a Dictaphone.
  93.04; D 98

1214 деся́ток *Nm* ten
- Сколько стоит десяток яиц? — How much does a pack of ten eggs cost?
  93.00; D 98

1215 уча́сток *Nm* area, district, ward, plot
- Они вышли на ровный участок берега. — They emerged at a flat area of the river bank.
- Побывали ли Вы уже на избирательном участке? — Have you already visited your electoral ward?
- Никакого садового участка у меня не было. — I didn't have a garden plot.
  92.93; D 97

1216 чёрт *Nm* devil
- Вы рассказывали друг другу в детстве страшные истории о чертях, ведьмах и русалках? — As children, did you tell one another scary stories about devils, witches and mermaids?
  92.85; D 98

1217 обеща́ть *V* promise
- Он обещал жениться на мне и исчез! — He promised to marry me and vanished!
  92.77; D 99

1218 про́шлое *Nn* past
- Мужчины за шестьдесят редко говорят о будущем, их волнует прошлое. — Men aged over sixty rarely talk about the future; they're more concerned with the past.
  92.77; D 99

1219 покупа́ть *V* buy
- Приближаются праздники, нужно покупать подарки. — The holidays are approaching and I need to buy presents.
  92.75; D 98

1220 открыва́ться *V* open
- Двери открываются автоматически. — The doors open automatically.
  92.61; D 98

1221 посвяща́ть *V* dedicate, devote, let into
- Поэты посвящали ей стихи. — The poets dedicated a poem to her.
- Только трое были посвящены в эту тайну. — Only three people have been let into this secret.
  92.53; D 96

1222 строи́тельство *Nn* construction
- Строительство нашего дома подходило к концу. — The construction of our home was coming to an end.
  92.49; D 96

1223 Украи́на *Nf* Ukraine
- Вы гражданка Украины? — Are you a Ukrainian citizen?
  92.40; D 95

1224 разуме́ется *Adv* of course
- Нет, денег от них она, разумеется, не принимала. — No, of course, she didn't take the money from them.
  92.36; D 99

1225 сосе́д *Nm* neighbour
- Обеспокоенные соседи вызвали полицию. — Concerned neighbours called the police.
  92.23; D 98

1226 пи́во *Nn* beer
- Я не хочу пива! — I don't want any beer!
  92.21; D 93

1227 то́нкий *A* thin, fine
- На ней было платье из тонкой шелковой ткани. — She was wearing a dress made from fine silk.
  92.12; D 98

1228 смея́ться *V* laugh
- Они смеются над собственными шутками. — They laugh at their own jokes.
  91.93; D 98

1229 я́ркий *A* bright
- Рукой она прикрывает глаза от яркого света. — She used her hand to shield her eyes from the bright light.
  91.78; D 98

1230 устро́йство *Nn* device, machine, organizing, sorting out
- Не секрет, что чем сложнее устройство, тем больше вероятность появления ошибок в его работе. — It's no secret that the more complicated the device, the greater the likelihood of it going wrong.
- Мать, занятая устройством личной жизни, совсем забыла о ребенке. — The mother, busy sorting out her own life, completely forgot about the baby.
91.74; D 96

1231 слеза́ *Nf* tear
- Слезы потекли по ее щекам. — Tears ran down her cheeks.
91.72; D 99

1232 соотве́тствовать *V* correspond
- Твои оценки не соответствует реальному уровню знаний. — Your marks don't correspond to the level of your knowledge.
91.61; D 98

1233 дальне́йший *A* further, future
- Все это заставляет прогнозировать дальнейший рост цен на золото. — All this makes us expect a further rise in the price of gold.
91.41; D 98

1234 библиоте́ка *Nf* library
- Я взял эту книгу в библиотеке. — I got this book from the library.
91.35; D 93

1235 обще́ние *Nn* communication, talking
- Русский язык продолжает оставаться средством общения в странах СНГ. — Russian is still the means of communication in countries of the CIS.
91.21; D 96

1236 ча́стность *Nf* detail, particular
- Иванов послал в Петербург два эскиза, получил в ответ одобрение одного из них и несколько замечаний, касающихся частностей. — Ivanov sent two sketches to St Petersburg; he received a reply with confirmation that one of them had been approved and some notes concerning the particulars.
91.11; D 98

1237 нали́чие *Nn* presence, availability
- Лабораторные анализы говорят о наличии тяжелых металлов в организме. — Laboratory tests show the presence of heavy metals in the body.
91.06; D 97

1238 разбира́ться *V* know, be disassembled
- Лариса не очень хорошо разбиралась в живописи. — Larisa didn't know much about art.
- Палатка собирается и разбирается за минуту. — The tent can be assembled and disassembled in a minute.
90.69; D 98

1239 ве́рный *A* correct, loyal
- У этой задачи может быть единственный верный ответ. — There can be only one correct answer to this puzzle.
90.68; D 98

1240 отли́чие *Nn* difference, distinction
- Существуют ли отличия украинской журналистики от русской? — Are there any differences between Ukrainian and Russian journalism?
- Институт я окончила с отличием. — I graduated from the institute with a distinction.
90.65; D 98

1241 ме́лкий *A* minor, shallow
- Эти мелкие неприятности не могут испортить мою радость. — These minor setbacks cannot spoil my fun.
- Деревья склонились над мелкой речкой. — Trees hung over the shallow stream.
90.59; D 98

1242 по́езд *Nm* train
- Поезд пришел по расписанию. — The train arrived on schedule.
90.45; D 96

1243 прожива́ть *V* reside
- Семья Ромашковых проживала в деревне Каменка. — The Romashkov family resided in the village Kamenka.
90.41; D 98

1244 согла́сный *A* consonant, agree
- Слова состоят из гласных и согласных звуков. — Words consist of vowels and consonants.
- Вы согласны выйти за меня замуж? — Do you agree to marry me?
90.36; D 98

1245 царь *Nm* tsar, king
- Очень много для этого сделал великий русский царь Петр I. — The great Russian tsar Peter I did much for this cause.
90.23; D 97

1246 проду́кция *Nf* production, goods
- Все дело в огромном количестве пиратской продукции на рынке. — The whole affair is about the huge quantity of pirate goods at the market.
90.14; D 95

1247 применение *Nn* application, use
- Я надеюсь, что данный метод найдет применение в России. — I hope that this method will be used in Russia.
  90.04; D 97

1248 поток *Nm* stream
- Поток воды неожиданно прорвал плотину. — The stream of water suddenly burst through the dam.
  89.70; D 97

1249 мешать *V* stir, disturb, disrupt
- Наташа мешает кашу. — Natasha is stirring the porridge.
- Они мешают мне работать. — They are disrupting me from working.
  89.61; D 99

1250 настроение *Nn* mood
- Мы возвратились домой в отличном настроении. — We came home in an excellent mood.
  89.60; D 98

1251 постепенно *Adv* gradually
- Вирус постепенно разрушает имунную систему человека. — The virus gradually destroys the human immune system.
  89.53; D 99

1252 двое *Num* two (people)
- Вместе со мной живут жена, двое детей и теща. — My wife, two children and mother-in-law live with me.
  89.52; D 99

1253 редакция *Nf* editorship, editorial office, editorial staff
- Словарь русского языка издан под общей редакцией профессора Л. И. Скворцова. — The Dictionary of the Russian Language was published under the general editorship of Professor L. I. Skvortsov.
- Где находится редакция газеты 'Вечерний Петербург'? — Where is the editorial office of the newspaper 'Vecherny Peterburg'?
  89.41; D 96

1254 нечто *P* something
- Есть нечто загадочное в ее лице. — There's something mysterious in her face.
  89.40; D 99

1255 планета *Nf* planet
- Быстрее всех и ближе всех к Солнцу движется планета Меркурий. — Mercury is moving faster and closer towards the sun than any other planet.
  89.34; D 94

1256 обратно *Adv* back
- Я прочитаю книгу и отдам обратно. — I'll read the book and give it back.
  89.33; D 99

1257 толпа *Nf* crowd
- У самого выхода из метро ее окружила толпа подростков. — A crowd of teenagers surrounded her right by the Metro exit.
  89.32; D 98

1258 здоровый *A* healthy, robust
- Видимо, у него был очень здоровый, сильный организм. — He clearly has a very strong and fit body.
- Тут перед ними садится здоровый лысый мужик. — A strapping bald-headed man is sitting down in front of them.
  89.20; D 98

1259 поколение *Nn* generation
- Дети вырастают, одно поколение сменяет другое. — Children grow up and one generation replaces another.
  89.17; D 98

1260 приниматься *V* set to, start
- Нам пора приниматься за работу. — It's time that we set to work.
  89.15; D 99

1261 реакция *Nf* reaction
- Видимо, это была реакция организма на опасность. — This was evidently the body's reaction to danger.
  89.11; D 98

1262 вероятный *A* likely
- Он наиболее вероятный кандидат на пост главы правительства. — He's the most likely candidate for the head of state.
  89.00; D 99

1263 умный *A* clever, smart
- Наш противник умный человек, но жадный. — Our enemy is a smart but greedy man.
  88.99; D 98

1264 вступать *V* join in, step into
- Я вступил в партию 'Яблоко' после ее поражения на выборах 2003 года. — I joined the Yabloko party following its defeat in the 2003 elections.
  88.84; D 98

1265 механизм *Nm* mechanism
- Удобный механизм поиска позволит быстро отыскать нужный адрес. — The convenient search mechanism enables you to quickly find the necessary address.
  88.82; D 98

1266 птица *Nf* bird
- В темном небе закричала птица. — A bird chirped in the dark sky.
  88.74; D 96

1267 сквозь *Prep* through
- Неужели вы на самом деле видите сквозь стены? — Can you really see through walls?
88.59; D 99

1268 жертва *Nf* sacrifice, victim
- Перед отплытием они долго молились и приносили жертвы духу воды. — Before sailing they prayed for a long time and made sacrifices to the water spirit.
- Мы уже создали 17 кризисных центров для женщин – жертв насилия. — We have already set up 17 crisis centres for women who are the victims of violence.
88.54; D 97

1269 хозяйство *Nn* house, sector
- Мама занимается домашним хозяйством. — Mum is a housewife.
- Работа в сельском хозяйстве оплачивается очень низко. — Work in the agricultural sector is very poorly paid.
88.51; D 97

1270 ученик *Nm* pupil
- Он – лучший ученик в классе. — He's the best pupil in the class.
88.30; D 97

1271 подтверждать *V* confirm
- Свидетели подтвердили слова потерпевшего. — Witnesses confirmed the victim's story.
88.24; D 98

1272 достижение *Nn* achievement
- Для меня радиоприемник – великое достижение, для вас – привычный предмет в комнате. — For me the radio is a great achievement; for you it's just an everyday household object.
88.13; D 98

1273 организм *Nm* organism
- Известно, что человеческий организм почти на 65% состоит из воды. — It is known that the human body is made up of almost 65% water.
88.12; D 97

1274 заявление *Nn* application, statement
- Заявления о приеме в МГУ следует подавать с 20 июня по 1 июля. — Applications to study at MSU must be submitted between the 20th of June and the 1st of July.
- Российская сторона пока никак не прокомментировала заявление эстонского министра. — Russia is yet to comment about the statement made by the Estonian minister.
88.07; D 97

1275 бутылка *Nf* bottle
- Я купил большую бутылку кока-колы. — I bought a big bottle of Coca-Cola.
88.01; D 98

1276 святой *A, N-* saint
- В этих нишах помещались статуи святых. — Statues of saints were placed in these bays.
87.98; D 92

1277 вверх *Adv* up
- Руки вверх! Вы арестованы! — Hands up! You're under arrest!
87.97; D 98

1278 удивляться *V* be surprised
- Мама удивилась его просьбе. — Mum was surprised at his request.
87.80; D 99

1279 уехать *V* leave, go
- Моя мать уехала домой. — My mum went home.
87.80; D 98

1280 знакомиться *V* meet, get to know
- Учащиеся знакомятся с историей своего города. — The students are getting to know the history of the town.
87.78; D 98

1281 рисунок *Nm* drawing
- Смотрите, какой у меня рисунок красивый получается! — Look how well my drawing has turned out!
87.72; D 96

1282 покидать *V* leave
- Мы вынуждены были навсегда покинуть родину. — We were forced to leave our homeland forever.
87.63; D 97

1283 прежний *A* previous
- Вы были знакомы с прежним владельцем дома? — Did you know the previous owner of the house?
87.60; D 99

1284 музей *Nm* museum
- Музей вызывает интерес туристов своей изумительной коллекцией ковров. — The museum appeals to tourists thanks to its amazing collection of carpets.
87.59; D 92

1285 мозг *Nm* brain
- Человеческий мозг – вещь более совершенная, чем любой самый мощный процессор. — The human brain is more advanced than any of the most powerful processors.
87.50; D 97

1286 официа́льный *A* official
- Мы должны получить еще официальное сообщение от банка Греции. — We should also receive an official statement from the Bank of Greece.

  87.26; D 96

1287 улы́бка *Nf* smile
- Она уснула со счастливой улыбкой. — She fell asleep with a happy smile on her face.

  87.26; D 98

1288 дождь *Nm* rain
- Я думаю, что к вечеру дождь не кончится. — I don't think that the rain will stop by the evening.

  87.16; D 97

1289 по́льза *Nf* benefit
- Это принесет пользу всему обществу. — It will benefit the whole of society.

  87.00; D 98

1290 состоя́ться *V* take place
- Единственный концерт состоится 7 апреля в московском клубе 'Б2'. — The only concert is on the 7th of April in the Moscow 'B2' club.

  86.96; D 97

1291 тру́дный *A* difficult
- Перед жюри стояла трудная задача выбрать победителя. — The panel faced the difficult task of picking a winner.

  86.91; D 99

1292 ба́бушка *Nf* grandmother
- Меня воспитывала бабушка. — I was brought up by my grandmother.

  86.81; D 97

1293 хлеб *Nm* bread
- Путники позавтракали свежим хлебом с сыром и отправились дальше. — The travellers ate fresh bread and cheese for breakfast and moved on.

  86.69; D 98

1294 испы́тывать *V* feel, test
- После того как вещества прошли успешную проверку на животных, их начинают испытывать на людях. — Once the substances have been successfully tested on animals, they are tested on humans.

  86.68; D 98

1295 восто́к *Nm* east
- Наш корабль шел с запада на восток. — Our ship travelled from west to east.

  86.64; D 97

1296 полага́ть *V* suppose, believe
- Это обвинение, как полагают эксперты, поддержит фракция КПРФ. — Experts believe that the charge will be supported by Communist deputies.

  86.61; D 98

1297 дома́шний *A* home
- Наташа не успела выполнить домашнее задание. — Natasha didn't manage to do her homework.

  86.59; D 97

1298 сего́дняшний *A* today's
- Итак, представим участников сегодняшнего разговора. — So, let us introduce the participants in today's conversation.

  86.40; D 98

1299 со́бственно *Adv* actually
- Это, собственно, то, ради чего и создавалась наша компания. — This is actually why our company was created.

  86.36; D 98

1300 получе́ние *Nn* receipt, getting
- Сколько времени занимает получение визы? — How long does it take to get a visa?

  86.14; D 97

1301 помеще́ние *Nn* room
- Помещение действительно громадное. — The room is really enormous.

  86.11; D 96

1302 опа́сный *A* dangerous
- Все такие ситуации потенциально опасны для пациента. — Any situation like this is potentially dangerous for the patient.

  86.10; D 98

1303 до́ля *Nf* share, part, deal
- Ты уже решил, что будешь делать со своей долей сокровищ? — Have you already decided what you are going to do with your share of the treasure?

  85.98; D 97

1304 согла́сно *Prep* according to, by
- Согласно закону, эти фирмы имеют значительные льготы по налогам. — By law, these firms have considerable tax benefits.

  85.73; D 98

1305 тень *Nf* shadow, shade
- Тени вагонов бегут по невысокой траве. — The shadows of the carriages are running along the short grass.

  85.73; D 98

1306 бога́тый *A, N-* rich
- У меня красивый, молодой, богатый муж. — I have a handsome, young and rich husband.
  85.57; D 98

1307 морско́й *A* sea
- Мы провели весь день на морском берегу. — We spent the whole day at the seaside.
  85.50; D 95

1308 учи́ть *V* teach, learn
- С какого возраста нужно учить детей читать? — From what age should children be taught to read?
- Я начала учить английский язык. — I've started to learn English.
  85.45; D 98

1309 возвраща́ть *V* return
- Эту книгу надо возвратить владельцу. — This book needs to be returned to its owner.
  85.40; D 98

1310 выраста́ть *V* grow (up), increase
- Я вырос в многодетной семье. — I grew up in a large family.
  85.38; D 98

1311 инструме́нт *Nm* instrument, tool
- Музыканты настраивают инструменты. — The musicians are tuning their instruments.
- Электрик принес чемоданчик с инструментами. — The electrician brought his toolbox.
  85.38; D 97

1312 наруше́ние *Nn* violation
- Это нарушение закона. — This is a violation of the law.
  85.38; D 97

1313 ли́дер *Nm* leader
- Лидеры государств поддержали это предложение. — State leaders supported the proposal.
  85.36; D 97

1314 комите́т *Nm* committee
- Недавно эта же проблема обсуждалась в Комитете по строительству. — This very problem was discussed not long ago by the Construction Committee.
  85.34; D 92

1315 сла́ва *Nf* glory, fame
- Присуждение Нобелевской премии принесло исследователю всемирную славу. — The researcher received international fame having been awarded the Nobel Prize.
  85.32; D 98

1316 содержа́ть *V* contain, keep
- Словарь содержит около 10 000 слов. — The dictionary contains around 10,000 words.
- С каждым годом папе все труднее становилось содержать семью. — Every year dad found it harder to keep the family together.
  85.29; D 97

1317 отсю́да *P* from here
- Мне не хочется отсюда уезжать. — I don't want to move away from here.
  85.28; D 99

1318 фигу́ра *Nf* figure
- Он и в старости сохранял атлетическую фигуру. — He kept his athletic figure even when he got old.
  85.28; D 98

1319 просыпа́ться *V* wake up
- Я рано просыпаюсь. — I wake up early.
  85.26; D 98

1320 ла́герь *Nm* camp
- Однажды Андрей сбежал из летнего лагеря, потому что ему там не понравилось. — Andrey once ran away from summer camp because he didn't like it there.
  85.23; D 96

1321 ко́жа *Nf* skin, leather
- У нее были черные волосы и смуглая кожа. — She had black hair and dark skin.
- Они перестали носить одежду и обувь из натуральной кожи и меха. — They stopped wearing clothes and shoes made from natural leather and fur.
  85.20; D 95

1322 след *Nm* trace, footprint
- На грядках отпечатались свежие следы мужской обуви. — There were recent footprints from a man's shoes in the flower beds.
  85.17; D 98

1323 со́бственность *Nf* property
- В этой стране вся земля является собственностью государства. — All land in this country is state property.
  85.15; D 96

1324 у́жас *Nm* horror
- Папа пришел в ужас от моего решения. — Dad was horrified by my decision.
  85.09; D 98

1325 разде́л *Nm* division, branch
- В случае спора раздел общего имущества супругов производится в судебном порядке. — In the case of a dispute the division of spouses' shared property is decided in court.
- Этот раздел математики мы еще не изучали. — We still haven't studied this branch of mathematics.

85.03; D 94

1326 назнача́ть *V* set, arrange, appoint
- Свадьба была назначена на 29 июля. — The wedding was arranged for the 29th of July.
- Меня с февраля назначают начальником цеха. — I'm going to be appointed head of the section from February.

84.85; D 98

1327 реализа́ция *Nf* realization, implementation, marketing, sales
- Поставленные задачи нужно решать в рамках реализации Национальной программы развития туризма. — These tasks should be worked out through the implementation of the National Tourism Development Programme.

84.83; D 97

1328 зави́симость *Nf* dependence, addiction
- Этот препарат вызывает тяжелую лекарственную зависимость. — This drug is highly addictive.

84.71; D 98

1329 поте́ря *Nf* loss
- У нее многочисленные переломы, большая потеря крови. — She has multiple fractures and significant blood loss.

84.65; D 98

1330 реа́льность *Nf* reality
- Он оказался плохо подготовлен к грубой реальности милицейской жизни. — He was ill-prepared for the harsh reality of life in the police force.

84.65; D 98

1331 привлека́ть *V* attract
- Этот загадочный человек привлек мое внимание. — This enigmatic person caught my attention.

84.61; D 98

1332 привыка́ть *V* get used
- Я не могу привыкнуть к здешней пище. — I can't get used to the food here.

84.59; D 98

1333 собра́ние *Nn* meeting, collection
- Банк провел общее собрание сотрудников. — The bank held a general meeting of its employees.
- Центральной картиной собрания музея является полотно Рембрандта 'Ночной дозор'. — The main piece in the museum's collection is Rembrandt's 'Night Watch'.

84.59; D 97

1334 экра́н *Nm* screen
- Он посмотрел на экран компьютера. — He looked at the computer screen.

84.57; D 97

1335 пост *Nm* post, station, fast, (blog) post, duty
- Я стою на посту. — I'm on duty.
- Он не соблюдает пост. — He is not observing the fast.
- Автор поста слабо знает правила дорожного движения. — The author of the post knows little about the rules of the road.

84.55; D 96

1336 здра́вствовать *V* hello, long life
- Здравствуй, Марина! — Hello, Marina!
- Да здравствует независимая пресса! — Long live the independent press!

84.41; D 96

1337 зима́ *Nf* winter
- В тот год зима была очень холодная. — Winter was very cold that year.

84.39; D 97

1338 разраба́тывать *V* develop, work out
- Нам нужно разработать план действий. — We need to work out a plan of action.

84.31; D 97

1339 по́здно *Adv* late
- Сегодня я приду поздно. — I'll be late today.

84.11; D 98

1340 уро́к *Nm* lesson
- Первый урок начинается в 8.30. — The first lesson starts at 8:30.

84.01; D 96

1341 акти́вный *A* active
- Алена – активный и общительный ребенок. — Alena is an active and sociable child.

83.88; D 97

1342 перехо́д *Nm* crossing, transition
- Переходить улицу вне пешеходного перехода опасно для жизни. — Crossing the road at unauthorized crossing points is dangerous.
- Переход от полной тьмы к яркому свету оказался совершенно неожиданным. — The transition from complete darkness to bright light was completely unexpected.

83.87; D 96

1343 кровать *Nf* bed
- Он спит на кровати. — He's sleeping on the bed.
  83.83; D 98

1344 вино *Nn* wine
- Он протянул стакан, чтобы ему налили еще вина. — He extended his glass so that he could get some more wine.
  83.80; D 95

1345 секс *Nm* sex
- Среднестатистический житель Земли в прошедшем году занимался сексом 103 раза. — The average human being had sex 103 times last year.
  83.78; D 94

1346 комплекс *Nm* complex
- Девятиэтажный гостиничный комплекс включает 256 номеров. — The nine-floor hotel complex has 256 rooms.
  83.72; D 96

1347 родина *Nf* homeland
- Он никогда не вернется на родину. — He will never return to his homeland.
  83.72; D 98

1348 звучать *V* sound
- Ее голос звучал спокойно. — Her voice sounded calm.
  83.60; D 98

1349 колено *Nn* knee
- Бабушка, стоя на коленях, молится перед иконой. — Grandma is kneeling and praying before the icon.
  83.58; D 98

1350 зона *Nf* zone
- Необходимо срочно вывезти пострадавшего из опасной зоны. — We need to get the victim out of the danger zone immediately.
  83.53; D 97

1351 выделять *V* release, allot
- Микроб выделяет опасное вещество – токсин. — The microbe releases a harmful substance: a toxin.
- Средства на их приобретение были выделены из местного бюджета. — Funds for their acquisition were allotted from the local budget.
  83.36; D 85

1352 электронный *A* electronic
- Компьютеры, радиоприемники, телевизоры и другие электронные приборы прочно вошли в наш быт. — Computers, radios, televisions and other electronic appliances have become a standard part of our everyday life.
  83.34; D 94

1353 издание *Nn* publication
- Это очень интересное ежедневное издание о культуре, политике, обществе. — It is a very interesting daily publication about culture, politics and society.
  83.33; D 89

1354 появление *Nn* appearance
- Он был удивлен моим неожиданным появлением. — He was surprised at my sudden appearance.
  83.32; D 98

1355 еврей *Nm* Jew
- Не все евреи так думают. — Not all Jews think like that.
  83.27; D 95

1356 резко *Adv* sharply
- Железнодорожные тарифы резко возрастут. — Rail tariffs are set to rise sharply.
  83.13; D 99

1357 акт *Nm* act, regulation
- Ответственность за террористический акт взяла на себя та же группировка. — The same group has taken responsibility for the terrorist act.
  83.08; D 97

1358 разговаривать *V* talk
- И с кем это Петр так долго разговаривает по телефону? — Who is it that Petr has been talking to for so long on the telephone?
  83.01; D 99

1359 редко *Adv* rarely
- Я с ним редко встречаюсь. — I rarely see him.
  83.01; D 98

1360 поговорить *V* talk
- Может быть, мы поговорим о делах позже? — Maybe we can talk shop later?
  82.97; D 98

1361 разрешать *V* allow, solve
- Мы разрешаем детям все. — We allow our children everything.
  82.96; D 98

1362 признак *Nm* sign
- Это признак приближения весны. — This is a sign that spring is on its way.
  82.74; D 98

1363 истина *Nf* truth
- Поэтому такое положение несправедливо и не соответствует истине. — That is why such a situation is unfair and untrue.
  82.68; D 98

1364 этаж *Nm* floor
- Моя квартира находится на последнем этаже 5-этажного дома. — My flat is on the top floor of a five-floor house.
  82.66; D 98

1365 замечательный *A* remarkable
- Первого апреля день рождения замечательного детского писателя Корнея Ивановича Чуковского. — The 1st of April is the birthday of the remarkable children's author Korney Ivanovich Chukovsky.
  82.64; D 98

1366 требоваться *V* need
- Нам требуется помощь. — We need help.
  82.60; D 98

1367 плакать *V* cry
- Дети плакали от усталости. — The children cried from tiredness.
  82.58; D 98

1368 потребность *Nf* need
- При беременности возрастает потребность в железе, особенно в последние месяцы. — During pregnancy more iron is needed, especially in the later months.
  82.56; D 97

1369 бюджет *Nm* budget
- Поступления в местный бюджет увеличились на 11% по сравнению с прошлым годом. — Funds to the local budget have gone up by 11% compared to last year.
  82.53; D 96

1370 долг *Nm* debt, duty
- В итоге я смог выплатить долги. — In the end I was able to pay my debts.
- Это мой долг как адвоката. — It's my duty as a lawyer.
  82.53; D 97

1371 храм *Nm* temple
- Можно ли девушке входить в храм с непокрытой головой? — Can a girl enter the temple without her head being covered?
  82.44; D 96

1372 князь *Nm* prince
- Князь прекрасно описал самые захватывающие моменты из жизни российских монархов. — The prince wonderfully described the most exciting moments in the life of the Russian monarchs.
  82.32; D 96

1373 заходить *V* come in, drop by
- Нам велели заходить по одному. — We were ordered to come in one by one.
- Будете в Волгограде – заходите. — Drop by if you come to Volgograd.
  81.98; D 98

1374 опасность *Nf* danger
- Ему угрожает серьезная опасность. — He is in serious danger.
  81.77; D 98

1375 депутат *Nm* deputy
- Я не сомневаюсь, что депутаты поддержат этот закон. — I don't doubt that deputies will support this bill.
  81.66; D 95

1376 кивать *V* nod
- Она утвердительно кивает головой. — She's nodding her head in approval.
  81.60; D 98

1377 честь *Nf* honour
- Они вели серьезные разговоры о флоте, о чести, о долге. — They held serious discussions about the navy, honour and duty.
  81.45; D 98

1378 учёт *Nm* accounting
- Аудит и бухгалтерский учет заинтересовали Светлану задолго до появления собственного бизнеса. — Svetlana was interested in auditing and accounting long before she started her own business.
  81.29; D 95

1379 коллега *Nc* colleague
- Мы поддерживаем переписку с коллегами из-за рубежа. — We maintain correspondence with colleagues from abroad.
  81.18; D 98

1380 главное *Nn* the main thing
- Сейчас для меня самое главное – мои дети. — My children are the main thing for me now.
  81.18; D 98

1381 милый *A, N-* cute, lovely
- Ой, какой милый щенок! — Oh, what a lovely puppy!
  81.08; D 98

1382 зарабатывать *V* earn
- Он много работает и хорошо зарабатывает. — He works hard and earns a lot of money.
  81.02; D 98

7 Expressing motion

идти́ 103 go
приходи́ть 135 come
выходи́ть 145 go out
пойти́ 189 go, start going
возвраща́ться 205 return
уходи́ть 207 leave
входи́ть 310 enter
подходи́ть 354 come,
   approach
движе́ние 378 movement
бы́стро 399 quickly
попада́ть 415 get
ходи́ть 418 walk
приезжа́ть 427 arrive, come
поста́вить 448 put
встава́ть 496 stand (up),
   get up
приноси́ть 513 bring
поднима́ть 529 lift, raise
броса́ть 531 throw
шаг 558 step
поднима́ться 566 raise,
   ascend; walk up
остана́вливаться 579 stop
е́хать 586 go, ride, drive
переходи́ть 665 pass, cross
бы́стрый 763 fast, quick
лета́ть 818 fly
сесть 820 sit down
ста́вить 844 put
пое́хать 846 go
отправля́ться 862 depart
бежа́ть 870 run
положи́ть 878 put
ме́дленный 951 slow
доходи́ть 1011 reach
приводи́ть 1012 bring, lead
выпуска́ть 1108 let out
дви́гаться 1121 move
па́дать 1209 fall
вступа́ть 1264 enter
уе́хать 1279 leave, go
возвраща́ть 1309 return
заходи́ть 1373 come in;
   drop by

повора́чиваться 1403 turn
прибыва́ть 1418 arrive
остана́вливать 1421 stop
сади́ться 1424 sit down
броса́ться 1433 throw
выводи́ть 1438 take out,
   lead out
е́здить 1462 ride, travel
вноси́ть 1487 bring in
спуска́ться 1517 descend
выноси́ть 1677 carry out;
   bear
привози́ть 1683 bring
отходи́ть 1719 depart;
   move away
опуска́ть 1761 lower
спеши́ть 1797 rush
пла́вать 1813 swim; sail
переноси́ть 1864 move
повора́чивать 1904 turn
обора́чиваться 1910 turn to
выта́скивать 1919 pull out
лечь 1984 lie down
повезти́ 2018 take
тяну́ть 2125 pull
относи́ть 2172 carry away
бе́гать 2187 run
опуска́ться 2255 lower
отводи́ть 2284 bring, take
поворо́т 2297 turn, bend
приближа́ться 2309 approach
обходи́ть 2378 bypass, walk
   around
паде́ние 2386 fall
убега́ть 2400 run
подводи́ть 2438 bring closer
побежа́ть 2476 run
посади́ть 2503 seat
таска́ть 2591 pull, drag, lug
лезть 2642 climb
уезжа́ть 2659 leave
по́вести 2756 lead, take
подъём 2857 ascent, rise
вылета́ть 2910 depart, fly out
тяну́ться 2962 stretch

класть 2976 put
пры́гать 3005 jump
кида́ть 3077 throw
води́ть 3124 drive; take
уноси́ть 3197 take away,
   carry away
подъезжа́ть 3225 drive up
догоня́ть 3284 chase, catch up
улета́ть 3295 fly away, leave
лете́ть 3344 fly
прое́хать 3366 drive, get to
взлета́ть 3509 take off, fly out
пешко́м 3571 on foot
стреми́тельно 3698 rapidly
прыжо́к 3756 jump
ката́ться 3847 ride
потяну́ться 3864 stretch
прибега́ть 3882 run
отвози́ть 3965 take
кача́ть 4075 rock, shake
вози́ть 4190 drive, carry
шага́ть 4195 stride, walk
приближе́ние 4267
   approaching
съе́здить 4273 go
дви́гать 4286 move
дое́хать 4324 reach, get
бег 4380 run, race
увезти́ 4425 take away
приземля́ться 4466 land
взлет 4551 take-off
плыть 4665 swim; sail
повыша́ться 4670 rise
быстрота́ 4684 speed
уводи́ть 4723 take away
враща́ть 4782 rotate
выполза́ть 4800 crawl out
перебро́ска 4824 transfer
переступа́ть 4871 go over,
   overstep
перебега́ть 4935 run over;
   run across
ска́тываться 4936 roll down,
   slide down
передвига́ть 4951 move

1383 предполага́ть *V* assume
- Вот хороший пример: предположим, что вы пришли в ресторан пообедать. — Here is a good example: let's assume that you've come to the restaurant to have lunch.
  80.99; D 98

1384 катего́рия *Nf* category, class
- Данный товар относится к категории технически сложных. — This product is classified as technically sophisticated.
  80.94; D 97

1385 прика́з *Nm* order
- Солдаты выполнили приказ. — The soldiers carried out the order.
  80.91; D 98

1386 администра́ция *Nf* administration
- Мы уже обращались с этой просьбой в городскую администрацию. — We've already appealed to the municipal administration.
  80.86; D 95

1387 глубина́ *Nf* depth
- Максимальная глубина бассейна – 4 м, минимальная – 1 м. — The maximum depth of the pool is 4 m, the minimum – 1 m.
  80.85; D 98

1388 полёт *Nm* flight
- Наш полет проходит на высоте 10 тысяч метров со скоростью 900 километров в час. — We are flying at 10 thousand metres and at 900 kilometres per hour.
  80.80; D 97

1389 традицио́нный *A* traditional
- В последний день марта состоится традиционная встреча выпускников нашей школы. — The traditional meeting of graduates from our school is on the last day of March.
  80.80; D 97

1390 эффе́кт *Nm* effect
- В 17 случаях из 20 лечение дало положительный эффект. — In 17 of 20 cases the treatment had a positive effect.
  80.68; D 97

1391 уничтожа́ть *V* destroy, wipe out
- Этот вирус уничтожает все файлы на диске С. — This virus wipes all files on the C drive.
  80.67; D 98

1392 реша́ться *V* hesitate, be resolved
- Он долго не решался заговорить с девушкой. — He was hesitant about speaking to the girl.
- Сегодня решается судьба его дочери. — Today the fate of his daughter is being resolved.
  80.61; D 99

1393 торго́вый *A* trading, shopping
- В нашем районе открылся новый торговый центр. — A new shopping centre has opened in our area.
  80.57; D 96

1394 описа́ние *Nn* description
- Судя по описанию внешности, этим человеком был капитан Высоковский. — Judging by the description of how he looked, this person was Captain Vysokovsky.
  80.40; D 96

1395 риск *Nm* risk
- У курильщиков повышается риск заболевания раком. — Smokers are at greater risk of contracting cancer.
  80.32; D 94

1396 подру́га *Nf* friend (female)
- Она рассказала про свою школьную подругу. — She told us about her school friend.
  80.27; D 97

1397 горя́чий *A* hot
- Мы их напоили горячим чаем. — We gave them hot tea to drink.
  80.18; D 98

1398 ло́шадь *Nf* horse
- Все вскочили на лошадей. — Everyone jumped on their horses.
  80.11; D 96

1399 коридо́р *Nm* corridor
- Они шли по коридору. — They walked along the corridor.
  80.00; D 98

1400 капита́л *Nm* capital
- Она рассчитывает в дальнейшем удвоить капитал. — She expects to double her capital in the future.
  79.97; D 95

1401 ко́нкурс *Nm* competition
- Наш журнал объявляет конкурс для читателей. — Our journal is announcing a competition for its readers.
  79.88; D 95

1402 партнёр *Nm* partner
- Он мой близкий друг и надежный деловой партнер. — He's my close friend and a reliable business partner.

  79.86; D 96

1403 повора́чиваться *V* turn
- Вся толпа повернулась в его сторону. — The entire crowd turned in his direction.

  79.81; D 99

1404 исключе́ние *Nn* exception, expulsion
- Вообще-то пускать сюда посторонних строжайше запрещено, но для вас я сделаю исключение. — We're usually strictly forbidden from allowing strangers in here, but I'll make an exception for you.
- После исключения из университета меня забрали в армию. — I was drafted into the army after I'd been expelled from school.

  79.75; D 98

1405 ночно́й *A* night
- Вчера я был в ночном клубе. — I went to a nightclub yesterday.

  79.74; D 98

1406 весна́ *Nf* spring
- Скоро придет весна. — It will soon be spring.

  79.65; D 97

1407 красота́ *Nf* beauty
- Лика была девушка необыкновенной красоты. — Lika was a girl of exceptional beauty.

  79.57; D 97

1408 черта́ *Nf* line, feature
- Он провел горизонтальную черту. — He drew a horizontal line.
- Какая черта характера вам в себе не нравится? — Which feature of your personality do you dislike?

  79.57; D 98

1409 три́дцать *Num* thirty
- Прошло тридцать минут. — Thirty minutes passed.

  79.55; D 98

1410 во́зле *Prep* by, near
- Встретимся в 5 часов возле памятника Пушкину. — Let's meet at 5 o'clock by the Pushkin memorial.

  79.48; D 98

1411 схе́ма *Nf* scheme
- Наши эксперты всегда предлагают схему кредитования с учетом дохода клиента. — Our experts always suggest a crediting scheme that takes into account clients' income.

  79.45; D 96

1412 ры́ба *Nf* fish
- Здесь запрещено ловить рыбу. — Fishing is forbidden here.

  79.40; D 96

1413 суме́ть *V* manage
- Вы сумеете найти обратную дорогу? — Will you manage to find the way back?

  79.38; D 98

1414 опубликова́ть *V* publish
- Журнал 'Фото и видео' опубликовал мою статью. — The journal 'Foto i video' published my article.

  79.33; D 96

1415 глубоко́ *Adv* deep(ly)
- А теперь глубоко вдохните. — And now take a deep breath.

  79.28; D 99

1416 сдава́ть *V* give, let, return, betray (slang)
- Она регулярно сдавала кровь для раненых. — She regularly gave blood for the wounded.
- Я в первый раз сдаю квартиру. — I am renting a flat for the first time.
- Его попросили сдать книги в библиотеку. — He was asked to return the books to the library.

  79.28; D 97

1417 то́чный *A* exact
- Точная дата его рождения неизвестна. — His exact date of birth is unknown.

  79.17; D 98

1418 прибыва́ть *V* arrive
- Поезд прибывает к первому пути. — The train is arriving at platform one.

  79.04; D 98

1419 присыла́ть *V* send
- Но вскоре мальчика Сашу прислали обратно в Киев. — But the boy Sasha was soon sent back to Kiev.

  79.02; D 40

1420 тру́бка *Nf* tube, telephone receiver
- Телефонная трубка выпала у меня из рук. — The telephone receiver slipped from my hands.

  78.85; D 98

1421 остана́вливать *V* stop
- Водитель остановил автобус. — The driver stopped the bus.

  78.79; D 98

1422 говори́ться *V* be said, be discussed
- Об этом подробно говорится в главе 5. — This is discussed in detail in Chapter 5.

  78.73; D 98

1423 аппара́т *Nm* apparatus, equipment
- Все перечисленные медицинские аппараты являются дорогостоящими. — All the mentioned medical equipment is expensive.
78.65; D 96

1424 сади́ться *V* sit down
- Иди сюда и садись на стул. — Come here and sit down on the chair.
78.56; D 98

1425 восто́чный *A* eastern
- Классификация болезней в восточной медицине принципиально иная, нежели в западной. — The classification of diseases in eastern medicine is fundamentally different than in western medicine.
78.49; D 97

1426 откры́тие *Nn* opening, discovery
- На Олимпийском стадионе состоится торжественное открытие Универсиады. — The opening ceremony of the student games is being held at the Olympic stadium.
- Ученые сделали сенсационное открытие в биохимии. — Scientists made a sensational discovery in biochemistry.
78.48; D 95

1427 знамени́тый *A* famous
- Он стал знаменитым писателем. — He became a famous writer.
78.45; D 98

1428 стихи́ *N-* poetry
- Я хочу напечатать свои стихи. — I want to publish my poetry.
78.41; D 97

1429 тёплый *A* warm
- Вечер был теплый и тихий. — The evening was warm and quiet.
78.38; D 98

1430 чу́до *Nn* miracle
- И свершилось чудо – принц ожил. — A miracle happened – the prince came back to life.
78.37; D 97

1431 включа́ть *V* include, turn on
- Якутия была включена в состав России в XVII в. — Yakutia became part of Russia in the seventeenth century.
- Включи телевизор, пожалуйста. — Turn on the television, please.
78.35; D 98

1432 фами́лия *Nf* surname
- Я не помню ее фамилию. — I don't remember her surname.
78.19; D 98

1433 броса́ться *V* throw
- Эй, кто там бросается камнями? — Hey, who's throwing stones over there?
78.13; D 99

1434 ключ *Nm* key
- Только у нас двоих есть ключ от сейфа. — Just the two of us have a key to the safe.
78.01; D 97

1435 заключа́ться *V* consist, be
- Я хотел напомнить, в чем заключается отличие между этими явлениями. — I wanted to remind you what the difference is between these phenomena.
77.95; D 98

1436 кре́сло *Nn* armchair
- Я опустился в удобное кресло. — I sat down in the comfortable armchair.
77.78; D 98

1437 ти́хий *A* quiet
- Ее тихий голос успокаивал меня. — Her quiet voice put me at ease.
77.51; D 98

1438 выводи́ть *V* take out, lead out
- Прежде чем начать выводить щенка на улицу, надо провести ему курс вакцинации. — You should have puppies vaccinated before you start taking them outside.
77.48; D 98

1439 ра́зница *Nf* difference
- Между ними слишком большая разница в возрасте. — There's too big an age difference between them.
77.41; D 98

1440 чей *P* whose
- Интересно, чей это кошелек? — I wonder whose wallet this is.
77.40; D 98

1441 во́семь *Num* eight
- Встречаемся у вас в восемь. — We're meeting at your place at eight o'clock.
77.34; D 98

1442 взгля́дывать *V* look at
- Люда удивленно взглянула на учительницу. — Lyuda looked at the teacher with surprise.
77.33; D 99

1443 прису́тствовать *V* present
- Он не присутствовал при допросе убийцы. — He wasn't present while the killer was being interrogated.
77.28; D 98

1444 министе́рство *Nn* ministry
- Конкурс 'Чудеса детского творчества' проводится при поддержке Министерства культуры. — The 'Wonders of Children's Art' competition is supported by the Ministry of Culture.
77.05; D 97

1445 кино́ *Nn* film
- Интересное кино посмотрел? — Was it an interesting film?
77.01; D 96

1446 неожи́данно *Adv* unexpected(ly)
- Неожиданно раздался громкий треск и обвалилась часть потолка. — There was an unexpected loud bang and part of the ceiling caved in.
76.97; D 98

1447 конча́ться *V* finish, run out
- Мой рабочий день кончается в 6 часов. — My working day finishes at 6 o'clock.
- У нас кончается бензин. — We've almost run out of petrol.
76.92; D 99

1448 медици́нский *A* medical
- Вы оказали ей медицинскую помощь? — Did you provide her medical assistance?
76.86; D 96

1449 штат *Nm* staff, state
- Вы – менеджер проекта и числитесь в штате компании. — You are the project manager and a member of staff at the company.
- Сегодня в индийском штате Джамму и Кашмир получил ранения 31 человек. — 31 people were injured today in the Indian state of Jammu and Kashmir.
76.85; D 97

1450 нало́г *Nm* tax
- Мы платим налоги. — We pay taxes.
76.83; D 95

1451 захоте́ть *V* want
- А потом Боря захотел в туалет. — And then Borya wanted to go to the toilet.
76.75; D 98

1452 све́дение/сведе́ние *Nn* information (the first syllable stressed), resolution (the second syllable stressed)
- В письме содержались сведения семейно-бытового характера. — The letter contained information about family and community.
76.63; D 97

1453 конфли́кт *Nm* conflict
- По этой причине часто возникают конфликты. — This is why conflicts often arise.
76.50; D 97

1454 культу́рный *A* cultural
- Петербург по-прежнему культурная столица России. — St Petersburg is still the cultural capital of Russia.
76.42; D 96

1455 середи́на *Nf* middle
- Выставка продлится до середины марта. — The exhibition is on until the middle of March.
76.30; D 98

1456 пода́рок *Nm* gift
- Какой самый оригинальный подарок ты получал? — What's the most original gift that you've received?
76.28; D 96

1457 прекра́сно *Adv* fine, perfectly, well
- Я ее прекрасно знаю, она раньше у нас работала. — I know her very well; she used to work for us.
76.07; D 99

1458 предыду́щий *A* previous
- А теперь перечитай предыдущий абзац. — And now read the previous paragraph again.
76.05; D 98

1459 ра́нний *A* early
- Стояла ранняя весна. — It was early spring.
76.04; D 98

1460 расчёт *Nm* calculation
- Неужели я ошибся в своих расчетах? — Surely I haven't got my calculations wrong?
76.01; D 92

1461 за́пах *Nm* odour, aroma
- Я ощутил знакомый запах духов. — I could sense the familiar aroma of perfume.
75.97; D 98

1462 е́здить *V* ride, travel
- Он не умеет ездить на велосипеде. — He can't ride a bike.
- Я постоянно езжу по разным странам. — I constantly travel to different countries.
75.92; D 97

1463 пожа́луй *Adv* I think, probably
- Ты, пожалуй, прав, это роза. — I think you're right: it's a rose.
75.77; D 98

1464 преступле́ние *Nn* crime
- Все указывало на то, что оба преступления совершил один и тот же человек. — Everything suggested that both crimes had been carried out by the same person.
75.75; D 97

1465 терять *V* lose
- Я трижды теряла ключи от квартиры. — I've lost the keys to the flat three times.
75.73; D 99

1466 обращение *Nn* appeal, appointment
- В тяжелых случаях необходимо обращение к врачу. — In severe cases you should make an appointment to see a doctor.
75.71; D 97

1467 бедный *A, N-* poor
- Я рос в бедной семье. — I grew up in a poor family.
75.66; D 98

1468 камера *Nf* camera, cell
- У многих новых моделей телефонов есть видеокамера. — Many new telephones have a video camera.
- Он провел три месяца в переполненной камере — He spent three months in an overcrowded cell.
75.62; D 95

1469 внутри *Prep* inside
- Что находится внутри этой коробки? — What's inside the box?
75.59; D 98

1470 рад *A* happy, glad
- Я был очень рад Вашему письму. — I was happy to receive your letter.
75.55; D 94

1471 столица *Nf* capital
- Чемпионат мира 1969 года проходил в столице Кубы Гаване. — The 1969 World Championship took place in the Cuban capital Havana.
75.55; D 96

1472 менять *V* change
- Русское Радио-2 меняет название. — Russian Radio-2 is changing its name.
75.53; D 98

1473 торговля *Nf* trade
- В последнее время торговля идет не очень успешно. — Trade hasn't been very successful recently.
75.50; D 95

1474 больница *Nf* hospital
- Ее состояние ухудшилось и она попала в больницу. — Her condition became worse and she ended up in hospital.
75.48; D 97

1475 тайна *Nf* mystery, secret
- Воскресение из мертвых – великая тайна. — Resurrection is a great mystery.
75.41; D 98

1476 эпоха *Nf* epoch, era
- В Европе наступила эпоха Возрождения. — The Renaissance era began in Europe.
75.37; D 97

1477 запрещать *V* prohibit
- Надо ли запрещать рекламу пива? — Should the advertising of beer be prohibited?
75.37; D 95

1478 почему-то *P* for some reason, somehow
- Его жена почему-то не поверила этой истории. — His wife somehow didn't believe this story.
75.32; D 99

1479 литературный *A* literary
- В литературный язык входит новая терминология: компьютерная, спортивная, финансовая. — New terminology (from computing, sport and finance) is entering the literary language.
75.27; D 96

1480 выполнение *Nn* accomplishment, doing
- У вас возникали трудности при выполнении домашнего задания? — Did you have any difficulties doing your homework?
75.25; D 97

1481 выставка *Nf* exhibition
- В Москве прошла Международная выставка городской моды 'Джинсы'. — The international exhibition of urban fashion 'Jeans' was held in Moscow.
75.25; D 91

1482 научиться *V* learn
- Я научилась плавать. — I learned to swim.
75.22; D 98

1483 выпуск *Nm* edition, production
- Надежда Михайловна пришла в мой кабинет со свежим выпуском газеты. — Nadezhda Mikhailovna came into my office with the latest edition of the newspaper.
- Компания намерена наладить серийный выпуск таких автомобилей к началу следующего года. — The company intends to establish serial production of these cars by the start of next year.
75.18; D 96

1484 протягивать *V* give, stretch
- Адвокат протянул руку и нажал кнопку автоответчика. — The lawyer stretched out his arm and pressed a button on the answering machine.
75.12; D 99

1485 уваже́ние *Nn* respect
- Он потерял уважение одних, но заслужил уважение других. — He lost the respect of some, but gained the respect of others.
75.11; D 97

1486 заду́мываться *V* think deeply
- Все это заставило меня глубоко задуматься. — All of this got me to think deeply.
75.08; D 98

1487 вноси́ть *V* bring in
- Лиза внесла в комнату поднос с кофейником и чашками. — Lisa brought a tray with a coffee pot and some cups into the room.
74.99; D 97

1488 бу́ква *Nf* letter
- Даша уже знает буквы 'о', 'д' и 'м'. — Dasha already knows the letters 'o', 'd' and 'm'.
74.96; D 96

1489 после́дствие *Nn* consequence
- Маленькие дети не могут оценивать возможные последствия своих действий. — Young children are unable to appreciate the possible consequences of their actions.
74.96; D 98

1490 поня́тно *Adv* clear(ly)
- Я вам понятно объяснил? — Did I explain it to you clearly?
74.92; D 98

1491 тво́рческий *A* creative
- Между нами установились отношения не мастера и ученика, а двух творческих личностей, коллег. — Our relationship wasn't one of a master and his pupil but one of two creative beings, colleagues.
74.88; D 96

1492 изображе́ние *Nn* image, picture
- Учительница расставила на доске картинки с изображениями животных. — The teacher put pictures of animals on the board.
74.82; D 95

1493 материа́льный *A* material
- В нашем мире материальному благополучию уделяется основное внимание. — In our world most attention is given to material well-being.
74.77; D 97

1494 уче́бный *A* learning, training
- Роль библиотекаря – быть помощником в учебном процессе. — A librarian's role is to assist in the learning process.
74.64; D 95

1495 заключе́ние *Nn* setting up, conclusion, imprisonment
- Отложите на время заключение любых коммерческих сделок. — Refrain from setting up any business deals for a while.
- Ей дали шесть месяцев тюремного заключения. — She was given six months in prison.
74.60; D 98

1496 признава́ться *V* confess
- Преступник признался в краже драгоценностей. — The criminal confessed to stealing the jewellery.
74.57; D 98

1497 похо́же *Adv* it seems that, it looks like
- Да, похоже, что это и боссу было известно. — Yes, it seems that even the boss knew about it.
74.54; D 98

1498 желе́зный *A* iron
- Полина снова стала стучать в железную дверь. — Polina once again knocked on the iron door.
74.51; D 97

1499 дета́ль *Nf* detail, part
- Они рассказывали, дополняя друг друга и уточняя детали. — They spoke, complementing one another and clarifying the details.
74.45; D 96

1500 се́рый *A* grey
- В дверях он столкнулся с человеком в сером костюме. — He bumped into a man wearing a grey suit in the doorway.
74.42; D 98

1501 авто́бус *Nm* bus
- Последний автобус в аэропорт отправляется в 21.30. — The last bus to the airport leaves at 21:30.
74.38; D 97

1502 воспомина́ние *Nn* remembrance, memory
- На старика снова нахлынули воспоминания. — Memories of the old man came flooding back.
74.34; D 98

1503 челове́чество *Nn* humanity, mankind
- Историки утверждают, что история человечества – это череда больших и малых войн. — Historians claim that the history of mankind is the alternation of major and minor wars.
74.13; D 98

1504 ко́рпус *Nm* block, building, body, corps, corpus (linguistics)
- В западном и южном корпусах гостиницы намечен ремонт 675 номеров. — 675 rooms in the south and west blocks of the hotel are to be refurbished.
74.01; D 96

1505 вкус *Nm* taste, flavour
- Это придаст напитку необычный вкус. — This gives the drink an unusual taste.
73.97; D 96

1506 заседа́ние *Nn* meeting
- 11 ноября состоится заседание специальной комиссии в Госдуме. — There will be a meeting of a special committee in the State Duma on the 11th of November.
73.95; D 96

1507 спустя́ *Prep* later, after
- Больной уходит, мгновение спустя раздается грохот. — The patient leaves, and a moment later a clatter is heard.
73.86; D 98

1508 миллиа́рд *Nm* billion
- Ученые говорят, что Вселенная существует около 20 миллиардов лет. — Scientists say that the Universe has existed for 20 billion years.
73.81; D 96

1509 недоста́ток *Nm* disadvantage, shortage
- Единственный серьезный недостаток этой модели наушников – короткий кабель. — The only major disadvantage of these earphones is their short cable.
- Для всех очевидно, что в стране недостаток продовольствия. — It is obvious to everyone that there is a food shortage in the country.
73.80; D 97

1510 держа́ться *V* hold, keep
- Я снова ехала в метро, держась за поручень. — I went on the Metro again and held on to the handrail.
- Ему посоветовали держаться правой стороны. — He was advised to keep to the right.
73.78; D 98

1511 зара́нее *Adv* beforehand, earlier
- Билет на поезд до дома я купил заранее. — I got my train ticket home beforehand.
73.75; D 98

1512 перспекти́ва *Nf* perspective
- Для женщин Афганистана открылись новые перспективы. — There are new perspectives for Afghan women.
73.60; D 98

1513 отделе́ние *Nn* department, separation
- Он находится в реанимационном отделении в тяжелейшем состоянии. — He is in an intensive care unit in a serious condition.
- Он напомнил, что отделение церкви от государства прописано в Конституции. — He reminded us that the separation of the church from the state was written in the Constitution.
73.57; D 97

1514 ссы́лка *Nf* reference, exile
- Перепечатка материалов разрешена только со ссылкой на источник. — Reproduction of materials is permitted only with reference to the original source.
- Он был отправлен в ссылку. — He was sent into exile.
73.49; D 87

1515 конфере́нция *Nf* conference
- В Тбилиси проходила конференция 'Оптимизм советской литературы'. — A conference on the theme 'Optimism in Soviet Literature' took place in Tbilisi.
73.49; D 95

1516 дари́ть *V* present
- В Новый год все друг другу дарят подарки. — Everyone gives presents to each other at New Year.
73.47; D 97

1517 спуска́ться *V* descend
- Солнце спускалось за горизонт. — The sun descended beyond the horizon.
73.47; D 98

1518 спасти́ *V* rescue, save
- Вакцины спасли человечество от многих опасных инфекционных заболеваний. — Vaccines have saved mankind from many dangerous infectious diseases.
73.38; D 98

1519 разреше́ние *Nn* permission, resolution
- Использование материалов сайта возможно только с письменного разрешения редакции. — Materials from the site may be used only with the written permission of the editors.
- Мониторы с высоким разрешением всегда удобнее для глаз. — High-resolution monitors are always better for your eyes.
73.38; D 97

1520 тяжело́ *Adv* hard, heavily
- Как тяжело расставаться с Родиной! — It's so hard to say goodbye to your homeland!
- Автомобиль тяжело нагружен. — The car was heavily loaded.
73.27; D 98

1521 мо́щный *A* powerful
- У меня есть моторная лодка с очень мощным двигателем. — I have a motorboat with a very powerful engine.
73.17; D 98

1522 обе́д *Nm* lunch
- Он заплатил за обед. — He paid for lunch.
73.13; D 98

1523 угро́за *Nf* threat
- Существовала серьезная угроза целой улице, но пламя благополучно погасили. — The whole street was under serious threat, but fortunately they managed to extinguish the fire.
73.13; D 97

1524 изуче́ние *Nn* study, research
- Он заинтересовался изучением китайского языка. — He became interested in studying Chinese.
- Он внес большой вклад в изучении растений Арктики. — He has made a considerable contribution to research on Arctic plants.
73.08; D 97

1525 производи́ть *V* produce
- Сегодня компания производит богатый ассортимент молочных продуктов. — Today the company produces a wide range of dairy products.
73.04; D 98

1526 про́сьба *Nf* request, ask
- Мама Сергея обратилась к нам с просьбой помочь ее четырнадцатилетнему сыну. — Sergey's mum asked us to help her fourteen-year-old son.
72.90; D 97

1527 эффекти́вный *A* effective
- Это очень эффективный метод. — This is a very effective method.
72.85; D 97

1528 набира́ть *V* gain, recruit, dial, fill
- Самолет быстро набирал высоту. — The plane quickly gained altitude.
- Салон связи набирает новых работников. — The phone shop is recruiting new employees.
- Несколько раз она набирала номер Вадима. — She dialed Vadim's number several times.
72.79; D 98

1529 вход *Nm* entrance, log-in
- Моя квартира имеет отдельный вход. — My flat has a separate entrance.
72.74; D 68

1530 ни́жний *A* lower, bottom
- Приближались выборы в нижнюю палату парламента. — Elections for the lower chamber of parliament were drawing closer.
- Лифт стоял на нижнем этаже. — The lift was on the bottom floor.
72.47; D 97

1531 отря́д *Nm* group, squad
- Через несколько месяцев Беляева зачислили в отряд космонавтов. — A few months later Belayev was enlisted among a group of cosmonauts.
72.44; D 97

1532 ска́жем *Adv* let us say, say
- Стоит ли отправлять в летний лагерь маленьких детей, скажем, пятиклассников? — Is it worth sending young children, say, those in year five to summer camp?
72.44; D 98

1533 ю́жный *A* southern
- Нас отправляют на южный полюс для проведения исследований. — We are being sent to the South Pole to carry out research.
72.44; D 97

1534 телеви́зор *Nm* television
- Они вообще не смотрят телевизор. — They don't watch television at all.
72.29; D 97

1535 во́дка *Nf* vodka
- Он выпил водки, закурил и сел у окна. — He drank some vodka, lit a cigarette and sat down by the window.
72.29; D 97

1536 вес *Nm* weight
- Сейчас мой вес 61 кг. — My current weight is 61 kg.
72.28; D 94

1537 дед *Nm* grandfather
- Их деды воевали на фронтах Великой Отечественной. — Their grandfathers fought on the front line during the Second World War.
72.26; D 96

1538 пропада́ть *V* disappear, be lost
- У Михаила Николаевича пропали ключи от сейфа. — Mikhail Nikolaevich has lost the keys to the safe.
72.16; D 97

1539 вздыха́ть *V* sigh
- Он ностальгически вздыхает по недавнему прошлому. — He sighs nostalgically about the recent past.
72.13; D 99

1540 следи́ть V watch
- Я хочу, чтобы вы следили за моим мужем день и ночь. — I want you to watch my husband day and night.
72.12; D 98

1541 со́рок Num forty
- Прошло сорок дней. — Forty days passed.
72.10; D 98

1542 повыше́ние Nn rise, promotion
- Профсоюзы добиваются повышения минимальной зарплаты. — The trade unions are pushing for the minimum wage to be raised.
- Сидоров вместо меня пошел на повышение. — Sidorov was promoted instead of me.
72.04; D 97

1543 захва́тывать V grip, capture, take
- Сюжет фильма действительно захватывает. — The plot of the film is really gripping.
- В результате 5 человек было убито и 1 захвачен в плен. — As a result 5 people were killed and 1 was taken captive.
- Когда поедешь в Москву, захвати с собой эту фотокарточку. — When you go to Moscow take this photograph with you.
72.00; D 98

1544 кры́ша Nf roof, head (slang)
- Старая крыша прохудилась. — The old roof leaked.
71.96; D 98

1545 звоно́к Nm bell, ring
- В этот момент раздался звонок в дверь! — At that moment the doorbell rang!
71.91; D 97

1546 продолжа́ться V continue
- Бой продолжался до наступления темноты. — The battle continued until it got dark.
71.87; D 98

1547 печа́ть Nf stamp, print, printing
- Она ставит печать и вручает документы мне. — He stamps the documents and then hands them to me.
71.83; D 95

1548 ра́дио Nn radio
- По дороге он все время слушает радио. — He listened to the radio all the way.
71.80; D 97

1549 конта́кт Nm contact
- Сейчас вы поддерживаете контакты с Владимиром? — Are you currently in contact with Vladimir?
71.78; D 97

1550 и́стинный A true, real
- Истинная причина его упрямства была в другом. — The real reason for his obstinacy was something else.
71.74; D 98

1551 неуже́ли Part really
- Неужели вы все это сделали сами? — Have you really done all this yourself?
71.74; D 98

1552 да́ма Nf lady
- В один прекрасный день в холле отеля к ним подошла некая дама. — One wonderful day a woman approached them in the hotel lobby.
71.67; D 98

1553 мя́гкий A soft
- Глеб устроился в мягком кресле. — Gleb made himself comfortable in the soft armchair.
71.67; D 98

1554 газ Nm gas
- Там имеются довольно большие запасы нефти и природного газа. — There are quite substantial reserves of oil and natural gas there.
71.56; D 95

1555 тво́рчество Nn creation, work
- Ее творчество оказало на меня огромное влияние. — Her work had a huge influence on me.
71.55; D 96

1556 худо́жественный A artistic, literary
- На эту тему написано много художественных произведений. — Many literary works have been written on this theme.
71.47; D 97

1557 гото́вить V prepare, make
- Сейчас я пойду готовить ужин. — I'm going to make dinner now.
71.46; D 98

1558 избега́ть V avoid
- Мы делаем все, чтобы избежать конфликта. — We are doing everything to avoid conflict.
71.33; D 98

1559 посеща́ть V visit, attend
- Доктор посетил больного на дому. — The doctor visited the patient at his home.
- Профессор не часто посещал церковь. — The professor rarely attended church.
71.18; D 97

8 Food

хлеб 1293 bread	меню 3511 menu	жевáть 4458 chew
горя́чий 1397 hot	реце́пт 3559 recipe	крем 4481 cream
вкус 1505 taste, flavour	вку́сный 3564 tasty	горячó 4483 hot
обéд 1522 lunch	сыр 3620 cheese	орéх 4515 nut
готóвить 1557 prepare, make	хрен 3724 horseradish	шоколáд 4531 chocolate
свéжий 1582 fresh	кáша 3735 porridge	сы́тый 4570 full up
кусóк 1666 piece	сырóй 3797 raw	бутербрóд 4571 open
едá 1692 food	поéсть 3838 eat	sandwich
óстрый 1705 sharp, spicy	блин 3887 pancake	солёный 4594 salt(y)
ресторáн 1732 restaurant	жир 3889 fat	расти́тельный 4607 vegetable
питáние 1766 food	суп 3895 soup	тéсто 4608 dough
пи́ща 1829 food	рéзать 3915 cut, chop	закýска 4622 appetizer,
мя́со 1883 meat	жи́рный 3921 fatty	snack
мáсло 1938 oil; butter	мед 3980 honey	торт 4632 cake
ýжин 2280 dinner	пóрция 4038 portion	ры́бный 4651 fish
корми́ть 2341 feed	приготовлéние 4064 cooking;	добáвка 4679 supplement
яйцó 2405 egg	preparation	жáреный 4690 roasted, fried
съесть 2416 eat up	колбасá 4146 sausage	буфéт 4696 cafeteria
кафé 2605 café	молóчный 4179 milk	слáдко 4713 sweet(ly)
гóлод 2648 hunger	конфéта 4258 sweet,	ужинáть 4718 have dinner
зáвтрак 2737 breakfast	chocolate	перекýсывать 4732 snack
кусóчек 2795 (small) piece	салáт 4303 salad	творóг 4747 cottage cheese
сáхар 2879 sugar	пирóг 4317 pie	сметáна 4748 sour cream
слáдкий 2907 sweet	аппети́т 4351 appetite	ýксус 4797 vinegar
блю́до 2982 dish	вари́ть 4368 cook, boil,	картóфельный 4836 potato
мукá 3001 flour	make	конфéтка 4837 sweet
голóдный 3207 hungry	обéдать 4372 have lunch	ветчинá 4888 ham
столóвая 3249 canteen,	проглáтывать 4389 swallow	отвéдать 4927 taste,
dining room	кипéть 4403 boil	partake of
соль 3304 salt	чáйный 4420 tea	свини́на 4940 pork
кýрица 3318 chicken	морóженое 4433 ice-cream	сли́вочный 4944 creamy

1560 четвёртый *Num* fourth
- Я живу на четвертом этаже. — I live on the fourth floor.
  71.16; D 98

1561 повéрхность *Nf* surface
- Солнечный свет блестел на поверхности озера. — Light from the sun glistened on the surface of the lake.
  71.11; D 96

1562 брак *Nm* marriage, defect
- Наш брак распался. — Our marriage fell apart.
- Экспертиза выявила заводской брак в стиральной машине. — The examination revealed a factory defect in the washing machine.
  71.06; D 95

1563 забирáть *V* pick up
- Я не успеваю забрать дочь из школы. — I don't have time to pick up our daughter from school.
  71.05; D 98

1564 вéчный *A* eternal
- Есть ли вечная любовь? — Is there such a thing as eternal love?
  71.02; D 97

1565 пускáть *V* let
- Зачем ты пускаешь в дом таких людей? — Why do you let people like that into the house?
  71.00; D 99

1566 ах *I* oh
- Ах, какой прекрасный спектакль! — Oh, what a wonderful show!

  70.98; D 98

1567 мероприятие *Nn* event, measure
- Это первое международное мероприятие подобного рода. — It's the first international event of its kind.
- Врачи проводят мероприятия по борьбе с эпидемией. — Doctors are taking measures to combat the epidemic.

  70.91; D 97

1568 доступ *Nm* access
- Наша библиотека оборудована компьютерами с доступом в Интернет. — Our library is fitted with computers that have Internet access.

  70.89; D 88

1569 установка *Nf* setting, installation
- Установки экрана позволяют выбрать его цветовую схему, обои, заставку. — The screen settings allow users to select the colour scheme, wallpaper and screen-saver.
- По желанию клиента производится установка дополнительного оборудования. — Additional hardware can be installed at the client's request.

  70.85; D 96

1570 случайно *Adv* by chance
- Таня и Юра случайно встретились в транспорте и больше уже не расставались. — Tanya and Yura met by chance on public transport and have been together ever since.

  70.80; D 98

1571 мужской *A* male, men's
- На нижнем этаже есть отдел мужской одежды. — The men's clothing section is on the lower floor.

  70.78; D 97

1572 свойство *Nn* feature
- Отличительное свойство архитектуры петровского времени — ее разностильность. — A distinctive feature of architecture from Peter I's time is its variety of styles.

  70.78; D 97

1573 беседа *Nf* conversation
- Да, интересная у нас беседа вышла. — Yes, our conversation turned out to be an interesting one.

  70.78; D 98

1574 стекло *Nn* glass
- Вы своми глазами увидите ручное производство изделий из стекла. — You will see the manual production of glass products.

  70.74; D 97

1575 бороться *V* struggle
- Ивану Алексеевичу пришлось бороться за выживание. — Ivan Alekseevich had to struggle for survival.

  70.73; D 98

1576 ресурс *Nm* resource
- Молдова богата природными ресурсами, которые делают страну невероятно плодородной сельскохозяйственной местностью. — Moldova is rich in natural resources, which make the country a highly fertile agricultural area.

  70.64; D 89

1577 гореть *V* burn, be on
- Свеча горит. — A candle is burning.
- Во всей квартире темно, но на кухне горит свет. — It's dark throughout the flat, but a light is on in the kitchen.

  70.53; D 98

1578 лишний *A* superfluous, unnecessary
- Очень много лишней работы приходится делать. — A lot of unnecessary work needs to be done.

  70.53; D 98

1579 связанный *A* connected to, tied
- А наркомания впрямую связана со СПИДом. — And drug abuse is directly connected to AIDS.
- Его руки были туго связаны за спиной. — His hands were tied behind his back.

  70.45; D 97

1580 задание *Nn* task, assignment
- Вы можете отказаться от этого опасного задания. — You may refuse to do a dangerous assignment.

  70.37; D 96

1581 реформа *Nf* reform
- Вы не считаете, что пенсионная реформа провалилась? — Do you think that the pension reform was a failure?

  70.22; D 96

1582 свежий *A* fresh
- Нас накормили свежим хлебом. — They gave us fresh bread.

  70.17; D 98

1583 обязанность *Nf* duty
- Мы распределили обязанности каждого члена команды. — We designated duties for each member of the team.

  70.12; D 98

1584 отечественный *A* domestic, patriotic
- Целью таких мер является защита отечественного производителя. — These measures are intended to protect the domestic manufacturer.
70.05; D 97

1585 выдерживать *V* endure, withstand
- Женщине-руководителю сложнее выдерживать нагрузки, чем мужчине. — Female leaders find it harder to withstand the workload than male leaders.
70.03; D 98

1586 повторять *V* repeat
- Повторите упражнение 10 раз. — Repeat the exercise 10 times.
70.01; D 99

1587 разделять *V* divide, share
- Всех участников мы разделим на группы. — We will divide all participants into groups.
- Большинство людей не разделяет его мнение. — Most people don't share his opinion.
70.01; D 98

1588 билет *Nm* ticket
- Предъявите билеты! — Show your tickets!
70.00; D 96

1589 соединять *V* connect, join
- Необходимо наконец соединить усилия всего человечества. — It's time that the forces of all mankind were joined.
69.93; D 98

1590 расход *Nm* expense
- В 2000 году расходы на здравоохранение составили 3,6% от ВВП. — In 2000 healthcare expenses made up 3.6% of the GDP.
69.91; D 96

1591 оборудование *Nn* equipment
- Это оборудование стоит очень дорого. — This equipment is very expensive.
69.91; D 93

1592 уважаемый *A* respected
- Среди них есть очень уважаемые люди. — There are some very respected people among them.
69.87; D 96

1593 заключать *V* conclude
- Из этого можно заключить, что вы неграмотны. — From this we can conclude that you are illiterate.
69.86; D 98

1594 владелец *Nm* owner
- Его дядя – владелец небольшого магазина. — His uncle is the owner of a small shop.
69.81; D 94

1595 увеличивать *V* increase
- Поезд увеличивал скорость. — The train increased speed.
69.81; D 97

1596 должно *Adv* must
- Этой суммы должно хватить на билеты. — This sum must be enough for the ticket.
69.75; D 99

1597 немедленно *Adv* immediately
- Консул сказал, что немедленно приедет к нам. — The consul said that he would come to us immediately.
69.73; D 98

1598 семейный *A* family
- Последний год 80% семейного бюджета уходит на продукты. — For the last year 80% of the family income has been spent on food.
69.71; D 97

1599 дядя *Nm* uncle
- Оказалось, что это был мой родной дядя. — It turned out to be my own uncle.
69.68; D 97

1600 крик *Nm* scream
- Мы услышали крики. — We heard screams.
69.68; D 98

1601 обходиться *V* manage, come to
- Мы не можем обойтись без переводчика. — We can't manage without a translator.
- Обед здесь обходится в 300 евро на человека. — Lunch here comes to 300 Euros per person.
69.62; D 98

1602 честно *Adv* honestly
- Он говорит, что это честно заработанные деньги. — He says that this is honestly earned money.
69.48; D 98

1603 сигнал *Nm* signal
- Тревожный сигнал поступил на пульт дежурного в 0 часов 7 минут. — The alarm signal was sent to the officer on duty at 00:07.
69.48; D 96

1604 формирова́ние *Nn* formation, development
- Основная цель семинара – формирование культурных навыков общения. — The main aim of the seminar is to develop cultivated communication skills.
69.41; D 91

1605 трава́ *Nf* grass
- Здесь растет зеленая трава. — Green grass grows here.
69.40; D 98

1606 исходи́ть *V* proceed, emanate
- Мировая наука делает прогнозы, исходя из нынешних изменений средней температуры Земли. — World scientists make their predictions based on current changes to the average temperature of the Earth.
69.32; D 95

1607 учрежде́ние *Nn* institution
- Это государственное учреждение. — This is a state institution.
69.30; D 96

1608 лече́ние *Nn* treatment
- Врач назначит лечение после обследования. — The doctor will determine the course of treatment after the examination.
69.23; D 94

1609 Кита́й *Nm* China
- Эти сувениры из Китая. — These souvenirs are from China.
69.18; D 94

1610 показа́тель *Nm* indicator, figure
- В Британии этот показатель составляет 19,9 евро, в США – 18,8. — In Britain this figure comes to 19.9 Euros, in the USA to 18.8.
69.16; D 95

1611 за́мок/замо́к castle (the first syllable stressed), lock (the second syllable stressed)
- Хотелось бы со временем купить замок где-нибудь на юге Франции. — I'd eventually like to buy a castle somewhere in the south of France.
- Ты дверь на нижний замок закрыл? — Have you locked the door at the bottom?
69.16

1612 я́щик *Nm* box, drawer
- Мне нужно распаковать ящик с книгами. — I need to unpack a box of books.
- Он выдвинул правый ящик стола. — He pulled open the right-hand drawer in his desk.
69.13; D 97

1613 возде́йствие *Nn* effect
- Солнечные лучи оказывают разрушительное воздействие на кожу. — Solar rays have a harmful effect on the skin.
69.11; D 97

1614 обсужде́ние *Nn* discussion
- В его миссию входит обсуждение вопроса о прекращении войны. — Part of his mission is to discuss ways of bringing an end to the war.
69.11; D 97

1615 прика́зывать *V* order
- Приказываю сложить оружие и сдаться. — I order you to lay down your weapons and surrender.
69.08; D 98

1616 све́тлый *A* light
- Это был мужчина лет 30 в очках, светлом деловом костюме и с портфелем. — It was a man around 30 years old, wearing glasses, dressed in a light-coloured business suit and carrying a briefcase.
69.08; D 98

1617 стул *Nm* chair, stool (faeces)
- – Присаживайся, – и он указал на свободный стул. — 'Sit down', he said and pointed to a free chair.
69.06; D 98

1618 слегка́ *Adv* slightly
- Он был слегка пьян. — He was slightly drunk.
68.99; D 98

1619 убежда́ть *V* convince
- Я еле смогла убедить ее пойти к доктору. — I found it hard to convince her to go to the doctor's.
68.98; D 98

1620 ми́мо *Prep* past, miss
- В этот момент мимо проезжает автобус. — At this moment a bus goes past.
- Главное – не попасть мимо цели. — The main thing is not to miss the target.
68.93; D 99

1621 устава́ть *V* get tired
- Я очень устаю к вечеру. — I get very tired towards the evening.
68.76; D 98

1622 ска́зка *Nf* tale
- Дети просили рассказать сказку. — The children asked for a fairy tale.
68.72; D 97

1623 добира́ться *V* reach, get to
- Было уже поздно, когда он наконец добрался до дому. — It was very late by the time he finally got home.
68.71; D 98

1624 обстано́вка *Nf* situation
- В последующие дни политическая обстановка серьезно осложнилась. — The political situation became very complicated in the days that followed.
68.71; D 98

1625 осно́вываться *V* base
- Фильм основан на подлинных событиях. — The film is based on real events.
68.62; D 97

1626 расстоя́ние *Nn* distance
- Корабль успел отойти на безопасное расстояние. — The ship managed to move away to a safe distance.
68.62; D 98

1627 отпуска́ть *V* let out
- Я боюсь отпускать его куда-нибудь одного. — I'm afraid to let him out on his own.
68.57; D 98

1628 подчёркивать *V* underline, emphasize
- Найдите и подчеркните все личные местоимения в этом тексте. — Find and underline all personal pronouns in the text.
- Подобно всем нам, они любят подчеркивать важность своей работы. — Just like anyone else they like to emphasize the importance of their work.
68.54; D 98

1629 шум *Nm* noise
- В комнате было очень тихо – уличный шум почти не долетал до четырнадцатого этажа. — It was very quiet in the flat – noise from the street barely made it to the fourth floor.
68.54; D 98

1630 беда́ *Nf* misfortune, tragedy
- Но случилась беда, погиб мой муж. — But a tragedy happened; my husband died.
68.53; D 98

1631 споко́йный *A* calm
- Звучит тихая спокойная музыка. — Quiet, calming music is playing.
68.52; D 98

1632 упомина́ть *V* mention
- Об одной из причин мы уже упоминали. — We have already mentioned one of the reasons.
68.29; D 99

1633 весёлый *A* cheerful
- Из трубки послышался шум, музыка и веселый голосок. — Noise, music and a cheerful voice could be heard over the phone.
68.27; D 98

1634 диск *Nm* disc
- Вы можете записать информацию на лазерные диски. — You can save the data on compact discs.
68.17; D 93

1635 побежда́ть *V* win
- В конкурсе победила команда школы № 7. — The team from school number 7 won the competition.
68.07; D 98

1636 удо́бный *A* comfortable, convenient
- Мне нелегко найти удобную обувь. — It's not easy for me to find comfortable shoes.
- Вы можете прийти в любое удобное время. — You may come at any time that is convenient for you.
68.06; D 97

1637 ше́я *Nf* neck
- Он надел на шею ярко-красный шарф. — He put a bright red scarf around his neck.
68.02; D 98

1638 тако́в *P* such, that
- 'Нас это не интересует', – таков был ответ. — 'This doesn't interest us': that was the reply.
67.95; D 98

1639 меня́ться *V* change
- Погода менялась. — The weather was changing.
67.90; D 98

1640 подгота́вливать *V* prepare
- Вы подготовили доклад? — Have you prepared your presentation?
67.90; D 95

1641 ра́нее *Adv* earlier, previously
- Москву потрясло невиданное ранее по размаху и наглости ограбление. — Moscow was shocked by looting of a previously unprecedented scale and audacity.
67.75; D 98

1642 америка́нец *Nm* American
- Этот молодой американец приехал сюда вчера вечером. — This young American came here yesterday evening.
67.73; D 97

1643 шанс *Nm* chance
- Похоже, сегодня у меня появился шанс заработать немного. — It looks as though I'll have the chance to earn some money today.
67.60; D 97

1644 развива́ться *V* develop
- В России этот бизнес только развивается. — In Russia this business is only just starting to develop.
67.51; D 98

1645 сохраня́ться *V* be preserved
- Этот древний храм хорошо сохранился. — This ancient temple has been well preserved.
67.47; D 98

1646 извиня́ть *V* forgive, excuse
- Ты извини меня, Наташа! — Forgive me, Natasha!
67.40; D 98

1647 ко́фе *Nm* coffee
- Я с удовольствием выпью кофе. — I'd love to have a coffee.
67.38; D 94

1648 не́чего *P* nothing
- Нам нечего есть. — We have nothing to eat.
67.31; D 99

1649 кни́жка *Nf* book
- Вот моя записная книжка. — Here's my notebook.
67.29; D 98

1650 действи́тельность *Nf* reality
- Действительность превзошла мои ожидания. — The reality surpassed my expectations.
67.26; D 98

1651 чте́ние *Nn* reading
- У него стал ослабевать интерес к чтению. — He became less interested in reading.
67.24; D 96

1652 гото́виться *V* prepare, train
- Теперь команда готовится к мировому чемпионату. — The team is currently training for the world championship.
67.22; D 97

1653 ло́дка *Nf* boat
- Восемь дней лодка плыла по морю. — The boat was at sea for eight days.
67.17; D 96

1654 су́тки *N-* day and night
- Будем работать 24 часа в сутки. — We will work 24 hours a day.
67.10; D 97

1655 доставля́ть *V* deliver, cause
- Нужно доставить письмо по этому адресу. — The letter needs to be delivered to this address.
- Я никогда никому не доставлял неприятностей. — I've never caused anybody any trouble.
67.05; D 98

1656 давле́ние *Nn* pressure
- Нужно срочно проверить давление в шинах. — You need to check your tyre pressure urgently.
67.03; D 95

1657 мол *Adv* he says, she says, etc., apparently
- Он, мол, никогда там не был. — He says that he's never been there.
67.03; D 98

1658 буква́льный *A* literal
- В данном случае необходим именно буквальный перевод. — In this case a literal translation is necessary.
66.97; D 98

1659 учи́тывать *V* consider
- Политики не всегда учитывают мнение ученых. — Politicians don't always consider the opinions of scientists.
66.93; D 97

1660 уби́йство *Nn* murder
- Загадочное убийство совершил человек в маске. — A masked man carried out the mysterious murder.
66.81; D 97

1661 ле́стница *Nf* stairs
- Эта лестница ведет на улицу? — Do these stairs lead out on to the street?
66.80; D 98

1662 потреби́тель *Nm* consumer
- Наша продукция имеет стабильный спрос у потребителей. — Our products are in constant demand from consumers.
66.68; D 94

1663 вне *Prep* beyond, outside
- Оставшиеся 24% опрошенных сочли себя вне политики. — The remaining 24% of those surveyed considered themselves beyond politics.
66.67; D 98

1664 религио́зный *A* religious
- В его творчестве присутствовала религиозная тема. — A religious theme was present in his work.
  66.63; D 96

1665 впереди́ *Adv* ahead, in front
- Впереди шел командир. — The commander was walking in front.
  66.55; D 98

1666 кусо́к *Nm* piece
- Ты съешь еще один кусок торта? — Would like another piece of cake?
  66.53; D 98

1667 страте́гия *Nf* strategy
- Вам очень пригодятся курсы 'Стратегия, тактика и практика маркетинга'. — You would find the 'Marketing strategy, tactics and practice' course very useful.
  66.51; D 96

1668 набо́р *Nm* set, recruitment
- Новый набор данных основан на наблюдениях с 0,7-метрового телескопа в штате Аризона. — The new dataset is based on observations from a 0.7 metre telescope in Arizona.
- В сентябре, после принятия военной присяги, курсанты нового набора приступили к учебе. — In September, once they had taken the military oath, the new recruits started their training.
  66.48; D 97

1669 ци́фра *Nf* figure
- На экране появилась комбинация букв и цифр. — A combination of letters and numbers appeared on the screen.
  66.47; D 98

1670 досто́инство *Nn* dignity, advantage
- Но при этом он никогда не терял человеческого достоинства. — Nevertheless he never lost his dignity.
- Здесь можно прочитать о достоинствах и недостатках разных моделей внедорожников. — Here you can read about the advantages and disadvantages of various types of off-road vehicles.
  66.40; D 98

1671 се́рия *Nf* episode, series, number
- Я сыграл маленькую роль в одной серии этого фильма. — I played a minor role in an episode of this film.
- В Иране произошла серия мощных землетрясений. — There were a number of powerful earthquakes in Iran.
  66.31; D 95

1672 осозна́вать *V* realize
- Мы полностью осознавали опасность, грозившую нашей стране. — We fully realized the danger that our country was in.
  66.28; D 98

1673 ве́рхний *A* top, upper
- Камера находится в верхней части телефона. — The camera is at the top of the telephone.
  66.24; D 97

1674 кадр *Nm* frame
- На экране замелькали последние кадры фильма. — The last frames of the film flashed on the screen.
  66.13; D 94

1675 основно́е *Nn* the main thing, the most important thing
- Жена и сын – эти два человечка – самое основное в моей жизни. — My wife and son: these two people are the most important thing in my life.
  66.06; D 98

1676 посте́ль *Nf* bed
- Я улеглась в мягкую постель. — I lay down on the soft bed.
  66.06; D 97

1677 выноси́ть *V* carry out, bear
- Из дома вынесли мебель. — They carried furniture out of the house.
- Я не вынесу разлуки с любимым! — I can't bear being separated from my loved ones!
  65.99; D 98

1678 справля́ться *V* cope
- Я уверена, что вы сами можете справиться со своей задачей. — I'm sure that you'll be able to cope with the task at hand on your own.
  65.85; D 98

1679 штаб *Nm* headquarters
- Он служил в штабе полка связным. — He worked as a messenger at the regiment's headquarters.
  65.85; D 98

1680 рожа́ть *V* give birth
- Она родила девочку. — She gave birth to a girl.
  65.83; D 96

1681 предусма́тривать *V* foresee
- Все это нужно заранее предусмотреть и записать в договоре. — All this needs to be foreseen and noted in the agreement.
  65.80; D 97

1682 малы́ш *Nm* baby, child
- Это был годовалый малыш, еще не научившийся стоять на ногах. — It was a one-year-old child who still hadn't learned to stand on its feet.

  65.77; D 94

1683 привози́ть *V* bring
- Еду и напитки гости привезли с собой. — The guests brought food and drinks with them.

  65.73; D 98

1684 внима́тельный *A* attentive
- Он посмотрел на Владимира долгим, внимательным взглядом. — He gave Vladimir a long, attentive look.

  65.70; D 98

1685 мили́ция *Nf* police
- Нужно вызвать сотрудников милиции и прокуратуры, провести экспертизу. — We need to call the police and prosecutors to conduct the examination.

  65.70; D 96

1686 процеду́ра *Nf* procedure, treatment
- Это не самая дешевая косметическая процедура. — It's not the cheapest cosmetic treatment.

  65.70; D 96

1687 ожида́ние *Nn* expectation, waiting
- Фильм, к сожалению, не оправдал ожиданий. — Unfortunately, the film didn't live up to expectations.
- На этот раз ожидание затянулось на целый час. — This time we had to wait a full hour.

  65.66; D 98

1688 изуча́ть *V* learn, study
- Он со второго класса изучает английский язык. — He's been studying English since the second year.

  65.60; D 98

1689 госпо́дь *Nm* the Lord
- К несчастью, господь обделил их умом. — Unfortunately, the Lord deprived them of intelligence.

  65.57; D 96

1690 филосо́фия *Nf* philosophy
- Китайская философия имеет некоторые элементы, которые очень близки учению Святых Отцов. — Chinese philosophy has some elements that are very close to the teachings of the Holy Fathers.

  65.46; D 96

1691 подпи́сывать *V* sign
- Я этот договор не подпишу! — I will not sign this agreement!

  65.39; D 92

1692 еда́ *Nf* food
- Они будут спать в палатке и готовить еду на костре. — They will sleep in a tent and cook food on the camp fire.

  65.38; D 98

1693 смех *Nm* laughter
- Звучала музыка, слышался звонкий смех. — Music was playing, and loud laughter could be heard.

  65.36; D 98

1694 многочи́сленный *A* numerous
- Самую многочисленную группу образовали военнослужащие в возрасте от 25 до 29 лет. — The most numerous group was made up by soldiers aged between 25 and 29.

  65.35; D 98

1695 гро́мко *Adv* loud(ly)
- Наш сосед по ночам очень громко включает музыку. — Our neighbour plays really loud music at night.

  65.26; D 99

1696 наруша́ть *V* violate
- Поступая так, он нарушает закон. — By behaving in this way he is violating the law.

  65.23; D 98

1697 жи́зненный *A* vital, life, practical
- В результате жизненные функции его организма нарушаются. — As a result, the vital functions of his body were violated.
- В словах твоей мамы заключается великая жизненная мудрость. — There is great practical wisdom in your mum's words.

  65.23; D 98

1698 у́зкий *A* narrow
- По узкой лестнице мы взобрались на пятый этаж. — We went up the narrow stairs to the fifth floor.

  65.21; D 96

1699 це́нный *A* valuable
- У него не было никакого ценного имущества. — He didn't have any valuable belongings.

  65.12; D 94

1700 води́тель *Nm* driver
- Она уже была довольно опытным водителем. — She was already a reasonably experienced driver.

  65.10; D 96

1701 игро́к *Nm* player
- Он кла́ссный игрок. — He's a great player.
65.07; D 94

1702 блок *Nm* block, unit
- Для этого необходимо снять крышку с системного блока. — To do this it is necessary to remove the cover from the unit.
65.04; D 95

1703 страда́ть *V* suffer
- Медики обнаружили, что эти люди страдают от бессонницы и депрессии. — Medics found that these people suffer from insomnia and depression.
65.04; D 98

1704 мост *Nm* bridge
- Они перешли речку по мосту. — They crossed the river over a bridge.
65.03; D 97

1705 о́стрый *A* sharp, severe, spicy
- Мелко нарубите острым ножом 2 луковицы средней величины. — Finally chop 2 medium-sized onions with a sharp knife.
- У нее случился острый приступ аппендицита. — She had a severe bout of appendicitis.
- Большинство блюд тайской кухни очень острые. — Most Thai dishes are very spicy.
65.02; D 98

1706 пое́здка *Nf* trip
- Ей предстоит поездка на море через 2 недели. — She's going on a trip to the sea in two weeks.
65.02; D 94

1707 ра́зум *Nm* intelligence
- Все факты были за то, что здесь не обошлось без инопланетного разума. — All the evidence indicated that extraterrestrial intelligence was involved.
65.02; D 97

1708 конце́пция *Nf* concept
- Данная концепция опирается на междисциплинарный фундамент научного знания. — This concept is based on an interdisciplinary foundation of scientific knowledge.
64.96; D 97

1709 чино́вник *Nm* official
- Ее отец был государственным чиновником. — Her dad was a state official.
64.96; D 97

1710 отту́да *P* from there
- Оттуда открывался прекрасный вид на поля. — There was a wonderful view of the fields from there.
64.96; D 99

1711 субъе́кт *Nm* subject
- Татарстан – субъект Российской Федерации. — Tatarstan is a federal subject of the Russian Federation.
64.83; D 95

1712 тишина́ *Nf* silence
- В квартире наступила тишина. — It fell silent in the flat.
64.82; D 98

1713 далёкий *A* distant
- Он собирается съездить к матери в далекий северный городок. — He's about to go to a distant northern town to see his mother.
64.75; D 93

1714 направля́ться *V* go, come
- Почему он решил направиться именно туда, объяснить довольно сложно. — It's quite hard to explain why it was here he decided to come.
64.73; D 98

1715 слух *Nm* hearing, rumour
- Мои занятия выработали у меня тонкий слух. — My work had led me to have sensitive hearing.
- По столице поползли невероятные слухи. — Improbable rumours were spreading around the capital.
64.72; D 98

1716 сра́внивать *V* compare
- Фрагменты текста дают нескольким переводчикам и потом сравнивают результаты. — Passages of this text are given to several translators and then the results are compared.
64.72; D 98

1717 покупа́тель *Nm* shopper
- Тогда многие покупатели приходили к магазину за пятнадцать – двадцать минут до открытия. — Then many shoppers came to the shop fifteen to twenty minutes before it opened.
64.61; D 95

1718 удиви́тельный *A* amazing
- Какое удивительное совпадение! — What an amazing coincidence!
64.40; D 98

1719 отходи́ть *V* depart, move away
- Поезд отходит в 14:50. — The train departs at 14:50.
- Поезд отправляется, отойдите от края платформы. — Please move back from the edge of the platform; the train is ready to depart.
64.38; D 99

1720 выступле́ние *Nn* performance, speech
- Во время открытия выставки состоялись выступления детских коллективов. — Performances from children's groups took place during the opening of the exhibition.
- После выступлений докладчиков состоялась оживленная дискуссия. — A lively discussion followed the presenters' talks.
64.35; D 97

1721 увеличе́ние *Nn* increase, rise
- Мы требуем увеличения зарплаты! — We demand a pay rise!
64.25; D 97

1722 мёртвый *A*, *N-* dead
- Мы увидели двух мертвых птиц. — We saw two dead birds.
64.16; D 98

1723 зарпла́та *Nf* salary
- Его не устраивает зарплата. — He's not happy with his salary.
64.16; D 97

1724 заменя́ть *V* replace
- Зонтик никогда не сможет заменить парашют. — An umbrella can never replace a parachute.
64.09; D 98

1725 до́лжность *Nf* position
- На следующий день он работал уже в должности инженера. — The next day he'd moved up to the position of engineer.
64.08; D 97

1726 о́сень *Nf* autumn
- Глубокой осенью вернулись мы в Москву. — We came back to Moscow in late autumn.
64.08; D 97

1727 ро́дственник *Nm* relative
- Оля и Владимир уехали к родственникам в Петербург. — Olya and Vladimir went to their relatives in St Petersburg.
64.07; D 98

1728 паке́т *Nm* package, plastic bag
- Это входит в стандартный пакет услуг нашей компании. — This is part of the standard package of services that our company offers.
- Полицейский достал полиэтиленовый пакет и убрал в него улику. — The policeman picked up the plastic bag and used it as evidence.
63.88; D 96

1729 зри́тель *Nm* spectator
- Благодарные зрители аплодировали стоя. — The grateful spectators gave a standing ovation.
63.83; D 97

1730 стра́нно *Adv* strangely
- Он странно себя ведет. — He's behaving strangely.
63.75; D 98

1731 мечта́ть *V* dream
- Я давно мечтаю о собаке. — I've been dreaming about having a dog for a long time.
63.73; D 98

1732 рестора́н *Nm* restaurant
- Я уже позвонил в ресторан и заказал столик у окна. — I've already called the restaurant and booked a table by the window.
63.73; D 96

1733 пла́та *Nf* fee, charge
- Дополнительная плата за оказание данной услуги взиматься не будет. — There will not be an extra charge for this service.
63.70; D 96

1734 судья́ *Nm* judge, referee
- Судья вынес приговор. — The judge passed sentence.
- Судья дал свисток, и начался матч. — The referee blew the whistle and the match started.
63.66; D 95

1735 ра́ньше *Adv* earlier, used to
- Здесь раньше жил и работал известный ученый. — A famous scientist used to live and work here.
63.63; D 98

1736 убира́ть *V* clear
- Дочка помогает маме убрать посуду. — The daughter is helping her mum clear away the dishes.
63.55; D 98

1737 внеза́пный *A* sudden
- Газеты пишут о внезапной смерти конкурсантки. — The papers are writing about the sudden death of the contestant.
63.54; D 98

1738 охра́на *Nf* protection, security
- Значительная часть прибыли расходуется на охрану окружающей среды и экологическую безопасность. — A considerable proportion of the profit is being spent on protecting the environment and on ecological safety.
- После этого охрана сумела задержать его и выпроводить из зала. — Afterwards security guards were able to restrain him and lead him out of the hall.
63.48; D 95

9 Friends and family

ребёнок 99 child	дядя 1599 uncle	любо́вник 3784 lover
друг 102 friend	ро́дственник 1727 relative	подру́жка 3866 friend
оте́ц 255 father	мла́дший 1814 younger	(female)
жена́ 315 wife	прия́тель 2249 friend	жена́тый 3988 married
семья́ 327 family	дру́жба 2271 friendship	родны́е 4025 family
мать 336 mother	жени́ться 2358 marry	матери́нский 4055 maternal
сын 369 son	до́чка 2399 daughter	дружи́ть 4097 be friends
ма́ма 382 mum	сва́дьба 2459 wedding	сыно́к 4193 son (diminutive)
муж 410 husband	за́муж 2491 marry	роди́тельский 4225 parental
роди́тель 498 parent	неве́ста 2833 bride; fiancée	вдова́ 4334 widow
брат 536 brother	супру́г 2871 spouse,	разводи́ться 4405 get
това́рищ 694 comrade	husband	divorced
бы́вший 780 ex-, former	де́душка 2903 grandfather	близне́ц 4482 twin
па́па 798 dad	пре́док 2959 ancestor	племя́нник 4547 nephew
дочь 841 daughter	тётя 2994 aunt	тёща 4561 mother-in-law
ста́рший 1015 senior, elder	внук 3106 grandson	вну́чка 4612 granddaughter
сестра́ 1030 sister, nurse	жени́х 3347 bridegroom,	за́мужем 4664 married
поколе́ние 1259 generation	fiancé	(woman)
ба́бушка 1292 grandmother	супру́га 3519 spouse	зять 4671 son-in-law
подру́га 1396 friend (female)	(female), wife	заму́жний 4787 married
дед 1537 grandfather	разво́д 3544 divorce	(woman)
брак 1562 marriage	тётка 3699 aunt	сыно́чек 4937 son
семе́йный 1598 family	пото́мок 3700 descendant	(affectionate)

1739 публика́ция *Nf* publication, journal article
- В тот момент появилась первая журнальная публикация романа 'Мастер и Маргарита'. — At the time the first journal article on the novel 'The Master and Margarita' was being published.
- 63.48; D 96

1740 кра́йне *Adv* extremely, very
- Дела идут крайне плохо и работы совсем нет. — Things are extremely bad and there is no work at all.
- 63.47; D 98

1741 дога́дываться *V* guess
- Его жена даже не догадывается о том, что он ей изменяет. — His wife doesn't have a clue that he's cheating on her.
- 63.41; D 99

1742 обсужда́ть *V* discuss
- Мы не раз уже обсуждали с Геной, что будем делать, когда окончим школу. — Gena and I have discussed several times what we're going to do when we finish school.
- 63.34; D 97

1743 надева́ть *V* put on
- Инна Константиновна надевает пальто в прихожей. — Inna Konstantinovna is putting on her coat in the hallway.
- 63.31; D 98

1744 луна́ *Nf* moon
- Полная луна освещала лагерь. — The full moon illuminated the camp.
- 63.25; D 96

1745 ло́гика *Nf* logic
- Но логика подсказывает, что это нереально. — But logic suggests that it's unrealistic.
- 63.24; D 97

1746 специа́льно *Adv* specially
- Появились кинологи с собаками, специально обученными на поиск взрывчатки. — Dog handlers with dogs that are specially trained to find explosives arrived.
- 63.12; D 98

1747 компью́терный *A* computer
- Тогда снимали кино без компьютерной графики. — In those days they shot films without computer graphics.
  63.10; D 95

1748 проводи́ться *V* be conducted
- Сейчас проводится расследование обстоятельств этого дела. — An investigation into this matter is currently being conducted.
  63.03; D 97

1749 предупрежда́ть *V* warn
- Я обязан предупредить их об опасности. — I'm obliged to warn them of the danger.
  62.89; D 98

1750 раздава́ться *V* sound, be heard, be distributed
- В коридоре время от времени раздавались шаги. — From time to time footsteps could be heard in the corridor.
- Журнал несколько месяцев бесплатно раздавался в школах. — The magazine was freely distributed at schools for a few months.
  62.88; D 99

1751 зе́ркало *Nn* mirror
- Мать примеряет перед зеркалом шубу. — Mother is trying on her fur coat in front of the mirror.
  62.81; D 97

1752 су́щность *Nf* essence, gist, nature
- Мы не в состоянии познать истинную сущность таких вещей. — We cannot know the true essence of such things.
  62.79; D 97

1753 си́ний *A* blue
- Он переоделся в синий костюм. — He changed into a blue suit.
  62.75; D 98

1754 сле́дствие *Nn* consequence, investigation
- Современные этнические конфликты – прямое следствие такой политики. — Today's ethnic conflicts are a direct consequence of a policy like this.
- Следствие доказало, что именно она стала подстрекательницей к убийству. — The investigation proved that she was the one who instigated the murder.
  62.75; D 98

1755 обра́тный *A* reverse, return
- Саша сосчитал до десяти, потом в обратном порядке до единицы. — Sasha counted to 10 and then in the reverse order to one.
  62.60; D 98

1756 ладо́нь *Nf* palm, hand
- Она провела ладонью по лицу, стирая слёзы. — She ran her hand over her face and wiped away the tears.
  62.59; D 98

1757 выи́грывать *V* win
- Он второй год подряд выигрывает Кубок мира. — He won the World Championship for the second year in a row.
  62.56; D 96

1758 строка́ *Nf* line
- В письме было всего несколько строк. — The letter consisted of only a few lines.
  62.56; D 96

1759 больно́й *A, N-* sick, painful, patient
- Знакомые знали, что у неё больной ребенок. — Her friends knew that she had a sick child.
  62.55; D 96

1760 законода́тельство *Nn* legislation
- Согласно действующему законодательству, борьба с терроризмом является прямой обязанностью ФСБ. — According to current legislation, the war on terror is the FSB's direct responsibility.
  62.52; D 96

1761 опуска́ть *V* lower, omit, sodomize
- Он опустил голову на подушку. — He lowered his head on to the pillow.
- Если опустить подробности, история получится короткая. — If we omit the details, then it's a short story.
  62.48; D 98

1762 да́льний *A* far
- Дверь в дальнем конце коридора открылась. — The door at the far end of the corridor opened.
  62.46; D 97

1763 чи́сто *Adv* cleanly, purely
- Там было очень чисто и уютно. — It was very clean and cosy there.
  62.38; D 97

1764 мечта́ *Nf* dream
- И вот наконец моя мечта сбылась. — And finally my dream came true.
  62.36; D 97

1765 загля́дывать *V* peep
- Любопытные соседи заглядывают в наши окна. — Our nosy neighbours are always peeping through the windows.
  62.29; D 99

1766 пита́ние *Nn* food, power
- Ей восемь лет, детское питание ей уже не нужно! — She's eight years old – she doesn't need baby food anymore!
- Отключите питание компьютера и модема. — Turn off the power to the computer and modem.
  62.23; D 95

1767 файл *Nm* file
- У меня не загружается файл с фото. — I can't download the photo file.
  62.12; D 90

1768 интересова́ть *V* interest
- Первое, что интересует опытного дегустатора, – цвет напитка. — The first thing that interests an experienced taster is the colour of the drink.
  62.05; D 98

1769 флот *Nm* fleet, navy
- Мой старший брат служит на флоте. — My elder brother serves in the navy.
  62.01; D 96

1770 рели́гия *Nf* religion
- 60 процентов последователей этой религии проживают вне США. — 60 per cent of those who follow this religion live outside the USA.
  61.99; D 96

1771 бо́жий *A* God's
- У чехов существует традиция приносить в божий храм в этот вечер сладкое печенье. — The Czechs have a tradition of bringing sweet biscuits to God's temple on this evening.
  61.95; D 96

1772 догова́риваться *V* agree
- Мы с ним договорились о встрече. — He and I agreed a meeting.
  61.95; D 98

1773 характе́рный *A* characteristic
- Роскошь и изящество составляли характернейшую черту той эпохи. — Luxury and elegance were characteristic of this era.
  61.74; D 98

1774 ко́шка *Nf* cat
- На лестничной площадке сидит кошка. — A cat is sitting on the staircase.
  61.69; D 94

1775 обща́ться *V* communicate
- Ребенок обязательно должен общаться со сверстниками. — A child needs to communicate with his peers.
  61.65; D 97

1776 ва́жно *Adv* important
- То, что я тебе скажу, очень важно для нас обоих. — What I'm about to tell you is important for the both of us.
  61.56; D 98

1777 ужа́сный *A* terrible
- Он так и не узнает об этой ужасной трагедии. — He will not find out about this terrible tragedy.
  61.54; D 98

1778 висе́ть *V* hang
- Через плечо у него висела большая сумка. — A big bag was hanging over his shoulder.
  61.51; D 98

1779 то́лстый *A* thick, fat, plump
- Читать лежа такую толстую книгу было невозможно. — It was impossible to read such a big book lying down.
- Это был толстый мальчишка. — He was a plump young boy.
  61.48; D 98

1780 отли́чный *A* excellent
- Ему пришла в голову отличная идея. — He had an excellent idea.
  61.36; D 97

1781 зака́з *Nm* order
- Группа программистов выполняет срочный заказ. — A team of programmers are carrying out an urgent order.
  61.31; D 92

1782 тон *Nm* tone
- Беседуйте с ребенком дружелюбно, в уважительном тоне. — Speak to your child in a friendly and respectful tone.
  61.28; D 98

1783 оборо́на *Nf* defence
- За 250 дней героической обороны Севастополя полк потерял больше половины своего состава. — In the 250 days of the heroic defence of Sevastopol the regiment lost more than half its troops.
  61.24; D 96

1784 прове́рка *Nf* examination
- Пока проводится проверка всех обстоятельств ночного ЧП. — An examination into all the circumstances behind last night's emergency is still being carried out.
  61.24; D 96

1785 реда́ктор *Nm* editor, processor
- В то утро главный редактор собрал нас на совещание. — That morning the chief editor brought us together for a meeting.
- Откройте любой текстовый редактор, имеющий функцию проверки орфографии. — Open any word processor that has a spell-checker.
  61.24; D 96

1786 когда́-то *P* once
- Каждый взрослый когда-то был ребенком. — Every adult was once a child.
  61.23; D 98

1787 крыло́ *Nn* wing
- Цапля расправила крылья. — The heron spread its wings.
  61.21; D 97

1788 ду́ма *Nf* thought, Duma
- Зачем терзать себя думами о будущем? — Why worry yourself with thoughts about the future?
- Государственная Дума провела специальное заседание. — The State Duma held a special meeting.
  61.21; D 95

1789 вдоль *Prep* along
- Павел двигался вдоль состава, отсчитывая вагоны. — Pavel moved along the train, counting the carriages.
  61.17; D 98

1790 запа́с *Nm* stock
- В маленькой кладовке обнаружились запасы консервов еще советских времен. — Stocks of canned goods from the Soviet era were found in the small pantry.
  61.13; D 97

1791 сосе́дний *A* neighbouring
- В соседнем доме жила большая семья. — A big family lived in the neighbouring house.
  61.12; D 98

1792 жёсткий *A* hard, firm
- Действительно ли жесткий матрас лучше для спины? — Is a hard mattress really better for your back?
  61.03; D 97

1793 исполне́ние *Nn* performance, execution, carrying out
- Капитан Теплов уже приступил к исполнению своих обязанностей. — Captain Teplov had already set about carrying out his duties.
  61.03; D 97

1794 замести́тель *Nm* deputy
- Заместитель директора явно не хотел со мною общаться. — The deputy director clearly didn't want to speak to me.
  61.02; D 96

1795 полко́вник *Nm* colonel
- – Огонь! – приказал полковник. — 'Fire!', the colonel ordered.
  61.02; D 97

1796 выясня́ть *V* find out, establish
- Суд будет выяснять, кто прав, кто виноват. — The court will find out who is right and who is wrong.
  60.97; D 98

1797 спеши́ть *V* rush
- Он спешил поскорее уйти домой. — He was in a hurry to go home as soon as possible.
  60.91; D 98

1798 пя́тый *Num* fifth
- Это ваш пятый брак? — Is this your fifth marriage?
  60.87; D 98

1799 коне́чный *A* final
- Вот мы и добрались до конечного пункта нашего путешествия. — And then we reached the final destination of our trip.
  60.81; D 98

1800 кри́зис *Nm* crisis
- В стране разразится демографический кризис. — There will be a demographic crisis in the country.
  60.80; D 96

1801 при́быль *Nf* profit
- По оценкам экспертов, в цене на нефть 23% составляет прибыль нефтяных компаний. — According to experts' calculations, 23% of the price of oil constitutes profit made by oil companies.
  60.77; D 96

1802 спор *Nm* dispute
- Главные споры разгорелись вокруг меню для праздничного стола. — The main disputes broke out over the menu for the feast.
  60.77; D 98

1803 кру́глый *A* round
- Возле него за круглым столиком сидели еще два человека. — Another two people were sitting alongside him at the round table.
  60.72; D 97

1804 о́зеро *Nn* lake
- По каменистой тропе мы вышли к красивейшему горному озеру. — We walked along a pebbled path to a most beautiful mountain lake.
  60.72; D 97

1805 де́латься *V* be made, happen, become
- Ты случайно не в курсе, из чего делаются эти палочки? — You don't happen to know what these sticks are made from, do you?
- Мы решили посмотреть, что там делается летом. — We decided to see what happens there in the summer.
- Когда старик улыбается, он делается моложе. — When the old man smiles he becomes younger.
  60.68; D 98

1806 ди́кий *A* wild
- Здесь царит дикая природа. — The nature is wild here.
  60.62; D 97

1807 по-пре́жнему *Adv* still
- Она по-прежнему молода и прекрасно выглядит. — She still looks young and beautiful.
  60.56; D 98

1808 наноси́ть *V* apply
- Нанесите крем на кожу. — Apply cream to the skin.
  60.55; D 97

1809 дно *Nn* bottom
- В ближайшее время на дно озера спустится телеуправляемый робот с видеокамерой. — A remote-controlled robot fitted with a video camera will soon be sent to the bottom of the lake.
  60.54; D 98

1810 те́рмин *Nm* term
- Слово 'яфетидология' является уже устаревшим термином. — The word 'yafetidologiya' is an obsolete term.
  60.51; D 97

1811 како́в *P* which, what
- Каково состояние больного? — What is the condition of the patient?
  60.49; D 98

1812 воро́та *N-* gate
- Пожилая женщина открыла ворота. — An elderly lady opened the gate.
  60.44; D 97

1813 пла́вать *V* swim, sail
- Она не умеет плавать. — She can't swim.
- Ты ведь никогда прежде не плавал на корабле. — You've never sailed on a ship before, have you?
  60.44; D 98

1814 мла́дший *A* younger, junior
- Тогда мне помог мой младший брат. — At the time my younger brother helped me.
  60.40; D 97

1815 пора́жать *V* strike, hit, cause
- Четырежды башню собора поражала молния. — The tower of the cathedral was struck by lightning four times.
  60.31; D 98

1816 приня́тие *Nn* acceptance
- С нетерпением ждем принятия Закона о животных. — We're eagerly waiting for the 'Animal Act' to be accepted.
  60.24; D 97

1817 убежда́ться *V* be convinced, be assured
- Теперь я убедился в том, что девочка эта действительно существовала и что я ее знал когда-то. — Now I'm convinced that this girl really existed and that I once knew her.
  60.23; D 98

1818 экспе́рт *Nm* expert
- Как утверждают эксперты, данная проблема является результатом вирусной атаки. — According to experts, the problem is the result of a virus outbreak.
  60.21; D 96

1819 совме́стный *A* joint
- Это совместный проект журнала 'Большая политика' и радиостанции 'Эхо Москвы'. — This is a joint project of the magazine 'Bol'shaya politika' and the radio station 'Ekho Moskvy'.
  60.12; D 97

1820 лиша́ть *V* deprive
- Я бы не стал продавать квартиру и лишать семью жилья. — I wouldn't sell the flat and deprive the family of a home.
  59.95; D 98

1821 характери́стика *Nf* specification, letter of reference
- Все производители предлагают почти идентичные по техническим характеристикам приборы. — All manufacturers offer products that are almost identical according to their technical specifications.
- Не всякому сотруднику выдавали характеристику для поездки за рубеж. — Not all employees were given a reference for a trip abroad.
  59.94; D 97

1822 конце́рт *Nm* concert
- Он больше не выступает с концертами. — He no longer gives concerts.
  59.87; D 94

1823 дыхáние *Nn* breath
- Охотники замерли, затаив дыхание. — The hunters held their breath and stood still.
59.85; D 96

1824 темнотá *Nf* darkness
- До полной темноты оставалось чуть больше трех часов. — There's a little over three hours to go before it gets completely dark.
59.81; D 98

1825 региона́льный *A* regional
- Валовой региональный продукт увеличился на 4,4% — Gross Regional Product increased by 4.4%
59.77; D 96

1826 экспериме́нт *Nm* experiment
- Чтобы обеспечить безопасность, эксперимент проводился в специальном бункере. — For safety reasons the experiment was carried out in a special bunker.
59.77; D 97

1827 аге́нтство *Nn* agency
- Мы вместе начинали в модельном агентстве. — We started at the model agency at the same time.
59.67; D 95

1828 объединя́ть *V* unite
- Спорт объединяет людей. — Sport unites people.
59.66; D 97

1829 пи́ща *Nf* food
- Есть следует медленно, тщательно пережевывая пищу. — You should eat slowly and chew your food thoroughly.
59.62; D 96

1830 кре́пкий *A* strong
- Может быть, вы выпили слишком крепкого чая или кофе? — Perhaps you drank too strong tea or coffee?
59.61; D 98

1831 се́вер *Nm* north
- Эта птица обитает на крайнем севере России. — This bird lives in the Russian far north.
59.60; D 97

1832 интервью́ *Nn* interview
- Я столько раз брал интервью у людей и ни разу не давал интервью сам. — I've interviewed people so many times, but I've never been interviewed myself.
59.57; D 96

1833 спосо́бствовать *V* facilitate, encourage, aid
- Оно способствует росту волос и улучшает их структуру. — This aids the growth of hair and improves its structure.
59.57; D 98

1834 поку́пка *Nf* shopping, purchase
- Последние годы мы все чаще совершаем покупки в интернете. — Over the last few years we've been doing more and more shopping on the Internet.
59.56; D 96

1835 сходи́ть *V* come down, go
- Она неторопливо сошла по лестнице. — She slowly came down the stairs.
- Сходи за хлебом, пожалуйста. — Can you go to the shop for some bread, please?
59.56; D 98

1836 воспита́ние *Nn* upbringing, education
- Этого ребенка возьмут на воспитание другие люди. — This child will be brought up by other people.
- Оправдано ли наказание как метод воспитания? — Is punishment as a method of education justified?
59.44; D 96

1837 покрыва́ть *V* cover
- Опавшие листья покрывали землю. — The fallen leaves covered the ground.
59.44; D 98

1838 Христо́с *Nm* Christ
- Монашки пропели: 'Христос воскрес!' — The nuns sang out: 'Christ has risen!'.
59.44; D 96

1839 генера́льный *A* general
- На встрече присутствовал также генеральный директор Международной организации по миграции. — The Director General of the International Organization for Migration was also present at the meeting.
59.40; D 97

1840 сюже́т *Nm* plot
- Оказалось, сюжет мюзикла довольно сильно отличается от оригинала. — The plot of the musical turned out to be quite different from that of the original.
59.40; D 96

1841 перегово́ры *N-* talks
- В данный момент ведутся переговоры о погашении кредита. — Talks about the credit settlement are currently taking place.
59.38; D 96

1842 пого́да *Nf* weather
- Стояла ясная, солнечная погода. — The weather was clear and sunny.
59.37; D 95

1843 ограничéние *Nn* restriction
- Ограничение скорости на шоссе – 100 км. в час. — There's a speed restriction of 100 km/hour on the motorway.
59.34; D 97

1844 тендéнция *Nf* tendency
- Наметилась опасная тенденция к замусориванию русского языка. — A dangerous tendency of new words littering the Russian language has been noted.
59.34; D 97

1845 достóйный *A* worthy, decent
- Я – достойный, порядочный человек. — I'm a decent, honest man.
59.28; D 98

1846 присýтствие *Nn* presence
- Мы не настаиваем на вашем обязательном присутствии. — We don't insist on you being present.
59.26; D 98

1847 китáйский *A* Chinese
- Он угостил нас китайским чаем. — He gave us Chinese tea.
59.23; D 95

1848 выскáзывать *V* express, voice
- Не бойтесь высказывать своё мнение по любым вопросам. — Don't be afraid of voicing your opinion on any issue.
59.07; D 98

1849 производúтель *Nm* producer, manufacturer
- В проекте также принимают участие крупнейшие корейские производители электроники. — Major Korean electronics manufacturers are also taking part in the project.
59.05; D 94

1850 шýтка *Nf* joke
- Он не понял шутки, но на всякий случай засмеялся. — He didn't understand the joke, but laughed anyway.
59.05; D 98

1851 голубóй *A* light blue, gay (slang)
- А надо мной в глубоком голубом небе парили облака. — Clouds in the deep blue sky were hovering above me.
- Ты ведь все знаешь о голубой жизни. — You know everything about gay life, don't you?
59.03; D 97

1852 регистрáция *Nf* registration, check-in
- Регистрация на рейс уже началась. — Check-in for the flight has already begun.
58.99; D 84

1853 лётчик *Nm* pilot
- У большинства мальчишек была мечта стать летчиком. — Most young boys dreamed of becoming a pilot.
58.98; D 96

1854 молодёжь *Nf* youth
- Современная молодежь слишком быстро взрослеет. — The youth of today grows up too quickly.
58.94; D 96

1855 доклáд *Nm* report
- ООН опубликовала доклад с прогнозом численности населения мира через 300 лет. — The UN published a report that predicts what the world population will be in 300 years.
58.91; D 96

1856 вездé *P* everywhere
- Он всегда и везде опаздывает. — He's always late everywhere he goes.
58.90; D 98

1857 окончáние *Nn* ending, termination, expiration
- До окончания моего контракта остается неделя. — There's a week left before my contract expires.
58.86; D 98

1858 сúмвол *Nm* symbol, character
- Желательно использовать в пароле и буквы, и цифры, и специальные символы. — It's preferable to use letters, numbers and special characters in a password.
58.82; D 96

1859 перевестú *V* translate, transfer, put
- Повесть перевели на литовский язык. — The story was translated into Lithuanian.
- Через швейцарский банк мы перевели туда 500 тысяч долларов. — We transferred 500 thousand dollars there via a Swiss bank.
58.75; D 98

1860 нуждáться *V* be in need
- Она остро нуждается в психологической помощи. — She is in urgent need of psychological help.
58.73; D 98

1861 кандидáт *Nm* candidate
- Тогда было два кандидата на эту должность. — At the time there were two candidates for the post.
58.70; D 92

1862 атáка *Nf* attack
- Атака началась точно в назначенное время. — The attack commenced at precisely the designated time.
58.67; D 96

1863 клéтка *Nf* cage, cell
- Тигр вырвался из клетки. — The tiger escaped from its cage.
- Эти биодобавки содержат необходимые клеткам кожи витамины. — These bio-supplements contain vitamins essential for skin cells.
58.67; D 95

1864 переносúть *V* bear, move, tolerate, undergo
- Он просил перенести кресло к окну. — He asked me to move the chair closer to the window.
- Я очень плохо переношу жару. — I don't tolerate heat very well.
- Год назад она перенесла операцию. — She underwent an operation a year ago.
58.66; D 98

1865 сексуáльный *A* sexual, sexy
- Большинство дам сочло очень сексуальной мужскую щетину. — The majority of women considered men's stubble to be very sexy.
58.62; D 95

1866 включáя *Prep* including
- Всего, включая журналистов, на митинге присутствовало около 40 человек. — In total, the number of people, including journalists, was around 40.
58.59; D 98

1867 музыкáльный *A* music, musical
- В прошлом году я окончила музыкальную школу. — I finished music school last year.
58.57; D 96

1868 слой *Nm* layer
- Он намазал кусок белого хлеба толстым слоем масла. — He spread a thick layer of butter on a piece of white bread.
58.47; D 96

1869 назначéние *Nn* appointment, purpose, order
- Вы должны строго выполнять назначения врача. — You must strictly do what the doctor orders.
- Сейчас работникам музея предстоит понять назначение найденных вещей. — Now workers at the museum must work out the purpose of the discovered objects.
58.45; D 97

1870 помúмо *Prep* besides
- У меня помимо двух детей еще и внук растет. — Besides my two children I've also got a grandson.
58.41; D 98

1871 виновáтый *A* guilty
- Вид у него был виноватый. — He looked guilty.
58.39; D 98

1872 индивидуáльный *A* individual
- Здесь, конечно, требуется индивидуальный подход. — Here, of course, we require an individual approach.
58.39; D 96

1873 смéна *Nf* shift
- Он мешает мне отдыхать после ночной смены. — He's disturbing me from resting after my night shift.
58.39; D 98

1874 положúтельный *A* positive
- Все тесты дали положительный результат. — All the tests were positive.
58.37; D 97

1875 парк *Nm* park
- Саша предложил пойти погулять по парку. — Sasha suggested going for a walk around the park.
58.37; D 96

1876 вúдный *A* visible, prominent
- Мы бежали по узкой, едва видной тропинке. — We ran along the narrow, barely visible path.
58.32; D 98

1877 тюрьмá *Nf* prison
- Вы не можете сажать в тюрьму невинных людей! — You can't send innocent people to prison!
58.30; D 97

1878 наблюдéние *Nn* observation
- Нам нужно установить наблюдение за домом этого человека. — We need to keep watch on this man's house.
58.20; D 97

1879 слéдовательно *Adv* hence, consequently
- Гостиницы снижают цены, и, следовательно, они терпят убытки. — Hotels are cutting prices and hence losing profit.
58.19; D 98

1880 психологúческий *A* psychological, mental
- У нее серьезная психологическая травма. — She has a serious mental illness.
58.16; D 97

1881 минимум *Nm* minimum
- Абсолютный минимум температур воздуха зимой достигал 35–38 градусов мороза. — In winter the absolute minimum air temperature dropped between −35 and −38.
58.14; D 97

1882 полтора *Num* one and a half
- Я жду уже полтора часа. — I've been waiting for one and a half hours.
58.14; D 98

1883 мясо *Nn* meat
- На столе стоит тарелка, а в ней – кусок мяса. — There's a plate on the table; on it is a piece of meat.
58.11; D 97

1884 болеть *V* hurt, be ill, support
- Рос я медленно, часто болел. — I grew slowly and was often ill.
- Я болею за Спартак. — I support Spartak.
58.08; D 97

1885 глупый *A* silly
- Ох, до чего же ты глупый мальчишка! — Oh, you silly boy!
58.06; D 98

1886 соглашение *Nn* agreement
- Президенты трех африканских стран подписали соглашение о создании заповедника. — The presidents of three African countries signed an agreement to create a nature reserve.
57.95; D 95

1887 задний *A* back
- Павел положил сумку на заднее сиденье. — Pavel put the bag on the back seat.
57.89; D 97

1888 преимущество *Nn* advantage
- Преимущество метода заключается в его простоте. — The advantage of this method is that it's simple.
57.86; D 97

1889 доступный *A* accessible, affordable
- Фирма предлагает качественную продукцию по доступной цене. — The firm offers quality products at affordable prices.
57.79; D 97

1890 осторожно *Adv* carefully
- Осторожно, ребята! — Careful, lads!
57.73; D 98

1891 куча *Nf* pile
- Там лежит целая куча золота. — There's a whole pile of gold there.
57.72; D 98

1892 покой *Nm* peace
- Это нарушит покой ваших соседей. — This will disrupt your neighbours' peace and quiet.
57.70; D 98

1893 бок *Nm* side
- Он перевернулся на левый бок. — He turned on to his left side.
57.67; D 97

1894 независимый *A* independent
- Ты – девушка независимая. — You're an independent girl.
57.66; D 97

1895 давай *Part* let us
- Давай поменяемся местами. — Let's change places.
57.65; D 98

1896 насчёт *Prep* about, regarding
- Я зашел к нему, чтобы поговорить насчет завтрашней охоты. — I went to see him to talk about tomorrow's hunting trip.
57.64; D 98

1897 солнечный *A* solar, sunny
- Солнечные батареи преобразуют солнечную энергию в электрическую. — Solar batteries turn solar energy into electric energy.
- В солнечную погоду такая работа заняла бы не более пятнадцати минут. — Such work wouldn't take more than fifteen minutes if it was sunny.
57.54; D 96

1898 трудность *Nf* difficulty
- В девятом классе у нее возникли трудности с математикой. — She started struggling with mathematics in year nine.
57.52; D 98

1899 объяснение *Nn* explanation
- Этот факт требует подробного объяснения. — This fact requires a detailed explanation.
57.51; D 98

1900 фактически *Adv* practically
- Сегодня это предприятие фактически является монополистом в своей отрасли. — Today the company is practically a monopoly in the industry.
57.51; D 98

1901 уверять *V* assure
- Мы стали уверять его, что ничего дурного делать не собираемся. — We started to assure him that we weren't going to do anything bad.
57.48; D 98

1902 дура́к *Nm* fool
- Каким же я был дураком! — What a fool I was!

57.42; D 98

1903 сотру́дничество *Nn* cooperation
- Компания продолжила сотрудничество с немецкими консультантами. — The company continued to cooperate with German consultants.

57.41; D 96

1904 повора́чивать *V* turn
- Все повернули головы на звук его голоса. — Everyone turned their heads at the sound of his voice.

57.40; D 98

1905 фон *Nm* background
- Мы увидели его силуэт на фоне ночного неба. — We saw his silhouette in the background of the night sky.

57.34; D 98

1906 конь *Nm* horse
- Я сел на коня. — I got on the horse.

57.33; D 97

1907 путеше́ствие *Nn* travel
- Он мечтает о кругосветном путешествии. — He dreams of travelling around the world.

57.31; D 90

1908 площа́дка *Nf* area, site
- Нам надо расчистить площадку для вертолета. — We need to clear an area for the helicopter to land.
- Это строительная площадка. — This is a building site.

57.26; D 97

1909 че́стный *A* honest
- Он и жил и умер честным человеком. — He lived and died an honest man.

57.16; D 98

1910 обора́чиваться *V* turn to, turn out
- Он говорил слишком громко, на нас все оборачивались. — He spoke too loudly; everyone turned and looked at us.
- Праздники часто оборачивались бедой. — The holidays often turned out to be a disaster.

57.08; D 99

1911 класси́ческий *A* classic
- Ты мне говорил, что любишь классическую музыку. — You told me that you liked classical music.

57.04; D 97

1912 взаимоде́йствие *Nn* interaction
- Эти вещества разрушаются при их взаимодействии с водой. — These substances dissolve when they interact with water.

57.00; D 96

1913 импе́рия *Nf* empire
- Премьер-министр заявил, что империя стоит перед лицом глубочайшего кризиса. — The prime minister announced that the empire is facing a major crisis.

56.97; D 97

1914 сомнева́ться *V* doubt
- Вы даже не сомневались в правильности принятого решения? — Did you not even doubt the correctness of the decision?

56.94; D 98

1915 пропуска́ть *V* leave out, let pass, let through
- Он иногда пропускает буквы в словах, когда быстро пишет. — He sometimes leaves out letters in words when he writes quickly.
- Пропустите меня, пожалуйста. — Can I get through, please?

56.93; D 98

1916 правосла́вный *A* Orthodox
- Православная Церковь признает гражданский брак. — The Orthodox Church recognizes civil marriages.

56.91; D 95

1917 распространя́ть *V* spread
- Именно он утром 28 декабря распространял слухи о самоубийстве поэта. — It was him who on the morning of the 28th of December spread rumours about the poet's suicide.

56.89; D 97

1918 едини́ца *Nf* figure of one, unit
- Денежной единицей России является рубль. — The monetary unit of Russia is the ruble.

56.81; D 95

1919 выта́скивать *V* pull out
- Мне пришлось вытаскивать кошку из-под кухонного шкафа. — I had to pull the cat from under the kitchen cabinet.

56.77; D 98

1920 исключа́ть *V* exclude
- В этом случае надо исключить из пищи соль. — In this case you need to exclude salt from your diet.

56.77; D 98

10 Fruit and vegetables

плод 2451 fruit	**óвощ** 3943 vegetable	**банáн** 4703 banana
я́блоко 2771 apple	**капу́ста** 4370 cabbage	**пéрсик** 4773 peach
картóшка 3561 potato	**огурéц** 4447 cucumber	**свёкла** 4780 beetroot
зернó 3607 grain	**я́года** 4562 berry	**клубни́ка** 4784 strawberry
гриб 3628 mushroom	**картóфель** 4609 potatoes	**ды́ня** 4970 melon
фрукт 3632 fruit	**помидóр** 4663 tomato	**мандари́н** 4983 mandarin
лук 3742 onion	**пéрец** 4683 pepper	

1921 температу́ра *Nf* temperature
- Предполагается, что к 2026 году средняя температура на нашей планете поднимется на 2 градуса. — It is predicted that by 2026 the average temperature on Earth will have risen by 2 degrees.
56.76; D 94

1922 плáтье *Nn* dress
- Иностранным туристкам рекомендуют здесь носить платья ниже колен. — Foreign female tourists are advised to wear dresses that cover their knees.
56.74; D 97

1923 удари́ть *V* hit, strike
- Ты посмел ударить женщину! — How dare you hit a woman!
- Он разбежался и ударил ногой ближнего к нему солдата. — He ran off and kicked the soldier nearest to him.
56.70; D 98

1924 практи́ческий *A* practical
- Подобные идеи не могли иметь какого-либо практического применения. — Ideas like this couldn't have any practical application.
56.67; D 97

1925 зло *Nn* harm, evil
- Она больше никому не причинит зла. — She won't do anyone any harm any more.
56.65; D 97

1926 óтдых *Nm* holiday, rest
- Отдых на океанской яхте не дороже пляжного отдыха в Турции или Тайланде. — A holiday spent on a yacht at sea is no more expensive than a beach holiday in Turkey or Thailand.
56.63; D 95

1927 трубá *Nf* pipe, chimney
- Он уцепился за газовую трубу. — He clung to a gas pipe.
- Дымились трубы заводов — Smoke was blowing out of the factory's chimneys.
56.63; D 97

1928 возражáть *V* object
- Ее родители возражали против этого брака. — Her parents objected to the marriage.
56.61; D 99

1929 воспóльзоваться *V* use, take advantage
- Она даже не подумала воспользоваться лифтом. — She didn't even think to use the lift.
- Вы должны воспользоваться этим шансом. — You should take advantage of this opportunity.
56.61; D 97

1930 предстоя́ть *V* be in store, be ahead
- Нам предстоит большой объем работы. — We have a lot of work ahead of us.
56.61; D 98

1931 злой *A* angry
- Тебе еще повезло, что не унес тебя злой волшебник. — You're lucky that the evil sorcerer didn't take you.
56.52; D 98

1932 стандáрт *Nm* standard
- Вся наша продукция отвечает стандартам качества и пользуется неизменным спросом у покупателей. — All our products meet quality standards and are in constant demand from consumers.
56.51; D 95

1933 отчёт *Nm* report
- Более подробный отчет о матче читайте в завтрашнем номере 'Газеты'. — You can read a more detailed report on the match in tomorrow's 'Gazeta'.
56.50; D 95

1934 представля́ться *V* introduce, arise
- О, забыл представиться. Меня зовут Стас. — Oh, I forgot to introduce myself. I'm Stas.
- Я и сам, когда представляется возможность, с удовольствием езжу в Италию. — When the opportunity arises I myself like to go to Italy.

56.44; D 98

1935 цивилиза́ция *Nf* civilization
- Наша технологическая цивилизация развивается очень быстрыми темпами. — Our high-tech civilization is developing very rapidly.

56.32; D 97

1936 пацие́нт *Nm* patient
- В больницу поступил пациент с жалобами на боли в животе. — A patient complaining of stomach pains came to the hospital.

56.30; D 94

1937 ста́тус *Nm* status
- Это свидетельство ее высокого статуса. — This is evidence of her high status.

56.28; D 96

1938 ма́сло *Nn* oil, butter
- Чем можно удалить пятно от растительного масла? — How do you remove an olive oil stain?
- Я сливочное масло не ем. — I don't eat butter.

56.19; D 93

1939 прекраща́ть *V* stop
- Они внезапно прекратили разговор. — They suddenly stopped the conversation.

56.15; D 94

1940 ста́вка *Nf* rate
- Банк повысит процентную ставку за просрочку платежей. — The bank will increase its interest rates for late payments.

56.12; D 94

1941 вина́ *Nf* fault, guilt
- Тут не только твоя вина. — It's not only your fault here.

56.11; D 98

1942 юриди́ческий *A* legal, law
- Я занимался юридическим сопровождением различных проектов. — I have provided legal support on various projects.
- Павел работает бухгалтером и учится в юридической академии. — Pavel is an accountant and studies at the Law Academy.

56.10; D 95

1943 ре́дкий *A* rare
- Снег – очень редкое явление в этих краях. — Snow is very rare in these areas.

56.08; D 98

1944 молоко́ *Nn* milk
- Эта корова дает очень вкусное молоко. — This cow produces very tasty milk.

56.04; D 95

1945 страсть *Nf* passion
- Страсть толкает его на убийство. — Passion is driving him to murder.

56.03; D 98

1946 костю́м *Nm* suit, costume
- На ней был шикарный костюм. — She was wearing a smart suit.

55.99; D 96

1947 грех *Nm* sin
- Мальчик испугался, что совершил грех. — The boy was afraid that he'd committed a sin.

55.90; D 98

1948 дворе́ц *Nm* palace
- Вечером во дворце собралась высшая знать империи. — In the evening members of the higher nobility of the empire gathered at the palace.

55.90; D 97

1949 стака́н *Nm* glass
- Она предложила ему выпить стакан воды со льдом. — She offered him a glass of water with ice.

55.88; D 97

1950 кот *Nm* cat (male)
- Кот мурлыкал у нее на коленях. — The cat was sitting on her lap and purring.

55.88; D 95

1951 часы́ *N-* clock, watch
- Он уверял, что у него самые точные часы на свете. — He claimed that he had the most accurate watch in the world.

55.88; D 96

1952 неизве́стный *A* unknown
- Преступник скрылся в неизвестном направлении. — The offender fled in an unknown direction.

55.87; D 96

1953 лоб *Nm* forehead
- Он сдвинул очки на лоб. — He pushed his glasses onto his forehead.

55.83; D 98

1954 промы́шленность *Nf* industry
- Никакой серьезной промышленности на острове не было. — There was no major industry on the island.
  55.78; D 96

1955 спорт *Nm* sport
- Он занимается спортом? — Is he involved in any sports?
  55.75; D 94

1956 о́трасль *Nf* branch
- Одной из главных отраслей экономики Казахстана является нефтегазовая отрасль. — The oil and gas industry is one of the main sectors of the Kazakhstan economy.
  55.72; D 96

1957 юг *Nm* south
- Мы каждый год ездили отдыхать на юг. — We used to go to the south every year for our holidays.
  55.72; D 97

1958 взрыв *Nm* explosion
- В этот момент прогремел взрыв. — At that moment an explosion rang out.
  55.61; D 96

1959 обме́н *Nm* exchange
- Новая программа международного студенческого обмена стартует в апреле. — The new international student exchange programme starts in April.
  55.59; D 96

1960 демокра́тия *Nf* democracy
- Что значит демократия для вас? — What does democracy mean for you?
  55.58; D 96

1961 жаль *Adv* pity, sad
- Мне было жаль расставаться с Москвой, с друзьями. — I felt sad about leaving Moscow and parting from my friends.
  55.58; D 98

1962 широко́ *Adv* widely
- Он зевнул, широко раскрыв рот. — He yawned, opening his mouth widely.
  55.44; D 98

1963 заслу́живать *V* deserve
- Чем он заслужил такую чудовищную несправедливость? — What did he do to deserve such a terrible injustice?
  55.42; D 98

1964 сухо́й *A* dry
- Погода стоит сухая, морозная, ясная. — The weather is dry, frosty and clear.
  55.35; D 97

1965 суще́ственный *A* significant
- И все же одно, но очень существенное отличие есть. — There's just a single but very significant difference.
  55.23; D 98

1966 стремле́ние *Nn* aspiration, urge
- У него выявлено стремление к лидерству, самоутверждению, желание быть в центре внимания. — He aspired to be a leader and to seek self-fulfilment; he wanted to be the centre of attention.
  55.22; D 98

1967 стреля́ть *V* shoot, fire
- Никто из нас без приказа не стрелял. — None of us fired without order.
  55.17; D 97

1968 отка́з *Nm* refusal
- Куда ни обращался, везде получал вежливый отказ. — No matter where he went he always received a polite refusal.
  55.14; D 98

1969 забо́та *Nf* care, concern
- Введение запрета на курение в общественных местах объясняется заботой о здоровье населения. — The ban on smoking in public places was introduced due to concerns about the nation's health.
  55.12; D 98

1970 нож *Nm* knife
- Почему мне вилку и нож не дали? — Why wasn't I given a knife and fork?
  55.10; D 95

1971 осо́бо *Adv* particularly
- Нам хотят поручить выполнение особо важного задания. — They want to give us a particularly important task to carry out.
  55.08; D 98

1972 мо́лча *Adv* silently
- Дети молча смотрели на отца. — The children silently looked at their father.
  55.07; D 99

1973 отража́ть *V* reflect, fend off
- Стеклянные фасады офисов отражали лучи солнца. — The glass facades of the offices reflected the sun's rays.
  55.04; D 98

1974 несча́стный *A* unfortunate
- Перед ним была несчастная пожилая женщина, недавно потерявшая сына. — Before him was the unfortunate elderly woman who had just lost her son.
  55.03; D 98

1975 де́нежный *A* money
- Ежемесячно он получал денежный перевод на сто рублей. — Every month he received a money transfer of one hundred rubles.
  55.01; D 95

1976 безусло́вно *Adv* certainly
- Он человек безусловно порядочный. — He's certainly a decent man.
  54.96; D 98

1977 дово́льный *A* satisfied
- Я возвращался довольный, что так хорошо выполнил поручение. — I returned satisfied that I'd carried out my orders so well.
  54.96; D 98

1978 ваго́н *Nm* carriage
- Нам пришлось на ходу запрыгивать в последний вагон. — We had to jump on to the last carriage while the train was moving.
  54.89; D 96

1979 популя́рный *A* popular
- Эта игра сделана в популярном жанре аркады. — This game was made in the popular arcade style.
  54.80; D 97

1980 мы́шле́ние *Nn* thinking
- Молодёжь теряет способность к аналитическому мышлению. — Young people are losing the ability to think analytically.
  54.77; D 96

1981 поли́ция *Nf* police
- Полиция обнаружила в их квартире огромное количество героина. — The police found a huge quantity of heroin in their flat.
  54.67; D 97

1982 после́дующий *A* subsequent
- Эти данные автоматически записываются в файл для последующего анализа. — The data are automatically entered in the file for their subsequent analysis.
  54.64; D 98

1983 разруша́ть *V* destroy
- Центр этого города был полностью разрушен во время Второй мировой войны. — The city centre was completely destroyed during the Second World War.
  54.62; D 98

1984 лечь *V* lie down
- Собака легла рядом. — The dog lay down nearby.
  54.60; D 98

1985 раскрыва́ть *V* uncover
- Он решает раскрыть тайну жестоких убийств. — He intends to uncover the secret of these brutal murders.
  54.55; D 98

1986 рассчи́тывать *V* rely, count, calculate
- Могу я рассчитывать на вашу помощь? — Can I count on your help?
- Рассчитать время, необходимое для поездки по городу, практически невозможно. — It's almost impossible to calculate the time we need for our trip around town.
  54.55; D 98

1987 о́круг *Nm* constituency, district
- В Сухаревском избирательном округе живёт в основном молодёжь. — Mostly young people live in the Sukharevsky constituency.
  54.54; D 96

1988 очеви́дный *A* evident, obvious
- Они игнорируют очевидный факт. — They are ignoring the obvious fact.
  54.52; D 97

1989 пятьдеся́т *Num* fifty
- С тех пор прошло пятьдесят лет. — Fifty years have passed since then.
  54.48; D 98

1990 вещество́ *Nn* substance
- Оказалось, что молоко содержит вещество, вызывающее сон. — Milk apparently contains a sleep-inducing substance.
  54.46; D 95

1991 продолже́ние *Nn* continuation
- Министры договорились о продолжении регионального сотрудничества. — The ministers agreed to continue regional cooperation.
  54.44; D 97

1992 управля́ть *V* manage, operate
- Управлять даже небольшим коллективом непросто. — Even a small team of employees isn't easy to manage.
- Машиной управляет компьютер. — The machine is operated by a computer.
  54.44; D 97

1993 бла́го *Nn* good, amenity
- Он искренне заботился о всеобщем благе. — He was genuinely concerned about the common good.
- Ни электричества, ни газа, ни водопровода здесь нет, абсолютно никаких благ цивилизации! — There is no electricity, no gas, no water here – absolutely no amenities at all!
  54.41; D 97

1994 нефть *Nf* oil
- Добыча нефти за 10 лет выросла на 225%. — In 10 years oil mining has increased by 225 per cent.
54.39; D 95

1995 акадéмия *Nf* academy
- Он был воспитанником императорской Академии художеств. — He was a pupil of the Imperial Academy of Arts.
54.35; D 97

1996 сантимéтр *Nm* centimetre
- Пуля пробила оконное стекло в пяти сантиметрах от ее головы. — The bullet pierced the glass five centimetres from her head.
54.33; D 96

1997 живóт *Nm* stomach
- От смеха у нас болели животы. — Our stomachs were hurting from laughing.
54.30; D 97

1998 картúнка *Nf* picture
- Весь вечер Гришка рассматривал картинки в новой энциклопедии. — Grishka looked at the pictures in his new encyclopaedia all evening.
54.26; D 95

1999 штýка *Nf* thing, item
- Интернет, конечно, удобная штука. — The Internet is, of course, a useful thing.
54.26; D 98

2000 земнóй *A* earth('s), terrestrial
- Он всю свою жизнь посвятил изучению земной коры. — He dedicated all his life to studying the Earth's crust.
54.19; D 97

2001 жёлтый *A* yellow
- Везде лежал желтый песок. — There was yellow sand everywhere.
54.19; D 98

2002 слóжно *Adv* complex
- Глаз насекомого очень сложно устроен. — The eye of an insect is a very complex structure.
54.17; D 97

2003 судéбный *A* judicial
- Судебный процесс пока так и не начался. — The judicial process still hasn't started.
54.17; D 95

2004 возвращéние *Nn* return
- Я ждал скорого возвращения сестры и брата. — I was expecting my brother and sister to get back quickly.
54.16; D 98

2005 деревя́нный *A* wooden
- Начальная школа располагалась в деревянном домике. — The primary school was located inside a wooden hut.
54.16; D 98

2006 образéц *Nm* sample
- Образцы продукции вы можете увидеть в нашем выставочном зале. — You can see samples of our products at our showroom.
54.16; D 96

2007 шкóльный *A* school
- Все дети школьного возраста должны ходить в школу. — All children of school-going age must go to school.
54.12; D 96

2008 из-под *Prep* from under
- Вылезайте из-под кровати сейчас же! — Come out from under the bed at once!
54.08; D 99

2009 окáзывать *V* provide
- Мастерская оказывает услуги по ремонту различной техники. — The workshop provides repair services for all kinds of devices.
54.06; D 97

2010 профéссия *Nf* profession
- Он бросил свою непрестижную профессию и сделал блестящую карьеру в политике. — He gave up his non-prestigious profession and had a fantastic career in politics.
54.05; D 96

2011 затрáты *Nf* expenses
- Так что затраты в конце концов окупаются. — So the expenses in the end pay off.
53.96; D 95

2012 навсегдá *Adv* forever
- Я навсегда запомнила тот весенний день. — I remembered that spring day forever.
53.95; D 98

2013 гостúница *Nf* hotel
- Я заказал номер в недорогой гостинице в центре. — I booked a room in a cheap hotel in the centre.
53.94; D 96

2014 заболевáние *Nn* disease
- Это инфекционное заболевание, которое может привести к смерти. — This is an infectious disease that can cause death.
53.90; D 95

2015 кампа́ния *Nf* campaign
- Я не следил за ходом предвыборной кампании. — I didn't follow the electoral campaign.
  53.89; D 96

2016 село́ *Nn* village
- Однажды пошел он в соседнее село. — He once went to a neighbouring village.
  53.78; D 96

2017 косми́ческий *A* space
- 12 апреля 1961 года – день первого космического полета человека. — The first manned space flight took place on the 12th of April 1961.
  53.76; D 94

2018 повезти́ *V* take, be lucky
- Кто нас повезет в аэропорт? — Who's taking us to the airport?
- В тот день ему опять повезло. — He was lucky once again that day.
  53.72; D 98

2019 по́чта *Nf* post office, post
- Рядом с автобусной станцией есть почта. — There's a post office next to the bus station.
- Приз вам отправят почтой. — You'll get the prize by post.
  53.67; D 95

2020 выясня́ться *V* be established, come to light
- Точные причины пожара выясняются, дело передано в прокуратуру. — The precise cause of the fire is still being established; the case has been handed over to the prosecutor.
  53.62; D 98

2021 па́уза *Nf* pause
- Тут дедушка сделал паузу для того, чтобы раскурить трубку. — Then granddad paused to light his pipe.
  53.40; D 95

2022 пала́та *Nf* ward, chamber
- Когда он очнулся, обнаружил, что лежит в больничной палате. — When he came round he found himself lying in a hospital ward.
  53.34; D 95

2023 засыпа́ть, засы́пать *V* fall sleep, cover
- Мой ребенок не засыпал всю ночь. — My baby couldn't fall asleep all night.
- Песок засыпал наши следы. — Sand covered our tracks.
  53.25; D 98

2024 креди́т *Nm* credit
- Можно взять кредит на два года? — Can I take credit for two years?
  53.25; D 91

2025 суббо́та *Nf* Saturday
- Приходите в субботу на спектакль. — Come on Saturday for the show.
  53.25; D 95

2026 заплати́ть *V* pay
- Я заплатил за проезд. — I paid for the journey.
  53.20; D 97

2027 полово́й *A* sexual, genital, floor
- Ваше мнение – есть ли в России половая дискриминация? — What do you think: does sexual discrimination in Russia exist?
- Она нахваливала свою половую тряпку. — She praised her floor cloth.
  53.19; D 94

2028 уве́ренность *Nf* confidence
- Только сейчас у меня появилась уверенность в своих силах. — I've only just started to be confident about my abilities.
  53.18; D 98

2029 слу́шатель *Nm* listener
- Я был самым терпеливым слушателем ее нескончаемых рассказов. — I was a most patient listener to her endless stories.
  53.16; D 96

2030 лев *Nm* lion
- Львы редко охотятся в одиночку. — Lions rarely hunt alone.
  53.06; D 96

2031 пря́тать *V* hide
- Куда он прячет ключ от сейфа? — Where does he hide the safe key?
  53.02; D 98

2032 реализо́вывать *V* realize, implement, sell
- Вам предоставляется редкая возможность реализовать мечту всей своей жизни. — You have the rare opportunity to realize your lifelong dream.
- В этих условиях нужно как можно быстрее реализовать продукцию. — Under such circumstances it is necessary to sell the products as quickly as possible.
  53.02; D 97

2033 освобожда́ть *V* free, set free
- Мы должны попытаться освободить заложников. — We must try to free the hostages.
  53.01; D 98

2034 коллекти́в *Nm* group, team
- У нас в филармонии есть коллектив солистов. — There is a group of soloists in our philharmonic society.
  52.98; D 95

2035 све́рху *Adv* above, on top
- Мороженое с орешками посыпано сверху шоколадом. — An ice-cream with nuts and with chocolate sprinkled on top.
52.94; D 97

2036 добро́ *Nn* good
- Он нам сделал много добра. — He's done a lot of good for us.
52.93; D 98

2037 тро́е *Num* three (people)
- У них трое детей. — They have three children.
52.92; D 98

2038 уче́ние *Nn* teaching
- Некоторые произведения свидетельствуют о влиянии на их авторов буддийского учения о переселении душ. — Some works show how their authors have been influenced by Buddhist teachings about the transmigration of souls.
52.92; D 96

2039 воскресе́нье *Nn* Sunday
- Где вы были в ночь с воскресенья на понедельник? — Where were you on Sunday night?
52.91; D 95

2040 доказа́тельство *Nn* proof, evidence
- Это описание является самым убедительным доказательством ее древности. — This description is the most convincing evidence of its antiquity.
52.84; D 97

2041 гря́зный *A* dirty
- В раковине лежит гора грязной посуды. — There's a pile of dirty dishes in the sink.
52.81; D 98

2042 спрос *Nm* demand
- Последнее время покупательский спрос сильно упал. — Consumer demand has recently plummeted.
52.80; D 95

2043 делово́й *A* business
- Его хорошо знают в деловых кругах. — He's well known in business circles.
52.76; D 97

2044 разли́чие *Nn* difference
- В чем состоят основные различия глаголов 'мочь', 'смочь', 'уметь' и 'суметь'? — What are the main differences between the verbs 'moch', 'smoch', 'umet' and 'sumet'?
52.71; D 97

2045 ко́рень *Nm* root
- Это слова одного корня. — These are words of the same root.
52.70; D 97

2046 телефо́нный *A* telephone
- Так ты подслушал телефонный разговор! — So you listened to the telephone conversation!
52.64; D 96

2047 пя́тница *Nf* Friday
- В Москве писатель пробудет до пятницы. — The writer will be in Moscow until Friday.
52.61; D 95

2048 дожида́ться *V* wait
- Он с нетерпением дожидался возвращения внука. — He was eagerly waiting for his grandson to come home.
52.55; D 98

2049 продаве́ц *Nm* retailer, shop assistant
- Этих предновогодних дней производители и продавцы шампанского ждут целый год. — Champagne retailers and producers wait for the New Year period all year.
- Он был единственным продавцом в магазине. — He was the only sales assistant in the shop.
52.54; D 94

2050 превраща́ть *V* turn into, convert
- Уходи, не то я превращу тебя в жабу! — Go away or I'll turn you into a toad!
52.53; D 98

2051 комме́рческий *A* commercial, trade
- Эти сведения составляют коммерческую тайну. — This information is a trade secret.
52.50; D 96

2052 проявля́ться *V* appear, be manifested
- Задатки гениальности проявляются у некоторых в раннем возрасте. — In some, signs of genius appear at an early age.
52.48; D 98

2053 удивля́ть *V* surprise
- Наши цены вас приятно удивят. — You'll be pleasantly surprised at our prices.
52.48; D 98

2054 величина́ *Nf* value, size, amount
- От чего зависит величина пособия по безработице? — What determines the amount of benefits you receive?
52.45; D 96

2055 напряже́ние *Nn* voltage, strain
- В Канаде напряжение в сети не 220V, а 110V. — The voltage in Canada is 110V, not 220V.
52.43; D 97

2056 крестья́нин *Nm* farm worker
- Мой отец был обычным крестьянином. — My father was an ordinary farm worker.
52.42; D 96

2057 обяза́тельный *A* compulsory
- Обязательное медицинское страхование было введено в Российской Федерации. — Compulsory health insurance was introduced in the Russian Federation.
52.36; D 90

2058 преподава́тель *Nm* teacher
- Преподаватели проводят лекции и семинары. — Teachers lead the seminars and lectures.
52.29; D 95

2059 найти́сь *V* be found
- У моего клиента нашлись деньги, о которых я и не подозревал. — It was found that my client had money, about which I had no idea.
52.27; D 98

2060 кольцо́ *Nn* ring, circle
- Он сразу узнал обручальное кольцо своей жены. — He immediately recognized his wife's wedding ring.
52.26; D 97

2061 пойма́ть *V* catch
- Кот поймал мышь. — The cat caught a mouse.
52.20; D 98

2062 наверняка́ *Adv* surely
- Наверняка сказать мы не можем, пока не подберемся туда поближе. — Surely we can't tell until we get closer.
52.17; D 98

2063 подожда́ть *V* wait
- Подождешь минут десять? — Can you wait for about ten minutes?
52.16; D 94

2064 доска́ *Nf* board
- Она встала и принесла к гладильной доске постиранное белье. — She got up and took the washing to the ironing board.
52.14; D 96

2065 япо́нский *A* Japanese
- Любите ли вы японскую кухню? — Do you like Japanese cuisine?
52.14; D 95

2066 се́льский *A* rural, agricultural
- Я впервые оказалась в сельской местности. — I was in the countryside for the first time.
- Банки весьма неохотно кредитуют сельское хозяйство. — Banks are highly reluctant to grant credit to agriculture.
52.09; D 96

2067 верши́на *Nf* peak
- В его честь назвали горную вершину в Киргизии. — They named a mountain peak in Kyrgyzstan after him.
52.08; D 95

2068 напро́тив *Adv* opposite, on the contrary
- Она села напротив меня. — She sat down opposite me.
- Офицеры повеселели, их начальник же, напротив, помрачнел. — The officers were enjoying themselves; their commander, on the contrary, was miserable.
52.04; D 98

2069 защища́ть *V* protect
- Ваш офис защищен от прослушивания? — Is your office protected from bugging devices?
52.02; D 98

2070 предпочита́ть *V* prefer
- Вы предпочитаете кофе или чай? — Do you prefer tea or coffee?
52.02; D 98

2071 секре́т *Nm* secret
- Пока план будем держать в строгом секрете. — For now we'll keep the plan a secret.
52.02; D 97

2072 зака́зывать *V* order
- Я не заказывала кофе. — I didn't order coffee.
52.00; D 95

2073 восприни́ма́ть *V* perceive, accept
- Он уже давно научился воспринимать жизнь такой, какая она есть. — He learned long ago to accept life how it is.
52.00; D 98

2074 эффекти́вность *Nf* effectiveness
- Мы доказали эффективность этих препаратов. — We proved the effectiveness of these drugs.
52.00; D 96

2075 иму́щество *Nn* property
- У него не было никакого ценного имущества. — He didn't have any valuable property.
51.90; D 94

2076 строй *Nm* system, formation
- Ее основной задачей станет защита конституционного строя страны. — Her main job will be to protect the constitutional system of the country.
51.90; D 98

2077 ру́чка *Nf* pen, handle
- На столе лежит ручка. — There's a pen on the table.
- Неожиданно повернулась дверная ручка. — The door handle suddenly turned.

51.88; D 97

2078 ре́зкий *A* sharp
- Вряд ли стоит ожидать резкого падения цен на жилую недвижимость. — There's probably no point in expecting a sharp decline in housing prices.

51.86; D 98

2079 персона́ж *Nm* character
- В пьесе действуют привычные персонажи. — There are familiar characters in the play.

51.84; D 96

2080 одина́ковый *A* same
- В комнату вошли трое людей в одинаковой одежде. — Three people wearing the same clothes came into the room.

51.84; D 98

2081 свиде́тельствовать *V* indicate, show, give evidence
- Может ли это свидетельствовать о наличии какого-либо заболевания? — Perhaps this will indicate the presence of a disease?

51.81; D 98

2082 ве́рно *Adv* correct(ly), accurate(ly)
- Биография музыканта изложена в целом верно. — The biography of the musician is entirely accurate.

51.73; D 98

2083 кури́ть *V* smoke
- Что, он все еще курит? — What, is he still smoking?

51.72; D 97

2084 утвержде́ние *Nn* approval, assertion
- Утверждение кандидатур стипендиатов производится на заседании ученого совета университета. — Scholarships are approved at meetings of the Academic Council of the University.
- Это весьма спорное утверждение. — This is a very controversial assertion.

51.68; D 97

2085 взя́ться *V* set to, take, come about, arise
- Все взялись за руки, закрыв глаза. — Everyone closed their eyes and took each other by the hand.
- Теперь понятно, откуда взялись эти тюльпаны. — Now it's clear where these tulips came from.

51.61; D 98

2086 понеде́льник *Nm* Monday
- Я там была в прошлый понедельник. — I was there last Monday.

51.59; D 96

2087 стро́гий *A* strict
- Дмитрию Ивановичу назначена строгая диета. — Dmitry Ivanovich has been put on a strict diet.

51.58; D 98

2088 исключи́тельно *Adv* exceptionally, exclusively, only
- Статья 6 является исключительно важной. — Article 6 is exceptionally important.
- Дома они разговаривают исключительно на русском языке. — They speak only Russian at home.

51.56; D 98

2089 портре́т *Nm* portrait
- Портрет висел на том же месте. — The portrait was hanging in the same place.

51.52; D 96

2090 дыша́ть *V* breathe
- Он вспотел и тяжело дышал. — He was sweating and breathing heavily.

51.50; D 98

2091 поро́г *Nm* threshold, doorstep
- Плохая примета через порог здороваться. — It's bad luck to greet people over the doorstep.

51.38; D 97

2092 противополо́жный *A* opposite
- Вот уже и противоположный берег виден. — You can already see the opposite shore.

51.38; D 98

2093 я́дерный *A* nuclear
- В результате ядерным оружием обзавелись обе страны. — As a result, both countries acquired nuclear weapons.

51.38; D 92

2094 объедине́ние *Nn* association, joining
- Мероприятие было организовано объединением ветеранов Великой Отечественной войны. — The event was organized by an association of World War Two veterans.

51.31; D 94

2095 остально́е *Nn* rest
- Все остальное зависит от заказчика. — The rest depends on the customer.

51.30; D 97

2096 оконча́тельно *Adv* finally
- Власти Швеции окончательно отказали ему в праве проживания. — Swedish authorities finally refused him right of residence.
  51.27; D 98

2097 се́ктор *Nm* sector
- В начале 90-х банковский сектор в нашей стране развивался очень быстро. — At the start of the 1990s the banking sector of our country was developing very quickly.
  51.27; D 95

2098 гуля́ть *V* walk
- Оля вместе с мамой часто гуляют в парке. — Olya and her mum often go for a walk in the park.
  51.25; D 98

2099 приложе́ние *Nn* supplement, attachment, application
- В марте выходит приложение к журналу 'Лиза' – 'Модные прически'. — The March edition of 'Liza' comes with a supplement: 'Modnye pricheski'.
- Для создания компьютерных приложений требуются знания квалифицированного программиста. — The knowledge of a qualified programmer is required to create computer applications.
  51.21; D 94

2100 подро́бность *Nf* detail
- Женщине явно не терпелось узнать подробности случившегося. — The woman was clearly eager to find out the details of what had happened.
  51.18; D 97

2101 окружа́ющий *A* surrounding
- Внимательно осмотрите окружающие вас деревья. — Look carefully at the surrounding trees.
  51.16; D 97

2102 попада́ться *V* occur, come about, get caught
- Иногда попадаются очень сложные задачи. — Sometimes some very tricky tasks come about.
- Значит ли это, что воровать можно, важно только не попадаться? — Does that mean that it's okay to steal, but it's just important that you don't get caught?
  51.15; D 98

2103 луч *Nm* ray
- Это покрытие отражает солнечные лучи. — This cover reflects the sun's rays.
  51.11; D 97

2104 привы́чка *Nf* habit
- Многие выработали вредную привычку принимать пищу перед самым сном. — Many people have the bad habit of eating just before they go to sleep.
  51.10; D 98

2105 пре́сса *Nf* press
- Это событие получило широкую огласку в зарубежной прессе. — This event received much publicity in the foreign press.
  50.98; D 96

2106 эмо́ция *Nf* emotion
- Им просто не хватало терпения, выдержки, умения контролировать эмоции. — They simply didn't have enough patience, endurance or the ability to control their emotions.
  50.97; D 96

2107 уника́льный *A* unique
- Для вас это уникальный шанс! — This is a unique opportunity for you!
  50.94; D 96

2108 испыта́ние *Nn* test
- Через три дня он провел очередное испытание своего изобретения. — He tested his invention again three days later.
  50.88; D 96

2109 разбива́ть *V* break
- Кто из вас разбил окно? — Which one of you broke the window?
  50.86; D 98

2110 восприя́тие *Nn* perception
- При этом снижается восприятие боли и температуры. — This reduces the perception of pain and temperature.
  50.82; D 97

2111 де́вять *Num* nine
- Завтра жду вас в девять утра. — I'll be waiting for you at nine o'clock tomorrow morning.
  50.79; D 98

2112 лейтена́нт *Nm* lieutenant
- Молодой лейтенант командует взводом. — A young lieutenant is in charge of the platoon.
  50.78; D 97

2113 наступле́ние *Nn* onset, coming, offensive, attack
- Наша компания готовится к наступлению трудных времен. — Our company is preparing for hard times to come.
- Красная армия шла в наступление. — The Red Army went on the offensive.
  50.70; D 97

11 Health and medicine

смерть 388 death
умира́ть 475 die
живо́й 495 alive, live
опера́ция 710 operation
боль 883 pain, ache
здоро́вье 941 health
боле́знь 1081 disease
здоро́вый 1258 healthy
секс 1345 sex
выде́рживать 1585 stand, endure
лече́ние 1608 treatment
рожа́ть 1680 give birth
мёртвый 1722 dead
больно́й 1759 sick, painful; patient
сексуа́льный 1865 sexual
боле́ть 1884 hurt; be ill
заболева́ние 2014 disease
полово́й 2027 sexual, genital
дыша́ть 2090 breathe
бо́льно 2211 painfully
труп 2299 corpse, (dead) body
бере́менность 2485 pregnancy
препара́т 2492 drug
ги́бель 2526 death
лека́рство 2536 medicine
вред 2677 harm

ра́на 2975 wound
вре́дный 2986 harmful
глухо́й 2992 deaf
психи́ческий 2998 mental
пострада́ть 3039 suffer, to be injured
сумасше́дший 3059 insane
лечи́ть 3157 treat
инвали́д 3213 disabled
ро́ды 3217 childbirth
рожда́ться 3327 be born
ви́рус 3349 virus
ра́нить 3444 wound
пот 3449 sweat
ра́са 3485 race
заболе́ть 3500 fall ill
табле́тка 3504 tablet
вне́шность 3569 appearance
слепо́й 3598 blind
тра́вма 3694 injury
при́ступ 3704 attack
диа́гноз 3731 diagnosis
дие́та 3768 diet
пси́хика 3804 mind
бере́менный 3903 pregnant
депре́ссия 3936 depression
симпто́м 3951 symptom
боле́зненный 3956 painful
ген 4010 gene

смерте́льный 4098 deadly
стресс 4168 stress
презервати́в 4352 condom
витами́н 4359 vitamin
ВИЧ 4461 HIV
ги́бнуть 4539 die
уко́л 4540 injection
грипп 4557 flu
выдыха́ть 4574 exhale, breath out
зубно́й 4583 dental
перело́м 4626 bone fracture
выздора́вливать 4728 recover
просту́да 4739 cold
кровяно́й 4838 blood
инвали́дность 4892 disability
слепота́ 4909 blindness
спазм 4910 spasm
поно́с 4939 diarrhoea
поте́ть 4945 sweat
на́сморк 4946 head cold, runny nose
простуди́ться 4958 catch cold
аллерги́ческий 4979 allergic
пла́стырь 4995 patch, plaster

2114 актёр *Nm* actor
- Сейчас этот актер снимается сразу в двух сериалах. — This actor is currently starring in two serials at the same time.
50.67; D 95

2115 тра́нспорт *Nm* transport
- Вечером общественный транспорт переполнен людьми. — Public transport is overcrowded in the evening.
50.67; D 96

2116 издава́ть *V* publish
- Впервые книга была издана в Германии в 1951 г. — The book was first published in Germany in 1951.
50.65; D 98

2117 рекла́мный *A* advertising
- Сколько стоит снять рекламный ролик? — How much does it cost to record a TV commercial?
50.64; D 94

2118 хвост *Nm* tail
- Собака машет мне своим хвостом. — The dog is wagging its tail at me.
50.63; D 98

2119 возду́шный *A* air
- Мы контролируем свое воздушное пространство. — We are monitoring our airspace.
50.61; D 97

2120 серьёзно *Adv* seriously
- Серьезно пострадало около двадцати домов. — Around twenty houses were seriously damaged.
  50.59; D 98

2121 заводить *V* start, keep, have (animals)
- Они попросили нас помочь завести машину. — They asked us to help them start the car.
- Сейчас я просто не могу заводить животных. — Now I simply can't have pets.
  50.55; D 98

2122 свидетель *Nm* witness
- Другие пострадавшие и свидетели подтвердили рассказ Романа. — Other victims and witnesses confirmed Roman's story.
  50.45; D 97

2123 килограмм *Nm* kilogram
- В посылке было 2 килограмма шоколадных конфет. — There were 2 kilograms of chocolates in the parcel.
  50.39; D 95

2124 ощущать *V* feel, sense
- Я почти ощутил вкус холодного пива во рту. — I could almost taste the cold beer in my mouth.
  50.34; D 98

2125 тянуть *V* pull
- Девушка тянула за веревку козу. — The girl pulled the goat by a rope.
  50.33; D 98

2126 уголовный *A* criminal
- Пропаганда наркотиков есть уголовное преступление. — It is a criminal offence to promote drugs.
  50.33; D 88

2127 удивление *Nn* surprise
- Его лицо выразило удивление. — His face expressed surprise.
  50.32; D 98

2128 экзамен *Nm* exam
- Ты не можешь сдать экзамены! — You can't pass the exams!
  50.31; D 92

2129 приятно *Adv* nice
- Вещи очень хорошо отстирываются и приятно пахнут. — The items wash very well and smell nice.
  50.29; D 97

2130 каменный *A* stone
- Сейчас вы видите красивый каменный мост. — Now you see a nice stone bridge.
  50.26; D 98

2131 одевать *V* dress
- Мама одевает ребенка. — The mother is dressing her baby.
  50.24; D 98

2132 цикл *Nm* cycle
- Общее время производственного цикла 15-22 мин. — The overall time of the production cycle is between 15 and 22 minutes.
  50.23; D 95

2133 еврейский *A* Jewish
- В 1972 году Леонид Брежнев дал согласие на еврейскую эмиграцию. — In 1972 Leonid Brezhnev agreed to Jewish emigration.
  50.17; D 95

2134 менеджер *Nm* manager
- Хочу поучиться на менеджера по персоналу. — I want to train to be an HR manager.
  50.09; D 94

2135 сумка *Nf* bag
- Володя взял спортивную сумку в левую руку. — Volodya picked up his sports bag with his left hand.
  50.04; D 95

2136 надпись *Nf* inscription
- И видит он камень с надписью: 'Направо поедешь – коня потеряешь'. — And then he sees a stone with the inscription: 'If you go right you will lose the horse.'
  50.01; D 98

2137 восклицать *V* exclaim
- Мы стали восхищаться и восклицать: 'Как здорово! Какой молодец!' — We started to rejoice and exclaim: 'Great! That's brilliant!'
  49.87; D 98

2138 золото *Nn* gold
- Никто из них не разбирался в золоте и драгоценностях. — None of them had an idea about gold or jewellery.
  49.83; D 96

2139 сигарета *Nf* cigarette
- Я сделал глоток кафе и закурил сигарету. — I took a sip of coffee and lit a cigarette.
  49.83; D 98

2140 успешный *A* successful
- Его ждет успешная карьера. — He has a successful career ahead of him.
  49.74; D 97

2141 немáло *Adv* many
- Я знаю немало случаев, когда человека лечили от одного, а умирал он совсем от другого. — I know many cases where a person has been cured of one thing and then died of another.
49.73; D 98

2142 прирóдный *A* natural
- В СССР имелись фантастические природные ресурсы. — The USSR had fantastic natural resources.
49.69; D 97

2143 цитáта *Nf* quotation, citation
- Я уже приводил цитаты из этой статьи. — I've already cited this article.
49.67; D 95

2144 полосá *Nf* stripe, lane
- Зачем на милицейской машине синяя полоса? — Why do police cars have a blue stripe on them?
49.64; D 97

2145 óблако *Nn* cloud
- По небу плыли розовые облака. — Pink clouds were in the sky.
49.61; D 97

2146 взрóслый *A, N-* adult
- Эти фильмы предназначены только для взрослых. — These films are only for adults.
49.56; D 96

2147 рéйтинг *Nm* rating
- Объединенный клуб собаководов впервые публикует рейтинг собачьих пород. — The United Kennel Club is publishing ratings of dog breeds for the first time.
49.56; D 92

2148 похóд *Nm* hike
- В студенческие годы он совершал пешие походы по Крыму. — When he was a student he went hiking around the Crimea.
49.53; D 97

2149 таковóй *P* such
- Я люблю только веселых мужчин. И не моя вина, что таковых нет среди бедных. — I like only happy men, and it's not my fault there aren't such men among the poor.
49.53; D 98

2150 указáние *Nn* instruction, indication
- Он давал указания, как надевать скафандры. — He demonstrated how to put on a spacesuit.
- Уважаемый Олег, ждем от Вас письма с указанием номера заказа. — Dear Oleg, we are waiting for your letter indicating your order number.
49.48; D 92

2151 ведýщий *A, N-* leading
- В программу было включено посещение знаменитого университета, где работал ведущий психолог страны. — The programme included a visit to the famous university where the country's leading psychologist worked.
49.46; D 95

2152 какóй-нибудь *P* any, some
- У тебя есть какая-нибудь еда? — Do you have any food?
49.43; D 98

2153 разýмный *A* sensible, reasonable
- Письмо написано на языке, который понятен любому разумному существу. — The letter was written in a language comprehensible to any intelligent life form.
49.37; D 98

2154 том *Nm* volume
- Это будет рассмотрено более детально во втором томе. — It will be considered in more detail in the second volume.
49.33; D 96

2155 владéть *V* own, master
- Не они владеют бизнесом, это бизнес целиком владеет ими. — It's not they who own the business, it's the business that owns them.
49.32; D 98

2156 постýпок *Nm* deed
- Причиной катастрофы явился его необдуманный поступок. — His rash behaviour was the cause of the accident.
49.32; D 97

2157 пáмятник *Nm* monument
- На месте его подвига воздвигнут памятник. — A monument will be erected at the site of his heroic act.
49.28; D 97

2158 атмосфéра *Nf* atmosphere
- В то время уровень углекислого газа в земной атмосфере был в 10 раз выше. — At the time levels of carbon dioxide in the Earth's atmosphere were 10 times higher.
49.26; D 97

2159 спóрить *V* dispute
- Об обстоятельствах его смерти историки спорят до сих пор. — Historians still debate the circumstances of his death to the present day.
49.24; D 98

2160 охва́тывать *V* cover, affect
- Засуха может охватить огромную территорию. — The drought may affect a huge territory.
  49.22; D 98

2161 применя́ть *V* apply, use
- Членам экспедиции запрещено применять огнестрельное оружие. — Members of the expedition may not use firearms.
  49.19; D 96

2162 случа́йный *A* random, chance
- Компьютер генерирует пароли случайным образом. — The computer randomly generates passwords.
- Случайная встреча перерастает в бурный роман. — A chance meeting turns into a stormy romance.
  49.19; D 97

2163 восстана́вливать *V* restore, replace
- Бригада электриков выехала восстанавливать оборвавшиеся провода. — A team of electricians went to replace the torn cables.
  49.18; D 96

2164 определя́ться *V* be determined
- Цены определяются на договорной основе между продавцом и покупателем. — Prices are determined on a contractual basis between the buyer and seller.
  49.17; D 97

2165 о́фис *Nm* office
- Наш офис находится в самом центре города. — Our office is in the very centre of town.
  49.17; D 94

2166 проявле́ние *Nn* show, manifestation
- Это было бы воспринято ими как проявление слабости. — They would perceive this as a show of weakness.
  49.12; D 97

2167 на́ция *Nf* nation
- Это проблема любой маленькой нации. — This is a problem of any small nation.
  49.08; D 97

2168 телеви́дение *Nn* television
- В США и в Европе он создал сеть русскоязычного спутникового телевидения. — He created a Russian-language satellite television network in USA and Europe.
  49.06; D 96

2169 вслед *Adv* then, after this
- Раздается звук поцелуя, а вслед за ним звук пощечины. — There is the sound of a kiss and then a slap.
  49.05; D 98

2170 осуществля́ть *V* implement, carry out
- Предварительный отбор кандидатов осуществляют специалисты по подбору персонала. — Recruitment specialists are carrying out the preliminary selection of candidates.
  49.05; D 97

2171 инвести́ция *Nf* investment
- Сейчас объем инвестиций в отечественную экономику оценивается в $60-70 млрд. — The amount of investment into the domestic economy is currently estimated at 60–70 billion dollars.
  49.02; D 90

2172 относи́ть *V* carry away
- Отнеси письмо на почту. — Take the letter to the post office.
  49.01; D 98

2173 акти́вно *Adv* active(ly)
- Он активно участвовал в общественной жизни села. — He played an active part in village life.
  49.01; D 98

2174 инжене́р *Nm* engineer
- Квартиру № 6 в этом доме занимал первый главный инженер нашего завода. — Flat No. 6 in this house was first occupied by the chief engineer from our factory.
  48.99; D 97

2175 знако́мство *Nn* acquaintance
- В первый день знакомства мы проговорили с ним около пяти часов. — On the first day of our acquaintance he and I chatted for around five hours.
  48.96; D 94

2176 дневни́к *Nm* diary, record book
- Она ведет дневник. — She keeps a diary.
  48.91; D 94

2177 успе́шно *Adv* successfully
- Экипаж самолета успешно справился со всеми боевыми задачами. — The plane's crew successfully carried out all its combat missions.
  48.88; D 97

2178 уде́рживать *V* hold back
- Она не смогла удержать слезы. — She couldn't hold back her tears.
  48.87; D 98

2179 запоминáть *V* remember
- 71% зрителей с первого раза запоминает такую рекламу. — 71% of viewers remember this advertisement from the first time they see it.
  48.87; D 97

2180 текýщий *A* current
- За следующий год сбор уплачивается не позднее 28 декабря текущего года. — The fee for next year should be paid no later than the 28th of December of this year.
  48.82; D 96

2181 повышáть *V* raise, increase
- Это повышает вероятность ошибок. — This increases the likelihood of a mistake.
  48.81; D 95

2182 Петербýрг *Nm* St Petersburg
- Его родители живут в Петербурге. — His parents live in St Petersburg.
  48.77; D 96

2183 неприя́тный *A* unpleasant
- Пишу вам, потому что я попал в очень неприятную ситуацию. — I'm writing to you because I'm in a very unpleasant situation.
  48.75; D 98

2184 стрóго *Adv* strict(ly)
- Строго соблюдайте правила техники безопасности при работе с лошадьми. — Pay strict attention to safety rules when working with horses.
  48.72; D 98

2185 влия́ть *V* influence, affect
- Что влияет на цену квартиры? — What affects house prices?
  48.69; D 97

2186 аспéкт *Nm* aspect
- Мы рассмотрели исторический аспект этой проблемы. — We considered the historical aspect of this problem.
  48.67; D 97

2187 бéгать *V* run
- Я много лет бегала по утрам по 10 километров. — For many years I ran 10 kilometres every morning.
  48.67; D 98

2188 остáток *Nm* rest, remains
- Остаток жизни он намеревается посвятить добрым делам. — He intends to devote the rest of his life to doing good.
  48.66; D 98

2189 кнóпка *Nf* button
- Федор нажал на кнопку. — Fyodor pressed the button.
  48.66; D 95

2190 сдéлка *Nf* deal
- Я вам предлагаю выгодную сделку. — I'm offering you a good deal.
  48.65; D 93

2191 спортúвный *A* sport, sporting
- Как вы начали свою спортивную карьеру? — How did you start your sporting career?
  48.60; D 95

2192 режиссёр *Nm* director
- Однажды театральному режиссеру потребовалась трехметровая борода для героя пьесы. — The theatre director once needed a three-metre beard for the star of a play.
  48.54; D 92

2193 прогрáммный *A* software
- Новый программный продукт выходит на рынок. — A new software product is being released.
  48.51; D 94

2194 океáн *Nm* ocean
- Этот остров находится в Тихом океане. — The island is in the Pacific Ocean.
  48.42; D 96

2195 правовóй *A* legal
- В стране разработана программа правовой защиты беженцев. — The country has developed a system of legal asylum for refugees.
  48.42; D 95

2196 отéль *Nm* hotel
- Для него забронирован номер в пятизвездочном отеле. — A room in a five-star hotel was booked for him.
  48.41; D 94

2197 вынуждáть *V* force
- Их зачастую вынуждают увольняться с работы. — They are often forced to leave their jobs.
  48.41; D 98

2198 налóговый *A* tax
- Он не подавал налоговую декларацию в 1995 году. — He didn't submit a tax declaration in 1995.
  48.41; D 93

2199 ба́ба *Nf* woman
- Я простая русская баба, которой кроме детей и кухни, ничего больше в жизни не надо. — I'm a simple Russian woman, who in life needs nothing more than children and food.
  48.40; D 97

2200 скрыва́ть *V* hide
- Прошу вас ничего от меня не скрывать, доктор. — Please don't hide anything from me, doctor.
  48.36; D 98

2201 распростране́ние *Nn* dissemination, spreading, distribution
- Не участвуй в распространении слухов и клеветы. — Don't spread rumours or slander.
  48.32; D 96

2202 секрета́рь *Nm* secretary
- В нашем офисе уволилась секретарь, срочно ищем нового. — The secretary from our office has resigned; we are urgently seeking a new one.
  48.32; D 97

2203 мгнове́ние *Nn* moment
- В следующее мгновение в квартиру ворвался человек. — The next moment a man burst into the flat.
  48.30; D 98

2204 посети́тель *Nm* visitor
- Он был постоянным посетителем этого интернет-кафе. — He was a regular visitor to this Internet café.
  48.27; D 92

2205 архи́в *Nm* archive
- Издание снабжено большим количеством фотографий из семейного архива Гагариных. — The publication contains many photographs taken from the Gagarin family archive.
  48.25; D 94

2206 сохране́ние *Nn* conservation, preservation
- Наша цель – сохранение исторической части города. — Our aim is to preserve the old town.
  48.21; D 96

2207 отсу́тствовать *V* be absent
- Она довольно часто отсутствует на рабочем месте. — She is quite often absent from work.
  48.17; D 97

2208 пья́ный *A, N-* drunk
- Большинство ДТП происходит по вине пьяных водителей. — The majority of road traffic accidents are caused by drunk drivers.
  48.17; D 98

2209 вкла́дывать *V* invest, put in
- У него есть много свободных денег, которые он хотел бы вложить в недвижимость. — He has lots of disposable income that he would like to invest in property.
  48.13; D 97

2210 конча́ть *V* finish
- Старшая дочка к этому времени кончала школу. — By this time the eldest daughter was finishing school.
  48.08; D 98

2211 бо́льно *Adv* painfully
- Что-то больно ударило его в грудь. — He experienced pain from something hitting him in the chest.
  48.03; D 98

2212 импера́тор *Nm* emperor
- В ответ на это император приказал конфисковать имущество монастырей. — In response to this the emperor ordered that property from the monasteries be confiscated.
  47.98; D 96

2213 вселе́нная *Nf* universe
- Как возникла вселенная? — How did the universe come about?
  47.97; D 96

2214 СМИ *N-* mass media
- Никто не вправе диктовать СМИ объемы и темы публикаций. — Nobody has the right to dictate how much and on what topics the mass media should publish.
  47.97; D 93

2215 губерна́тор *Nm* governor
- Он прибыл в Иркутск для встречи с губернатором. — He went to Irkutsk to meet the governor.
  47.89; D 95

2216 заполня́ть *V* fill
- В этих случаях мы предлагаем им заполнить подробную анкету. — In such cases we ask them to fill out a more detailed form.
  47.88; D 97

2217 уме́ние *Nn* skill
- Это не потребует никакого специального умения и особых талантов. — It doesn't require any special skills or talent.
  47.88; D 97

2218 твёрдый *A* hard, firm
- Долго варить не нужно, иначе грибы станут твёрдыми. — You shouldn't cook the mushrooms for long or else they will become hard.
  47.84; D 96

2219 стáдия *Nf* stage
- На какой стадии находится рассмотрение моей заявки? — At what stage is the review of my application?
  47.81; D 97

2220 инициатúва *Nf* initiative
- Важно, чтобы эта инициатива исходила от ребенка. — It's important that this initiative comes from the child.
  47.78; D 96

2221 признáние *Nn* recognition, confession
- Они заслужили общественное признание. — They deserved public recognition.
- Суд учтет ваше добровольное признание. — The court will take into account your confession.
  47.78; D 97

2222 масштáб *Nm* scale
- Мы не оценили масштабов бедствия. — We didn't appreciate the scale of the disaster.
  47.78; D 97

2223 ремóнт *Nm* repair, renovation
- На площади есть и мастерская по ремонту обуви. — There's also a shoe repair shop on the square.
- Квартира после ремонта сверкает! — The flat looks sparkling after its renovation!
  47.75; D 96

2224 вон *Part* there
- Вон у той девушки очень красивые ноги. — That girl there has really nice legs.
  47.71; D 98

2225 терпéть *V* endure, tolerate
- Я едва терплю боль и не могу двигаться. — I can barely tolerate the pain and I can't move.
  47.70; D 98

2226 пятнáдцать *Num* fifteen
- Я вернусь через пятнадцать минут. — I'll come back in fifteen minutes.
  47.61; D 98

2227 намнóго *Adv* much
- Калорий здесь намного больше, чем в шоколаде. — There are many more calories in this than there are in chocolate.
  47.59; D 98

2228 лéтний *A* summer
- Олег подружился с ребятами в летнем лагере. — Oleg made friends with the children at the summer camp.
  47.53; D 95

2229 дым *Nm* smoke
- Под потолком клубился табачный дым. — There were clouds of tobacco smoke under the ceiling.
  47.46; D 98

2230 тáнец *Nm* dance, dancing
- Я с самого детства занималась бальными танцами. — I've been ballroom dancing ever since I was a child.
  47.41; D 93

2231 распоряжéние *Nn* order, instruction
- Без письменного распоряжения мои действия будут незаконными. — Without a written order my actions will be illegal.
  47.39; D 98

2232 рáдоваться *V* be glad, rejoice
- Отец радовался успехам сына. — The father rejoiced at his son's success.
  47.39; D 98

2233 лéкция *Nf* lecture
- Когда состоится следующая лекция? — When is the next lecture?
  47.37; D 95

2234 оплáта *Nf* payment
- Некоторые фирмы ввели почасовую оплату услуг своих специалистов. — Some firms have started paying for the services of their specialists on an hourly basis.
  47.34; D 95

2235 вероя́тность *Nf* probability
- При этом заметно сокращается вероятность загрязнения водной среды. — This notably reduces the probability of water pollution.
  47.30; D 96

2236 щекá *Nf* cheek
- Внук поцеловал ее в щеку. — Her grandson kissed her on the cheek.
  47.30; D 98

2237 парáметр *Nm* parameter
- Все параметры находятся в пределах нормы. — All parameters are within normal limits.
  47.27; D 95

2238 агéнт *Nm* agent
- Разговор генерала с секретным агентом длился больше двух часов. — The conversation between the general and a secret agent lasted more than two hours.
  47.22; D 96

2239 интеллектуа́льный *A* intelligent
- Это будет способствовать формированию интеллектуальной элиты страны. — This will facilitate the development of the intellectual elite of the country.
47.19; D 95

2240 согла́сие *Nn* consent
- Советское правительство дало согласие на этот визит. — The Soviet government gave its consent to this visit.
47.17; D 90

2241 рубе́ж *Nm* border, mark
- Страна нуждалась в огромном войске для защиты своих рубежей. — The country needed a large army to defend its borders.
- Впервые компания перешагнет рубеж в 1 миллиард рублей годового товарооборота. — The company's annual turnover will exceed the 1 billion ruble mark for the first time.
47.15; D 97

2242 коро́бка *Nf* box
- У вас найдется маленькая картонная коробка? — Have you got a small cardboard box?
47.14; D 96

2243 крите́рий *Nm* criterion
- Рассмотрим основные критерии отбора. — We'll consider the main selection criteria.
47.10; D 96

2244 скла́дывать *V* fold, stack, sum up, put (together)
- Сложите полотенце вчетверо и смочите его водой. — Fold the towel four times and soak it in water.
- Мы сложили вещи в общую кучу. — We put the things into a single pile.
47.09; D 98

2245 ма́рка *Nf* stamp, brand
- Я забыл наклеить марку на конверт. — I forgot to put a stamp on the envelope.
47.07; D 95

2246 происхожде́ние *Nn* origin
- Материал явно неземного происхождения. — The material is evidently of an extraterrestrial origin.
47.06; D 98

2247 смешно́й *A* funny
- Наташа, я вам сейчас такой смешной анекдот расскажу! — Natasha, I've got a really funny joke to tell you!
47.04; D 97

2248 абсолю́тный *A* absolute, complete
- К вечеру ветер затихает и наступает абсолютная тишина! — By evening the wind dies down and it's completely quiet.
47.00; D 98

2249 прия́тель *Nm* friend
- С Петровым у нас оказался общий приятель – Толя Кольцов. — It turned out that Petrov and I have a mutual friend – Tolya Kol'tsov.
46.97; D 98

2250 уго́дно *Part* you like, you want
- Ведь во всемирной паутине можно найти все, что угодно, или почти все. — After all, you can find anything, or almost anything, you want on the World Wide Web.
46.95; D 98

2251 пу́блика *Nf* crowd, public
- Зал стремительно заполнялся нарядной публикой. — The well-dressed crowd quickly filled the hall.
46.84; D 98

2252 вуз *Nm* institution of higher education
- Он не доучился в театральном вузе. — He didn't finish his studies at the theatrical institute.
46.79; D 92

2253 рекомендова́ть *V* recommend
- Врачи рекомендовали мальчику индивидуальное обучение на дому. — Doctors recommended the boy for individual tuition at home.
46.78; D 96

2254 моли́тва *Nf* prayer
- Тетка Анна заказала поминальную молитву. — Auntie Anna requested a memorial prayer.
46.75; D 96

2255 опуска́ться *V* lower
- Встаньте прямо, руки опустите. — Stand up straight and lower your arms.
46.74; D 98

2256 бесконе́чный *A* endless, very long
- Полковник вел с доктором бесконечные разговоры. — The colonel had a very long conversation with the doctor.
46.73; D 98

2257 се́рвер *Nm* server
- В этот каталог имел доступ только администратор сервера. — Only the server's administrator had access to this file.
46.72; D 92

2258 метро́ *Nn* Metro, underground
- Когда я впервые попал в Москву, то решил поехать на метро и заблудился. — When I first went to Moscow I decided to use the Metro and got lost.
46.71; D 96

2259 нажима́ть *V* press, click
- Потом нажмите на кнопку 'Загрузить изображение'. — Then click 'Upload Picture'.
46.70; D 72

2260 подбира́ть *V* pick up, match together
- Вера бросилась подбирать с пола разноцветные бумажки. — Vera rushed to pick up the coloured sheets of paper from the floor.
- Ко многим словам можно подобрать слова с противоположным значением. — Many words can be matched with words that have the opposite meaning.
46.70; D 97

2261 эфи́р *Nm* air, ether
- Основное время в эфире этих телестудий занимают коммерческие передачи. — Commercials take up most of the air time of these TV studios.
46.68; D 96

2262 табли́ца *Nf* table
- Таблица содержит две тысячи строк. — There are two thousand lines in the table.
46.67; D 94

2263 ю́ный *A* young
- Он сразу, несмотря на свой юный возраст, взял на себя ответственность за семью. — Despite being young, he immediately took on responsibility for the family.
46.60; D 97

2264 ненави́деть *V* hate
- Может, тогда он и научился ненавидеть и презирать людей. — Maybe it was then that he learned to hate and despise people.
46.59; D 98

2265 сопротивле́ние *Nn* resistance
- Шофер попытался оказать сопротивление, за что получил два ножевых ранения в плечо. — The driver tried to put up a struggle and was stabbed twice in the shoulder for his trouble.
46.56; D 96

2266 ой */* oh, ouch
- Ой, болит! — Ouch, that hurts!
46.48; D 97

2267 удовлетворя́ть *V* satisfy
- По мере наших возможностей мы стремились удовлетворить их просьбы. — We tried to satisfy their requests as much as we could.
46.45; D 98

2268 длина́ *Nf* length
- Ее длина равнялась приблизительно 750 км. — It was roughly equal to 750 km in length.
46.39; D 97

2269 кри́тика *Nf* criticism
- Он выступил с резкой критикой политики невмешательства. — He harshly criticized the policy of non-intervention.
46.39; D 97

2270 уда́ча *Nf* luck
- Такая удача выпала ему впервые. — It was the first time that he had such luck.
46.38; D 97

2271 дру́жба *Nf* friendship
- Крепкая мужская дружба связала их на всю жизнь. — They were bound for life by a strong male friendship.
46.34; D 97

2272 наме́рение *Nn* intention
- Он объявил о своем намерении пойти служить в военно-морской флот. — He announced his intention to join the navy.
46.34; D 98

2273 преодолева́ть *V* overcome, go beyond
- Мы принялись с ним играть, помогая ему преодолеть смущение. — We started to play with him, helping him to overcome his embarrassment.
- К началу третьей недели он уже мог преодолевать расстояние в пятьдесят метров. — By the start of the third week he was already able to go beyond 500 metres.
46.32; D 98

2274 крест *Nm* cross
- Отец Василий поднял над головой крест. — Father Vasily raised a cross above his head.
46.32; D 96

2275 сниже́ние *Nn* reduction, descent
- Мы ожидаем снижения цен на лекарства. — We expect a reduction in the prices of medicine.
- Самолет идет на снижение. — The plane is starting its descent.
46.30; D 96

2276 сбор *Nm* collection, fee
- Жители села Шестаково организовали сбор подарков. — Residents of the village Shestakovo organized a collection of presents.
- С них взимается консульский сбор в размере 100 долларов США. — There is a consular fee of 100 US dollars.
46.28; D 97

2277 неожиданный *A* unexpected
- Судьба вдруг делала еще один неожиданный поворот. — Fate suddenly dealt me another unexpected change of events.
46.26; D 97

2278 протяжение *Nn* course, extent
- Мы с женой были счастливы на протяжении двадцати лет. — My wife and I were happy together for twenty years.
46.25; D 98

2279 выражаться *V* be expressed, be
- В чем выразилось ваше непосредственное участие в этом событии? — What was your direct involvement in this event?
46.24; D 98

2280 ужин *Nm* dinner
- Эти замечательные люди накормили нас очень вкусным ужином. — These remarkable people gave us a very tasty dinner.
46.23; D 97

2281 колесо *Nn* wheel
- Быть может, у них спустило колесо. — Perhaps they have a flat tyre.
46.22; D 97

2282 отлично *Adv* excellent(ly), very well
- Тамара отлично помнила эту историю. — Tamara remembered this story very well.
46.20; D 98

2283 двигатель *Nm* engine
- Двигатель машины тихо заработал. — The engine of the car quietly started to rev.
46.14; D 95

2284 отводить *V* bring, take
- Муж отводит детей в школу и забирает их обратно. — My husband takes the kids to school and picks them up again.
46.11; D 98

2285 перемена *Nf* change, break
- В моей жизни произошли очень серьезные перемены. — There have been some major changes during my life.
- Пойдем на перемене в буфет? — Shall we go to the canteen during the break?
46.10; D 97

2286 талант *Nm* talent
- Она обладает большим литературным талантом. — She has a great talent for literature.
46.10; D 98

2287 длительный *A* long
- Преступник задержан и ему грозит длительный срок заключения. — The criminal has been arrested and he faces a long stretch in prison.
46.09; D 98

2288 привет *Nm* hi, regards
- Привет, как дела? — Hi! How are you?
- Передавай привет Евгению. — Pass on my regards to Yevgeniya.
46.06; D 95

2289 планировать *V* plan
- Они планируют экспедицию в Антарктику — They are planning an expedition to the Antarctic.
46.03; D 97

2290 предпринимать *V* undertake, take
- Император предпринимает шаги по укреплению воинской дисциплины в гвардейских частях. — The emperor is taking steps to strengthen military discipline in the Guard units.
45.97; D 98

2291 подсказывать *V* prompt, tell
- Интуиция мне подсказывала: что-то здесь не так. — Intuition told me that something wasn't right.
45.95; D 97

2292 дискуссия *Nf* discussion
- В кругах левой оппозиции продолжается дискуссия. — The discussion is being continued among the left opposition.
45.95; D 97

2293 голый *A* naked
- Вот уже два дня он ходит голый и не хочет одеваться. — He's been walking around naked for the last two days and doesn't want to get dressed.
45.93; D 97

2294 доводить *V* lead to, take to
- Она с трудом довела его до кровати. — She struggled to get him to bed.
45.93; D 98

2295 священник *Nm* priest
- Эту историю рассказал священник, отец Алексий. — The priest, father Aleksey, told this story.
45.91; D 95

12 House and home

дом 136 home, house
жить 142 live
дверь 246 door
стол 340 table
комната 361 room
стена 414 wall
окно 419 window
телефон 488 telephone
квартира 520 flat
зал 744 hall; room
чистый 785 clean
хозяин 807 master
дома 895 at home
двор 912 yard
кабинет 1161 cabinet; study
кухня 1205 kitchen
сосед 1225 neighbour
проживать 1243 reside
хозяйство 1269 house-
   keeping; holding
домашний 1297 home
помещение 1301 room
экран 1334 screen
кровать 1343 bed
этаж 1364 floor
коридор 1399 corridor
сдавать 1416 let, rent out
ключ 1434 key
кресло 1436 armchair
телевизор 1534 television
крыша 1544 roof
радио 1548 radio
газ 1554 gas
стекло 1574 glass
ящик 1612 drawer
стул 1617 chair
обстановка 1624 furniture
удобный 1636 comfortable
лестница 1661 stairs
постель 1676 bed
плата 1733 payment
убирать 1736 tidy
зеркало 1751 mirror
ворота 1812 gate
стакан 1949 glass

часы 1951 clock, watch
нож 1970 knife
грязный 2041 dirty
порог 2091 doorstep
ремонт 2223 renovation
диван 2317 sofa
жилье 2334 accommodation
потолок 2361 ceiling
грязь 2365 dirt
пыль 2380 dust
столик 2402 table
хозяйка 2429 hostess, owner
туалет 2439 toilet, lavatory
полка 2525 shelf
подъезд 2582 entrance
шкаф 2653 wardrobe
стенка 2754 wall
мебель 2883 furniture
чашка 2888 cup
свеча 2911 candle
забор 2919 fence
тарелка 2941 plate; bowl
ступень 2944 step
электрический 2978 electric
лампа 3011 lamp
жилой 3015 residential
дизайн 3041 design
спальня 3045 bedroom
одеяло 3058 blanket
подушка 3078 pillow
лифт 3082 lift
батарея 3089 radiator
запирать 3098 lock
хозяйственный 3112
   household
бытовой 3150
   household
уголок 3153 corner
повесить 3198 hang
холодильник 3201
   refrigerator
подвал 3237 basement
плита 3256 stove
ложка 3328 spoon
ковёр 3332 carpet, rug

мусор 3378 rubbish
гостиная 3408 living room
балкон 3413 balcony
посуда 3451 dishes
ванная 3454 bathroom
крышка 3488 cover, lid
ведро 3492 bucket
провод 3631 wire, line
ступенька 3645 step
бокал 3648 wine/champagne
   glass
ванна 3673 bath
кружка 3703 mug
панель 3723 panel
аренда 3854 rent
мыло 3885 soap
газовый 3892 gas
соседка 3904 neighbour
общежитие 3909 hostel
печь 3914 oven
проживание 3952
   residence
гараж 3994 garage
удобство 4066
   convenience
душ 4077 shower
чайник 4082 kettle; teapot
лампочка 4166 bulb
полотенце 4172 towel
уютный 4282 comfortable,
   cosy
жительство 4287 residence
рюмка 4290 shotglass, shot
печка 4294 stove
электричество 4313
   electricity
кран 4344 tap
простыня 4360 bedsheet
чистить 4363 clean
холл 4394 hall
подоконник 4448
   windowsill
комфорт 4493 comfort
стирать 4496 wash; wipe
уборка 4509 clean, cleaning

прихо́жая 4513 hallway
ра́ковина 4519 shell, sink
ви́лка 4520 fork
ве́шать 4542 hang
ку́хонный 4578 kitchen
унита́з 4629 toilet bowl
занаве́ска 4660 curtain
кастрю́ля 4661 saucepan

подно́с 4672 tray
ва́за 4677 vase, bowl
отхо́ды 4688 waste, refuse
отопле́ние 4704 heating
весы́ 4724 scale(s), balance
блю́дце 4799 saucer
комо́д 4848 chest of drawers
радиоприёмник 4853 radio

ме́бельный 4860 furniture
ту́мбочка 4882 bedside table
автоотве́тчик 4956 answering machine
сковорода́ 4974 pan
тю́бик 4978 tube
жалюзи́ 4999 window blind

2296 ми́рный *A* peace, peaceful
• Перед нами расстилается мирный безмятежный пейзаж. — A peaceful, serene landscape stretches out in front us.
45.90; D 97

2297 поворо́т *Nm* turn, bend
• Река в этом месте делает крутой поворот налево. — The river bends sharply to the left here.
45.89; D 97

2298 пережива́ть *V* experience, worry
• Перед войной Россия переживала экономический подъем. — Russia experienced an economic uplift before the war.
• Бедная твоя мама, представляю, как она переживает за тебя! — Your poor mum – I can imagine how she must worry about you.
45.88; D 98

2299 труп *Nm* corpse, (dead) body
• Прохожие обнаружили труп молодой девушки. — Passers-by found the body of a young girl.
45.86; D 97

2300 сочине́ние *Nn* composition, essay
• Я даже в школьном сочинении писал об этом. — I even wrote about it in a school essay.
45.82; D 96

2301 упражне́ние *Nn* exercise
• Мы сделали упражнение по русскому языку. — We did our Russian language exercise.
45.81; D 93

2302 наказа́ние *Nn* punishment
• Телесные наказания запрещены законом. — Corporal punishment is forbidden by law.
45.80; D 96

2303 автома́т *Nm* machine, machine gun, payphone
• Он как раз покупал в торговом автомате булочку. — He was just buying a roll from the vending machine.
• Из телецентра вышел солдат с автоматом. — A soldier carrying a machine gun walked out of the broadcasting studio.
• Я звоню тебе из автомата. — I'm calling you from a payphone.
45.75; D 95

2304 зверь *Nm* beast, animal
• Зверь высоко прыгнул. — The beast leapt upwards.
45.75; D 97

2305 ю́ноша *Nm* youth, young boy
• Словно пылкий юноша, он мечтал лишь о первом свидании. — As a hot-blooded young lad, he thought only of his first date.
45.72; D 97

2306 стратеги́ческий *A* strategic
• Мы также обсудим другие вопросы нашего стратегического взаимодействия. — We shall also discuss other questions regarding our strategic collaboration.
45.64; D 95

2307 мора́льный *A* moral
• Он понес моральный и материальный ущерб. — He suffered moral and material losses.
45.63; D 97

2308 чрезвыча́йно *Adv* extremely
• Это чрезвычайно важное дело. — This is an extremely important matter.
45.61; D 98

2309 приближа́ться *V* approach
• Корабль быстро приближался к берегу. — The ship was quickly approaching the shore.
45.56; D 98

2310 ны́не *Adv* now, at present
- Это пишет моя мама, бывшая учительница, ныне пенсионерка. — This was written by my mother, a former teacher and now a pensioner.
  45.52; D 98

2311 моби́льный *A* mobile
- Здесь нельзя пользоваться мобильным телефоном. — It's prohibited to use mobile phones here.
  45.47; D 92

2312 семина́р *Nm* seminar
- Уже девять лет мы вместе ведем поэтический семинар в Литературном институте. — We've been running the poetry seminar at the Literary Institute for nine years now.
  45.47; D 94

2313 образо́вывать *V* form, educate, teach
- Иероглифы сами по себе являются отдельными словами или это слоги, звуки, которые могут образовывать слова? — Are hieroglyphs words in themselves or are they syllables, sounds which may form words?
- Мы поняли, что надо образовывать население, надо менять его менталитет. — We realised that it is necessary to educate the nation, to change their mentality.
  45.42; D 98

2314 осуществля́ться *V* be implemented
- Проект осуществляется при финансовой поддержке Европейского Союза. — The project is being implemented with the financial support of the European Union.
  45.42; D 97

2315 загова́ривать *V* start speaking, cast a spell
- Я так и не решилась заговорить с ним. — I was hesitant about speaking to him.
  45.41; D 98

2316 трудово́й *A* labour
- Он нарушил трудовую дисциплину. — He broke labour discipline.
  45.40; D 94

2317 дива́н *Nm* sofa
- Он прилег на диван и заснул. — He lay down on the sofa and fell asleep.
  45.39; D 97

2318 непоня́тный *A* incomprehensible
- Здесь много непонятных слов. — There are many incomprehensible words here.
  45.36; D 98

2319 нарко́тик *Nm* drug
- Тогда он еще не пристрастился к наркотикам. — At the time he'd still not become addicted to drugs.
  45.35; D 94

2320 меч *Nm* sword
- Воины обнажили мечи и бросились на толпу. — The warriors drew their swords and ran at the crowd.
  45.33; D 96

2321 сло́жность *Nf* complexity, complication
- В контрольной работе встречаются вопросы разной сложности. — The test is made up of questions that vary in their complexity.
- Возникли сложности с финансированием проекта. — There were complications in financing the project.
  45.33; D 96

2322 мешо́к *Nm* bag
- Я дам тебе целый мешок конфет. — I'll give you a whole bag of sweets.
  45.30; D 98

2323 шепта́ть *V* whisper
- – Мамочка, – тихо шепчет мальчик, – я боюсь. — 'Mum,' the boy quietly whispers, 'I'm scared.'
  45.30; D 98

2324 со́весть *Nf* conscience
- Совесть не позволяла мне показаться на глаза людям. — My conscience wouldn't allow me to appear in front of other people.
  45.28; D 98

2325 наве́рно *Adv* probably
- Ой, я наверно номером ошибся. — Oh, I've probably got the wrong number.
  45.24; D 97

2326 куда́-то *P* somewhere
- Девочки куда-то убежали. — The girls ran away somewhere.
  45.22; D 98

2327 областно́й *A* regional
- Мальчика немедленно отвезли в областную детскую больницу. — The boy was immediately taken to the regional children's hospital.
  45.20; D 94

2328 пре́мия *Nf* prize
- Эта премия присуждается за научные достижения в энергетике. — This prize is awarded for scientific achievements in the field of energetics.
  45.17; D 95

2329 пассажи́р *Nm* passenger
- Пассажиры оплачивают проезд. — The passengers are paying for the journey.
45.15; D 95

2330 поэ́зия *Nf* poetry
- Я плохо знаю современную поэзию. — I'm not very familiar with contemporary poetry.
45.12; D 97

2331 доста́точный *A* sufficient
- В стране имеется достаточное количество дизельного топлива. — There's a sufficient supply of diesel in the country.
45.10; D 98

2332 обрабо́тка *Nf* processing, treatment
- Сейчас идет научная обработка имеющихся экспонатов. — Now the collected artefacts are being processed by scientists.
45.07; D 95

2333 психоло́гия *Nf* psychology
- Он изучает психологию в университете. — He studies psychology at university.
45.06; D 95

2334 жильё *Nn* accommodation
- Беженцам предоставили временное жилье. — The refugees were given temporary accommodation.
45.04; D 93

2335 код *Nm* code
- Ирина набрала код Москвы и номер Сашиного телефона. — Irina dialled the Moscow code and Sasha's telephone number.
45.02; D 94

2336 обма́нывать *V* deceive, cheat
- Этот мерзавец мог обмануть кого угодно. — That swine could cheat anybody.
45.02; D 98

2337 увы́ *I* alas
- Наша борьба проиграна, увы! — Alas, we lost the battle!
45.02; D 98

2338 успока́иваться *V* calm down
- Ну, успокойтесь, все уже в порядке. — Come on, calm down: everything is okay now.
45.02; D 98

2339 ры́ночный *A* market
- По оценкам специалистов, рыночная стоимость объекта составляет около $400 тыс. — According to specialists, the market value of the property is around $400,000.
44.99; D 96

2340 помо́щник *Nm* assistant
- Я не нуждаюсь в помощниках. — I don't need assistants.
44.93; D 97

2341 корми́ть *V* feed
- Ведь ему надо было кормить семью. — After all, he needed to feed the family.
44.92; D 97

2342 контроли́ровать *V* control, monitor
- Лаборатория контролирует качество выпускаемой продукции. — The lab monitors the quality of its products.
44.91; D 97

2343 Ита́лия *Nf* Italy
- Вы были в Италии? — Have you been to Italy?
44.88; D 95

2344 экипа́ж *Nm* crew
- Уважаемые пассажиры! Экипаж приветствует вас на борту нашего авиалайнера. — Dear passengers, the crew would like to welcome you onboard the aircraft.
44.88; D 96

2345 сцена́рий *Nm* scenario, film script
- Он мне показал сценарий фильма, который собирается снимать. — He showed me the script of the film that he's about to make.
44.83; D 95

2346 сбива́ть *V* knock down
- Мой близкий друг ехал на мотоцикле и сбил пешехода. — My close friend was riding a motorbike and knocked down a pedestrian.
44.83; D 97

2347 лёд *Nm* ice
- Я бы лучше выпил стакан апельсинового сока со льдом. — I'd rather have a glass of orange juice with ice.
44.80; D 96

2348 проника́ть *V* penetrate, infiltrate
- При незащищенном сексе выделения, которые могут содержать и передавать ВИЧ, проникают в организм партнера. — During unprotected sex bodily fluids, which may contain and transmit HIV, infiltrate the partner's body.
44.79; D 98

2349 предпринима́тель *Nm* entrepreneur
- Ее муж Владимир – успешный предприниматель. — Her husband Vladimir is a successful entrepreneur.
44.76; D 95

2350 ассоциа́ция *Nf* association
- Семинар организует международная ассоциация предпринимателей. — The seminar is being organized by the international organization of entrepreneurs.
44.73; D 95

2351 спекта́кль *Nm* performance, play
- 21 сентября на сцене нашего театра состоится спектакль под названием 'День радио'. — A play called 'Den Radio' is taking place at our theatre on the 21st of September.
44.69; D 94

2352 кра́ска *Nf* paint
- Забор покрасили зеленой краской. — The fence was painted green.
44.60; D 97

2353 поздравля́ть *V* congratulate
- Спасибо, но поздравлять пока не с чем. — Thank you, but there is still no reason to congratulate me.
44.59; D 96

2354 раке́та *Nf* rocket
- В небо взлетает ракета. — A rocket is flying into the sky.
44.53; D 95

2355 выставля́ть *V* show, put forward
- Боксерши России выставили на матч свои сильнейшие составы. — Russian boxers put forward their strongest teams for the match.
44.51; D 98

2356 постановле́ние *Nn* decree, act
- Согласно Постановлению Правительства РФ № 95 турфирмы вправе требовать переоформления действующих лицензий на осуществление международного туризма. — In accordance with Decree No. 95 of the Government of the Russian Federation, travel agencies have the right to demand that existing international tourism licences be re-issued.
44.49; D 96

2357 пожима́ть *V* press, shake (hands)
- Из вежливости президент пожимал руку каждому из них. — Out of courtesy the president shook everyone's hand.
44.47; D 98

2358 жени́ться *V* marry
- У меня для тебя новость: я скоро женюсь. — I've got some news for you: I'm getting married soon.
44.46; D 98

2359 зря *Adv* in vain
- Мы не зря потратили время и деньги. — We didn't spend our time and money in vain.
44.38; D 98

2360 свиде́тельство *Nn* certificate
- У меня нет оригинала свидетельства о браке, только копия. — I don't have my original marriage certificate: just a copy.
44.38; D 82

2361 потоло́к *Nm* ceiling
- Это была длинная комната с низким потолком. — It was a long room with a low ceiling.
44.33; D 97

2362 аудито́рия *Nf* lecture theatre, audience
- Я читаю лекцию в большой аудитории. — I'm giving the lecture in the big lecture theatre.
- Этот фильм ориентирован на молодежную аудиторию. — This film is aimed at a young audience.
44.33; D 96

2363 песо́к *Nm* sand
- Здесь солнце, море и золотой песок. — Here you've got the sun, sea and golden sand.
44.31; D 97

2364 излага́ть *V* report, give an account
- Мне не раз приходилось излагать и комментировать официальную позицию Русской Церкви по данному вопросу. — I have had to report and comment on the official position of the Russian Church on this issue several times.
44.30; D 97

2365 грязь *Nf* dirt
- Его лицо было черное от грязи и пыли. — His face was black from dirt and dust.
44.22; D 97

2366 тща́тельно *Adv* meticulously
- Это мероприятие было тщательно подготовлено. — The event had been meticulously planned.
44.21; D 98

2367 регистри́ровать *V* register
- Загсы регистрируют и рождение, и смерть. — Both births and deaths are registered at the registry office.
44.18; D 92

2368 а́нгел *Nm* angel
- Ангел Господень явился ему во сне. — He saw the Holy Angel in his sleep.
44.16; D 96

2369 монасты́рь *Nm* monastery, cloister
- Основал монастырь Василий III в 1524 году в честь взятия Смоленска. — The monastery was founded by Vasily III in 1524 in honour of the capture of Smolensk.
  44.16; D 95

2370 огля́дываться *V* look back, look round
- Он боялся оглянуться назад. — He was scared of looking back.
  44.15; D 98

2371 привы́чный *A* habitual, usual, used
- Ему пришлось полностью поменять привычный ритм жизни. — He had to completely change his usual way of life.
- Я привычен к холоду. — I'm used to the cold.
  44.13; D 98

2372 анекдо́т *Nm* anecdote, joke
- Я уже слышал этот анекдот. — I've already heard this joke.
  44.13; D 93

2373 выезжа́ть *V* leave
- Ни одна машина не выезжала и не въезжала на стоянку. — Not a single car entered or left the parking lot.
  44.12; D 98

2374 маршру́т *Nm* route
- Наш маршрут пролегал через полстраны. — Our route took us through half of the country.
  44.09; D 95

2375 о́тпуск *Nm* holiday
- Мы поехали в отпуск на море. — We went on holiday to the seaside.
  44.09; D 92

2376 необы́чный *A* unusual
- Однажды ему прислали необычный подарок. — Once he was sent an unusual present.
  44.07; D 97

2377 соо́бщество *Nn* community
- В профессиональном сообществе он давно уже пользуется огромным авторитетом. — He has been an authoritative figure in the professional community for a long time.
  44.07; D 96

2378 обходи́ть *V* bypass, walk around
- Она пешком обошла все окрестности. — She walked around all the neighbourhoods on foot.
  44.05; D 98

2379 проче́сть *V* read
- Я уже прочел эту книгу. — I've already read this book.
  43.99; D 98

2380 пыль *Nf* dust
- Пианино покрылось пылью. — The piano was covered in dust.
  43.96; D 97

2381 предназна́ченный *V* design, designate, intend
- Они рекламируют свои карточки как самые безопасные и специально предназначенные для покупок в интернете. — They advertise their cards as being the safest and state that they are specially intended for online purchases.
  43.96; D 94

2382 демократи́ческий *A* democratic
- Мы строим демократическое общество. — We are building a democratic society.
  43.95; D 97

2383 заде́рживать *V* delay, hold up
- Он часто задерживал своих сотрудников на работе допоздна. — He often held his staff up late at work.
  43.83; D 94

2384 идеа́льный *A* ideal
- Это идеальный вариант для молодой семьи. — This is the ideal option for a young family.
  43.81; D 97

2385 чёткий *A* precise
- У вас нет четкого понимания поставленных перед вами задач. — You don't have a precise understanding of the task at hand.
  43.81; D 98

2386 паде́ние *Nn* fall
- Он разбил голову при падении с лестницы. — He banged his head when he fell down the stairs.
  43.80; D 96

2387 беспла́тный *A* free
- Рядом с кинотеатром есть бесплатная парковка. — There's a free car park next to the cinema.
  43.78; D 86

2388 расте́ние *Nn* plant
- Моя тетка любит растения. — My aunt loves plants.
  43.76; D 93

2389 обнима́ть *V* hug
- Она обняла брата. — She gave her brother a hug.
43.73; D 98

2390 аргуме́нт *Nm* argument
- Эти аргументы его не убедили. — These arguments didn't convince him.
43.67; D 97

2391 введе́ние *Nn* introduction
- Он читает лекции по введению в психоанализ. — She teaches an introduction to psychoanalysis.
43.64; D 96

2392 никуда́ *P* nowhere, anywhere
- Я больше никуда не поеду! — I'm not going anywhere anymore!
43.60; D 98

2393 бое́ц *Nm* fighter
- Каждый боец «Альфы» обеспечен индивидуальной связью. — Every Alpha Fighter is equipped with an individual communications system.
43.55; D 97

2394 ткань *Nf* cloth
- Она была одета в платье из ткани в цветочек. — She was wearing a dress made from cloth with flowers on it.
43.55; D 93

2395 уступа́ть *V* give up
- Они не уступают место пожилым людям в транспорте. — They don't give up their seats to elderly passengers.
43.55; D 97

2396 заверша́ть *V* complete
- А завершает список бытовая электротехника. — And house appliances complete the list.
43.52; D 98

2397 нужда́ *Nf* need
- Дети страдали от вечной нужды и беспробудного пьянства родителей. — The children were in constant need and suffered from their parents' heavy drinking.
43.52; D 97

2398 го́рло *Nn* throat
- У ребенка болит горло. — The baby has a sore throat.
43.51; D 98

2399 до́чка *Nf* daughter
- Впереди меня идут мама с дочкой. — A mum and her daughter are walking in front of me.
43.51; D 96

2400 убега́ть *V* run
- От такой жизни дети часто убегают из дома. — Children often run away from home to escape such a life.
43.51; D 98

2401 кость *Nf* bone
- Под столом собака грызет кость. — The dog is chewing a bone under the table.
43.51; D 97

2402 сто́лик *Nm* table
- Газеты аккуратно разложены на журнальном столике и подготовлены к просмотру. — The newspapers are neatly laid out on the coffee table ready to be read.
43.50; D 98

2403 научи́ть *V* teach
- Как научить попугая разговаривать? — How do you teach a parrot to talk?
43.49; D 97

2404 не́жный *A* tender
- Она – заботливая и нежная мать. — She's a caring and tender mother.
43.49; D 97

2405 яйцо́ *Nn* egg
- Купи молока, масла и два десятка яиц. — Buy some milk, butter and two dozen eggs.
43.47; D 96

2406 склад *Nm* warehouse
- Товар хранится на складе. — The product is stored at the warehouse.
43.42; D 93

2407 темп *Nm* tempo, pace
- Эти упражнения выполняются в среднем темпе. — These exercises should be performed at a moderate pace.
43.42; D 96

2408 наполня́ть *V* fill
- Мы наполняем ванну водой. — We are filling the bath with water.
43.41; D 98

2409 обознача́ть *V* stand for, mean
- Что обозначает эта аббревиатура? — What does this abbreviation stand for?
43.41; D 98

2410 запуска́ть *V* neglect, let
- Нельзя так запускать себя! — You shouldn't neglect yourself!
- Запускать в зал начнут через полчаса. — People will be let into the hall in half an hour.
43.40; D 97

2411 британский *A* British

- Он был майором британской армии. — He was a major in the British army.

  43.39; D 96

2412 запрос *Nm* request

- Жильцы дома направили коллективный запрос в мэрию. — Residents of the block of flats sent their collective request to the town hall.

  43.36; D 90

2413 адвокат *Nm* lawyer

- Мне надо посоветоваться с адвокатом. — I need to consult my lawyer.

  43.31; D 94

2414 существующий *A* existing, current

- Существующий уровень инфляции чрезмерно высок. — The current level of inflation is excessively high.

  43.31; D 97

2415 формат *Nm* format

- В настоящее время существует множество форматов хранения цифрового видео. — Nowadays, there are many formats for storing digitized video.

  43.30; D 93

2416 съесть *V* eat up

- Ты уже все съела? — Have you already eaten everything?

  43.29; D 97

2417 опытный *A* experienced

- Ирина Владимировна – опытный педагог. — Irina Vladimirovna is an experienced teacher.

  43.28; D 97

2418 пистолет *Nm* pistol

- Она крепко сжимала пистолет обеими руками. — She firmly gripped the pistol with both hands.

  43.23; D 97

2419 промышленный *A* industrial

- Объем промышленного производства в январе – апреле вырос на 6,2%. — In the period from January to April industrial output rose by 6.2 per cent.

  43.21; D 96

2420 подросток *Nm* teenager

- Для современного подростка это очень важно. — This is very important for a teenager of today.

  43.20; D 95

2421 бомба *Nf* bomb

- В пятидесяти метрах от отеля взорвалась бомба. — A bomb exploded fifty metres from the hotel.

  43.14; D 96

2422 тратить *V* spend

- Ты опять тратишь деньги на всякую ерунду! — There you go again spending money on rubbish!

  43.10; D 98

2423 уход *Nm* leaving, care

- Перед уходом она еще раз заглянула к нему в комнату. — Before leaving she went to see him in his room again.
- Не забывайте о средствах для ухода за кожей после загара. — Remember to use skin care products after sunbathing.

  43.10; D 97

2424 навстречу *Adv* towards

- Вдруг ему навстречу выходит медведь! — And suddenly a bear runs out towards him!

  43.10; D 98

2425 заведение *Nn* place, establishment

- У каждого старика, попавшего в это заведение, своя судьба, своя личная драма. — Every old person who ends up in this place has his own fate, his own personal drama.

  43.05; D 96

2426 социально *Adv* socially

- Наше общество давно уже социально неоднородно. — Our society has long been socially heterogeneous.

  43.05; D 96

2427 башня *Nf* tower

- Часы на кремлевской башне пробили полночь. — The clock on the Kremlin tower struck midnight.

  43.00; D 95

2428 горе *Nn* grief, misfortune

- Их мать покончила с собой, не пережив горя. — Their mother committed suicide, not able to cope with the grief.

  42.99; D 98

2429 хозяйка *Nf* hostess, owner

- Они поблагодарили гостеприимную хозяйку. — They thanked their hospitable hostess.
- Да, я хозяйка этой гостиницы. — Yes, I'm the hotel owner.

  42.98; D 97

2430 навык *Nm* skill

- Эта игра дает массу полезных навыков ребенку. — This game teaches children lots of useful skills.

  42.96; D 95

2431 богáтство *Nn* wealth
- Она всегда завидовала чужому богатству. — She was always envious of other people's wealth.
42.92; D 97

2432 верхóвный *A* supreme, high
- Тогда я обратился в Верховный Суд РФ. — Then I took my appeal to the Supreme Court of the Russian Federation.
42.92; D 97

2433 понáдобиться *V* need
- Для этой комнаты вам понадобится 7 рулонов обоев. — You will need 7 rolls of wallpaper for this room.
42.87; D 95

2434 уважáть *V* respect
- Его любят и уважают коллеги. — His colleagues love and respect him.
42.87; D 98

2435 поражéние *Nn* defeat, impairment, lesion
- Они потерпели сокрушительное поражение. — They suffered a crushing defeat.
- Недостаток этого вещества вызывает главным образом поражения кожи. — Insufficient application of this substance leads predominantly to the formation of skin lesions.
42.85; D 97

2436 подразделéние *Nn* unit
- По инициативе Андропова было создано антитеррористическое подразделение КГБ. — An anti-terrorist unit of the KGB was established on Andropov's initiative.
42.82; D 95

2437 мотúв *Nm* motive, tune
- Явный мотив убийства отсутствовал. — There wasn't an obvious motive for the murder.
- Я весь день напевала мотив этой песни. — I hummed the tune of this song all day.
42.80; D 97

2438 подводúть *V* bring closer, let down
- Андрей медленно подвел лодку к берегу. — Andrey slowly brought the boat closer to the shore.
- Что же ты меня подводишь? — Why are you letting me down?
42.79; D 98

2439 туалéт *Nm* toilet, lavatory
- Женский туалет находится на втором этаже. — The ladies' toilet is on the second floor.
42.79; D 96

2440 бáнка *Nf* jar
- Вадим Иванович открыл банку вишневого варенья. — Vadim Ivanovich opened a jar of cherry jam.
42.73; D 97

2441 останóвка *Nf* stop
- До конечной остановки трамвай шел 45 минут. — The tram took 45 minutes to get the last stop.
42.71; D 97

2442 тревóга *Nf* anxiety
- Его охватила тревога. — He was gripped by anxiety.
42.70; D 98

2443 оборóт *Nm* turnover, turn, circulation
- Затем события приняли неожиданный и странный оборот. — Then events took an unexpected and strange turn.
- Старые денежные знаки постепенно изымаются из оборота. — Old bank notes are gradually being taken out of circulation.
42.59; D 96

2444 жестóкий *A* cruel
- Его признали виновным в жестоком обращении с животными. — He was convicted of cruelty to animals.
42.58; D 98

2445 дрожáть *V* tremble
- Его ноги дрожали от волнения. — His legs were trembling from nerves.
42.53; D 98

2446 крéпко *Adv* firmly
- Он крепко обнял племянницу. — He firmly embraced his niece.
42.52; D 98

2447 порт *Nm* port
- Рыболовецкие суда вернулись в порт. — The fishing vessels returned to port.
42.52; D 92

2448 сýдно *Nn* ship, vessel, chamber pot
- Капитан вел свое небольшое судно по всем законам дальнего плавания. — The captain was sailing his small ship according to long-distance sailing rules.
42.48; D 93

2449 дóрого *Adv* expensive
- Билет дорого стоит. — The ticket is expensive.
42.47; D 97

2450 самостоя́тельно *Adv* independent(ly),
by oneself
- Он ранен и не может самостоятельно передвигаться. — He's injured and can't move by himself.
42.44; D 96

2451 плод *Nm* fruit
- Мимо шла женщина с блюдом, наполненным плодами манго на продажу. — A woman with a tray full of mangos, which she was selling, walked by.
42.43; D 96

2452 бли́зко *Adv* near, close
- Я живу близко отсюда. — I live near here.
- Когда-то моя мать близко дружила с одним поэтом. — Once my mum became close friends with a poet.
42.42; D 98

2453 администрати́вный *A* administrative
- Битцевский парк расположен в Южном административном округе г. Москвы. — Bittsevsky Park is located in Moscow's Southern Administrative Region.
42.39; D 95

2454 впосле́дствии *Adv* subsequently
- Впоследствии оказалось, что это был несчастный случай. — It subsequently transpired that it was an accident.
42.39; D 98

2455 борт *Nm* side, board
- Пароход накренился на правый борт и опрокинулся. — The ship leaned to its right and capsized.
42.37; D 97

2456 па́хнуть *V* smell
- Как вкусно пахнет! — What a nice smell!
42.36; D 97

2457 соедине́ние *Nn* connection
- Как настроить соединение с Интернетом? — How do you set up an Internet connection?
42.34; D 95

2458 контра́кт *Nm* contract
- Я готов подписать контракт немедленно! — I'm ready to sign the contract immediately!
42.32; D 94

2459 сва́дьба *Nf* wedding
- Свадьбу придется отменить. — The wedding will have to be cancelled.
42.31; D 94

2460 дове́рие *Nn* trust
- Наш брак был основан на взаимном доверии. — Our marriage was based on mutual trust.
42.29; D 97

2461 диало́г *Nm* dialogue
- Они продолжили диалог. — They continued their dialogue.
42.28; D 96

2462 тума́н *Nm* fog
- Над озером висел густой туман. — Thick fog hung over the lake.
42.23; D 97

2463 восто́рг *Nm* delight
- Первый снег привел ее в восторг. — She was delighted at the sight of the first snow.
42.22; D 98

2464 слы́шаться *V* be heard
- Отовсюду слышались очереди выстрелов и одиночные хлопки. — Rounds of gunfire and solitary bangs could be heard from everywhere.
42.15; D 98

2465 прибо́р *Nm* device
- Приборы работают нормально. — The devices are working normally.
42.12; D 95

2466 то́чность *Nf* precision
- Он любил точность во всем. — He liked precision in everything.
42.01; D 96

2467 внизу́ *Adv* below
- Через несколько часов полета над океаном внизу показался небольшой остров. — Having flown for several hours over the ocean we saw a small island below.
41.99; D 98

2468 приступа́ть *V* set to, proceed
- Нам необходимо немедленно приступить к операции, иначе будет поздно. — You must proceed to have the operation immediately; otherwise, it will be too late.
41.99; D 98

2469 девчо́нка *Nf* young girl
- Тебе никто не говорил, что ты – отличная девчонка? — Has anyone ever told you that you're a great girl?
41.96; D 97

13 Human body

рука́ 88 hand, arm	губа́ 1050 lip	борода́ 3387 beard
глаз 130 eye	зуб 1186 tooth	ло́коть 3417 elbow
лицо́ 141 face	органи́зм 1273 organism	желу́док 3482 stomach
голова́ 152 head	мозг 1285 brain	бедро́ 3706 hip
нога́ 256 leg; foot	ко́жа 1321 skin	но́готь 3763 nail
го́лос 276 voice	коле́но 1349 knee	ве́на 3774 vein
те́ло 313 body	ше́я 1637 neck	ус 3788 moustache
се́рдце 431 heart	ладо́нь 1756 palm, hand	заты́лок 3860 back of the head
пол 564 sex	дыха́ние 1823 breath	подборо́док 3893 chin, beard
кровь 581 blood	бок 1893 side	висо́к 4092 temple
па́лец 593 finger, toe	лоб 1953 forehead	че́реп 4094 skull
о́рган 596 organ	живо́т 1997 stomach	кисть 4107 palm
плечо́ 631 shoulder	щека́ 2236 cheek	серде́чный 4139 heart
спина́ 788 back	го́рло 2398 throat	за́дница 4167 bottom
во́лос 848 hair	кость 2401 bone	че́люсть 4268 jaw
грудь 911 chest, breast	кула́к 2507 fist	ве́ко 4411 eyelid
рот 942 mouth	мы́шца 3061 muscle	ресни́ца 4630 eyelash
у́хо 982 ear	нерв 3131 nerve	пя́тка 4638 heel
нос 992 nose	бровь 3258 eyebrow	

2470 та́йный *A* secret
- Это говорит о тайном и подрывном характере деятельности. — This tells of the secret and subversive nature of the activity.
41.92; D 98

2471 персона́л *Nm* staff
- Персонал гостиницы насчитывал более 1500 человек. — The hotel's staff numbered more than 1,500 people.
41.86; D 94

2472 ка́чественный *A* quality
- Они производят качественную кондитерскую продукцию. — They make quality confectionery products.
41.84; D 96

2473 молча́ние *Nn* silence
- Наконец один из гостей нарушил молчание. — Finally one of the guests broke the silence.
41.81; D 98

2474 мальчи́шка *Nm* small boy
- Он был моим кумиром, когда я был мальчишкой. — He was my idol when I was a young boy.
41.75; D 97

2475 маха́ть *V* wave
- Он машет мне рукой. — He's waving at me.
41.75; D 98

2476 побежа́ть *V* run
- Дети побежали ему навстречу. — The children ran to meet him.
41.75; D 98

2477 очки́ *N-* glasses
- Но это же не мои очки! — But these aren't my glasses!
41.75; D 97

2478 осо́бенный *A* special
- Для этой работы нужна особенная подготовка. — Special training is needed for this work.
41.72; D 98

2479 расстава́ться *V* part, separate
- Она плачет от горя, что навеки расстается с любимым мужем. — She is crying in sadness that she is parting with her beloved husband forever.
41.68; D 98

2480 конститу́ция *Nf* constitution
- Конституция России гарантирует свободу вероисповедания. — The Russian Constitution guarantees freedom of religion.
  41.68; D 95

2481 развива́ть *V* develop
- Это упражнение развивает мышцы ног. — This exercise develops leg muscles.
  41.61; D 97

2482 обрета́ть *V* find
- Я приехала сюда в надежде обрести покой. — I came here hoping to find peace.
  41.58; D 98

2483 ко́декс *Nm* code
- Это противоречит ряду статей Налогового кодекса РФ. — This contradicts several articles of the Russian Tax Code.
  41.54; D 95

2484 опера́тор *Nm* operator
- Это крупнейший сотовый оператор России. — It is a major mobile telephone operator in Russia.
  41.50; D 93

2485 бере́менность *Nf* pregnancy
- Ее беременность протекала нелегко. — She had a tough pregnancy.
  41.49; D 90

2486 майо́р *Nm* major
- Майор быстро оценил ситуацию. — The major quickly assessed the situation.
  41.49; D 96

2487 избира́ть *V* elect
- Председателя Европейской Комиссии надо избирать на всеобщих выборах. — The President of the European Commission should be elected at the general meeting.
  41.46; D 97

2488 аналоги́чный *A* similar
- В 1892 году с ним произошел аналогичный случай. — A similar incident happened to him in 1892.
  41.46; D 97

2489 иссле́дователь *Nm* researcher
- Исследователи установили, что смех полезен для здоровья. — Researchers have established that laughing is good for you.
  41.46; D 97

2490 францу́з *Nm* Frenchman
- Он хорошо говорит по-французски, прямо как настоящий француз. — He speaks good French, just like a real Frenchman.
  41.45; D 96

2491 за́муж *Adv* marry
- А я замуж выхожу! — And I'm getting married!
  41.40; D 97

2492 препара́т *Nm* drug
- Этот препарат принимают 3 раза в день во время еды. — This drug is taken three times a day during food.
  41.39; D 89

2493 храни́ть *V* keep
- Открытый флакон можно хранить в холодильнике не более 5 суток. — An open bottle shouldn't be kept in the fridge for longer than 5 days.
  41.39; D 97

2494 игру́шка *Nf* toy
- Какая любимая игрушка у твоей дочери? — What is your daughter's favourite toy?
  41.37; D 94

2495 ве́село *Adv* merrily
- Подруги весело болтали. — The friends chatted merrily.
  41.34; D 98

2496 повторя́ться *V* repeat
- У нее часто повторяются приступы мигрени. — She has repeated migraines.
  41.22; D 98

2497 констру́кция *Nf* construction, design
- Такая конструкция пригодна только для дверей, открывающихся внутрь. — This design is suitable only for doors that open inwards.
  41.16; D 96

2498 самостоя́тельный *A* independent
- Мы с братом росли очень самостоятельными детьми. — My brother and I grew up as very independent children.
  41.15; D 97

2499 сезо́н *Nm* season
- Купальный сезон здесь длится с середины мая до конца октября. — The bathing season here lasts from the middle of May until the end of October.
  41.15; D 95

2500 формула *Nf* formula
- Площадь круга вычисляется по простой формуле. — The area of a circle is calculated by a simple formula.
  41.13; D 95

2501 надоедать *V* bother
- Он больше не будет тебе надоедать. — He won't bother you anymore.
  41.09; D 98

2502 рассмотрение *Nn* review, inspection
- При ближайшем рассмотрении всё это оказалось искуснейшей вышивкой. — On closer inspection it turned out be a most intricate piece of embroidery.
  41.09; D 96

2503 посадить *V* plant, seat
- Это дерево посадил Юрий Гагарин в 1961 году. — This tree was planted by Yuri Gagarin in 1961.
- Гостей посадили за стол. — The guests were seated at the table.
  40.98; D 98

2504 проигрывать *V* lose, play
- Наша команда проигрывает. — Our team is losing.
- Устройство может проигрывать музыку в любых форматах. — This device can play music in any format.
  40.97; D 97

2505 всеобщий *A* universal, all-out
- С декабря 2002 по февраль 2003 проходила всеобщая забастовка. — An all-out strike was held from December 2002 to February 2003.
  40.95; D 98

2506 насилие *Nn* violence
- Число детей, пострадавших от сексуального насилия, растет из года в год. — The number of child victims of sexual violence grows from year to year.
  40.94; D 95

2507 кулак *Nm* fist
- Он в истерике колотил кулаками землю. — In his rage he pounded the ground with his fists.
  40.93; D 97

2508 закладывать *V* put, turn in
- Он заложил руки за голову. — He put his hands behind his head.
- Меня какая-то сука заложила! — Some bitch turned me in!
  40.93; D 98

2509 жест *Nm* gesture
- Все, что ей требовалось, Галя могла прекрасно объяснить жестами. — Galya was able to use gestures to explain everything that she needed.
  40.92; D 97

2510 кто-нибудь *P* anybody, somebody
- Эй, кто-нибудь есть дома? — Hey, is anybody home?
  40.89; D 98

2511 исходный *A* initial, starting, original
- Верните левую ногу в исходное положение и выполните такое же движение правой ногой. — Put your left leg back in its original position and make the same movement with your right leg.
  40.88; D 95

2512 англичанин *Nm* Englishman
- В начале века дом принадлежал англичанину Алистеру Кроули. — At the start of the century the house belonged to the Englishman Aleister Crowley.
  40.84; D 96

2513 расходиться *V* disperse, leave
- Гости расходились в третьем часу ночи уставшие, но довольные. — The guests left at three o'clock in the morning, feeling tired but happy.
  40.82; D 98

2514 физика *Nf* physics
- Основные его труды относятся к теоретической физике. — His main works are in the area of theoretical physics.
  40.81; D 94

2515 карточка *Nf* card
- Новые слова я записываю на карточки и учу их в транспорте. — I write down new words on cards and learn them while I'm travelling on public transport.
  40.79; D 94

2516 бригада *Nf* brigade, team
- Танковая бригада подполковника Климовича стояла в лесах южней Ельни. — Colonel Klimovich's tank brigade was positioned in the forests south of Yelnya.
- Бригада маляров красит помещение. — A team of painters is painting the premises.
  40.77; D 96

2517 обслуживание *Nn* service
- Это обеспечивает круглосуточное обслуживание клиентов через интернет. — It provides round-the-clock service for our Internet clients.
  40.72; D 94

2518 спасе́ние *Nn* saving, rescue
- Я буду бороться за спасение своей жизни! — I will fight to save my life!
40.67; D 97

2519 лаборато́рия *Nf* laboratory
- Здесь исследовательская лаборатория, а не место для прогулок. — This is a research laboratory, not a place for fooling around.
40.63; D 96

2520 дешёвый *A* cheap
- Мы поселились в самом дешевом отеле. — We got ourselves a room in the cheapest hotel.
40.62; D 97

2521 ка́пля *Nf* drop
- Мне на щеку упала капля дождя. — A raindrop fell on my cheek.
40.59; D 97

2522 прикрыва́ть *V* cover, shut, close (partly)
- То и дело он прикрывал рукой больное горло. — He kept covering his sore throat with his hand.
- – Андрюша, прикрой дверь, а то холодно. — 'Andryusha, shut the door, or else it will be cold.'
40.59; D 98

2523 непосре́дственный *A* direct, spontaneous
- Они очень милые и непосредственные, как дети. — They are very nice and uncomplicated like children.
40.57; D 98

2524 па́спорт *Nm* passport
- В российском паспорте нет графы 'национальность'. — A Russian passport has no 'Ethnicity' line.
40.56; D 96

2525 по́лка *Nf* shelf
- Поставь книгу на полку. — Put the book on the shelf.
40.55; D 97

2526 ги́бель *Nf* death
- В этом году исполняется 10 лет со дня его трагической гибели. — This year marks 10 years since his tragic death.
40.54; D 98

2527 подозрева́ть *V* suspect
- Его подозревали в торговле наркотиками. — He was suspected of drug trafficking.
40.49; D 98

2528 вы́зов *Nm* call
- Поступил срочный вызов в пожарную охрану. — The fire brigade received an urgent call.
40.46; D 96

2529 дар *Nm* gift
- Она была наделена замечательным поэтическим даром. — She possessed a remarkable gift for poetry.
40.43; D 97

2530 протоко́л *Nm* protocol, report
- Россия подписала Киотский протокол 11 сентября 1999 г. — Russia signed the Kyoto Protocol on the 11th of September 1999.
40.41; D 94

2531 акти́вность *Nf* activity
- Полезная, здоровая пища плюс физическая активность – залог долголетия. — Good, healthy food plus physical activity guarantees a long life.
40.40; D 85

2532 выбра́сывать *V* throw away, throw out
- Выбрасывать мусор из окон запрещено! — It is forbidden to throw rubbish out of the windows.
40.39; D 98

2533 рекоменда́ция *Nf* advice, recommendation, reference
- Вы соблюдаете рекомендации врача? — Are you following your doctor's advice?
- Мне нужна рекомендация для поступления в аспирантуру. — I need a reference to be able to take a postgraduate degree
40.37; D 96

2534 ро́вно *Adv* exactly, evenly
- В четверг исполняется ровно год, как ты в тюрьме. — On Thursday you will have been in prison for exactly a year.
40.34; D 98

2535 объявле́ние *Nn* advertisement, announcement
- Он дал в газету объявление о знакомстве. — She put a lonely-hearts advertisement in the newspaper.
40.28; D 94

2536 лека́рство *Nn* medicine
- Она зашла в аптеку за лекарством для матери. — She went to the chemist's for her mother's medicine.
40.26; D 96

2537 докла́дывать *V* report
- Мне доложили о выполнении задачи. — It was reported to me that the job had been done.
40.25; D 98

2538 доставáться *V* get, received
- Ему в наследство досталась квартира. — He inherited a flat.
40.25; D 98

2539 посёлок *Nm* village
- Приморский поселок Коктебель – популярный курорт. — The seaside village Koktebel' is a popular resort.
40.24; D 94

2540 гóрный *A* mountain
- Вдоль дороги бежит горная река. — A mountain stream runs alongside the road.
40.17; D 96

2541 максимáльный *A* maximum
- Здесь можно ехать с максимальной скоростью 100 км/час. — Here you can drive at a maximum speed of 100km/hour.
40.17; D 96

2542 полчасá *Nm* half an hour
- Такси приедет через полчаса. — The taxi will arrive in half an hour.
40.17; D 98

2543 успокáивать *V* calm, pacify
- – Самое страшное уже позади, – успокаивал Андрей родителей. — 'The worst is behind us', Andrey said to his parents in an attempt to pacify them.
40.17; D 98

2544 откáзывать *V* refuse
- Он не может отказать другу в помощи. — He can't refuse to help a friend.
40.15; D 98

2545 выскáзывание *Nn* statement, remark
- В статье содержатся оскорбительные высказывания в адрес участников форума. — The article contains offensive remarks made about the forum's participants.
40.14; D 97

2546 карьéра *Nf* career
- Ради успешной карьеры она готова жертвовать чем угодно. — She would sacrifice anything for the sake of a successful career.
40.13; D 96

2547 отдыхáть *V* rest
- На лавочках под деревьями отдыхали старики. — The old men were resting, sitting on the benches under the trees.
40.12; D 97

2548 ловúть *V* catch
- Не важно, какого цвета кошка, важно, чтобы она ловила мышей. — It's not important what colour a cat is, it's important that it catches mice.
40.11; D 97

2549 замечáние *Nn* remark, comment
- Он игнорирует замечания учителя. — He ignores the teacher's comments.
40.10; D 96

2550 несомнéнно *Adv* undoubtedly
- Он несомненно лучший наш игрок. — He is undoubtedly our best player.
40.10; D 98

2551 морóз *Nm* frost
- Ночью мороз усилился. — The frost became worse during the night.
40.09; D 96

2552 альбóм *Nm* album
- Не хотели бы вы записать альбом за границей? — Wouldn't you like to record an album abroad?
40.07; D 92

2553 вокзáл *Nm* station
- Гостиница 'Моряк' находится в пяти минутах от железнодорожного вокзала. — The hotel 'Moryak' is located five minutes from the train station.
40.07; D 97

2554 справедлúвость *Nf* justice
- Я добьюсь справедливости во что бы то ни стало! — I will get justice no matter what!
40.03; D 98

2555 страдáние *Nn* suffering
- Он не может облегчить её страдания. — He can't ease her suffering.
40.03; D 97

2556 шар *Nm* ball
- Готовое тесто скатайте в шар и положите в холодильник на 20-30 минут. — Roll the ready-made pastry into a ball and put it in the fridge for 20–30 minutes.
40.03; D 94

2557 полúтик *Nm* politician
- Он не только прекрасный режиссер, но и известный политик. — He's not only a wonderful director, he's also a well-known politician.
40.02; D 96

2558 вооружённый *A* armed
- Вооруженный преступник захватил самолет. — The armed criminal took over the plane.
40.02; D 96

2559 стандáртный *A* standard
- Две подушки безопасности входят в стандартное оснащение автомобиля. — In cars two air-bags come as standard.
  40.01; D 96

2560 запúска *Nf* note
- Он с первого класса писал девочкам записки: 'Я тебя люблю! Пойдем в кино?' — Ever since year one he wrote girls notes like 'I love you! Do you want to go to the cinema with me?'
  40.01; D 97

2561 нерéдко *Adv* often
- Ранние браки нередко заканчиваются разводом. — Early marriages often end in divorce.
  39.94; D 97

2562 кóротко *Adv* short(ly)
- Мама очень рассердилась на меня, когда я коротко подстриглась. — Mum was very angry with me when I had my hair cut short.
  39.81; D 98

2563 одинóкий *A* lonely
- Он пожалел одинокую старушку. — He felt sorry for the lonely old lady.
  39.79; D 98

2564 дáча *Nf* summer home, dacha
- Она провела лето на даче. — She spent the summer at the dacha.
  39.78; D 95

2565 осуществлéние *Nn* implementation
- Быстрое осуществление этих планов невозможно. — It is impossible to implement these plans quickly.
  39.77; D 94

2566 разбирáть *V* dismantle, sort out, analyse, treat
- Он просил помочь ему разобрать вещи покойной. — He asked me to help him sort out the things of the deceased.
  39.77; D 98

2567 бормотáть *V* mumble
- Вид у него был виноватый и он что-то невнятно бормотал. — He looked guilty and he mumbled something incomprehensible.
  39.68; D 98

2568 кóсмос *Nm* space
- Космонавты летали в космос и никого там не встретили. — The astronauts were flying in space and didn't meet anyone there.
  39.64; D 95

2569 издéлие *Nn* product
- Завод производит изделия из пластмассы. — The factory makes plastic products.
  39.63; D 93

2570 гарáнтия *Nf* guarantee, warranty
- Мы хотим иметь гарантии личной безопасности. — We want a guarantee that we'll be safe.
- На это оборудование мы предоставляем пятилетнюю гарантию. — We offer a five-year warranty on this equipment.
  39.61; D 92

2571 избавляться *V* get rid of
- Надо избавляться от всего лишнего. — We must get rid of everything that we don't need.
  39.61; D 98

2572 партúйный *A* party
- Лидер партии избирается на партийном съезде каждые два года. — The leader of the party is elected every two years at the party congress.
  39.58; D 96

2573 противорéчие *Nn* contradiction
- Вот это противоречие между христианской традицией и ожиданиями современных людей и находилось в центре внимания участников конгресса. — This contradiction between Christian tradition and the expectations of people today was the focus of the congress.
  39.58; D 97

2574 обязáтельство *Nn* obligation
- У меня есть обязательства перед фирмой, в которой я тружусь. — I have obligations to the firm where I work.
  39.51; D 95

2575 отнюдь *Adv* nowhere near, by no means
- Сегодня же это вполне обычный атрибут многих домашних компьютеров. Многих, но отнюдь не всех. — Nowadays, this is a standard feature of many home computers. Many but by no means all.
  39.47; D 98

2576 нéрвный *A* nervous
- У него крепкая нервная система. — He has a strong nervous system.
  39.45; D 97

2577 помещáть *V* put, place
- Рыб необходимо поместить в аквариум. — The fish should be put in an aquarium.
  39.45; D 96

2578 моги́ла *Nf* grave
- Когда гроб опустили в могилу, неожиданно выглянуло солнце. — The sun suddenly came out when they lowered the coffin into the grave.
  39.41; D 95

2579 освеща́ть *V* illuminate
- Заходящее солнце освещало вершины гор. — The setting sun illuminated the hilltops.
  39.39; D 98

2580 ору́дие *Nn* tool, instrument, gun, cannon
- В пещере сохранились орудия труда и фигурки из кости. — Tools and figurines made of bone had been preserved in the cave.
  39.38; D 97

2581 миг *Nm* instant, moment
- Я едва успел выскочить в самый последний миг. — I only just managed to jump out of the way at the last moment.
  39.37; D 97

2582 подъе́зд *Nm* entrance
- Девушка вошла в подъезд и нажала кнопку вызова лифта. — The girl walked into the entrance and pressed the button for the lift.
  39.36; D 96

2583 тест *Nm* test
- Предлагаем вам новый тест по английскому языку. — We're offering you a new English test.
  39.34; D 93

2584 воева́ть *V* fight
- В следующем году русские войска опять воевали с Наполеоном. — The following year Russian troops fought against Napoleon again.
  39.33; D 98

2585 скро́мный *A* modest
- Она – скромный человек. — She's a modest person.
  39.33; D 98

2586 украи́нский *A* Ukrainian
- Я бы хотел попробовать настоящего украинского борща. — I'd like to taste real Ukrainian borscht.
  39.31; D 95

2587 груз *Nm* load, cargo
- Транспортная компания занимается перевозкой грузов в контейнерах. — The transport company transports its cargo in containers.
  39.26; D 94

2588 заме́тный *A* noticeable
- У мужчины был заметный армянский акцент. — The man had a noticeable Armenian accent.
  39.26; D 98

2589 пятно́ *Nn* spot, mark
- На светлых обоях осталось грязное пятно. — The dirt mark remained on the light wallpaper.
  39.23; D 97

2590 коммуни́ст *Nm* communist
- Когда в Польше правили коммунисты, он подпольно издавал журнал 'Аквариум'. — When the communists ruled in Poland, he secretly published the journal 'Akvarium'.
  39.21; D 96

2591 таска́ть *V* pull, drag, lug
- Он будет вместе со всеми рыть землю, таскать мешки с цементом, страдать от голода. — Like everyone else he will dig the ground, lug bags of cement and suffer from hunger.
  39.21; D 98

2592 ско́рый *A* quick, express
- Однажды я поехала в Казань на скором поезде. — I once took the express train to Kazan'.
  39.20; D 97

2593 инстру́кция *Nf* instructions, manual
- Всем рекомендую внимательно прочитать инструкцию к фотоаппарату. — I recommend that everyone reads the instruction manual for the camera carefully.
  39.19; D 96

2594 воображе́ние *Nn* imagination
- У тебя богатое воображение. — You have a vivid imagination.
  39.17; D 96

2595 двена́дцать *Num* twelve
- Часы бьют двенадцать. — The clock strikes twelve.
  39.17; D 98

2596 пу́ля *Nf* bullet
- Пуля пролетела мимо. — The bullet flew by.
  39.15; D 96

2597 гру́бый *A* rude, coarse
- Нас очень удивил его грубый отказ. — We were very surprised by his crude refusal.
- На ней была куртка из грубой ткани. — She was dressed in a jacket made from coarse fabric.
  39.13; D 97

2598 велеть *V* order, tell
- Ты что, не слышишь, что я велел тебе остановиться? — Didn't you hear me tell you to stop, or what?
  39.12; D 98

2599 построение *Nn* building, creating
- Он стремился отдать все силы построению идеального общества. — He strives to devote all his efforts to creating an ideal society.
  39.08; D 97

2600 охота *Nf* hunting
- Идет охота на волков. — A wolf hunt is taking place.
  39.07; D 97

2601 минимальный *A* minimum, minimal
- Не держите фен близко к голове, минимальное расстояние – 20 см. — Don't hold a hairdryer too close to your head – the minimum distance should be 20 cm.
  39.06; D 96

2602 проявлять *V* show
- Он проявляет полнейшее равнодушие к своей внешности. — He shows complete indifference to his appearance.
  38.99; D 85

2603 глобальный *A* global
- Это может спровоцировать глобальную катастрофу. — This may cause a global catastrophe.
  38.97; D 96

2604 разнообразный *A* various
- Здесь представлен разнообразный ассортимент товаров для дома. — Various household goods are stocked here.
  38.97; D 97

2605 кафе *Nn* café
- Мы перекусили в кафе рядом с нашим отелем. — We had a bite to eat at a café next to our hotel.
  38.94; D 97

2606 почва *Nf* soil
- Глинистая почва плохо поглощает влагу. — Clay soil doesn't absorb moisture very well.
  38.93; D 97

2607 надёжный *A* reliable
- Он надежный и верный друг. — He's a reliable and loyal friend.
  38.92; D 97

2608 действующий *A* existing, active
- Это противоречит действующему законодательству. — This contradicts existing legislation.
  38.91; D 97

2609 интересоваться *V* be interested in
- Она интересуется живописью. — She is interested in art.
  38.87; D 98

2610 битва *Nf* battle
- 7 сентября произошла Бородинская битва. — The Battle of Borodino took place on the 7th of September.
  38.86; D 88

2611 факультет *Nm* faculty
- На юридическом факультете будут вести занятия 7 новых преподавателей. — Lessons at the Faculty of Law will be taught by 7 new teachers.
  38.85; D 94

2612 методика *Nf* methodology, method
- Автор разработал оригинальную методику обучения детей арифметике. — The author has developed an original method for teaching children arithmetic.
  38.85; D 95

2613 стихотворение *Nn* poem
- Прочитай это стихотворение еще раз. — Read this poem once more.
  38.84; D 96

2614 окружать *V* surround
- Певицу окружила толпа поклонников. — The singer was surrounded by a crowd of admirers.
  38.83; D 98

2615 сборник *Nm* collection
- Он был автором нескольких сборников стихотворений. — He was the author of several collections of poems.
  38.83; D 92

2616 разведка *Nf* reconnaissance, surveillance
- Разведка донесла о начале отгрузки оружия и боеприпасов. — The surveillance showed that arms and ammunition had started to be shipped.
  38.78; D 96

2617 куст *Nm* bush
- Они вышли в сад и сели у крыльца на скамейку. — They went out into the garden and sat down on the bench by the porch.
  38.78; D 97

2618 холод *Nm* cold
- Ты боишься холода? — Are you scared of the cold?
38.78; D 97

2619 опра́вдывать *V* acquit, justify
- Они считают, что надо оправдать подсудимого. — They think that the defendant should be acquitted.
- Он вполне оправдывал свою репутацию классного водителя. — He fully justified his reputation as an excellent driver.
38.74; D 98

2620 сза́ди *Adv* behind, from behind
- Кто-то подошел ко мне сзади. — Someone came up to me from behind.
38.72; D 98

2621 одино́чество *Nn* loneliness
- Ей необходимо побыть в одиночестве. — She needs to be alone.
38.67; D 97

2622 фанта́зия *Nf* fantasy, imagination
- У наших детей богатая фантазия. — Our children have a vivid imagination.
38.63; D 96

2623 сове́товать *V* advise
- Мой тренер советует есть спустя 1 час после тренировки. — My trainer recommends that you eat 1 hour after training.
38.59; D 97

2624 произво́дственный *A* production
- Производственный процесс на хлебозаводе полностью автоматизирован. — The production process at the bread factory is fully automated.
38.53; D 95

2625 плюс *C* plus, advantage
- Владение английским языком является большим плюсом. — Knowledge of English is a big plus.
38.53; D 97

2626 осма́тривать *V* inspect
- Я хотел там все внимательно осмотреть. — I wanted to carefully inspect everything there.
38.49; D 98

2627 ми́на *Nf* mine, bomb, look, expression
- Я видел, как недалеко от тебя мина разорвалась. — I saw a mine explode near you.
- Я его раздражала своей кислой миной. — My sarcastic look was irritating him.
38.47; D 96

2628 уще́рб *Nm* damage
- Нанесен ущерб престижу страны! — The prestige of the country has been damaged!
38.40; D 95

2629 отве́тственный *A* responsible
- Он серьезный и ответственный человек. — He's a serious and responsible person.
38.40; D 97

2630 волк *Nm* wolf
- На стадо диких оленей напали волки. — The herd of wild reindeer was attacked by wolves.
38.39; D 94

2631 поясня́ть *V* clarify, explain
- Мне это не совсем ясно, а нельзя пояснить другими словами? — I don't fully understand it; isn't there another way that you can explain it?
38.38; D 98

2632 незнако́мый *A* unfamiliar, strange
- Бабушка с дедушкой оказались одни в незнакомом городе. — Grandma and granddad found themselves alone in an unfamiliar town.
- Никогда не открывай дверь незнакомым людям. — Never open the door to strangers.
38.35; D 96

2633 мо́крый *A* wet
- Утром трава мокрая от росы. — In the morning the grass is wet from dew.
38.32; D 98

2634 важне́йший *A* most important
- Мы сейчас обсуждаем важнейший вопрос! — We're now discussing a most important question!
38.31; D 97

2635 пала́тка *Nf* tent, stall
- Неужели в такой мороз придётся ночевать в лесу без палатки и спальника? — Will we really have to spend the night in the woods without a tent and a sleeping bag in such frosty weather?
- Это стандартная цена во всех магазинах и палатках. — It's the standard price at all shops and stalls.
38.31; D 95

2636 расшире́ние *Nn* expansion, spread
- Это лекарство выписывают врачи для расширения сосудов. — This medication is prescribed by doctors to aid the expansion of blood vessels.
38.31; D 96

2637 закричáть *V* shout, cry
- – Не бойтесь, не бойтесь, – закричала хозяйка. — 'Don't be afraid, don't be afraid,' the hostess shouted.
  38.29; D 98

2638 отступáть *V* stand aside, step back, retreat
- Настя отступает в сторону, давая ему пройти. — Nastya is standing aside to allow him to pass.
  38.28; D 98

2639 я́вный *A* evident
- Его компания смотрела на меня с явным неудовольствием. — His guests looked at me with evident displeasure.
  38.26; D 98

2640 воспи́тывать *V* train, bring up
- Я одна воспитываю дочь. — I'm bringing up my daughter by myself.
  38.23; D 97

2641 салóн *Nm* salon
- Она отправилась в салон красоты. — She set off to the beauty salon.
  38.23; D 88

2642 лезть *V* climb
- Мальчишка лезет на дерево. — The boy is climbing the tree.
  38.22; D 98

2643 великолéпный *A* magnificent
- С этой горы открывается великолепный вид на всю округу. — From this hill there's a magnificent view of the whole area.
  38.21; D 98

2644 теплó *Nn* warmth
- Такие стекла отражают тепло, выделяемое радиаторами отопления. — These windows reflect heat emitted from radiators.
  38.16; D 96

2645 столéтие *Nn* century, centenary
- Приближалось столетие со дня смерти поэта. — It was almost a century since the poet's death.
  38.13; D 97

2646 вы́стрел *Nm* shot
- И в этот момент раздался выстрел. — And at that moment a shot was heard.
  38.12; D 96

2647 порождáть *V* produce
- Подражание вкусам президента порождало новую моду. — Copying the president's habits led to a new fashion.
  38.08; D 98

2648 гóлод *Nm* hunger
- Они испытывали постоянный голод. — They were constantly hungry.
  38.07; D 97

2649 костёр *Nm* bonfire, camp fire
- Трое туристов греются у костра. — Three tourists are warming themselves up by the camp fire.
  38.07; D 97

2650 ключевóй *A* key
- На Форуме вы можете воспользоваться поиском по ключевым словам. — On the Forum you can search by entering key words.
  38.06; D 96

2651 победи́тель *Nm* winner
- Победитель получает все. — The winner takes it all.
  38.05; D 96

2652 доверя́ть *V* trust, confide in
- Это лучше всего доверить профессионалу. — It's best to confide in a specialist.
  38.03; D 98

2653 шкаф *Nm* wardrobe, cupboard
- Он переоделся и повесил школьную форму в шкаф. — He got changed and put his school uniform in the wardrobe.
  38.03; D 95

2654 трагéдия *Nf* tragedy
- Я знаю, что вы пережили ужасную трагедию. — I know that you have suffered a terrible tragedy.
  38.01; D 97

2655 филосóфский *A* philosophical
- Разговор постепенно перерос в философский диспут. — The conversation gradually turned into a philosophical dispute.
  38.00; D 96

2656 жанр *Nm* genre
- Книги об Эрасте Фандорине написаны в детективном жанре. — Books about Erast Fandorin are written in the style of a detective novel.
  37.96; D 95

2657 зи́мний *A* winter
- Стояло холодное зимнее утро. — It was a cold winter morning.
  37.95; D 96

14 Language learning

сказа́ть 53 say
говори́ть 59 talk, speak
вопро́с 90 question
сло́во 94 word
отвеча́ть 139 reply, answer
вид 151 aspect
спра́шивать 162 ask
кни́га 187 book
писа́ть 204 write
отве́т 224 answer, reply
язы́к 229 language
расска́зывать 238 tell
написа́ть 254 write
чита́ть 304 read
смысл 326 meaning, sense
пра́вило 375 rule
приме́р 403 example
речь 411 speech
текст 482 text
значе́ние 521 meaning
род 604 gender
сою́з 671 conjunction
предложе́ние 685 sentence
расска́з 811 story
звук 812 sound
означа́ть 837 mean
называ́ться 851 be called
произноси́ть 893 pronounce,
   say
знак 907 sign, mark
зна́чить 996 mean
выраже́ние 1041
   expression
фра́за 1129 phrase
перево́д 1154 translation
запи́сывать 1213 write down
согла́сный 1244 consonant
звуча́ть 1348 sound
разгова́ривать 1358 talk
исключе́ние 1404 exception
стихи́ 1428 poetry
обраще́ние 1466 (honorific)
   title
литерату́рный 1479 literary
бу́ква 1488 letter
зада́ние 1580 exercise

повторя́ть 1586 repeat,
   revise
обсужде́ние 1614 discussion
ска́зка 1622 tale
кни́жка 1649 book
чте́ние 1651 reading
субъе́кт 1711 subject
обсужда́ть 1742 discuss
строка́ 1758 line
те́рмин 1810 term
шу́тка 1850 joke
оконча́ние 1857 ending
перевести́ 1859 translate
ко́рень 2045 root
на́дпись 2136 inscription
восклица́ть 2137 exclaim
цита́та 2143 quote
диску́ссия 2292 discussion
сочине́ние 2300 composition,
   essay
поэ́зия 2330 poetry
анекдо́т 2372 anecdote,
   joke
проче́сть 2379 read
диало́г 2461 dialogue
жест 2509 gesture
выска́зывание 2545
   statement, remark
стихотворе́ние 2613 poem
поясня́ть 2631 clarify, explain
конте́кст 2718 context
цити́ровать 2769 quote
сокраще́ние 2790
   abbreviation
пи́сьменный 2812 written
по́весть 2831 story
слова́рь 2974 dictionary
ю́мор 3030 humour
про́за 3049 prose
кни́жный 3121 book
стих 3206 poetry, verse
вслух 3220 aloud
зага́дка 3360 riddle
части́ца 3394 particle
объясня́ться 3418 explain
стро́чка 3480 line

акце́нт 3517 accent
поэти́ческий 3526 poetic
обсужда́ться 3550 be
   discussed
языково́й 3613 language
лати́нский 3666 Latin
ре́плика 3806 retort
написа́ние 3873 writing;
   spelling
поэ́ма 3884 poem
мат 4057 mat, obscene
   language
писа́ться 4138 write
изложе́ние 4162 summary
интона́ция 4272 intonation
гра́мотный 4274 literate
наименова́ние 4361 name
предло́г 4391 preposition
у́стный 4441 oral
глаго́л 4457 verb
перено́с 4495 hyphen
чита́ться 4527 be read; be
   pronounced
диктова́ть 4576 dictate
абза́ц 4586 paragraph
по́черк 4623 handwriting
слог 4631 syllable
моноло́г 4669 monologue
посло́вица 4695 saying
грамма́тика 4697 grammar
алфави́т 4711 alphabet
загла́вие 4741 title
прилага́тельное 4779
   adjective
кавы́чка 4783 quotation
   mark
паде́ж 4938 case
прича́стие 4960 participle
вопроси́тельный 4963
   question
местоиме́ние 4965 pronoun
транскри́пция 4984
   transcription
восклица́тельный 4993
   exclamation
гла́сный 4998 vowel

2658 свяще́нный *A* sacred
- Защита Отечества – священный долг каждого гражданина. — Defending the fatherland is the sacred duty of every citizen.
  37.93; D 97

2659 уезжа́ть *V* leave
- Извини, я должна срочно уехать. — Sorry, I must leave urgently.
  37.93; D 98

2660 четве́рг *Nm* Thursday
- Я был в Стокгольме в прошлый четверг. — I was in Stockholm last Thursday.
  37.92; D 95

2661 незави́симо *Adv* regardless
- Все люди равны перед законом независимо от пола и расы. — All people are equal in the eyes of the law, regardless of their sex or race.
  37.92; D 98

2662 жа́ловаться *V* complain
- Пациентка жалуется на боль в коленях. — The patient is complaining about a pain in her knees.
  37.87; D 98

2663 холм *Nm* hill
- Они молча спустились с холма. — They walked down the hill in silence.
  37.85; D 96

2664 не́нависть *Nf* hatred
- Это вызывало еще большую ненависть к врагу. — This caused even more hatred for the enemy.
  37.84; D 94

2665 вече́рний *A* evening
- Мы идем в кино на вечерний сеанс. — We're going to the cinema for the evening session.
  37.76; D 97

2666 фестива́ль *Nm* festival
- В нашем городе прошел традиционный джазовый фестиваль. — The traditional jazz festival took place in our town.
  37.72; D 93

2667 ко́пия *Nf* copy
- Снимите копию с этих документов. — Make a copy of these documents.
  37.71; D 95

2668 удовлетворе́ние *Nn* satisfaction
- Важно, чтобы работа приносила моральное удовлетворение. — It's important that work brings you moral satisfaction.
  37.65; D 97

2669 когда́-нибудь *P* some day, ever
- Про вашего сына когда-нибудь напишут книгу. — Someone will write a book about your son one day.
- У тебя когда-нибудь зубы болели? — Have you ever had toothache?
  37.62; D 98

2670 у́зел *Nm* knot
- Я аккуратно завязал узел галстука. — I neatly tied the knot on my tie.
  37.62; D 94

2671 частота́ *Nf* frequency, rate
- Нормальная частота пульса составляет 60-90 ударов в минуту. — A normal pulse rate is 60–90 beats a minute.
  37.60; D 94

2672 я́кобы *Part* allegedly, supposedly
- Уехав однажды якобы в командировку, он стал следить за своей квартирой. — Once, when he'd supposedly gone on a business trip, he started to spy on his flat.
  37.59; D 98

2673 психо́лог *Nm* psychologist
- Вы уже обращались к психологу? — Have you already seen a psychologist?
  37.58; D 94

2674 финанси́рование *Nn* financing, funding
- К этому времени прекратилось финансирование группы CSRG. — By that time funding for the CSRG had dried up.
  37.56; D 96

2675 нигде́ *P* nowhere, anywhere (double negatives)
- Мы не могли тебя нигде найти. — We couldn't find you anywhere.
  37.55; D 98

2676 напада́ть *V* attack
- На меня напал вооруженный бандит! — I was attacked by an armed bandit!
  37.55; D 97

2677 вред *Nm* harm, damage
- Как похудеть без вреда для здоровья? — How do you lose weight without damaging your health?
  37.51; D 96

2678 жа́лко *Adv* pitifully, it's a pity
- Мне жалко выбрасывать хорошую вещь. — It's a pity for me to throw away a good thing.
  37.51; D 98

2679 непло́хо *Adv* not bad, okay
- По-моему, получилось неплохо. — I think that it turned out okay.
  37.51; D 98

2680 идеоло́гия *Nf* ideology
- Идеология либерализма переживает кризис. — The ideology of liberalism is undergoing a crisis.
  37.46; D 96

2681 кома́ндование *Nn* command
- НАТО взяла на себя командование силами безопасности в Косово. — NATO assumed command of security forces in Kosovo.
  37.46; D 97

2682 снижа́ть *V* reduce
- Джип снизил скорость. — The jeep reduced its speed.
  37.44; D 97

2683 возбужда́ть *V* arouse, excite
- Чтобы не возбуждать подозрений, возвращайтесь домой. — Go home so as to not arouse suspicion.
- Говорят, это так возбуждает! Надо попробовать. — It's supposed to be really exciting! We need to try it.
  37.44; D 84

2684 сжима́ть *V* grip
- Ее рука сжимала его руку, и он был счастлив. — Her hand gripped his, and he was happy.
  37.43; D 98

2685 убежде́ние *Nn* conviction
- У меня есть твердое убеждение, что знаний лишних не бывает. — I am strongly convinced that there's no such thing as useless knowledge.
  37.42; D 97

2686 вто́рник *Nm* Tuesday
- Это было вечером во вторник. — It was on Tuesday evening.
  37.38; D 95

2687 зва́ние *Nn* rank, title
- Ему присвоили звание полковника. — He was awarded the title of colonel.
  37.37; D 97

2688 создава́ться *V* be created, arise, form
- Надо понимать, что сайт создается не для вас, а для потенциальных потребителей. — You need to understand that the site is being created not for you but for potential users.
  37.37; D 98

2689 непреме́нно *Adv* without fail
- Он обещал непременно отдать деньги через месяц. — He promised that he'd give the money back in a month without fail.
  37.35; D 98

2690 жале́ть *V* regret
- Ты будешь об этом жалеть всю жизнь. — You'll regret this for the rest of your life.
  37.34; D 98

2691 обвине́ние *Nn* accusation
- Подсудимый отрицает обвинения в свой адрес. — The defendant denies the accusations made against him.
  37.30; D 96

2692 христиа́нский *A* Christian
- Большинство населения этой страны исповедует христианскую религию. — Most people in the country are Christians.
  37.19; D 96

2693 литр *Nm* litre
- Сколько стоит литр молока? — How much is a litre of milk?
  37.18; D 95

2694 превыша́ть *V* exceed
- В последние годы число разводов намного превышает число браков. — In recent years the number of divorces has been exceeding the number of marriages.
  37.18; D 97

2695 уче́бник *Nm* textbook
- Я взял с собой учебник по алгебре. — I took my algebra textbook with me.
  37.18; D 94

2696 недоста́точный *A* insufficient, not enough
- Персонал был наказан за недостаточную бдительность. — Members of staff were disciplined for not being vigilant enough.
  37.16; D 98

2697 гото́вность *Nf* willingness
- Стороны высказали готовность к сотрудничеству. — The parties expressed their willingness to cooperate.
  37.16; D 97

2698 высоко́ *Adv* high(ly)
- Валерия Ивановича высоко ценит руководство компании. — The company's leaders think highly of Valery Ivanovich.
  37.15; D 98

2699 ле́нта *Nf* tape, band
- Рассказ записан на магнитофонную ленту. — The story was tape-recorded.
  37.12; D 93

2700 лесно́й *A* forest
- Наташа шла по лесной тропинке. — Natasha walked down the forest path.
  37.08; D 94

2701 исполня́ть V perform, do
- Я всего лишь исполняла приказ начальства. — I was just doing what the bosses told me.
  37.05; D 97

2702 спу́тник Nm satellite, fellow traveller
- Спутник связи запущен с космодрома Плесецк. — A communications satellite was launched from the Plesetsk spaceport.
- Он попрощался со своим спутником. — He said goodbye to his fellow traveller.
  37.01; D 94

2703 нагру́зка Nf load, activity
- Врач порекомендовал ему умеренную физическую нагрузку. — The doctor recommended him moderate physical activity.
  36.98; D 94

2704 зарубе́жный A foreign
- Вы интересуетесь современной зарубежной литературой? — Are you interested in contemporary foreign literature?
  36.97; D 96

2705 цепь Nf chain
- Собака сидела на цепи за забором в соседском дворе. — The dog was chained behind the fence in the next yard.
  36.97; D 97

2706 почита́ть V read, respect, worship
- Мне эту книжку Ира дала почитать. — Ira gave me this book to read.
- Древние египтяне особо почитали богиню Исиду. — The Ancient Egyptians worshipped the Goddess Isis.
  36.84; D 95

2707 ро́зовый A pink
- Не надевай, пожалуйста, больше эту розовую кофточку! — Please don't wear that pink blouse again!
  36.83; D 94

2708 идеа́л Nm ideal
- Для меня идеал женщины – это моя жена Татьяна. — My ideal woman is my wife Tatiana.
  36.80; D 97

2709 благодари́ть V thank
- Заранее благодарю за помощь. — Thank you in advance for your help.
  36.77; D 97

2710 эпизо́д Nm episode
- Память сохраняет много эпизодов из детства. — A person's memory retains many episodes from his or her youth.
  36.71; D 96

2711 сетево́й A network
- Проблема была связана с разрывом в сетевом кабеле. — The problem was linked to a tear in the network cable.
  36.71; D 94

2712 визи́т Nm visit
- 13 января в Москву с официальным визитом прибыл президент Бразилии. — The Brazilian president arrived on an official visit to Moscow on the 13th of January.
  36.69; D 95

2713 о́рден Nm order
- Подполковник Баскаков получил орден Красного Знамени. — Colonel Baskakov received the Order of the Red Banner.
  36.69; D 95

2714 парла́мент Nm parliament
- Этот вопрос решается в Европейском парламенте. — This question is being addressed in the European Parliament.
  36.66; D 95

2715 скала́ Nf rock, cliff
- Впереди высились черные скалы. — Black cliffs rose up in front of us.
  36.64; D 96

2716 собо́р Nm cathedral
- Эта икона хранится в Успенском соборе Московского Кремля. — The icon is kept at the Assumption Cathedral within the Moscow Kremlin.
  36.59; D 94

2717 коло́нна Nf column
- Посреди площади возвышалась мраморная колонна. — There was a marble column in the middle of the square.
  36.59; D 97

2718 конте́кст Nm context
- Это слово встречается в основном в научном контексте. — This word is mainly encountered in a scientific context.
  36.57; D 97

2719 танцева́ть V dance
- Ирина очень любила танцевать. — Irina loved to dance.
  36.57; D 96

2720 соревнова́ние Nn competition
- Он выиграл соревнования по карате. — He won a karate competition.
  36.55; D 92

2721 конкуре́нция Nf competition
- На рынке энергетики существует острая конкуренция. — There is intense competition on the energy market.
  36.53; D 96

2722 глу́пость *Nf* foolishness, nonsense
- Он так поступил по глупости, а не со зла. — He behaved like that out of foolishness, not malice.
- Что ты глупости говоришь? — What nonsense are you saying?
36.52; D 98

2723 городо́к *Nm* town
- Он уезжает в провинциальный городок, где родился. — He's going to the provincial town where he was born.
36.51; D 97

2724 иску́сственный *A* artificial
- Почему в вазе стоят искусственные цветы? — Why are there artificial flowers in the vase?
36.50; D 96

2725 эмоциона́льный *A* emotional
- Эта ситуация вызвала у него сильную эмоциональную реакцию. — The situation caused him to feel a strong emotional reaction.
36.48; D 96

2726 ро́за *Nf* rose
- На юге уже цветут розы. — Roses are already blossoming in the south.
36.45; D 94

2727 люби́тель *Nm* lover, amateur
- В соревнованиях приняли участие около тысячи спортсменов – профессионалов и любителей. — Around a thousand sportsmen took part in the competition – professionals and amateurs alike.
36.43; D 96

2728 распределе́ние *Nn* distribution
- Этот прибор обеспечивает равномерное распределение тепла по всему помещению. — This device ensures that heat is distributed throughout the premises.
36.43; D 96

2729 выпада́ть *V* fall, fall out
- Доктор, у меня сильно выпадают волосы. — Doctor, my hair is falling out rapidly.
36.34; D 98

2730 исправля́ть *V* correct
- Word, конечно, исправляет ошибки, но далеко не все. — Word automatically corrects some but by no means all mistakes.
36.34; D 96

2731 прили́чный *A* decent
- О таком в приличном обществе не говорят. — Such things aren't talked about in a decent society.
36.29; D 98

2732 содержа́ться *V* contain
- В молочных продуктах содержится кальций. — Milk products contain calcium.
36.29; D 97

2733 обзо́р *Nm* (over)view
- Пилоту ничто не заслоняло обзор во время посадки. — Nothing obscured the pilot's view during the landing.
- В статье приводится краткий обзор экологических разделов программ политических партий и движений. — The article provides a short overview of the ecological sections in the policies of political parties and movements.
36.27; D 93

2734 прете́нзия *Nf* claim
- Владелец поврежденной машины намерен предъявить претензии коммунальным службам города. — The owner of the damaged vehicle intends to make a claim to the town's public services department.
36.23; D 97

2735 руба́шка *Nf* shirt
- Он был одет в белую рубашку. — He was wearing a white shirt.
36.23; D 97

2736 корреспонде́нт *Nm* correspondent
- Об этом 22 марта сообщила корреспондент радио 'Эхо Москвы'. — A correspondent of the radio station 'Ekho Moskvy' reported on this on the 22nd of March.
36.21; D 95

2737 за́втрак *Nm* breakfast
- Что ты ешь на завтрак? — What do you eat for breakfast?
36.20; D 97

2738 италья́нский *A* Italian
- Может, пообедаем сегодня в итальянском ресторане? — Maybe we could have lunch at an Italian restaurant today?
36.20; D 95

2739 нападе́ние *Nn* attack
- Мы должны отразить нападение противника. — We need to rebuff the enemy's attack.
36.20; D 96

2740 бар *Nm* bar
- Они сидели в небольшом уютном баре. — They were sitting in a small cosy bar.
36.19; D 95

2741 тоска́ *Nf* melancholy, boredom
- Он испытывал какую-то беспричинную тоску. — A feeling of melancholy came over him for no apparent reason.
- Я просто умираю от тоски в четырех стенах! — I'm bored out my mind in these four walls!
36.18; D 98

2742 пе́нсия *Nf* pension
- Вы получаете пенсию по инвалидности? — Do you get an invalidity pension?
36.18; D 94

2743 тури́ст *Nm* tourist
- Все туристы стремятся там побывать. — Every tourist aims to go there.
36.16; D 95

2744 предъявля́ть *V* bring, show
- На проходной я предъявляю пропуск. — I show my pass at reception.
36.10; D 97

2745 мо́да *Nf* fashion
- Сегодня это уже вышло из моды. — This is already out of fashion nowadays.
36.07; D 94

2746 обижа́ться *V* be offended
- Я никогда не обижаюсь на справедливую критику. — I never get offended by fair criticism.
36.04; D 98

2747 восстановле́ние *Nn* recovery
- Я получил короткий отпуск для восстановления здоровья. — I was granted a short holiday to recover from illness.
36.04; D 95

2748 рисова́ть *V* draw, paint
- Девочка сидит за столом и рисует картинки. — The young girl is sitting at the table and painting pictures.
36.03; D 97

2749 разрабо́тчик *Nm* developer
- Разработчики программы предлагают всем желающим скачать ее совершенно бесплатно со своего сайта. — The program's developers allow anyone to download the program from their website free of charge.
35.98; D 94

2750 еди́нство *Nn* unity
- Это символ единства страны. — It's a symbol of the country's unity.
35.96; D 97

2751 отрица́тельный *A* negative
- Скорее всего, ответ будет отрицательным. — The answer will most likely be negative.
35.95; D 96

2752 инве́стор *Nm* investor
- Инвестор вложил в производство около 11 млн рублей. — The investor pumped around 11 million rubles into production.
35.93; D 92

2753 возникнове́ние *Nn* origin, start
- Начато следствие о причинах возникновения пожара. — An investigation into how the fire started is underway.
35.91; D 97

2754 сте́нка *Nf* wall
- Холестерин откладывается на стенках сосудов. — Cholesterol is deposited on the walls of blood vessels.
35.91; D 97

2755 музыка́нт *Nm* musician
- Я с детства знала, что хочу быть музыкантом. — I knew from an early age that I wanted to become a musician.
35.82; D 95

2756 повести́ *V* lead, take
- Учительница повела детей на экскурсию. — The school teacher took the children on an excursion.
35.82; D 98

2757 мо́щность *Nf* power
- Такие двигатели сочетали огромную мощность с малым весом. — These engines combined high power with low weight.
35.80; D 93

2758 пье́са *Nf* play
- Мы репетируем современную пьесу. — We're rehearsing a contemporary play.
35.77; D 96

2759 блестя́щий *A* shiny, brilliant
- Монетка, новенькая и блестящая, упала на пол. — A shiny new coin fell on the floor.
35.73; D 98

2760 десятиле́тие *Nn* decade
- В то первое послевоенное десятилетие в мире все еще было неспокойно. — There was still unrest in the world in the first decade after the war.
35.70; D 98

2761 известие *Nn* news
- Нам сообщили приятное известие. — We received some pleasant news.
35.69; D 96

2762 печальный *A* sad
- Эту печальную историю мне рассказала бабушка. — My grandmother told me this sad story.
35.66; D 98

2763 иностранец *Nm* foreigner
- В нашей компании работает много иностранцев. — Many foreigners work in our company.
35.64; D 95

2764 экспедиция *Nf* expedition
- Совместная американско-французская экспедиция обнаружила то, что осталось от 'Титаника'. — The joint American and French expedition found what remained of the Titanic.
35.61; D 94

2765 улучшение *Nn* improvement
- Пациент отмечает улучшение своего состояния. — The patient notes an improvement in his condition.
35.59; D 96

2766 волноваться *V* worry, be nervous
- Мы немножко волновались перед выступлением. — We were a little nervous before the performance.
35.57; D 98

2767 неизвестно *Adv* unknown
- Неизвестно, что с ним будет дальше. — It's unknown what will happen to him next.
35.57; D 98

2768 прогресс *Nm* progress
- За последние годы достигнут прогресс в этой области. — In recent years progress has been made in this area.
35.57; D 97

2769 цитировать *V* quote
- Она любила цитировать поэтов-современников. — She loved to quote her fellow poets.
35.57; D 92

2770 слева *Adv* left
- Слева от двери висит зеркало. — There is a mirror to the left of the door.
35.56; D 97

2771 яблоко *Nn* apple
- Настя взяла яблоко и откусила от него кусочек. — Nastya took an apple and took a bite out of it.
35.54; D 95

2772 королева *Nf* queen
- Королева произвела его в рыцари. — The queen made him a knight.
35.52; D 94

2773 пояс *Nm* belt, zone
- Он быстро выхватил из-за пояса кинжал. — He quickly pulled out a dagger from his belt.
- Мы пересекли 9 часовых поясов. — We crossed 9 time zones.
35.52; D 96

2774 местность *Nf* area, locality
- Две трети населения страны проживает в сельской местности. — Two-thirds of the country's population live in rural areas.
35.48; D 97

2775 квадратный *A* square
- Они вошли в большую квадратную комнату с двумя окнами. — They walked into a big square room with two windows.
35.47; D 95

2776 заинтересовать *V* interest
- Его рассказы очень заинтересовали всех присутствовавших. — His stories were very interesting to everyone there.
35.46; D 97

2777 старуха *Nf* old woman
- В комнату вошла седая старуха. — A grey-haired old lady walked into the room.
35.45; D 96

2778 аэродром *Nm* aerodrome, airfield
- Летающую тарелку увезли на секретный военный аэродром. — The flying saucer was taken to a secret military airfield.
35.42; D 96

2779 начальный *A* initial
- Такие квартиры раскупаются еще на начальном этапе строительства. — Flats like these are bought up at the initial stage of construction.
35.41; D 97

2780 выгодный *A* favourable, profitable
- Нашу продукцию можно приобрести в кредит на выгодных условиях. — You can get our products on credit under favourable conditions.
35.39; D 97

2781 реагировать *V* react
- Власти реагируют на проблемы с опозданием. — The authorities are late to react to problems.
35.37; D 97

2782 делиться *V* divide, share
- Это число не делится на 6. — This number can't be divided by 6.
- И дом, и обстановка, и машина – все мое, и делиться я ни с кем не намерена. — The house, the furniture, the car – it's all mine and I don't intend to share it with anyone.
35.35; D 98

2783 союзник *Nm* ally
- По всей вероятности, они останутся нашими союзниками. — They are likely to remain our allies.
35.34; D 97

2784 торопиться *V* hurry, rush
- Отец торопится на работу. — Dad is rushing to work.
35.32; D 98

2785 аэропорт *Nm* airport
- Наш самолет приземлился в аэропорту 'Домодедово'. — Our plane landed at Domodedovo airport.
35.25; D 95

2786 дисциплина *Nf* discipline, subject
- У нас в школе очень строгая дисциплина. — Discipline is very strict in our school.
35.25; D 96

2787 Азия *Nf* Asia
- Она приехала в Москву из Средней Азии. — She came to Moscow from Central Asia.
35.22; D 95

2788 миф *Nm* myth
- Моего отца всегда интересовали мифы и легенды. — My father has always been interested in myths and legends.
35.20; D 95

2789 транспортный *A* transport
- Восстановлено транспортное сообщение с Сахалином. — A transport link with Sakhalin has been re-established.
35.15; D 91

2790 сокращение *Nn* reduction, cut, abbreviation
- Произойдет значительное сокращение бюджетных расходов. — There will be significant budgetary cuts.
35.15; D 96

2791 сапог *Nm* boot
- Я надену теплые сапоги. — I'll put on my warm boots.
35.13; D 98

2792 вначале *Adv* at first
- Вначале было весело, а потом стало скучно. — At first it was fun, but then it got boring.
35.12; D 98

2793 вовремя *Adv* in time, on time
- Наконец-то вы пришли на работу вовремя! — Finally you are at work on time!
35.11; D 97

2794 мелочь *Nf* trifle, change, nothing
- Однажды Ирина из-за мелочи поссорилась с подругой. — Once Irina fell out with her friend over nothing.
- – Девяносто две копейки, – пересчитал он мелочь из кармана. — 'Ninety two kopecks', he counted the loose change that he'd taken out of his pocket.
35.10; D 98

2795 кусочек *Nm* piece
- Они съели последний кусочек шоколада. — They ate the last piece of chocolate.
35.07; D 96

2796 неплохой *A* not bad, decent
- У меня неплохая музыкальная коллекция. — I have a decent music collection.
35.04; D 97

2797 свободно *Adv* freely
- Он привык свободно высказывать все, что у него на уме. — He got used to freely saying everything that was on his mind.
35.03; D 98

2798 жалоба *Nf* complaint
- Врач выслушал жалобы больного. — The doctor listened to the patient's complaints.
34.99; D 96

2799 справа *Adv* on the right
- Наташа сидит справа от меня. — Natasha is sitting on my right.
34.95; D 97

2800 конкурент *Nm* competitor
- У нашей фирмы появился опасный конкурент. — A dangerous competitor to our company has emerged.
34.94; D 94

2801 маска *Nf* mask
- Маска скрывала ее лицо. — The mask was covering her face.
34.91; D 92

2802 прозрачный *A* transparent
- Он достал из кармана маленький прозрачный пакетик. — He pulled a small transparent plastic bag out of his pocket.
34.91; D 97

2803 корова *Nf* cow
- Сколько молока дает эта корова? — How much milk does this cow produce?
34.90; D 96

2804 потребле́ние *Nn* consumption
- При этом существенно снижается потребление электроэнергии. — This considerably reduces power consumption.
34.88; D 95

2805 наста́ивать *V* insist
- Адвокат настаивает на оправдательном приговоре для своего подзащитного. — The lawyer insists that his defendant is acquitted.
34.85; D 98

2806 ложи́ться *V* lie (down)
- Я закрываю глаза и ложусь на спину, закинув руки за голову. — I close my eyes and lie on my back with my hands behind my head.
34.83; D 98

2807 освобожде́ние *Nn* release
- К середине дня появились сообщения об освобождении заложников. — By midday it had been reported that the hostages had been released.
34.83; D 97

2808 вынима́ть *V* take out
- Он вынул из кармана пачку денег. — He took a wad of money out of his pocket.
34.81; D 98

2809 напи́ток *Nm* drink
- Официант подал напитки. — The waiter served the drinks.
34.79; D 96

2810 двойно́й *A* double
- Он заказал себе двойную порцию бренди. — He ordered a double brandy.
34.77; D 96

2811 по́дпись *Nf* signature
- Ниже поставьте подпись и дату. — Sign and date below.
34.77; D 95

2812 пи́сьменный *A* written
- Без письменного распоряжения мои действия будут незаконными. — Without a written order my actions will be illegal.
34.70; D 91

2813 применя́ться *V* be applied, be used
- Этот термин применяется редко. — This term is rarely used.
34.68; D 97

2814 матема́тика *Nf* mathematics
- Помоги мне решить задачку по математике. — Help me solve this maths question.
34.65; D 95

2815 густо́й *A* thick
- Над рекой поднялся густой туман. — Thick fog was rising over the river.
34.63; D 98

2816 потре́боваться *V* be required, need
- На просмотр чертежей нам потребовалось много времени. — We needed a long time to look at the drawings.
34.59; D 97

2817 инвестицио́нный *A* investment
- Инвестиционный климат в стране улучшается. — The investment climate in the country is improving.
34.58; D 89

2818 авторите́т *Nm* authority, criminal leader (slang)
- Он стремится завоевать авторитет среди коллег. — He is trying to gain credibility among his colleagues.
- В Твери убит криминальный авторитет Ибрагим Азизов по кличке Аркаша. — The criminal leader Ibragim Azizov, known under the nickname Arkasha, was killed in Tver'.
34.56; D 97

2819 отраже́ние *Nn* reflection, fending off
- Она посмотрела на свое отражение в зеркале. — She looked at her reflection in the mirror.
- Вооруженные силы страны должны быть способны к отражению агрессии. — A country's armed forces should be able to fend off aggression.
34.56; D 97

2820 мото́р *Nm* engine
- У этого автомобиля очень мощный мотор. — This car has a powerful engine.
34.55; D 96

2821 кремль *Nm* Kremlin, fortress
- Московский Кремль – официальная резиденция Президента Российской Федерации. — The Moscow Kremlin is the official residence of the president of the Russian Federation.
34.54; D 86

2822 по́льский *A* Polish
- Станислав Лем – знаменитый польский писатель-фантаст. — Stanislav Lem is a famous Polish fiction writer.
34.53; D 96

2823 небе́сный *A* heavenly
- Они улетели в свои небесные миры. — They flew away into their heavenly worlds.
34.49; D 97

2824 измере́ние *Nn* measurement, dimension
- Как провести измерение окружности головы? — How do you measure head circumference?

  34.47; D 94

2825 сту́дия *Nf* studio
- Зрители в студии задают вопросы докладчикам. — The studio audience asks the presenters questions.

  34.44; D 93

2826 забо́титься *V* take care
- Он никогда не заботился о своей внешности. — He never took care of his appearance.

  34.39; D 90

2827 экологи́ческий *A* ecological
- Это позволит улучшить экологическую обстановку в нашем городе. — This will make it possible to improve the ecological situation in our town.

  34.38; D 91

2828 моли́ться *V* pray
- Мы сегодня молились за ваше здоровье. — We prayed today for your health.

  34.38; D 97

2829 предвари́тельный *A* preliminary, advance
- В середине июля в ходе предварительных слушаний суд принял решение о возвращении дела в прокуратуру. — In the middle of June during the preliminary hearing the court decided to return the case to the prosecutor.

  34.37; D 96

2830 и́скренне *Adv* sincerely
- Она искренне верит в то, что рассказывает. — She sincerely believes what he says.

  34.36; D 98

2831 по́весть *Nf* story, novel
- Он пишет научно-фантастическую повесть. — He's writing a science-fiction novel.

  34.29; D 97

2832 компоне́нт *Nm* component, ingredient
- Этот препарат включает только натуральные компоненты. — This product contains only natural ingredients.

  34.27; D 95

2833 неве́ста *Nf* bride, fiancée
- Жених надевает невесте обручальное кольцо. — The groom puts the wedding ring on the bride's finger.
- В деревне его ждет невеста. — His fiancée is waiting for him in the village.

  34.24; D 95

2834 пере́дний *A* front
- Собака хромает на правую переднюю лапу. — The dog is limping on its right front paw.

  34.22; D 96

2835 го́рдость *Nf* pride
- Мы испытывали гордость за успехи наших детей. — We were proud of our children's achievements.

  34.21; D 98

2836 вклад *Nm* contribution, deposit
- Он внес неоценимый вклад в мировую науку. — He made an invaluable contribution to world science.

  34.15; D 92

2837 наблюда́ться *V* be observed
- Аналогичное явление наблюдалось и в 1910 г. — A similar phenomenon was observed in 1910.

  34.13; D 96

2838 мета́лл *Nm* metal
- Литий – самый легкий из всех металлов. — Lithium is the lightest of all metals.

  34.08; D 95

2839 Русь *Nf* Rus', Ancient Russia
- История христианства на Руси полна загадок. — The history of Christianity in Ancient Russia is full of mystery.

  34.08; D 95

2840 опла́чивать *V* pay
- Кто будет оплачивать ее счета? — Who is going to pay her bills?

  34.06; D 97

2841 подходя́щий *A* appropriate
- Он казался самым подходящим кандидатом на этот пост. — He seemed the most suitable candidate for the job.

  34.04; D 98

2842 непра́вильный *A* wrong, irregular
- Ребята переживают, когда дают неправильные ответы и не получают награды. — The guys are worried that they will give the wrong answers and won't receive an award.
- Он выучил все неправильные глаголы. — He learned all the irregular verbs.

  34.02; D 97

2843 сопровожда́ть *V* accompany
- Его сопровождала молодая красивая жена. — He was accompanied by his beautiful young wife.

  34.01; D 98

15 Moods and emotions

хоте́ть 75 want

люби́ть 195 love

любо́вь 298 love

хоте́ться 359 would like

чу́вство 385 feeling

чу́вствовать 400 feel, sense

представля́ть 413 imagine

боя́ться 466 fear

жела́ние 527 desire

ве́рить 543 believe

нра́виться 588 like

улыба́ться 613 smile

наде́яться 684 hope, rely

жела́ть 729 wish

прекра́сный 733 fine, great

стра́нный 750 strange

подде́ржка 760 support

сча́стье 765 happiness

страх 796 fear, worry

стра́шный 808 terrible

наде́жда 815 hope

удово́льствие 889 pleasure

ощуще́ние 896 feeling,
sensation

ра́дость 918 gladness, joy

впечатле́ние 922 impression

во́ля 933 will

счастли́вый 965 happy

сожале́ние 981 regret,
sympathy

споко́йно 1010 quietly,
peacefully

понра́виться 1150 like

сомне́ние 1211 doubt

смея́ться 1228 laugh

слеза́ 1231 tear

настрое́ние 1250 mood

удивля́ться 1278 be
surprised

улы́бка 1287 smile

у́жас 1324 horror

пла́кать 1367 cry

рад 1470 happy, glad

споко́йный 1631 calm

весёлый 1633 cheerful

осознава́ть 1672 realise

внима́тельный 1684 attentive

ожида́ние 1687
expectation, waiting

смех 1693 laughter

страда́ть 1703 suffer

удиви́тельный 1718 amazing

стра́нно 1730 strangely

мечта́ть 1731 dream

мечта́ 1764 dream

ужа́сный 1777 terrible

отли́чный 1780 excellent

поко́й 1892 peace

сомнева́ться 1914 doubt

злой 1931 angry

страсть 1945 passion

жаль 1961 pity, sad

несча́стный 1974 unfortunate

дово́льный 1977 satisfied

удивля́ть 2053 surprise

эмо́ция 2106 emotion

восприя́тие 2110 perception

ощуща́ть 2124 feel, sense

удивле́ние 2127 surprise

неприя́тный 2183 unpleasant

ра́доваться 2232 be glad,
rejoice

смешно́й 2247 funny

ненави́деть 2264 hate

удовлетворя́ть 2267 satisfy

пережива́ть 2298 experience;
worry

успока́иваться 2338 calm
down

не́жный 2404 tender

го́ре 2428 grief, misfortune

трево́га 2442 anxiety

восто́рг 2463 delight

ве́село 2495 merrily

успока́ивать 2543 calm,
pacify

страда́ние 2555 suffering

одино́кий 2563 lonely

не́рвный 2576 nervous

одино́чество 2621 loneliness

фанта́зия 2622 fantasy;
imagination

жа́ловаться 2662 complain

не́нависть 2664 hatred

удовлетворе́ние 2668
satisfaction

жа́лко 2678 pitifully, it's
a pity

жале́ть 2690 regret

эмоциона́льный 2725
emotional

тоска́ 2741 melancholy;
boredom

обижа́ться 2746 be offended

печа́льный 2762 sad

волнова́ться 2766 worry, be
nervous

го́рдость 2835 pride

оби́да 2884 offence

гнев 2896 anger

захоте́ться 2897 feel like

отча́яние 2920 despair

проти́вный 2930 nasty

мра́чный 2956 miserable

волне́ние 2990 excitement

беспоко́иться 2999 worry

горди́ться 3117 be proud

любопы́тство 3120 curiosity

ра́достный 3134 happy

сты́дно 3142 shameful

любопы́тный 3212 curious

подозре́ние 3221 suspicion

засмея́ться 3293 laugh

гру́стный 3312 sad

заба́вный 3361 funny

наслажда́ться 3367 enjoy

смешно́ 3368 funny

терпе́ние 3373 patience

полюби́ть 3390 fall in love

и́скренний 3393 sincere

наслажде́ние 3402 enjoyment

споко́йствие 3421 calm

пожале́ть 3441 feel sorry

го́рький 3473 bitter

облегче́ние 3503 relief

беспоко́йство 3507 concern

недово́льный 3536
displeased, malcontent

обра́доваться 3588 rejoice, be happy	му́жество 3913 courage	интуи́ция 4214 intuition
возбужде́ние 3643 excitement	за́висть 3971 envy	отвраще́ние 4221 disgust, repulsion
го́рдый 3688 proud	па́ника 4035 panic	оби́дно 4315 pity, offended
любо́вный 3701 love	нетерпе́ние 4079 impatience	серди́ться 4322 be angry
печа́ль 3720 sadness	зави́довать 4080 envy	бе́шеный 4338 furious, frantic
поры́в 3738 fit	энтузиа́зм 4090 enthusiasm	влюблённый 4343 in love
кошма́р 3740 nightmare	симпа́тия 4102 affection, sympathy	любова́ться 4345 admire
я́рость 3760 rage	сде́рживать 4120 restrain	сочу́вствие 4396 sympathy
ра́довать 3793 cheer up	жа́лость 4134 pity	ре́вность 4399 jealousy
чу́вствоваться 3803 be felt, be sensed	запла́кать 4159 start crying	воодушевле́ние 4857 enthusiasm, inspiration
разочарова́ние 3901 disappointment	стыд 4194 shame	
	трево́жный 4204 anxious	
	восхище́ние 4206 admiration	

2844 пребыва́ние *Nn* residence
- Суд счел их виновными в нарушении правил пребывания в стране. — The court found them guilty of violating residence laws of the country.
  33.99; D 96

2845 теорети́ческий *A* theoretical
- Теоретические знания студенты факультета закрепляют на производственных практиках и выездных занятиях. — Students from the faculty consolidate their theoretical knowledge on work placements and field trips.
  33.99; D 97

2846 ложь *Nf* lie
- Я заставлю его публично признаться во лжи! — I will make him publically admit to lying.
  33.97; D 97

2847 кра́ткий *A* brief
- Ниже мы приводим краткое описание некоторых новинок литературы. — Below we give a brief description of some new works of literature.
  33.97; D 93

2848 катастро́фа *Nf* catastrophe, crash
- Через год он погиб в автомобильной катастрофе. — A year later he died in a car crash.
  33.93; D 97

2849 про́филь *Nm* profile
- Он изображён в профиль. — He is depicted in profile.
  33.91; D 93

2850 справедли́вый *A* fair
- Дмитрий Георгиевич строгий, но справедливый руководитель. — Dmitry Georgievich is a strict but fair boss.
  33.89; D 92

2851 эксплуата́ция *Nf* exploitation, operation
- Они занимались вербовкой людей с целью сексуальной эксплуатации. — They recruited people with the aim of sexually exploiting them.
  33.87; D 95

2852 кварта́л *Nm* block of houses, quarter
- Этот ресторан находился всего за несколько кварталов от их дома. — This restaurant was just a few blocks from their house.
- Темпы роста производства в третьем квартале 2005 г. замедлились примерно в 2,5 раза. — Output growth in the third quarter of 2005 was 2.5 times lower.
  33.83; D 95

2853 пожа́р *Nm* fire
- В тот же день в Москве вспыхнул пожар. — On the same day a fire broke out in Moscow.
  33.82; D 94

2854 оконча́тельный *A* final
- В окончательном варианте мемуаров все фамилии заменены на инициалы. — In the final draft of the memoirs all the surnames were replaced by initials.
  33.79; D 98

2855 головнóй *A* head
- Его мучает головная боль. — He has a headache.
- 33.77; D 94

2856 наливáть *V* pour
- Бармен наливает пиво. — The barman is pouring a beer.
- 33.76; D 98

2857 подъём *Nm* ascent, rise
- От подъема в гору он слегка запыхался. — He was slightly out of breath from the ascent up the mountain.
- 33.76; D 96

2858 чудéсный *A* wonderful
- Говорят, там дешевые фрукты, вкусная рыба и чудесный климат. — Apparently the fruit is cheap, the fish tasty and the climate wonderful there.
- 33.75; D 98

2859 металлúческий *A* metal
- Во всех зданиях установлены металлические двери и решетки на окнах. — All the buildings have metal doors and bars on the windows.
- 33.74; D 97

2860 удáчный *A* successful
- Первая попытка оказалась не слишком удачной. — The first attempt wasn't that successful.
- 33.63; D 97

2861 статúстика *Nf* statistics
- Об этом свидетельствует официальная статистика. — The official statistics confirm this.
- 33.62; D 95

2862 критúческий *A* critical
- Попробуйте посмотреть критическим взглядом на свой привычный образ жизни. — Try to take a critical look at your way of life.
- 33.60; D 97

2863 процéссор *Nm* processor
- Для этой программы вам потребуется мощный процессор. — You need a powerful processor to run this program.
- 33.60; D 87

2864 руль *Nm* steering wheel
- Водитель повернул руль влево. — The driver turned the steering wheel to the left.
- 33.58; D 95

2865 двáжды *Adv* twice
- Михаил был дважды женат. — Mikhail was married twice.
- 33.56; D 98

2866 негатúвный *A* negative
- Это может оказать негативное влияние на здоровье ребенка. — This may have a negative impact on the baby's health.
- 33.46; D 96

2867 во-пéрвых *Adv* firstly
- Во-первых, это очень дорого. — Firstly, it's very expensive.
- 33.40; D 98

2868 убúйца *Nc* killer
- Скромный отец семейства оказался серийным убийцей. — The modest father of the family turned out to be a serial killer.
- 33.40; D 95

2869 шестóй *Num* sixth
- Это Наташа Соколова из шестого класса. — That's Natasha Sokolova from year six.
- 33.40; D 97

2870 пожилóй *A* elderly
- За нами в очереди стоит пожилая женщина. — An elderly woman is standing behind us in the queue.
- 33.33; D 96

2871 супрýг *Nm* spouse, husband
- Где ваш супруг? — Where's your husband?
- 33.33; D 95

2872 навéрх *Adv* up
- Лифт идет наверх. — The lift is going up.
- 33.33; D 95

2873 прогнóз *Nm* forecast
- По телевидению показывают прогноз погоды. — The weather forecast is on television.
- 33.31; D 95

2874 собесéдник *Nm* interlocutor
- Его собеседник заговорил мягким, спокойным голосом. — His interlocutor spoke in a gentle, calm voice.
- 33.31; D 96

2875 свидáние *Nn* date
- Он договорился о свидании с двумя девчонками. — He arranged dates with two girls.
- 33.25; D 96

2876 тóнна *Nf* tonne
- Здесь за сезон собирают пять с половиной тонн хлопка с гектара. — Five and a half tonnes of cotton per hectare are produced here every year.
- 33.24; D 94

2877 медве́дь *Nm* bear
- Неожиданно на поляну вышел медведь. — A bear suddenly walked into the clearing.
33.23; D 94

2878 платфо́рма *Nf* platform
- Я вышел на платформу и стал ждать поезда. — I went onto the platform and waited for the train.
33.15; D 95

2879 са́хар *Nm* sugar
- Я пью чай без сахара. — I drink tea without sugar.
33.14; D 92

2880 эволю́ция *Nf* evolution
- Так в процессе эволюции возникла мимикрия. — This is how mimicry came about during the process of evolution.
33.13; D 96

2881 пусты́ня *Nf* desert
- Это была раскаленная, бесплодная пустыня. — It was a scorching hot, barren desert.
33.12; D 96

2882 оригина́льный *A* original
- Какой самый оригинальный подарок ты получал? — What's the most original present that you've ever received?
33.10; D 96

2883 ме́бель *Nf* furniture
- Я купил мебель в интернет-магазине. — I bought the furniture online.
33.08; D 91

2884 оби́да *Nf* offence
- Это может вызывать обиду и раздражение. — This can cause offence and anger.
33.06; D 97

2885 горизо́нт *Nm* horizon
- Солнце медленно заходило за горизонт. — The sun was slowly setting over the horizon.
33.05; D 98

2886 сочета́ние *Nn* combination
- В этом устройстве идеальное сочетание фирменного стиля и большого набора функций. — This device is an ideal combination of corporate design and a wide range of functions.
33.03; D 97

2887 арти́ст *Nm* artist, actor
- Я десять лет была женой великого артиста. — I was the wife of the great artist for ten years.
- Михаил Боярский – артист театра и кино. — Mikhail Boyarsky is a theatre and film actor.
33.00; D 96

2888 ча́шка *Nf* cup
- Таня выпила чашку чая и легла спать. — Tanya had a cup of tea and went to sleep.
32.97; D 96

2889 съезд *Nm* congress
- XIX съезд партии состоялся в октябре 1952 года. — The 19th party congress was held in October 1952.
32.97; D 94

2890 принц *Nm* prince
- Вчера в Москву прилетел принц Бельгии Филипп. — Prince Phillippe of Belgium arrived in Moscow yesterday.
32.96; D 95

2891 спра́вка *Nf* certificate, statement, inquiry
- Для этого им требуется представить актуальную справку о доходах. — For this they need to present an up-to-date statement of their income.
- Я навел справки о вас. — I made inquiries about you.
32.96; D 91

2892 приобрете́ние *Nn* acquisition, purchase
- Его обвиняют в незаконном приобретении оружия. — He is accused of illegally purchasing weapons.
32.92; D 94

2893 гра́фик *Nm* schedule, diagram, graph
- В соответствии с графиком полета лайнер набрал высоту 9900 метров. — According to schedule the plane reached an altitude of 9,900 metres.
- График показывает начальную стадию процесса. — The graph shows the start of the process.
32.91; D 94

2894 профессиона́л *Nm* professional
- У нас работают только профессионалы высокого класса. — Only professionals of the highest calibre work for us.
32.89; D 91

2895 фило́соф *Nm* philosopher
- Мысль эта близка идеям немецкого философа Людвига Фейербаха. — This idea is similar to those of the German philosopher Ludwig Feuerbach.
32.87; D 96

2896 гнев *Nm* anger
- Его лицо покраснело от гнева. — His face became red with anger.
32.78; D 98

2897 захоте́ться *V* feel like
- После репетиции ей вдруг захотелось отправиться за покупками. — After the rehearsal she suddenly felt like doing the shopping.
32.77; D 98

2898 ве́тка *Nf* branch
- Сова уселась на толстую сосновую ветку. — The owl perched on a thick pine branch.
32.76; D 97

2899 отстава́ть *V* be behind
- На второе место вышел Недоспасов, отстав от победителя на 1/2 очка. — Nedospasov finished second, just half a point behind the winner.
32.74; D 98

2900 сла́бость *Nf* weakness
- Она вышла из самолета и почувствовала слабость. — She got off the plane and started to feel weak.
32.73; D 98

2901 почто́вый *A* postal
- Письмо уже лежало в почтовом ящике. — The letter was already in the postbox.
32.72; D 92

2902 целико́м *Adv* entirely
- Он целиком отдал себя служению музыке. — He devoted himself entirely to music.
32.72; D 98

2903 де́душка *Nm* grandfather
- Дети гостили у дедушки. — The children were staying with their grandfather.
32.70; D 96

2904 кре́пость fortress, strength
- Крепость построили мастера из Генуи. — The fortress was built by masters from Genoa.
- Крепость напитка составляет 7 градусов. — The drink is 7 degrees (in strength).
32.69

2905 церко́вный *A* church
- Он пел в церковном хоре. — He was a singer in the church choir.
32.69; D 96

2906 опро́с *Nm* survey, poll
- Мы еще раз проведем опрос общественного мнения. — We are going to conduct another opinion poll.
32.67; D 91

2907 сла́дкий *A* sweet
- Попробуйте нашего сладкого пирога, товарищ командир. — Try our sweet pie, Commander.
32.65; D 97

2908 консульта́нт *Nm* consultant
- Вам может помочь консультант по семейным проблемам. — A consultant on family problems can help you.
32.64; D 91

2909 незави́симость *Nf* independence
- Я хочу добиться финансовой независимости. — I want to become financially independent.
32.61; D 97

2910 вылета́ть *V* depart, fly out
- Самолет вылетает рано утром в воскресенье. — The plane departs early on Sunday morning.
32.58; D 98

2911 свеча́ *Nf* candle
- Перед тем как зажигать свечу, украшения надо снять. — You must take the decorations off before lighting the candle.
32.58; D 97

2912 катало́г *Nm* catalogue
- В каталоге подарков есть сотни наименований. — There are hundreds of gift items in the catalogue.
32.57; D 89

2913 доли́на *Nf* valley
- Деревушка расположилась в горной долине. — The little village was located in a mountain valley.
32.56; D 95

2914 ствол *Nm* trunk
- Он укрылся за толстым стволом старого дерева. — He hid behind the thick trunk of an old tree.
32.56; D 96

2915 невероя́тный *A* unbelievable
- С нами произошло невероятное событие. — Something unbelievable happened to us.
32.54; D 98

2916 зако́нный *A* legitimate
- У этих граждан есть законное право на получение льгот. — These citizens have a legitimate right to receive benefits.
32.53; D 97

2917 целова́ть *V* kiss
- Он снова и снова целовал ее. — He kissed her again and again.
32.51; D 97

2918 колле́кция *Nf* collection
- Ей удалось собрать неплохую коллекцию живописи. — She has managed to assemble a nice collection of art.
32.51; D 94

2919 забо́р *Nm* fence, intake
- Дом со всех сторон окружен высоким забором. — The house is surrounded on all sides by a big fence.
- Во льду была прорубь для забора воды. — There was a hole in the ice for the intake of water.

32.50; D 97

2920 отча́яние *Nn* despair
- Я в полном отчаянии! — I'm in complete despair!

32.49; D 98

2921 мгнове́нно *Adv* instantly
- Он лег, завернулся в одеяло и мгновенно уснул. — He lay down, wrapped himself in a blanket and fell asleep instantly.

32.49; D 98

2922 пуга́ть *V* scare
- Неудачи не пугают меня. — Failure doesn't scare me.

32.49; D 98

2923 благода́рность *Nf* thanks, gratitude
- Глава Китая выразил благодарность за приглашение. — The Head of China expressed his gratitude for the invitation.

32.47; D 96

2924 испуга́ться *V* get scared
- Ребенок испугался грозы. — The child was scared of the thunderstorm.

32.47; D 98

2925 уси́ливать *V* strengthen, increase
- Было принято решение усилить охрану всех государственных учреждений. — A decision was made to increase security at all state institutions.

32.47; D 97

2926 суро́вый *A* severe
- Немногие могли долго выдерживать этот суровый климат. — Few could survive this severe climate for long.

32.45; D 97

2927 обыкнове́нный *A* ordinary
- Это обыкновенная семья. — It's an ordinary family.

32.38; D 97

2928 награ́да *Nf* award
- Эта награда присуждается раз в два года. — This award is given once every two years.

32.37; D 96

2929 я́рко *Adv* brightly
- Ярко светит солнце. — The sun is shining brightly.

32.32; D 98

2930 проти́вный *A* nasty
- Вся квартира пропахла этим противным запахом. — The nasty smell permeated the whole flat.

32.28; D 98

2931 пресле́довать *V* pursue, persecute
- Писателя преследовали за политические убеждения. — The writer was persecuted for his political beliefs.

32.21; D 98

2932 взаи́мный *A* mutual
- Наши отношения основаны на взаимном уважении. — Our relationship is based on mutual respect.

32.19; D 97

2933 типи́чный *A* typical
- Это типичная ошибка. — This is a typical mistake.

32.19; D 97

2934 отрыва́ть *V* tear off, disturb, distract
- Она постоянно отрывает меня от работы. — She keeps distracting me from my work.
- В давке мне оторвали пуговицу. — One of my buttons was torn off in the crowd.

32.19; D 98

2935 фо́то *Nn* photo
- Я получил классные подводные фото. — I got great underwater photos.

32.17; D 93

2936 установле́ние *Nn* establishment
- Эксперты предупреждали об опасности установления военной диктатуры. — Experts warned of the danger of establishing a military dictatorship.

32.13; D 97

2937 оппози́ция *Nf* opposition
- В этой стране не существует открытой политической оппозиции. — There is no open political opposition in this country.

32.12; D 95

2938 немно́жко *Adv* little
- Выпей немножко вина. — Have a little wine.

32.03; D 98

2939 гра́дус *Nm* degree
- Здесь стоит жара не менее сорока градусов по Цельсию. — The heat here is a minimum of forty degrees Celsius.

32.02; D 95

2940 демонстри́ровать *V* demonstrate, show
- Директор кинотеатра дал указание демонстрировать фильмы, только если будет больше семи зрителей. — The director of the cinema ordered that films be shown only if more than seven viewers are present.
32.00; D 97

2941 таре́лка *Nf* plate, bowl
- Даша поставила перед ним тарелку с супом. — Dasha put a bowl of soup in front of him.
32.00; D 96

2942 предположе́ние *Nn* assumption
- Такое предположение высказали американские исследователи из университета Огайо. — This assumption was put forward by American researchers from the University of Ohio.
31.99; D 97

2943 ора́ть *V* bawl
- – Давай! Давай! – орали болельщики. — 'Come on! Come on!' the fans roared.
31.98; D 98

2944 ступе́нь *Nf* step, stage
- Мы спустились по ступеням широкой лестницы. — We went down the steps of the wide staircase.
- Страна перешла на новую ступень развития. — The country has reached a new stage in its development.
31.98; D 96

2945 молоде́ц *Nm* well done, great
- Ребята, вы просто молодцы! — Well done, lads!
31.96; D 97

2946 хране́ние *Nn* storage, safekeeping
- За хранение багажа взимается плата. — There is a fee for baggage storage.
31.96; D 93

2947 грози́ть *V* threaten
- Мне грозит кулаком огромный дядька. — A huge bloke is showing his fist and threatening me.
31.96; D 92

2948 изда́тельство *Nn* publishing house
- Эта книга вышла в московском издательстве 'Благо'. — The book was published in Moscow by the Blago publishing house.
31.95; D 95

2949 цифрово́й *A* digital
- Он купил на последние деньги маленькую цифровую камеру. — He spent his last money on a small digital camera.
31.94; D 89

2950 экземпля́р *Nm* copy
- За 24 часа было продано более двух миллионов экземпляров этой книги. — In twenty-four hours more than two million copies of the book were sold.
31.91; D 96

2951 благоро́дный *A* noble
- Разве можно было ждать благородного поступка от этого человека? — Could we have really expected a noble act from this man?
31.89; D 98

2952 неуда́ча *Nf* failure
- Их преследуют неудачи. — They are plagued by failure.
31.89; D 97

2953 слома́ть *V* break
- А недавно он сломал папин новенький компьютер. — And he recently broke dad's brand new computer.
31.87; D 94

2954 муниципа́льный *A* municipal
- Этой семье выделено муниципальное жилье. — The family was given municipal housing.
31.83; D 93

2955 исто́рик *Nm* historian
- Историки до сих пор спорят по этому поводу. — Historians still argue about this.
31.75; D 97

2956 мра́чный *A* miserable
- Ты почему вчера был такой мрачный? — Why were you so miserable yesterday?
31.75; D 98

2957 те́сный *A* cramped, narrow, tight-fitting
- Вечерами он лежал в тесной каюте. — In the evening he lay in his cramped cabin.
- В тесной обуви ноги мерзнут сильнее. — Your feet feel the cold more in tight-fitting shoes.
31.75; D 98

2958 ядро́ *Nn* centre, core
- Ядро атома состоит из протонов и нейтронов. — The nucleus of an atom is made of protons and neutrons.
31.73; D 93

2959 пре́док *Nm* ancestor
- Его далекие предки жили в России. — His ancient ancestors lived in Russia.
31.72; D 97

2960 медици́на *Nf* medicine
- Медицина бессильна ему помочь. — Medicine cannot help him.
31.71; D 94

2961 му́дрость *Nf* wisdom
- Не перестаю удивляться вашей му́дрости! — Your wisdom never ceases to amaze me!
31.71; D 97

2962 тяну́ться *V* stretch
- Дорога тянется вдоль реки. — The road stretches along the river.
31.71; D 98

2963 сокраща́ть *V* reduce
- Мы должны сократить расходы на рекламу. — We need to reduce advertising costs.
31.64; D 97

2964 виртуа́льный *A* virtual
- Интернет-сленг все чаще выходит за пределы виртуального пространства. — Internet slang is increasingly making its way outside the virtual space.
31.64; D 91

2965 россия́нин *Nm* Russian
- Объединенная оппозиция призвала россиян выступить в защиту демократии. — The united opposition called upon Russian citizens to stand up for democracy.
31.64; D 95

2966 сок *Nm* juice
- Я выпью обычного томатного сока. — I'll have a regular tomato juice.
31.62; D 95

2967 течь *V* flow, leak
- Река течет между высоких берегов. — The river flows between the high banks.
- Сапоги текут. — The boots are leaking.
31.60; D 97

2968 престу́пник *Nm* criminal
- В дом проникли преступники. — Criminals broke into the house.
31.57; D 96

2969 волнова́ть *V* agitate
- Эта тема волнует многих людей. — This topic agitates many people.
31.50; D 96

2970 расположе́ние *Nn* location, mood
- Залог успеха ресторана – в его расположении. — The key to a restaurant being successful is its location.
- Колька проснулся в отличном расположении духа. — Kol'ka woke up in an excellent mood.
31.48; D 97

2971 сере́бряный *A* silver
- Она носила очень красивый серебряный браслет. — She was wearing a very beautiful silver bracelet.
31.48; D 95

2972 ба́зовый *A* basic
- Здесь нам понадобятся хотя бы базовые знания по организации фондового рынка. — Here we need at least a basic knowledge of the stock market.
31.45; D 95

2973 гро́мкий *A* loud
- Вдруг заиграла громкая музыка. — Loud music suddenly started playing.
31.44; D 97

2974 слова́рь *Nm* dictionary
- Она открыла словарь на букве 'Б'. — She opened the dictionary at the letter 'B'.
31.43; D 91

2975 ра́на *Nf* wound
- У него глубокая рана на плече. — He has a deep wound on his shoulder.
31.42; D 97

2976 класть *V* put
- Кладите каждую вещь на свое место. — Put everything where it belongs.
31.41; D 97

2977 гига́нтский *A* gigantic
- На въезде в город стоит гигантский монумент. — There is a gigantic monument by the road into the city.
31.39; D 97

2978 электри́ческий *A* electric
- Он осветил меня электрическим фонариком. — He shone an electric torch on me.
31.38; D 95

2979 дурно́й *A* stupid, bad
- Тьфу, дурная баба! — You stupid woman!
- Учёные нашли причину большинства хронических случаев дурного запаха изо рта. — Scientists have found the cause for the majority of chronic cases of bad breath.
31.36; D 98

2980 избира́тельный *A* electoral
- Я требую прекратить вмешательство в ход избирательной кампании. — I demand that you stop interfering in the electoral campaign.
31.34; D 92

2981 кáфедра *Nf* department
- Я хочу предложить вам остаться в аспирантуре на кафедре теоретической физики. — I would like to offer you the opportunity to stay on as a graduate at the Department of Theoretical Physics.
31.34; D 92

2982 блюдо *Nn* dish
- Два официанта поставили на стол овальное фарфоровое блюдо с целым осетром. — Two waiters put an oval china dish with a whole sturgeon on the table.
- В Алжире я ела вкусное блюдо 'кус-кус'. — In Algeria I ate the tasty dish 'couscous'.
31.33; D 94

2983 закáзчик *Nm* customer
- Заказчик заплатил деньги. — The customer paid the money.
31.32; D 92

2984 посóл *Nm* ambassador
- Об этом заявил посол Великобритании Тони Брентон. — The ambassador for Great Britain Tony Brenton reported on this.
31.30; D 96

2985 мышь *Nf* mouse
- По полу бежит мышь. — A mouse is running along the floor.
- Мышь и клавиатура подключены к компьютеру. — The mouse and keyboard are connected to the computer.
31.30; D 61

2986 врéдный *A* harmful, evil
- От этой вредной привычки трудно избавиться. — It's hard to give up this bad habit.
- Ванюша с того момента возненавидел эту вредную тетку. — From that moment Vanyusha hated that evil old woman.
31.27; D 96

2987 старúнный *A* ancient, old
- Машина затормозила у дверей небольшого старинного особняка. — The car pulled up at the doors of a small old house.
31.27; D 98

2988 верёвка *Nf* rope, line
- Поперек двора натянута бельевая веревка. — A clothesline was strung across the yard.
31.22; D 95

2989 пóза *Nf* pose
- Ее поза выражает покой. — Her pose radiates calm.
31.22; D 96

2990 волнéние *Nn* excitement
- Он с трудом сдержал волнение. — He found it hard to contain his excitement.
31.19; D 98

2991 лáпа *Nf* paw
- Кот вылизывает заднюю лапу. — The cat is licking its back paw.
31.19; D 97

2992 глухóй *A*, *N-* deaf
- Она родилась глухой. — She was born deaf.
31.19; D 98

2993 руководúть *V* direct, be in charge
- Сидоров руководит аналитическим отделом. — Sidorov is in charge of the analytical department.
31.18; D 97

2994 тётя *Nf* aunt
- У нас гостит моя любимая тетя. — My favourite aunt is staying with us.
31.17; D 95

2995 нрáвственный *A* moral
- Она была женщиной редкой нравственной чистоты. — She was a woman of rare moral purity.
31.14; D 97

2996 размышлéние *Nn* thought
- Эту тему поднял сам Достоевский в своих размышлениях о русской литературе. — This topic was raised by Dostoevsky himself in his reflections on Russian literature.
31.11; D 98

2997 аккурáтно *Adv* carefully
- Андрей аккуратно сложил свои бумаги. — Andrey carefully arranged his papers.
31.09; D 98

2998 психúческий *A* psychic, mental
- Врач проверяет психическое состояние больного. — The doctor is checking the patient's mental state.
31.08; D 95

2999 беспокóиться *V* worry
- Мама очень беспокоилась за дочь. — The mother was very worried about her daughter.
31.07; D 98

3000 математúческий *A* mathematical
- Алеша получил премию за победу на школьной математической олимпиаде. — Alyosha was awarded a prize for coming first in the school mathematics competition.
31.05; D 95

3001 мука́, му́ка *Nf* flour, torment
- В состав пирога входит пшеничная мука, вода, яйца и мед. — A pie consists of wheat flour, water, eggs and honey.
- Пережитые муки и унижения нельзя измерить никакими деньгами. — No money can make up for the torment and humiliation that was endured.
31.04; D 97

3002 закры́тый *A* closed
- Они стояли перед закрытой дверью. — They were standing in front of the closed door.
31.03; D 96

3003 сро́чный *A* urgent
- Они выехали по срочному вызову на место аварии. — Following an urgent call they went to the scene of the accident.
31.00; D 98

3004 архитекту́ра *Nf* architecture
- Это шедевр современной архитектуры. — This is a masterpiece of modern architecture.
30.98; D 93

3005 пры́гать *V* jump
- Ему хотелось прыгать от радости. — He wanted to jump for joy.
30.95; D 97

3006 обы́чай *Nm* custom
- По старинному русскому обычаю на поминках не чокаются. — According to an ancient Russian custom people don't clink glasses at funerals.
30.86; D 97

3007 шко́льник *Nm* pupil
- Сколько времени тратят школьники на приготовление домашних заданий? — How much time do pupils spend doing their homework?
30.85; D 94

3008 всле́дствие *Prep* as a result of, due to
- Смерть наступила вследствие несчастного случая. — The death was due to an accident.
30.82; D 97

3009 хими́ческий *A* chemical
- Ученые проанализировали химический состав этой жидкости. — Scientists analysed the chemical composition of the liquid.
30.82; D 95

3010 ветера́н *Nm* veteran
- Мой отец – ветеран Великой Отечественной войны. — My father is a World War Two veteran.
30.80; D 93

3011 ла́мпа *Nf* lamp
- Настольная лампа горит неярко. — The table lamp is burning dimly.
30.80; D 93

3012 автомати́чески *Adv* automatically
- Этот механизм автоматически включается, если ребенок кричит дольше 30 секунд. — The device turns on automatically if the baby cries for more than 30 seconds.
30.78; D 96

3013 технологи́ческий *A* technological
- Причиной аварии стало нарушение технологического процесса. — The accident was caused by a breach of technology.
30.77; D 95

3014 лице́нзия *Nf* licence
- Для осуществления розничной торговли требуется соответствующая лицензия. — A licence is required in order to retail.
30.77; D 88

3015 жило́й *A* residential
- Пожар уничтожил почти весь второй этаж жилого дома. — The fire destroyed almost all of the second floor of the house.
30.74; D 92

3016 ошиба́ться *V* make a mistake
- Переводчик ошибся и спутал два испанских слова. — The translator made a mistake and confused two Spanish words.
30.71; D 97

3017 мате́рия *Nf* matter, fabric
- Что первично: сознание или материя? — What's more important: mind or matter?
- Его галстук подобран в тон рубашки из тонкой материи. — His tie was picked to match a shirt made from fine fabric.
30.70; D 95

3018 прогу́лка *Nf* walk
- Он только что пришел с прогулки с собакой. — He's just got back from walking the dog.
30.69; D 97

3019 разры́в *Nm* gap
- Сквозь разрывы туч начало проглядывать солнышко. — The sun broke through gaps in the clouds.
30.67; D 97

16 Numbers

один 45 one
первый 69 first
два 72 two
раз 77 time
несколько 133 several
три 165 three
второй 166 second
тысяча 266 thousand
пять 392 five
третий 401 third
оба 423 both
четыре 452 four
миллион 479 million
номер 530 number
десять 594 ten
половина 709 half
двадцать 801 twenty
шесть 939 six
сто 1125 hundred
семь 1138 seven
сотня 1212 hundred
десяток 1214 ten
двое 1252 two (people)
тридцать 1409 thirty
восемь 1441 eight
миллиард 1508 billion
сорок 1541 forty
четвёртый 1560 fourth
пятый 1798 fifth
полтора 1882 one and a half
единица 1918 figure of one; one
пятьдесят 1989 fifty
трое 2037 three (people)
девять 2111 nine

пятнадцать 2226 fifteen
двенадцать 2595 twelve
двойной 2810 double
дважды 2865 twice
шестой 2869 sixth
седьмой 3092 seventh
четверть 3110 quarter
двести 3195 two hundred
треть 3289 third
нуль 3487 null, zero
шестьдесят 3567 sixty
восьмой 3621 eighth
вдвоём 3675 two (people)
четверо 3841 four (people)
одиннадцать 3874 eleven
десятый 3898 tenth
триста 3907 three hundred
девятый 4045 ninth
семьдесят 4144 seventy
вдвое 4243 twice
нисколько 4253 not at all
восемьдесят 4342 eighty
девяносто 4364 ninety
пятьсот 4366 five hundred
тройка 4374 figure of three; three
ноль 4427 zero, null
трижды 4454 three times
шестнадцать 4501 sixteen
десятка 4506 figure of ten; ten
двадцатый 4510 twentieth
восемнадцать 4536 eighteen
четырнадцать 4573 fourteen
нулевой 4605 zero, no

пятёрка 4611 figure of five; five
семнадцать 4616 seventeen
тринадцать 4648 thirteen
втроём 4715 three (people)
четвёрка 4721 figure of four; four
восьмидесятый 4742 eightieth
шестьсот 4744 six hundred
семеро 4746 seven (people)
семёрка 4758 figure of seven, seven
девятнадцатый 4761 nineteenth
семнадцатый 4767 seventeenth
девяностый 4768 ninetieth
пятидесятый 4772 fiftieth
девятьсот 4777 nine hundred
девятка 4781 figure of nine; nine
сотый 4941 one-hundredth
четырнадцатый 4947 fourteenth
пятнадцатый 4952 fifteenth
восемнадцатый 4954 eighteenth
сороковой 4957 fortieth
тринадцатый 4959 thirteenth
шестнадцатый 4961 sixteenth
семьсот 4972 seven hundrend
восемьсот 4981 eight hundred

3020 пустота *Nf* emptiness, space
• Внутри этих маленьких пирожных будет пустота, которую можно заполнить кремом. — There will be a space inside the small pastries that you can fill with cream.
30.61; D 97

3021 ужасно *Adv* terribly, really
• Он чувствует себя ужасно. — He feels terrible.
• Я ужасно рада за нее! — I'm really happy for her!
30.61; D 98

3022 королевский *A* royal
• Во дворце собралась почти вся королевская семья. — Almost all the royal family gathered in the courtyard.
30.59; D 96

3023 рисковать *V* risk
• Не стоит рисковать своим здоровьем. — It isn't worth risking your health.
30.59; D 98

3024 образовательный *A* educational
- Наше училище вошло в пятерку лучших художественных образовательных учреждений страны. — Our school is one of the five best art educational institutions in the country.
  30.57; D 92

3025 замена *Nf* replacement
- Процедура замены картриджей проста. — Replacing a cartridge is simple.
  30.57; D 94

3026 тренировка *Nf* training
- Это отличное упражнение для тренировки мышц живота. — This is an excellent exercise for training your stomach muscles.
  30.56; D 93

3027 рассуждать *V* argue, talk
- Он любит рассуждать о политике. — He loves to talk about politics.
  30.55; D 98

3028 ежедневный *A* daily
- Ежедневная потребность человеческого организма – примерно 0,005 грамма этого элемента. — The human body requires 0.005 grams of this substance per day.
  30.49; D 96

3029 молодость *Nf* youth
- Что помогает вам сохранять молодость и красоту? — What helps you maintain your youth and good looks?
  30.48; D 97

3030 юмор *Nm* humour
- Сам роман очень добрый и полон мягкого юмора. — The novel itself is very good and full of gentle humour.
  30.45; D 95

3031 Африка *Nf* Africa
- Его родители – выходцы из Африки. — His parents are immigrants from Africa.
  30.45; D 95

3032 мягко *Adv* softly, gently
- Он очень мягко пожал мне руку и сказал несколько приветливых слов. — He shook my hand very gently and said a few welcoming words.
  30.43; D 97

3033 страховой *A* insurance
- От этого зависит стоимость Вашего страхового полиса. — The cost of your insurance depends on this.
  30.43; D 86

3034 твёрдо *Adv* firm(ly), stern(ly)
- – Нет! – твердо ответил профессор. — 'No!' the professor answered sternly.
  30.42; D 98

3035 комментировать *V* comment
- Российские политики и эксперты комментируют украинское противостояние. — Russian politicians and experts are commenting on the Ukrainian conflict.
  30.41; D 92

3036 божественный *A* divine
- Божественный аромат шашлыка овевал всю округу, от аптеки до консерватории. — The divine aroma of shashlik wafted through the whole area, from the chemist's to the conservatory.
  30.40; D 97

3037 устойчивый *A* solid
- Этим она завоевала себе устойчивую деловую репутацию. — This is how she earned herself a solid business reputation.
  30.38; D 96

3038 приговор *Nm* verdict
- Несмотря на это, суд вынес обвинительный приговор. — Despite this, the court issued a guilty verdict.
  30.36; D 96

3039 пострадать *V* suffer, to be injured
- Пять человек серьезно пострадали при взрыве. — Five people were seriously injured during the explosion.
  30.34; D 97

3040 алкоголь *Nm* alcohol
- Вы употребляете алкоголь? — Do you drink alcohol?
  30.32; D 95

3041 дизайн *Nm* design
- Это незаменимый элемент дизайна современного интерьера. — This is an indispensable part of modern interior design.
  30.32; D 83

3042 расследование *Nn* investigation
- В настоящее время ведется расследование этого инцидента. — An investigation into the incident is currently being carried out.
  30.31; D 95

3043 просмотр *Nm* viewing
- Программа первого дня завершилась просмотром фильма эстонских документалистов. — The programme of the first day ended with the viewing of a film made by Estonian documentary makers.
  30.27; D 73

3044 уничтоже́ние *Nn* destruction
- Она объединяет все народы против глобального уничтожения жизни на планете. — It unites all nations against the global destruction of life on the planet.
  30.26; D 97

3045 спа́льня *Nf* bedroom
- Он прошел в спальню и лег на кровать. — He went into the bedroom and lay down on the bed.
  30.25; D 97

3046 располага́ться *V* be (situated), make oneself comfortable
- Напротив располагался небольшой магазинчик с кафетерием. — Across the road was a small shop with a cafeteria.
- Проходите, располагайтесь поудобнее. — Come in, make yourself at home.
  30.25; D 97

3047 белору́сский *A* Belarusian
- Для этого нужно согласие белорусского парламента. — For this we need the consent of the Belarusian government.
  30.23; D 92

3048 попра́вка *Nf* correction
- Мне пришлось внести поправки в текст письма. — I had to make corrections to the text of the letter.
  30.23; D 94

3049 про́за *Nf* prose
- Давайте поговорим про современную российскую прозу. — Let's talk about contemporary Russian prose.
  30.22; D 95

3050 поста́вка *Nf* delivery, supply
- Россия увеличила поставки газа на европейском направлении на 80 млн.куб.м. — Russia has increased its gas supplies to Europe by 80 million cubic metres.
  30.21; D 94

3051 сканда́л *Nm* scandal
- Ты устраиваешь скандал по совершенно пустяковому поводу. — You're making a scandal out of nothing.
  30.18; D 95

3052 соотноше́ние *Nn* ratio
- В столичных университетах это соотношение составляет примерно 1:4. — At universities in the capital this ratio is approximately 1:4.
  30.17; D 96

3053 краси́во *Adv* beautifully, nicely
- Я красиво упаковал подарок. — I wrapped the gift nicely.
  30.16; D 97

3054 ад *Nm* hell
- Он уверен, что попадет в ад после смерти. — He's sure that he will go to hell when he dies.
  30.16; D 96

3055 логи́ческий *A* logical
- Решение таких задач развивает логическое мышление. — Logical thinking is developed by solving puzzles like these.
  30.14; D 96

3056 совпада́ть *V* coincide, concur
- Мнение редакции не всегда совпадает с мнением авторов. — The opinion of the editors doesn't always concur with that of the authors.
  30.13; D 97

3057 нарисова́ть *V* draw
- – Мама, нарисуй зайчика, – попросила Настя. — 'Mum, draw a bunny', Nastya requested.
  30.11; D 97

3058 одея́ло *Nn* blanket
- Мама укрыла Машу одеялом. — Mum covered Masha with a blanket.
  30.11; D 97

3059 сумасше́дший *A, N-* crazy
- Это был совершенно сумасшедший старик. — He was a completely crazy old man.
  30.09; D 97

3060 иссле́довать *V* research, explore, study
- Ученые исследуют обломки звездолета инопланетян. — Scientists are studying fragments from alien spaceships.
  30.08; D 97

3061 мы́шца *Nf* muscle
- После тренировки у меня болят мышцы. — My muscles ache after training.
  30.07; D 93

3062 изобража́ть *V* represent, show
- Я постаралась изобразить понимание и признательность. — I tried to show understanding and appreciation.
  30.06; D 98

3063 укрепле́ние *Nn* strengthening
- Причиной этого стало укрепление европейской валюты. — The strengthening of the Euro was the cause of this.
  30.04; D 96

3064 поцелова́ть *V* kiss
- Он поцеловал жену и вышел. — He kissed his wife and walked out.
  30.03; D 97

3065 учёба *Nf* studies
- Учеба отнимает у нее много времени. — Studying takes up a lot of her time.
  30.02; D 95

3066 соверше́нный *A* advanced
- Позднее эта система была заменена более совершенной. — Later this system was replaced by a more advanced one.
  29.97; D 97

3067 у́тренний *A* morning
- Первая утренняя тренировка начнется в 7.30. — The first morning training session starts at 07:30.
  29.95; D 96

3068 актуа́льный *A* of current interest, urgent
- Это не самая актуальная проблема для москвичей. — This is not the most urgent problem for Muscovites.
  29.94; D 96

3069 всеми́рный *A* worldwide
- Его пейзажи принесли ему всемирную известность. — His landscape paintings have brought him worldwide fame.
  29.93; D 95

3070 фа́брика *Nf* factory
- Его теща всю жизнь проработала на парфюмерной фабрике. — His mother-in-law worked all her life at a perfume factory.
  29.92; D 95

3071 пеще́ра *Nf* cave
- Мы хотели попасть в пещеру. — We wanted to go in the cave.
  29.86; D 94

3072 тала́нтливый *A* talented
- Она потрясающе талантливая актриса. — She's an amazingly talented actress.
  29.84; D 97

3073 монито́р *Nm* monitor
- Я увидел стол, два стула, компьютерный монитор и клавиатуру. — I saw a table, two chairs, a computer monitor and a keyboard.
  29.83; D 91

3074 энергети́ческий *A* power
- Андрей работает в крупной энергетической компании. — Andrey works at a major energy company.
  29.82; D 94

3075 цветно́й *A* colour(ed)
- На стене мы видим большую цветную фотографию его дочери. — On the wall we see a large colour photograph of his daughter.
  29.82; D 95

3076 матч *Nm* match
- 3 июля на финальном матче мы победили с большим отрывом. — In the final match on the 3rd of July we won by a wide margin.
  29.79; D 89

3077 кида́ть *V* throw
- Дети кидают мяч в баскетбольное кольцо. — The children are throwing the ball into the basketball net.
  29.77; D 97

3078 поду́шка *Nf* pillow
- Он опустил голову на мягкую подушку. — He lowered his head onto the soft pillow.
  29.77; D 97

3079 вы́ше *Adv* higher
- У него зарплата выше, чем у меня. — His salary is higher than mine.
  29.76; D 98

3080 препя́тствие *Nn* obstacle
- Основное препятствие – глубокий снег. — The main obstacle is the deep snow.
  29.76; D 96

3081 фона́рь *Nm* (street) light, black eye (slang)
- На улице погасли фонари. — The street lights went out.
  29.76; D 97

3082 лифт *Nm* lift
- Лифт остановился на третьем этаже. — The lift stopped on the third floor.
  29.73; D 95

3083 угова́ривать *V* persuade
- Мне так и не удалось уговорить родителей завести собаку. — I just couldn't persuade my parents to let me have a dog.
  29.72; D 98

3084 регуля́рно *Adv* regularly
- Я регулярно посещаю стоматолога. — I regularly visit a dentist.
  29.70; D 96

3085 ука́занный *A* indicated
- Если захотите продлить договор, сделайте это до истечения указанного срока. — If you want to extend the contract do so before the indicated date.
  29.69; D 93

3086 департа́мент *Nm* department
- В Москве она встретилась с чиновниками Департамента образования. — In Moscow she met officials from the Department of Education.
  29.68; D 94

3087 дли́ться *V* last
- Наша беседа длилась около часа. — Our conversation lasted around an hour.
  29.68; D 97

3088 подтвержде́ние *Nn* confirmation
- Мы получили подтверждение, что поезд уже прибыл в Индию. — We received confirmation that the train had already arrived in India.
  29.68; D 97

3089 батаре́я *Nf* radiator, battery
- Люди мерзнут у холодных батарей в своих квартирах. — People are freezing by the cold radiators in their flats.
- Батарея телефона полностью разрядилась. — The phone battery was completely dead.
  29.66; D 91

3090 ба́нковский *A* bank
- Часть денег родители положили на банковский счет. — My parents put part of the money in their bank account.
  29.63; D 91

3091 волше́бный *A* magic
- Он побежал в избушку, чтобы найти свою волшебную книгу. — He ran into the hut to find his magic book.
  29.63; D 95

3092 седьмо́й *Num* seventh
- Мы сюда приехали в седьмой раз. — We are here for the seventh time.
  29.63; D 97

3093 се́рвис *Nm* service
- Мы гарантируем вам вкусную еду и качественный сервис. — We guarantee you tasty food and quality service.
  29.61; D 92

3094 производи́ться *V* be produced, be manufactured
- Эти аккумуляторы производятся на заводе в Санкт-Петербурге. — These batteries are manufactured at a factory in St. Petersburg.
  29.60; D 96

3095 флаг *Nm* flag
- Если глава государства дома, над его резиденцией вывешивается флаг. — If the head of state is at home the flag above his residence is raised.
  29.59; D 94

3096 посо́бие *Nn* benefit, aid, textbook
- Вы не имеете права на пособие по безработице. — You don't have the right to claim unemployment benefits.
  29.55; D 92

3097 приключе́ние *Nn* adventure
- Он вспоминал приключения прошедшего дня. — He reminisced about the day's adventures.
  29.54; D 96

3098 запира́ть *V* lock
- Я забыл запереть дверь. — I forgot to lock the door.
  29.50; D 98

3099 коммунисти́ческий *A* communist
- Он недавно стал членом коммунистической партии. — He recently became a member of the Communist Party.
  29.49; D 95

3100 му́дрый *A* wise
- Это был мудрый человек. — He was a wise man.
  29.49; D 97

3101 бле́дный *A* pale
- Молодой офицер стоял с бледным лицом. — The young officer stood pale-faced.
  29.47; D 98

3102 доро́жка *Nf* road, path, way
- Подъездная дорожка к дому вечно была забита автомобилями. — The driveway of the house was always blocked by cars.
- Она бродила по дорожкам сада. — She wandered around the garden paths.
  29.47; D 96

3103 норма́льно *Adv* it is normal
- Полтора процента безработицы – это нормально. — One and a half per cent unemployment is normal.
  29.46; D 97

3104 гаранти́ровать *V* ensure, guarantee
- Этот метод гарантирует безопасность и эффективность лечения. — This method ensures the safety and effectiveness of the treatment.
  29.44; D 97

3105 неприя́тность *Nf* trouble
- Вас ждут большие неприятности. — You're in for a lot of trouble.
  29.41; D 97

3106 внук *Nm* grandson
- А вот фотография моего любимого внука Саши. — And here's a photograph of my favourite grandson Sasha.
29.41; D 96

3107 послáние *Nn* message
- Она еще раз перечитала официальное послание. — She read the official message once again.
29.41; D 96

3108 рассвéт *Nm* dawn
- Уже близился рассвет. — It was almost dawn.
29.39; D 98

3109 пляж *Nm* beach
- Пока мы плавали, она загорала на пляже. — While we were swimming, she was sunbathing on the beach.
29.33; D 93

3110 чéтверть *Nf* quarter
- До открытия магазина оставалась четверть часа. — There was a quarter of an hour before the shop opened.
29.33; D 97

3111 вор *Nm* thief
- Они не заметили, как в их дом проникли воры. — They didn't notice the thieves coming into their home.
29.31; D 96

3112 хозя́йственный *A* household
- Для покупок продуктов питания, одежды и вообще всякой хозяйственной утвари ей нет равных. — For buying food, clothes or any household goods it is unrivalled.
29.30; D 95

3113 благодáрный *A* grateful
- За это я очень благодарен ему. — I'm very grateful to him for this.
29.29; D 94

3114 недалекó *Adv* near
- Недалеко от нашего дома есть спортзал. — There is a gym near our house.
29.27; D 98

3115 мóдный *A* fashionable
- Я тоже люблю модную спортивную одежду. — I also like fashionable sportswear.
29.26; D 96

3116 игровóй *A* playing, game
- Там занятия проходят в игровой форме. — The lessons there are delivered in the form of games.
29.24; D 91

3117 горди́ться *V* be proud
- Учитель гордится успехами своих учеников. — The teacher is proud of his students' success.
29.18; D 98

3118 спасáть *V* rescue
- Девушку спас от смертельной опасности таинственный незнакомец. — The girl was rescued from a life-threatening situation by a mysterious stranger.
29.17; D 98

3119 железнодорóжный *A* railway
- На следующее утро мы пошли на железнодорожный вокзал. — The next morning we went to the railway station.
29.16; D 96

3120 любопы́тство *Nn* curiosity
- Гуров разглядывал гостя с нескрываемым любопытством. — Gurov looked at his guest with undisguised curiosity.
29.16; D 98

3121 кни́жный *A* book
- Я стою перед книжным шкафом. — I'm standing in front of the bookcase.
29.15; D 96

3122 эли́та *Nf* elite
- Вы представляете интеллектуальную элиту нашего общества. — You represent the intellectual elite of our society.
29.12; D 93

3123 предполагáться *V* be supposed
- В ближайшее время предполагается провести опрос среди рабочей молодежи. — A survey of young workers is supposed to be conducted in the near future.
29.11; D 97

3124 води́ть *V* drive, take
- Он много лет водит тяжелые грузовики. — He's been driving heavy goods trucks for many years.
- Сегодня после школы нас водили на экскурсию в картинную галерею. — Today after school we were taken on an excursion to an art gallery.
29.09; D 98

3125 оформлéние *Nn* execution, design, processing
- Ошибка при оформлении документов может стать причиной финансовых потерь. — An error made while processing documents could result in financial loss.
- Мы предлагаем сделать оформление обложки более современным. — We propose to modernize the design of the front cover.
29.09; D 94

3126 по́двиг *Nm* feat
- Мы всегда будем помнить о вашем великом подвиге. — We shall always remember your great feat.
29.09; D 97

3127 ритм *Nm* rhythm
- Музыкант постоянно что-то напевал, отбивал ритм руками и ногами. — The musician was constantly humming a tune, beating out a rhythm with his hands and feet.
29.09; D 96

3128 завершéние *Nn* completion, finishing
- Он переживает, что не хватает денег на завершение строительства дома. — He is worried that he won't have enough money to finish building the house.
29.08; D 97

3129 голосова́ние *Nn* voting, ballot
- Тайное голосование проводится только при решении кадровых вопросов. — A secret ballot is carried out only for personnel matters.
29.06; D 93

3130 о́тзыв *Nm* reference, feedback
- Ни одного плохого отзыва о моих работах нет. — My work has no negative feedback.
29.04; D 91

3131 нерв *Nm* nerve
- Это было уже слишком, нервы людей не выдержали. — This was all too much; people's nerves weren't holding out.
29.00; D 97

3132 пило́т *Nm* pilot
- Самолетом управляет опытный пилот. — The plane is being flown by an experienced pilot.
28.99; D 92

3133 иллю́зия *Nf* illusion
- Оптическую иллюзию создавали тени облаков. — The shadows of the clouds were creating an optical illusion.
28.95; D 95

3134 ра́достный *A* happy
- Радостная улыбка озарила ее лицо. — A happy smile lit up her face.
28.95; D 98

3135 христиани́н *Nm* Christian
- Он был примером истинного христианина. — He was an example of a true Christian.
28.94; D 95

3136 акадéмик *Nm* academician
- Этот институт основал знаменитый академик Н. Семенов, лауреат Нобелевской премии по химии. — The institute was founded by the famous academician Nikolai Semenov, a Nobel Laureate in Chemistry.
28.93; D 96

3137 выходно́й *A, N-* day off, weekend
- Я уезжаю на выходные к друзьям в Харьков. — I'm going to see friends in Kharkov for the weekend.
28.93; D 95

3138 неви́димый *A* invisible
- Новое поколение невидимых бомбардировщиков В-2 было впервые использовано в Югославии. — A new generation of invisible B-2 bombers was used for the first time in Yugoslavia.
28.92; D 98

3139 тра́сса *Nf* track
- В начале 70-х произошла череда трагических событий на гоночных трассах. — There was a series of tragic events on racetracks at the start of the 70s.
28.92; D 93

3140 гéний *Nm* genius
- Он считает себя гением. — He considers himself a genius.
28.89; D 97

3141 сплошно́й *A* continuous
- Самолет движется в сплошном тумане. — The plane is moving in continuous fog.
28.89; D 98

3142 сты́дно *Adv* shameful
- До сих пор мне стыдно об этом вспоминать. — To this day I'm ashamed to think about it.
28.89; D 97

3143 здо́рово *Adv* great, quite
- Ты знаешь, там было так здорово! — It was great there, you know!
- Я здорово испугался. — I was quite scared.
28.86; D 97

3144 социалисти́ческий *A* socialist
- На этом основан социалистический строй. — This is what the socialist system is based on.
28.86; D 96

3145 угрожа́ть *V* threaten
- Угрожая оружием, преступники выкинули инкассаторов из автомобиля. — Threatening them with weapons, the criminals forced the cash-in-transit guards out of the car.
28.79; D 95

3146 наибо́льший *A* most
- Этот человек вызвал наибольший интерес у сыщиков. — This person was the most interesting to the investigators.
  28.78; D 80

3147 ры́жий *A* ginger
- Она рыжая, с очень белой кожей и массой веснушек. — She's got ginger hair, very pale skin and lots of freckles.
  28.70; D 96

3148 ограни́ченный *A* restricted
- В это помещение доступ строго ограничен. — Access to this building is strictly restricted.
  28.69; D 97

3149 тя́жесть *Nf* weight
- Вам нельзя носить тяжести больше 5 кг. — You shouldn't carry weights of more than 5 kg.
  28.63; D 97

3150 бытово́й *A* everyday, household
- Между бытовым пьянством и алкоголизмом нет четких границ. — There are no clear boundaries between everyday drinking and alcoholism.
- Появилась новинка на рынке бытовой техники. — There's a new product on the household appliance market.
  28.59; D 95

3151 ра́звитый *A* developed
- Это промышленно развитая страна. — It is an industrially developed country.
  28.58; D 97

3152 запре́т *Nm* ban
- Суд отменил запрет на шествие сексуальных меньшинств. — The court overturned a ban on the processions of sexual minorities.
  28.56; D 96

3153 уголо́к *Nm* corner
- Я сел в спокойный уголок и стал обдумывать дальнейший маршрут. — I sat in a quiet corner and started to plan my next route.
  28.56; D 97

3154 тре́нер *Nm* coach (sport)
- Александр Борисович был тренером по плаванию. — Aleksandr Borisovich was a swimming coach.
  28.55; D 91

3155 вы́года *Nf* benefit
- Она во всем искала выгоды для себя. — She looked to turn everything to her own benefit.
  28.52; D 97

3156 рок *Nm* fate, rock
- Ее словно преследовал злой рок. — It was as if she was persecuted by cruel fate.
- Он слушает тяжелый рок. — He listens to heavy rock.
  28.50; D 94

3157 лечи́ть *V* treat
- Вас лечит очень хороший врач. — You are being treated by a very good doctor.
  28.47; D 96

3158 москви́ч *Nm* Muscovite
- Коренной москвич гордится своим происхождением. — Native Muscovites are proud of their origin.
  28.47; D 94

3159 переры́в *Nm* break
- У меня обеденный перерыв. — I'm on my lunch break.
  28.43; D 96

3160 бассе́йн *Nm* pool
- Два-три раза в неделю я плаваю в бассейне. — I go swimming in the pool two to three times a week.
  28.37; D 92

3161 напеча́тать *V* print, publish, type
- Бумага, которую я держу в руке, напечатана на машинке и имеет официальный вид. — The piece of paper that I'm holding in my hand is typewritten and looks official.
- С нетерпением жду, когда напечатают фотографии. — I'm eagerly waiting for my photographs to be printed.
- Где лучше напечатать научную статью – в Москве или Нью-Йорке? — Where is it better to publish an academic article: in Moscow or New York?
  28.36; D 98

3162 употребле́ние *Nn* use, application
- Употребление наркотиков в древности ограничивалось религиозными ритуалами. — In ancient times drug use was confined to religious rituals.
  28.36; D 95

3163 круго́м *Adv* around
- Кругом расстилалась пустыня. — Desert stretched all around.
  28.36; D 98

3164 гроб *Nm* coffin
- Он лежал в гробу. — He was lying in a coffin.
  28.34; D 97

3165 мэр *Nm* mayor
- Нашу идею поддержал мэр города. — Our idea was supported by the town mayor.
  28.32; D 93

3166 врать *V* lie

- – У меня дедушка был гипнотизер, – нагло врал Шура. — 'My grandfather was a hypnotist', Shura blatantly lied.
28.28; D 97

3167 кабина *Nf* cabin, cockpit

- Летчик занял место в кабине. — The pilot took his place in the cockpit.
28.28; D 96

3168 заявка *Nf* application

- До 10 марта можно подавать заявки на участие в этом конкурсе. — Applications to take part in this competition may be submitted until the 10th of March.
28.27; D 92

3169 критик *Nm* critic

- Как журналист и театральный критик сотрудничаю с журналами 'Театр' и 'Театральный курьер'. — As a journalist and a theatre critic I cooperate with the journals 'Teatr' and 'Teatral'ny kur'er'.
28.27; D 96

3170 проговорить *V* utter, spend time talking

- – Война забирает лучших людей, – задумчиво проговорил Глеб. — 'War takes the best people', Gleb uttered pensively.
- Мы проговорили часов до двенадцати ночи. — We talked until around midnight.
28.25; D 97

3171 куртка *Nf* jacket

- У меня есть теплая куртка. — I have a warm jacket.
28.24; D 96

3172 служебный *A* official

- Однажды я была в служебной командировке в Самаре. — I once went to Samara on an official business trip.
28.22; D 97

3173 внедрение *Nn* implementation

- Они готовятся к практическому внедрению своих разработок. — They are working towards the practical implementation of their products.
28.19; D 93

3174 бельё *Nn* linen, underwear

- У нас нет постельного белья. — We don't have any bed linen.
- На экране появляется изображение девушки в нижнем белье. — A picture of a girl wearing underwear appears on the screen.
28.19; D 96

3175 носитель *Nm* carrier, digital media, native speaker

- В некоторых странах носителями вируса были до 40 процентов населения. — In some countries up to 40% of the population were carriers of the disease.
- Один из голосов принадлежит мужчине – носителю японского языка. — One of the voices is that of a man – of a native speaker of Japanese.
28.18; D 95

3176 системный *A* system

- Я тогда работал системным администратором в одной рекламной фирме. — I then worked as a system administrator at an advertising agency.
28.16; D 94

3177 общественность *Nf* public, community

- Этот документ вызвал негодование педагогической общественности. — This document caused indignation among the teaching community.
28.14; D 96

3178 милиционер *Nm* police officer

- На улице ее задержали милиционеры и изъяли героин. — The police arrested her on the street and confiscated heroin from her.
28.12; D 96

3179 численность *Nf* quantity, number

- Численность тигров в России сохраняется на прежнем уровне. — The number of tigers in Russia remains the same.
28.12; D 96

3180 валюта *Nf* currency

- Я и по сей день не знаю, как выглядит та их местная валюта. — To this day I don't know what their currency looks like.
28.11; D 91

3181 кладбище *Nn* cemetery

- Похоронят его рядом с женой на деревенском кладбище. — He is going to be buried next to his wife at the village cemetery.
28.10; D 96

3182 дёшево *Adv* cheap

- Там овощи и фрукты стоят очень дешево. — Fruit and vegetables are very cheap there.
28.05; D 97

3183 улучшать *V* improve

- Морковь улучшает пищеварение. — Carrots improve digestion.
28.05; D 96

3184 бюдже́тный *A* budgetary, state-financed
- Это касается всех, кто находится на бюджетном финансировании. — This concerns everyone who is on state funding.
28.04; D 94

3185 ико́на *Nf* icon
- Эту икону написал в XIV веке Феофан Грек. — This icon was painted by Theophanes the Greek in the fourteenth century.
28.03; D 93

3186 вчера́шний *A* yesterday
- Со вчерашнего вечера я ее не видела. — I haven't seen her since yesterday.
28.02; D 98

3187 ро́вный *A* even, stable
- На берегу должна быть хотя бы небольшая ровная площадка для подхода к воде. — On the shore there should be at least a small even area that allows access to the water.
- Там всегда стояла ровная температура – плюс четырнадцать по Цельсию. — The temperature was stable there: fourteen degrees Celsius.
28.01; D 97

3188 после́довательность *Nf* sequence, order
- Материал изложен в логической последовательности 'от простого к сложному'. — The material is presented in a logical order: from simple to complex.
28.01; D 96

3189 полице́йский *A, N-* policeman
- Нас не останавливали полицейские. — We weren't stopped by the police.
27.97; D 96

3190 шути́ть *V* joke
- Тут все шутят и хохочут. — Everyone is laughing and joking there.
27.97; D 98

3191 проте́ст *Nm* protest
- Мы выражаем решительный протест против беззакония и нарушения прав человека. — We want to express our protest against lawlessness and human rights violations.
27.95; D 96

3192 боти́нок *Nm* shoe
- Он побрился, затем почистил ботинки. — He had a shave and then cleaned his shoes.
27.95; D 97

3193 уменьша́ть *V* reduce
- Аркадий уменьшил громкость телевизора. — Arkady turned down the volume on the television.
27.94; D 96

3194 храни́ться *V* be stored, be kept
- Такие документы должны храниться вечно. — These documents should be kept forever.
27.94; D 96

3195 две́сти *Num* two hundred
- Эта книга стоит двести рублей. — This book costs two hundred rubles.
27.94; D 97

3196 показа́ние *Nn* indication, evidence
- Никто из свидетелей ссоры не был готов дать свидетельские показания. — None of those who had witnessed the argument were willing to give evidence.
27.92; D 96

3197 уноси́ть *V* take away, carry away
- Сильный ветер уносит лодку далеко в море. — The strong wind is carrying the boat far out to sea.
27.92; D 98

3198 пове́сить *V* hang
- Он повесил пиджак на спинку стула. — He hung his coat on the back of the chair.
27.88; D 98

3199 специа́льность *Nf* profession
- Какая у него профессия? — What's his profession?
27.86; D 94

3200 поса́дка *Nf* planting, landing
- К соседям-старикам приехал сын из города, чтобы помочь с посадкой картофеля. — Our elderly neighbours' son came from town to help them plant potatoes.
- Самолет заходит на посадку в аэропорту Бангкока. — The plane is coming in to land at Bangkok airport.
27.82; D 96

3201 холоди́льник *Nm* refrigerator
- Она открыла холодильник и взяла бутылку пива. — She opened the fridge and took out a bottle of beer.
27.80; D 87

3202 шо́у *Nn* show
- Вечером начнется грандиозное шоу. — The grand show will begin in the evening.
27.79; D 93

17 Popular festivals

пра́здник 969 holiday, festival	**рождество́** 4037 Christmas
приём 1069 reception	**нового́дний** 4229 New Year('s)
торже́ственный 3528 ceremonial	**юбиле́й** 4300 anniversary
пра́здничный 3614 festive	**пра́здновать** 4568 celebrate
церемо́ния 3641 ceremony	**па́сха** 4600 Easter
торжество́ 3872 celebration	**пра́зднование** 4666 celebration

3203 тро́гать *V* touch
- Только не трогай красную кнопку! — Just don't touch the red button!
  27.79; D 98

3204 копе́йка *Nf* kopeck
- Простая газировка стоила одну копейку, с сиропом – три. — A regular mineral water cost one kopeck, a flavoured mineral water – three.
  27.76; D 96

3205 повы́шенный *A* increased
- Спецслужбы проявляют к нему повышенный интерес. — The special services are expressing an increased interest in him.
  27.76; D 96

3206 стих *Nm* poetry, verse
- Люда прекрасно декламировала стихи. — Lyuda was wonderful at reciting poetry.
  27.72; D 96

3207 голо́дный *A, N-* hungry
- Мама приехала с работы голодная. — Mum returned from work feeling hungry.
  27.72; D 97

3208 закрыва́ться *V* close
- По субботам магазины закрываются в 13.00. — The shops close at 13:00 on Saturdays.
  27.72; D 97

3209 отча́сти *Adv* partly
- В таблицу попали отчасти устаревшие данные. — There were some partly obsolete data in the table.
  27.65; D 98

3210 террори́ст *Nm* terrorist
- При проведении операции по освобождению заложников 31 террорист был уничтожен и один задержан. — In the operation aimed at freeing the hostages 31 terrorists were killed and one arrested.
  27.63; D 94

3211 учи́лище *Nn* training school, institute
- Костя поступил в мореходное училище. — Kostya enrolled at the naval institute.
  27.63; D 96

3212 любопы́тный *A* curious
- Любопытный случай приключился в продуктовом магазине. — A curious event took place at the grocery store.
  27.61; D 98

3213 инвали́д *Nm* disabled
- После аварии он остался инвалидом на всю жизнь. — The accident left him disabled for life.
  27.59; D 92

3214 подря́д *Adv* in a row
- Он проиграл три партии подряд. — He lost three games in a row.
  27.58; D 97

3215 чемода́н *Nm* suitcase
- Мне осталось только упаковать чемодан. — I just need to pack my suitcase.
  27.57; D 96

3216 приглаше́ние *Nn* invitation
- Вы тоже получили приглашение на эту конференцию? — Were you also invited to the conference?
  27.56; D 96

3217 ро́ды *N-* childbirth
- После родов она пополнела. — She put on weight after giving birth.
  27.55; D 91

3218 пес *Nm* dog
- Рыжий пёс зарычал. — The red dog growled.
  27.54; D 95

3219 младе́нец *Nm* baby
- Очаровательный младенец появился в семье полгода назад. — Our delightful baby was born half a year ago.
  27.52; D 95

3220 вслух *Adv* aloud
- Прочитайте вслух небольшое предложение. — Read this short sentence aloud.
  27.51; D 98

3221 подозрение *Nn* suspicion
- Фальшивые документы вызовут подозрения. — Falsified documents will cause suspicion.
  27.50; D 97

3222 употреблять *V* use
- Я пишу для специалистов и употребляю выражения, понятные им. — I write for specialists and use phrases that are understood by them.
  27.50; D 97

3223 соблюдать *V* obey
- Пока я соблюдаю правила, ничего страшного не случится. — Nothing terrible will happen as long as I obey the rules.
  27.49; D 97

3224 распространяться *V* spread, be extended
- Этот вирус распространяется молниеносно. — The virus is spreading like lightening.
- Это правило не распространяется на матерей-одиночек. — This rule does not extend to single mothers.
  27.48; D 97

3225 подъезжать *V* drive up
- Машина подъехала к подъезду. — The car drove up to the entrance.
  27.45; D 98

3226 размышлять *V* reflect, think
- Я всю ночь размышлял над мамиными словами. — I spent the whole night thinking about what mum said.
  27.44; D 98

3227 универсальный *A* universal
- Этот нож – удобный и почти универсальный инструмент. — This knife is a convenient and almost universal tool.
  27.42; D 96

3228 фрагмент *Nm* fragment, small part
- Из мелких фрагментов надо было сложить цельную картинку. — From small fragments we needed to form the whole picture.
  27.39; D 96

3229 постановка *Nf* production, statement, formulation
- Он приглашен в Москву на постановку балета С. Прокофьева 'Золушка'. — He has been invited to Moscow for the production of Prokofiev's ballet 'Cinderella'.
- Причинами этого являются ошибки в постановке цели. — The reasons for this are mistakes in the formulation of the aims.
  27.39; D 96

3230 ценить *V* appreciate, value
- Его ценит начальство. — He is valued by his superiors.
  27.39; D 97

3231 дыра *Nf* hole
- В стене комнаты зияет огромная дыра. — There's a huge hole in the wall of the room.
  27.37; D 96

3232 сражение *Nn* battle
- Сражение разгорелось с новой силой. — The battle broke out with renewed vigour.
  27.37; D 97

3233 баланс *Nm* balance
- Бухгалтерский баланс составляется раз в квартал. — The balance sheet is compiled quarterly.
  27.35; D 95

3234 уверенно *Adv* confidently
- – Конечно, знаю, – уверенно заявил Иван Иванович. — 'Of course I know', Ivan Ivanovich said confidently.
  27.35; D 98

3235 морда *Nf* snout
- Из сумки выглядывала белая лохматая собачья морда. — The snout of a white shaggy dog was poking out of the handbag.
  27.34; D 97

3236 ложный *A* false
- Уверен, что это ложная тревога. — I'm sure that it is a false alarm.
  27.33; D 97

3237 подвал *Nm* basement, cellar
- Старик спустился в подвал, и мне пришлось идти за ним. — The old man went down to the basement and I had to follow him.
  27.33; D 96

3238 привлекательный *A* attractive
- Он обернулся и увидел перед собой высокую привлекательную блондинку. — He turned around and saw a tall attractive blonde in front of him.
  27.33; D 97

3239 ви́за *Nf* visa
- 1 января моя виза закончилась. — My visa expired on the 1st of January.

  27.32; D 90

3240 за́нятый *A* busy
- К сожалению, он страшно занят. — He's terribly busy, unfortunately.

  27.32; D 98

3241 э́хо *Nn* echo
- Из глубины подземелья отозвалось только эхо. — Only an echo could be heard from the depths of the dungeon.

  27.32; D 96

3242 торгова́ть *V* trade, sell
- Он стал торговать недвижимостью. — He started to trade in real estate.
- Кроме продуктов, здесь торгуют обувью, одеждой, зонтиками. — Besides food they also sell shoes, clothes and umbrellas here.

  27.27; D 96

3243 социали́зм *Nm* socialism
- Марксистская теория рассматривала социализм как первую фазу коммунизма. — Marxist theory viewed socialism as the first phase of communism.

  27.25; D 95

3244 хор *Nm* choir
- Хор пел просто замечательно! — The choir sang wonderfully!

  27.25; D 95

3245 рука́в *Nm* sleeve
- На ней было светлое платье с короткими рукавами. — She was wearing a light, short-sleeved dress.

  27.24; D 97

3246 а́томный *A* atomic
- Знаменитый физик Лев Ландау объяснял мне механизм атомного взрыва. — The famous physicist Lev Landau explained to me the mechanism of an atomic explosion.

  27.24; D 94

3247 разруше́ние *Nn* destruction
- Он отдал приказ о полном разрушении города. — He ordered that the town be completely destroyed.

  27.22; D 97

3248 настава́ть *V* come
- Хочу, чтобы весна поскорее настала. — I hope that spring comes soon.

  27.18; D 98

3249 столо́вая *Nf* canteen, dining room
- Столовая находится на первом этаже. — The canteen is on the first floor.

  27.18; D 97

3250 верх *Nm* top
- Я стояла на самом верху лестницы. — I was standing at the very top of the stairs.

  27.17; D 97

3251 шеф *Nm* boss
- Шеф был категорически против. — The boss was categorically opposed.

  27.15; D 96

3252 посеще́ние *Nn* visit, attendance
- Посещение выставки не входило в наши планы. — We didn't plan to visit the exhibition.
- Я умудрялся совмещать тренировки и матчи с посещением лекций и семинаров. — I managed to combine training and matches with my lectures and seminars.

  27.13; D 93

3253 симпати́чный *A* attractive, nice
- Мой сосед – симпатичный парень — My neighbour is a nice guy.

  27.12; D 96

3254 выдаю́щийся *A* outstanding, eminent
- Николай Константинович Рерих – выдающийся деятель русской и мировой культуры XX столетия. — Nikolay Konstantinovich Rerikh is an eminent figure of Russian and world culture of the twentieth century.

  27.11; D 97

3255 па́лка *Nf* stick
- Обезьяна иногда пользуется палкой. — The monkey sometimes uses a stick.

  27.10; D 97

3256 плита́ *Nf* stove, plate
- Я ставлю большую кастрюлю на плиту. — I put a big pan on the stove.

  27.09; D 96

3257 продава́ться *V* be on sale
- Билеты продаются в кассах цирка. — Tickets are on sale at the circus box offices.

  27.08; D 96

3258 бровь *Nf* eyebrow
- Алексей Иванович удивленно поднял брови. — Aleksey Ivanovich raised his eyebrows in surprise.

  27.06; D 98

3259 атаковáть *V* attack
- Неожиданно самолет атаковали истребители противника. — Suddenly the plane came under attack from enemy fighters.
27.04; D 96

3260 рай *Nm* heaven
- Я думал, что попал в рай. — I thought I was in heaven.
27.03; D 96

3261 перевóдчик *Nm* translator
- Вам нужна помощь переводчика? — Do you need a translator?
27.01; D 94

3262 равновéсие *Nn* balance
- Она потеряла равновесие и упала в воду. — She lost her balance and fell in the water.
27.01; D 95

3263 слéдователь *Nm* investigator
- Вы весьма опытный следователь и раскрыли немало дел. — You're a highly experienced investigator and you've solved many cases.
27.00; D 95

3264 обещáние *Nn* promise
- Ты же дал обещание больше не курить! — But you promised to stop smoking!
26.99; D 97

3265 секрéтный *A* secret
- Под землей находится секретная лаборатория. — There is a secret laboratory underground.
26.96; D 97

3266 посóльство *Nn* embassy
- Вам нужно обратиться в консульский отдел российского посольства. — You need to go to the consular department at the Russian Embassy.
26.93; D 96

3267 бесполéзный *A* useless
- Прошу вас, не тратьте время и энергию на такое бесполезное занятие. — Please don't waste your time and energy on such a useless pursuit.
26.85; D 98

3268 приéзд *Nm* arrival
- Он предлагал мне поменять дату приезда на более позднее время. — He suggested that I change my arrival to a later date.
26.85; D 97

3269 быт *Nm* daily routine
- У нас совместное хозяйство, общий быт, общие проблемы. — We have a joint household, a common daily routine and the same problems.
26.83; D 97

3270 мастерскáя *Nf* workshop, repair shop
- За дверью открылась мастерская живописца. — Behind the door was the painter's workshop.
- Она работала в мастерской по ремонту обуви приемщицей. — She worked at a shoe repair shop as a receptionist.
26.83; D 96

3271 прохóд *Nm* passage
- Толпа расступилась в стороны, освобождая проход. — The crowd dispersed to the sides, freeing up a passage way.
26.82; D 96

3272 подвóдный *A* underwater
- Лодка вдруг наткнулась на какой-то подводный камень. — The ship suddenly hit an underwater rock.
26.81; D 92

3273 учáщийся *Nm* student
- В первом семестре учащиеся интенсивно изучают чешский язык. — Students study Czech intensively in the first semester.
26.71; D 92

3274 пáчка *Nf* packet, wad
- Он взял сигарету из пачки. — He took a cigarette from the packet.
- С толстой пачкой денег они отправились ужинать в дорогой ресторан. — With a thick wad of cash they set off to have dinner at an expensive restaurant.
26.70; D 97

3275 плани́рование *Nn* planning
- При планировании уроков я, как правило, пользуюсь учебником. — When planning a lesson I usually use a course book.
26.69; D 91

3276 беспокóить *V* bother, concern
- Не надо беспокоить мужа по всяким пустякам. — You don't need to bother your husband with every little thing.
- Эта проблема все более и более беспокоит власти. — This problem is becoming ever more of a concern for the authorities.
26.68; D 97

3277 Библия *Nf* Bible
- Единственной книгой в их доме была Библия. — The only book in their home was the Bible.
26.67; D 95

3278 бизнесмéн *Nm* businessman
- Я считаю себя серьезным бизнесменом. — I consider myself a serious businessman.
26.66; D 95

3279 части́чно *Adv* partially
- Врачам удалось частично восстановить его зрение. — Doctors managed to partially recover his vision.
26.62; D 98

3280 настрóйка *Nf* setting
- Эта программа имеет много настроек, позволяющих увеличить скорость обработки видео. — The program has many settings enabling users to increase the speed of video processing.
26.58; D 91

3281 ветвь *Nf* branch
- Еловая ветвь присыпана пушистым снегом. — The branch of the spruce tree was coated in fluffy snow.
26.56; D 96

3282 неоднокрáтно *Adv* repeatedly, several times
- Его имя неоднократно упоминал в своих произведениях Достоевский. — His name was mentioned several times in the works of Dostoevsky.
26.56; D 98

3283 производи́тельность *Nf* productivity
- Это позволяет повысить производительность труда складских работников. — It makes it possible to increase the productivity of warehouse employees.
26.54; D 92

3284 догоня́ть *V* chase, catch up
- Полицейский на мотоцикле догоняет их и кричит, что они превысили скорость. — A police officer on a motorcycle is chasing them and shouting that they have broken the speed limit.
26.51; D 97

3285 жу́ткий *A* terrible, spooky
- Вокруг царит такая жуткая, могильная тишина! — All around was a kind of spooky, sepulchral silence!
26.50; D 97

3286 грамм *Nm* gram
- Смешайте 200 граммов масла, 2 стакана муки и 1 яйцо. — Mix 200 grams of butter, 2 cups of flour and 1 egg.
26.50; D 94

3287 ничегó *Adv* nothing
- У вас тут все есть: куры, гуси, коровы, свиньи, а у нас нет ничего. — You have everything here: chickens, geese, cows, pigs – and we have nothing.
26.49; D 98

3288 такси́ *Nn* taxi
- Я поймала такси и поехала в гостиницу переодеваться. — I got a taxi and went to the hotel to get changed.
26.45; D 96

3289 треть *Nf* third
- Мы прошли уже одну треть пути. — We've already gone a third of the way.
26.43; D 95

3290 райóнный *A* district
- Галина Григорьевна повела сына в районную поликлинику к невропатологу. — Galina Grigor'evna took her son to see a neurologist at a local surgery.
26.42; D 95

3291 приве́тствовать *V* greet, welcome
- Приветствую участников нашей программы! — I'd like to welcome participants of our programme!
26.39; D 82

3292 приде́рживаться *V* hold to, stick to
- Я буду придерживаться того стиля, которого всегда придерживался. — I'll stick to the same style that I've always used.
26.38; D 97

3293 засмея́ться *V* laugh
- Сказав это, фотограф засмеялся. — Having said this, the photographer started to laugh.
26.37; D 97

3294 платóк *Nm* shawl
- Даже приезжим туристкам рекомендуют одеваться скромно и на голову надевать платок. — Even tourists are advised to dress modestly and to wear a shawl on their head.
26.30; D 97

3295 улета́ть *V* fly away, leave
- Мой самолет улетает через полчаса. — My plane leaves in half an hour.
26.30; D 97

3296 китаец *Nm* Chinese man
- Этот китаец хорошо говорит по-русски. — This Chinese man speaks good Russian.
26.28; D 94

3297 рак *Nm* crawfish, cancer
- Помню, как мы ловили раков в один из мартовских дней. — I remember how we went fishing for crawfish one day in March.
- Его жена умерла от рака. — His wife died from cancer.
26.27; D 93

3298 вражеский *A* enemy
- Девятьсот дней длилась вражеская блокада. — The enemy's blockade lasted nine hundred days.
26.26; D 97

3299 программист *Nm* programmer
- Я хочу стать программистом. — I want to be a programmer.
26.23; D 91

3300 таинственный *A* mysterious
- Кто это таинственное существо? — Who is this mysterious creature?
26.21; D 98

3301 охранник *Nm* guard
- Вас будет сопровождать вооруженный охранник. — You will be accompanied by an armed guard.
26.21; D 95

3302 коллективный *A* collective, team
- Этот текст – продукт коллективного творчества. — This text is the product of team work.
26.19; D 97

3303 футбол *Nm* football
- Я пошел смотреть футбол. — I've gone to watch the football.
26.19; D 92

3304 соль *Nf* salt
- Он отломил хлеба, посыпал солью, бросил в рот. — He broke off a piece of bread, put salt on it and put it into his mouth.
26.18; D 96

3305 вступление *Nn* introduction, entry
- Это было небольшое лирическое вступление к рассказу о моем друге. — It was a short lyrical introduction to my story about my friend.
- Учредительный договор о вступлении в союз подписали все муниципалитеты. — The memorandum on entry to the alliance was signed by all municipalities.
26.16; D 96

3306 биологический *A* biological
- Вечером по вторникам меня можно застать на биологическом факультете МГУ. — On Tuesday evenings you can find me at the Faculty of Biology at Moscow State University.
26.15; D 94

3307 трудиться *V* work
- Последние 2 года он упорно трудился над своим проектом. — He's been working hard on his project for the last 2 years.
26.09; D 98

3308 максимум *Nm* maximum, the most
- Вам осталось максимум шесть месяцев жизни. — You've got six months at the most to live.
26.07; D 96

3309 порода *Nf* breed
- Собаки этой породы мало распространены. — This breed of dog isn't very common.
26.07; D 92

3310 прекращаться *V* stop, expire
- Вскоре снегопад прекратился. — The snow soon stopped falling.
26.03; D 98

3311 отрезать *V* cut
- Он отрезал кусок хлеба и намазал его маслом. — He cut a piece of bread and spread butter on it.
25.99; D 97

3312 грустный *A* sad
- Она постоянно напевала какую-то грустную песню. — She was constantly singing sad songs.
25.98; D 96

3313 либеральный *A* liberal
- Нашу либеральную прессу эти факты раздражают. — Our liberal press is irritated by these facts.
25.97; D 95

3314 шоссе *Nn* motorway
- Мы мчались по шоссе в направлении города. — We sped along the motorway towards the city.
25.96; D 86

3315 происшествие *Nn* incident
- Необычное происшествие случилось в четверг в шесть часов утра. — An unusual incident occurred at six o'clock on Thursday morning.
25.96; D 92

3316 чистота́ *Nf* cleanliness, purity
- Может ли чистота кожи зависеть от нашего рациона питания? — Can your diet affect the cleanliness of your skin?
- Это может отрицательно сказаться на чистоте воды. — This can have a negative impact on water purity.
25.96; D 96

3317 стуча́ть *V* hit, knock, snitch (slang)
- Дождь стучал по стеклу. — Rain hit against the glass.
- Все знали, что он стучал на своих товарищей. — Everyone knew that he'd snitched on his friends.
25.94; D 98

3318 ку́рица *Nf* chicken
- Пахнет жареной курицей. — There's a smell of fried chicken.
25.93; D 95

3319 бума́жный *A* paper
- Лиза положила продукты в бумажный пакет. — Liza put the groceries in a paper bag.
25.93; D 95

3320 но́жка *Nf* leg, foot
- Я спрятал деньги в ножку кровати. — I hid the money in the bed leg.
25.93; D 96

3321 подлежа́ть *V* be subject
- Виновные подлежали ответственности по законам военного времени. — Those found guilty were subject to martial law.
25.91; D 96

3322 вы́плата *Nf* payment
- Общая выплата по процентам за 10 лет составляет 700 тысяч рублей. — The total interest payment over 10 years comes to 700 thousand rubles.
25.91; D 94

3323 я́ма *Nf* pit
- Человек упал в яму. — A man fell into a pit.
25.89; D 97

3324 плен *Nm* captivity
- Пребывание в плену сильно подорвало его здоровье. — His health suffered due to his stretch in captivity.
25.87; D 97

3325 сни́мок *Nm* picture
- Ученые рассматривали первые снимки лунного ландшафта. — Scientists examined the first pictures from the moon.
25.84; D 93

3326 соблюде́ние *Nn* compliance
- Я требую соблюдения формального дипломатического протокола. — I require that you comply with formal diplomatic protocol.
25.83; D 94

3327 рожда́ться *V* be born
- В этой семье постоянно рождаются близнецы. — Twins are always born in this family.
25.82; D 97

3328 ло́жка *Nf* spoon
- Соня купила набор столовых ложек. — Sonya bought a set of table spoons.
25.80; D 94

3329 идио́т *Nm* idiot
- Только что его при всех обозвали идиотом. — He was just called an idiot in front of everyone.
25.80; D 96

3330 е́ле *Adv* hardly
- Мы еле сдержали смех. — We could hardly stop ourselves from laughing.
25.76; D 98

3331 то́пливо *Nn* fuel
- Расход топлива у этой машины составляет 6 литров на 100 км. — The fuel consumption of this car is 6 litres per 100 km.
25.75; D 93

3332 ковёр *Nm* carpet, rug
- На полу лежал мягкий ковёр. — There was a soft carpet on the floor.
25.74; D 94

3333 грома́дный *A* huge
- Она подарила мне громадный букет белых лилий. — She gave me a huge bouquet of white lilies.
25.73; D 98

3334 консульта́ция *Nf* consultation
- Когда мне понадобится юридическая консультация, я обязательно обращусь к тебе. — When I need a legal consultation, then I'll definitely come to you.
25.71; D 90

3335 увели́чиваться *V* increase
- Говорят, в Южной Африке в последние годы резко увеличилось количество похищений людей летающими тарелками. — Apparently, in South Africa there has been a sharp increase in the number of people abducted by flying saucers in recent years.
25.71; D 97

3336 финáл *Nm* end, final
- Он, наверное, предчувствовал этот трагический финал. — He could probably sense the tragic end.
- Состоялся финал конкурса 'Мисс Маленькая Принцесса 2000' в Иркутске. — The final of the competition 'Miss Little Princess 2000' took place in Irkutsk.
25.67; D 85

3337 бессмы́сленный *A* senseless
- Эта картина потрясла их своей бессмысленной жестокостью. — This picture shocked them due to its senseless cruelty.
25.65; D 98

3338 замéтка *Nf* note, newspaper article
- Он сделал заметку на обратной стороне визитной карточки. — He made a note on the back of a business card.
- Только что прочитал в 'Московском Комсомольце' небольшую заметку о кандидатах на Русского Букера за этот год. — I've just read a short article in 'Moskovsky Komsomolets' about the candidates for this year's Russian Booker Prize.
25.62; D 96

3339 галерéя *Nf* gallery
- Я хочу посетить местную картинную галерею. — I want to visit the local art gallery.
25.61; D 80

3340 по-другóму *P* in a different way, differently
- Случись мне еще раз прожить свою жизнь, я бы многое сделал по-другому. — If I could live my life again, then I'd do a lot of things differently.
25.61; D 98

3341 счесть *V* consider
- Судья счел действия водителя автобуса опасными. — The judge considered the bus driver's actions to be dangerous.
25.61; D 98

3342 срéднее *Nn* average
- За будущий год все подорожает в среднем на 25 процентов. — Next year everything will increase by an average of 25 per cent.
25.59; D 95

3343 избирáтель *Nm* elector
- Во время встреч с избирателями мне очень часто задают этот вопрос. — I'm asked this question very often when I meet electors.
25.57; D 92

3344 летéть *V* fly
- Вертолет летел гораздо медленнее. — The helicopter was flying much more slowly.
25.57; D 97

3345 несчáстье *Nn* misfortune
- С этого пожара начались несчастья их семьи. — The fire was the start of the family's misfortune.
25.55; D 97

3346 голосовáть *V* vote
- Вы за кого будете голосовать? — Who are you going to vote for?
25.53; D 94

3347 женúх *Nm* bridegroom, fiancé
- У меня был жених, но мы поссорились и расстались. — I had a fiancé, but we had a row and split up.
25.53; D 95

3348 слы́шно *Adv* possible to hear, audibly
- Говорите громче, вас плохо слышно. — Speak up – we can barely hear you.
25.53; D 98

3349 вúрус *Nm* virus
- Этот вирус передается через кровь и слюну. — This virus is passed on through blood and saliva.
25.52; D 90

3350 монéта *Nf* coin
- Он выбрал монету и передал ее продавщице. — He took a coin and gave it to the shop assistant.
25.51; D 94

3351 бýрный *A* stormy
- Лодка плывет по бурному морю. — The boat is sailing on the stormy sea.
25.49; D 97

3352 плóтный *A* thick
- Он был одет в куртку из плотной серой ткани. — He was wearing a coat made from thick grey fabric.
25.49; D 97

3353 фундаментáльный *A* fundamental
- В чем истинная задача фундаментальной науки? — What is the real task of fundamental science?
25.49; D 96

3354 жúдкость *Nf* liquid
- Эта жидкость огнеопасна. — This liquid is flammable.
25.48; D 93

3355 автоматический *A* automatic
- Это компактный, полностью автоматический прибор для измерения давления. — This is a compact, fully automatic device for measuring pressure.
25.45; D 95

3356 специфический *A* specific
- У каждого магазина свой специфический запах. — Every shop has its specific smell.
25.45; D 97

3357 финансы *N-* finances
- Это позволило более эффективно управлять финансами компании. — This enabled the finances of the company to be managed more effectively.
25.44; D 94

3358 мыть *V* wash
- Мы моем пол каждый день. — We wash the floor every day.
25.43; D 95

3359 повлиять *V* influence, affect
- Эти факторы могут повлиять на здоровье ребенка. — These factors may affect a baby's health.
25.43; D 97

3360 загадка *Nf* mystery, riddle
- Как он туда попал, до сих пор остается загадкой. — How he got there remains a mystery.
25.43; D 95

3361 забавный *A* funny
- Я вспомнил один забавный анекдот. — I remembered a funny anecdote.
25.40; D 96

3362 охранять *V* guard
- Служба безопасности охраняет президента. — The president is guarded by the state security service.
25.37; D 97

3363 магия *Nf* magic
- В вашем мире магия не действует. — Magic doesn't work in your world.
25.35; D 87

3364 исполнитель *Nm* performer, executor
- Он известный эстрадный исполнитель. — He's a well-known stage performer.
25.28; D 94

3365 обширный *A* extensive
- Здесь затронута только небольшая часть этой обширной темы. — Here only a small part of this extensive topic has been touched upon.
25.27; D 97

3366 проехать *V* drive, get to
- Она спросила, как проехать к торговому центру. — She asked how to get to the shopping centre.
25.27; D 97

3367 наслаждаться *V* enjoy
- Я наслаждалась покоем. — I was enjoying the peace and quiet.
25.25; D 97

3368 смешно *Adv* funny
- Он ужасно смешно рассказывает всякие истории. — He can tell any story in a very humorous way.
25.25; D 96

3369 автомобильный *A* car
- Они попали в автомобильную катастрофу. — They had a car crash.
25.23; D 93

3370 юрист *Nm* lawyer
- Этот договор составил опытный юрист. — This agreement was drafted up by an experienced lawyer.
25.21; D 95

3371 пропаганда *Nf* propaganda
- Критики увидели в романе лишь примитивную политическую пропаганду. — Critics saw only primitive political propaganda in the book.
25.20; D 96

3372 арест *Nm* arrest
- Он по-прежнему находится под арестом. — He is still under arrest.
25.19; D 96

3373 терпение *Nn* patience
- В конце концов женщина потеряла терпение. — The woman finally lost her patience.
25.19; D 97

3374 мораль *Nf* morality
- Он живет вне законов и вне общественной морали. — He lives outside the law and beyond morality.
25.18; D 97

3375 диплом *Nm* diploma, degree
- Он получил диплом экономиста. — He got a degree in economics.
25.17; D 84

3376 цепочка *Nf* chain
- На её тонкой шейке блестела золотая цепочка. — A gold chain glistened on her slender neck.
25.16; D 96

3377 посторо́нний *A* strange, outside
- Почему тут столько посторонних людей? — Why are there so many strangers here?
25.14; D 97

3378 му́сор *Nm* rubbish
- Тебе было лень вынести мусор? — Were you too lazy to take out the rubbish?
25.13; D 95

3379 разделе́ние *Nn* division
- Такое разделение труда позволит снизить затраты производства. — Such a division of labour will allow us to lower production costs.
25.13; D 97

3380 ша́пка *Nf* cap, hat
- Она купила меховую шапку. — She bought a fur hat.
25.12; D 97

3381 ро́бот *Nm* robot
- Да с этим любой робот справится. — Yes, any robot would manage this.
25.09; D 93

3382 нефтяно́й *A* oil
- Он владеет акциями огромной нефтяной компании. — He has shares in a major oil company.
25.08; D 94

3383 открове́нный *A* frank
- Как-то раз у них произошел очень откровенный разговор. — They once had a very frank discussion.
25.08; D 98

3384 отбо́р *Nm* selection
- Экспертная комиссия проводит отбор кандидатов. — The expert committee selects candidates.
25.07; D 94

3385 тари́ф *Nm* rate, price
- Жители города протестуют против увеличения тарифов на коммунальные услуги. — Inhabitants of the town are protesting against the increase in prices for communal services.
25.07; D 88

3386 уста́лость *Nf* tiredness
- Студенты чувствовали усталость, сонливость, жаловались на головную боль. — The students felt tired and sleepy, and they complained of headache.
25.05; D 97

3387 борода́ *Nf* beard
- Мы увидели старичка с седой бородой. — We saw an old man with a grey beard.
25.02; D 96

3388 стару́шка *Nf* old woman
- Он очень любил хозяйку дома, милую и добрую старушку. — He liked the woman of the house, a kind and sweet old lady, very much.
25.02; D 96

3389 защи́тник *Nm* defender
- Он мечтал носить военную форму и быть защитником Родины. — He dreamed of wearing a military uniform and serving as a defender of the fatherland.
25.01; D 95

3390 полюби́ть *V* fall in love
- Юноша и девушка полюбили друг друга. — The young boy and girl fell in love with one another.
25.00; D 97

3391 педаго́г *Nm* teacher
- Он был великим ученым и прекрасным педагогом. — He was a great scholar and a wonderful teacher.
24.96; D 95

3392 выделя́ться *V* stand out
- Она ничем не выделялась из толпы. — She didn't stand out from the crowd in any way.
24.95; D 97

3393 и́скренний *A* sincere
- Мы выражаем им нашу искреннюю благодарность. — We express our sincere gratitude to them.
24.93; D 97

3394 части́ца *Nf* particle
- Фильтр задерживает частицы грязи и ржавчины. — The filter captures particles of dirt and rust.
24.93; D 91

3395 сво́йственный *A* typical, common, appropriate
- Прежде всего, это свойственно посткоммунистическим странам. — Above all, this is typical of post-Communist countries.
24.88; D 98

3396 строи́тельный *A* construction
- Расскажите, пожалуйста, об этом новом строительном материале. — Tell us please about this new construction material.
24.88; D 93

18 Professions

становиться 58 become

работа 79 work

работать 138 work

деятельность 371 activity

труд 390 work

опыт 430 experience

служба 578 service

врач 583 doctor

директор 704 director

модель 716 model

специалист 717 specialist

рабочий 736 worker

сотрудник 741 employee, colleague

начальник 751 head

руководитель 802 director

солдат 814 soldier

доктор 834 doctor

писатель 899 writer

министр 1046 minister

профессиональный 1063 professional

завод 1065 factory, plant

учёный 1097 academic; scientist

поэт 1100 poet

офицер 1103 officer

художник 1116 artist

работник 1131 worker, employee

журналист 1170 journalist

мастер 1204 master

коллега 1379 colleague

зарабатывать 1382 earn

водитель 1700 driver

чиновник 1709 official

зарплата 1723 salary

должность 1725 position

редактор 1785 editor

заместитель 1794 deputy

лётчик 1853 pilot

кандидат 1861 candidate

смена 1873 shift

полиция 1981 police

профессия 2010 profession

продавец 2049 retailer; shop assistant

крестьянин 2056 farm worker

актёр 2114 actor

менеджер 2134 manager

офис 2165 office

инженер 2174 engineer

режиссёр 2192 director

секретарь 2202 secretary

агент 2238 agent

трудовой 2316 labour

предприниматель 2349 entrepreneur

адвокат 2413 lawyer

опытный 2417 experienced

персонал 2471 staff

оператор 2484 operator

бригада 2516 team

карьера 2546 career

психолог 2673 psychologist

корреспондент 2736 correspondent

музыкант 2755 musician

артист 2887 artist, actor

профессионал 2894 professional

философ 2895 philosopher

консультант 2908 consultant

историк 2955 historian

посол 2984 ambassador

фабрика 3070 factory

пилот 3132 pilot

академик 3136 academic

тренер 3154 coach (sport)

милиционер 3178 police officer

полицейский 3189 policeman

специальность 3199 profession

шеф 3251 boss

переводчик 3261 translator

мастерская 3270 workshop

бизнесмен 3278 businessman

программист 3299 programmer

охранник 3301 guard

трудиться 3307 work

юрист 3370 lawyer

педагог 3391 teacher

моряк 3512 sailor

мастерство 3570 skill

квалификация 3619 qualification

служащий 3635 employee

инспектор 3656 inspector

администратор 3684 manager, administrator

космонавт 3725 astronaut

торговец 3748 trader

увольнять 3773 sack

работодатель 3853 employer

аналитик 3916 analyst

физик 3917 physicist

шофёр 3919 driver

экономист 3985 economist

актриса 3999 actress

командировка 4000 business trip

архитектор 4085 architect

строитель 4124 builder

конструктор 4137 constructor

проводник 4186 conductor

композитор 4285 composer

фотограф 4296 photographer

официант 4306 waiter

певец 4321 singer

медсестра 4332 nurse

дизайнер 4377 designer

пожарный 4407 fireman

повар 4440 chef, cook

воспитатель 4550 nursery teacher

няня 4588 nanny, nurse

певица 4658 singer (female)

профессионализм 4682 professionalism

вакансия 4708 vacancy

продавщица 4709 shop assistant (female)

гид 4717 tour guide

безработный 4730 unemployed

лингвист 4859 linguist

художница 4930 artist (female)

3397 звено́ *Nn* link
- Рынок служит связующим звеном между производством и потреблением. — The market serves as a link between production and consumption.
24.84; D 96

3398 продемонстри́ровать *V* demonstrate, show
- Ученый продемонстрировал коллегам результаты своих исследований. — The scientist showed colleagues the results of his analysis.
24.82; D 97

3399 форма́льный *A* formal
- При желании формальный повод для отказа всегда найдется. — If required, a formal reason for a refusal can always be found.
24.80; D 97

3400 чуть-чу́ть *Adv* a little
- Он чуть-чуть говорит по-итальянски. — He speaks a little Italian.
24.78; D 98

3401 испо́ртить *V* spoil, ruin
- Не надо портить жизнь девчонке. — There's no need to ruin the little girl's life.
24.77; D 97

3402 наслажде́ние *Nn* enjoyment
- Ты получишь огромное наслаждение от полета. — You'll really enjoy the flight.
24.71; D 97

3403 пря́таться *V* hide
- Кот прячется под диваном. — The cat is hiding under the sofa.
24.70; D 98

3404 худо́й *A* thin
- Это была девочка лет десяти, худая и бледная. — It was a thin and pale girl; she was about 10 years old.
24.69; D 98

3405 шок *Nm* shock
- Услышав приговор, он испытал шок. — He was shocked when he heard the verdict.
24.68; D 96

3406 банди́т *Nm* bandit
- На них напали вооруженные бандиты. — They were attacked by armed bandits.
24.68; D 97

3407 бли́зость *Nf* closeness
- Эту пару связывает душевная близость. — This couple is united by a spiritual closeness.
24.68; D 95

3408 гости́ная *Nf* living room
- Они сидели в маленькой уютной гостиной. — They were sitting in the small, cosy living room.
24.66; D 97

3409 ту́ча *Nf* cloud
- Ветер несет грозовую тучу. — The wind is causing a storm cloud to advance.
24.64; D 97

3410 популя́рность *Nf* popularity
- Этот театр пользуется огромной популярностью. — This theatre is hugely popular.
24.64; D 96

3411 тур *Nm* round
- 20 декабря состоится следующий тур конкурса пианистов. — The next round of the piano competition is on the 20th of December.
24.64; D 92

3412 формирова́ться *V* be formed
- Мое мировоззрение формировалось в советскую эпоху. — My outlook on life was formed in the Soviet era.
24.63; D 96

3413 балко́н *Nm* balcony
- Он вышел на балкон. — He went out onto the balcony.
24.62; D 96

3414 ви́деться *V* see
- Мы с ней редко видимся. — I rarely see her.
24.62; D 98

3415 бесе́довать *V* talk
- Она подолгу беседовала со мной на философские темы. — She'd talk at length with me on philosophical matters.
24.61; D 97

3416 гита́ра *Nf* guitar
- Он неплохо играет на гитаре. — He's not a bad guitar player.
24.61; D 93

3417 ло́коть *Nm* elbow
- Сядь прямо и убери локти со стола. — Sit up straight and take your elbows off the table.
24.60; D 97

3418 объясня́ться *V* explain
- Ученые еще не знают, чем объясняются подобные явления. — Scientists still don't know how to explain such phenomena.
24.60; D 97

3419 позити́вный *A* positive
- Мы получаем только позитивные отзывы от клиентов. — We receive only positive comments from our clients.
24.59; D 96

3420 ми́нус *Nm* minus
- На улице минус 10 градусов. — It was minus 10 outside.
24.57; D 94

3421 споко́йствие *Nn* calm
- Он побледнел, хотя внешне сохранил спокойствие. — He became a little pale, though on the outside he kept his calm.
24.57; D 97

3422 зажига́ть *V* light
- С тех пор я каждый вечер зажигала свечу на окошке. — Since then I have lit a candle on the windowsill every evening.
24.54; D 98

3423 проще́ние *Nn* forgiveness
- Я хочу попросить у вас прощения за грубость. — Forgive me for being rude.
24.54; D 97

3424 выпускни́к *Nm* graduate
- Выпускники нашего университета – это высококвалифицированные специалисты. — Graduates of our university are highly qualified specialists.
24.52; D 93

3425 обвиня́ть *V* accuse
- Ее обвиняют в хищении государственного имущества. — She is accused of embezzling state property.
24.51; D 97

3426 поцелу́й *Nm* kiss
- Она проснулась от нежного поцелуя. — She woke up from the tender kiss.
24.50; D 97

3427 чемпиона́т *Nm* championship
- В столице стартовал чемпионат страны по художественной гимнастике. — The national gymnastics championship has started in the capital.
24.50; D 89

3428 щит *Nm* shield
- Воины держали щит в левой руке, а меч в правой. — The warriors held a shield in their left hand and a sword in their right.
24.49; D 95

3429 действи́тельный *A* real, valid
- Обе точки зрения не отражают действительного положения вещей. — Neither point of view reflects the real state of affairs.
- Для оформления визы вы должны представить действительный паспорт. — You need to present a valid passport in order to get a visa.
24.46; D 97

3430 напряжённый *A* intensive, tense
- В стране напряженная политическая обстановка. — There is a tense political situation in the country.
24.46; D 97

3431 приз *Nm* prize
- В 1996 году они завоевали приз на конкурсе молодых дизайнеров. — In 1996 they won a prize at a young designers' contest.
24.46; D 93

3432 отте́нок *Nm* shade
- Раньше белые, теперь занавески приобрели желтоватый оттенок. — The curtains, which used to be white, have acquired a yellowish shade.
24.45; D 95

3433 со́бственник *Nm* owner
- Ваш сын будет единственным собственником квартиры. — Your son will be the sole owner of the flat.
24.45; D 93

3434 доста́вка *Nf* delivery
- При заказе от 2000 руб. доставка товара осуществляется бесплатно. — Delivery on orders over 2,000 rubles is free.
24.43; D 84

3435 поступле́ние *Nn* receipt, enrolment
- Перед поступлением на военную службу он прошел медицинское обследование. — He underwent a medical examination before enrolling for military service.
24.43; D 90

3436 регули́рование *Nn* regulation
- В связи с этим возникла необходимость регулирования игорного бизнеса. — This led to the need for gambling to be regulated.
24.43; D 94

3437 гипо́теза *Nf* hypothesis
- В процессе исследования гипотеза полностью подтвердилась. — The hypothesis was fully confirmed during the course of the investigation.
24.41; D 95

3438 отъе́зд *Nm* departure
- Он назначил отъезд на вторник. — He chose Tuesday as the day of departure.
24.38; D 98

3439 коло́ния *Nf* colony
- В 1971 году бывшая британская колония обрела независимость. — In 1971 the former British colony gained independence.
- Здесь находится колония для несовершеннолетних преступников. — There's a penal colony for young offenders here.
24.37; D 95

3440 кома́ндовать *V* command, be in charge
- В ходе войны командовал войсками Южного фронта. — During the war he was in charge of troops on the Southern Front.
24.36; D 97

3441 пожале́ть *V* feel sorry
- Вы очень пожалеете, что не приняли мое предложение. — You will be very sorry that you didn't accept my proposal.
24.34; D 97

3442 размеще́ние *Nn* placement, deployment
- Министр обороны Азербайджана тоже высказался за размещение военных баз на территории республики. — The Azerbaijani Defence Minister has also called for troops to be deployed in the republic.
24.34; D 89

3443 театра́льный *A* theatrical
- Вы занимаетесь в театральной студии? — Do you study at the theatrical studio?
24.33; D 95

3444 ра́нить *V* wound
- Нашего командира смертельно ранили. — Our commander was fatally wounded.
24.30; D 97

3445 ви́део *Nn* video
- Иногда мы смотрели вместе видео или читали. — We sometimes watched a video together or read.
24.29; D 90

3446 страхова́ние *Nn* insurance
- Эта компания – один из лидеров медицинского страхования в России. — This company is a leader in medical insurance in Russia.
24.28; D 87

3447 развлече́ние *Nn* entertainment
- Ее единственное развлечение – телевизор. — Her sole form of entertainment is television.
24.25; D 97

3448 ю́ность *Nf* youth
- Он начал писать стихи в ранней юности. — He started to write poetry in his early youth.
24.22; D 98

3449 пот *Nm* sweat
- Он вытер пот со лба. — He wiped sweat from his brow.
24.21; D 97

3450 надо́лго *Adv* for a long time
- Мы надолго запомним эту поездку. — We'll remember this trip for a long time.
24.19; D 98

3451 посу́да *Nf* dishes
- Ты помыла посуду? — Have you washed the dishes?
24.18; D 95

3452 принципиа́льный *A* of principle, fundamental
- Между этими двумя методами существует принципиальное различие. — There's a fundamental difference between these two methods.
24.15; D 97

3453 фаши́ст *Nm* fascist
- С фронтов поступали все более тревожные вести: фашисты рвались к Москве. — More and more worrying news was coming from the front line: the fascists had made their way to Moscow.
24.15; D 96

3454 ва́нная *Nf* bathroom
- Она вышла из ванной уже накрашенная и одетая. — She came out of the bathroom already dressed and wearing make-up.
24.14; D 97

3455 стре́лка *Nf* arrow, hand (of clock)
- Он посмотрел на светящиеся стрелки часов. — He looked at the fluorescent hands of the clock.
24.14; D 93

3456 проспе́кт *Nm* avenue
- Машина выехала на широкий проспект. — The car drove out onto the wide avenue.
24.12; D 96

3457 турни́р *Nm* tournament
- Она выиграла крупный теннисный турнир. — She won a major tennis tournament.
24.11; D 88

3458 иск *Nm* lawsuit
- Он подал в суд иск о клевете. — He filed a lawsuit for slander.
24.10; D 94

3459 звёздный *A* star
- В этих снах я всегда вижу звездное небо. — In these dreams I always see a starlit sky.
24.08; D 96

3460 кровавый *A* bloody
- Началась кровавая резня. — A bloody slaughter began.
24.08; D 98

3461 отрицать *V* deny
- Я не отрицаю важности этих вопросов. — I don't deny the importance of these issues.
24.08; D 97

3462 фаза *Nf* phase
- Хоккейный чемпионат вступил в решающую фазу. — The hockey championship entered its decisive phase.
24.08; D 94

3463 сорт *Nm* grade, type, quality
- У нас все товары высшего сорта. — All our goods are of a high quality.
24.07; D 93

3464 восприниматься *V* be perceived
- Наркотики воспринимаются обществом как серьезная проблема. — Drugs are perceived by society as a serious problem.
24.06; D 97

3465 грузовик *Nm* lorry
- На заправку подъехал грузовик. — A lorry pulled up at the petrol station.
24.04; D 96

3466 динамика *Nf* dynamics
- Это является главным фактором в динамике продаж. — This is the main factor in the dynamics of sales.
24.03; D 95

3467 предлагаться *V* be offered
- Здесь по умеренным ценам предлагается колоссальный ассортимент товаров. — A huge range of reasonably priced goods is on offer here.
24.02; D 96

3468 темно *Adv* dark
- Почему в комнате так темно? — Why is it so dark in the room?
24.00; D 98

3469 мыслить *V* think
- Ты не можешь мыслить логически. — You can't think logically.
23.99; D 97

3470 папка *Nf* folder, file
- На столе лежала папка с документами. — There was a file with documents in it on the table.
23.98; D 93

3471 полдень *Nm* noon
- Время приближается полудню. — It is almost noon.
23.98; D 98

3472 духи *N-* perfume
- Раньше она никогда не покупала духи. — She never used to buy perfume.
23.97; D 93

3473 горький *A* bitter
- Это масло нельзя есть, оно горькое и невкусное. — You shouldn't eat this butter; it's bitter and not very nice.
23.95; D 98

3474 болото *Nn* swamp
- Он едва не утонул в болоте. — He almost drowned in the swamp.
23.93; D 96

3475 авария *Nf* accident
- Недавно здесь произошла авария, в которой погиб человек. — Recently there was an accident here in which a person died.
23.90; D 94

3476 инстинкт *Nm* instinct
- Он был совершенно лишен инстинкта самосохранения. — He was completely devoid of the instinct of self-preservation.
23.90; D 96

3477 контрольный *A* control, check
- Последний контрольный пункт находится не очень далеко. — The last check point is situated nearby.
23.87; D 95

3478 возглавлять *V* lead
- Он возглавляет экзаменационную комиссию в университете. — He heads an examinations committee at the university.
23.86; D 97

3479 маг *Nm* magician
- Когда-нибудь ты станешь великим магом. — Someday you'll become a great magician.
23.86; D 93

3480 стро́чка *Nf* line
- Я помню только одну строчку из этого стихотворения. — I can remember only one line of this poem.
  23.85; D 95

3481 кла́ссный *A* class, cool
- Он был нашим любимым классным руководителем. — He was our favourite form tutor.
- Ты классная девчонка! — You're a cool girl!
  23.84; D 93

3482 желу́док *Nm* stomach
- Он жалуется на дискомфорт в желудке. — He's complaining about feeling discomfort in his stomach.
  23.83; D 96

3483 побере́жье *Nn* coast
- Каждое лето мы отправлялись к черноморскому побережью. — We went to the Black Sea coast every summer.
  23.82; D 95

3484 япо́нец *Nm* Japanese
- Этот японец не говорит по-французски. — This Japanese person doesn't speak French.
  23.78; D 95

3485 ра́са *Nf* race
- Славянские народы относятся к европеоидной расе. — The Slavs are part of the Caucasian race.
  23.77; D 95

3486 чече́нский *A* Chechen
- В Чеченской республике был проведен референдум. — A referendum was held in the Chechen Republic.
  23.76; D 94

3487 нуль *Nm* null, zero
- Завтра будет 25 градусов ниже нуля по Цельсию. — It's going to be 25 degrees below zero tomorrow.
  23.75; D 96

3488 кры́шка *Nf* cover, lid
- Повар открыл крышку кастрюли. — The chef took the lid off the pan.
  23.75; D 96

3489 стекля́нный *A* glass
- Они вышли через стеклянную дверь на открытую площадку. — They went out of the glass door onto the open landing.
  23.75; D 97

3490 те́зис *Nm* thesis, point
- В наших дискуссиях нередко выдвигается тезис о необходимости сильного правительства. — The point that a strong government is needed is often raised in our discussions.
  23.75; D 95

3491 недви́жимость *Nf* real estate, property
- Вы решили приобрести недвижимость за границей? — Have you decided to buy property abroad?
  23.74; D 89

3492 ведро́ *Nn* bucket
- Я налила воды в пластмассовое ведро. — I poured some water into a plastic bucket.
  23.72; D 95

3493 интелле́кт *Nm* intelligence
- Что такое искусственный интеллект? — What is artificial intelligence?
  23.72; D 95

3494 плащ *Nm* raincoat
- Из стеклянных дверей отеля вышел человек в бежевом плаще. — A man in a beige raincoat came out of the hotel's glass doors.
  23.71; D 97

3495 принадле́жность *Nf* accessory
- Он сходил за принадлежностями для этой игры. — He went to get accessories for the game.
  23.71; D 97

3496 возраста́ть *V* increase
- Конкуренция на рынке производителей рекламы продолжает возрастать. — Competition on the advertising market continues to increase.
  23.68; D 97

3497 христиа́нство *Nn* Christianity
- Армяне приняли христианство в начале четвертого века. — Armenians adopted Christianity at the start of the fourth century.
  23.68; D 96

3498 мо́лния *Nf* lightning
- В небе сверкнула молния и загремели громовые раскаты. — The sky was lit up by lightning, and thunder roared.
  23.67; D 96

3499 ва́жность *Nf* importance
- Он выполняет задание особой важности. — He's carrying out a task of particular importance.
  23.67; D 97

3500 заболе́ть *V* fall ill
- В феврале он очень сильно заболел ангиной. — In February he became seriously ill with tonsillitis.
  23.65; D 97

3501 компенса́ция *Nf* compensation
- Она потребовала компенсацию за моральный ущерб в размере 1 миллиона долларов. — She demanded 1 million dollars in compensation for moral damages.
  23.65; D 94

3502 наблюда́тель *Nm* observer
- Наблюдатели отмечают ухудшение экономического положения в стране. — Observers note a decline in the country's economy.
  23.64; D 96

3503 облегче́ние *Nn* relief
- Утолив жажду, я почувствовал облегчение и скоро заснул. — Having quenched my thirst, I felt relieved and soon fell asleep.
  23.64; D 98

3504 табле́тка *Nf* tablet
- Таблетки от кашля ей не помогают. — The cough tablets aren't helping her.
  23.62; D 95

3505 сме́лый *A* brave
- Наш папа очень смелый, у него даже есть орден 'За отвагу'. — Our dad is very brave; he was even awarded a medal for bravery.
  23.61; D 97

3506 педагоги́ческий *A* pedagogical
- В педагогическом институте учится много иностранцев. — Many foreigners study at the pedagogical institute.
  23.59; D 94

3507 беспоко́йство *Nn* concern
- Эти факты вызывают серьезное беспокойство. — These facts are cause for great concern.
  23.58; D 97

3508 изготовле́ние *Nn* production
- Здесь установлено оборудование для изготовления одноразовой посуды. — Equipment for producing disposable crockery is installed here.
  23.58; D 95

3509 взлета́ть *V* take off, fly out
- Вдруг из кустов взлетела огромная птица. — All of a sudden a huge bird flew out of the bushes.
  23.56; D 97

3510 поставщи́к *Nm* supplier
- Эта компания является крупнейшим поставщиком газа. — This company is a major gas supplier.
  23.55; D 93

3511 меню́ *Nn* menu
- У нас в меню есть не только овощные салаты. — We don't have only vegetable salads on our menu.
  23.54; D 92

3512 моря́к *Nm* sailor
- Я хочу стать моряком. — I want to be a sailor.
  23.54; D 95

3513 доро́жный *A* road, traffic
- На место дорожного происшествия уже прибыла 'Скорая помощь'. — An ambulance had already arrived at the scene of the road accident.
  23.53; D 74

3514 что-ли́бо *P* anything, something
- Уже слишком поздно что-либо менять. — It's already too late to change anything.
  23.52; D 98

3515 платёж *Nm* payment
- Размер ежемесячного платежа по кредиту составляет 21 000 рублей. — The monthly credit payment is 21,000 rubles.
  23.51; D 91

3516 плани́роваться *V* be planned
- Этим летом планируется запуск еще одного спутника. — The launch of another satellite is planned for the summer.
  23.47; D 95

3517 акце́нт *Nm* accent, emphasis
- Он говорит по-русски с сильным французским акцентом. — He speaks Russian with a strong French accent.
- В своих выступлениях кандидаты делают акцент на достоинствах собственных программ. — In their addresses deputies place emphasis on the merits of their policies.
  23.45; D 97

3518 мощь *Nf* power
- Демонстрация военной мощи была устрашающей. — The demonstration of military power was frightening.
  23.45; D 97

3519 супру́га *Nf* spouse (female), wife
- Супруга президента страны учредила благотворительный фонд. — The president's wife set up a charity.
  23.45; D 97

3520 велича́йший *A* greatest
- Тутмос III был величайшим из всех египетских фараонов. — Thutmose III was the greatest of all Egyptian pharaohs.
  23.44; D 98

3521 замолча́ть *V* fall silent
- Когда она вошла, все сразу замолчали. — Everyone immediately fell silent when she walked in.
  23.44; D 98

3522 одина́ково *Adv* equally
- Мама нас одинаково одевала и обувала. — Mum dressed us in the same clothes and shoes.
  23.44; D 97

3523 меда́ль *Nf* medal
- Он имеет все шансы на олимпийскую медаль. — He's got every chance of an Olympic medal.
  23.43; D 84

3524 брю́ки *N-* trousers
- Надо отдать эти брюки в химчистку. — I need to take these trousers to the dry cleaners.
  23.42; D 96

3525 ви́димость *Nf* visibility, illusion
- Из-за тумана видимость резко ухудшилась. — Visibility became much worse due to the fog.
  23.42; D 97

3526 поэти́ческий *A* poetic
- Они не верят в мой поэтический талант. — They don't believe in my poetic talent.
  23.41; D 96

3527 прави́тельственный *A* government(al)
- За эту операцию майор Петров получил правительственную награду. — Major Petrov was given a government award for this operation.
  23.41; D 97

3528 торже́ственный *A* ceremonial
- После завершения торжественной церемонии Президент ответил на вопросы представителей СМИ. — After the closing ceremony the president answered questions from the media.
  23.41; D 96

3529 ружьё *Nn* gun
- Охотничье ружье висело у него на плече. — He had a hunting gun on his shoulder.
  23.40; D 95

3530 дья́вол *Nm* devil
- В него как будто вселился дьявол. — It's as if he's been possessed by the devil.
  23.40; D 96

3531 блеск *Nm* shine
- Это придает светлым волосам блеск и золотистый оттенок. — It gives light hair a shine and a golden tint.
  23.39; D 97

3532 лома́ть *V* break
- Она никогда не ломала игрушки и не дралась с другими детьми. — She never broke any of her toys and didn't fight with other children.
  23.38; D 98

3533 приблизи́тельно *Adv* approximately, roughly
- Город был разделен рекой на две приблизительно равные части. — The town was split into two roughly equal parts by a river.
  23.37; D 97

3534 хала́т *Nm* bathrobe
- Она была в белом халате. — She was wearing a white bathrobe.
  23.36; D 97

3535 примеча́ние *Nn* note
- Примечания к этой статье написаны Иваном Петровым. — The notes on this article were written by Ivan Petrov.
  23.35; D 96

3536 недово́льный *A* displeased, malcontent
- На ее лице появилось недовольное выражение. — An expression of discontent appeared on her face.
  23.34; D 97

3537 ара́бский *A* Arabic
- Вы владеете арабским языком? — Do you know Arabic?
  23.33; D 93

3538 оптима́льный *A* optimal
- Оптимальная температура окружающей среды для морских свинок 18–22°. — The optimal temperature for guinea pigs is 18–22°.
  23.31; D 94

3539 казнь *Nf* execution
- Мы против смертной казни. — We are against execution.
  23.29; D 93

3540 пальто́ *Nn* coat
- Мне стало жарко и я расстегнула пальто. — I started to feel hot and so I unfastened my coat.
  23.29; D 97

3541 капитали́зм *Nm* capitalism
- В чем особенность российского капитализма? — What's special about Russian capitalism?
  23.27; D 95

3542 безопа́сный *A* safe
- Я отведу вас в безопасное место. — I'll take you to a safe place.
  23.26; D 96

3543 драгоце́нный *A* precious
- Его темно-красный галстук украшала булавка с драгоценным камнем. — His dark-red tie was adorned with a pin containing a precious stone.
  23.26; D 96

3544 разво́д *Nm* divorce
- Мой муж настаивает на немедленном разводе. — My husband is insisting on an immediate divorce.
  23.25; D 95

3545 сни́зу *Adv* from below, from the bottom
- Читай шестую строчку снизу. — Read the sixth line from the bottom.
  23.24; D 97

3546 колеба́ние *Nn* fluctuation
- Для этого региона характерны значительные колебания температуры воздуха. — Significant changes in air temperature are typical for this region.
  23.23; D 95

3547 дели́ть *V* divide, share
- Мы с ним всегда делили радости и печали. — He and I always shared joy and sadness.
  23.20; D 97

3548 кры́са *Nf* rat
- Здесь водятся крысы. — There are rats here.
  23.20; D 94

3549 могу́чий *A* powerful, strong
- Это был человек могучего телосложения. — This was a man, who had a powerful physique.
  23.20; D 97

3550 обсужда́ться *V* be discussed
- Этот вопрос уже обсуждался на конференции три года назад. — This question was already discussed at a conference three years ago.
  23.20; D 96

3551 разбуди́ть *V* wake
- Поздно ночью его разбудил шум. — He was woken up late at night by a noise.
  23.17; D 98

3552 жара́ *Nf* heat
- К вечеру жара спадает. — The heat drops towards the evening.
  23.16; D 97

3553 предупрежде́ние *Nn* warning, prevention
- Предупреждение о вреде курения помещено на задней поверхности пачки сигарет. — A warning of the damage smoking can cause is displayed on the back of cigarette packets.
- Ученые ведут работу по предупреждению распространения опасного вируса. — Scientists are looking into ways of preventing the spread of the dangerous virus.
  23.15; D 96

3554 весе́нний *A* spring
- Светит яркое весеннее солнце. — The spring sun is shining brightly.
  23.15; D 96

3555 ледяно́й *A* ice
- Две девочки катаются с ледяной горки. — The two girls are sliding down the ice slide.
  23.14; D 97

3556 фантасти́ческий *A* fantastic
- Я уже читала этот фантастический рассказ. — I've already read this fantastic story.
  23.11; D 97

3557 велосипе́д *Nm* bicycle
- Я сегодня каталась на велосипеде. — I went for a ride on my bicycle today.
  23.10; D 94

3558 ООН *Nf* UN, United Nations
- Вы сотрудник ООН? — Are you a UN employee?
  23.10; D 91

3559 реце́пт *Nm* recipe, prescription
- Я хотела спросить у тебя рецепт этого торта. — I wanted to ask you for the recipe of the cake.
- Это лекарство отпускается только по рецепту. — This drug is prescription only.
  23.09; D 94

3560 мело́дия *Nf* melody, song
- Звучит мелодия, популярная в семидесятые годы. — A song that was popular in the seventies is playing.
  23.07; D 92

3561 картошка *Nf* potato
- Мое любимое блюдо – жареная картошка. — My favourite dish is fried potatoes.
23.06; D 96

3562 седой *A* grey
- Наша учительница в музыкальной школе – полная седая женщина. — Our teacher at the music school is a plump woman with grey hair.
23.06; D 97

3563 студенческий *A* student
- Алексей рассказал о своей студенческой жизни. — Aleksey told us about his student years.
23.04; D 92

3564 вкусный *A* tasty
- Он поблагодарил за вкусный обед. — He said thank you for the tasty lunch.
23.03; D 96

3565 смесь *Nf* mixture
- Филе семги подержите в смеси оливкового масла, соли, перца и сока лимона. — Keep the salmon fillet in a mixture of olive oil, salt, pepper and lemon juice.
23.01; D 94

3566 полно *Adv* full
- Мое детство было полно невзгод. — My childhood was full of misfortune.
23.00; D 98

3567 шестьдесят *Num* sixty
- Здесь можно ехать со скоростью шестьдесят километров в час. — You can travel at 60 km/hour here.
22.99; D 97

3568 муха *Nf* fly
- В доме тихо, только мухи жужжат. — It's quiet in the house; only flies are buzzing.
22.96; D 96

3569 внешность *Nf* appearance
- Он и в старости сохранил привлекательную внешность. — He managed to keep his attractive appearance even when he got old.
22.93; D 95

3570 мастерство *Nn* skill
- Эта работа требует немалого мастерства. — This work requires a fair amount of skill.
22.93; D 96

3571 пешком *Adv* on foot
- Если мы пойдем туда пешком, это у нас займет лишь десять минут. — It will only take 10 minutes if we go there on foot.
22.88; D 97

3572 идеологический *A* ideological
- Был разгар холодной войны, идеологической конфронтации. — It was the height of the Cold War, of ideological confrontation.
22.86; D 96

3573 персональный *A* personal
- Эта камера подключается к персональному компьютеру. — This camera connects to a personal computer.
22.86; D 94

3574 столкновение *Nn* collision
- Лобовое столкновение автомобилей почти всегда заканчивается трагично. — A head-on collision usually ends in tragedy.
22.85; D 97

3575 раздражать *V* irritate, annoy
- Меня страшно раздражает шум. — Noise really annoys me.
22.85; D 97

3576 радиостанция *Nf* radio station
- В эфире радиостанция 'Эхо Москвы'. — The radio station 'Ekho Moskvy' is on air.
22.84; D 95

3577 формировать *V* form
- Эти знаменитые писатели формировали мировое общественное мнение. — These eminent authors have formed the world's public opinion.
22.82; D 97

3578 мучить *V* torment
- Сейчас же прекрати мучить животное! — Stop tormenting that animal right this minute!
22.80; D 97

3579 испанский *A* Spanish
- Это картина молодого испанского художника. — It's a picture by a young Spanish artist.
22.79; D 95

3580 сниться *V* dream
- Мне снился странный сон. — I had a strange dream.
22.79; D 96

3581 дополнение *Nn* accessory
- Прекрасным дополнением к бусам будет браслет. — An excellent accessory to this bead necklace would be a bracelet.
22.76; D 95

19 School and education

исто́рия 192 history
шко́ла 280 school
игра́ 303 game
игра́ть 345 play
занима́ться 379 study
зада́ча 393 task
образова́ние 510 education
класс 535 class, year
предме́т 629 subject
институ́т 664 institute
поступа́ть 711 start
  (university), enrol
оце́нка 714 mark
курс 775 course
учи́ться 782 study
отсу́тствие 852 absence
студе́нт 860 student
учи́тель 875 teacher
проверя́ть 904 check
задава́ть 923 ask (questions)
пра́ктика 949 practice
подгото́вка 977 preparation
заня́тие 983 lesson
университе́т 1024 university
обуче́ние 1087 training,
  learning
профе́ссор 1147 professor
библиоте́ка 1234 library
учени́к 1270 pupil
учи́ть 1308 teach, learn
уро́к 1340 lesson
прису́тствовать 1443 be
  present
научи́ться 1482 learn
уче́бный 1494 learning,
  training
изуче́ние 1524 study
гото́виться 1652 prepare,
  revise
изуча́ть 1688 learn, study
филосо́фия 1690 philosophy
прове́рка 1784 marking
воспита́ние 1836 education

прису́тствие 1846 presence
объясне́ние 1899
  explanation
акаде́мия 1995 academy
шко́льный 2007 school
преподава́тель 2058
  teacher
доска́ 2064 board
экза́мен 2128 exam
дневни́к 2176 diary; record
  book
отсу́тствовать 2207 be
  absent
уме́ние 2217 skill
ле́кция 2233 lecture
вуз 2252 institution of higher
  education
переме́на 2285 break
упражне́ние 2301 exercise
семина́р 2312 seminar
психоло́гия 2333
  psychology
аудито́рия 2362 lecture
  theatre
научи́ть 2403 teach
на́вык 2430 skill
фи́зика 2514 physics
тест 2583 test
факульте́т 2611 faculty
воспи́тывать 2640 train,
  educate
уче́бник 2695 textbook
нача́льный 2779 primary
дисципли́на 2786 discipline
матема́тика 2814
  mathematics
ка́федра 2981 department
шко́льник 3007 pupil
образова́тельный 3024
  educational
учёба 3065 studies
посо́бие 3096 textbook,
  (educational) aid

переры́в 3159 break
учи́лище 3211 training
  school, institute
уча́щийся 3273 student
дипло́м 3375 diploma,
  degree
выпускни́к 3424 graduate
поступле́ние 3435 enrolment
студе́нческий 3563 student
балл 3651 mark
се́ссия 3809 examination
  period
учи́тельница 3815 teacher
тре́нинг 3819 training
обуча́ть 3846 teach, train
тести́рование 3992 testing
новичо́к 4012 newcomer
хи́мия 4192 chemistry
колле́дж 4227 college
выу́чивать 4236 learn
преподава́ть 4261 teach
расписа́ние 4314 timetable
тетра́дь 4323 exercise book
кани́кулы 4406 holidays
энциклопе́дия 4422
  encyclopaedia
начина́ющий 4431 amateur
отме́тка 4436 mark
геогра́фия 4473 geography
биоло́гия 4486 biology
университе́тский 4514
  unversity
обуча́ться 4546 learn, be
  trained
студе́нтка 4575 student
  (female)
ре́ктор 4603 rector
па́рта 4700 school desk
стипе́ндия 4701 scholarship
однокла́ссник 4712
  schoolmate
вы́учиться 4918 learn
я́сли 4975 nursery

3582 бюро́ *Nn* office
- Ваш номер телефона мне дали в справочном бюро. — I was given your telephone number at the information office.
  22.76; D 92

3583 проше́дший *A* past
- Прошедший год был для нее очень тяжелым. — The past year has been very difficult for her.
  22.72; D 97

3584 реши́тельный *A* resolute
- Человеком он был решительным и смелым. — He was a resolute and courageous man.
  22.72; D 97

3585 нару́жу *Adv* out
- Дверь открывается наружу. — The door opens outwards.
  22.70; D 98

3586 вмеша́тельство *Nn* intervention, interfering
- Закон запрещает вмешательство в деятельность СМИ. — The law prohibits interfering in the work of the media.
  22.69; D 96

3587 здравоохране́ние *Nn* public health service
- Правительство может урезать финансирование системы здравоохранения. — The government may slash public health service funding.
  22.69; D 94

3588 обра́доваться *V* rejoice, be happy
- Все очень обрадовались нашему возвращению. — Everyone was really happy about our return.
  22.69; D 98

3589 приорите́т *Nm* priority
- Приоритет был отдан интересам ребенка. — Priority was given to the interests of the baby.
  22.68; D 96

3590 дневно́й *A* day
- Здесь не бывает дневного света. — There isn't any daylight here.
  22.67; D 96

3591 лу́нный *A* lunar, moonlit
- В прекрасную лунную ночь мы гуляли вдоль реки. — On a beautiful moonlit evening we walked along the river.
  22.67; D 90

3592 о́бувь *Nf* footware, shoes
- Какого размера обувь он носит? — What is his shoe size?
  22.65; D 89

3593 стоя́нка *Nf* car park, stand
- Мы оставили машину на платной стоянке. — We left the car at a paid car park.
  22.65; D 95

3594 демонстра́ция *Nf* demonstration, showing
- Миллионы людей вышли на демонстрации протеста, состоявшиеся во многих странах. — Millions of people joined protest demonstrations taking part in many countries.
- Продажа билетов начинается за неделю до демонстрации фильма. — Tickets go on sale a week before the film is shown.
  22.64; D 97

3595 где́-нибудь *P* somewhere, anywhere
- Давайте где-нибудь пообедаем. — Let's have lunch somewhere.
  22.63; D 98

3596 вре́менный *A* temporary
- Мы берем на временную работу подростков с 16 лет. — We're looking for young people aged 16 and above for temporary labour.
  22.62; D 97

3597 гармо́ния *Nf* harmony
- Мы должны научиться жить в гармонии с природой. — We must learn how to live in harmony with nature.
  22.61; D 96

3598 слепо́й *A, N-* blind
- Олег – учащийся музыкальной школы для слепых. — Oleg is a student at the music school for the blind.
  22.61; D 96

3599 повседне́вный *A* everyday
- Музей рассказывает о повседневной жизни и быте местных рыбаков. — The museum shows the everyday life and work of local fishermen.
  22.61; D 96

3600 ориента́ция *Nf* orientation
- Аграрная партия сменила лидера, но не политическую ориентацию. — The Agrarian Party changed its leader but not its political orientation.
  22.60; D 96

3601 подверга́ться *V* undergo, be subjected
- Они подвергались жестоким пыткам и сексуальным надругательствам. — They were subjected to cruel torture and sexual abuse.
  22.60; D 97

3602 го́нка *Nf* race
- Василий Козлов занял второе место в лыжной гонке на 10 км. — Vasily Kozlov came second in the 10 km ski race.
22.60; D 90

3603 ток *Nm* electric current
- Он погиб от удара током. — He died of an electric shock.
22.60; D 92

3604 элемента́рный *A* elementary
- В ваших высказываниях отсутствует элементарная логика. — Your statements are devoid of elementary logic.
22.58; D 96

3605 анализи́ровать *V* analyse
- Автор статьи анализирует экономические показатели последних лет. — The author of the article is analysing economic indicators of recent years.
22.57; D 97

3606 бензи́н *Nm* petrol
- По дороге у меня кончился бензин. — I ran out of petrol on the way.
22.56; D 95

3607 зерно́ *Nn* grain
- В будущем году нам нужно собрать 7 миллионов тонн зерна. — Next year we must collect 7 million tonnes of grain.
22.54; D 95

3608 группиро́вка *Nf* group
- Он старался не вступать ни в какие политические группировки. — He tried not to become part of any political group.
22.53; D 95

3609 усиле́ние *Nn* strengthening, intensification, increase
- Это приводит к усилению конкуренции. — This leads to an increase in competition.
22.53; D 96

3610 за́ново *Adv* again
- Мне хочется заново перечитать эту книгу. — I'd like to read this book again.
22.53; D 97

3611 дави́ть *V* press
- Какой ногой давить на педаль тормоза на автомате? — Which foot should you use to press the brake in an automatic car?
22.52; D 97

3612 претендова́ть *V* make a claim for, aspire
- Вы можете претендовать на перерасчет пенсии с учетом страховых взносов. — You can make a claim for your pension to be recalculated to take into account insurance premiums.
22.51; D 97

3613 языково́й *A* language
- У нас практически нет языкового барьера. — There is virtually no language barrier between us.
22.50; D 72

3614 пра́здничный *A* festive
- У меня сегодня праздничное настроение. — I'm in a festive mood today.
22.49; D 96

3615 креди́тный *A* credit
- Я забыл взять с собой кредитную карточку. — I forgot to take my credit card with me.
22.48; D 86

3616 интерфе́йс *Nm* interface
- Пользовательский интерфейс программы достаточно прост. — The user interface of the program is simple enough.
22.47; D 90

3617 мо́дуль *Nm* module
- Учебный курс состоит из отдельных модулей, интегрированных между собой. — The academic course consists of individual, inter-linking modules.
22.46; D 91

3618 незначи́тельный *A* minor, slight
- Обе машины получили незначительные повреждения. — Both cars were slightly damaged.
22.45; D 97

3619 квалифика́ция *Nf* qualification
- Он был специалистом высокой квалификации. — He was a highly qualified specialist.
22.44; D 92

3620 сыр *Nm* cheese
- На тарелке лежит кусочек сыра. — There's a piece of cheese on the plate.
22.44; D 91

3621 восьмо́й *Num* eighth
- Это был восьмой день нашей семейной жизни. — This was the eighth day of our family life.
22.42; D 97

3622 незако́нный *A* illegal
- Ему было предъявлено обвинение в незаконном приобретении и хранении оружия. — He was accused of illegally purchasing and holding a weapon.
22.41; D 95

3623 президе́нтский *A* presidential
- Здесь расположен президентский дворец. — The presidential palace is located here.
22.40; D 95

3624 обмáн *Nm* deception
- Рано или поздно обман откроется. — Sooner or later the deception will come to light.
  22.40; D 96

3625 снéжный *A* snow
- Земля и лес укутаны снежным одеялом. — The ground and forest are covered in a blanket of snow.
  22.40; D 95

3626 национáльность *Nf* nationality, ethnicity
- В новых паспортах национальность не указывается. — New passports don't show ethnicity.
  22.38; D 96

3627 зрéлище *Nn* spectacle
- Это необыкновенно красочное зрелище вызывает настоящий восторг. — This exceptionally beautiful spectacle brings real joy.
  22.37; D 97

3628 гриб *Nm* mushroom
- В лесу мы собираем грибы и ягоды. — We pick mushrooms and berries in the woods.
  22.37; D 91

3629 исключúтельный *A* exceptional, exclusive
- Вы можете пользоваться этой кнопкой только в самых исключительных случаях. — This button should be used only in exceptional circumstances.
- 'Гознак' имеет исключительное право на производство банкнот и паспортов на территории России. — Goznak (the State Insignia of the Russian Federation) has the exclusive right of producing banknotes and passports in Russia.
  22.37; D 96

3630 скýчный *A* boring
- Это очень скучная работа, но совсем не трудная. — This is very boring work, but it's not at all difficult.
  22.36; D 97

3631 прóвод *Nm* wire, line
- Голос на другом конце провода был взволнованным. — The voice on the other end of the line sounded worried.
  22.35; D 96

3632 фрукт *Nm* fruit
- Катя покупает фрукты. — Katya is buying fruit.
  22.35; D 95

3633 немáлый *A* considerable
- В полноте вашего ребенка немалую роль играет наследственность. — Genetics play a considerable role in your child's obesity.
  22.33; D 97

3634 невéрный *A* wrong
- Вы ввели неверный пароль. — You entered the wrong password.
  22.33; D 93

3635 слýжащий *Nm* employee
- Статус государственного служащего дает ему социальные гарантии. — A civil servant's status gives him social security.
  22.32; D 97

3636 штраф *Nm* fine
- За нарушение этого правила налагается крупный штраф. — There is a hefty fine for breaking this law.
  22.31; D 93

3637 бáня *Nf* sauna
- Он каждую субботу парится в бане. — He goes to the sauna every Saturday.
  22.29; D 94

3638 ненýжный *A* unnecessary
- Мне это кажется ненужной тратой денег. — This seems like an unnecessary expenditure to me.
  22.28; D 97

3639 передовóй *A* innovative, advanced
- Армения самая передовая страна СНГ в области лечения бесплодия. — Armenia is the most advanced country in the CIS in the area of infertility treatment.
  22.27; D 97

3640 плóский *A* flat
- Валиком особенно хорошо красить плоские поверхности. — It's a particularly good idea to paint flat surfaces with a roller.
  22.26; D 96

3641 церемóния *Nf* ceremony
- Церемония вручения премии состоялась 29 октября. — The award ceremony took place on the 29th of October.
  22.25; D 96

3642 тупóй *A* blunt, stupid
- Ножик был тупой. — The knife was blunt.
- Как у такого умного человека может быть такой тупой сын? — How can such an intelligent person have such a stupid son?
  22.24; D 97

3643 возбуждéние *Nn* excitement
- Толпа пришла в сильное возбуждение. — The crowd become very excited.
  22.18; D 96

3644 сове́тник *Nm* advisor
- Об этом заявил советник президента РФ по экономическим вопросам Андрей Илларионов. — Andrey Illarionov, an economic advisor of the Russian president, gave a report on this.
  22.17; D 94

3645 ступе́нька *Nf* step
- Я стояла на верхней ступеньке лестницы. — I was standing on the top step of the staircase.
  22.17; D 97

3646 оригина́л *Nm* original
- К заявлению прилагается оригинал свидетельства о рождении. — The original of the birth certificate is attached to the application.
  22.15; D 95

3647 жи́вопись *Nf* painting, art
- Он любит современную живопись. — He likes contemporary art.
  22.12; D 95

3648 бока́л *Nm* wine/champagne glass
- Я наполнил бокал вином. — I filled the glass with wine.
  22.12; D 96

3649 нить *Nf* thread
- Такие иглы незаменимы при вышивании толстыми шерстяными нитями. — These needles are indispensable for embroidering with thick woollen thread.
  22.12; D 95

3650 предстоя́щий *A* forthcoming
- Я верю в успех предстоящей операции. — I believe that the forthcoming operation will be a success.
  22.12; D 97

3651 балл *Nm* mark
- Он набрал пять баллов из десяти возможных. — He scored five points out of a possible ten.
  22.10; D 88

3652 ю́бка *Nf* skirt
- Может, стоит завтра надеть короткую черную юбку? — Do you think I could put on my short black skirt tomorrow?
  22.10; D 94

3653 сопе́рник *Nm* rival
- Кто ваш главный соперник на этих выборах? — Who is your main rival in the elections?
  22.08; D 94

3654 конституцио́нный *A* constitutional
- Его обвинили в покушении на конституционный строй. — He was convicted of trying to bring down the constitutional order.
  22.05; D 90

3655 ху́дший *A* worst
- Этот спектакль – одна из худших постановок нашего театра. — This show is one of our theatre's worst productions.
  22.05; D 97

3656 инспе́ктор *Nm* inspector
- Санитарный инспектор запретил использование этих материалов. — The health inspector banned the use of these materials.
  22.00; D 94

3657 сиде́нье *Nn* seat
- Он сел на пассажирское сиденье рядом с водителем. — He got into the passenger's seat next to the driver.
  21.99; D 96

3658 вспы́шка *Nf* flash
- Через мгновение яркая вспышка озарила местность. — A bright flash lit up the area in an instant.
  21.98; D 93

3659 стаби́льность *Nf* stability
- Наша задача – поддерживать политическую стабильность в стране. — Our task is to uphold political stability in the country.
  21.97; D 96

3660 дра́ться *V* fight
- Иногда дети дерутся друг с другом. — Children sometimes fight with each other.
  21.96; D 97

3661 е́вро *Nn* Euro
- В апреле цены увеличатся на 0,03–0,08 евро за килограмм. — In April there will be a price increase of 0.03 to 0.08 Euros per kilogram.
  21.96; D 88

3662 альтернати́вный *A* alternative
- Альтернативный вариант – купить компьютер одной из российских марок. — An alternative is to buy a Russian-made computer.
  21.95; D 94

3663 отверну́ться *V* turn one's back on
- В раздражении она отвернулась от зеркала. — In her temper she turned away from the mirror.
  21.93; D 98

3664 интерпрета́ция *Nf* interpretation
- Он излагает собственную интерпретацию этих фактов. — He's giving his own interpretation of the facts.
21.92; D 95

3665 рациона́льный *A* rational
- Нам нужно выбрать наиболее рациональное решение. — We need to choose the most rational solution.
21.89; D 96

3666 лати́нский *A* Latin
- Он не знает латинского алфавита. — He doesn't know the Latin alphabet.
21.86; D 96

3667 скоре́е *Adv* quicker, rather
- Пойдем скорее! — Quick, let's go!
- Это скорее правило, чем исключение. — This is rather the rule than the exception.
21.86; D 97

3668 функциона́льный *A* functional
- Этот телефон – стильный и функциональный. — This telephone is stylish and functional.
21.85; D 94

3669 свинья́ *Nf* pig
- В луже лежит свинья с поросятами. — There's a pig and its piglets in the puddle.
21.80; D 96

3670 желе́зо *Nn* iron
- Из произведенного железа делают станки. — Engineering tools are made from processed iron.
21.78; D 96

3671 жела́ющий *Nm* anyone wishing
- Все желающие могут принять участие в конкурсе. — The competition is open to anyone wishing to take part.
21.74; D 93

3672 поменя́ть *V* change
- Мне нужно поменять авиабилет. — I need to change my air ticket.
21.74; D 96

3673 ва́нна *Nf* bath
- Она принимает ванну. — She's having a bath.
21.71; D 96

3674 полго́да *N-* half a year
- Я слышал, что ты полгода жила во Франции. — I heard that you lived for half a year in France.
21.71; D 97

3675 вдвоём *Adv* together, two
- Мы с мужем вышли из дома вдвоём. — My husband and I left the house together.
21.70; D 97

3676 ста́рость *Nf* old age
- Он дожил до глубокой старости. — He lived to a ripe old age.
21.70; D 97

3677 постро́йка *Nf* building
- Зимой начнется постройка новой фабрики. — The building of the new factory will start in the winter.
21.69; D 96

3678 разнообра́зие *Nn* diversity
- На прилавках наших магазинов всегда присутствовало разнообразие молочных продуктов. — The shelves of our shop were always stocked with a diverse range of dairy products.
21.69; D 97

3679 внутрь *Adv* inside
- Он увидел около машины лужу крови и заглянул внутрь. — He saw a pool of blood near the car and looked inside.
21.68; D 97

3680 ко́жаный *A* leather
- Он был одет в черную кожаную куртку. — He was wearing a black leather jacket.
21.66; D 97

3681 кли́мат *Nm* climate
- Она с трудом переносила суровый северный климат. — She found the harsh northern climate hard to deal with.
21.65; D 92

3682 змея́ *Nf* snake
- Тут водятся змеи? — Are there any snakes here?
21.65; D 94

3683 отве́рстие *Nn* hole
- Для этого не обязательно сверлить отверстие в стене. — You do not need to drill a hole in the wall for this.
21.65; D 95

3684 администра́тор *Nm* manager, administrator
- Я тогда работал системным администратором в одной рекламной фирме. — At the time I was working as a system administrator at an advertising agency.
21.64; D 79

3685 целево́й *A* target
- Студенты являются нашей целевой аудиторией. — Students are our target audience.
21.63; D 94

3686 эксперти́за *Nf* examination
- Медицинская экспертиза установила, что его задушили. — The medical examination showed that he'd been strangled.
21.63; D 93

3687 биогра́фия *Nf* biography
- Они не любят рассказывать факты из своей биографии. — They don't like talking about facts from their biography.
21.62; D 96

3688 го́рдый *A* proud
- Он – гордый человек. — He's a proud man.
21.62; D 97

3689 строе́ние *Nn* structure, building
- Внутреннее строение Земли сейчас хорошо изучено с помощью сейсмических волн. — The inner structure of the Earth has been well researched with the aid of seismic waves.
- Это было небольшое изящное строение восемнадцатого века. — It was a small, elegant building from the eighteenth century.
21.62; D 95

3690 плёнка *Nf* film
- У меня пленка закончилась в фотоаппарате, пойдем в проявку. — The film in my camera has run out; let's go to get it developed.
21.61; D 94

3691 ноутбу́к *Nm* laptop
- Я только что купил новый ноутбук. — I've just bought a new laptop.
21.59; D 85

3692 поко́нчить *V* stop, put a stop to
- Органы национальной безопасности стремятся покончить с преступной деятельностью наркоструктур. — State security authorities are trying to put a stop to the criminal activities of drug trafficking groups.
21.59; D 98

3693 молодёжный *A* youth
- В молодежной среде существует множество проблем. — There are many problems in the youth community.
21.56; D 91

3694 тра́вма *Nf* injury
- Врачи констатировали у него черепно-мозговую травму. — Doctors identified that he had a brain injury.
21.56; D 93

3695 выпи́сывать *V* prescribe, discharge, order, copy out, subscribe
- Врач выписывает рецепт на лекарство. — The doctor is writing a prescription for the medicine.
- Ее должны выписать из больницы в конце следующей недели. — She should be discharged from hospital at the end of next week.
- Я много лет выписываю газету 'Комсомольская правда'. — I've subscribed to 'Komsomol'skaya Pravda' for many years.
21.55; D 96

3696 рюкза́к *Nm* rucksack
- Мы собрали рюкзаки. — We collected our rucksacks.
21.55; D 95

3697 прислу́шиваться *V* listen
- Все внимательно прислушивались к словам пожилого человека. — Everyone listened attentively to the words of the elderly person.
21.55; D 98

3698 стреми́тельно *Adv* rapidly
- Его слава стремительно росла. — His fame grew rapidly.
21.55; D 97

3699 тётка *Nf* aunt, woman (slang)
- Моя тетка – замечательная женщина. — My aunt is a wonderful woman.
- У входа толстая тетка ела мороженое. — A plump woman was eating ice-cream by the entrance.
21.54; D 96

3700 пото́мок *Nm* descendant
- Он оставил потомкам замечательное творческое наследие. — He left his descendants a remarkable artistic legacy.
21.51; D 97

3701 любо́вный *A* love
- После обеда съемочной группе предстояло снять любовную сцену. — After lunch the crew had to film a love scene.
21.44; D 96

3702 печа́тный *A* print
- В результате впервые печатные издания стали действительно массовыми и доступными практически каждому. — As a result printed publications for the first time became widespread and available to almost everyone.
21.42; D 92

3703 кру́жка *Nf* mug
- Он держал в руках большую кружку с кофе. — He was holding a large mug of coffee in his hands.
  21.42; D 96

3704 при́ступ *Nm* attack
- Он скончался от сердечного приступа. — He died of a heart attack.
  21.42; D 95

3705 непреры́вный *A* continuous
- По улице медленно двигался непрерывный поток автомобилей. — A continuous stream of cars was slowly moving along the road.
  21.40; D 96

3706 бедро́ *Nn* hip
- У него на бедре татуировка. — He has a tattoo on his hip.
  21.40; D 95

3707 гениа́льный *A* genial
- Она, на мой взгляд, гениальная актриса. — In my opinion, she is a genial actress.
  21.40; D 96

3708 э́кспорт *Nm* export
- Более 70% белорусского экспорта приходится на Россию. — More than 70% of Belorussia's export goes to Russia.
  21.40; D 93

3709 патро́н *Nm* cartridge
- Такой патрон обеспечивает точную траекторию полета пули. — These cartridges ensure the exact trajectory of a bullet.
  21.39; D 95

3710 операцио́нный *A* operating
- Какая операционная система установлена на ПК? — What operating system is installed on the PC?
- Она умерла на операционном столе. — She died on the operating table.
  21.38; D 93

3711 интеллиге́нция *Nf* intelligentsia
- Здесь соберется цвет русской интеллигенции. — The cream of the Russian intelligentsia will meet here.
  21.37; D 96

3712 сда́ча *Nf* change, leasing
- Он сунул сдачу себе в карман. — He put the change in his pocket.
- Эта квартира приобретается для дальнейшей сдачи в аренду. — This flat is being purchased for future leasing.
  21.36; D 95

3713 опо́ра *Nf* support
- Я его единственная опора. — I'm his only support.
  21.35; D 84

3714 освеще́ние *Nn* illumination
- Они подбирают освещение, необходимое для киносъемки. — They select the lighting necessary for filming.
  21.35; D 92

3715 вертолёт *Nm* helicopter
- Полет был недолгим, и вскоре вертолет приземлился. — The flight was short and the helicopter soon landed.
  21.34; D 94

3716 ду́ра *Nf* fool (female)
- Даже самой смешно, какая я дура была. — I myself find it funny that I was such a fool.
  21.34; D 96

3717 печа́тать *V* print, type, publish
- Наши объявления печатают в газетах. — Our announcements are printed in the papers.
  21.31; D 96

3718 пейза́ж *Nm* landscape
- За окном однообразный пейзаж – песок, песок, песок. — The landscape outside is monotonous: sand, sand and more sand.
  21.30; D 96

3719 боеви́к *Nm* action film, terrorist
- По телевизору показывают голливудский боевик. — There's a Hollywood action film on the television.
- Боевики захватили заложников – врачей и дипломатов. — The terrorists took hostages: doctors and diplomats.
  21.28; D 93

3720 печа́ль *Nf* sadness
- Ее лицо выражало печаль. — Sadness was written across her face.
  21.27; D 97

3721 не́когда *Adv* no time
- Мне некогда ходить по магазинам. — I haven't got time to go shopping.
  21.26; D 97

3722 пиджа́к *Nm* jacket, coat
- Он носит пиджаки спортивного покроя. — He wears sports jackets.
  21.26; D 96

3723 пане́ль *Nf* panel
- На лицевой панели модема находятся четыре световых индикатора. — Four light indicators are on the front panel of the modem.
  21.26; D 93

3724 хрен *Nm* horseradish, dick (slang)
- Всё было у него уже припасено: хрен, укроп, чеснок и лавровый лист. — He'd already got everything prepared: horseradish, dill, garlic and a bay leaf.
  21.24; D 97

3725 космона́вт *Nm* astronaut
- Я в твои годы хотел стать космонавтом. — When I was your age I wanted to be an astronaut.
  21.23; D 93

3726 фаши́стский *A* fascist
- Он играл активную роль в установлении фашистской диктатуры в Германии. — He played an active role in establishing a fascist dictatorship in Germany.
  21.23; D 96

3727 жа́жда *Nf* thirst
- Здесь мы могли бы немного передохнуть и утолить жажду. — We could take a breather and quench our thirst here.
  21.23; D 97

3728 ре́чка *Nf* small river
- Через весь город протекает речка. — A small river runs through the whole town.
  21.21; D 97

3729 снару́жи *Adv* outside
- Снаружи послышался шум. — A noise was heard outside.
  21.21; D 97

3730 совоку́пность *Nf* aggregate, total
- Число бедных в этих странах в совокупности увеличилось более чем на 150 млн. — The number of poor people in these countries has collectively increased by 150 million.
  21.21; D 96

3731 диа́гноз *Nm* diagnosis
- Врачи поставили Юле страшный диагноз. — The doctors gave Yulya a terrible diagnosis.
  21.20; D 94

3732 дра́ка *Nf* fight
- Я не видела, когда началась драка. — I didn't see the fight break out.
  21.20; D 96

3733 земе́льный *A* land
- На полученные деньги он купил большой земельный участок. — He used the money he got to buy a big plot of land.
  21.19; D 91

3734 иллюстра́ция *Nf* illustration
- Книгу сопровождают иллюстрации японского художника Макото Вада. — The book is accompanied by illustrations by the Japanese artist Makoto Wada.
  21.19; D 95

3735 ка́ша *Nf* porridge
- На завтрак мы едим овсяную кашу. — We eat oatmeal porridge for breakfast.
  21.18; D 96

3736 мы́сленно *Adv* mentally
- Дмитрий Борисович мысленно выругался. — Dmitry Borisovich mentally cursed.
  21.17; D 97

3737 вытека́ть *V* follow, leak
- Этот вывод вытекает из результатов исследования. — This conclusion follows from the results of the investigation.
- Из термоса вытекла почти вся вода. — Almost all of the water had leaked out of the flask.
  21.16; D 97

3738 поры́в *Nm* fit
- Виктор с трудом сдержал в себе порыв гнева. — Victor struggled to restrain the fit of anger.
  21.16; D 97

3739 обновле́ние *Nn* update, review
- Борьба с терроризмом требует кардинального обновления всей нашей политики в этом регионе. — The war on terror requires a major review of all our policies in the region.
  21.14; D 88

3740 кошма́р *Nm* nightmare
- Мне такой кошмар приснился! — I had such a nightmare!
  21.12; D 97

3741 компози́ция *Nf* composition
- В конкурсе флористики дети будут делать композиции из цветов. — In the floristry competition children will be creating compositions from flowers.
  21.11; D 94

3742 лук *Nm* onion, bow
- Нарежьте ветчину и лук. — Dice ham and onions.
  21.11; D 92

3743 ча́стый *A* frequent
- Частый прием аспирина вреден желудку. — Frequent use of aspirin is harmful for the stomach.
  21.10; D 97

3744 диапазóн *Nm* range
- Эта веб-камера работает в инфракрасном диапазоне. — This web camera works in infrared range.
  21.09; D 93

3745 слон *Nm* elephant
- Слоны спят стоя. — Elephants sleep standing up.
  21.08; D 96

3746 гуманитáрный *A* humanitarian
- Вокруг машин с гуманитарной помощью собралась толпа местных жителей. — A crowd of local residents gathered around the humanitarian aid vehicles.
  21.08; D 94

3747 проéзд *Nm* entry, passage, travel
- Проезд запрещен. — No entry.
- Жили они в проезде Серова в Москве. — They live in Serov Passage in Moscow.
- Наши сотрудники имеют право на бесплатный проезд по железной дороге. — Our employees are entitled to free rail travel.
  21.07; D 90

3748 торгóвец *Nm* trader, trafficker
- О нем говорят, что он торговец наркотиками. — He's apparently a drug trafficker.
  21.07; D 96

3749 хи́трый *A* sly
- Вы имеете дело с очень хитрыми людьми! — You're dealing with very sly individuals!
  21.07; D 97

3750 ежегóдный *A* annual
- Руководители стран 'Большой восьмерки' встречаются на ежегодной конференции. — Leaders of the Big Eight countries meet at an annual conference.
  21.06; D 96

3751 натурáльный *A* natural
- Мужские трусы из натурального шелка – редкость. — Men's pants made from natural silk are a rarity.
  21.06; D 95

3752 сóтовый *A* mobile
- У него не было сотового телефона. — He didn't have a mobile telephone.
  21.06; D 89

3753 кýкла *Nf* doll
- Это моя самая любимая кукла. — This is my favourite doll.
  21.04; D 93

3754 чемпиóн *Nm* champion
- Он двукратный олимпийский чемпион. — He's a two-time Olympic champion.
  21.03; D 92

3755 выделéние *Nn* release, allotment
- Химическая реакция сопровождается выделением тепла. — A chemical reaction is accompanied by a release of heat.
- Для этого потребуется выделение дополнительных бюджетных средств. — Supplementary budget funds will need to be allotted for this.
  21.03; D 95

3756 прыжóк *Nm* jump
- Он сделал прыжок в сторону и принял боевую стойку. — He jumped to the side and took up battle position.
  21.03; D 95

3757 фунт *Nm* pound
- Курс фунта стерлингов к доллару будет оставаться примерно на нынешнем уровне. — The rate of the pound against the dollar will remain at roughly its current level.
  21.03; D 93

3758 ýголь *Nm* coal
- Когда-то здесь добывали уголь. — Coal was once mined here.
  21.01; D 96

3759 листóк *Nm* sheet, leaf
- Он написал письмо на тетрадном листке. — He wrote a letter on a sheet from his notebook.
- Марина сорвала кленовый листок. — Marina picked a maple leaf.
  21.01; D 97

3760 я́рость *Nf* rage
- Он пришел в неописуемую ярость. — He went into an indescribable rage.
  21.01; D 97

3761 сверкáть *V* glisten
- Как сверкает снег на солнце! — Just look at the snow glisten in the sun!
  20.99; D 98

3762 мяч *Nm* ball
- Бросай мне мяч. — Throw me the ball.
  20.97; D 90

3763 нóготь *Nm* nail
- Зачем маленькой девочке красить ногти и носить каблуки? — Why should a young girl paint her nails and wear high heels?
  20.97; D 93

20 Size and dimensions

большо́й 104 big, large
часть 146 part, proportion
высо́кий 201 tall
ма́ленький 234 small
у́ровень 248 level, rate
ра́вный 357 equal
огро́мный 380 huge
небольшо́й 499 small
метр 504 metre
ма́ло 573 little, not much
рост 585 growth; height
кру́пный 607 large
бо́льший 616 bigger, larger
разме́р 638 size
сре́дний 640 average, middle
широ́кий 732 wide
коро́ткий 749 short
ни́зкий 752 low
дли́нный 779 long
объём 928 volume
киломе́тр 934 kilometre

лёгкий 979 light
ма́лый 1028 small
то́нкий 1227 thin, fine
ме́лкий 1241 minor
вес 1536 weight
увели́чивать 1595 increase
у́зкий 1698 narrow
увеличе́ние 1721 increase
то́лстый 1779 thick, fat
ми́нимум 1881 minimum
широко́ 1962 widely
сантиме́тр 1996 centimetre
величина́ 2054 size
килогра́мм 2123 kilogram
масшта́б 2222 scale
намно́го 2227 much
длина́ 2268 length
максима́льный 2541 maximum
минима́льный 2601 minimum, minimal
литр 2693 litre

измере́ние 2824 measurement, dimension
то́нна 2876 tonne
гига́нтский 2977 gigantic
грамм 3286 gram
ма́ксимум 3308 maximum
грома́дный 3333 huge
увели́чиваться 3335 increase
обши́рный 3365 extensive
худо́й 3404 thin
велича́йший 3520 biggest
ширина́ 3869 width
невысо́кий 4089 low, small
мм 4104 mm
колосса́льный 4150 colossal
грандио́зный 4231 grandiose
толщина́ 4451 thickness
см 4467 cm
ве́сить 4627 weigh
измеря́ть 4686 measure
ме́рить 4753 measure
ми́зерный 4850 measly

3764 носо́к *Nm* sock
• Он забыл надеть носки. — He forgot to put on his socks.
20.96; D 89

3765 награжда́ть *V* award
• Он посмертно награжден Орденом Мужества. — He was posthumously awarded the Order of Courage.
20.95; D 97

3766 ни́же *Prep* below, lower
• Ночью температура опустится ниже нуля. — The temperature will drop below freezing during the night.
20.95; D 96

3767 жа́ркий *A* hot
• Будет очень приятно в жаркий день попить квасу. — On a hot day drinking kvass is just the thing.
20.94; D 97

3768 дие́та *Nf* diet
• Ты придерживаешься диеты? — Are you on a diet?
20.94; D 86

3769 периоди́чески *Adv* periodically, from time
• У нас периодически возникают конфликты. — Conflicts break out here from time to time.
20.94; D 97

3770 за́работный *A* wage
• Они получают солидную заработную плату. — They get a good wage.
20.92; D 93

3771 совреме́нник *Nm* contemporary
• Современники отмечали его опытность и превосходные душевные качества. — His contemporaries recognized his expertise and admirable moral values.
20.91; D 97

3772 поврежде́ние *Nn* damage
• Экипаж корабля исправил повреждения своими силами. — Members of the ship's crew repaired the damage themselves.
20.89; D 92

3773 увольня́ть *V* sack
• Его уволили за прогулы. — He was sacked for absenteeism.
20.87; D 96

3774 ве́на *Nf* vein
- Вам придется сдать кровь из вены на анализ. — You will need to have blood taken from your vein for the analysis.
20.85; D 93

3775 топо́р *Nm* axe
- До вечерних сумерек звенят пилы, стучат топоры и бьют молотки. — Saws, axes and hammers can be heard until nightfall.
20.84; D 96

3776 маги́ческий *A* magic
- Наши далекие предки верили в магическую силу этих фигурок. — Our distant relatives believed in the magic power of these figures.
20.83; D 96

3777 коммуни́зм *Nm* communism
- Тогда я верил в коммунизм и хотел быть его активным строителем. — At the time I believed in communism and wanted to be actively involved in it.
20.81; D 96

3778 подзе́мный *A* underground
- Пройдите триста метров вправо и перейдите дорогу по подземному переходу. — Go three hundred metres to the right and then cross the road using the underground passage.
20.80; D 93

3779 конве́рт *Nm* envelope
- Он подал мне большой почтовый конверт. — He handed me a large postal envelope.
20.79; D 95

3780 ник *Nm* nickname, username
- Я поменяла ник. — I've changed my chat nickname.
20.78; D 92

3781 реме́нь *Nm* belt
- Не забудьте пристегнуть ремни. — Don't forget to fasten your belt.
20.78; D 96

3782 за́яц *Nm* hare
- Заяц выскочил из леса. — A hare jumped out of the woods.
20.76; D 91

3783 стесня́ться *V* be shy, be embarrassed
- Я стесняюсь танцевать. — I'm too shy to dance.
20.76; D 97

3784 любо́вник *Nm* lover
- У нее появился любовник. — She found a lover.
20.74; D 95

3785 руга́ться *V* swear, argue
- Как вам не стыдно ругаться при ребенке? — You should be ashamed of yourself swearing in front of a child.
- Мои родители никогда не ругались друг с другом. — My parents never argued with one another.
20.73; D 97

3786 наилу́чший *A* best
- Это был бы наилучший вариант. — This was the best option.
20.73; D 96

3787 каранда́ш *Nm* pencil
- Дочь рисует разноцветными карандашами. — Our daughter draws in coloured pencils.
20.72; D 96

3788 ус *Nm* moustache
- Мой муж носит усы. — My husband has a moustache.
20.71; D 97

3789 разря́д *Nm* category, discharge
- В парном разряде первенство завоевали Вартанян – Гамозков. — Vartanyan and Gamozkov came first in the doubles category.
- Раздался треск электрического разряда. — There was a crackle of electric discharge.
20.70; D 96

3790 зафикси́ровать *V* record
- Наибольший уровень добычи нефти здесь был зафиксирован в 1995 году. — The highest level of oil production was recorded here in 1995.
20.67; D 96

3791 изнутри́ *Adv* from within
- Изнутри доносились приглушенные голоса. — Muffled voices sounded from within.
20.67; D 97

3792 принце́сса *Nf* princess
- Один благородный рыцарь полюбил прекрасную принцессу. — A noble knight fell in love with the beautiful princess.
20.67; D 92

3793 ра́довать *V* cheer up
- Даже весна меня не радует. — Even spring can't cheer me up.
20.67; D 97

3794 соли́дный *A* reputable
- Солидному бизнесмену такое не к лицу. — That's not the done thing for a reputable businessman.
20.66; D 97

3795 пар *Nm* steam
- Вода была горячей, от нее шел пар. — The water was hot; steam was coming off it.
  20.64; D 95

3796 сосуд *Nm* vessel
- Изменится ли уровень воды в сосуде, если лед растает? — Will the water level in the vessel change if the ice melts?
  20.63; D 94

3797 сырой *A* raw, damp
- Я кормлю собаку сырым мясом. — I feed the dog raw meat.
- Сырая и холодная погода всем надоела. — Everyone is fed up of the damp and cold weather.
  20.63; D 97

3798 трагический *A* tragic
- Это человек трагической судьбы. — This is a man of tragic fate.
  20.63; D 96

3799 индекс *Nm* index, post code
- Что такое индекс массы тела и зачем он нужен? — What is the body mass index and what is it for?
- Не забудьте указать почтовый индекс на конверте. — Don't forget to write the post code on the envelope.
  20.62; D 85

3800 самоуправление *Nn* self-government
- Они недооценивают роль местного самоуправления. — They are underestimating the role of local self-government.
  20.62; D 91

3801 лужа *Nf* puddle
- Люди осторожно обходили большую лужу. — People were carefully stepping around the puddle.
  20.61; D 97

3802 неподалёку *Adv* not far
- Неподалеку от нас сидела девушка. — A girl was sitting not far from us.
  20.60; D 98

3803 чувствоваться *V* be felt, be sensed
- Странно, что совсем не чувствуется холод. — It's odd that the cold is not felt at all.
  20.59; D 98

3804 психика *Nf* mind
- Таково свойство человеческой психики. — Such is the nature of the human mind.
  20.59; D 95

3805 орёл *Nm* eagle
- Орлы парили в бездонном небе. — The eagles were hovering in the endless sky.
  20.58; D 95

3806 реплика *Nf* retort, line
- Смех сопровождает каждую реплику любимого актера. — Every line of the beloved actor was accompanied by laughter.
  20.57; D 96

3807 светить *V* shine
- Сегодня воздух теплый, как летом, ярко светит солнце. — The air is warm today; the sun is shining brightly just like in summer.
  20.53; D 97

3808 телеграмма *Nf* telegram
- Он получил из Москвы срочную телеграмму. — He received an urgent telegram from Moscow.
  20.53; D 96

3809 сессия *Nf* session, examination period
- В Вологде прошла внеочередная сессия Вологодской городской Думы. — A special session of the Vologda Municipal Duma was held.
- История эта произошла перед зимней сессией в одном из московских вузов. — This incident took place before the winter exam period in a Moscow institute of higher education.
  20.52; D 93

3810 плотно *Adv* tightly
- Я храню кофе в плотно закрытой банке в холодильнике. — I keep coffee in a tightly sealed jar in the fridge.
  20.51; D 97

3811 умственный *A* mental
- Он занят преимущественно умственным трудом. — He's busy mainly with mental pursuits.
  20.51; D 95

3812 кинотеатр *Nm* cinema
- На нашей улице открылся новый кинотеатр. — A new cinema has opened in our street.
  20.51; D 90

3813 комплект *Nm* set
- В комплект поставки входит пульт дистанционного управления. — A remote control comes in the delivery set.
  20.50; D 91

3814 те́сно *Adv* closely
- Темы научных работ были тесно связаны с нуждами производства. — The topics of scientific research were closely tied to the needs of industry.
20.49; D 97

3815 учи́тельница *Nf* teacher
- Анна Дмитриевна – моя учительница по математике. — Anna Dmitrievna is my maths teacher.
20.49; D 95

3816 ве́чность *Nf* eternity
- Казалось, это длится целую вечность. — It seemed to be lasting an eternity.
20.48; D 97

3817 не́куда *Adv* nowhere
- Мне некуда возвращаться. — I've got nowhere to go back to.
20.48; D 98

3818 свети́ться *V* shine
- Я издалека увидел, как светятся витрины магазинов. — I could see the shop windows shine from afar.
20.47; D 97

3819 тре́нинг *Nm* training
- Мы провели тренинг для продавцов-консультантов. — We led training sessions for sales advisers.
20.47; D 87

3820 интегра́ция *Nf* integration
- Мы выбрали путь интеграции в мировое сообщество. — We chose the route of integration into a peaceful community.
20.45; D 93

3821 себе́ *Part* (to) oneself
- Я сам себе обещал, что брошу курить. — I promised myself that I'd give up smoking.
20.44; D 97

3822 конья́к *Nm* cognac, brandy
- Я бы с удовольствием выпил рюмочку коньяку. — I'd love to have a glass of brandy.
20.44; D 96

3823 наи́вный *A* naïve
- Ты ведешь себя, как наивная девочка. — You're behaving like a naïve young girl.
20.43; D 97

3824 рва́ться *V* tear, strive
- Эта пленка легко рвется. — This film tears easily.
- Они рвутся к власти. — They're striving for power.
20.43; D 98

3825 зали́в *Nm* gulf, bay
- Река впадает в Рижский залив. — The river flows into the Gulf of Riga.
20.42; D 94

3826 отчётливо *Adv* distinctly
- Я отчетливо помню этот случай. — I can distinctly remember this incident.
20.41; D 98

3827 дефици́т *Nm* deficit
- В стране был дефицит продуктов питания. — There was a deficit of food products in the country.
20.39; D 94

3828 осе́нний *A* autumn
- В эти осенние дни он не чувствовал себя одиноким. — In these autumn days he didn't feel lonely.
20.38; D 97

3829 пенсионе́р *Nm* pensioner
- Мои родители – пенсионеры. — My parents are pensioners.
20.34; D 93

3830 крестья́нский *A* peasant
- Он привычен к крестьянскому труду. — He's used to peasant labour.
20.32; D 95

3831 пожела́ние *Nn* wish
- Мы идем навстречу пожеланиям клиентов. — We look to meet the wishes of our clients.
20.31; D 94

3832 порта́л *Nm* portal
- Об этом пишет информационный портал 'Панорама'. — The information portal 'Panorama' writes about this.
20.30; D 85

3833 программи́рование *Nn* programming
- Это хороший учебник по программированию. — This is a good programming manual.
20.29; D 82

3834 сеа́нс *Nm* screening, show
- Я купил два билета в кино на дневной сеанс. — I bought two tickets to the cinema for today's screening.
20.28; D 94

3835 ка́сса *Nf* cash desk
- В кассу стояла очередь. — There was a queue at the cash desk.
20.28; D 96

3836 столи́чный *A* metropolitan, capital
- Скоро будут выборы столичного мэра. — Elections for the position of mayor of the capital will soon take place.
  20.27; D 95

3837 скаме́йка *Nf* bench
- Он сел на садовую скамейку. — He sat down on the garden bench.
  20.27; D 97

3838 пое́сть *V* eat
- Я люблю вкусно поесть. — I love to eat nice food.
  20.26; D 97

3839 спортсме́н *Nm* athlete
- Один из моих клиентов – профессиональный спортсмен. — One of my customers is a professional athlete.
  20.26; D 92

3840 телевизио́нный *A* television
- Ток-шоу происходило в телевизионной студии. — The talk show was recorded at the television studio.
  20.23; D 95

3841 че́тверо *Num* four (people)
- У нас четверо внуков и один правнук. — We have four grandchildren and one great-grandchild.
  20.23; D 95

3842 годи́ться *V* be suitable
- Я считаю, что твой метод не годится. — I think that your method is unsuitable.
  20.20; D 97

3843 старт *Nm* start
- Старт данного проекта назначен на 2001 год. — The project is set to start in 2001.
  20.20; D 95

3844 изобрете́ние *Nn* invention
- Это было гениальное изобретение. — It was an ingenious invention.
  20.19; D 94

3845 алгори́тм *Nm* algorithm
- При использовании стандартного алгоритма расчет занял 48 секунд. — A calculation using a standard algorithm took 48 seconds.
  20.18; D 90

3846 обуча́ть *V* teach, train
- В этой школе иностранцев обучают турецкому языку. — At this school foreigners are taught Turkish.
  20.18; D 95

3847 ката́ться *V* ride
- Я катаюсь на велосипеде при любой погоде. — I ride my bike in any weather.
  20.16; D 95

3848 относи́тельный *A* relative
- Там мы жили в относительном спокойствии. — We lived there in relative peace.
  20.15; D 96

3849 сла́бо *Adv* weak(ly)
- Он тоже слабо верил в подобные истории. — He also didn't really believe in such stories.
  20.14; D 97

3850 заключённый *Nm* prisoner
- Он посещал заключенных в тюрьме. — He used to visit the prisoners in jail.
  20.12; D 95

3851 кирпи́ч *Nm* brick
- Дом был построен из красного кирпича. — The house was built from red brick.
  20.12; D 93

3852 стук *Nm* knock
- Я слышу стук в мою дверь. — I can hear a knock at my door.
  20.12; D 98

3853 работода́тель *Nm* employer
- Задача резюме – заинтересовать потенциального работодателя в вашей персоне. — The aim of a CV is to make a potential employer interested in you.
  20.11; D 89

3854 аре́нда *Nf* rent
- Где можно разместить объявление о сдаче кварты в аренду? — Where can I place an ad that I'm putting my flat up for rent?
  20.09; D 91

3855 ознако́миться *V* be familiar, know
- Я уже ознакомился с выводами коллег. — I'm already familiar with my colleagues' conclusions.
  20.05; D 94

3856 невозмо́жность *Nf* impossibility
- В письме он сообщил о невозможности нашего дальнейшего сотрудничества. — He wrote in the letter that further collaboration between us was not possible.
  20.05; D 97

3857 тропа́ *Nf* path
- Автомобиль застрял на горной тропе. — The car got stuck on a mountain path.
  20.04; D 96

3858 во́дный *A* water

- У нас с ним общее хобби – водный туризм. — He and I have a common hobby: water tourism.
  20.03; D 94

3859 ЕС *Nm* EU

- Эта система не соответствует требованиям ЕС. — This system does not meet EU requirements.
  20.02; D 89

3860 заты́лок *Nm* back of the head

- Удар по затылку может лишить зрения. — A blow to the back of the head can cause blindness.
  20.02; D 97

3861 организацио́нный *A* organizational

- У нее настоящий организационный талант. — She has a genuine talent for organizing things.
  20.01; D 94

3862 механи́ческий *A* mechanical

- Он до сих пор печатает на механической пишущей машинке. — He still writes on a mechanical typewriter.
  20.00; D 96

3863 раздраже́ние *Nn* irritation

- Его внешний вид вызывает у меня раздражение. — His appearance irritates me.
  20.00; D 97

3864 потяну́ться *V* stretch

- Он выключил компьютер, потянулся и вышел из-за стола. — He turned off the computer, stretched and got up from the table.
  19.98; D 98

3865 календа́рь *Nm* calendar

- У меня висит настенный календарь с видами Парижа. — I have a calendar with pictures of Paris on my wall.
  19.96; D 91

3866 подру́жка *Nf* friend (female)

- Познакомь меня с какой-нибудь симпатичной подружкой. — Introduce me to one of your nice friends.
  19.96; D 96

3867 гру́бо *Adv* harsh, roughly

- Почему ты с ним так грубо разговариваешь? — Why are you speaking with him in such a harsh manner?
  19.94; D 98

3868 ора́нжевый *A* orange

- – Где Лариса? – спросил парень в оранжевой куртке. — 'Where's Larisa?' a boy in an orange jacket asked.
  19.92; D 93

3869 ширина́ *Nf* width

- Подоконник был шириной сантиметров двадцать пять. — The window sill was about twenty five centimetres wide.
  19.92; D 95

3870 зака́т *Nm* sunset

- Мы любуемся морским закатом. — We're admiring the sunset at sea.
  19.91; D 97

3871 всю́ду *P* everywhere

- Он по-прежнему всюду собирает на свои выступления полные залы. — He still gets a full house for his performances everywhere he goes.
  19.90; D 98

3872 торжество́ *Nn* celebration, ceremony, triumph

- Приглашенные на торжество ветераны и военные едва сдерживали слезы на глазах. — The veterans and soldiers who had been invited to the ceremony could barely hold back their tears.
- В его голосе прозвучало торжество. — There was a sound of triumph in his voice.
  19.87; D 97

3873 написа́ние *Nn* writing, spelling

- Я с новыми силами приступил к написанию диссертации. — I started writing my dissertation with renewed vigour.
- Он никак не может запомнить правильное написание этого слова. — He just can't remember the correct spelling of this word.
  19.86; D 92

3874 оди́ннадцать *Num* eleven

- Саше завтра исполняется одиннадцать лет. — Sasha will be eleven tomorrow.
  19.84; D 97

3875 модерниза́ция *Nf* modernization

- Сейчас полным ходом идет модернизация производства. — The modernization of production is in full swing.
  19.84; D 95

3876 инфраструкту́ра *Nf* infrastructure

- Эти деньги лучше направить на развитие социальной инфраструктуры. — It is better to use these funds to aid the development of social infrastructure.
  19.83; D 92

3877 переписка *Nf* correspondence
- В архиве сохранилась переписка между писателем и актрисой. — Correspondence between the writer and the actress was kept in the archive.
- 19.83; D 96

3878 митинг *Nm* meeting
- В Москве состоялся митинг против цензуры в средствах массовой информации. — A meeting against censorship in the media took place in Moscow.
- 19.82; D 94

3879 госпожа *Nf* Mrs
- Госпожа Лисицына уехала. — Mrs Lisitsyna left.
- 19.80; D 94

3880 самоубийство *Nn* suicide
- Группа из шести человек совершила коллективное самоубийство. — A group of six people committed a collective suicide.
- 19.80; D 96

3881 гнездо *Nn* nest
- Эти птицы вьют гнезда в траве. — These birds make nests in the grass.
- 19.78; D 94

3882 прибегать *V* run
- Дважды прибегал он домой – то игрушки взять, то пописать. — He ran back home twice: once to fetch his toys, once to go to the toilet.
- 19.78; D 97

3883 сознательный *A* conscious
- Я сделал сознательный выбор: уйти из кино и сосредоточиться на романах. — I made a conscious decision: to leave the cinema and concentrate on writing novels.
- 19.78; D 97

3884 поэма *Nf* poem
- Поэт девять лет работал над своей поэмой. — The poet worked on his poem for nine years.
- 19.78; D 95

3885 мыло *Nn* soap
- Не забудь помыть руки с мылом. — Don't forget to wash your hands with soap.
- 19.75; D 92

3886 ранг *Nm* rank
- Ее отец – государственный чиновник высокого ранга. — Her dad is a high-ranking state official.
- 19.75; D 96

3887 блин *Nm, I* pancake, damn
- Мама печет блины. — Mum is baking pancakes.
- Да, блин, неудачный день. — Damn, what a bad day!
- 19.74; D 96

3888 коррупция *Nf* corruption
- Там процветает коррупция и взяточничество. — Corruption and bribery are rife there.
- 19.74; D 90

3889 жир *Nm* fat
- Это типичная белково-растительная диета, из которой исключены жиры. — This is a typical protein and vegetable diet in which fats are not allowed.
- 19.71; D 91

3890 пожаловаться *V* complain
- Бабушка пожаловалась на боль в плече. — Grandma complained of a pain in her shoulder.
- 19.71; D 88

3891 финский *A* Finnish
- Вы получили визу в финском консульстве? — Did you get the visa from the Finnish Embassy?
- 19.71; D 94

3892 газовый *A* gas
- Это обычная газовая плита. — It's a typical gas cooker.
- 19.68; D 93

3893 подбородок *Nm* chin, beard
- Рядом сидел темноволосый мужчина с длинными усами и колючим подбородком. — A dark-haired man with a long moustache and a prickly beard was sitting next to me.
- 19.68; D 95

3894 опера *Nf* opera
- Грандиозный успех имела постановка оперы 'Зигфрид' Рихарда Вагнера. — Richard Wagner's opera 'Siegfried' was a huge success.
- 19.66; D 93

3895 суп *Nm* soup
- Он любил варить летний овощной суп из всего, что росло на огороде. — He liked to cook a summer vegetable soup from everything that grew in the allotment.
- 19.66; D 96

3896 упорно *Adv* stubbornly
- Андрей упорно молчал, глядя в пол. — Looking down at the floor, Andrey stubbornly remained silent.
- 19.66; D 97

3897 аромáт *Nm* smell, fragrance
- Воздух наполнился чудесным ароматом цветов. — The air filled with a wonderful smell of flowers.
19.63; D 91

3898 деся́тый *Num* tenth
- В этого мальчика я влюбилась в десятом классе. — I fell in love with this boy in year ten.
19.62; D 97

3899 напрáво *Adv* to the right
- Поднимитесь на третий этаж и поверните от лифта направо. — Go up to the third floor and turn right from the lift.
19.62; D 97

3900 пóлночь *Nf* midnight
- Время подходит к полуночи. — It's getting close to midnight.
19.62; D 97

3901 разочаровáние *Nn* disappointment
- Твой отец испытал страшное разочарование. — Your father was terribly disappointed.
19.62; D 97

3902 Госдýма *Nf* State Duma
- Сейчас Госдума рассматривает несколько законодательных инициатив. — The State Duma is currently reviewing several legislative initiatives.
19.62; D 94

3903 берéменный *A* pregnant
- Беременная женщина может вести обычный образ жизни. — Pregnant women can lead an ordinary way of life.
19.61; D 94

3904 сосéдка *Nf* neighbour
- Как-то раз к ней заглянула соседка. — A neighbour once popped round to see her.
19.59; D 96

3905 граждáнство *Nn* citizenship
- В 2002 г. я получил гражданство РФ. — I was granted Russian citizenship in 2002.
19.59; D 88

3906 прóчный *A* firm
- Имплантат – довольно прочная конструкция, мало чем отличающаяся от настоящего зуба. — An implant is quite a firm construction; it differs little from a real tooth.
19.59; D 97

3907 три́ста *Num* three hundred
- Нарежьте мне, пожалуйста, триста граммов этой колбаски. — Cut me three hundred grams of that sausage, please.
19.58; D 96

3908 огонёк *Nm* flame
- В темноте светятся огоньки сигарет. — Cigarette flames were shining in the darkness.
19.57; D 97

3909 общежи́тие *Nn* hostel
- После зимних каникул студенты вернулись в общежитие. — Students returned to the hostel after the winter holidays.
19.56; D 93

3910 фильтр *Nm* filter
- После прохождения через фильтр вода очистилась. — The water was purified after it had passed through a filter.
19.56; D 90

3911 бýря *Nf* storm
- Ночью разразилась настоящая буря. — An almighty storm broke out in the night.
19.55; D 97

3912 ерундá *Nf* nonsense
- Она болтает полную ерунду. — She's talking utter nonsense.
19.55; D 95

3913 мýжество *Nn* courage, bravery
- За проявленное мужество и героизм старший лейтенант Петрунин был посмертно награжден орденом Красной Звезды. — Senior Lieutenant Petrunin was posthumously awarded the Order of the Red Star for bravery and heroism.
19.54; D 97

3914 печь *Nf* oven
- Анна поднялась, чтобы вынуть хлеб из печи. — Anna got up to take the bread out of the oven.
19.54; D 96

3915 рéзать *V* cut, chop
- Маша готовила салат, резала овощи. — Masha prepared the salad and chopped the vegetables.
19.52; D 97

3916 анали́тик *Nm* analyst
- Аналитики предсказывают, что проект окупится менее чем через два года. — Analysts predict that the project will have paid for itself in less than two years.
19.52; D 92

3917 физик *Nm* physicist
- Владимир Кулаков – физик по образованию, художник по призванию. — Vladimir Kulakov is a physicist by education and an artist by vocation.
  19.52; D 95

3918 пароль *Nm* password
- Постарайся не забыть пароль. — Try not to forget your password.
  19.51; D 0

3919 шофёр *Nm* driver
- Он расплатился с шофером и вылез из машины. — He paid the driver and got out of the car.
  19.51; D 97

3920 должный *A* due, proper
- В этой семье не относились должным образом к питанию. — This family didn't maintain a proper diet.
  19.50; D 97

3921 жирный *A* fatty
- Целый месяц я ограничивала себя в жирной пище. — I reduced the amount of fatty foods I ate for a whole month.
  19.50; D 95

3922 параллельный *A* parallel
- Параллельные линии не пересекаются. — Parallel lines do not cross.
  19.49; D 97

3923 провожать *V* accompany
- Он проводил гостей до машины. — He accompanied his guests to the car.
  19.48; D 98

3924 задержка *Nf* delay
- Произошла задержка по техническим причинам. — There is a delay due to technical reasons.
  19.48; D 94

3925 сопротивляться *V* resist
- У них не хватает силы воли сопротивляться этой вредной привычке. — They don't have the will power to resist this bad habit.
  19.48; D 97

3926 физически *Adv* physically
- Он выглядит слабым, но на самом деле он физически сильный и выносливый человек. — He looks weak, but in actual fact he's a physically fit and strong man.
  19.48; D 97

3927 инфляция *Nf* inflation
- В 1972 г. инфляция составила 260%. — In 1972 inflation was at 260%.
  19.47; D 91

3928 таможенный *A* customs
- Он встал в очередь на таможенный досмотр. — He stood in line waiting for the customs check.
  19.46; D 86

3929 гладкий *A* smooth
- Я выгляжу помолодевшей, меньше морщин, гладкая кожа. — I look younger; I've got fewer wrinkles and smooth skin.
  19.45; D 97

3930 недолго *Adv* not long
- Она недолго прожила со вторым мужем. — She didn't live with her husband for long.
  19.45; D 97

3931 регулярный *A* regular
- Выяснилось, что его регулярное употребление приводит к серьезным проблемам со здоровьем. — It has been found that its regular use can lead to serious health problems.
  19.45; D 96

3932 товарный *A* trade
- Права на этот товарный знак принадлежат французскому фармацевтическому предприятию. — The rights to this trademark belong to a French pharmaceutical company.
  19.45; D 93

3933 экскурсия *Nf* excursion
- Мы с вами совершим небольшую экскурсию и познакомимся с архитектурой города. — You and I are going on a small excursion to familiarize ourselves with the town's architecture.
  19.43; D 91

3934 по-разному *Adv* differently
- Омофоны – слова, которые звучат одинаково, но пишутся по-разному. — Homophones are words that sound the same but are written differently.
  19.40; D 97

3935 условный *A* conditional, suspended
- Несколько чиновников получили условный срок. — Several officers received a suspended sentence.
  19.40; D 97

3936 депрессия *Nf* depression
- Именно те люди, которые все 'держат в себе', чаще и дольше страдают от депрессии. — Namely those people who bottle up everything inside them suffer longer and more often from depression.
  19.39; D 94

3937 закуривать *V* light up (cigarette)
- Выйдя на балкон, он закурил сигарету. — He went onto the balcony and lit a cigarette.
19.39; D 98

3938 стройный *A* slim
- Военная форма еще больше подчеркивала его стройную фигуру. — His military uniform emphasized his slim figure even more.
19.39; D 97

3939 украшение *Nn* jewellery, decoration
- Я, как и многие женщины, люблю украшения. — I, as many other women, love jewellery.
- Жрецы занялись украшением храма. — The priests decorated the church.
19.39; D 94

3940 призрак *Nm* ghost
- Призрак вскинул руки над головой. — The ghost put its hands above its head.
19.39; D 96

3941 публиковать *V* publish
- Наш журнал постоянно публикует материалы на эту тему. — Our journal publishes on this topic all the time.
19.39; D 96

3942 продолжительность *Nf* duration
- Общая продолжительность полета составляла 12 часов. — The total flight time was 12 hours.
19.35; D 94

3943 овощ *Nm* vegetable
- Ирина почистила овощи для супа. — Irina peeled the vegetables for the soup.
19.34; D 94

3944 сновидение *Nn* dream
- Пациент рассказывает о своем сновидении. — The patient is retelling his dream.
19.34; D 85

3945 сериал *Nm* serial, soap opera
- Сегодня в 19.00 будет сериал 'Моя прекрасная няня'. — The serial 'Moya prekrasnaya nyanya' is on today at 19:00.
19.31; D 91

3946 уменьшение *Nn* decrease
- В последние годы произошло существенное уменьшение численности этих птиц. — In recent years the population of these birds has decreased substantially.
19.30; D 96

3947 отражаться *V* be reflected
- Солнце отражалось в витринах магазинов. — The sun was reflected in the shop windows.
19.29; D 96

3948 болтать *V* dangle, chat
- Девочка болтала загорелыми ногами и читала книгу. — The girl was dangling her sun-tanned legs and reading a book.
- Друзья весело болтали за столом весь вечер. — The friends chatted happily at the table all evening.
19.29; D 98

3949 одеваться *V* dress
- Она очень хорошо выглядит и красиво одевается. — She's very good-looking and dresses in nice clothes.
19.29; D 97

3950 переулок *Nm* alley
- Они бродили по тихим переулкам города. — They strolled through the town's quiet alleys.
19.29; D 94

3951 симптом *Nm* symptom
- У больного появляются симптомы хронического воспаления легких. — The patient has symptoms of chronic pneumonia.
19.29; D 94

3952 проживание *Nn* residence
- Мы выбрали проживание в сельской местности. — We chose a residence in the countryside.
19.27; D 93

3953 фокус *Nm* trick, focus
- Фокус не удался. — The trick didn't work.
- Это явление продолжает оставаться в фокусе внимания экспертов. — This phenomenon remains the focus of experts.
19.27; D 92

3954 мышка *Nf* mouse
- Мышка бежала, хвостиком махнула. — The mouse ran and gave a twitch of its tail.
19.27; D 96

3955 бочка *Nf* barrel, cask
- Это вино выдерживают не менее двух лет в дубовых бочках. — The wine is kept for at least two years in oak casks.
19.26; D 95

3956 болезненный *A* painful
- Это болезненная процедура. — It's a painful procedure.
19.23; D 97

21 Sports and leisure

програ́мма 252 programme
фильм 474 film
кома́нда 565 team
борьба́ 621 fight
му́зыка 632 music
рома́н 767 affair, novel
представле́ние 874
    performance
проти́вник 900 opponent
чита́тель 947 reader
побе́да 953 victory
клуб 1003 club
теа́тр 1023 theatre
выступа́ть 1080 perform
переда́ча 1128 programme
капита́н 1143 captain
музе́й 1284 museum
ли́дер 1313 leader
ла́герь 1320 camp
ко́нкурс 1401 competition
кино́ 1445 cinema; film
вы́ставка 1481 exhibition
худо́жественный 1556
    artistic, literary
диск 1634 disc
побежда́ть 1635 win
игро́к 1701 player
выступле́ние 1720
    performance
зри́тель 1729 spectator
выи́грывать 1757 win
конце́рт 1822 concert
музыка́льный 1867 music,
    musical
парк 1875 park
о́тдых 1926 holiday, rest
спорт 1955 sport
гуля́ть 2098 walk
телеви́дение 2168 television
спорти́вный 2191 sport,
    sporting
та́нец 2230 dance, dancing
пу́блика 2251 crowd, public
спекта́кль 2351
    performance, play
о́тпуск 2375 holiday
прои́грывать 2504 lose
отдыха́ть 2547 rest
да́ча 2564 summer home,
    dacha

победи́тель 2651 winner
фестива́ль 2666 festival
почита́ть 2706 read
танцева́ть 2719 dance
соревнова́ние 2720
    competition
бар 2740 bar
пье́са 2758 play
колле́кция 2918 collection
прогу́лка 3018 walk
трениро́вка 3026 training
матч 3076 match
приключе́ние 3097 adventure
пляж 3109 beach
игрово́й 3116 playing, game
рок 3156 rock music
бассе́йн 3160 pool
шо́у 3202 show
хор 3244 choir
футбо́л 3303 football
фина́л 3336 final
галере́я 3339 gallery
тур 3411 round
чемпиона́т 3427
    championship
театра́льный 3443 theatrical
ви́део 3445 video
развлече́ние 3447
    entertainment
турни́р 3457 tournament
фантасти́ческий 3556
    fantastic
велосипе́д 3557 bicycle
радиоста́нция 3576 radio
    station
го́нка 3602 race
зре́лище 3627 spectacle
ба́ня 3637 sauna
жи́вопись 3647 painting, art
сопе́рник 3653 rival
чемпио́н 3754 champion
мяч 3762 ball
кинотеа́тр 3812 cinema
сеа́нс 3834 screening, show
спортсме́н 3839 athlete
телевизио́нный 3840
    television
о́пера 3894 opera
экску́рсия 3933 excursion
ериа́л 3945 serial

увлече́ние 3958 passion,
    hobby
коме́дия 3978 comedy
тв 3987 TV
вечери́нка 4043 party
фанта́стика 4118 science
    fiction
кружо́к 4129 hobby group, club
инстру́ктор 4155 instructor
входно́й 4201 entrance
пла́вание 4310 swimming
олимпиа́да 4329 Olympics,
    Olympiad
купа́ться 4339 bathe
детекти́в 4353 detective
увлека́ться 4367 be
    enthusiastic
олимпи́йский 4392 Olympic
футбо́льный 4412 football
телекана́л 4450 TV channel
реко́рд 4462 record
цирк 4465 circus
сбо́рная 4474 national team
бале́т 4485 ballet
стадио́н 4490 stadium
бокс 4504 boxing
ша́хматы 4537 chess
лы́жа 4543 ski
аре́на 4582 arena, stage
казино́ 4584 casino
дискоте́ка 4592 disco
чат 4641 chat
зоопа́рк 4657 zoo
боксе́р 4699 boxer
аплоди́ровать 4749
    applaud, cheer
ко́микс 4751 comics
спортза́л 4754 gym
като́к 4757 ice rink
гольф 4765 golf
загора́ть 4766 sunbathe
баскетбо́л 4776 basketball
отдыха́ющий 4804
    holidaymaker
пе́шка 4825 pawn
каче́ли 4921 swing
врата́рь 4943 goalkeeper
фи́тнес 4971 fitness
волейбо́л 4977 volleyball
бо́улинг 4990 bowling

3957 барьер *Nm* barrier
- Площадку для выступлений огораживал барьер. — A barrier was put around the area where the performances were taking place.
  19.23; D 95

3958 увлечение *Nn* passion, hobby
- Это его последнее увлечение – слушать на улице музыку. — His latest hobby is listening to music on the street.
  19.22; D 96

3959 обследование *Nn* examination
- Давайте дождемся результатов медицинского обследования. — Let's wait for the results of the medical examination.
  19.21; D 93

3960 плоскость *Nf* plane
- Под 'поперечной плоскостью' подразумевается вертикальная плоскость, перпендикулярная плоскости автомобиля. — A transverse plane is a vertical plane perpendicular to the plane of the vehicle.
  19.20; D 95

3961 терроризм *Nm* terrorism
- Международный терроризм не признает государственных границ. — International terrorism does not recognize state boundaries.
  19.19; D 93

3962 дистанция *Nf* distance
- Наша бегунья стала лучшей на дистанции 5000 метров. — Our runner was the best over a distance of 5,000 metres.
  19.18; D 94

3963 регулировать *V* regulate, adjust
- Этим рычажком можно регулировать громкость. — You can adjust the volume with this switch.
  19.18; D 96

3964 прохожий *A, N-* passer-by
- Прохожие оглядывались на нее с удивлением. — Passers-by looked at her with surprise.
  19.15; D 97

3965 отвозить *V* take
- Ее надо поскорее отвезти в больницу. — She needs to be taken to hospital immediately.
  19.12; D 97

3966 позади *Adv* behind
- Все неприятности остались позади. — All the troubles are behind us.
  19.11; D 98

3967 ура *I* hooray
- Из кают-компании раздалось 'ура' в честь флота и его командиров. — A 'hooray' for the fleet and its captains rang out of the mess.
  19.09; D 97

3968 видимый *A* visible
- Старая дама с видимым удовольствием подключилась к разговору. — The elderly lady joined the conversation with visible satisfaction.
  19.09; D 97

3969 роскошный *A* luxurious
- Красивая девушка в бикини стояла на палубе роскошной яхты. — A beautiful girl wearing a bikini was on board the luxurious yacht.
  19.07; D 96

3970 делегация *Nf* delegation
- Я входила в состав официальной делегации. — I was part of the official delegation.
  19.05; D 95

3971 зависть *Nf* envy
- Мужчины смотрят на неё с восхищением, а женщины – с нескрываемой завистью. — Men look at her with admiration, women with unhidden envy.
  19.05; D 97

3972 выкидывать *V* throw away
- Они выкидывают мусор куда попало. — They throw away their rubbish wherever it suits them.
  19.05; D 97

3973 трамвай *Nm* tram
- Трамвай остановился, двери открылись. — The tram stopped and the doors opened.
  19.04; D 95

3974 комбинация *Nf* combination
- Эта комбинация клавиш используется для выхода из программы. — This combination of keys is used to exit the program.
  19.03; D 95

3975 решётка *Nf* bars, lattice
- На окне была решетка из толстых стальных прутьев. — Thick steel bars were fitted to the window.
  19.01; D 96

3976 скучать *V* miss, be bored
- Я буду ужасно скучать по тебе. — I'll really miss you.
- Мне просто некогда скучать, я очень занят. — I simply don't have time to get bored; I'm very busy.
  19.01; D 97

3977 дереве́нский *A* rural
- Я сижу в деревенской избе на краю заснеженного леса. — I'm sitting in a rural cottage at the edge of the snow-covered forest.
  18.99; D 95

3978 коме́дия *Nf* comedy
- Вчера мы смотрели детскую комедию 'Кошки против собак'. — Yesterday we watched the children's comedy 'Cats and Dogs'.
  18.98; D 94

3979 стаби́льный *A* stable
- Он стремится обеспечить себе стабильный заработок. — He's trying to get himself a stable income.
  18.98; D 95

3980 мёд *Nm* honey
- На рынке мы купили вкусный мед. — We bought tasty honey at the market.
  18.97; D 93

3981 энерге́тика *Nf* power industry, energy
- Альтернативная энергетика – энергетика будущего. — Alternative energy is the energy of the future.
  18.95; D 92

3982 функциони́рование *Nn* functioning
- Эти вещества необходимы для нормального функционирования всех клеток человеческого тела. — These elements are necessary for the normal functioning of all cells in the human body.
  18.95; D 95

3983 руга́ть *V* scold
- Мать ругает сына-двоечника. — The mother is scolding her underachieving son.
  18.93; D 97

3984 шампа́нское *Nn* champagne
- А почему бы нам не выпить шампанского? — And why don't we have a glass of champagne?
  18.93; D 96

3985 экономи́ст *Nm* economist
- Из академии я вышел дипломированным экономистом. — I left the academy a qualified economist.
  18.93; D 94

3986 специализи́рованный *A* specialized
- Эта клиника – специализированный медицинский центр по гинекологии и урологии — This clinic is a specialized medical centre for gynaecology and urology.
  18.90; D 93

3987 ТВ *Nn* TV
- Она перестала смотреть по ТВ латиноамериканские сериалы. — She stopped watching South American soap operas on TV.
  18.90; D 92

3988 жена́тый *A* married
- Она влюбилась в женатого мужчину. — She fell in love with a married man.
  18.89; D 95

3989 заголо́вок *Nm* title
- Какие заголовки статей лучше привлекают внимание, красные или черные? — What titles attract the most attention: those in red or black?
  18.87; D 92

3990 руче́й *Nm* stream
- Из-под большого камня течет ручей. — A stream flows from beneath the large rock.
  18.87; D 95

3991 выполня́ться *V* be performed, be executed, be fulfilled
- Все упражнения выполняются в среднем темпе. — All the exercises are performed at a moderate pace.
  18.81; D 95

3992 тести́рование *Nn* testing
- Они проходят тестирование на знание информатики. — They are tested on their IT knowledge.
  18.81; D 91

3993 престу́пный *A* criminal
- О его преступной деятельности стало известно. — His criminal activities came to light.
  18.78; D 95

3994 гара́ж *Nm* garage
- Я вышел из подземного гаража, где оставил свою машину. — I walked out of the underground garage, where I left my car.
  18.77; D 95

3995 ру́брика *Nf* heading, section
- С текстами обзоров можно познакомиться на нашем сайте в рубрике 'Кино'. — You can see the reviews on our site in the 'Cinema' section.
  18.77; D 91

3996 дра́ма *Nf* drama
- Зрителя ждет настоящая психологическая драма. — The viewer is in for a real psychological drama.
  18.76; D 95

3997 включе́ние *Nn* inclusion, turning on
- Вам рекомендовано включение в рацион огурцов, кабачков и тыквы. — We recommend that you include cucumbers, marrows and pumpkin in your diet.
- Где расположена кнопка включения компьютера? — Where is the 'on' switch on a computer?
18.75; D 95

3998 концентра́ция *Nf* concentration
- Концентрация углекислого газа в атмосфере станет увеличиваться. — The concentration of carbon dioxide in the atmosphere will increase.
18.73; D 92

3999 актри́са *Nf* actress
- Главную роль в мюзикле играет юная актриса Лиза Арзамасова. — The leading role in the musical is played by the young actress Liza Arzamasova.
18.70; D 93

4000 командиро́вка *Nf* business trip
- Муж Нины находится в заграничной командировке. — Nina's husband is abroad on a business trip.
18.70; D 95

4001 стально́й *A* steel
- Из стальной проволоки делают крючки. — Hooks are made from steel cable.
18.70; D 96

4002 ось *Nf* axis
- На горизонтальной оси отображается время в минутах. — The horizontal axis shows the time in minutes.
18.68; D 95

4003 грек *Nm* Greek
- Его отец был грек, а мать армянка. — His father was Greek and his mother Armenian.
18.68; D 96

4004 звуково́й *A* audio
- Прибор издает звуковой сигнал каждые три секунды. — The machine sends out an audio signal every three seconds.
18.68; D 93

4005 пре́лесть *Nf* charm
- Они наслаждались прелестью теплой египетской ночи. — They enjoyed the charm of the warm Egyptian night.
18.68; D 97

4006 ограни́чивать *V* restrict
- Какие продукты следует ограничить при сахарном диабете? — Which foods should be restricted in diabetes?
18.67; D 96

4007 простота́ *Nf* simplicity
- Книги этого автора отличает простота и доступность изложения материала. — The books of this author stand out due to their simplicity and accessibility.
18.67; D 96

4008 рог *Nm* horn
- Поэтому я решила взять быка за рога и сразу после лекции подошла к нему. — So I decided to take the bull by the horns and I went up to him straight after the lesson.
18.66; D 96

4009 нале́во *Adv* to the left
- Около ресторана 'Русская изба' поверните налево. — Turn left by the 'Russkaya Izba' restaurant.
18.65; D 96

4010 ген *Nm* gene
- Однояйцевые близнецы наследуют от родителей абсолютно идентичный набор генов. — Identical twins inherit the same set of genes from their parents.
18.63; D 91

4011 герои́ня *Nf* heroine
- Главная героиня фильма – Марина. — Marina is the heroine of the film.
18.63; D 95

4012 новичо́к *Nm* newcomer
- В нашем классе появился новичок. — We had a newcomer to the class.
18.63; D 69

4013 кори́чневый *A* brown
- На ней было короткое коричневое пальто. — She was wearing a short brown coat.
18.62; D 95

4014 годово́й *A* year, year's
- Приз за правильный ответ – годовая подписка на нашу газету. — The prize for the correct answer is a year's subscription to our newspaper.
18.61; D 93

4015 ко́мплексный *A* complex, integrated, set (meal)
- Их отличает комплексный подход к решению поставленных задач. — Their integrated approach to solving the assigned tasks set them apart.
- Комплексный обед стоит всего 70 рублей. — A set lunch menu costs only 70 rubles.
18.59; D 95

4016 возврат *Nm* return
- Могу ли я отказать покупателю в возврате товара? — May I refuse a customer who wants to return an item?
  18.59; D 93

4017 парламентский *A* parliamentary
- Парламентская комиссия продолжает свою работу. — The parliamentary committee is continuing its work.
  18.59; D 92

4018 армейский *A* army
- Об этом он рассказал на страницах нашей армейской газеты. — He wrote about it in our army newspaper.
  18.58; D 96

4019 ликвидация *Nf* liquidation, elimination
- Операция по ликвидации банды началась вчера в шесть утра. — An operation aiming to eliminate the gang was set underway at six o'clock yesterday morning.
  18.57; D 93

4020 неизменный *A* invariable, constant
- Его лекции пользовались неизменным успехом среди студентов. — His lectures were always a success among the students.
  18.56; D 97

4021 винтовка *Nf* rifle
- Мужчина остановился и резко вскинул винтовку. — The man stopped abruptly and cast up his rifle.
  18.55; D 95

4022 ислам *Nm* Islam
- Она приняла ислам, выйдя замуж за мусульманина. — Having married a Muslim, she converted to Islam.
  18.55; D 72

4023 абстрактный *A* abstract
- Там стояла диковинная абстрактная скульптура из серебристого металла. — An exotic abstract sculpture made from silvery metal was on display there.
  18.54; D 95

4024 упаковка *Nf* packing, package
- Всегда необходимо читать информацию на упаковке. — You should always read the instructions on the package.
  18.54; D 94

4025 родные *N-* family
- Все родные и знакомые считали меня очень талантливым. — All of my family and friends thought that I was talented.
  18.51; D 97

4026 сюрприз *Nm* surprise
- Я приготовила тебе маленький сюрприз. — I've got a little surprise for you.
  18.50; D 96

4027 перевозка *Nf* transportation
- Пассажир обязан оплатить проезд и перевозку багажа. — Passengers are obliged to pay their travel and baggage transportation costs.
  18.50; D 92

4028 щель *Nf* chink, crack
- Между досками образовалась щель. — A crack appeared between the boards.
  18.49; D 97

4029 неудачный *A* unsuccessful
- Он предпринял неудачную попытку побега. — He made an unsuccessful attempt to escape.
  18.48; D 97

4030 сырьё *Nn* raw material
- Эта фирма поставляет сырье изготовления пластиковых бутылок. — This firm supplies raw materials for producing plastic bottles.
  18.47; D 94

4031 мусульманин *Nm* Muslim
- Я – правоверный мусульманин. — Muslims pray five times a day.
  18.47; D 92

4032 потребительский *A* consumer
- Сделано это было для удовлетворения растущего потребительского спроса. — It was done to satisfy the growing consumer demand.
  18.47; D 94

4033 аналитический *A* analytical
- Вы со своим аналитическим умом будете нам очень полезны. — With your analytical mind you will be very useful to us.
  18.45; D 92

4034 тротуар *Nm* pavement
- Прохожие шагали по тротуару. — Passers-by were walking along the pavement.
  18.43; D 96

4035 паника *Nf* panic
- В салоне самолета началась паника. — Panic broke out on board the aeroplane.
  18.43; D 96

4036 рейс *Nm* flight, voyage
- Самолет выполняет рейс по маршруту Самара-Ганновер. — The plane is flying from Samara to Hanover.
  18.43; D 95

4037 рождество́ *Nn* Christmas
- Какие подарки ты получила на Рождество? — What presents did you get for Christmas?
  18.43; D 94

4038 по́рция *Nf* portion
- Мне, пожалуйста, двойную порцию картошки фри. — I'd like a double portion of chips, please.
  18.41; D 96

4039 колеба́ться *V* fluctuate
- Рекомендуемый уровень колеблется в пределах 30-50%. — The recommended level fluctuates within the range of 30 to 50 per cent.
  18.38; D 97

4040 схо́дство *Nn* similarity
- Нельзя не заметить их поразительного сходства. — It's impossible not to notice their striking similarity.
  18.38; D 97

4041 наверху́ *Adv* upstairs, on top
- Я хочу купить холодильник с морозильной камерой наверху. — I want to buy a fridge with a freezer compartment on the top.
  18.37; D 97

4042 ручно́й *A* manual, hand
- Новые правила применяются исключительно к ручной клади. — The new rules apply only to hand luggage.
  18.36; D 95

4043 вечери́нка *Nf* party
- Сегодня намечается вечеринка у моего друга. — There's a party at my friend's house today.
  18.36; D 92

4044 осторо́жный *A* cautious
- Я услышал осторожный стук в дверь. — I heard a cautious knock at the door.
  18.36; D 97

4045 девя́тый *Num* ninth
- Он был девятым ребенком в семье. — He was the ninth child in the family.
  18.35; D 97

4046 осмо́тр *Nm* inspection, check
- Туристы приехали для осмотра достопримечательностей. — Tourists came to look at the sights.
- При осмотре багажа у него в сумке обнаружили наркотики. — Drugs were found in his bag during the baggage check.
  18.35; D 96

4047 бык *Nm* bull
- На лугу пасется огромный бык. — A huge bull is grazing on the meadow.
  18.34; D 96

4048 обожа́ть *V* adore
- Дедушка и бабушка обожали свою внучку. — The grandmother and grandfather adored their granddaughter.
  18.33; D 96

4049 академи́ческий *A* academic
- Эта группа студентов ориентирована на академическую карьеру. — This group of students are inclined towards a career in academia.
  18.33; D 93

4050 блесте́ть *V* shine, flash
- В это время блеснула молния и грянул гром. — At this moment there was a flash of lightning and a bolt of thunder.
  18.31; D 98

4051 напра́сно *Adv* in vain, for nothing
- Вы напрасно волнуетесь. — You're worrying for nothing.
  18.30; D 98

4052 коэффицие́нт *Nm* coefficient, factor
- Один из коэффициентов связан с возрастом и водительским стажем. — One of the factors is linked to age and driving experience.
  18.29; D 93

4053 нове́йший *A* newest, latest
- В нашей больнице имеется новейшая медицинская техника. — We have the latest medical equipment at our hospital.
  18.29; D 96

4054 плака́т *Nm* poster
- В его комнате висит плакат с изображением машины. — There's a poster with a car on it in his room.
  18.29; D 94

4055 матери́нский *A* maternal
- Она выросла без материнской любви. — She grew up without maternal love.
  18.27; D 94

4056 примити́вный *A* primitive
- Резьба на саркофаге говорит о примитивной цивилизации. — The carving on the sarcophagus tells of a primitive civilization.
  18.27; D 97

4057 мат *Nm* mat, obscene language
- Лягте на мат или коврик лицом вниз.
  — Lie down on a mat or rug with your
  face to the floor.
- Он использует мат во всех своих
  произведениях. — He uses obscene
  language in all his works.
  18.26; D 96

4058 отвратительный *A* disgusting
- В комнате стоял отвратительный запах.
  — There was a disgusting smell in the
  room.
  18.25; D 98

4059 верность *Nf* loyalty
- Этот человек сохранит верность своей
  клятве, он не изменник. — This person is
  loyal to his promise; he's not a traitor.
  18.24; D 97

4060 поблагодарить *V* thank
- Нина Петровна поблагодарила за
  приглашение. — Nina Petrovna said thank
  you for the invitation.
  18.24; D 97

4061 влажный *A* wet
- Время от времени надо протирать
  поверхность влажной тряпкой. — From
  time to time you need to wipe the surface
  with a wet cloth.
  18.23; D 96

4062 импульс *Nm* impulse
- Именно из мозга посылаются нервные
  импульсы во все органы. — It's namely
  from the brain that nerve impulses are sent
  to all the organs.
  18.21; D 94

4063 менеджмент *Nm* management
- Он ведет курсы по стратегическому
  менеджменту. — He convenes courses in
  strategic management.
  18.20; D 92

4064 приготовление *Nn* cooking, preparation
- Постарайтесь снизить количество жира
  для приготовления пищи. — Try to reduce
  the amount of cooking fat.
- Приготовления к свадьбе длились около
  недели. — The wedding preparation took
  around a week.
  18.20; D 95

4065 вылет *Nm* departure
- Вылет туристов из Санкт-Петербурга
  назначен на 13.00. — The tourists'
  departure from Saint Petersburg is
  scheduled for 13:00.
  18.20; D 95

4066 удобство *Nn* convenience
- Для Вашего удобства мы сделали
  электронный каталог нашей продукции.
  — For your convenience we have created
  an online catalogue of our products.
  18.18; D 96

4067 повторение *Nn* repetition
- Тренироваться нужно ежедневно и
  выполнять как можно больше
  повторений каждого упражнения. — You
  should train every day and do as many
  repetitions of each exercise as possible.
  18.18; D 91

4068 поляк *Nm* Pole
- С давних времен тут живут поляки. —
  Poles have lived here since ancient times.
  18.17; D 96

4069 огненный *A* fiery
- Солнце – это огненный шар. — The sun
  is a fiery ball.
  18.16; D 97

4070 боковой *A* side
- Входная дверь оказалась с боковой
  стороны дома. — The entrance was at the
  side of the house.
  18.14; D 95

4071 сгореть *V* burn (down)
- Здание университета сгорело во время
  войны. — The university building burnt
  down during the war.
  18.13; D 97

4072 вольный *A* free
- До его рождения родители вели весьма
  вольный образ жизни. — Before his birth
  his parents lived a very free lifestyle.
  18.12; D 93

4073 ночевать *V* stay overnight, spend
the night
- Она сказала мужу, что ночевала у
  подруги. — She told her husband that
  she'd spent the night at a friend's place.
  18.11; D 97

4074 вежливо *Adv* politely
- Дима вежливо поздоровался с
  соседкой. — Dima politely greeted his
  neighbour.
  18.08; D 98

4075 качать *V* rock, shake
- Женщина отрицательно качает головой.
  — The woman is shaking her head in
  disagreement.
  18.08; D 95

4076 различа́ть *V* distinguish, tell apart
- Через три дня я научилась различать их по голосам. — After three days I could tell them apart by their voices.
  18.08; D 97

4077 душ *Nm* shower
- Он стоял под горячим душем. — He was standing under a hot shower.
  18.04; D 95

4078 лёгкость *Nf* ease, lightness
- Я с легкостью набрала почти 800 очков. — I easily scored almost 800 points.
  18.04; D 97

4079 нетерпе́ние *Nn* impatience
- Она с трудом сдерживала нетерпение. — She found it hard to restrain her impatience.
  18.04; D 97

4080 зави́довать *V* envy
- Он завидовал людям сильным и уверенным в себе. — He envied people who were strong and self-confident.
  18.04; D 97

4081 устана́вливаться *V* be installed, be established
- Программа устанавливается на компьютер пользователя. — The program is installed on the user's computer.
- Только после этого на улицах установился порядок. — Only afterwards was order established on the streets.
  18.04; D 96

4082 ча́йник *Nm* kettle, teapot, dummy
- Чайник вскипел. — The kettle boiled.
- Огромное вам спасибо за 'Грамматику для чайников'. — Thanks a lot for the 'Grammar for Dummies'.
  18.04; D 95

4083 напрямую́ *Adv* directly
- Главный бухгалтер напрямую подчиняется генеральному директору. — The chief accountant answers directly to the general director.
  18.02; D 96

4084 убы́ток *Nm* loss
- Ты знаешь, какие я понес убытки? — Do you know what losses I suffered?
  18.02; D 94

4085 архите́ктор *Nm* architect
- Это здание спроектировал известный голландский архитектор. — A well-known Dutch architect designed this building.
  18.00; D 92

4086 допро́с *Nm* interrogation
- Сейчас прокуратура ведет допрос женщины, совершившей этот страшный поступок. — Prosecutors are interrogating the woman who committed this terrible crime.
  18.00; D 93

4087 отлича́ть *V* distinguish
- Подделку почти невозможно отличить от оригинала. — It's almost impossible to distinguish a fake from an original.
  18.00; D 97

4088 эконо́мия *Nf* savings, economy
- Экономия составила более двух миллионов рублей. — The savings came to more than two million rubles.
  18.00; D 94

4089 невысо́кий *A* low, small
- Они стояли у подножья невысокого холма. — They were standing at the foot of the small hill.
  17.99; D 97

4090 энтузиа́зм *Nm* enthusiasm
- Это событие вызвало энтузиазм у всего класса. — This event was met by enthusiasm from the whole class.
  17.97; D 97

4091 авиацио́нный *A* aviation
- Я пошел работать на авиационный завод. — I started work at an aviation factory.
  17.96; D 93

4092 висо́к *Nm* temple
- Он схватил пистолет и приставил к своему виску. — He took his pistol and put it to the temple of his head.
  17.96; D 97

4093 поруче́ние *Nn* order, assignment
- Он не торопился выполнять поручения жены. — He didn't rush to do what his wife had told him.
  17.92; D 95

4094 че́реп *Nm* skull
- Археологи извлекли из земли фрагмент человеческого черепа. — Archaeologists recovered part of a human skull from the ground.
  17.92; D 96

4095 отклоне́ние *Nn* deviation
- Медицинское обследование этого ребенка не показало никаких отклонений от нормы. — A medical examination of the baby showed no deviations from the norm.
  17.91; D 95

4096 ласковый *A* tender
- Она стала напевать песенку тихим, ласковым голосом. — She started to sing the song in a quiet, tender voice.
17.90; D 97

4097 дружить *V* be friends
- Дети дружат друг с другом. — The children are friends with each other.
17.89; D 96

4098 смертельный *A* deadly
- Не исключена возможность смертельного исхода. — A deadly ending cannot be ruled out.
17.87; D 97

4099 козёл *Nm* he-goat, arsehole (slang)
- Отец охотился на диких козлов. — Dad went hunting for wild goats.
- Ну и козел же ты! — You arsehole!
17.86; D 96

4100 жилищный *A* housing
- Мы наконец сможем решить нашу жилищную проблему. — We'll finally be able to resolve our housing problem.
17.85; D 90

4101 чрезвычайный *A* extraordinary, extreme
- Это дело чрезвычайной важности. — This is a matter of extreme importance.
17.84; D 95

4102 симпатия *Nf* affection, sympathy
- Наша взаимная симпатия росла с каждым днем. — Our mutual affection grew stronger every day.
17.83; D 97

4103 усталый *A* tired
- Усталые ребята возвращаются домой. — The tired children are coming home.
17.83; D 97

4104 мм *Nm* mm, millimetre
- К заявлению приложите две фотографии размером 35 мм на 45 мм. — Attach two 35 mm × 45 mm photographs to your application.
17.83; D 89

4105 долгосрочный *A* long-term
- Вы можете рассчитывать на долгосрочную студенческую визу. — You can count on getting a long-term student visa.
17.82; D 93

4106 огород *Nm* allotment
- Они питались овощами со своего огорода. — They ate vegetables from their allotment.
17.82; D 96

4107 кисть *Nf* brush, palm
- Я взяла кисть и стала красить. — I took a brush and started painting.
- Кожа кистей рук требует тщательного ухода. — The skin on the palms of your hands needs thorough care.
17.79; D 96

4108 защитный *A* protective, defensive
- Длительный глубокий сон ребенка является защитной реакцией на стресс. — The child's long deep sleep is a defensive reaction to stress.
17.77; D 94

4109 пенсионный *A* pension
- У нас живут в основном люди пенсионного возраста. — Mostly people of pension age live here.
17.77; D 86

4110 абонент *Nm* subscriber
- За обслуживание абоненты платят от 10 до 15 долларов в месяц. — Subscribers pay from 10 to 15 dollars a month for the service.
17.76; D 87

4111 равенство *Nn* equality
- Государство гарантирует равенство прав и свобод человека и гражданина. — The state guarantees equality of rights and freedom for all.
17.75; D 96

4112 секция *Nf* section, club
- Девушка занималась в спортивной секции. — The girl attended a sports club.
17.75; D 93

4113 урожай *Nm* harvest
- В тот год урожай винограда был особенно удачным. — This year's wine harvest was particularly successful.
17.75; D 96

4114 реконструкция *Nf* reconstruction, refurbishment
- Специалисты приступили к реконструкции завода. — Specialists started to refurbish the factory.
17.72; D 94

4115 очерк *Nm* feature story
- Он начинал как журналист, публиковал очерки и фельетоны. — He started out as a journalist, publishing feature stories and satirical articles.
17.72; D 94

4116 обезьяна *Nf* monkey
- Обезьяна сидела на дереве. — The monkey was sitting in a tree.
17.68; D 93

4117 запуск *Nm* launch
- 29 сентября 1977 года состоялся успешный запуск орбитальной станции 'Салют-6'. — The orbital space station Salyut 6 was successfully launched on the 29th of September 1977.
17.67; D 93

4118 фантастика *Nf* science fiction
- Я пишу в жанре научной фантастики. — I write in the genre of science fiction.
17.66; D 84

4119 континент *Nm* continent
- Австралия занимает целый континент. — Australia occupies an entire continent.
17.64; D 95

4120 сдерживать *V* restrain
- Мальчик с трудом сдерживал слезы. — The boy found it difficult to hold back his tears.
17.63; D 97

4121 гвоздь *Nm* nail
- Он ничего не умеет делать, даже гвоздь в стену забить! — He can't do anything; he can't even hammer a nail in the wall!
17.63; D 94

4122 медный *A* copper
- На печке расставлена медная посуда. — Copper pots and pans are on the stove.
17.63; D 95

4123 яд *Nm* poison
- Яд этой змеи убивает за полминуты. — The poison of this snake kills in half a minute.
17.62; D 95

4124 строитель *Nm* builder
- Строители должны закончить все работы к началу декабря. — The builders need to have everything done by the start of December.
17.61; D 95

4125 представительство *Nn* representative, office
- Представительства Аэрофлота есть по всему миру. — Aeroflot has offices all over the world.
17.59; D 94

4126 этнический *A* ethnic
- Это не зависит от этнической принадлежности. — It does not depend on ethnicity.
17.58; D 92

4127 базар *Nm* market, talk (slang)
- По утрам она брала сумку и шла на базар. — In the mornings she'd take her bag and go to the market.
17.54; D 96

4128 уличный *A* street
- Уличное освещение города переведено на энергосберегающее оборудование. — The town's street lights have been converted to energy-saving devices.
17.54; D 97

4129 кружок *Nm* circle, hobby group, club
- Он обвел кружком девятнадцатое число на календаре. — He circled the 19th on the calendar.
- Он записался в танцевальный кружок. — He joined a dance club.
17.53; D 95

4130 серебро *Nn* silver
- Этот город славится своими украшениями из серебра. — The town is famous for its silver jewellery.
17.53; D 93

4131 полнота *Nf* fullness, corpulence
- Совет Министров принял всю полноту власти. — The Council of Ministers assumed full power.
17.52; D 96

4132 агрессивный *A* aggressive
- Поводом для обращения к терапевту послужило агрессивное поведение ребенка. — The child's aggressive behaviour led us to seek the help of a therapist.
17.51; D 96

4133 подключение *Nn* connection
- Все что Вам потребуется – это компьютер с подключением к Интернету. — All that you need is a computer with an Internet connection.
17.49; D 90

4134 жалость *Nf* pity
- Он плакал от жалости к себе. — He was crying out of pity for himself.
17.49; D 97

4135 презентация *Nf* presentation
- На выставке проводится презентация новейшей технологии. — The latest technology is being presented at the exhibition.
17.49; D 85

4136 звон *Nm* ringing, jingling
- Со всех сторон доносилась музыка и звон монет. — We could hear music and the jingling of coins all around us.
17.47; D 97

22 The natural world

земля́ 182 land, ground	**о́зеро** 1804 lake	**доли́на** 2913 valley
не́бо 553 sky	**земно́й** 2000 earth('s)	**ствол** 2914 trunk
во́здух 580 air	**верши́на** 2067 peak	**пеще́ра** 3071 cave
мо́ре 608 sea	**луч** 2103 ray	**подво́дный** 3272 underwater
приро́да 611 nature, natural environment	**возду́шный** 2119 air	**ветвь** 3281 branch
лес 650 forest	**приро́дный** 2142 natural	**звёздный** 3459 star
река́ 687 river	**океа́н** 2194 ocean	**боло́то** 3474 swamp
де́рево 722 tree	**вселе́нная** 2213 universe	**побере́жье** 3483 coast
гора́ 726 mountain, hill	**расте́ние** 2388 plant	**ре́чка** 3728 small river
бе́рег 730 shore, bank	**го́рный** 2540 mountain	**листо́к** 3759 leaf
звезда́ 903 star	**ко́смос** 2568 space	**зали́в** 3825 gulf, bay
цвето́к 1060 flower	**по́чва** 2606 soil	**во́дный** 3858 water
волна́ 1140 wave	**куст** 2617 bush	**руче́й** 3990 stream
лист 1177 leaf	**холм** 2663 hill	**сосна́** 4235 pine
о́стров 1200 island	**лесно́й** 2700 forest	**елка** 4386 spruce
плане́та 1255 planet	**скала́** 2715 rock, cliff	**по́люс** 4413 pole
морско́й 1307 sea	**ро́за** 2726 rose	**су́ша** 4596 dry land
трава́ 1605 grass	**пусты́ня** 2881 desert	**загрязне́ние** 4650 pollution
луна́ 1744 moon	**горизо́нт** 2885 horizon	**полуо́стров** 4685 peninsula
	ве́тка 2898 branch	**тюльпа́н** 4912 tulip

4137 констру́ктор *Nm* constructor, engineer
- Этот автомобиль создали немецкие конструкторы. — This car was made by German engineers.
- 17.47; D 94

4138 писа́ться *V* write
- Я забыл, как пишется это слово. — I've forgotten how to write this word.
- 17.47; D 94

4139 серде́чный *A* heart
- Смерть наступила от сердечного приступа. — The death was caused by a heart attack.
- 17.47; D 96

4140 по́хороны *N-* funeral
- На его похороны пришло множество людей. — Lots of people attended his funeral.
- 17.46; D 96

4141 инди́йский *A* Indian
- Вчера вечером мы ходили в индийский ресторан. — We went to an Indian restaurant yesterday evening.
- 17.45; D 93

4142 украша́ть *V* decorate
- Интерьеры библиотеки украшают картины известных белорусских художников. — The interior of the library was decorated with paintings drawn by famous Belarusian artists.
- 17.45; D 96

4143 бе́дность *Nf* poverty
- Он рос в крайней бедности. — He grew up in extreme poverty.
- 17.44; D 96

4144 се́мьдесят *Num* seventy
- Ей уже за семьдесят. — She's already over 70.
- 17.41; D 97

4145 формулиро́вка *Nf* wording
- Сама формулировка вопроса носила двусмысленный характер. — The very wording of the question was ambiguous.
- 17.41; D 96

4146 колбаса́ *Nf* sausage
- В пакете оказались вареная колбаса и хлеб. — Cooked sausage and bread were in the bag.
- 17.40; D 94

4147 корзи́на *Nf* basket
- На дубовой скамье стояли корзины с яблоками и сливами. — There were baskets of apples and plums on the oak bench.
  17.40; D 92

4148 территориа́льный *A* territorial
- Стороны пришли к окончательному урегулированию многолетнего территориального спора. — The sides came to a final settlement regarding the territorial dispute that had lasted many years.
  17.40; D 95

4149 анало́гия *Nf* analogy
- Проведем несколько аналогий. — Let's make some analogies.
  17.39; D 97

4150 колосса́льный *A* colossal
- Это колоссальная нагрузка на организм. — This is a colossal strain on the body.
  17.39; D 97

4151 пла́стиковый *A* plastic
- Он открыл пластиковую бутылку с апельсиновым соком. — He opened a plastic bottle of orange juice.
  17.39; D 92

4152 микрофо́н *Nm* microphone
- Вагоновожатый в микрофон объявляет: 'Трамвай следует по 46 маршруту!' — 'This is route 46', the tram driver announced over the tannoy.
  17.38; D 96

4153 прибы́тие *Nn* arrival
- До прибытия поезда на вокзал оставалось примерно 20 минут. — There were around 20 twenty minutes to go before the train arrived at the station.
  17.38; D 96

4154 перча́тка *Nf* glove
- Не забудь надеть перчатки. — Don't forget to put your gloves on.
  17.38; D 96

4155 инстру́ктор *Nm* instructor
- Вы совершите первое погружение под наблюдением опытного инструктора. — You will make your first dive under the supervision of an experienced instructor.
  17.36; D 91

4156 ски́дка *Nf* discount
- Пенсионерам предоставляется скидка 25% на все наши услуги. — Pensioners are given a 25% discount on all our services.
  17.36; D 89

4157 непросто́й *A* difficult
- Это очень непростой вопрос. — This is a very difficult question.
  17.35; D 97

4158 эксперимента́льный *A* experimental
- Имеются экспериментальные данные, свидетельствующие об этом. — We have experimental data that prove this.
  17.33; D 94

4159 запла́кать *V* start crying
- Я едва не заплакала от обиды. — I almost started to cry from the insult.
  17.33; D 97

4160 традицио́нно *Adv* traditionally
- Отношения между этими странами традиционно дружеские. — Relations between these countries are traditionally amicable.
  17.33; D 96

4161 акционе́р *Nm* stockholder, shareholder
- Основной акционер этой компании – правительство. — The government is the main shareholder of this company.
  17.32; D 90

4162 изложе́ние *Nn* summary
- Он прислал из-за границы письмо с подробным изложением своего плана. — He sent a letter containing a detailed summary of his plan from abroad.
  17.31; D 96

4163 содержи́мое *Nn* content(s)
- Недавно автор исследовал содержимое своего семейного архива. — The author recently went through the contents of his family archive.
  17.31; D 96

4164 цивилизо́ванный *A* civilized
- Это недопустимо в цивилизованном обществе. — This is impermissible in a civilized society.
  17.29; D 96

4165 квадра́т *Nm* square
- С помощью карандаша и линейки начертите квадрат со стороной 3 см. — With a pencil and ruler draw a square with sides of 3 cm.
  17.28; D 94

4166 ла́мпочка *Nf* bulb
- Нужно заменить электрическую лампочку. — The light bulb needs changing.
  17.28; D 95

4167 за́дница *Nf* arse
- Ребята, ну что за задница у этой телки! — Lads, look at the arse on that bird!
17.27; D 96

4168 стресс *Nm* stress
- Ты научилась справляться со стрессом от твоей работы? — Have you learned to deal with work-related stress?
17.24; D 92

4169 факти́ческий *A* actual, real, factual
- Фирма 'Эксперт' провела экспертизу фактических затрат на услуги ЖКХ. — The firm 'Ekspert' conducted an analysis into the actual costs of housing and communal services.
17.24; D 95

4170 индустри́я *Nf* industry
- Строительная индустрия переживала небывалый подъем. — The building industry has experienced unprecedented growth.
17.23; D 94

4171 га́лстук *Nm* tie
- Юрий Петрович надел рубашку, повязал галстук, хотя никуда не собирался идти. — Yury Petrovich put on a shirt and tie, though he didn't intend to go anywhere.
17.22; D 88

4172 полоте́нце *Nn* towel
- Ребенок вытирается полотенцем. — The child is drying himself with a towel.
17.21; D 96

4173 струя́ *Nf* jet
- Из крана текла струя воды. — A jet of water came out of the tap.
17.21; D 96

4174 после́довательный *A* sequential, consistent
- Поэтому на последовательное изложение событий я просто не способен. — Therefore, I'm simply not capable of a giving a consistent account of the events.
17.20; D 96

4175 путеше́ствовать *V* travel
- Я мечтаю путешествовать по всему миру. — I dream about travelling all over the world.
17.20; D 96

4176 грана́та *Nf* grenade
- Спустя несколько секунд эта граната разорвалась где-то за виадуком. — A few seconds later the grenade exploded somewhere behind the viaduct.
17.19; D 96

4177 изме́на *Nf* betrayal, treason, adultery
- Власти обвинили их в государственной измене. — The authorities convicted them of treason.
- Она начала подозревать его в супружеских изменах. — She started suspecting him of adultery.
17.19; D 95

4178 вдали́ *Adv* in the distance
- Вдали виднеются горы. — Mountains can be seen in the distance.
17.17; D 97

4179 моло́чный *A* milk, dairy
- Я заказал себе молочный коктейль с шоколадом. — I ordered a chocolate milkshake.
17.15; D 91

4180 пе́ние *Nn* singing
- Он вырос в музыкальной семье и учился пению в Италии. — He grew up in a musical family and studied singing in Italy.
17.14; D 96

4181 превосходи́ть *V* exceed
- Противник значительно превосходит нас и по численности, и по вооружению. — The enemy is way ahead of us, both in numbers and weapons.
17.13; D 96

4182 изя́щный *A* graceful
- Маша всегда была такой – изящной, богемной и безумно начитанной. — Masha was always so graceful, Bohemian and amazingly well-read.
17.12; D 97

4183 ка́бель *Nm* cable
- Через все помещение тянулись мощные электрические кабели. — Powerful electric cables stretched throughout the premises.
17.11; D 86

4184 возраже́ние *Nn* objection
- Против этого решения никто не имеет возражений. — Nobody objects to this decision.
17.10; D 96

4185 тре́звый *A* sober
- Когда он был в трезвом состоянии, никогда не бил жену. — He never beat his wife when he was sober.
17.09; D 97

4186 проводни́к *Nm* conductor
- Пассажир спросил проводника, можно ли курить в вагоне. — The passenger asked the conductor whether he could smoke in the carriage.
17.07; D 92

4187 бере́чь *V* save, take care
- Вы не бережете свое здоровье. — You are not taking care of your health.
  17.05; D 97

4188 проекти́рование *Nn* design, designing
- Эта фирма занимается проектированием жилых домов. — This company designs residential buildings.
  17.04; D 90

4189 ста́туя *Nf* statue
- У ворот стояла двухметровая статуя Венеры. — A two-metre statue of Venus stood by the gate.
  17.04; D 95

4190 вози́ть *V* drive, carry
- Автобусы возят пассажиров. — Buses carry passengers.
  17.03; D 97

4191 не́жность *Nf* tenderness
- Его сердце трепетало от нежности и радости. — His heart was trembling with tenderness and joy.
  17.01; D 96

4192 хи́мия *Nf* chemistry
- Сегодня у нашей группы был экзамен по химии. — Today our class had a chemistry exam.
  17.01; D 91

4193 сыно́к *Nm* son (diminutive)
- Мой сынок родился 20 мая. — My son was born on the 20th of May.
  17.00; D 96

4194 стыд *Nm* shame
- До сих пор помню, какой я испытал стыд, когда рыдал на глазах у всех. — I can still remember the shame I felt when I cried my eyes out in front of everybody.
  16.99; D 97

4195 шага́ть *V* stride, walk
- Люди быстро шагают по улицам, торопятся на работу. — People are walking quickly along the streets, rushing to work.
  16.99; D 98

4196 выжива́ние *Nn* survival
- Из последних сил борются за выживание женщины. — The women are fighting for survival with all their might.
  16.98; D 96

4197 тысячеле́тие *Nn* millennium
- Наступило новое тысячелетие. — A new millennium is here.
  16.97; D 96

4198 толка́ть *V* push
- Когда он шел по улице, кто-то толкнул его. — Someone pushed him while he was walking down the street.
  16.97; D 97

4199 автоно́мный *A* offline, autonomous
- Потом он вышел из сети и уже в автономном режиме погрузился в изучение документов. — Then he logged off from the Internet and, working offline, set about studying the documents.
- Российская Федерация состоит из 83 субъектов, 4 из которых имеют статус автономных округов. — The Russian Federation is made up of 83 federal entities, four of which have the status of autonomous regions.
  16.96; D 93

4200 ба́бочка *Nf* butterfly
- Над лугом порхали бабочки. — Butterflies were fluttering over the meadow.
  16.96; D 93

4201 входно́й *A* entrance
- Цена входного билета в караоке-клуб – 650 рублей. — The price of an entrance ticket to the karaoke club is 650 rubles.
  16.95; D 95

4202 про́бка *Nf* cork, traffic jam
- Пробка вылетела из бутылки шампанского. — The cork flew out of the champagne bottle.
- На дороге образовалась огромная пробка. — There was a long traffic jam on the road.
  16.95; D 92

4203 игнори́ровать *V* ignore
- Водитель игнорировал приказ остановиться. — The driver ignored the order to stop.
  16.94; D 97

4204 трево́жный *A* anxious
- Я пыталась отогнать от себя тревожное предчувствие. — I tried to fend off the feeling of anxiety.
  16.91; D 97

4205 стимули́ровать *V* stimulate
- Это вещество стимулирует рост клеток. — This substance stimulates cell growth.
  16.90; D 95

4206 восхище́ние *Nn* admiration
- Результаты вашей работы вызывают восхищение! — The results of your work are admirable!
  16.89; D 97

4207 мрак *Nm* darkness
- Лампы погасли, вокруг воцарился густой мрак. — The lamps went out; all around was pitch darkness.
16.89; D 96

4208 артиллерийский *A* artillery
- Город только что подвергся артиллерийскому обстрелу. — The town had just come under artillery fire.
16.88; D 95

4209 совпадение *Nn* coincidence
- Я подозреваю, что это не случайное совпадение. — I suspect that this isn't just a coincidence.
16.88; D 97

4210 биржа *Nf* exchange
- На фондовой бирже определяются рыночные цены акций и облигаций тех или иных компаний. — The market prices of stocks and bonds of various companies are determined at the stock exchange.
16.87; D 91

4211 заворачивать *V* wrap
- У вас есть бумага, в которую заворачивают подарки? — Do you have some paper that I could use to wrap the presents?
16.87; D 97

4212 монстр *Nm* monster
- Во время сражения с монстрами игрок может погибнуть. — The player may die while fighting monsters.
16.87; D 94

4213 буржуазный *A* bourgeois
- Автор не идеализирует буржуазное общество XIX века. — The author doesn't idealize the bourgeois society of the nineteenth century.
16.83; D 96

4214 интуиция *Nf* intuition
- Интуиция не подводила меня никогда. — Intuition has never let me down.
16.83; D 94

4215 прописывать *V* prescribe
- Врач прописал мне снотворное. — The doctor prescribed me sleeping tablets.
16.82; D 97

4216 мотивация *Nf* motivation
- Если у человека есть сильная мотивация, он сможет все. — If a person is motivated enough, then he can do anything.
16.81; D 93

4217 превращение *Nn* transformation
- Она не испытала мгновенного превращения в любящую мать. — She didn't feel the instant transformation into a loving mother.
16.81; D 96

4218 спинка *Nf* backrest, back
- У этого кресла жесткие спинка и сиденье. — This chair has a rigid back and seat.
16.80; D 97

4219 географический *A* geographical
- Я поступил в университет на географический факультет. — I enrolled at the university in the Department of Geography.
16.79; D 94

4220 исследовательский *A* research
- Он сочетает исследовательскую деятельность с врачебной практикой. — He combines his research with practical medicine.
16.79; D 94

4221 отвращение *Nn* disgust, repulsion
- Их запах и вид вызывает у меня отвращение. — Their smell and appearance repulse me.
16.79; D 97

4222 араб *Nm* Arab
- Арабы читают справа налево. — Arabs read from right to left.
16.79; D 93

4223 имидж *Nm* image
- Цель PR-акции – улучшить имидж компании. — The aim of the PR event is to improve the image of the company.
16.77; D 92

4224 рвать *V* tear, vomit
- Виктор Николаевич медленно рвет на мелкие кусочки свою записку. — Viktor Nikolaevich slowly tore his note into small pieces.
- Его рвет после каждой еды. — He vomits after every meal.
16.77; D 97

4225 родительский *A* parental
- Он вернулся в родительский дом. — He went back to his parental home.
16.76; D 95

4226 ведьма *Nf* witch
- Старая ведьма увидела, что царевна вернулась живой и здоровой. — The old witch saw the princess come back alive and well.
16.75; D 94

4227 колле́дж *Nm* college
- Она студентка педагогического колледжа. — She's a student at the teacher training college.
16.75; D 93

4228 оказа́ние *Nn* providing, giving
- В этом чемоданчике лежало все необходимое для оказания первой помощи. — This small case contained everything necessary for giving first aid.
16.75; D 91

4229 нового́дний *A* New Year('s)
- Эта история началась в новогоднюю ночь 1990 года. — The story started on New Year's eve in 1990.
16.74; D 94

4230 анке́та *Nf* form
- Вам нужно заполнить анкету. — You need to fill out the form.
16.74; D 93

4231 грандио́зный *A* grandiose
- Наша гидроэлектростанция – грандиозное сооружение. — Our hydroelectric plant is a grandiose construction.
16.73; D 97

4232 незнако́мец *Nm* stranger
- Однажды в музее к ней подошёл незнакомец. — A stranger once approached her in the museum.
16.73; D 93

4233 усло́вно *Adv* conditionally, tentatively
- Он был условно осужден к 2 годам лишения свободы. — He was conditionally sentenced to 2 years in prison.
16.73; D 96

4234 обслу́живать *V* serve
- Сначала мне нужно обслужить клиента. — I need to serve a customer first.
16.72; D 96

4235 сосна́ *Nf* pine
- В основном здесь растут сосны, но встречаются и березы. — Mainly pine trees grow here, but you occasionally come across a birch tree.
16.71; D 91

4236 выу́чивать *V* learn
- Аня уже выучила несколько итальянских слов. — Anya has already learned several Italian words.
16.71; D 96

4237 овца́ *Nf* sheep
- Моя семья живет в местности, где разводят овец. — My family lives in a place where sheep are bred.
16.70; D 91

4238 расстро́йство *Nn* disorder
- До того он никогда не страдал психическим расстройством. — Before then he'd never suffered from a mental disorder.
16.68; D 92

4239 толчо́к *Nm* push
- Он переносил толчки, пинки и удары. — He was pushed, kicked and punched.
16.67; D 96

4240 оболо́чка *Nf* cover, shell
- Для пользователей графической оболочки Gnome подготовлена новая версия игры Real Poker. — A new version of the game Real Poker has been created for users of the Gnome Graphical Environment.
16.67; D 95

4241 вы́езд *Nm* departure, exit
- Как обычно, на выезде из города была пробка. — As usual, there was a traffic jam on the way out of town.
16.66; D 95

4242 окре́стность *Nf* neighbourhood
- Вы, вероятно, знакомы с окрестностями Парижа? — You probably know the neighbourhoods of Paris?
16.65; D 97

4243 вдво́е *Adv* twice
- Большие кролики стоят вдвое дороже, чем маленькие. — Large rabbits cost twice as much as small ones.
16.64; D 97

4244 дру́жеский *A* friendly
- Здесь крайне демократическая, дружеская атмосфера. — There's an extremely democratic and friendly atmosphere here.
16.64; D 97

4245 классифика́ция *Nf* classification
- В книге приводилась подробнейшая классификация инопланетян. — The book provides a detailed classification of aliens.
16.63; D 95

4246 деклара́ция *Nf* declaration
- Вам придется заполнить таможенную декларацию. — You will need to fill out a customs declaration.
16.62; D 94

4247 случа́йность *Nf* chance, accident
- Он погиб по трагической случайности. — He died due to a tragic accident.
16.62; D 97

4248 отступле́ние *Nn* retreat, digression
- Он отдал своей разбитой армии приказ об отступлении. — He gave his battered army the command to retreat.
- До сих пор не было ни одного отступления от плана. — So far we've not had to digress once from our plan.
16.61; D 97

4249 функциони́ровать *V* function
- Этот холодильник может нормально функционировать при температуре +43C. — This refrigerator can function as normal at a temperature of +43C.
16.60; D 90

4250 гром *Nm* thunder
- За окном прогремел гром. — A thunder storm could be heard outside.
16.60; D 96

4251 промежу́ток *Nm* interval
- Столько событий за короткий промежуток времени произошло. — So many events took place in such a short interval.
16.60; D 97

4252 разнови́дность *Nf* variety, form
- Существует несколько разновидностей данного метода. — This method has several different forms.
16.60; D 94

4253 ниско́лько *P* not at all
- Это нас нисколько не волнует. — We're not at all worried by this.
16.58; D 98

4254 проща́ться *V* say goodbye
- Ему так и не удалось проститься с любимой девушкой. — He didn't get a chance to say goodbye to the girl he loved.
16.58; D 97

4255 Алла́х *Nm* Allah
- Они уверовали в Аллаха. — They believed in Allah.
16.58; D 82

4256 кла́виша *Nf* key
- Какую клавишу нажать? — Which key should I press?
16.58; D 92

4257 шерсть *Nf* wool
- Эти теплые носки связала моя бабушка из овечьей шерсти. — My grandma knitted these warm socks from sheep's wool.
16.58; D 94

4258 конфе́та *Nf* sweet, chocolate
- Я страшно люблю шоколадные конфеты. — I really love chocolates.
16.55; D 94

4259 интенси́вный *A* intensive, intense
- Его организм не выдержал интенсивной нагрузки. — His body couldn't cope with the intense strain.
16.53; D 96

4260 лову́шка *Nf* trap
- Я поняла, что попала в ловушку. — I realized that I'd fallen into a trap.
16.51; D 96

4261 преподава́ть *V* teach
- Моя сестра преподает математику в школе. — My sister teaches mathematics at a school.
16.50; D 94

4262 тупи́к *Nm* cul-de-sac, dead end
- Следствие зашло в тупик. — The investigation hit a dead end.
16.50; D 97

4263 вме́шиваться *V* interfere, interrupt
- Она внимательно слушала, но не вмешивалась в разговор. — She listened attentively, but didn't interrupt the conversation.
16.47; D 97

4264 необыкнове́нный *A* unusual
- Я вам расскажу необыкновенный случай. — I'll tell you an unusual tale.
16.47; D 97

4265 романти́ческий *A* romantic
- Это самая романтическая история в моей жизни! — This is the most romantic episode of my life!
16.47; D 95

4266 переворо́т *Nm* revolution, coup d'état
- На его родине произошел государственный переворот. — There was a coup d'état in his homeland.
16.46; D 96

4267 приближе́ние *Nn* approaching
- Он почувствовал приближение опасности. — He felt that danger was approaching.
16.46; D 97

4268 чёлюсть *Nf* jaw
- Бульдог крепче сжал челюсти. — The bulldog clenched its jaws more tightly.
16.46; D 96

4269 бухгалтерский *A* accounting
- Какие формы бухгалтерской отчетности необходимо представить? — Which accountancy documents need to be presented?
16.45; D 85

4270 жарко *Adv* hot
- Сегодня будет жарко. — It's going to be hot today.
16.45; D 95

4271 собачий *A* dog
- Послышался собачий лай. — We could hear a dog barking.
16.43; D 95

4272 интонация *Nf* intonation
- Дети копируют интонации и речь учителя. — Children copy the intonation and speech patterns of their teacher.
16.42; D 96

4273 съездить *V* go
- Мы съездили в отпуск всей семьей. — We went on holiday as a whole family.
16.37; D 96

4274 грамотный *A* literate, trained
- Он почти ничему не учился и был едва грамотен. — He learned hardly anything and was barely literate.
- Мне говорили, что он грамотный специалист. — We were told that he was a trained specialist.
16.36; D 96

4275 вздох *Nm* breath
- С каждым вздохом я все больше и больше успокаиваюсь. — I'm becoming calmer with every breath.
16.35; D 98

4276 беженец *Nm* refugee
- Беженцы жили в палатках. — The refugees lived in tents.
16.35; D 92

4277 премьер *Nm* premier
- Премьер сложит свои полномочия. — The premier is resigning from his post.
16.33; D 92

4278 агрессия *Nf* aggression
- Чем вызвана ваша агрессия? — What's the cause of your aggression?
16.31; D 95

4279 валютный *A* revenue, income
- Более 80% его доходов поступает из федерального бюджета. — More than 80% of its income comes from the federal budget.
16.27; D 79

4280 взвод *Nm* troop, platoon
- Он увидел приближающийся взвод солдат. — He saw an advancing platoon of soldiers.
16.24; D 94

4281 взятка *Nf* bribe
- У вас вымогали взятку? — Were you forced to pay a bribe?
16.24; D 89

4282 уютный *A* comfortable, cosy
- У нее небольшая, но очень уютная квартирка. — She has a small but very cosy flat.
16.21; D 95

4283 соотечественник *Nm* compatriot
- Вам стыдно не знать своего гениального соотечественника! — You should be ashamed that you don't know your brilliant compatriot!
16.17; D 95

4284 заложник *Nm* hostage
- Террористы угрожают расстрелять заложников. — The terrorists are threatening to shoot the hostages.
16.15; D 93

4285 композитор *Nm* composer
- Композитор пишет музыку. — A composer writes music.
16.12; D 93

4286 двигать *V* move
- Люди в зале начали кашлять, сморкаться, двигать стулья. — People in the hall began to cough, sneeze and move the chairs.
16.11; D 96

4287 жительство *Nn* residence
- Его место жительства неизвестно. — His place of residence is unknown.
16.10; D 92

4288 интимный *A* intimate
- Простите, что я задаю вам такой интимный вопрос. — Sorry for asking you such an intimate question.
16.08; D 93

4289 выдача *Nf* extradition, release, issue
- Между этими странами существует соглашение о выдаче преступников. — The countries have an agreement on the extradition of criminals.
16.06; D 95

4290 рюмка *Nf* shotglass, shot
- И зачем я выпил последнюю рюмку? — And why did I drink that last glass?
16.00; D 96

4291 колонка *Nf* column, speaker
- Как сделать изменение ширины колонки таблицы вручную? — How do you manually change the width of columns in a table?
15.99; D 89

4292 глупо *Adv* foolish(ly)
- Просто глупо не воспользоваться этой возможностью. — It's simply foolish not to take advantage of this opportunity.
15.96; D 97

4293 отрывок *Nm* fragment, passage
- Сегодня мы публикуем отрывок из этой книги. — Today we are publishing a passage from the book.
15.96; D 95

4294 печка *Nf* stove
- Зимой приходится топить печку дважды в день. — In winter it's necessary to light the stove twice a day.
15.96; D 97

4295 тигр *Nm* tiger
- Тигр угрожающе зарычал. — The tiger gave out a threatening roar.
15.96; D 92

4296 фотограф *Nm* photographer
- Эта функция полезна для начинающих фотографов. — This function is useful for amateur photographers.
15.96; D 91

4297 ИТ *Nf* IT
- Я руковожу отделом ИТ уже в течение 5 лет. — I've been in charge of the IT department for 5 years.
15.94; D 78

4298 деление *Nn* division
- По правилам арифметики деление на число 0 запрещено. — According to the laws of arithmetic it's impossible to divide by 0.
15.91; D 92

4299 ввод *Nm* input, bringing in
- В форму документа добавлены поля для ввода даты и номера документа. — Fields for inputting the date and document number were added to the document.
15.90; D 92

4300 юбилей *Nm* anniversary
- Московский театр 'Современник' сегодня отмечает полувековой юбилей. — Today is the 50th anniversary of the Moscow-based Sovremennik Theatre.
15.88; D 94

4301 нелёгкий *A* difficult
- Ей предстоит сделать нелегкий выбор. — She's got a difficult choice ahead of her.
15.85; D 94

4302 витрина *Nf* showcase
- Я всегда заглядываю в витрину каждого книжного магазина. — I always look in the window of every bookshop.
15.83; D 93

4303 салат *Nm* salad
- Овощной салат я всегда заправляю оливковым маслом. — I always put olive oil on vegetable salads.
15.82; D 92

4304 справочник *Nm* directory
- Их номера телефонов есть в любом телефонном справочнике. — Their telephone numbers are listed in every directory.
15.82; D 70

4305 аналог *Nm* analogue
- Данная программа является уникальной и не имеет аналогов на всем постсоветском пространстве. — This program is unique and there is nothing like it anywhere in the former Soviet Union.
15.82; D 94

4306 официант *Nm* waiter
- Он подозвал официанта и сделал заказ. — He called the waiter over and placed his order.
15.78; D 95

4307 владыка *Nm* sovereign, ruler
- Родившийся ребенок станет владыкой всего сущего на земле. — The child will become the ruler of all things on Earth.
15.76; D 94

4308 избранный *A* elected, selected
- В ночь с 18 на 19 августа 1991 года отстранен от власти законно избранный президент страны. — On the evening of the 18th of August 1991 the country's lawfully elected president was removed from power.
- В книгу вошли избранные статьи, публиковавшиеся во второй половине 1990-х годов. — The book contains selected articles published in the second half of the 1990s.
15.76; D 96

4309 щено́к *Nm* puppy
- С маленьким щенком лучше всего гулять по пять-семь раз в день. — It's best to walk a young puppy 5–6 times a day.
15.76; D 86

4310 пла́вание *Nn* swimming
- Моя дочь занимается плаванием с восьми лет. — My daughter has been swimming since she was eight.
15.73; D 95

4311 вертика́льный *A* vertical, upright
- После проведения процедуры рекомендуется сохранять вертикальное положение тела. — You are recommended to keep your body in an upright position after the procedure.
15.69; D 95

4312 да́льше *Adv* further, longer
- Немного дальше есть телефонная будка. — The phonebox is just a little a further away.
- Дальше так жить невозможно. — I can't live like this any longer.
15.69; D 97

4313 электри́чество *Nn* electricity
- За неуплату им отключили электричество. — Their electricity was cut off because they hadn't paid the bill.
15.69; D 96

4314 расписа́ние *Nn* timetable, schedule
- Со 2 июня изменилось расписание электричек. — The train timetable changed on the 2nd of July.
15.68; D 95

4315 оби́дно *Adv* pity, offended
- Мне было очень обидно, когда все надо мной смеялись. — I felt very offended when everyone laughed at me.
15.67; D 96

4316 нева́жный *A* unimportant, bad
- Прокопенко возвращался домой в неважном настроении. — Prokopenko came home in a bad mood.
15.62; D 97

4317 пиро́г *Nm* pie
- Анна Семеновна напекла пирогов. — Anna Semenovna baked lots of pies.
15.62; D 93

4318 безу́мие *Nn* madness, frenzy
- Безумие охватило толпу. — The crowd went into a frenzy.
15.56; D 97

4319 ска́чивать *V* download
- Здесь можно скачать полную версию текста для печати. — Here you can download the full text for printing.
15.54; D 90

4320 вели́чие *Nn* greatness, splendour
- От былого величия остались лишь романтические руины. — Romantic ruins are the only remnants of the former splendour.
15.50; D 97

4321 певе́ц *Nm* singer
- Певец исполняет новую песню. — The singer is performing a new song.
15.48; D 94

4322 серди́ться *V* be angry
- Ты все еще сердишься на меня? — Are you still angry at me?
15.48; D 96

4323 тетра́дь *Nf* notebook, exercise book
- Вы выписываете незнакомые слова в отдельную тетрадь? — Do you write down unknown words in a separate notebook?
15.48; D 96

4324 дое́хать *V* reach, get
- Как доехать до вокзала? — How can I get to the station?
15.46; D 97

4325 шуме́ть *V* make a noise, be noisy
- Мои близнецы так шумят! — My twins are so noisy!
15.46; D 97

4326 бана́льный *A* banal
- Это довольно банальная история подростка из распавшейся семьи. — This is a quite banal story of a teenager from a broken home.
15.45; D 96

4327 энерги́чный *A* energetic
- В квартиру вошла энергичная женщина-врач. — An energetic female doctor came into the flat.
15.44; D 96

4328 вложе́ние *Nn* investment
- Это значительно более выгодное вложение капитала. — This is a much more profitable investment.
15.43; D 93

4329 олимпиа́да *Nf* Olympics, Olympiad
- Инсбрук уже дважды был столицей зимних Олимпиад. — Innsbruck has twice hosted the Winter Olympics.
15.43; D 81

23 Time expressions

год 37 year
вре́мя 48 time
когда́ 52 when
день 66 day
пото́м 115 after, afterwards
сейча́с 119 now
тепе́рь 123 now
тогда́ 131 then, at the time
всегда́ 148 always
проходи́ть 163 pass
час 177 hour
сего́дня 183 today
никогда́ 221 never
сра́зу 240 at once
ночь 241 night
ча́сто 247 often
нача́ло 253 beginning
моме́нт 259 moment
мину́та 269 minute
ме́сяц 277 month
сно́ва 297 again
ско́ро 305 soon
пора́ 317 it's time
ве́чер 323 evening
у́тро 334 morning
неде́ля 358 week
наконе́ц 364 finally
иногда́ 387 sometimes
век 408 century
ра́но 446 early
до́лго 453 long
давно́ 463 long, long ago
пери́од 516 period
снача́ла 575 at first
март 652 March
срок 663 term
по́здний 675 late
апре́ль 699 April
постоя́нно 735 constantly
среда́ 740 Wednesday
про́шлый 758 last
одна́жды 824 once
до́лгий 857 long
май 886 May
за́втра 921 tomorrow

вчера́ 929 yesterday
одновреме́нно 940
   simultaneously
янва́рь 956 January
а́вгуст 963 August
секу́нда 966 second
октя́брь 989 October
впервы́е 990 for the first
   time
неда́вно 991 recently
сентя́брь 1000 September
ле́то 1009 summer
дека́брь 1022 December
февра́ль 1075 February
ию́нь 1078 June
вско́ре 1109 soon
ию́ль 1122 July
да́та 1135 date
ноя́брь 1149 November
ны́нешний 1175 current
дре́вний 1184 ancient
про́шлое 1218 past
постепе́нно 1251 gradually
пре́жний 1283 previous
сего́дняшний 1298 today's
зима́ 1337 winter
по́здно 1339 late
ре́дко 1359 rarely
ночно́й 1405 night
весна́ 1406 spring
предыду́щий 1458 previous
ра́нний 1459 early
эпо́ха 1476 epoch, era
зара́нее 1511 beforehand
ве́чный 1564 eternal
неме́дленно 1597
   immediately
ра́нее 1641 earlier, previously
су́тки 1654 day and night
о́сень 1726 autumn
ра́ньше 1735 earlier; used to
когда́-то 1786 once
предстоя́ть 1930 be in store
навсегда́ 2012 forever
суббо́та 2025 Saturday

воскресе́нье 2039 Sunday
пя́тница 2047 Friday
понеде́льник 2086 Monday
теку́щий 2180 current
мгнове́ние 2203 moment
ле́тний 2228 summer
протяже́ние 2278 course,
   extent
дли́тельный 2287 long
ны́не 2310 now, at present
впосле́дствии 2454
   subsequently
сезо́н 2499 season
полчаса́ 2542 half an hour
нере́дко 2561 often
миг 2581 instant, moment
столе́тие 2645 century
зи́мний 2657 winter
четве́рг 2660 Thursday
вече́рний 2665 evening
когда́-нибудь 2669 some day,
   ever
частота́ 2671 frequency
вто́рник 2686 Tuesday
десятиле́тие 2760 decade
внача́ле 2792 at first
во́время 2793 in time, on time
предвари́тельный 2829
   preliminary, advance
кварта́л 2852 quarter
мгнове́нно 2921 instantly
ежедне́вный 3028 daily
у́тренний 3067 morning
регуля́рно 3084 regularly
дли́ться 3087 last
выходно́й 3137 day off
вчера́шний 3186 yesterday
настава́ть 3248 come
надо́лго 3450 for a long time
по́лдень 3471 noon
приблизи́тельно 3533
   approximately, roughly
весе́нний 3554 spring
проше́дший 3583 past
дневно́й 3590 day

вре́менный 3596 temporary	недо́лго 3930 not long	ненадо́лго 4499 for a (short)
предстоя́щий 3650	регуля́рный 3931 regular	while, not for long
forthcoming	продолжи́тельность 3942	неме́дленный 4606
полго́да 3674 half a year	duration	immediate
ча́стый 3743 frequent	годово́й 4014 year, year's	мину́точка 4803 minute
ежего́дный 3750 annual	долгосро́чный 4105 long-	(diminutive)
периоди́чески 3769	term	поутру́ 4810 in the morning
periodically	тысячеле́тие 4197	времена́ми 4846 from time
за́работный 3770 wage	millennium	to time
ве́чность 3816 eternity	промежу́ток 4251 interval	позапро́шлый 4962 before
осе́нний 3828 autumn	октя́брьский 4417 October	last
календа́рь 3865 calendar	за́втрашний 4459	по́зже 4991 later
по́лночь 3900 midnight	tomorrow's	

4330 армяни́н *Nm* Armenian
- В Лос-Анджелесе проживает полтора миллиона армян. — One and half million Armenians live in Los Angeles.
  15.41; D 91

4331 клавиату́ра *Nf* keyboard
- Наберите на клавиатуре свой личный код. — Type your personal code on the keyboard.
  15.40; D 92

4332 медсестра́ *Nf* nurse
- Медсестра измерила температуру больному. — The nurse measured the patient's temperature.
  15.39; D 92

4333 буке́т *Nm* bouquet
- В назначенное время он стоял у входа с роскошным букетом роз. — At the time agreed he stood by the entrance with a luxurious bouquet of roses.
  15.37; D 88

4334 вдова́ *Nf* widow
- Она в 30 лет осталась вдовой. — She became a widow at 30.
  15.37; D 93

4335 европе́ец *Nm* European
- Европеец оказался туристом из Германии. — The European was a German tourist.
  15.35; D 95

4336 меньшинство́ *Nn* minority
- В этом регионе коренное население составляет меньшинство. — The indigenous people form a minority in this region.
  15.35; D 94

4337 обло́жка *Nf* cover
- Такие лица бывают только на обложках журналов. — You only see faces like those on the covers of magazines.
  15.34; D 91

4338 бе́шеный *A* rabid, frantic
- В деревне появились бешеные собаки, они кусают людей. — There are rabid dogs in the village; they are biting people.
  15.30; D 97

4339 купа́ться *V* bathe
- Сегодня мы первый раз купались в море. — Today we bathed in the sea for the first time.
  15.28; D 95

4340 бал *Nm* ball
- Я вспоминаю свой выпускной бал . . . — I remember my graduation ball . . .
  15.26; D 93

4341 ссо́ра *Nf* quarrel, row
- У нас произошла ужасная ссора, и я ушла. — We had a terrible row and I left.
  15.22; D 96

4342 во́семьдесят *Num* eighty
- С тех пор прошло восемьдесят лет. — Eighty years have passed since then.
  15.17; D 97

4343 влюблённый *A* in love
- Я был в нее безумно влюблен. — I was madly in love with her.
  15.17; D 96

4344 кран *Nm* tap
- Я открыл кран, чтобы помыть руки. — I turned on the tap to wash my hands.
  15.17; D 95

4345 любоваться *V* admire
- У нас нет времени, чтобы любоваться пейзажем. — We don't have time to admire the scenery.
  15.16; D 97

4346 тряпка *Nf* cloth
- Протри пол влажной тряпкой. — Wipe the floor with a damp cloth.
  15.10; D 96

4347 платный *A* paid, pay
- Он оставил машину на платной стоянке. — He left the car at a paid car park.
  15.07; D 80

4348 аптека *Nf* pharmacy
- Аптека находится рядом с гостиницей. — The pharmacy is next to the hotel.
  15.05; D 90

4349 треугольник *Nm* triangle
- Постройте равносторонний треугольник. — Make an equilateral triangle.
  15.03; D 91

4350 запланировать *V* plan
- Что вы запланировали на сегодня? — What have you got planned for today?
  15.03; D 96

4351 аппетит *Nm* appetite
- Приятного аппетита! — Bon appetit!
  15.01; D 95

4352 презерватив *Nm* condom
- Будьте добры, две пачки презервативов. — Two packs of condoms, please.
  14.96; D 90

4353 детектив *Nm* detective
- Я с удовольствием читаю детективы. — I love to read detective novels.
  14.96; D 93

4354 напугать *V* scare, frighten
- Сегодня меня напугала собака. — I was frightened by a dog today.
  14.94; D 97

4355 чеченец *Nm* Chechen
- На территории этого региона проживают преимущественно чеченцы. — Mainly Chechens live in this region.
  14.94; D 93

4356 добровольный *A* voluntary
- Заявили о добровольном уходе в отставку прежние главы Якутии и Карелии. — The former heads of the Yakutia and Karelia regions announced their voluntary retirement.
  14.91; D 95

4357 кошелёк *Nm* purse
- Я открыла кошелек и пересчитала деньги. — I opened my purse and counted my money.
  14.91; D 93

4358 неправда *Nf* lie
- Вы говорите неправду, молодой человек. — You're telling a lie, young man.
  14.88; D 97

4359 витамин *Nm* vitamin
- Нужно ли беременным принимать витамины? — Should pregnant women take vitamins?
  14.87; D 91

4360 простыня *Nf* bed sheet
- Он лежал на чистой белой простыне. — He was lying on a clean white bed sheet.
  14.87; D 97

4361 наименование *Nn* name
- В поле 'Банк' указывают полное наименование банка. — Write the full name of your bank in the 'Bank' section.
  14.85; D 92

4362 фотоаппарат *Nm* camera
- На шее у него болтался фотоаппарат. — A camera was hanging around her neck.
  14.85; D 91

4363 чистить *V* clean
- Учите детей правильно чистить зубы. — Teach your children to clean their teeth properly.
  14.82; D 96

4364 девяносто *Num* ninety
- У нас учатся студенты из девяноста стран мира. — Students from ninety countries study here.
  14.81; D 96

4365 теряться *V* be lost
- При сжатии файлов информация не теряется. — Data is not lost when files are compressed.
  14.81; D 97

4366 пятьсот *Num* five hundred
- Не могли бы вы разменять мне пятьсот рублей? — Could you give me change for five hundred rubles?
  14.80; D 97

4367 увлекаться *V* be enthusiastic
- Мой брат увлекается спортом. — My brother is a sports enthusiast.
  14.80; D 96

4368 варить *V* cook, boil, make
- Твоя мама варит такой вкусный борщ! — Your mum makes such good borscht!
  14.78; D 95

4369 смелость *Nf* courage
- У меня на это не хватило смелости. — I didn't have the courage for this.
  14.77; D 96

4370 капуста *Nf* cabbage
- Это Юлин любимый салат из капусты. — This is Yulia's favourite cabbage salad.
  14.75; D 95

4371 гладить *V* iron, stroke
- Жена гладит бельё. — The wife irons the linen.
- Он нежно погладил кота. — He gently stroked the cat.
  14.75; D 96

4372 обедать *V* have lunch
- Мы скоро будем обедать? — Will we have lunch soon?
  14.73; D 97

4373 уменьшаться *V* decrease, be reduced
- При этом количество вредных выбросов уменьшается. — Thus the amount of harmful emissions is reduced.
  14.67; D 96

4374 тройка *Nf* figure of three, group of three, mark of three
- Единственная тройка у него по немецкому. — His only third-class mark was for German.
  14.66; D 95

4375 дружно *Adv* amicably, all at once
- Ребята, давайте жить дружно. — Guys, let's live amicably.
- Мы все дружно рассмеялись. — We laughed all at once.
  14.66; D 97

4376 лить *V* pour
- Вчера весь день лил дождь. — It poured down all day yesterday.
  14.63; D 96

4377 дизайнер *Nm* designer
- Этот шкаф-купе разработали итальянские дизайнеры. — This sliding wardrobe was designed by Italian designers.
  14.62; D 89

4378 путешественник *Nm* traveller
- На следующее утро путешественники отправились дальше. — The next morning the travellers set off further on their journey.
  14.61; D 92

4379 блондинка *Nf* blonde
- Его жена – хорошенькая блондинка. — His wife is a pretty blonde.
  14.59; D 92

4380 бег *Nm* run, race
- Школьники соревновались в беге на 30 метров. — The school children competed in a 30-metre race.
  14.59; D 92

4381 дырка *Nf* hole
- Монеты выпали через дырку в кармане. — Coins fell through the hole in my pocket.
  14.58; D 96

4382 исламский *A* Islamic
- Я благодарю также Президента Всемирного Исламского Университета доктора Хуссейна Хамида Хассана. — I thank also the President of the International Islamic University Dr Hussain Hamid Hassan.
  14.58; D 92

4383 поверх *Prep* over
- Он взглянул на меня поверх очков. — He glanced at me over his glasses.
  14.55; D 96

4384 туристический *A* tourist
- Туристическая виза выдается при предъявлении паспорта, обратного билета и ваучера из гостиницы. — Tourist visas are issued upon receipt of a valid passport, a return ticket and a hotel voucher.
  14.55; D 91

4385 КПРФ *Nf* Communist Party of the Russian Federation
- На выборах КПРФ набрала 12,6% голосов. — The Communist Party of the Russian Federation scored 12.6% of the votes.
  14.55; D 86

4386 ёлка *Nf* (Christmas) tree, spruce
- Всей семьей мы наряжали елку перед Новым годом. — As a whole family we decorated the Christmas tree for the New Year.
  14.49; D 95

4387 портить *V* spoil
- Не порти мне настроение! — Don't spoil my mood!
  14.48; D 97

4388 спичка *Nf* match
- Простите, у вас нет спичек? — Have you got any matches, please?
  14.47; D 96

4389 проглатывать *V* swallow
- Пациент проглатывает капсулу и запивает ее небольшим количеством воды. — The patient swallows the capsule and washes it down with a little water.
14.46; D 97

4390 электроэнергия *Nf* electric power
- Это простое устройство помогает экономить электроэнергию. — This simple device helps save electricity.
14.44; D 90

4391 предлог *Nm* excuse, preposition
- Она ищет предлога для ссоры. — She's looking for an excuse to have a row.
- В косвенных падежах с предлогом к местоимениям 3 лица прибавляется н: у него, к ним, от нее. — In the oblique cases an н is added to third-person personal pronouns after a preposition ('у него', 'к ним', 'от нее').
14.43; D 97

4392 олимпийский *A* Olympic
- Победу одержала олимпийская чемпионка Алина Кабаева. — The Olympic champion Alina Kabaeva gained victory.
14.43; D 90

4393 извиниться *V* apologize
- Я должен извиниться перед вами. — I must apologize to you.
14.42; D 96

4394 холл *Nm* hall
- В просторном холле кроме нас никого не было. — There was nobody but us in the large hall.
14.42; D 94

4395 воровать *V* steal
- Эти дети вынуждены воровать или попрошайничать. — These children are forced to steal or beg.
14.39; D 96

4396 сочувствие *Nn* sympathy
- Я выражаю глубочайшее сочувствие семьям, которые потеряли своих родных. — I express my deepest sympathy to families who have lost those close to them.
14.39; D 97

4397 шумный *A* noisy
- Кто вчера устроил шумную вечеринку? — Who organized yesterday's noisy party?
14.37; D 96

4398 прилавок *Nm* counter
- Продавец стоит за прилавком. — The shop assistant is standing behind the counter.
14.32; D 96

4399 ревность *Nf* jealousy
- Раньше я никогда не испытывал ревности. — I didn't use to be jealous.
14.32; D 95

4400 доброта *Nf* kindness
- Я всегда буду помнить вашу доброту. — I will always remember your kindness.
14.28; D 97

4401 мотоцикл *Nm* motorcycle
- Они сели на мотоцикл и поехали в ресторан. — They got on their motorcycle and set off to the restaurant.
14.28; D 89

4402 закрытие *Nn* closing
- 30 марта состоялось торжественное закрытие чемпионата России по горнолыжному спорту. — The closing ceremony of the Russian Alpine Skiing Championship took place on the 30th of March.
14.25; D 94

4403 кипеть *V* boil
- На кухне кипит чайник. — The kettle is boiling in the kitchen.
14.22; D 97

4404 туризм *Nm* tourism
- Экологический туризм – бизнес XXI века. — Ecotourism is a business of the twenty-first century.
14.22; D 90

4405 разводиться *V* get divorced
- Что делать ребенку, если его родители разводятся? — What should a child do if his parents are getting divorced?
14.17; D 96

4406 каникулы *N-* vacation, holidays
- Весенние каникулы длятся всего неделю. — The spring holidays last for just a week.
14.15; D 95

4407 пожарный *A, N-* fire-fighter
- Пожарные эвакуировали 50-летнюю женщину, находившуюся в состоянии алкогольного опьянения. — Fire-fighters evacuated a 50-year-old woman who was in a drunken state.
14.11; D 90

4408 пульт *Nm* control panel, remote control
- Где пульт от телевизора? — Where's the TV remote control?
14.11; D 95

4409 кла́ссика *Nf* classics
- Я люблю русскую классику. — I love the Russian classics.
14.09; D 69

4410 удостовере́ние *Nn* certificate
- У вас есть пенсионное удостоверение? — Do you have a pension certificate?
14.09; D 94

4411 ве́ко *Nn* eyelid
- Он поднял веки и взглянул на меня. — He raised his eyelids and glanced at me.
14.07; D 95

4412 футбо́льный *A* football
- Он смотрит по телевизору футбольный матч. — He's watching the football match on television.
14.05; D 91

4413 по́люс *Nm* pole
- Экспедиция отправляется на Северный полюс. — The expedition is setting off to the North Pole.
14.05; D 92

4414 насеко́мое *Nn* insect
- У всех насекомых по шесть ножек. — All insects have six legs.
14.02; D 93

4415 жи́дкий *A* liquid
- Тесто по густоте должно напоминать жидкую сметану. — The thickness of the mix should be like that of liquid sour cream.
14.01; D 95

4416 гроза́ *Nf* storm
- Под утро началась гроза. — The storm began in the early hours of the morning.
13.95; D 95

4417 октя́брьский *A* October
- Его детство пришлось на первые годы после Октябрьской революции. — He grew up in the years that immediately followed the October Revolution.
13.93; D 95

4418 разноцве́тный *A* multi-coloured
- Девушки одеты в разноцветные купальники. — The girls were dressed in multi-coloured swimsuits.
13.92; D 92

4419 ска́зочный *A* fairy-tale
- Кто твой любимый сказочный персонаж? — Who is your favourite fairy-tale character?
13.92; D 96

4420 ча́йный *A* tea
- Добавьте одну чайную ложку меда. — Add a teaspoon of honey.
13.92; D 84

4421 впра́во *Adv* to the right
- Наклонитесь вправо, достаньте ладонью пол. — Lean to the right and touch the floor with the palm of your hand.
13.89; D 96

4422 энциклопе́дия *Nf* encyclopaedia
- Посмотрите в энциклопедии статью 'Вулканизм'. — Look up the article about 'Vulcanism' in the encyclopaedia.
13.84; D 90

4423 прорабо́тать *V* work, work out
- Она проработала в школе 20 лет. — She worked at the school for 20 years.
- Давайте проработаем наш маршрут. — Let's work out our journey.
13.83; D 96

4424 то́рмоз *Nm* brake
- Володя нажал на тормоз. — Volodya pressed the brake.
13.82; D 95

4425 увезти́ *V* take away
- Одного мальчика даже увезли в больницу с переломом ноги. — One boy was even taken to hospital with a broken leg.
13.82; D 97

4426 буди́ть *V* wake
- Проводники бегают по вагону и будят пассажиров. — Conductors are going through the carriage and waking up passengers.
13.81; D 97

4427 ноль *Nm* zero, null
- На улице ноль градусов. — It's zero degrees outside.
13.81; D 94

4428 разреша́ться *V* be allowed, be solved
- Прервать беременность разрешалось только по медицинским показаниям. — Pregnancies were allowed to be terminated only on medical grounds.
- В таком случае все возникающие вопросы будут разрешаться на месте. — In this case all issues that arise are solved on the spot.
13.81; D 90

4429 при́нтер *Nm* printer
- У меня сломался принтер. — My printer is broken.
13.77; D 79

4430 уха́живать *V* care for, take care, court
- Санитарка ухаживает за больным. — The nurse is taking care of the patient.
- 13.73; D 96

4431 начина́ющий *A* amateur
- Перед начинающим фотографом стоит много проблем. — An amateur photographer faces many problems.
- 13.68; D 80

4432 бело́к *Nm* protein
- 1 грамм белка содержит примерно 4 кал. — 1 gram of protein contains approximately 4 calories.
- 13.66; D 91

4433 моро́женое *Nn* ice-cream
- Ну купи мне мороженое! — Get me an ice-cream then!
- 13.66; D 93

4434 таба́к *Nm* tobacco
- По оценкам экспертов, около 30% импортных сигар и табака ввозится в страну нелегально. — According to experts' calculations, around 30% of imported cigars and tobacco enter the country illegally.
- 13.60; D 88

4435 уси́ливаться *V* strengthen, get stronger
- После полудня ветер усилился. — The wind became stronger in the afternoon.
- 13.59; D 97

4436 отме́тка *Nf* mark
- В начальной школе я получал только отличные отметки. — I had only excellent marks at primary school.
- 13.52; D 94

4437 трусы́ *N-* pants, boxers
- В нашем интернет-магазине вы можете купить мужские трусы из качественных эластичных материалов. — You can buy men's pants made from quality stretch fabric in our online shop.
- 13.50; D 96

4438 ве́жливый *A* polite
- Виталик был удивительно вежливым ребенком. — Vitalik was an amazingly polite child.
- 13.47; D 79

4439 вле́во *Adv* to the left
- Нажмите Alt+стрелка влево. — Press Alt + the left arrow key.
- 13.44; D 96

4440 по́вар *Nm* chef, cook
- Повар приготовил рыбу. — The chef cooked fish.
- 13.43; D 95

4441 у́стный *A* oral
- Вечером того же дня я сделал устный доклад своему командиру. — On the evening of the same day I gave an oral report to my commander.
- 13.43; D 95

4442 изве́стность *Nf* celebrity, fame
- Открытие получило мировую известность. — The discovery received world fame.
- 13.42; D 96

4443 мусульма́нский *A* Muslim
- Местная мусульманская община – одна из самых активных в стране. — The local Muslim community is one of the most active in the country.
- 13.42; D 93

4444 пе́на *Nf* foam
- Вы используете пену для бритья? — Do you use shaving foam?
- 13.42; D 95

4445 Бу́дда *Nm* Buddha
- Монах встал лицом к статуе Будды. — The monk stood facing the statue of Buddha.
- 13.41; D 93

4446 настоя́щее *Nn* present
- Мы несем ответственность за настоящее и будущее России. — We are responsible for the present and future of Russia.
- 13.41; D 96

4447 огуре́ц *Nm* cucumber
- Коты не едят огурцов. — Cats don't eat cucumbers.
- 13.38; D 91

4448 подоко́нник *Nm* windowsill
- На подоконнике спала кошка. — A cat was sleeping on the windowsill.
- 13.38; D 96

4449 постуча́ть *V* knock
- Я надеялась, что вы постучите, прежде чем входить. — I hoped that you would knock before coming in.
- 13.37; D 97

4450 телекана́л *Nm* TV channel
- Этот телеканал вещает на большую часть России. — This television channel broadcasts to most parts of Russia.
- 13.37; D 89

4451 толщина *Nf* thickness
- Толщина льда в этом году на реках достигает 40–50 см. — This year the thickness of river ice is up to 40–50 cm.
13.34; D 94

4452 низко *Adv* low
- Черная птица летела низко над водой. — A black bird was flying low above the water.
13.33; D 96

4453 пленный *Nm* captive, prisoner
- Время, истраченное на допросы пленных, не пропало даром. — The time spent interrogating the prisoners was not in vain.
13.33; D 95

4454 трижды *Adv* three times
- Неизвестный в маске трижды выстрелил в нее. — A masked stranger shot at her three times.
13.33; D 97

4455 багаж *Nm* luggage
- Мы сдали багаж в камеру хранения. — We put our luggage in the luggage locker.
13.32; D 92

4456 веб *Nf* web
- Он занимается веб-дизайном. — He's a web designer.
13.29; D 83

4457 глагол *Nm* verb
- Вы заметили, что есть пары глаголов, отличающиеся по виду? — Have you noticed that there are pairs of verbs that differ in aspect?
13.27; D 91

4458 жевать *V* chew
- Коровы лениво жевали сено. — The cows were idly chewing the hay.
13.26; D 97

4459 завтрашний *A* tomorrow's
- Ты подготовилась к завтрашнему экзамену? — Are you ready for tomorrow's exam?
13.25; D 95

4460 открытка *Nf* postcard
- Брат прислал мне открытку из Венеции. — My brother sent me a postcard from Venice.
13.23; D 87

4461 ВИЧ *Nm* HIV
- Диагноз ВИЧ у него не подтвердился. — It was confirmed that he did not have HIV.
13.22; D 78

4462 рекорд *Nm* record
- Американский экипаж установил рекорд трассы – 55,65 сек. — The American team set a new track record: 55.65 seconds.
13.20; D 88

4463 электричка *Nf* train
- В Лобне электричка не останавливается. — The train doesn't stop in Lobna.
13.20; D 95

4464 прощание *Nn* farewell
- Было видно, как он машет на прощание рукой. — We could see him waving us farewell.
13.19; D 97

4465 цирк *Nm* circus
- Раньше он постоянно ходил в цирк смотреть акробатов и фокусников. — He always used to go to the circus to watch the jugglers and acrobats.
13.17; D 92

4466 приземляться *V* land
- Самолет приземлился в аэропорту Пекина. — The plane landed at Beijing airport.
13.14; D 97

4467 см *Nm* cm, centimetre
- Размеры изделия: высота 75 см, длина 60 см, ширина 40 см. — Product dimensions: height: 75 cm, length: 60 cm, width: 40 cm.
13.11; D 95

4468 нищий *A, N-* beggar
- Надо ли подавать нищим? — Should we give to beggars?
13.10; D 92

4469 посылка *Nf* parcel
- Раз в месяц приходила посылка от бабушки: сало, яйца, варенье. — I used to get a parcel of lard, eggs and jam from my grandmother every month.
13.08; D 95

4470 верующий *Nm* believer
- Немалых усилий стоило верующим восстановить собор. — It took believers a lot of hard work to restore the cathedral.
13.06; D 93

4471 хакер *Nm* hacker
- Хакер взломал базы данных кредитной компании. — The hacker hacked the databases of a credit company.
13.06; D 86

4472 встре́чный *A* counter, oncoming
- Когда появляется встречный транспорт, необходимо переключать дальний свет фар на ближний. — You should dip your headlights for oncoming traffic.
13.02; D 96

4473 геогра́фия *Nf* geography
- Я два раза проваливала экзамен по географии. — I failed the geography exam twice.
12.96; D 91

4474 сбо́рная *Nf* team
- Он был спортсменом, входил когда-то в состав юношеской сборной Москвы. — He was a sportsman and for a time was in the Moscow youth team.
12.95; D 87

4475 вероя́тно *Adv* probably
- Вы, вероятно, ошиблись адресом. — You've probably got the wrong address.
12.90; D 95

4476 перекрёсток *Nm* crossroads
- Попросите таксиста остановиться на перекрестке. — Ask the taxi driver to stop at the crossroads.
12.90; D 95

4477 поздравле́ние *Nn* congratulation, greetings
- Ученый принимал поздравления коллег, праздновал успех. — The scientist accepted congratulations from his colleagues and celebrated his success.
12.86; D 93

4478 го́рько *Adv* bitter
- Я горько плакал, слушая эти ужасные слова. — I cried bitterly when I heard these terrible words.
12.83; D 97

4479 тера́кт *Nm* terrorist attack
- Силы безопасности предотвратили теракт на севере страны. — Security services prevented a terrorist attack in the north of the country.
12.80; D 86

4480 заинтересова́ться *V* become interested
- Этим проектом заинтересовались в Голливуде. — Hollywood became interested in this project.
12.79; D 96

4481 крем *Nm* cream
- Нанесите на кожу крем. — Apply cream to the skin.
12.79; D 87

4482 близне́ц *Nm* twin
- Мы сейчас с ней как сиамские близнецы. — She and I are now like Siamese twins.
12.75; D 90

4483 горячо́ *Adv* hot
- Ой, как горячо! — Oh, it's so hot!
12.74; D 97

4484 перее́зд *Nm* move, railway crossing
- Нам предстоит переезд в другой город. — We face moving to another town.
- Подъезжаем к железнодорожному переезду. — We're coming up to the railway crossing.
12.73; D 95

4485 бале́т *Nm* ballet
- В этот вечер мы смотрели балет с участием Плисецкой. — This evening we watched a ballet in which Plisetskaya was performing.
12.70; D 90

4486 биоло́гия *Nf* biology
- Бориса Ивановича пригласили читать лекции по биологии в университете. — Boris Ivanovich was invited to give lectures on biology at the university.
12.70; D 88

4487 хвали́ть *V* praise
- Хвалите ребенка за каждый его успех. — Praise a child for every one of his achievements.
12.67; D 96

4488 дежу́рный *A, N-* on duty
- Он вызвал дежурную медсестру. — He called the nurse who was on duty.
12.66; D 96

4489 джи́нсы *N-* jeans
- Они одеваются в джинсы, майки и спортивные куртки. — They wear jeans, T-shirts and sports jackets.
12.64; D 94

4490 стадио́н *Nm* stadium
- Болельщики заполнили трибуны стадиона. — Supporters filled the stadium.
12.63; D 64

4491 прохла́дный *A* cool
- Был тихий прохладный вечер на исходе лета. — It was a quiet, cool evening at the end of summer.
12.60; D 96

4492 документа́льный *A* documentary
- А документальное кино вам никогда не хотелось снять? — Have you never fancied filming a documentary?
12.59; D 95

4493 комфо́рт *Nm* comfort
- Задача сети наших магазинов – создавать комфорт и уют в каждом доме. — The aim of our chain is to bring comfort and cosiness to every home.
12.59; D 94

4494 факс *Nm* fax
- Вы отправили факс в Новосибирск? — Did you send the fax to Novosibirsk?
12.59; D 62

4495 перено́с *Nm* hyphen, transfer
- Текстовый редактор автоматически расставляет переносы в тексте. — The text editor automatically hyphenates a text.
- При переносе файлов в другой каталог следует соблюдать осторожность. — Be careful when transferring files to another folder.
12.59; D 89

4496 стира́ть *V* wash, wipe
- Цветные и белые вещи стирают отдельно. — Colours and whites should be washed separately.
- Мужчина был бледен и стирал пот со лба. — The man was pale and he wiped sweat from his brow.
12.55; D 93

4497 запасно́й *A* spare
- Не забудьте прихватить запасной аккумулятор вместе с камерой. — Don't forget to get a spare battery with the camera.
12.54; D 95

4498 со́нный *A* sleepy
- – Алло, – послышался в трубке сонный голос Дмитрия. — 'Hello', Dmitry's sleepy voice sounded over the telephone.
12.43; D 97

4499 ненадо́лго *Adv* for a (short) while, not for long
- Я к вам ненадолго, всего на две недели. — I'm not going to be with you for long: just two weeks.
12.43; D 97

4500 гимн *Nm* hymn, anthem
- Все встали и запели гимн. — Everyone stood and sang the national anthem.
12.36; D 92

4501 шестна́дцать *Num* sixteen
- Лимузин Президента России весит шестнадцать тонн. — The Russian president's limousine weighs sixteen tonnes.
12.36; D 97

4502 бульва́р *Nm* alley
- Они каждый день гуляют по бульвару. — They walk along the alley every day.
12.35; D 95

4503 присни́ться *V* have a dream (nightmare)
- Мне такой кошмар приснился. — I had such a nightmare.
12.35; D 94

4504 бокс *Nm* boxing
- Ищу секцию бокса, желательно недалеко от метро Кунцево. — I'm looking for a boxing gym, preferably near the Kuntsevo Metro station.
12.34; D 89

4505 патрио́т *Nm* patriot
- Человек этот и в плену остался патриотом. — This man remained a patriot even while in captivity.
12.34; D 89

4506 деся́тка *Nf* ten, figure of ten, ten rubles
- Он входит в десятку сильнейших автогонщиков Европы. — He's one of the top ten racing car drivers in Europe.
12.31; D 95

4507 шёлковый *A* silk
- На ней была шелковая блузка. — She was wearing a silk blouse.
12.31; D 96

4508 шить *V* sew
- Мама умела шить и вышивать, хорошо готовила. — Mum could sew and embroider, and she was a good cook.
12.31; D 95

4509 убо́рка *Nf* clean, cleaning, harvest
- Иногда я устраиваю генеральную уборку. — Sometimes I do a spring clean.
- Началась уборка урожая. — The harvest has begun.
12.31; D 95

4510 двадца́тый *Num* twentieth
- Когда закончился двадцатый век и начался двадцать первый? — When did the twentieth century end and the twenty-first begin?
12.30; D 96

4511 промолча́ть *V* remain silent
- Надо было промолчать. — It was necessary to remain silent.
12.29; D 97

4512 нару́жный *A* exterior, outside
- Наружное освещение выключено. — The outside lights are switched off.
12.28; D 92

24 Town and city

го́род 89 city

у́лица 343 street

центр 367 centre

райо́н 541 area

зда́ние 863 building

а́дрес 897 address

жи́тель 967 inhabitant, resident

городско́й 988 urban, town

пло́щадь 1082 square; area

перехо́д 1342 crossing

вход 1529 entrance

биле́т 1588 ticket

мост 1704 bridge

по́чта 2019 post office

тра́нспорт 2115 transport

метро́ 2258 Metro,
    underground

маршру́т 2374 route

ба́шня 2427 tower

тра́нспортный 2789 transport

платфо́рма 2878 platform

муниципа́льный 2954
    municipal

архитекту́ра 3004 architecture

фона́рь 3081 (street) light

тра́сса 3139 route

мэр 3165 mayor

прохо́д 3271 passage

такси́ 3288 taxi

шоссе́ 3314 motorway

проспе́кт 3456 avenue

грузови́к 3465 truck

стоя́нка 3593 car park

строе́ние 3689 building

прое́зд 3747 passage; travel

скаме́йка 3837 bench

переу́лок 3950 alley

тротуа́р 4034 pavement

у́личный 4128 street

тупи́к 4262 cul-de-sac

апте́ка 4348 pharmacy

перекрёсток 4476 crossroads

бульва́р 4502 alley

скамья́ 4528 bench

мо́стик 4581 small bridge

вы́веска 4646 sign, signboard

въезд 4649 entrance

пешехо́д 4692 pedestrian

паркова́ть 4778 park

банкома́т 4996 cash machine

4513 прихо́жая *Nf* hallway
- За дверью была небольшая прихожая.
  — There was a small hallway on the other
  side of the door.
  12.27; D 96

4514 университе́тский *A* university
- У меня комната в университетском
  общежитии. — I have a room in
  a university hall of residence.
  12.27; D 95

4515 оре́х *Nm* nut
- Внимание: продукт содержит орехи. —
  Warning: this product contains nuts.
  12.27; D 94

4516 тормози́ть *V* brake, freeze (slang)
- Он резко затормозил. — He broke harshly.
- У меня компьютер тормозит. — My
  computer keeps freezing.
  12.26; D 96

4517 взве́шивать *V* weigh
- Продавец взвешивает колбасу и сыр. —
  The shop assistant is weighing the sausage
  and cheese.
  12.25; D 96

4518 котёнок *Nm* kitten
- Это был очень маленький котенок. —
  It was a very small kitten.
  12.18; D 89

4519 ра́ковина *Nf* shell, sink
- Поставь грязные тарелки в раковину. —
  Put the dirty plates in the sink.
- Вдруг он заметил прекрасную
  перламутровую раковину. — He suddenly
  noticed a beautiful pearl shell.
  12.17; D 94

4520 ви́лка *Nf* fork
- Вы посмотрите, как она держит вилку! —
  Just look how she holds her fork!
  12.17; D 93

4521 страхо́вка *Nf* insurance
- Многие туристы стремятся оформить
  страховку подешевле. — Many tourists try
  to take out cheaper insurance.
  12.17; D 92

4522 аккура́тный *A* neat, exact
- Комнатка у нее чистенькая, аккуратная,
  салфеточки везде. — Her room is
  clean and tidy; there are lace doilies
  everywhere.
  12.13; D 97

4523 целова́ться *V* kiss
- На скамейках вдоль берегов реки
  целуются парочки. — Couples were kissing
  on the benches positioned along the banks
  of the river.
  12.13; D 95

4524 сча́стливо *Adv* happily, good luck
- Иван счастливо улыбнулся. — Ivan smiled happily.
- Ну, счастливо. Вспоминай меня иногда. — Good luck! Remember me from time to time.

  12.05; D 97

4525 скульпту́ра *Nf* sculpture
- Эту скульптуру создал знаменитый скульптор Александр Опекушин. — This sculpture is the work of the famous sculptor Aleksander Opekushin.

  12.04; D 95

4526 стоп *I* stop
- А ну, стоп! Куда пошла? — Stop! Where are you going?

  12.02; D 95

4527 чита́ться *V* be read, be pronounced
- Текст легко читается. — The text is easy to read.
- Гласные в испанском языке читаются так же, как и пишутся. — Vowels in Spanish are pronounced as they are written.

  12.01; D 95

4528 скамья́ *Nf* bench
- В парке до сих пор стоит эта скамья. — The bench remains in the park to this day.

  11.99; D 95

4529 неприя́тно *Adv* unpleasantly
- Тут так неприятно пахнет! — There's an unpleasant smell here!

  11.99; D 96

4530 пу́говица *Nf* button
- Мужчина застегивает пуговицы рубашки. — The man is fastening his shirt buttons.

  11.97; D 95

4531 шокола́д *Nm* chocolate
- Шоколад – это полезный продукт. — Chocolate is good for you.

  11.97; D 93

4532 террористи́ческий *A* terrorist
- До сих пор неизвестна террористическая группировка, учинившая беспорядки в Дели. — It's still unknown which terrorist group is responsible for the attacks in Delhi.

  11.95; D 90

4533 вино́вный *A* guilty
- Его признали виновным в хулиганском нападении. — He was found guilty of hooliganism.

  11.95; D 95

4534 лени́вый *A* lazy
- Жаль, что ты такая ленивая. — It's a shame that you're so lazy.

  11.95; D 97

4535 оптими́зм *Nm* optimism
- Мы не теряем оптимизма. — We're still optimistic.

  11.94; D 94

4536 восемна́дцать *Num* eighteen
- Я восемнадцать лет работаю учителем. — I have been working as a teacher for eighteen years.

  11.89; D 97

4537 ша́хматы *N-* chess
- У нас многие играют в шахматы. — Many people play chess here.

  11.89; D 90

4538 африка́нский *A* African
- Многие птицы зимуют на африканском континенте. — Many birds spend the winter in Africa.

  11.85; D 91

4539 ги́бнуть *V* die
- Значит, будут жертвы, будут гибнуть люди. — This means that there will be victims, that people will die.

  11.85; D 96

4540 уко́л *Nm* injection
- Мне сделали укол и сказали лежать. — I was given an injection and told to lie down.

  11.84; D 95

4541 раздава́ть *V* distribute, hand out
- Дед Мороз со Снегурочкой раздавали подарки. — Father Christmas and the Snow Maiden handed out presents.

  11.81; D 96

4542 ве́шать hang
- В кабинете раздавались голоса, когда я вешал пальто и шляпу на вешалку. — Voices were blaring out in the office while I was hanging up my coat and hat.

  11.80

4543 лы́жа *Nf* ski
- В эти выходные мы катались на лыжах. — We went skiing this weekend.

  11.78; D 90

4544 пра́вильность *Nf* accuracy
- Переводчик проверит правильность перевода, сделанного машиной. — The translator will check whether the machine translation is accurate.

  11.74; D 91

4545 Венéра *Nf* Venus
- Очередная экспедиция к Венере была намечена на 1981 год. — The next trip to Venus was planned for 1981.
11.73; D 91

4546 обучáться *V* learn, be trained
- Он поступил в консерваторию, где обучался игре на скрипке. — He got a place at the School of Music where he learned to play the violin.
11.73; D 95

4547 племянник *Nm* nephew
- Это Ваня и Сережа, мои племянники. — This is Vanya and Seryozha, my nephews.
11.73; D 96

4548 антéнна *Nf* antenna
- У нас в деревне есть коллективная спутниковая антенна. — There is a satellite antenna for multiple users in our village.
11.72; D 88

4549 пополáм *Adv* fifty-fifty, in half
- Всю прибыль делим пополам. — We'll split all the profit in half.
11.72; D 96

4550 воспитáтель *Nm* nursery teacher
- С ребятами целый день занимались воспитатели и учителя. — Nursery teachers spent a whole day working with the children.
11.70; D 92

4551 взлёт *Nm* take-off
- Сразу же после взлета стюардессы всем раздали наушники. — The air hostesses gave out earphones as soon as the plane had taken off.
11.69; D 96

4552 привéтствие *Nn* greeting
- Женщины обменялись приветствиями. — The women exchanged greetings.
11.67; D 96

4553 извинéние *Nn* excuse, apology
- Он попросил извинения за беспокойство. — He apologized for the trouble.
11.64; D 95

4554 прóпуск *Nm* pass, permit, absence
- Сотрудники предъявляли пропуск. — The employees showed their pass.
11.61; D 95

4555 клáссик classical author
- Я мало читал классиков. — I didn't read classical authors very much.
11.59

4556 поликлиника outpatient clinic
- Можно ли вызвать на дом врача из районной поликлиники? — Can I request a home visit by a doctor from the local outpatient clinic?
11.59

4557 грипп *Nm* flu
- Десять дней назад она заболела гриппом. — She caught flu ten days ago.
11.58; D 82

4558 неудóбно *Adv* uncomfortable, uneasy
- Управлять машиной в туфлях на каблуке неудобно. — It's uncomfortable to drive in high heels.
- Миша, мне как-то даже неудобно говорить тебе об этом. — Misha, I somehow feel uneasy about discussing this matter with you.
11.55; D 97

4559 указáтель *Nm* road sign, sign, mark
- Судя по указателю, до Иркутска 442 километра. — Judging by the road sign, it's 442 kilometres to Irkutsk.
11.54; D 89

4560 алкогóльный *A* alcoholic
- Пиво – это алкогольный напиток. — Beer is an alcoholic drink.
11.53; D 91

4561 тёща *Nf* mother-in-law
- Ипполит Матвеевич не любил свою тещу. — Ippolit Matveevich didn't like his mother-in-law.
11.53; D 94

4562 ягода *Nf* berry
- Наташа стоит около куста смородины и собирает ягоды в тазик. — Natasha is standing next to the currant bush and putting the berries into a bowl.
11.49; D 94

4563 продлевáть *V* prolong
- Положительные эмоции продлевают жизнь. — Positive emotions prolong life.
11.49; D 93

4564 испýг *Nm* fright
- Вдруг у нее на лице появился испуг. — An expression of fright suddenly appeared on her face.
11.48; D 96

4565 контéйнер *Nm* container, box, skip
- Она поместила бутылочки в маленький пластмассовый контейнер-холодильник. — She put the bottles in a small plastic ice-box.
- Мы собираемся установить новые контейнеры для раздельного сбора бытовых отходов. — We're planning to install some new skips so that household waste can be sorted.
  11.47; D 91

4566 лы́сый *A* bald
- – Эй, ты! – заорал лысый толстяк-сторож. — 'Oi, you!', the bald and overweight security guard shouted.
  11.46; D 96

4567 причёска *Nf* hairstyle, haircut
- Таня, тебе очень идет новая прическа. — Tanya, your new haircut really suits you.
  11.46; D 93

4568 прáздновать *V* celebrate
- 27 марта весь католический мир праздновал Пасху. — Easter was celebrated all over the Catholic world on the 27th of March.
  11.45; D 94

4569 различáться *V* differ
- Люди различаются полом, цветом кожи, разрезом глаз. — People differ in sex, skin colour and the shape of their eyes.
  11.44; D 90

4570 сы́тый *A* satiated, be full
- Я так сыта, что даже не могу смотреть на этот торт. — I'm so full that I can't even look at that cake.
  11.44; D 97

4571 бутербрóд *Nm* open sandwich
- Они ели бутерброды и запивали их кофе из термоса. — They ate sandwiches and drank coffee from a flask.
  11.41; D 90

4572 комáр *Nm* mosquito
- Меня искусали комары! — I've been bitten by mosquitoes!
  11.38; D 93

4573 четы́рнадцать *Num* fourteen
- Роман 'Преступление и наказание' я прочел в четырнадцать лет. — I read *Crime and Punishment* when I was fourteen years old.
  11.38; D 97

4574 выдыхáть *V* exhale, breathe out
- Сделайте глубокий вдох и медленно выдохните. — Take a deep breath and then slowly exhale.
  11.34; D 97

4575 студéнтка *Nf* student (female)
- Я – студентка факультета романо-германской филологии. — I'm a student at the Faculty of Romano-Germanic Philology.
  11.34; D 91

4576 диктовáть *V* dictate
- Мы не договариваемся с ними, мы диктуем свои условия. — We dictate the conditions; we don't bargain with anyone.
  11.33; D 96

4577 каблýк *Nm* heel
- Я ношу обувь на высоком каблуке. — I wear high-heeled shoes.
  11.33; D 95

4578 кýхонный *A* kitchen
- Мы заказали комплект кухонной мебели. — We've ordered a full range of kitchen furniture.
  11.33; D 95

4579 назéмный *A* ground, overground
- Весь наземный транспорт Праги ходит по расписанию. — Overground transport in Prague runs according to the timetable.
  11.33; D 94

4580 мобúльник *Nm* mobile phone
- Она отключила мобильник. — She turned off her mobile phone.
  11.29; D 86

4581 мóстик *Nm* small bridge, command bridge
- Он ни на минуту не покидал капитанского мостика. — He didn't leave the command bridge for a minute.
  11.29; D 96

4582 арéна *Nf* arena, stage
- Август 1991 года вывел на политическую арену Алтая новых лидеров. — August 1991 saw the emergence of new leaders on the Altai political arena.
  11.19; D 94

4583 зубнóй *A* dental, tooth
- Мне нужно купить зубную щетку. — I need to buy a toothbrush.
  11.17; D 92

4584 казинó *Nn* casino
- Они всю ночь играли в казино. — They were gambling the whole night.
  11.17; D 85

4585 догадка *Nf* guess, speculation, suspicion
- Думаю, догадка моя подтвердится. — I think that my suspicions will be confirmed.
  11.15; D 97

4586 абзац *Nm* paragraph
- Прочитай этот абзац еще раз. — Read this paragraph once more.
  11.15; D 92

4587 экономить *V* save
- Это позволяет экономить время и электроэнергию. — It enables you to save time and electricity.
  11.15; D 94

4588 няня *Nf* nanny, nurse
- Няня рассказывала ей о том, что происходит в большом городе. — The nanny told her about life in the big city.
  11.07; D 86

4589 тост *Nm* toast
- Я хочу произнести тост. — I would like to propose a toast.
- Два яйца в мешочек, тост с маслом и джемом, сок. — Two soft-boiled eggs, toast with butter and jam, and juice.
  11.07; D 92

4590 вблизи *Prep* nearby, close up
- Интересно посмотреть вблизи на океанские танкеры. — It's interesting to look at ocean liners close up.
  11.06; D 95

4591 умеренный *A* moderate
- Здесь приятный, умеренный климат. — The climate here is pleasant and moderate.
  11.05; D 95

4592 дискотека *Nf* disco
- Они ходят на дискотеки по субботам. — They go to discos on Saturdays.
  11.00; D 94

4593 несправедливый *A* unfair
- Он подает жалобу на несправедливое увольнение. — He's going to put in a complaint for unfair dismissal.
  10.99; D 97

4594 солёный *A* salt(y)
- Отварите грибы в соленой воде. — Boil the mushrooms in salt water.
  10.96; D 96

4595 купе *Nn* compartment, coupe
- В купе едут два пассажира. — There are two passengers in the compartment.
  10.95; D 93

4596 суша *Nf* (dry) land
- Русская армия одержала немало славных побед на суше и на море. — The Russian army has had many famous victories on land and at sea.
  10.94; D 95

4597 град *Nm* hail
- Лил проливной дождь с градом. — There was heavy rain and hail.
  10.94; D 96

4598 комплимент *Nm* compliment
- Мне наговорили столько комплиментов! — I was paid so many compliments!
  10.92; D 91

4599 бланк *Nm* form
- Вам предложат заполнить бланк, необходимый для прохождения паспортного контроля. — You should fill out the form that you need to get through passport control.
  10.88; D 93

4600 Пасха *Nf* Easter
- Вы будете печь куличи к Пасхе? — Are you going to bake kulichi for Easter?
  10.87; D 82

4601 голландский *A* Dutch
- Рембрандт Херменс ван Рейн – голландский живописец. — Rembrandt Harmenszoon van Rijn was a Dutch painter.
  10.83; D 94

4602 модем *Nm* modem
- Почти все модемы способны собирать статистику в течение сеанса связи. — Almost all modems are able to gather statistics when they are connected.
  10.81; D 76

4603 ректор *Nm* rector
- Ректор университета торжественно вручил нам дипломы. — The Vice-Chancellor of the University ceremoniously handed us our degrees.
  10.80; D 89

4604 земляк *Nm* fellow countryman
- В армии я встречаю много земляков. — I meet several fellow countrymen in the army.
  10.79; D 95

4605 нулевой *A* zero, no
- У них нулевые шансы на победу. — They've got no chance of winning.
  10.79; D 94

4606 неме́дленный *A* immediate
- Эта болезнь требует немедленного лечения. — This disease requires immediate treatment.

  10.75; D 96

4607 расти́тельный *A* vegetable
- Они содержатся во многих продуктах растительного происхождения. — They are contained in many vegetable products.

  10.72; D 91

4608 те́сто *Nn* dough
- Никто не умеет делать тесто для пиццы лучше меня. — Nobody makes pizza dough better than me.

  10.72; D 92

4609 карто́фель *Nm* potatoes
- Я не ем картофель, зато очень люблю рис. — I don't eat potatoes, but I really like rice.

  10.71; D 90

4610 зарегистри́роваться *V* register, check in
- Сколько времени нужно, чтобы зарегистрироваться в отеле? — How much time do we need to check-in at the hotel?

  10.69; D 70

4611 пятёрка *Nf* figure of five, group of five, grade five (= E), five roubles
- Дочка получила пятерку за диктант. — Our daughter got an E for her dictation.
- Ты мне не одолжишь пятерку до зарплаты? — Can you lend me a fiver until I get paid?

  10.65; D 93

4612 вну́чка *Nf* granddaughter
- Полина – его единственная внучка. — Polina is his only granddaughter.

  10.59; D 95

4613 пле́ер *Nm* portable disk or tape player, walkman
- Ты слушаешь плеер в метро? — Do you listen to your walkman in the Metro?

  10.59; D 87

4614 часово́й *A, N-* security guard
- Самолет постоянно охраняют часовые. — Security officials are keeping constant guard over aircraft.

  10.58; D 89

4615 куре́ние *Nn* smoking
- В общественных местах курение запрещено. — Smoking is forbidden in public places.

  10.58; D 90

4616 семна́дцать *Num* seventeen
- Сегодня будет семнадцать градусов мороза. — It's going to be minus seventeen today.

  10.57; D 97

4617 азиа́тский *A* Asian
- Это крупнейшая азиатская авиакомпания. — This is a major Asian air company.

  10.55; D 94

4618 аккумуля́тор *Nm* rechargeable battery
- Аккумулятор обеспечивает автономную работу ноутбука в течение примерно двух часов. — A laptop has approximately two hours of battery life.

  10.53; D 81

4619 коро́на *Nf* crown
- Великий князь Михаил отказался принять корону. — Great Prince Mikhail refused to take the crown.

  10.53; D 95

4620 украи́нец *Nm* Ukrainian
- Я – украинец. — I'm Ukrainian.

  10.52; D 94

4621 блокно́т *Nm* notebook
- Официант записал заказ в блокнот. — The waiter wrote down the order in his notebook.

  10.51; D 96

4622 заку́ска *Nf* appetizer, snack
- Вяленая рыба – самая популярная закуска к пиву в России. — Dried fish is the most popular beer snack in Russia.

  10.51; D 93

4623 по́черк *Nm* handwriting
- У него был особый талант: узнавать людей по почерку — He had a special talent: he could recognize people by their handwriting.

  10.51; D 96

4624 суперма́ркет *Nm* supermarket
- Она выходила из дома только в ближайший супермаркет за продуктами и необходимыми мелочами. — She left the house only to go to the nearby supermarket to buy groceries and other essential items.

  10.50; D 92

4625 коза́ *Nf* goat, she-goat
- На поляне паслись козы. — Goats were grazing in the glade.

  10.49; D 90

4626 перело́м *Nm* bone fracture, turning point
- Умеете ли вы оказывать первую помощь при переломах конечностей? — Do you know how to give first aid when someone's broken a bone?
- Сталинградская битва положила начало коренному перелому в ходе войны. — The battle of Stalingrad marked a turning point in the war.

10.49; D 94

4627 ве́сить *V* weigh
- Когда я заканчивала школу, весила сорок семь килограммов. — I weighed forty-seven kilograms when I finished school.

10.49; D 95

4628 ма́йка *Nf* T-shirt
- Тут к нам подходит здоровый парень в желтой майке. — A young strong lad in a yellow T-shirt is coming towards us.

10.46; D 92

4629 унита́з *Nm* toilet bowl
- Она спустила воду в унитазе и открыла дверь кабинки. — She flushed the toilet and opened the cubicle door.

10.46; D 94

4630 ресни́ца *Nf* eyelash
- У нее такие длинные ресницы! — She has such long eyelashes!

10.44; D 97

4631 слог *Nm* syllable
- В этом слове ударение на втором слоге. — Stress is on the second syllable in this word.

10.43; D 94

4632 торт *Nm* cake
- Дайте, пожалуйста, кусочек торта. — Can I have a piece of cake, please?

10.42; D 92

4633 финн *Nm* Finn
- Этот завод строили финны. — The Finns built this factory.

10.41; D 92

4634 жа́дный *A* greedy
- Я видела их жадные глаза. — I could see their greedy eyes.

10.40; D 97

4635 несовершенноле́тний *A* minor, juvenile
- Для несовершеннолетних прокуратура просила отбывание наказания в воспитательных колониях. — The prosecutors ordered that the minors serve their sentence at juvenile correction facilities.

10.39; D 91

4636 магнитофо́н *Nm* tape recorder
- Он включил магнитофон и отошел к окну. — He turned on the tape recorder and walked over to the window.

10.37; D 95

4637 самостоя́тельность *Nf* independence
- Однажды вечером я решила проявить самостоятельность и поехала сама заправлять машину. — One evening I decided to show how independent I was and I refuelled the car myself.

10.35; D 95

4638 пя́тка *Nf* heel
- У малыша маленькие розовые пяточки. — The baby has small pink heels.

10.33; D 95

4639 развито́й *A* developed
- Здесь развитая туристическая инфраструктура. — Tourism infrastructure is well-developed here.

10.32; D 96

4640 прова́йдер *Nm* provider
- Возникли проблемы на сервере нашего провайдера. — There were problems on our provider's server.

10.32; D 74

4641 чат *Nm* chat room, chat
- Заходи в чат почаще. — Come into the chat room more often.

10.30; D 76

4642 лине́йка *Nf* ruler
- Шестеро мужчин что-то мерили линейкой по карте города. — Six men were measuring something with a ruler on the town map.

10.30; D 93

4643 ненорма́льный *A* abnormal
- Это человек психически ненормальный. — This person is mentally abnormal.

10.26; D 96

4644 патриоти́зм *Nm* patriotism
- Тема советского патриотизма часто повторялась в стихах Евтушенко. — The theme of Soviet patriotism was broached many times in Yevtushenko's poems.

10.26; D 95

4645 цент *Nm* cent
- Он получал по 1 доллару и 78 центов за час работы. — He earned 1 dollar and 78 cents an hour.

10.26; D 93

4646 вы́веска *Nf* sign, signboard
- Над дверью магазина висела вывеска. — There was a sign above the shop door.

10.26; D 95

4647 дворяни́н *Nm* nobleman
- Русские дворяне находились в тесных связях с французскими. — Russian and French noblemen had strong ties.

10.25; D 96

4648 трина́дцать *Num* thirteen
- В микроавтобусе поедут тринадцать человек. — Thirteen people will travel in the minibus.

10.24; D 96

4649 въезд *Nm* entrance
- Въезд во двор перегорожен чьей-то машиной. — Somebody's car is blocking the entrance to the yard.

10.23; D 93

4650 загрязне́ние *Nn* pollution
- Меня всегда волновала проблема загрязнения окружающей среды. — I've always been worried about pollution.

10.22; D 89

4651 ры́бный *A* fish
- Они отправились в рыбный ресторанчик на набережной. — They went to a fish restaurant on the embankment.

10.19; D 93

4652 чек *Nm* cheque
- Зарплату получаете чеком. — You are paid by cheque.

10.19; D 89

4653 тролле́йбус *Nm* trolley bus
- Когда подошел троллейбус, мы сели в него. — We got on the trolleybus when it arrived at the stop.

10.19; D 93

4654 непонима́ние *Nn* misunderstanding, lack of understanding
- Взаимное непонимание мы переживали очень болезненно. — The mutual misunderstanding caused us much distress.

10.15; D 96

4655 ПК *Nm* PC
- У вас есть навыки работы на ПК? — Do you have PC skills?

10.14; D 88

4656 корм *Nm* feed
- Эта компания производит корма для сельскохозяйственных животных. — This company produces animal feed.

10.14; D 91

4657 зоопа́рк *Nm* zoo
- Давай сходим в зоопарк. — Let's go to the zoo.

10.13; D 90

4658 певи́ца *Nf* singer (female)
- Я хорошо знал его семью, жену Нину – оперную певицу. — I knew his family well; his wife Nina was an opera singer.

10.11; D 92

4659 греме́ть *V* thunder
- Гром гремел реже и глуше. — The thunder occurred less often and wasn't as loud.

10.09; D 97

4660 занаве́ска *Nf* curtain
- Настя задернула занавеску. — Nastya drew the curtain.

10.08; D 96

4661 кастрю́ля *Nf* saucepan
- Постепенно наливайте в кастрюлю горячее молоко, постоянно помешивая. — Gradually pour the hot milk into the saucepan and mix constantly.

10.06; D 95

4662 сви́тер *Nm* sweater
- Я решил надеть свитер. — I decided to put a sweater on.

10.02; D 96

4663 помидо́р *Nm* tomato
- Вы любите помидоры? — Do you like tomatoes?

10.01; D 94

4664 за́мужем *Adv* married (woman)
- Старшая дочь давно замужем, у нее трое детей. — Our eldest daughter has been married for a long time; she has three children.

9.96; D 94

4665 плыть *V* swim, sail
- В прошлом году она научилась плавать. — Last year she learned to swim.
- Хорошо плыть по морю на таком корабле! — It's good to sail at sea on a ship like this!

9.96; D 97

4666 пра́зднование *Nn* celebration
- Мы хотели обсудить празднование дня рождения Миши. — We wanted to discuss Misha's birthday celebration.

9.92; D 93

4667 су́хо *Adv* dry(ly)
- На улице сухо, грязи и луж нет. — It's dry outside; there are no puddles or mud.

9.92; D 97

4668 низ *Nm* bottom
- В самом низу экрана есть четыре кнопки. — There are four buttons at the bottom of the screen.

9.87; D 94

4669 монолог *Nm* monologue
- Ее монолог прервал звонок в дверь. — Her monologue was cut short when the doorbell rang.

9.86; D 96

4670 повыша́ться *V* rise
- При многих заболеваниях повышается температура тела. — Many illnesses are accompanied by a rise in body temperature.

9.80; D 95

4671 зять *Nm* son-in-law
- Мама была не рада браку дочери, она не любила зятя. — The mother wasn't happy about her daughter's marriage; she didn't like her son-in-law.

9.76; D 94

4672 поднос *Nm* tray
- В дверях кухни появилась официантка с подносом. — A waitress carrying a tray appeared at the kitchen door.

9.76; D 96

4673 автомаши́на *Nf* car
- Впереди движется легковая автомашина. — There is a car in front of us.

9.75; D 95

4674 уби́тый *A, N-* murdered, killed
- В подвале нашли убитую девушку. — The murdered girl was found in the basement.

9.73; D 96

4675 фиоле́товый *A* purple
- Не стоит постоянно носить одежду фиолетового цвета. — There's no point in wearing purple clothes all the time.

9.67; D 86

4676 сбо́ку *Adv* at the side
- Съемки шли снизу, сбоку и сверху с вертолетов. — Shots were taken from below, from the side, and from above from helicopters.

9.66; D 97

4677 ва́за *Nf* vase, bowl
- На столе хрустальная ваза, доверху наполненная яблоками. — A crystal vase full to the brim of apples was on the table.

9.64; D 94

4678 выпрямля́ться *V* straighten up
- Он медленно выпрямился. — He slowly straightened up.

9.64; D 97

4679 доба́вка *Nf* supplement, addition, more
- Это не лекарство, а просто пищевая добавка. — It isn't medication, just a food supplement.
- Он все съел и еще добавки попросил. — He ate everything and asked for even more.

9.64; D 91

4680 светло́ *Adv* light
- В комнате Любови Тимофеевны светло и чисто. — It's light and clean in Lyubov Timofeevna's room.

9.63; D 96

4681 развя́зывать *V* untie
- Он снял пиджак и развязал галстук. — He took off his coat and untied his tie.

9.62; D 96

4682 профессионали́зм *Nm* professionalism
- Никто не сомневается в вашем высоком профессионализме. — Nobody doubts the high level of your professionalism.

9.60; D 94

4683 пе́рец *Nm* pepper
- Мелко нарежьте три стручка сладкого перца. — Finely dice three sweet peppers.

9.59; D 92

4684 быстрота́ *Nf* speed
- С молниеносной быстротой они очутились у машин, что стояли под мостом. — At breakneck speed they got to the cars that were under the bridge.

9.58; D 96

4685 полуо́стров *Nm* peninsula
- Высокие берега полуострова покрыты густой тайгой. — The high shores of the peninsula are covered in dense Taiga forest.

9.57; D 93

4686 измеря́ть *V* measure
- Как измерить расстояние от Земли до Солнца? — How do you measure the distance from the Earth to the Sun?

9.53; D 94

4687 блог *Nm* blog
- Популярность блога растет с каждым днем. — The blog is becoming more popular each day.

9.52; D 74

4688 отхо́ды N- waste, refuse
- Перед тем как утилизировать бытовые отходы, их сортируют. — Household waste is sorted before it is disposed of.
9.51; D 92

4689 некраси́вый A not attractive
- Я некрасивый, зато умный. — I might not be attractive, but I am clever.
9.51; D 96

4690 жа́реный A roasted, fried
- Я приготовила жареную картошку. — I cooked fried potatoes.
9.48; D 96

4691 кокте́йль Nm cocktail, shake
- Мы заказали коктейли, потом спагетти и красное вино. — We ordered cocktails, then spaghetti and red wine.
9.48; D 91

4692 пешехо́д Nm pedestrian
- Пешеход переходил проезжую часть в неположенном месте. — The pedestrian crossed the road in the wrong place.
9.44; D 85

4693 нелегко́ Adv with difficulty, hard
- Вам, должно быть, нелегко живется. — Life must be hard for you.
9.38; D 96

4694 иуде́й Nm orthodox Jew
- Видимо, иудеи по-другому смотрят на эти вещи. — Orthodox Jews clearly view things differently.
9.35; D 91

4695 посло́вица Nf saying
- Старая русская пословица говорит: 'Друзья познаются в беде'. — According to an old Russian saying: 'a friend in need is a friend indeed'.
9.35; D 94

4696 буфе́т Nm cafeteria, sideboard
- На перемене мы пошли в школьный буфет. — We went to the school cafeteria during the break.
- Он достал из буфета четыре чашки с блюдцами. — He took 4 cups and saucers out of the sideboard.
9.35; D 96

4697 грамма́тика Nf grammar
- Ты не ответил ни на один вопрос по грамматике. — You didn't answer any of the grammar questions.
9.33; D 93

4698 по́дданный Nm national, subject
- Он – британский подданный. — He's a British national.
9.32; D 96

4699 боксёр Nm boxer
- Я считаю, что он выдающийся боксер. — I think that he's an excellent boxer.
9.30; D 84

4700 па́рта Nf school desk
- Мы с ней просидели десять лет за одной партой. — She and I spent ten years sitting at the same school desk.
9.28; D 95

4701 стипе́ндия Nf scholarship
- Курсанты получают стипендию 1800 рублей, бесплатное обмундирование и питание. — Military trainees receive a maintenance grant of 1,800 rubles, a free uniform and food.
9.28; D 88

4702 лень Adv laziness
- Все ваши проблемы – из-за собственной лени. — All of your problems are down to your own laziness.
9.28; D 95

4703 бана́н Nm banana
- Маленькая девочка чистила банан и бросала шкурки прямо на пол. — The little girl peeled the banana and threw the skin straight on the floor.
9.27; D 92

4704 отопле́ние Nn heating
- Как жили наши далёкие предки без света, горячей воды и центрального отопления? — How did our ancient ancestors live without light, hot water and central heating?
9.25; D 89

4705 ра́дуга Nf rainbow
- На небе появилась радуга. — A rainbow formed in the sky.
9.25; D 93

4706 кио́ск Nm small shop, kiosk
- Туристическая карта Казани продается в любом киоске. — Tourist maps of Kazan' are sold at any kiosk.
9.24; D 95

4707 поле́зность Nf usefulness, utility
- Производители этого продукта доказывают его полезность. — The manufacturers of this product are showing how useful it is.
9.23; D 88

4708 вака́нсия Nf vacancy
- На Радио Максимум открылась вакансия копирайтера в креативном отделе. — There's a vacancy for a copy-writer in the creative department at Radio Maximum.
9.19; D 85

25 Travel

ме́сто 96 place
маши́на 209 car
путь 216 way
тече́ние 493 course, stream
ме́стный 551 local
самолёт 633 (aero)plane
кора́бль 731 ship
за́падный 898 western
автомоби́ль 1018 car
за́пад 1040 west
ста́нция 1086 station
се́верный 1163 northern
по́езд 1242 train
покида́ть 1282 leave
восто́к 1295 east
полет 1388 flight
восто́чный 1425 eastern
авто́бус 1501 bus
ю́жный 1533 southern
посеща́ть 1559 visit
добира́ться 1623 reach, get to
ло́дка 1653 boat
пое́здка 1706 trip
направля́ться 1714 go
се́вер 1831 north
регистра́ция 1852 check-in
путеше́ствие 1907 travel
дворе́ц 1948 palace
юг 1957 south

ваго́н 1978 carriage
возвраще́ние 2004 return
гости́ница 2013 hotel
похо́д 2148 hike
оте́ль 2196 hotel
пассажи́р 2329 passenger
выезжа́ть 2373 leave
остано́вка 2441 stop
вокза́л 2553 station
пала́тка 2635 tent; stall
спу́тник 2702 satellite; fellow traveller
зарубе́жный 2704 foreign
городо́к 2723 town
тури́ст 2743 tourist
экспеди́ция 2764 expedition
ме́стность 2774 area, locality
аэродро́м 2778 aerodrome, airfield
аэропо́рт 2785 airport
пребыва́ние 2844 residence
доро́жка 3102 road; path
железнодоро́жный 3119 railway
чемода́н 3215 suitcase
ви́за 3239 visa
посеще́ние 3252 visit
прие́зд 3268 arrival
автомоби́льный 3369 car

отъе́зд 3438 departure
доро́жный 3513 road, traffic
вертолёт 3715 helicopter
тропа́ 3857 path
трамва́й 3973 tram
перево́зка 4027 transportation
рейс 4036 flight, voyage
вы́лет 4065 departure
контине́нт 4119 continent
прибы́тие 4153 arrival
путеше́ствовать 4175 travel
окре́стность 4242 neighbourhood
деклара́ция 4246 declaration
путеше́ственник 4378 traveller
туристи́ческий 4384 tourist
мотоци́кл 4401 motorcycle
тури́зм 4404 tourism
бага́ж 4455 luggage
электри́чка 4463 train
указа́тель 4559 road sign
купе́ 4595 compartment, coupe
зарегистри́роваться 4610 check in
тролле́йбус 4653 trolley bus
автомаши́на 4673 car
апартаме́нты 4760 apartment

4709 продавщи́ца *Nf* shop assistant (female)
- – Како́го разме́ра? – спроси́ла продавши́ца.
  — 'What size?' asked the shop assistant.
  9.18; D 95

4710 брошю́ра *Nf* brochure
- Корпора́ция вы́пустила беспла́тную брошю́ру 'Поку́пка до́ма: Шаг за ша́гом'.
  — The corporation has published a brochure: 'A Step-by-Step Guide to Buying a House'.
  9.16; D 95

4711 алфави́т *Nm* alphabet
- Ч [че] – два́дцать пя́тая бу́ква ру́сского алфави́та. — Ч (ch) is the twenty-fifth letter of the Russian alphabet.
  9.15; D 88

4712 однокла́ссник *Nm* schoolmate
- Мы ча́сто встреча́емся с бы́вшими однокла́ссниками. — We often meet up with our old schoolmates.
  9.12; D 95

4713 сла́дко *Adv* sweet(ly)
- На ле́стничной площа́дке сла́дко па́хнет пирога́ми. — There is a sweet smell of pies on the landing.
  9.11; D 96

4714 негро́мко *Adv* not loud, quietly
- Засыпа́я, я слы́шал, как негро́мко перегова́ривались оте́ц с ма́терью. — Falling asleep, I could hear mum and dad talking quietly.
  9.10; D 97

4715 втроём *Adv* three (people)
- Мы стояли втроем под большим зонтом. — The three of us were standing under a big umbrella.
9.09; D 96

4716 испа́нец *Nm* Spaniard
- За рулем сидел незнакомый молодой испанец. — An unknown young Spaniard was behind the wheel.
9.02; D 92

4717 гид *Nm* (tour) guide
- Опытный гид расскажет вам об истории Брюсселя. — The experienced guide will tell you about the history of Brussels.
9.00; D 86

4718 у́жинать *V* have dinner
- Родители садятся ужинать ровно в восемь. — My parents sit down to eat dinner at eight o'clock on the dot.
8.99; D 97

4719 налогопла́тельщик *Nm* taxpayer
- Это планируется сделать за счет налогоплательщиков. — This is planned to be at the expense of the taxpayer.
8.98; D 86

4720 запреща́ться *V* prohibit
- Запрещается реклама алкогольной и табачной продукции на телевидении. — It's prohibited to advertise alcohol or tobacco products on television.
8.96; D 93

4721 четвёрка *Nf* figure of four, group of four, grade four
- В 1937 году советские летчики высадили на Северном полюсе отважную четверку папанинцев. — In 1937 Soviet airmen took four brave members of the Papanin polar expedition to the North Pole.
8.94; D 93

4722 су́пер *Nm* super, great
- Она выглядит экзотично, стильно, просто супер. — She looks exotic, stylish: simply great.
8.64; D 91

4723 уводи́ть *V* take away
- Уведите ее домой! — Take her home!
8.46; D 96

4724 весы́ *N-* scale(s), balance
- Весы показали 80 килограммов 200 граммов. — The scales showed 80 kilograms and 200 grams.
8.19; D 89

4725 поперёк *Prep* across
- Дерево упало поперек дороги. — The tree fell across the road.
7.82; D 96

4726 взросле́ть *V* mature
- Жизнь заставляла нас быстро взрослеть. — Life forced us to mature quickly.
7.32; D 95

4727 посереди́не *Adv* in the middle
- На фотографии слева – мама, справа – бабушка, а посередине я. — Mum is on the left of the photograph, grandma on the right and I'm in the middle.
7.20; D 92

4728 выздора́вливать *V* recover
- Ребенок быстро выздоравливает. — The child is recovering quickly.
7.08; D 94

4729 обме́нивать *V* exchange
- Где можно обменять валюту на рубли? — Where can I exchange foreign currency for rubles?
7.00; D 94

4730 безрабо́тный *Nm* unemployed
- Он больше всего боится стать безработным. — His biggest fear is becoming unemployed.
6.40; D 91

4731 сгиба́ть *V* bend
- При выполнении этого упражнения не сгибайте ноги в коленях. — Don't bend your knees when doing this exercise.
6.10; D 92

4732 переку́сывать *V* have a snack, eat
- На работе я не успела перекусить. — I didn't get time to have anything to eat at work.
5.78; D 96

4733 прибива́ть *V* fasten (by nailing)
- Он прибил решетки на все окна. — He fastened bars to all the windows.
5.63; D 96

4734 ода́лживать *V* lend, borrow
- Одолжите мне сто рублей, пожалуйста. — Can you lend me a hundred rubles, please?
- Часто ли вам приходится одалживать у кого-то деньги? — Do you often need to borrow money from people?
5.13; D 96

4735 спонта́нный *A* spontaneous
- Спонтанная речь произносится со средней скоростью 2,5 слов в секунду. — Spontaneous speech is produced with the average speed of 2.5 words per second.
4.94; D 93

4736 вычёркивать V strike out
- Ее имя было вычеркнуто из списка кандидатов. — Her name was struck off the list of candidates.
  4.78; D 95

4737 общительный A sociable
- Сашка очень общительный и веселый парень. — Sashka is a very sociable and happy boy.
  4.64; D 92

4738 выключатель Nm switch
- Где тут выключатель? — Where's the switch?
  4.63; D 93

4739 простуда Nf cold
- Это всего лишь легкая простуда. — It's just a slight cold.
  4.62; D 91

4740 бинт Nm bandage
- Медсестра перевязала мне бинтом руку. — The nurse bandaged my hand.
  4.60; D 94

4741 заглавие Nn title
- Само заглавие статьи указывало на геологическую тему. — The very title of the article hinted at its geological theme.
  4.60; D 89

4742 восьмидесятый Num eightieth
- Он поднялся на восьмидесятый этаж и вышел на крышу. — He went up to the eightieth floor and went on the roof.
  4.59; D 94

4743 пересказывать V retell
- Я не имею права пересказывать вам содержание нашей беседы. — I am not authorized to tell you what we discussed.
  4.58; D 94

4744 шестьсот Num six hundred
- Шестьсот тысяч рублей – большие деньги. — Six hundred thousand rubles is big money.
  4.58; D 91

4745 распродажа Nf clearance sale
- Эти симпатичные футболки я купила на распродаже. — I bought these nice sports shirts in a clearance sale.
  4.57; D 90

4746 семеро Num seven (people)
- Ты знаешь сказку про волка и семерых козлят? — Do you know the tale about the wolf and the seven little kids?
  4.57; D 94

4747 творог Nm cottage cheese
- Нас угощали творогом и парным молоком. — We were given cottage cheese and fresh milk.
  4.57; D 88

4748 сметана Nf sour cream
- Юра, положи себе в борщ сметану. — Yura, put sour cream in your borscht.
  4.55; D 93

4749 аплодировать V applaud, cheer
- Благодарные зрители аплодировали артистам. — The grateful viewers applauded the artists.
  4.54; D 94

4750 гель Nm gel
- Гели для душа есть в любом супермаркете. — You can get shower gel at any supermarket.
  4.51; D 64

4751 комикс Nm comics
- Как все дети, я страшно любил комиксы. — Like all children, I really liked comics.
  4.51; D 71

4752 мёрзнуть V freeze
- У меня все время мерзнут руки и ноги. — My hands and legs keep freezing.
  4.48; D 94

4753 мерить V measure, try
- Мы мерили рулеткой расстояние от дерева до дерева. — We measured the distance from tree to tree with a tape-measure.
- Она может три часа провести у зеркала, меряя наряды. — She can spend three hours in front of the mirror trying on clothes.
  4.48; D 92

4754 спортзал Nm gym
- Он дважды в неделю посещает спортзал. — He goes to the gym twice a week.
  4.46; D 90

4755 мочить V soak, kill (slang)
- Намочите волосы. — Soak your hair.
  4.42; D 93

4756 пресный A flavourless, fresh (water)
- Пища показалась ему пресной. — He found the food flavourless.
- В этом регионе не хватает пресной воды. — There isn't enough fresh water in this region.
  4.42; D 93

4757 каток Nm ice rink
- Мы сегодня пойдем на каток? — Are we going to the ice rink today?
  4.39; D 93

4758 семёрка *Nf* figure of seven, seven
- Ты смотрела фильм 'Великолепная семерка?' — Have you seen the film 'The Magnificent Seven'?
4.36; D 82

4759 отправитель *Nm* sender
- За доставку груза платит отправитель. — The sender pays for the delivery of the goods.
4.31; D 69

4760 апартаменты *Nm* apartment
- Они живут в роскошных апартаментах. — They live in a luxury apartment.
4.28; D 90

4761 девятнадцатый *Num* nineteenth
- Моя бабушка родилась в одна тысяча девятьсот девятнадцатом году. — My grandmother was born in 1919.
4.27; D 95

4762 трудолюбивый *A* hard-working
- Она добросовестный и трудолюбивый человек. — She is a conscientious and hard-working woman.
4.23; D 92

4763 сушить *V* dry, air
- В те годы еще было принято сушить белье на улице. — Back then it was still the done thing to dry your clothes outside.
4.22; D 92

4764 купальник *Nm* swimming costume, bikini
- Мы переоделись в купальники и пошли купаться. — We changed into our swimming costumes and went swimming.
4.20; D 92

4765 гольф *Nm* golf
- Захвати с собой клюшки для гольфа. — Take your golf clubs with you.
4.19; D 85

4766 загорать *V* sunbathe
- Девушка загорает на пляже. — The girl is sunbathing on the beach.
4.17; D 89

4767 семнадцатый *Num* seventeenth
- Пьер Ферма – это великий математик семнадцатого века. — Pierre de Fermat is a great mathematician of the seventeenth century.
4.12; D 93

4768 девяностый *Num* ninetieth
- С Натальей Ивановной я познакомился в середине девяностых годов. — I met Natalya Ivanovna in the middle of the nineties.
4.11; D 92

4769 чудесно *Adv* wonderful(ly)
- Вы сегодня чудесно выглядите! — You look wonderful today!
4.09; D 95

4770 схватывать *V* grab, apprehend, catch
- Я схватила сумку и поспешила к машине. — I grabbed my bag and rushed to the car.
- Тут вдруг подбегает хозяин и успевает схватить вора. — Then the owner suddenly comes running and catches the thief.
4.07; D 95

4771 зонт *Nm* umbrella
- Старик раскрыл большой черный зонт. — The old man opened the big black umbrella.
4.02; D 92

4772 пятидесятый *Num* fiftieth
- Я ношу пятидесятый размер одежды. — I'm a size fifty.
4.02; D 95

4773 персик *Nm* peach
- Неплохо бы съесть сочный персик. — I wouldn't mind eating a juicy peach.
4.01; D 91

4774 шампунь *Nm* shampoo
- Мойте волосы ребенка специальными детскими шампунями. — Wash the baby's hair with special baby shampoo.
4.01; D 26

4775 умываться *V* have a wash
- Он быстро умылся, оделся и позавтракал. — He quickly got washed, dressed and had breakfast.
4.01; D 94

4776 баскетбол *Nm* basketball
- Он неплохо играет в баскетбол. — He's a decent basketball player.
3.98; D 82

4777 девятьсот *Num* nine hundred
- От села до моста было метров девятьсот. — It was around nine hundred metres from the village to the bridge.
3.98; D 94

4778 парковать *V* park
- Здесь запрещается парковать машины. — It's forbidden to park cars here.
3.94; D 93

4779 прилагательное *Nn* adjective
- Подчеркните все прилагательные в этом предложении. — Underline all the adjectives in this sentence.
3.91; D 92

4780 свёкла *Nf* beetroot
- Мне надоели салаты из свеклы. — I'm fed up of beetroot salad.
3.91; D 91

4781 девятка *Nf* figure of nine, nine
- Номер машины начинается с девятки. — The number of the car starts with a nine.
3.90; D 92

4782 вращать *V* rotate
- Ветер вращал крылья мельницы. — The wind was turning the arms of the windmill.
3.89; D 93

4783 кавычка *Nf* quotation mark
- Вот здесь надо было поставить кавычки. — Quotation marks should have been used here.
3.87; D 87

4784 клубника *Nf* strawberry
- Где вы купили эту прекрасную клубнику? — Where did you buy those lovely strawberries?
3.87; D 83

4785 вноситься *V* be introduced, be made
- В план реформы не должны вноситься изменения принципиального характера. — No major changes should be made to the reform plan.
3.86; D 92

4786 дырявый *A* holey, having holes
- Он протянул Ларисе дырявый мужской башмак. — He gave Larisa a man's slipper with holes in it.
3.86; D 94

4787 замужний *A* married (woman)
- Он вспомнил свой страстный роман с замужней женщиной. — He remembered his passionate affair with a married woman.
3.86; D 93

4788 модифицировать *V* modify, change
- Эту схему можно модифицировать под влиянием меняющейся рыночной ситуации. — We may change this scheme in response to the changing market situation.
3.86; D 90

4789 обнажать *V* uncover
- Каждый больной подходил к столу и обнажал грудь. — Each patient went up to the table and uncovered his chest.
3.86; D 95

4790 пижама *Nf* pyjamas
- Мне неудобно спать в пижаме. — I find it uncomfortable to sleep in pyjamas.
3.86; D 94

4791 всеобъемлющий *A* universal
- Разумеется, экспансия ислама не носит всеобъемлющего характера. — The expansion of Islam is not, of course, universal.
3.85; D 94

4792 клеточка *Nf* checked, cell
- Все люди состоят из клеточек. — All humans are made up of cells.
3.85; D 91

4793 космодром *Nm* cosmodrome
- Я расскажу, как начинался день старта на космодроме. — I'll tell you how launch day at the cosmodrome started.
3.85; D 89

4794 павлин *Nm* peacock
- В других залах прогуливались павлины. — Peacocks were walking around in the other chambers.
3.85; D 89

4795 самодержавие *Nn* autocracy
- Является ли русское самодержавие разновидностью европейского абсолютизма? — Is Russian autocracy a kind of European absolutism?
3.85; D 93

4796 тормозной *A* brake
- После чего тормозная жидкость была долита до нужного уровня. — After that the brake fluid was topped up to the required level.
3.85; D 88

4797 уксус *Nm* vinegar
- Это были кусочки холодной баранины с огуречным рассолом, уксусом и перцем. — These were small pieces of lamb with cucumber pickle, vinegar and pepper.
3.85; D 88

4798 экзотика *Nf* exotica
- Туристы и сегодня ищут у нас яркое пятно восточной экзотики. — Even today tourists look for a bright spot of eastern exotica here.
3.85; D 92

4799 блюдце *Nn* saucer
- Помешав чай или кофе, положи ложку на блюдце. — Once you have stirred your tea or coffee put the spoon on the saucer.
3.85; D 90

4800 выползáть *V* crawl out
- Иванов с трудом выползал из палатки. — Ivanov struggled to crawl out of the tent.

3.85; D 95

4801 конспéкт *Nm* summary
- Здесь у меня лежит конспект моего выступления. — Here is a summary of my talk.

3.85; D 92

4802 лúфчик *Nm* bra
- Она не могла без посторонней помощи застегнуть лифчик. — She couldn't fasten her bra by herself.

3.85; D 92

4803 минýточка *Nf* minute (diminutive)
- Мне захотелось на минуточку отвлечь Машу. — I wanted to grab Masha for a minute.

3.85; D 95

4804 отдыхáющий *Nm* holidaymaker
- Пляж – это место, куда отдыхающие ходят, как на работу. — The beach is a place where holidaymakers go, as if they were going to work.

3.85; D 87

4805 перекрýтие *Nn* ceiling, overlap
- Она испугалась – вдруг попадет бомба и перекрытия обрушатся. — She was scared: what if a bomb went off and the ceiling caved in.

3.85; D 91

4806 транслúроваться *V* be transmitted
- Произошло повреждение кабеля, по которому транслируется видеосигнал. — The cable via which the video signal is transmitted is damaged.

3.85; D 93

4807 хмель *Nm* hops
- К меду добавляли хмель. — Hops were added to the honey.

3.85; D 92

4808 вóрох *Nm* pile
- Она наклонилась и вытащила из-под вороха одежды сумочку. — She bent down and pulled a bag from under the pile of clothes.

3.84; D 95

4809 подвúжность *Nf* mobility
- При плохой подвижности суставов эффективны ванны. — Baths are effective for poor joint mobility.

3.84; D 92

4810 поутрý *Adv* in the morning
- Значит, договорились, завтра поутру выезжаем. — So, we're agreed then: we'll set off tomorrow morning.

3.84; D 94

4811 прибáвка *Nf* addition, rise
- Леня предпочел бы этой процедуре прибавку к зарплате. — Lenya would prefer a pay rise to this procedure.

3.84; D 91

4812 штурвáл *Nm* steering wheel
- Тогда руки бессознательно начинают крутить штурвал, и не всегда в ту сторону, куда нужно. — Then his hands unconsciously began to turn the steering wheel, and not always in the right direction.

3.84; D 94

4813 повседнéвность *Nf* everyday life
- Толстой находил чистую поэзию в повседневности, в том, что видели его глаза. — Tolstoy saw pure poetry in everyday life, in what he saw with his own eyes.

3.84; D 89

4814 понýне *Adv* to this day, still
- Труд этот и поныне хранится в филиале Парламентской библиотеки в Токио. — This work is still kept at a branch of the Parliamentary Library in Tokyo.

3.84; D 94

4815 синхронизáция *Nf* synchronization
- Синхронизация должна также работать и при использовании карманных компьютеров. — Synchronization should also work on handheld computers.

3.84; D 82

4816 числовóй *A* numerical
- Вся числовая арифметика основывается на вещественных числах. — All numerical arithmetic is based on real numbers.

3.84; D 88

4817 швейцáр *Nm* porter
- Наверху все спали, кроме ночного швейцара. — Everyone except the night porter slept upstairs.

3.84; D 93

4818 штукатýрка *Nf* plaster
- От стены пахло сыростью и мокрой штукатуркой. — There was a smell of damp and wet plaster coming from the wall.

3.84; D 84

4819 экстреми́стский *A* extremist
- До принятия Закона о противодействии экстремистской деятельности было неясно, как применять 282-ую статью. — Before the Law on Combating Extremist Activity was adopted it was unclear how Article 282 should be applied.
  3.84; D 71

4820 анти́чность *Nf* antiquity
- Индивидуальной биографии у исторических персонажей не было до поздней античности, до Плутарха. — Individual biographies of historical figures were unknown until late antiquity, until the time of Plutarch.
  3.83; D 92

4821 брази́льский *A* Brazilian
- В этом году бразильский карнавал пройдет с 24 по 27 февраля. — This year the Brazilian Carnival will take place from the 24th to the 27th of February.
  3.83; D 89

4822 захлёбываться *V* choke, gasp
- То, как он говорил о своих идеалах, захлебываясь от восторга, очаровало девушку. — The girl was charmed by the way he, gasping with delight, talked about his ideals.
  3.83; D 95

4823 мимохо́дом *Adv* in passing
- Он однажды мимоходом упомянул при мне об этом. — He once mentioned this in passing in front of me.
  3.83; D 94

4824 перебро́ска *Nf* transfer, deployment
- Для быстрой переброски из США в Центральную Азию потребуется увеличение стратегического воздушного флота США. — An increased US strategic air force is needed for quick deployment from the USA to Central Asia.
  3.83; D 88

4825 пе́шка *Nf* pawn
- Под ударом чёрная пешка на E5. — The black pawn is under attack by E5.
  3.83; D 88

4826 политехни́ческий *A* polytechnic
- В большой аудитории Политехнического музея выступали Сергей Калугин и Ольга Арефьева. — Sergey Kalugin and Ol'ga Aref'eva gave a performance in the large auditorium of the Polytechnic Museum.
  3.83; D 91

4827 по́ртиться *V* deteriorate, be spoiled
- От этого вкус напитка портится. — This spoils the taste of the drink.
  3.83; D 92

4828 предохрани́тель *Nm* fuse
- На этот раз вышли из строя только предохранители. — This time only the fuses are out of order.
  3.83; D 91

4829 сбо́рище *Nn* crowd, mob
- Милиция мало обращает внимания на сборища подростков. — The police pay little attention to crowds of teenagers.
  3.83; D 95

4830 сде́рживание *Nn* containment, deterrence
- Поэтому против террористов нормальное ядерное сдерживание не действует. — That is why normal nuclear deterrence does not work against terrorists.
  3.83; D 89

4831 скандина́вский *A* Scandinavian
- Затем метеоролог дал очередное предупреждение – скандинавский циклон на подходе. — The weatherman issued another warning: the Scandinavian cyclone is on its way.
  3.83; D 89

4832 СМС *Nf* SMS
- Я написала СМС подруге. — I wrote an SMS to a friend.
  3.83; D 71

4833 сторожи́ть *V* guard
- Таню оставили сторожить вещи. — Tanya was left to guard the belongings.
  3.83; D 96

4834 сце́нка *Nf* sketch, skit
- А потом были юмористические сценки. — And then there were humorous sketches.
  3.83; D 92

4835 шля́ться *V* hang around, gallivant
- Мой муж по ночам где-то шляется. — My husband keeps gallivanting around somewhere at night.
  3.83; D 85

4836 карто́фельный *A* potato
- Я приготовил себе картофельную запеканку точно в соответствии с рецептом своей бабушки. — I made myself potato bake, following the exact same recipe that my grandma used.
  3.82; D 94

4837 конфе́тка *Nf* sweet
- Он порылся в кармане, достал конфетку и протянул ее собачке. — He rummaged in his pocket, took out a sweet and gave it to the dog.
3.82; D 89

4838 кровяно́й *A* blood
- Людям с повышенным кровяным давлением нужно следить за содержанием натрия в своем рационе. — People with high blood pressure need to monitor the levels of sodium in their diet.
3.82; D 89

4839 марихуа́на *Nf* marijuana
- Выбравшись из такси, я сразу же уловил запах марихуаны. — Having got out of the taxi, I immediately detected the smell of marijuana.
3.82; D 88

4840 обнима́ться *V* hug
- На нескольких кадрах она обнимается с каким-то парнем. — In some of the shots she is hugging a boy.
3.82; D 92

4841 расплы́вчатый *A* vague
- А если ты называешь расплывчатое явление расплывчатым словом? — And what if you name a vague phenomenon with a vague word?
3.82; D 95

4842 репродукти́вный *A* reproductive
- Репродуктивная функция может быть серьезно нарушена у мужчин, потребляющих даже скромное количество алкоголя. — Reproductive function in men who consume even modest amounts of alcohol may be seriously impaired.
3.82; D 84

4843 су́мрачный *A* gloomy
- У Сталина все еще было торжественное, но одновременно сумрачное выражение лица. — The expression on Stalin's face was solemn, but at the same time gloomy.
3.82; D 95

4844 царе́вна *Nf* tsarevna, princess
- Очутился он во дворце, видит он молодую царевну. — He found himself in the palace; he could see the young princess.
3.82; D 84

4845 во́льность *Nf* freedom
- Мы решили, что позволим себе небольшую вольность. — We decided to allow ourselves a little freedom.
3.82; D 95

4846 времена́ми *Adv* at times, sometimes
- Временами он прихрамывает. — He sometimes limps.
3.82; D 96

4847 заправля́ть *V* fuel
- В промежутках между вылетами техники заправляют самолеты. — In the intervals between flights mechanics fuel the aeroplanes.
3.82; D 94

4848 комо́д *Nm* chest of drawers
- Отныне комод стоял на самом почетном месте. — From then on the chest of drawers took pride of place.
3.82; D 93

4849 космополи́т *Nm* citizen of the world, cosmopolitan
- В 1940-х Всеволодский оказывается одной из жертв борьбы с космополитами. — In the 1940s Vsevolodsky becomes one of the victims of the war on cosmopolitans.
3.82; D 90

4850 ми́зерный *A* measly
- У нас судьи не живут на мизерную зарплату из бюджетной кассы. — Here judges don't live on a measly salary paid from the budget fund.
3.82; D 93

4851 мураве́йник *Nm* anthill
- Город жил как огромный муравейник. — The town lived like a huge anthill.
3.82; D 93

4852 перегово́рный *A* communication device, intercom
- Он поднял свое переговорное устройство и вызвал Зиновия Михайловича. — He picked up his intercom and called Zinovy Mikhailovich.
3.82; D 91

4853 радиоприёмник *Nm* radio
- Из автомобильного радиоприемника лилась нежная грустная песня. — A sweet sad song was playing on the car radio.
3.82; D 95

4854 рассекáть *V* cross, dissect
- Он залюбовался силуэтом машины, ее готовностью стремительно рассекать пространство. — He admired the silhouette of the car, its willingness to rapidly dissect space.
3.82; D 95

4855 спадáть *V* ease off
- Уже осень пришла, а жара всё не спадала. — It's autumn, but the hot weather still hasn't eased off.
3.82; D 93

4856 бегемóт *Nm* hippopotamus
- Противник привёл к моим воротам толпу из порядка 10 слонов, бегемотов и прочей живности. — The enemy brought to my gate a herd of around 10 elephants, hippos and other animals.
3.81; D 88

4857 воодушевлéние *Nn* enthusiasm, inspiration
- Я сам определял объем работы, и от этого испытывал воодушевление. — I set the amount of work I did myself and this kept me inspired.
3.81; D 93

4858 вселять *V* inspire, move
- Эти новости начали потихоньку вселять в меня надежду. — The news started to slowly fill me with hope.
3.81; D 94

4859 лингвист *Nm* linguist
- Некоторые лингвисты считают даже правомерным говорить здесь о двух языках, а не диалектах. — In this case, some linguists even consider it legitimate to talk of two languages, and not dialects.
3.81; D 90

4860 мéбельный *A* furniture
- Тогда стоит поручить выполнение работы другому мебельному салону. — Then it's worth assigning this job to another furniture showroom.
3.81; D 82

4861 мести *V* sweep
- Старые проводники метут коридор и прыскают водой пол. — The old porters are sweeping the corridor and sprinkling the floor with water.
3.81; D 95

4862 наём *Nm* hire, rent
- Я обладаю опытом найма сотрудников. — I have experience in hiring employees.
3.81; D 85

4863 обоюдный *A* mutual
- По обоюдному желанию составляется и соглашение о прекращении действия брачного договора. — By mutual agreement a contract for the termination of the marriage will be written.
3.81; D 94

4864 повинность *Nf* (military, feudal) duty
- Гитлер переселился в Мюнхен, спасаясь от воинской повинности. — Hitler moved to Munich, freeing himself of his military duties.
3.81; D 92

4865 сцени́ческий *A* stage
- Он тогда работал заведующим кафедрой сценической речи Щепкинского училища при знаменитом Малом театре. — At the time he was Head of the Department of Scenic Speech at the Shchepkin Theatre Institute at the famous Maly Theatre.
3.81; D 91

4866 созидáние *Nn* creativity
- Природа не терпит чистого разрушения и отрицания и требует созидания, творчества. — Nature does not tolerate pure destruction and negation; it demands creation and creativity.
3.81; D 92

4867 глуби́нка *Nf* backwater
- Я жила тогда с нищенской зарплатой программиста в сибирской глубинке. — Back then I lived on a miserable programmer's salary in a Siberian backwater.
3.80; D 93

4868 дви́жущий *A* driving
- И главной движущей силой этой революции стал рынок, частный сектор. — And the main driving force behind this revolution was the market, the private sector.
3.80; D 94

4869 зати́шье *Nn* calm
- Обычно это бывает в период относительного затишья. — This usually happens at times of relative calm.
3.80; D 93

4870 кульминáция *Nf* culmination
- Этот процесс будет медленно развиваться и достигнет кульминации где-то в 2003-2004 гг. — This process will develop slowly and will culminate sometime in 2003–2004.
3.80; D 94

4871 переступа́ть *V* go over, overstep
- В таких ситуациях главное – не терять голову, стараться не переступать границ приличия. — The main thing in such situations is not to lose your head and try not to overstep the boundaries of decency.
3.80; D 93

4872 презри́тельный *A* contemptuous
- Тамара смерила тебя презрительным взглядом, развернулась и ушла. — Tamara gave you a contemptuous look, turned around and walked away.
3.80; D 95

4873 у́сики *Nm* moustache, antenna
- Летали ли в студии какие-нибудь насекомые с мягкими крылышками и усиками? — Were any insects with soft wings and antennae flying around the studio?
3.80; D 95

4874 фанто́м *Nm* phantom
- И еще – отчего я не пугался фантомов? — And something else – why wasn't I scared of the phantoms?
3.80; D 64

4875 ши́бко *Adv* very (dialect)
- Наши начальники – люди не шибко грамотные. — Our leaders are not very literate people.
3.80; D 95

4876 апелли́ровать *V* appeal, call on
- Естественно, буду апеллировать к этому слою наших зрителей. — Naturally, I will appeal to this section of our viewers.
3.80; D 94

4877 була́вка *Nf* pin
- Я нечаянно укололась булавкой. — I pricked myself with the pin by accident.
3.80; D 85

4878 насчи́тывать *V* count
- Посетителей, по сообщению организаторов, насчитали порядка 450 тыс. человек. — According to the organizers, the number of visitors was around 450 thousand people.
3.80; D 95

4879 пыхте́ть *V* puff, pant
- Он слышал, как пыхтит позади него Кидд, продвигаясь к нему по ветке. — He could hear Kidd puffing and panting behind him, moving towards him along the branch.
3.80; D 95

4880 рукопожа́тие *Nn* handshake
- После рукопожатия Сергей рассказал о своем участии в боях за Кавказ. — After shaking hands Sergey told us about how he had taken part in the battle for the Caucasus.
3.80; D 95

4881 точи́ть *V* sharpen
- Он достал из кармана брусок и стал точить нож. — He took a stick from his pocket and started to sharpen his knife.
3.80; D 94

4882 ту́мбочка *Nn* bedside
- Старинная настольная лампа с зеленым колпаком стояла на тумбочке в изголовье. — There was an old table lamp with a green lamp shade on the bedside table.
3.80; D 92

4883 хло́пец *Nm* boy (dialect)
- Хлопец вдруг резко отклонился в сторону. — The boy suddenly swerved sharply to the side.
3.80; D 93

4884 щекота́ть *V* tickle
- Ноги ей щекочут крабы. — Crabs are tickling her legs.
3.80; D 95

4885 а́йсберг *Nm* iceberg
- У американцев есть специальная служба слежения за айсбергами. — The Americans have a special service for tracking icebergs.
3.79; D 91

4886 атеи́зм *Nm* atheism
- Эти явления носят экономический характер и возникают вне зависимости от религиозности или атеизма общества. — Such phenomena are of an economic nature and arise regardless whether a society is a religious or an atheist one.
3.79; D 89

4887 бри́ться *V* shave
- Отец брился перед зеркалом. — Dad was shaving in front of the mirror.
3.79; D 92

4888 ветчина́ *Nf* ham
- Она заказала салат с ветчиной. — She ordered a ham salad.
3.79; D 94

26 Weather

со́лнце 645 sun	тума́н 2462 fog	жа́ркий 3767 hot
ве́тер 770 wind	моро́з 2551 frost	лу́жа 3801 puddle
холо́дный 1059 cold	хо́лод 2618 cold	бу́ря 3911 storm
я́сный 1148 clear	тепло́ 2644 warmth	гром 4250 thunder
снег 1180 snow	выпада́ть 2729 fall, fall out	жа́рко 4270 hot
я́сно 1198 clear	прогно́з 2873 forecast	гроза́ 4416 storm
дождь 1288 rain	гра́дус 2939 degree	прохла́дный 4491 cool
тёплый 1429 warm	бу́рный 3351 stormy	уме́ренный 4591 moderate
пого́да 1842 weather	ту́ча 3409 cloud	град 4597 hail
со́лнечный 1897 sunny	мо́лния 3498 lightning	греме́ть 4659 thunder
температу́ра 1921 temperature	жара́ 3552 heat	су́хо 4667 dry(ly)
о́блако 2145 cloud	ледяно́й 3555 ice	ра́дуга 4705 rainbow
лед 2347 ice	сне́жный 3625 snow	оса́дки 4973 precipitation
	кли́мат 3681 climate	

4889 выведе́ние *Nn* raising, breeding, removal, elimination
- Эксперимент по выведению новой породы так и не удался. — The experiment to produce a new breed was unsuccessful.
- Кроме того, натрий необходим для выведения из организма углекислого газа. — Moreover, sodium is essential for the elimination of carbon dioxide from the body.
3.79; D 91

4890 вя́зкий *A* thick, viscous, sticky
- Хорошая глина, тяжелая, словно свинец, очень вязкая, тягучая, сама льнет к пальцам. — Good clay is heavy like lead, very thick and sticky; it clings to your fingers.
3.79; D 94

4891 замо́рский *A* foreign, overseas
- Они встречали заморских гостей и показывали им свое королевство. — They met their foreign guests and showed them their kingdom.
3.79; D 93

4892 инвали́дность *Nf* disability
- Несмотря на свою инвалидность, он неохотно принимал помощь. — Despite his disability he was reluctant to accept help.
3.79; D 90

4893 килова́тт *Nm* kilowatt
- В 2000 году в России было выработано 876,5 миллиарда киловатт электроэнергии. — Russia produced 876.5 billion kilowatts of electricity in 2000.
3.79; D 76

4894 недостижи́мый *A* unattainable
- Разве может быть что-либо недостижимое для наших женщин? — Surely there couldn't be anything unattainable for our women?
3.79; D 95

4895 поря́дочность *Nf* decency
- Я не сомневаюсь в вашей порядочности. — I don't doubt your decency.
3.79; D 93

4896 пресече́ние *Nn* restraint, constraint
- Адвокаты просили изменить меру пресечения. — Lawyers asked for the measures of restraint to be changed.
3.79; D 92

4897 рада́р *Nm* radar
- Радар обнаружил самолеты противника. — The radar detected enemy aircraft.
3.79; D 87

4898 распя́тие *Nn* crucifixion, crucifix
- Смысл этих слов стал ясен только накануне распятия Иисуса Христа. — The meaning of these words did not become clear until the eve of the crucifixion of Jesus Christ.
- Мальчик встал на колени перед деревянным распятием. — The boy kneeled before the wooden crucifix.
3.79; D 91

4899 столбе́ц *Nm* column
- Затем нужно определить число столбцов в таблице. — Then you need to specify the number of columns in the table.
3.79; D 86

4900 блиндаж *Nm* bunker
- Он первый шагнул в блиндаж. — He was the first to step into the bunker.
  3.78; D 94

4901 квас *Nm* kvass (Russian drink)
- Квас можно приготовить самостоятельно. — You can make kvass yourself.
  3.78; D 92

4902 кластер *Nm* cluster
- Хорошим примером служит кластер, определяющий мимикрию у бабочек — A good example is the gene cluster that defines mimicry in butterflies.
  3.78; D 66

4903 отвесный *A* sheer, vertical
- Замок расположен на отвесной скале. — The castle is located on a sheer cliff.
  3.78; D 93

4904 плесень *Nf* mould
- Комнатка была сырая, с плесенью по углам. — The room was damp and there was mould in the corners.
  3.78; D 91

4905 разоблачить *V* expose, reveal
- Неужели она знает нечто такое, что может разоблачить преступника? — Does she really know something that could expose the culprit?
  3.78; D 93

4906 реалистичный *A* realistic
- Это всего лишь игра, хотя и очень реалистичная. — It's just a game, although it is very realistic.
  3.78; D 91

4907 самоуверенный *A* (self-) confident, assertive
- В молодости он был очень самоуверенным человеком. — He was very self-confident as a youngster.
  3.78; D 95

4908 сдержанность *Nf* restraint
- В этих условиях необходимо проявить сдержанность и терпение, не отчаиваться. — Under these conditions it is necessary to show restraint, be patient and not to despair.
  3.78; D 70

4909 слепота *Nf* blindness
- Ему угрожает полная слепота. — He's under threat of becoming completely blind.
  3.78; D 89

4910 спазм *Nm* spasm
- Этот препарат может вызвать невероятно болезненные спазмы мышц. — This drug may cause very painful muscle spasms.
  3.78; D 92

4911 тревожиться *V* worry
- Она не тревожится за судьбу детей. — She isn't worried about the fate of her children.
  3.78; D 95

4912 тюльпан *Nm* tulip
- Ваня подарил ей букет тюльпанов. — Vanya gave her a bouquet of tulips.
  3.78; D 45

4913 усматривать *V* see, perceive
- Мистики усматривали во всем этом глубочайшие тайны. — Mystics saw profound mystery in all of this.
  3.78; D 94

4914 чернеть *V* turn black
- Некоторые бутоны чернеют и засыхают, не распустившись. — Some buds turn black and become dry without even opening.
  3.78; D 73

4915 янтарный *A* amber
- Я сам видел, как он купил янтарное ожерелье. — I saw him buy the amber necklace myself.
  3.78; D 76

4916 арестант *Nm* convict, prisoner
- В двадцатых годах он застрелил двух беглых арестантов. — In the twenties he shot dead two escaped prisoners.
  3.78; D 87

4917 венчурный *A* venture
- Это традиционная схема венчурного финансирования, когда деньги вкладываются сразу в десяток проектов равными долями. — This is a traditional venture capital financing scheme, where money is invested in equal instalments in a dozen projects at the same time.
  3.78; D 75

4918 выучиться *V* learn
- Мне дали возможность выучиться полезным вещам. — I was given the opportunity to learn useful things.
  3.78; D 93

4919 дешеветь *V* become cheaper
- Доллар относительно евро начал дешеветь. — The dollar has started to become cheaper in relation to the Euro.
  3.78; D 88

4920 империалисти́ческий *A* imperialist
- Война велась между двумя империалистическими державами. — The war was fought between two imperialist powers.
- 3.78; D 88

4921 каче́ли *N-* swing
- Мы прыгали, валялись на траве, качались на качелях. — We jumped, rolled in the grass and swung on the swing.
- 3.78; D 85

4922 морга́ть *V* blink
- Человек моргает в среднем 1 раз в 5 секунд. — On average a person blinks once every 5 seconds.
- 3.78; D 92

4923 му́мия *Nf* mummy
- Внутри была мумия, сжимающая в сухих пальцах меч. — Inside there was a mummy, gripping a sword in its dry fingers.
- 3.78; D 80

4924 надави́ть *V* press, put pressure on
- Она надавила на чемодан коленкой и замок защелкнулся. — She pressed her knee on the suitcase and the lock clicked.
- 3.78; D 95

4925 непристо́йный *A* obscene
- Хулиганы распевают непристойные песни, дразнят девчонок, делают неприличные жесты. — The trouble-makers are singing obscene songs, teasing the girls and making rude gestures.
- 3.78; D 94

4926 неуклю́жий *A* clumsy
- Вы ленивые, толстые и неуклюжие. — You're lazy, fat and clumsy.
- 3.78; D 95

4927 отве́дать *V* taste, partake of
- Он вернулся в залу и предложил гостям отведать стоявшего на столе угощения. — He came back into the hall and invited his guests to partake of the food that was on the table.
- 3.78; D 93

4928 плеть *Nf* whip, vine
- Дрессировщик в одной руке держал плеть, а в другой – палку. — The trainer had a whip in one hand and a stick in the other.
- 3.78; D 87

4929 утомля́ть *V* tire, tire out
- Их это явно утомляет. — This is clearly tiring them out.
- 3.78; D 93

4930 худо́жница *Nf* artist (female)
- Его жена Наталья – художница. — His wife Natalya is an artist.
- 3.78; D 90

4931 колыха́ться *V* sway, flicker
- На окне колыхнулась занавеска. — The window curtain was swaying.
- 3.77; D 95

4932 насмотре́ться *V* see enough
- Я ведь насмотрелся, как люди умирают. — I've seen enough people dying.
- 3.77; D 94

4933 неве́сть *Adv* nobody knows, God knows
- Так можно очутиться невесть где! — God knows where we might end up!
- 3.77; D 81

4934 обма́нчивый *A* deceptive, false
- Это обманчивое впечатление. — This is a false impression.
- 3.77; D 94

4935 перебега́ть *V* run over, run across
- Он перебегал с места на место. — He ran from place to place.
- Мы перебежали через шоссе. — We ran across the motorway.
- 3.77; D 95

4936 ска́тываться *V* roll down, slide down
- Санки скатываются с горки. — The sledge is sliding down the hill.
- 3.77; D 94

4937 сыно́чек *Nm* son (affectionate)
- Она сравнивала его со своим сыночком. — She compared him to her own son.
- 3.77; D 93

4938 паде́ж *Nm* case
- Местоимение 'чей' изменяется по падежам, числам и родам. — The pronoun *chei* changes according to case, number and gender.
- 3.76; D 69

4939 поно́с *Nm* diarrhoea
- После этого у всех начался понос. — After this everyone came down with diarrhoea.
- 3.71; D 91

4940 свини́на *Nf* pork
- Я заказал пиво и жареную свинину. — I ordered a beer and roast pork.
- 3.70; D 91

4941 со́тый *Num* one-hundredth
- Ты смотришь этот фильм в сотый раз! — You've seen this film a hundred times!
- 3.68; D 90

4942 черновик *Nm* draft
- К счастью, у автора сохранились черновики, и он восстановил рукопись. — Fortunately, the author had kept drafts and he rewrote the manuscript.
3.68; D 93

4943 вратарь *Nm* goalkeeper
- Вратарь отбил штрафной удар. — The goalkeeper saved the free kick.
3.64; D 76

4944 сливочный *A* creamy
- У этого сыра такой сливочный вкус. — This cheese has a kind of creamy taste.
3.63; D 90

4945 потеть *V* sweat
- Несмотря на холод, он сильно потел. — He was sweating heavily despite the cold.
3.56; D 94

4946 насморк *Nm* head cold, runny nose
- Андрей простыл, у него насморк. — Andrey has caught a cold; he has a runny nose.
3.54; D 90

4947 четырнадцатый *Num* fourteenth
- Расскажите, что произошло четырнадцатого июня. — Tell us what happened on the 14th of June.
3.47; D 94

4948 юзер *Nm* PC user
- Опытные юзеры пишут на этом языке маленькие программки. — Experienced PC users write applets in this language.
3.46; D 90

4949 программировать *V* program
- Я не умею программировать. — I don't know how to program.
3.44; D 90

4950 прикреплять *V* attach, put
- Он прикрепил к стене над кроватью портреты двух хорошеньких девочек. — He put two pictures of good-looking girls on the wall above his bed.
3.42; D 93

4951 передвигать *V* move
- Мы несколько часов передвигали мебель с места на место. — We spent several hours moving the furniture from one place to another.
3.41; D 94

4952 пятнадцатый *Num* fifteenth
- Вот столовая в стиле Людовика Пятнадцатого. — This dining room is in the style of Louis XV.
3.41; D 94

4953 бодрствовать *V* keep awake
- Мне пришлось бодрствовать всю ночь. — I had to keep awake all night.
3.39; D 91

4954 восемнадцатый *Num* eighteenth
- Восемнадцатое августа было воскресным днем. — The 18th of August was a Sunday.
3.39; D 94

4955 немка *Nf* German (female)
- Моя мать – немка по национальности. — My mother is German.
3.38; D 88

4956 автоответчик *Nm* answering machine
- Я оставила ему сообщение на автоответчике, но он не перезвонил. — I left him a message on the answering machine, but he didn't get back to me.
3.34; D 86

4957 сороковой *Num* fortieth
- Сороковая симфония Вольфганга Амадея Моцарта – одно из самых известных и популярных его сочинений. — Wolfgang Amadeus Mozart's 40th symphony was one of his most famous and popular compositions.
3.31; D 95

4958 простудиться *V* catch cold
- Дима сильно простудился. — Dima caught a bad cold.
3.29; D 95

4959 тринадцатый *Num* thirteenth
- Собаке пошел уже тринадцатый год. — The dog reached thirteen.
3.28; D 92

4960 причастие *Nn* participle, communion
- Вопрос о разграничении прилагательных и причастий очень сложен — The question of distinguishing adjectives from participles is a complex one.
- Они приняли причастие. — They took communion.
3.28; D 92

4961 шестнадцатый *Num* sixteenth
- Семья не может придумать имя своему шестнадцатому ребенку. — The family can't think of a name for their sixteenth baby.
3.28; D 93

4962 позапрошлый *A* before last
- Этот дом построен в позапрошлом веке. — This house was built in the century before last.
3.25; D 88

4963 вопроси́тельный *A* question
- В конце предложения он поставил вопросительный знак. — He put a question mark at the end of the sentence.

3.22; D 95

4964 санда́лии *Nf* sandals
- Я сняла сандалии и пошла босиком. — I took off my sandals and started to walk bare-footed.

3.18; D 93

4965 местоиме́ние *Nn* pronoun
- Возвратное местоимение 'себя' не имеет формы именительного падежа. — The reflexive pronoun *sebya* does not have a nominative form.

3.16; D 91

4966 многоэта́жный *A* multi-storey
- На этом месте построят многоэтажное здание. — A multi-storey building is going to be built here.

3.14; D 83

4967 пи́ксель *Nm* pixel
- Разрешение экрана составляет 1280×1024 пикселей. — The screen resolution is 1280 × 1024 pixels.

3.11; D 76

4968 дорожа́ть *V* get more expensive, go up
- Почему ваши услуги непрерывно дорожают? — Why does the price of your services keep going up?

3.09; D 84

4969 логи́н *Nm* username
- По окончании регистрации Вам сообщат Ваш логин и пароль. — Once you have registered you will be sent a username and password.

3.04; D 86

4970 ды́ня *Nf* melon
- Я ем сладкую дыню. — I'm eating a sweet melon.

3.02; D 92

4971 фи́тнес *Nm* fitness
- За последние 10 лет количество фитнес-центров возросло в 2 раза. — In the last 10 years the number of fitness centres has doubled.

3.00; D 60

4972 семьсо́т *Num* seven hundred
- Расстояние от Москвы до Санкт-Петербурга составляет примерно семьсот километров. — The distance between Moscow and St Petersburg is approximately seven hundred kilometres.

2.98; D 93

4973 оса́дки *N-* precipitation
- 20 октября переменная облачность, местами небольшие осадки. — On the 20th of October there will be variable cloud cover with light precipitation in places.

2.89; D 74

4974 сковорода́ *Nf* pan
- Она жарила на сковороде рыбу. — She fried fish in the pan.

2.87; D 89

4975 я́сли *N-* nursery
- С какого возраста стоит отдавать ребенка в ясли? — From what age is it worth sending your child to nursery?

2.87; D 87

4976 страхова́ть *V* insure
- Автовладельцы страхуют свои автомобили. — Car owners insure their vehicles.

2.86; D 87

4977 волейбо́л *Nm* volleyball
- В молодости он очень увлекался волейболом. — He was really interested in volleyball when he was young.

2.84; D 84

4978 тю́бик *Nm* tube
- На сколько хватает одного тюбика зубной пасты? — How long does a tube of toothpaste last?

2.84; D 91

4979 аллерги́ческий *A* allergic
- Эти вещества могут вызвать аллергическую реакцию. — These substances can cause an allergic reaction.

2.80; D 83

4980 умножа́ть *V* multiply
- Сколько будет сто умножить на два? — How much is one hundred multiplied by two?

2.79; D 93

4981 восемьсо́т *Num* eight hundred
- Здесь трудится около восемьсот человек. — Around eight hundred people work here.

2.79; D 90

4982 кле́ить *V* glue
- Для чего клеят марку на конверт? — Why do you glue stamps on envelopes?

2.74; D 91

4983 мандари́н *Nm* mandarin
- Сколько стоят мандарины? — How much are the mandarins?

2.69; D 88

4984 транскрипция *Nf* transcription
- Не во всех словарях есть транскрипция. — Transcription isn't included in all dictionaries.
  2.68; D 61

4985 гомосексуальный *A* homosexual
- Это фильм о двух молодых людях гомосексуальной ориентации. — This film is about two young homosexuals.
  2.66; D 84

4986 чаевые *N-* tip
- Он оставил официанту хорошие чаевые. — He left the waiter a good tip.
  2.62; D 89

4987 бюстгальтер *Nm* bra
- К вечерней одежде с глубоким декольте купите специальный бюстгальтер. — Buy a special bra to go with your low-cut evening dress.
  2.54; D 80

4988 консультировать *V* consult
- Профессор консультирует студентов. — The professor is consulting his students.
  2.43; D 90

4989 разменивать *V* change (money)
- Я зашел в банк, чтобы разменять деньги. — I went to the bank to change money.
  2.43; D 92

4990 боулинг *Nm* bowling
- Я играл в боулинг первый раз в жизни. — I went bowling for the first time in my life.
  2.42; D 55

4991 позже *Adv* later
- Я должна быть дома не позже десяти часов вечера. — I have to be home no later than ten o'clock in the evening.
  2.41; D 94

4992 переспрашивать *V* ask again
- Он переспросил мою фамилию трижды. — He asked for my surname three times.
  2.41; D 93

4993 восклицательный *A* exclamation
- В этом тексте много восклицательных предложений. — This text contains many exclamatory sentences.
  2.39; D 91

4994 застёжка *Nf* fastener
- У этой марки подгузников очень удобная застежка. — This brand of nappies has a very handy zip.
  2.39; D 85

4995 пластырь *Nm* patch, plaster
- Этот порез нужно заклеить пластырем. — You should put a plaster on that cut.
  2.36; D 91

4996 банкомат *Nm* cash machine
- Рядом с отелем есть банкомат. — There is a cash machine next to the hotel.
  2.31; D 78

4997 смайлик *Nm* smiley
- Вы используете смайлики в обычной, бумажной почте? — Do you use smileys when writing ordinary letters?
  2.31; D 75

4998 гласный *A* vowel
- Эта буква обозначает гласный звук. — This letter denotes a vowel.
  2.29; D 89

4999 жалюзи *Nn* window blind
- Он подошел к окну и раздвинул жалюзи. — He went up to the window and opened the blinds.
  2.29; D 74

5000 жилетка *Nf* waistcoat
- Он расстегнул жилетку и вынул ключ. — He unfastened his waistcoat and took out a key.
  2.29; D 91

Alphabetical index

lemma, *part of speech*, English gloss, rank

Aa

а *C* and; but 10

абза́ц *Nm* paragraph 4586

абоне́нт *Nm* subscriber 4110

абсолю́тно *Adv* absolutely, completely 1008

абсолю́тный *A* absolute, complete 2248

абстра́ктный *A* abstract 4023

ава́рия *Nf* accident 3475

а́вгуст *Nm* August 963

авиацио́нный *A* aviation 4091

авто́бус *Nm* bus 1501

автома́т *Nm* machine; machine gun; payphone 2303

автомати́чески *Adv* automatically 3012

автомати́ческий *A* automatic 3355

автомаши́на *Nf* car 4673

автомоби́ль *Nm* car 1018

автомоби́льный *A* car 3369

автоно́мный *A* offline; autonomous 4199

автоотве́тчик *Nm* answering machine 4956

а́втор *Nm* author 274

авторите́т *Nm* authority; criminal leader (slang) 2818

аге́нт *Nm* agent 2238

аге́нтство *Nn* agency 1827

агресси́вный *A* aggressive 4132

агре́ссия *Nf* aggression 4278

ад *Nm* hell 3054

адвока́т *Nm* lawyer 2413

администрати́вный *A* administrative 2453

администра́тор *Nm* manager, administrator 3684

администра́ция *Nf* administration 1386

а́дрес *Nm* address 897

азиа́тский *A* Asian 4617

А́зия *Nf* Asia 2787

а́йсберг *Nm* iceberg 4885

акаде́мик *Nm* academician 3136

академи́ческий *A* academic 4049

акаде́мия *Nf* academy 1995

аккумуля́тор *Nm* rechargeable battery 4618

аккура́тно *Adv* carefully 2997

аккура́тный *A* neat, exact 4522

акт *Nm* act; regulation 1357

актёр *Nm* actor 2114

акти́вно *Adv* active(ly) 2173

акти́вность *Nf* activity 2531

акти́вный *A* active 1341

актри́са *Nf* actress 3999

актуа́льный *A* of current interest, urgent 3068

акце́нт *Nm* accent; emphasis 3517

акционе́р *Nm* stockholder, shareholder 4161

а́кция *Nf* campaign; share, stock 1052

алгори́тм *Nm* algorithm 3845

алкого́ль *Nm* alcohol 3040

алкого́льный *A* alcoholic 4560

Алла́х *Nm* Allah 4255

аллерги́ческий *A* allergic 4979

алфави́т *Nm* alphabet 4711

альбо́м *Nm* album 2552

альтернати́вный *A* alternative 3662

Аме́рика *Nf* America 1058

америка́нец *Nm* American 1642

америка́нский *A* American 656

ана́лиз *Nm* analysis, test 861

анализи́ровать *V* analyse 3605

анали́тик *Nm* analyst 3916

аналити́ческий *A* analytical 4033

ана́лог *Nm* analogue 4305

аналоги́чный *A* similar 2488

анало́гия *Nf* analogy 4149

а́нгел *Nm* angel 2368

англи́йский *A* English 773

англича́нин *Nm* Englishman 2512

анекдо́т *Nm* anecdote, joke 2372

анке́та *Nf* form 4230

анте́нна *Nf* antenna 4548

анти́чность *Nf* antiquity 4820

апартаме́нты *Nm* apartment 4760

апелли́ровать *V* appeal; call on 4876

аплоди́ровать *V* applaud, cheer 4749

аппара́т *Nm* apparatus, equipment 1423

аппети́т *Nm* appetite 4351

апре́ль *Nm* April 699

апте́ка *Nf* pharmacy 4348

ара́б *Nm* Arab 4222

ара́бский *A* Arabic 3537

аргуме́нт *Nm* argument 2390

аре́на *Nf* arena, stage 4582

аре́нда *Nf* rent 3854

аре́ст *Nm* arrest 3372

аресtáнт *Nm* convict, prisoner 4916

арме́йский *A* army 4018

а́рмия *Nf* army 449

армяни́н *Nm* Armenian 4330

арома́т *Nm* smell, fragrance 3897

артиллери́йский *A* artillery 4208

арти́ст *Nm* artist, actor 2887

архи́в *Nm* archive 2205

архите́ктор *Nm* architect 4085

архитекту́ра *Nf* architecture 3004

аспе́кт *Nm* aspect 2186

ассоциа́ция *Nf* association 2350

ата́ка *Nf* attack 1862

атакова́ть *V* attack 3259

атеи́зм *Nm* atheism 4886

атмосфе́ра *Nf* atmosphere 2158

а́томный *A* atomic 3246

аудито́рия *Nf* lecture theatre; audience 2362

А́фрика *Nf* Africa 3031

африка́нский *A* African 4538

ах *I* oh 1566

аэродро́м *Nm* aerodrome, airfield 2778

аэропо́рт *Nm* airport 2785

Бб

ба́ба *Nf* woman 2199

ба́бочка *Nf* butterfly 4200

ба́бушка *Nf* grandmother 1292

бага́ж *Nm* luggage 4455

ба́за *Nf* base 856

база́р *Nm* market; talk (slang) 4127

ба́зовый *A* basic 2972

бал *Nm* ball 4340

бала́нс *Nm* balance 3233

бале́т *Nm* ballet 4485

балко́н *Nm* balcony 3413

балл *Nm* mark 3651

бана́льный *A* banal 4326

бана́н *Nm* banana 4703

банди́т *Nm* bandit 3406

банк *Nm* bank 915

ба́нка *Nf* jar 2440

ба́нковский *A* bank 3090

банкома́т *Nm* cash machine 4996

ба́ня *Nf* sauna 3637

бар *Nm* bar 2740

барье́р *Nm* barrier 3957

баскетбо́л *Nm* basketball 4776

бассе́йн *Nm* pool 3160

батаре́я *Nf* radiator; battery 3089

ба́шня *Nf* tower 2427

бег *Nm* run, race 4380

бе́гать *V* run 2187

бегемо́т *Nm* hippopotamus 4856

беда́ *Nf* misfortune, tragedy 1630

бе́дность *Nf* poverty 4143

бе́дный *A, N-* poor 1467

бедро́ *Nn* hip 3706

бежа́ть *V* run 870

бе́женец *Nm* refugee 4276

без *Prep* without 98

безопа́сность *Nf* safety, security 885

безопа́сный *A* safe 3542

безрабо́тный *Nm* unemployed 4730

безу́мие *Nn* madness, frenzy 4318

безусло́вно *Adv* certainly 1976

бело́к *Nm* protein 4432

белору́сский *A* Belarusian 3047

бе́лый *A* white 363

бельё *Nn* linen; underwear 3174

бензи́н *Nm* petrol 3606

бе́рег *Nm* shore, bank 730

бере́менность *Nf* pregnancy 2485

бере́менный *A* pregnant 3903

бере́чь *V* save; take care 4187

бесе́да *Nf* conversation 1573

бесе́довать *V* talk 3415

бесконе́чный *A* endless, very long 2256

беспла́тный *A* free 2387

беспоко́ить *V* bother; concern 3276

беспоко́иться *V* worry 2999

беспоко́йство *Nn* concern 3507

бесполе́зный *A* useless 3267

бессмы́сленный *A* senseless 3337

бе́шеный *A* rabid, frantic 4338

библиоте́ка *Nf* library 1234

Би́блия *Nf* Bible 3277

би́знес *Nm* business 476

бизнесме́н *Nm* businessman 3278

биле́т *Nm* ticket 1588

бинт *Nm* bandage 4740

биогра́фия *Nf* biography 3687

биологи́ческий *A* biological 3306

биоло́гия *Nf* biology 4486

би́ржа *Nf* exchange 4210

би́тва *Nf* battle 2610

бить *V* beat, hit 1185

бла́го *Nn* good; amenity 1993

благодари́ть *V* thank 2709

благода́рность *Nf* thanks, gratitude 2923

благода́рный *A* grateful 3113

благодаря́ *Prep* thanks to 997

благоро́дный *A* noble 2951

бланк *Nm* form 4599

бле́дный *A* pale 3101

блеск *Nm* shine 3531

блесте́ть *V* shine, flash 4050

блестя́щий *A* shiny, brilliant 2759

ближа́йший *A* nearest, closest 1112

бли́зкий *A* close 545

бли́зко *Adv* near; close 2452

близне́ц *Nm* twin 4482

бли́зость *Nf* closeness 3407

блин *Nm, I* pancake, damn 3887

блинда́ж *Nm* bunker 4900

блог *Nm* blog 4687

блок *Nm* block; unit 1702

блокно́т *Nm* notebook 4621

блонди́нка *Nf* blonde 4379

блю́до *Nn* dish 2982

блю́дце *Nn* saucer 4799

бог *Nm* God 226

бога́тство *Nn* wealth 2431

бога́тый *A, N-* rich 1306

бо́дрствовать *V* keep awake 4953

боеви́к *Nm* action film; terrorist 3719

боево́й *A* battle 952

бое́ц *Nm* fighter 2393

боже́ственный *A* divine 3036

бо́жий *A* God's 1771

бой *Nm* fight, battle 747

бок *Nm* side 1893

бока́л *Nm* wine/champagne glass 3648

боково́й *A* side 4070

бокс *Nm* boxing 4504

боксёр *Nm* boxer 4699

бо́лее *Adv* more 101

боле́зненный *A* painful 3956

боле́знь *Nf* disease 1081

боле́ть *V* hurt; be ill; support 1884

боло́то *Nn* swamp 3474

болта́ть *V* dangle; chat 3948

боль *Nf* pain, ache 883

больни́ца *Nf* hospital 1474

бо́льно *Adv* painfully 2211

больно́й *A, N-* sick, painful; patient 1759

бо́льше *Adv* more 200

бо́льший *A* bigger, larger 616

большинство́ *Nn* majority 460

большо́й *A* big, large 104

бо́мба *Nf* bomb 2421

бормота́ть *V* mumble 2567

борода́ *Nf* beard 3387

боро́ться *V* struggle 1575

борт *Nm* side, board 2455

борьба́ *Nf* struggle, battle 621

боти́нок *Nm* shoe 3192

бо́улинг *Nm* bowling 4990

бо́чка *Nf* barrel, cask 3955

боя́ться *V* fear, be afraid 466

брази́льский *A* Brazilian 4821

брак *Nm* marriage; defect 1562

брат *Nm* brother 536

брать *V* take 484

брига́да *Nf* brigade; team 2516

брита́нский *A* British 2411

бри́ться *V* shave 4887

бровь *Nf* eyebrow 3258

броса́ть *V* throw 531

броса́ться *V* throw 1433

брошю́ра *Nf* brochure 4710

брю́ки *N-* trousers 3524

Бу́дда *Nm* Buddha 4445

буди́ть *V* wake 4426

бу́дто *Part* as if 869

бу́дущее *Nn* future 757

бу́дущий *A* future 1136

бу́ква *Nf* letter 1488

буква́льный *A* literal 1658

буке́т *Nm* bouquet 4333

була́вка *Nf* pin 4877

бульва́р *Nm* alley 4502

бума́га *Nf* paper 759

бума́жный *A* paper 3319

буржуа́зный *A* bourgeois 4213

бу́рный *A* stormy 3351

бу́ря *Nf* storm 3911

бутербро́д *Nm* open sandwich 4571

буты́лка *Nf* bottle 1275

буфе́т *Nm* cafeteria; sideboard 4696

бухга́лтерский *A* accounting 4269

бы *Part* would 46

бывать *V* be, visit, happen 394
бывший *A* ex-, former 780
бык *Nm* bull 4047
быстро *Adv* quickly 399
быстрота *Nf* speed 4684
быстрый *A* fast, quick 763
быт *Nm* daily routine 3269
бытовой *A* everyday; household 3150
быть *V* be 6
бюджет *Nm* budget 1369
бюджетный *A* budgetary, state-financed 3184
бюро *Nn* office 3582
бюстгальтер *Nm* bra 4987

Вв

в *Prep* in, to, into 2
вагон *Nm* carriage 1978
важнейший *A* most important 2634
важно *Adv* important 1776
важность *Nf* importance 3499
важный *A* important 300
ваза *Nf* vase, bowl 4677
вакансия *Nf* vacancy 4708
валюта *Nf* currency 3180
валютный *A* revenue, income 4279
ванна *Nf* bath 3673
ванная *Nf* bathroom 3454
вариант *Nm* option, variant 660
варить *V* cook, boil, make 4368
ваш *P* your, yours 109
вблизи *Prep* nearby, close up 4590
введение *Nn* introduction 2391
вверх *Adv* up 1277
ввод *Nm* input, bringing in 4299
вводить *V* lead in; introduce, enter 1137
вдали *Adv* in the distance 4178
вдвое *Adv* twice 4243
вдвоём *Adv* together, two 3675
вдова *Nf* widow 4334
вдоль *Prep* along 1789
вдруг *Adv* suddenly 302
веб *Nf* web 4456
ведро *Nn* bucket 3492
ведущий *A, N-* leading 2151
ведь *Part* but, after all 218
ведьма *Nf* witch 4226
вежливо *Adv* politely 4074
вежливый *A* polite 4438
везде *P* everywhere 1856

век *Nm* century 408
веко *Nn* eyelid 4411
велеть *V* order, tell 2598
великий *A* great 383
великолепный *A* magnificent 2643
величайший *A* greatest 3520
величие *Nn* greatness, splendour 4320
величина *Nf* value, size, amount 2054
велосипед *Nm* bicycle 3557
вена *Nf* vein 3774
Венера *Nf* Venus 4545
венчурный *A* venture 4917
вера *Nf* faith 859
верёвка *Nf* rope, line 2988
верить *V* believe 543
верно *Adv* correct(ly), accurate(ly) 2082
верность *Nf* loyalty 4059
верный *A* correct; loyal 1239
вероятно *Adv* probably 4475
вероятность *Nf* probability 2235
вероятный *A* likely 1262
версия *Nf* version 1045
вертикальный *A* vertical, upright 4311
вертолёт *Nm* helicopter 3715
верующий *Nm* believer 4470
верх *Nm* top 3250
верхний *A* top, upper 1673
верховный *A* supreme, high 2432
вершина *Nf* peak 2067
вес *Nm* weight 1536
весело *Adv* merrily 2495
весенний *A* spring 3554
весёлый *A* cheerful 1633
весить *V* weigh 4627
весна *Nf* spring 1406
вести *V* lead, drive 339
весы *N-* scale(s), balance 4724
весь *P* all, whole 26
весьма *Adv* highly, very 614
ветвь *Nf* branch 3281
ветер *Nm* wind 770
ветеран *Nm* veteran 3010
ветка *Nf* branch 2898
ветчина *Nf* ham 4888
вечер *Nm* evening 323
вечеринка *Nf* party 4043
вечерний *A* evening 2665
вечность *Nf* eternity 3816
вечный *A* eternal 1564

ве́шать *V* hang 4542

вещество́ *Nn* substance 1990

вещь *Nf* thing 331

взаи́мный *A* mutual 2932

взаимоде́йствие *Nn* interaction 1912

взве́шивать *V* weigh 4517

взвод *Nm* troop, platoon 4280

взгляд *Nm* glance 292

взгля́дывать *V* look at 1442

вздох *Nm* breath 4275

вздыха́ть *V* sigh 1539

взлета́ть *V* take off, fly out 3509

взлёт *Nm* take-off 4551

взрослеть *V* mature 4726

взро́слый *A, N-* adult 2146

взры́в *Nm* explosion 1958

взя́тка *Nf* bribe 4281

взять *V* take 186

взя́ться *V* set to; take; come about, arise 2085

вид *Nm* look; view; kind 151

ви́део *Nn* video 3445

ви́деть *V* see 114

ви́деться *V* see 3414

ви́димо *Adv* evidently 971

ви́димость *Nf* visibility; illusion 3525

ви́димый *A* visible 3968

ви́дно *Adv* visible 888

ви́дный *A* visible, prominent 1876

ви́за *Nf* visa 3239

визи́т *Nm* visit 2712

ви́лка *Nf* fork 4520

вина́ *Nf* fault; guilt 1941

вино́ *Nn* wine 1344

винова́тый *A* guilty 1871

вино́вный *A* guilty 4533

винто́вка *Nf* rifle 4021

виртуа́льный *A* virtual 2964

ви́рус *Nm* virus 3349

висе́ть *V* hang 1778

висо́к *Nm* temple 4092

витами́н *Nm* vitamin 4359

витри́на *Nf* showcase 4302

ВИЧ *Nm* HIV 4461

вклад *Nm* contribution; deposit 2836

вкла́дывать *V* invest, put in 2209

включа́ть *V* include; turn on 1431

включа́я *Prep* including 1866

включе́ние *Nn* inclusion; turning on 3997

вкус *Nm* taste, flavour 1505

вку́сный *A* tasty 3564

владе́лец *Nm* owner 1594

владе́ть *V* own; master 2155

влады́ка *Nm* sovereign, ruler 4307

вла́жный *A* wet 4061

власть *Nf* power 239

вле́во *Adv* to the left 4439

влия́ние *Nn* influence, effect 908

влия́ть *V* influence, affect 2185

вложе́ние *Nn* investment 4328

влюблённый *A* in love 4343

вме́сте *Adv* together 257

вме́сто *Prep* instead of 707

вмеша́тельство *Nn* intervention, interfering 3586

вме́шиваться *V* interfere, interrupt 4263

внача́ле *Adv* at first 2792

вне *Prep* beyond, outside 1663

внедре́ние *Nn* implementation 3173

внеза́пный *A* sudden 1737

вне́шний *A* external 737

вне́шность *Nf* appearance 3569

вниз *Adv* down 1096

внизу́ *Adv* below 2467

внима́ние *Nn* attention 286

внима́тельный *A* attentive 1684

вновь *Adv* again 813

вноси́ть *V* bring in 1487

вноси́ться *V* be introduced, be made 4785

внук *Nm* grandson 3106

вну́тренний *A* internal, inside 522

внутри́ *Prep* inside 1469

внутрь *Adv* inside 3679

вну́чка *Nf* granddaughter 4612

во́время *Adv* in time, on time 2793

во́все *Adv* at all 909

вода́ *Nf* water 227

води́тель *Nm* driver 1700

води́ть *V* drive; take 3124

во́дка *Nf* vodka 1535

во́дный *A* water 3858

воева́ть *V* fight 2584

вое́нный *A, N-* military 471

возбужда́ть *V* arouse; excite 2683

возбужде́ние *Nn* excitement 3643

возвра́т *Nm* return 4016

возвраща́ть *V* return 1309

возвраща́ться *V* return 205

возвраще́ние *Nn* return 2004

возглавля́ть *V* lead 3478

вследствие *Prep* as a result of, due to 3008

вслух *Adv* aloud 3220

вспоминать *V* remember 391

вспышка *Nf* flash 3658

вставать *V* stand (up), get up 496

встреча *Nf* meeting 574

встречать *V* meet 587

встречаться *V* meet 961

встречный *A* counter, oncoming 4472

вступать *V* join in, step into 1264

вступление *Nn* introduction, entry 3305

всюду *P* everywhere 3871

всякий *P* any, every 282

вторник *Nm* Tuesday 2686

второй *Num* second, two 166

втроём *Adv* three (people) 4715

вуз *Nm* institution of higher education 2252

вход *Nm* entrance; log-in 1529

входить *V* enter 310

входной *A* entrance 4201

вчера *Adv* yesterday 929

вчерашний *A* yesterday 3186

въезд *Nm* entrance 4649

вы *P* you 25

выбирать *V* choose 490

выбор *Nm* choice 713

выборы *N-* election(s) 1106

выбрасывать *V* throw away, throw out 2532

выведение *Nn* raising, breeding; removal, elimination 4889

вывеска *Nf* sign, signboard 4646

вывод *Nm* conclusion 876

выводить *V* take out, lead out 1438

выглядеть *V* look 768

выгода *Nf* benefit 3155

выгодный *A* favourable, profitable 2780

выдавать *V* give (out); reveal 1167

выдача *Nf* extradition; release, issue 4289

выдающийся *A* outstanding, eminent 3254

выделение *Nn* release; allotment 3755

выделять *V* release; allot 1351

выделяться *V* stand out 3392

выдерживать *V* endure, withstand 1585

выдыхать *V* exhale, breath out 4574

выезд *Nm* departure, exit 4241

выезжать *V* leave 2373

выживание *Nn* survival 4196

выздоравливать *V* recover 4728

вызов *Nm* call 2528

вызывать *V* cause; call 360

выигрывать *V* win 1757

выкидывать *V* throw away 3972

выключатель *Nm* switch 4738

вылет *Nm* departure 4065

вылетать *V* depart, fly out 2910

вынимать *V* take out 2808

выносить *V* carry out; bear 1677

вынуждать *V* force 2197

выпадать *V* fall, fall out 2729

выпивать *V* drink; take (tablets) 1039

выписывать *V* prescribe, discharge, order, copy out, subscribe 3695

выплата *Nf* payment 3322

выползать *V* crawl out 4800

выполнение *Nn* accomplishment, doing 1480

выполнять *V* perform, do; fulfil 1174

выполняться *V* be performed, be executed, be fulfilled 3991

выпрямляться *V* straighten up 4678

выпуск *Nm* edition; production 1483

выпускать *V* produce; let out 1108

выпускник *Nm* graduate 3424

выражать *V* express 1115

выражаться *V* be expressed, be 2279

выражение *Nn* expression 1041

вырастать *V* grow (up), increase 1310

высказывание *Nn* statement, remark 2545

высказывать *V* express, voice 1848

высокий *A* tall, high 201

высоко *Adv* high(ly) 2698

высота *Nf* height 1189

выставка *Nf* exhibition 1481

выставлять *V* show, put forward 2355

выстрел *Nm* shot 2646

выступать *V* perform; be in favour 1080

выступление *Nn* performance; speech 1720

высший *A* high, highest 774

вытаскивать *V* pull out 1919

вытекать *V* follow; leak 3737

выучивать *V* learn 4236

выучиться *V* learn 4918

выход *Nm* exit, way out 723

выходить *V* go out 145

выходной *A, N-* day off, weekend 3137

вычёркивать *V* strike out 4736

выше *Adv* higher 3079

выяснять *V* find out, establish 1796

выясня́ться *V* be established, come to light 2020

вя́зкий *A* thick, viscous, sticky 4890

Гг

газ *Nm* gas 1554

газе́та *Nf* newspaper 439

га́зовый *A* gas 3892

галере́я *Nf* gallery 3339

га́лстук *Nm* tie 4171

гара́ж *Nm* garage 3994

гаранти́ровать *V* ensure, guarantee 3104

гара́нтия *Nf* guarantee; warranty 2570

гармо́ния *Nf* harmony 3597

гвоздь *Nm* nail 4121

где *P* where 87

где-нибу́дь *P* somewhere, anywhere 3595

где-то *P* somewhere 1027

гель *Nm* gel 4750

ген *Nm* gene 4010

генера́л *Nm* general 994

генера́льный *A* general 1839

гениа́льный *A* genial 3707

ге́ний *Nm* genius 3140

географи́ческий *A* geographical 4219

геогра́фия *Nf* geography 4473

Герма́ния *Nf* Germany 850

геройня *Nf* heroine 4011

геро́й *Nm* hero 642

ги́бель *Nf* death 2526

ги́бнуть *V* die 4539

гига́нтский *A* gigantic 2977

гид *Nm* (tour) guide 4717

гимн *Nm* hymn, anthem 4500

гипо́теза *Nf* hypothesis 3437

гита́ра *Nf* guitar 3416

глава́ *Nf* head, chapter 828

гла́вное *Nn* the main thing 1380

гла́вный *A* chief, main 244

глаго́л *Nm* verb 4457

гла́дить *V* iron; stroke 4371

гла́дкий *A* smooth 3929

глаз *Nm* eye 130

гла́сный *A* vowel 4998

глоба́льный *A* global 2603

глубина́ *Nf* depth 1387

глуби́нка *Nf* backwater 4867

глубо́кий *A* deep 1004

глубоко́ *Adv* deep(ly) 1415

глу́по *Adv* foolish(ly) 4292

глу́пость *Nf* foolishness; nonsense 2722

глу́пый *A* silly 1885

глухо́й *A, N-* deaf 2992

гляде́ть *V* look 838

гнев *Nm* anger 2896

гнездо́ *Nn* nest 3881

говори́ть *V* talk, speak, tell 59

говори́ться *V* be said, be discussed 1422

год *Nm* year 37

годи́ться *V* be suitable 3842

годово́й *A* year, year's 4014

голла́ндский *A* Dutch 4601

голова́ *Nf* head 152

головно́й *A* head 2855

го́лод *Nm* hunger 2648

голо́дный *A, N-* hungry 3207

го́лос *Nm* voice, vote 276

голосова́ние *Nn* voting, ballot 3129

голосова́ть *V* vote 3346

голубо́й *A* light blue, gay (slang) 1851

го́лый *A* naked 2293

гольф *Nm* golf 4765

гомосексуа́льный *A* homosexual 4985

го́нка *Nf* race 3602

гора́ *Nf* mountain, hill 726

гора́здо *Adv* much 806

горди́ться *V* be proud 3117

го́рдость *Nf* pride 2835

го́рдый *A* proud 3688

го́ре *Nn* grief, misfortune 2428

горе́ть *V* burn; be on 1577

горизо́нт *Nm* horizon 2885

го́рло *Nn* throat 2398

го́рный *A* mountain 2540

го́род *Nm* city 89

городо́к *Nm* town 2723

городско́й *A* urban, town 988

го́рький *A* bitter 3473

го́рько *Adv* bitter 4478

горя́чий *A* hot 1397

горячо́ *Adv* hot 4483

Госду́ма *Nf* State Duma 3902

господи́н *Nm* master, mister, gentleman 817

госпо́дь *Nm* the Lord 1689

госпожа́ *Nf* Mrs 3879

гости́ная *Nf* living room 3408

гости́ница *Nf* hotel 2013

гость *Nm* guest 666

госуда́рственный *A* state 346

госуда́рство *Nn* state 329
гото́вить *V* prepare, make 1557
гото́виться *V* prepare, train 1652
гото́вность *Nf* willingness 2697
гото́вый *A* ready, willing 404
град *Nm* hail 4597
гра́дус *Nm* degree 2939
граждани́н *Nm* citizen 690
гражда́нский *A* civil 1176
гражда́нство *Nn* citizenship 3905
грамм *Nm* gram 3286
грамма́тика *Nf* grammar 4697
гра́мотный *A* literate; trained 4274
грана́та *Nf* grenade 4176
грандио́зный *A* grandiose 4231
грани́ца *Nf* border 705
гра́фик *Nm* schedule; diagram, graph 2893
грек *Nm* Greek 4003
греме́ть *V* thunder 4659
грех *Nm* sin 1947
гриб *Nm* mushroom 3628
грипп *Nm* flu 4557
гроб *Nm* coffin 3164
гроза́ *Nf* storm 4416
грози́ть *V* threaten 2947
гром *Nm* thunder 4250
грома́дный *A* huge 3333
гро́мкий *A* loud 2973
гро́мко *Adv* loud(ly) 1695
гру́бо *Adv* harsh, roughly 3867
гру́бый *A* rude; coarse 2597
грудь *Nf* chest, breast 911
груз *Nm* load, cargo 2587
грузови́к *Nm* lorry 3465
гру́ппа *Nf* group, grouping 210
группиро́вка *Nf* group 3608
гру́стный *A* sad 3312
гря́зный *A* dirty 2041
грязь *Nf* dirt 2365
губа́ *Nf* lip 1050
губерна́тор *Nm* governor 2215
гуля́ть *V* walk 2098
гуманита́рный *A* humanitarian 3746
густо́й *A* thick 2815

Дд

да *C* yes 116
дава́й *Part* let us 1895
дава́ть *V* give 93

дави́ть *V* press 3611
давле́ние *Nn* pressure 1656
давно́ *Adv* long, long ago 463
да́же *Part* even 74
да́лее *Adv* further 524
далеко́ *Adv* far 232
далёкий *A* distant 1713
дальне́йший *A* further, future 1233
да́льний *A* far 1762
да́льше *Adv* further; longer 4312
да́ма *Nf* lady 1552
да́нные *N-* data 435
да́нный *P* given, the 353
дар *Nm* gift 2529
дари́ть *V* present 1516
да́та *Nf* date 1135
да́ча *Nf* summer home, dacha 2564
два *Num* two 72
двадца́тый *Num* twentieth 4510
два́дцать *Num* twenty 801
два́жды *Adv* twice 2865
двена́дцать *Num* twelve 2595
дверь *Nf* door 246
две́сти *Num* two hundred 3195
дви́гатель *Nm* engine 2283
дви́гать *V* move 4286
дви́гаться *V* move 1121
движе́ние *Nn* movement, traffic 378
дви́жущий *A* driving 4868
дво́е *Num* two (people) 1252
двойно́й *A* double 2810
двор *Nm* yard 912
дворе́ц *Nm* palace 1948
дворяни́н *Nm* nobleman 4647
де́вочка *Nf* girl 606
де́вушка *Nf* girl 337
девчо́нка *Nf* young girl 2469
девяно́сто *Num* ninety 4364
девяно́стый *Num* ninetieth 4768
девя́тка *Nf* figure of nine, nine 4781
девятна́дцатый *Num* nineteenth 4761
девя́тый *Num* ninth 4045
де́вять *Num* nine 2111
девятьсо́т *Num* nine hundred 4777
дед *Nm* grandfather 1537
де́душка *Nm* grandfather 2903
дежу́рный *A, N-* on duty 4488
де́йствие *Nn* action, effect 281
действи́тельно *Adv* really 335

действи́тельность *Nf* reality 1650

действи́тельный *A* real; valid 3429

де́йствовать *V* act 668

де́йствующий *A* existing, active 2608

дека́брь *Nm* December 1022

деклара́ция *Nf* declaration 4246

де́лать *V* do 113

де́латься *V* be made; happen; become 1805

делега́ция *Nf* delegation 3970

деле́ние *Nn* division 4298

дели́ть *V* divide, share 3547

дели́ться *V* divide, share 2782

де́ло *Nn* business, case 71

делово́й *A* business 2043

демократи́ческий *A* democratic 2382

демокра́тия *Nf* democracy 1960

демонстра́ция *Nf* demonstration, C901
showing 3594

демонстри́ровать *V* demonstrate, show 2940

де́нежный *A* money 1975

день *Nm* day 66

де́ньги *N-* money 179

департа́мент *Nm* department 3086

депре́ссия *Nf* depression 3936

депута́т *Nm* deputy 1375

дереве́нский *A* rural 3977

дере́вня *Nf* village 1072

де́рево *Nn* tree 722

деревя́нный *A* wooden 2005

держа́ть *V* keep, hold 598

держа́ться *V* hold, keep 1510

десятиле́тие *Nn* decade 2760

деся́тка *Nf* ten, figure of ten; ten roubles 4506

деся́ток *Nm* ten 1214

деся́тый *Num* tenth 3898

де́сять *Num* ten 594

дета́ль *Nf* detail; part 1499

детекти́в *Nm* detective 4353

де́тский *A* child's, childlike 727

де́тство *Nn* childhood 1207

дефици́т *Nm* deficit 3827

дешеве́ть *V* become cheaper 4919

дешёвый *A* cheap 2520

де́ятельность *Nf* activity 371

дёшево *Adv* cheap 3182

джи́нсы *N-* jeans 4489

диа́гноз *Nm* diagnosis 3731

диало́г *Nm* dialogue 2461

диапазо́н *Nm* range 3744

дива́н *Nm* sofa 2317

дие́та *Nf* diet 3768

дизайн *Nm* design 3041

дизайнер *Nm* designer 4377

ди́кий *A* wild 1806

диктова́ть *V* dictate 4576

дина́мика *Nf* dynamics 3466

дипло́м *Nm* diploma, degree 3375

дире́ктор *Nm* director 704

диск *Nm* disc 1634

дискоте́ка *Nf* disco 4592

диску́ссия *Nf* discussion 2292

диста́нция *Nf* distance 3962

дисципли́на *Nf* discipline, subject 2786

длина́ *Nf* length 2268

дли́нный *A* long 779

дли́тельный *A* long 2287

дли́ться *V* last 3087

для *Prep* for 28

дневни́к *Nm* diary; record book 2176

дневно́й *A* day 3590

дно *Nn* bottom 1809

до *Prep* before, until; to 54

доба́вка *Nf* supplement, addition; more 4679

добавля́ть *V* add 630

добива́ться *V* seek to attain 1079

добира́ться *V* reach, get to 1623

добро́ *Nn* good 2036

доброво́льный *A* voluntary 4356

доброта́ *Nf* kindness 4400

до́брый *A* good, kind 559

дове́рие *Nn* trust 2460

доверя́ть *V* trust, confide in 2652

доводи́ть *V* lead to, take to 2294

дово́льно *Adv* quite 547

дово́льный *A* satisfied 1977

дога́дка *Nf* guess, speculation, suspicion 4585

дога́дываться *V* guess 1741

догова́риваться *V* agree 1772

догово́р *Nm* agreement 877

догоня́ть *V* chase, catch up 3284

дое́хать *V* reach, get 4324

дождь *Nm* rain 1288

дожида́ться *V* wait 2048

доказа́тельство *Nn* proof, evidence 2040

дока́зывать *V* prove 1114

докла́д *Nm* report 1855

докла́дывать *V* report 2537

до́ктор *Nm* doctor 834

докуме́нт *Nm* document 485

документа́льный *A* documentary 4492

долг *Nm* debt; duty 1370

до́лгий *A* long 857

до́лго *Adv* long 453

долгосро́чный *A* long-term 4105

до́лжен *A* must, have to, owe 76

должно́ *Adv* must 1596

до́лжность *Nf* position 1725

до́лжный *A* due, proper 3920

доли́на *Nf* valley 2913

до́ллар *Nm* dollar 597

до́ля *Nf* share, part, deal 1303

дом *Nm* home, house 136

до́ма *Adv* at home 895

дома́шний *A* home 1297

домо́й *Adv* home 617

дополне́ние *Nn* accessory 3581

дополни́тельный *A* additional 1056

допро́с *Nm* interrogation 4086

допуска́ть *V* accept, admit 1051

доро́га *Nf* road 288

до́рого *Adv* expensive 2449

дорого́й *A* expensive, dear 602

дорожа́ть *V* get more expensive, go up 4968

доро́жка *Nf* road; path; way 3102

доро́жный *A* road, traffic 3513

доска́ *Nf* board 2064

достава́ть *V* get; pester (slang) 1017

достава́ться *V* get, received 2538

доста́вка *Nf* delivery 3434

доставля́ть *V* deliver; cause 1655

доста́точно *Adv* enough 396

доста́точный *A* sufficient 2331

достига́ть *V* reach 835

достиже́ние *Nn* achievement 1272

досто́инство *Nn* dignity, advantage 1670

досто́йный *A* worthy, decent 1845

до́ступ *Nm* access 1568

досту́пный *A* accessible, affordable 1889

дохо́д *Nm* income 1142

доходи́ть *V* reach 1011

до́чка *Nf* daughter 2399

дочь *Nf* daughter 841

драгоце́нный *A* precious 3543

дра́ка *Nf* fight 3732

дра́ма *Nf* drama 3996

дра́ться *V* fight 3660

дре́вний *A* ancient 1184

дрожа́ть *V* tremble 2445

друг *Nm* friend 102

друго́й *P* other, another 50

дру́жба *Nf* friendship 2271

дру́жеский *A* friendly 4244

дружи́ть *V* be friends 4097

дру́жно *Adv* amicably; all at once 4375

ду́ма *Nf* thought; Duma 1788

ду́мать *V* think 126

ду́ра *Nf* fool (female) 3716

дура́к *Nm* fool 1902

дурно́й *A* stupid; bad 2979

дух *Nm* spirit; morale 647

духи́ *N-* perfume 3472

душ *Nm* shower 4077

душа́ *Nf* soul 309

дым *Nm* smoke 2229

ды́ня *Nf* melon 4970

дыра́ *Nf* hole 3231

ды́рка *Nf* hole 4381

дыря́вый *A* holey, having holes 4786

дыха́ние *Nn* breath 1823

дыша́ть *V* breathe 2090

дья́вол *Nm* devil 3530

дя́дя *Nm* uncle 1599

Ее

евре́й *Nm* Jew 1355

евре́йский *A* Jewish 2133

е́вро *Nn* Euro 3661

Евро́па *Nf* Europe 696

европе́ец *Nm* European 4335

европе́йский *A* European 1127

его́ *P* his, its 44

еда́ *Nf* food 1692

едва́ *Adv* hardly, barely 1132

едини́ца *Nf* figure of one; unit 1918

еди́нственный *A* only 503

еди́нство *Nn* unity 2750

еди́ный *A* united 847

её *P* her, hers 91

ежего́дный *A* annual 3750

ежедне́вный *A* daily 3028

е́здить *V* ride, travel 1462

е́ле *Adv* hardly 3330

ерунда́ *Nf* nonsense 3912

ЕС *Nm* EU 3859

е́сли *C* if, in case 42

есте́ственно *Adv* naturally, of course 958

есте́ственный *A* natural 1191

есть *V* eat 995

е́хать *V* go, ride, drive 586

ещё *Adv* more, still 49

Ёё

ёлка *Nf* (Christmas) tree, spruce 4386

Жж

жа́дный *A* greedy 4634

жа́жда *Nf* thirst 3727

жале́ть *V* regret 2690

жа́лко *Adv* pitifully, it's a pity 2678

жа́лоба *Nf* complaint 2798

жа́ловаться *V* complain 2662

жа́лость *Nf* pity 4134

жаль *Adv* pity, sad 1961

жалюзи́ *Nn* window blind 4999

жанр *Nm* genre 2656

жара́ *Nf* heat 3552

жа́реный *A* roasted, fried 4690

жа́ркий *A* hot 3767

жа́рко *Adv* hot 4270

ждать *V* wait 301

же *Part* indeed 36

жева́ть *V* chew 4458

жела́ние *Nn* desire, wish 527

жела́ть *V* wish 729

жела́ющий *Nm* anyone wishing 3671

железнодоро́жный *A* railway 3119

желе́зный *A* iron 1498

желе́зо *Nn* iron 3670

желу́док *Nm* stomach 3482

жена́ *Nf* wife 315

жена́тый *A* married 3988

жени́ться *V* marry 2358

жени́х *Nm* bridegroom, fiancé 3347

же́нский *A* female, feminine, woman's, ladies' 960

же́нщина *Nf* woman 144

же́ртва *Nf* sacrifice; victim 1268

жест *Nm* gesture 2509

жесто́кий *A* cruel 2444

жёлтый *A* yellow 2001

жёсткий *A* hard, firm 1792

живо́й *A, N-* alive, live 495

жи́вопись *Nf* painting, art 3647

живо́т *Nm* stomach 1997

живо́тное *Nn* animal 1117

жи́дкий *A* liquid 4415

жи́дкость *Nf* liquid 3354

жи́зненный *A* vital, life; practical 1697

жизнь *Nf* life 68

жиле́тка *Nf* waistcoat 5000

жили́щный *A* housing 4100

жило́й *A* residential 3015

жильё *Nn* accommodation 2334

жир *Nm* fat 3889

жи́рный *A* fatty 3921

жи́тель *Nm* inhabitant, resident 967

жи́тельство *Nn* residence 4287

жить *V* live 142

журна́л *Nm* magazine 651

журнали́ст *Nm* journalist 1170

жу́ткий *A* terrible, spooky 3285

Зз

за *Prep* after, behind; for 27

заба́вный *A* funny 3361

забира́ть *V* pick up 1563

заболева́ние *Nn* disease 2014

заболе́ть *V* fall ill 3500

забо́р *Nm* fence; intake 2919

забо́та *Nf* care, concern 1969

забо́титься *V* take care 2826

забыва́ть *V* forget 370

заведе́ние *Nn* place, establishment 2425

заверша́ть *V* complete 2396

заверше́ние *Nn* completion, finishing 3128

зави́довать *V* envy 4080

зави́сеть *V* depend 880

зави́симость *Nf* dependence, addiction 1328

за́висть *Nf* envy 3971

заво́д *Nm* factory, plant 1065

заводи́ть *V* start; keep, have (animals) 2121

завора́чивать *V* wrap 4211

за́втра *Adv* tomorrow 921

за́втрак *Nm* breakfast 2737

за́втрашний *A* tomorrow's 4459

зага́дка *Nf* mystery; riddle 3360

загла́вие *Nn* title 4741

загля́дывать *V* peep 1765

загова́ривать *V* start speaking; cast a spell 2315

заголо́вок *Nm* title 3989

загора́ть *V* sunbathe 4766

загрязне́ние *Nn* pollution 4650

задава́ть *V* ask, give 923

зада́ние *Nn* task, assignment 1580

зада́ча *Nf* task 393

заде́рживать *V* delay, hold up 2383

заде́ржка *Nf* delay 3924

за́дний *A* back 1887

за́дница *Nf* arse 4167

заду́мываться *V* think deeply 1486

зажига́ть *V* light 3422

заинтересова́ть *V* interest 2776

заинтересова́ться *V* become interested 4480

зака́з *Nm* order 1781

зака́зчик *Nm* customer 2983

зака́зывать *V* order 2072

зака́нчивать *V* finish 927

зака́нчиваться *V* end 1146

зака́т *Nm* sunset 3870

закла́дывать *V* put; turn in 2508

заключа́ть *V* conclude 1593

заключа́ться *V* consist, be 1435

заключе́ние *Nn* setting up, conclusion;
    imprisonment 1495

заключённый *Nm* prisoner 3850

зако́н *Nm* law 250

зако́нный *A* legitimate 2916

законода́тельство *Nn* legislation 1760

закрича́ть *V* shout, cry 2637

закрыва́ть *V* close 708

закрыва́ться *V* close 3208

закры́тие *Nn* closing 4402

закры́тый *A* closed 3002

заку́ривать *V* light up (cigarette) 3937

заку́ска *Nf* appetizer, snack 4622

зал *Nm* hall; room 744

зали́в *Nm* gulf, bay 3825

зало́жник *Nm* hostage 4284

заме́на *Nf* replacement 3025

заменя́ть *V* replace 1724

замести́тель *Nm* deputy 1794

заме́тка *Nf* note; newspaper article 3338

заме́тный *A* noticeable 2588

замеча́ние *Nn* remark, comment 2549

замеча́тельный *A* remarkable 1365

замеча́ть *V* notice, note 291

замо́к *Nm* castle; lock 1611

замолча́ть *V* fall silent 3521

замо́рский *A* foreign, overseas 4891

за́муж *Adv* marry 2491

за́мужем *Adv* married (woman) 4664

заму́жний *A* married (woman) 4787

занаве́ска *Nf* curtain 4660

занима́ть *V* borrow; occupy the position of, be 470

занима́ться *V* study, work 379

за́ново *Adv* again 3610

заня́тие *Nn* occupation, lesson 983

за́нятый *A* busy 3240

за́пад *Nm* west 1040

за́падный *A* western 898

запа́с *Nm* stock 1790

запасно́й *A* spare 4497

за́пах *Nm* odour, aroma 1461

запира́ть *V* lock 3098

запи́ска *Nf* note 2560

запи́сывать *V* write down; record 1213

за́пись *Nf* note; record, recording 1092

запла́кать *V* start crying 4159

заплани́ровать *V* plan 4350

заплати́ть *V* pay 2026

заполня́ть *V* fill 2216

запомина́ть *V* remember 2179

заправля́ть *V* fuel 4847

запре́т *Nm* ban 3152

запреща́ть *V* prohibit 1477

запреща́ться *V* prohibit 4720

запро́с *Nm* request 2412

за́пуск *Nm* launch 4117

запуска́ть *V* neglect; let 2410

зараба́тывать *V* earn 1382

за́работный *A* wage 3770

зара́нее *Adv* beforehand, earlier 1511

зарегистри́роваться *V* register, check in 4610

зарпла́та *Nf* salary 1723

зарубе́жный *A* foreign 2704

заседа́ние *Nn* meeting 1506

заслу́живать *V* deserve 1963

засмея́ться *V* laugh 3293

заставля́ть *V* force 569

застёжка *Nf* fastener 4994

засыпа́ть, засы́пать *V* fall sleep; cover 2023

зате́м *Adv* then 338

зати́шье *Nn* calm 4869

зато́ *C* but, on the other hand 1061

затра́ты *Nf* expenses 2011

заты́лок *Nm* back of the head 3860

зафикси́ровать *V* record 3790

захва́тывать *V* grip; capture; take 1543

захлёбываться *V* choke, gasp 4822

заходи́ть *V* come in; drop by 1373

захоте́ть *V* want 1451

захоте́ться *V* feel like 2897

заче́м *P* why, what for 512

изложе́ние *Nn* summary 4162

изме́на *Nf* betrayal, treason; adultery 4177

измене́ние *Nn* change 544

изменя́ть *V* change; be unfaithful 840

изменя́ться *V* change 1055

измере́ние *Nn* measurement, dimension 2824

измеря́ть *V* measure 4686

изнутри́ *Adv* from within 3791

изобража́ть *V* represent, show 3062

изображе́ние *Nn* image, picture 1492

изобрете́ние *Nn* invention 3844

из-под *Prep* from under 2008

изуча́ть *V* learn, study 1688

изуче́ние *Nn* study; research 1524

изя́щный *A* graceful 4182

ико́на *Nf* icon 3185

и́ли *C* or 41

иллю́зия *Nf* illusion 3133

иллюстра́ция *Nf* illustration 3734

и́менно *Part* namely 169

име́ть *V* have 81

име́ться *V* be available, have 769

и́мидж *Nm* image 4223

импера́тор *Nm* emperor 2212

империалисти́ческий *A* imperialist 4920

импе́рия *Nf* empire 1913

и́мпульс *Nm* impulse 4062

иму́щество *Nn* property 2075

и́мя *Nn* name 220

ина́че *P* otherwise 831

инвали́д *Nm* disabled 3213

инвали́дность *Nf* disability 4892

инвестицио́нный *A* investment 2817

инвести́ция *Nf* investment 2171

инве́стор *Nm* investor 2752

и́ндекс *Nm* index; post code 3799

индивидуа́льный *A* individual 1872

инди́йский *A* Indian 4141

индустри́я *Nf* industry 4170

инжене́р *Nm* engineer 2174

инициати́ва *Nf* initiative 2220

иногда́ *Adv* sometimes 387

ино́й *P* other, different 362

иностра́нец *Nm* foreigner 2763

иностра́нный *A* foreign 1192

инспе́ктор *Nm* inspector 3656

инсти́нкт *Nm* instinct 3476

институ́т *Nm* institute 664

инстру́ктор *Nm* instructor 4155

инстру́кция *Nf* instructions, manual 2593

инструме́нт *Nm* instrument; tool 1311

интегра́ция *Nf* integration 3820

интелле́кт *Nm* intelligence 3493

интеллектуа́льный *A* intelligent 2239

интеллиге́нция *Nf* intelligentsia 3711

интенси́вный *A* intensive, intense 4259

интервью́ *Nn* interview 1832

интере́с *Nm* interest 437

интере́сный *A* interesting 440

интересова́ть *V* interest 1768

интересова́ться *V* be interested in 2609

Интерне́т *Nm* Internet 673

интерпрета́ция *Nf* interpretation 3664

интерфе́йс *Nm* interface 3616

инти́мный *A* intimate 4288

интона́ция *Nf* intonation 4272

интуи́ция *Nf* intuition 4214

инфля́ция *Nf* inflation 3927

информацио́нный *A* information 1118

информа́ция *Nf* information 270

инфраструкту́ра *Nf* infrastructure 3876

иск *Nm* lawsuit 3458

иска́ть *V* look for 459

исключа́ть *V* exclude 1920

исключе́ние *Nn* exception; expulsion 1404

исключи́тельно *Adv* exceptionally; exclusively, only 2088

исключи́тельный *A* exceptional; exclusive 3629

и́скренне *Adv* sincerely 2830

и́скренний *A* sincere 3393

иску́сственный *A* artificial 2724

иску́сство *Nn* art 655

исла́м *Nm* Islam 4022

исла́мский *A* Islamic 4382

испа́нец *Nm* Spaniard 4716

испа́нский *A* Spanish 3579

исполне́ние *Nn* performance; execution, carrying out 1793

исполни́тель *Nm* performer; executor 3364

исполня́ть *V* perform, do 2701

испо́льзование *Nn* use 615

испо́льзовать *V* use 289

испо́льзоваться *V* be used 1181

испо́ртить *V* spoil, ruin 3401

исправля́ть *V* correct 2730

испу́г *Nm* fright 4564

испуга́ться *V* get scared 2924

испыта́ние *Nn* test 2108

испытывать *V* feel; test 1294
исследование *Nn* research 562
исследователь *Nm* researcher 2489
исследовательский *A* research 4220
исследовать *V* research, explore, study 3060
истина *Nf* truth 1363
истинный *A* true, real 1550
историк *Nm* historian 2955
исторический *A* historical 978
история *Nf* history, story 192
источник *Nm* source 703
исходить *V* proceed, emanate 1606
исходный *A* initial, starting, original 2511
исчезать *V* disappear 836
ИТ *Nf* IT 4297
итак *Adv* so 1173
Италия *Nf* Italy 2343
итальянский *A* Italian 2738
итог *Nm* total, result 980
иудей *Nm* orthodox Jew 4694
их *P* their, theirs; them 78
июль *Nm* July 1122
июнь *Nm* June 1078

Кк

к *Prep* to 14
кабель *Nm* cable 4183
кабина *Nf* cabin, cockpit 3167
кабинет *Nm* cabinet; study 1161
каблук *Nm* heel 4577
кавычка *Nf* quotation mark 4783
кадр *Nm* frame 1674
каждый *P* every 97
кажется *Adv* seem 972
казаться *V* seem 231
казино *Nn* casino 4584
казнь *Nf* execution 3539
как *C* how 19
каков *P* which, what 1811
какой *P* which, what 80
какой-нибудь *P* any, some 2152
какой-то *P* some 590
как-то *P* somehow 609
календарь *Nm* calendar 3865
каменный *A* stone 2130
камень *Nm* stone 810
камера *Nf* camera; cell 1468
кампания *Nf* campaign 2015
канал *Nm* channel; canal 1158

кандидат *Nm* candidate 1861
каникулы *N-* vacation, holidays 4406
капитал *Nm* capital 1400
капитализм *Nm* capitalism 3541
капитан *Nm* captain 1143
капля *Nf* drop 2521
капуста *Nf* cabbage 4370
карандаш *Nm* pencil 3787
карман *Nm* pocket 1210
карта *Nf* card; map 816
картина *Nf* painting, picture 697
картинка *Nf* picture 1998
картофель *Nm* potatoes 4609
картофельный *A* potato 4836
карточка *Nf* card 2515
картошка *Nf* potato 3561
карьера *Nf* career 2546
касаться *V* touch 623
касса *Nf* cash desk 3835
кастрюля *Nf* saucepan 4661
каталог *Nm* catalogue 2912
катастрофа *Nf* catastrophe, crash 2848
кататься *V* ride 3847
категория *Nf* category, class 1384
каток *Nm* ice rink 4757
кафе *Nn* café 2605
кафедра *Nf* department 2981
качать *V* rock, shake 4075
качели *N-* swing 4921
качественный *A* quality 2472
качество *Nn* quality 283
каша *Nf* porridge 3735
квадрат *Nm* square 4165
квадратный *A* square 2775
квалификация *Nf* qualification 3619
квартал *Nm* block of houses; quarter 2852
квартира *Nf* flat 520
квас *Nm* kvass (Russian drink) 4901
кивать *V* nod 1376
кидать *V* throw 3077
киловатт *Nm* kilowatt 4893
килограмм *Nm* kilogram 2123
километр *Nm* kilometre 934
кино *Nn* film 1445
кинотеатр *Nm* cinema 3812
киоск *Nm* small shop, kiosk 4706
кипеть *V* boil 4403
кирпич *Nm* brick 3851
кисть *Nf* brush, palm 4107

китаец *Nm* Chinese man 3296

Китай *Nm* China 1609

китайский *A* Chinese 1847

клавиатура *Nf* keyboard 4331

клавиша *Nf* key 4256

кладбище *Nn* cemetery 3181

класс *Nm* class, year 535

классик *Nm* classicist 4555

классика *Nf* classics 4409

классификация *Nf* classification 4245

классический *A* classic 1911

классный *A* class; cool 3481

кластер *Nm* cluster 4902

класть *V* put 2976

клеить *V* glue 4982

клетка *Nf* cage; cell 1863

клеточка *Nf* checked, cell 4792

клиент *Nm* client, customer 830

климат *Nm* climate 3681

клуб *Nm* club 1003

клубника *Nf* strawberry 4784

ключ *Nm* key 1434

ключевой *A* key 2650

книга *Nf* book 187

книжка *Nf* book 1649

книжный *A* book 3121

кнопка *Nf* button 2189

князь *Nm* prince 1372

ковёр *Nm* carpet, rug 3332

когда *C* when 52

когда-нибудь *P* some day, ever 2669

когда-то *P* once 1786

код *Nm* code 2335

кодекс *Nm* code 2483

кожа *Nf* skin; leather 1321

кожаный *A* leather 3680

коза *Nf* goat, she-goat 4625

козёл *Nm* he-goat; arsehole (slang) 4099

коктейль *Nm* cocktail, shake 4691

колбаса *Nf* sausage 4146

колебание *Nn* fluctuation 3546

колебаться *V* fluctuate 4039

колено *Nn* knee 1349

колесо *Nn* wheel 2281

количество *Nn* quantity 384

коллега *Nc* colleague 1379

колледж *Nm* college 4227

коллектив *Nm* group, team 2034

коллективный *A* collective, team 3302

коллекция *Nf* collection 2918

колония *Nf* colony 3439

колонка *Nf* column; speaker 4291

колонна *Nf* column 2717

колоссальный *A* colossal 4150

колыхаться *V* sway, flicker 4931

кольцо *Nn* ring, circle 2060

команда *Nf* team 565

командир *Nm* commander 973

командировка *Nf* business trip 4000

командование *Nn* command 2681

командовать *V* command, be in charge 3440

комар *Nm* mosquito 4572

комбинация *Nf* combination 3974

комедия *Nf* comedy 3978

комикс *Nm* comics 4751

комиссия *Nf* commission 1179

комитет *Nm* committee 1314

комментарий *Nm* comment 826

комментировать *V* comment 3035

коммерческий *A* commercial, trade 2051

коммунизм *Nm* communism 3777

коммунист *Nm* communist 2590

коммунистический *A* communist 3099

комната *Nf* room 361

комод *Nm* chest of drawers 4848

компания *Nf* company 191

компенсация *Nf* compensation 3501

комплекс *Nm* complex 1346

комплексный *A* complex, integrated;
     set (meal) 4015

комплект *Nm* set 3813

комплимент *Nm* compliment 4598

композитор *Nm* composer 4285

композиция *Nf* composition 3741

компонент *Nm* component, ingredient 2832

компьютер *Nm* computer 719

компьютерный *A* computer 1747

комфорт *Nm* comfort 4493

конверт *Nm* envelope 3779

конец *Nm* end, finish 153

конечно *Adv* certainly 159

конечный *A* final 1799

конкретный *A* specific 865

конкурент *Nm* competitor 2800

конкуренция *Nf* competition 2721

конкурс *Nm* competition 1401

конспект *Nm* summary 4801

конституционный *A* constitutional 3654

конститу́ция *Nf* constitution 2480

констру́ктор *Nm* constructor, engineer 4137

констру́кция *Nf* construction, design 2497

консульта́нт *Nm* consultant 2908

консульта́ция *Nf* consultation 3334

консульти́ровать *V* consult 4988

конта́кт *Nm* contact 1549

конте́йнер *Nm* container, box; skip 4565

конте́кст *Nm* context 2718

контине́нт *Nm* continent 4119

контра́кт *Nm* contract 2458

контроли́ровать *V* control, monitor 2342

контро́ль *Nm* control 916

контро́льный *A* control, check 3477

конфере́нция *Nf* conference 1515

конфе́та *Nf* sweet, chocolate 4258

конфе́тка *Nf* sweet 4837

конфли́кт *Nm* conflict 1453

концентра́ция *Nf* concentration 3998

конце́пция *Nf* concept 1708

конце́рт *Nm* concert 1822

конча́ть *V* finish 2210

конча́ться *V* finish; run out 1447

конь *Nm* horse 1906

конья́к *Nm* cognac, brandy 3822

копе́йка *Nf* kopeck 3204

ко́пия *Nf* copy 2667

кора́бль *Nm* ship 731

ко́рень *Nm* root 2045

корзи́на *Nf* basket 4147

коридо́р *Nm* corridor 1399

кори́чневый *A* brown 4013

корм *Nm* feed 4656

корми́ть *V* feed 2341

коро́бка *Nf* box 2242

коро́ва *Nf* cow 2803

короле́ва *Nf* queen 2772

короле́вский *A* royal 3022

коро́ль *Nm* king 1111

коро́на *Nf* crown 4619

коро́ткий *A* short 749

ко́ротко *Adv* short(ly) 2562

ко́рпус *Nm* block, building; body; corps; corpus (linguistics) 1504

корреспонде́нт *Nm* correspondent 2736

корру́пция *Nf* corruption 3888

косми́ческий *A* space 2017

космодро́м *Nm* cosmodrome 4793

космона́вт *Nm* astronaut 3725

космополи́т *Nm* citizen of the world, cosmopolitan 4849

ко́смос *Nm* space 2568

костёр *Nm* bonfire, camp fire 2649

кость *Nf* bone 2401

костю́м *Nm* suit, costume 1946

кот *Nm* cat (male) 1950

котёнок *Nm* kitten 4518

кото́рый *P* which, what, who 21

ко́фе *Nm* coffee 1647

кошелёк *Nm* purse 4357

ко́шка *Nf* cat 1774

кошма́р *Nm* nightmare 3740

коэффицие́нт *Nm* coefficient, factor 4052

КПРФ *Nf* Communist Party of the Russian Federation 4385

край *Nm* edge 753

кра́йне *Adv* extremely, very 1740

кра́йний *A* extreme, far 832

кран *Nm* tap 4344

краси́во *Adv* beautifully, nicely 3053

краси́вый *A* beautiful 720

кра́ска *Nf* paint 2352

кра́сный *A* red 462

красота́ *Nf* beauty 1407

кра́ткий *A* brief 2847

креди́т *Nm* credit 2024

креди́тный *A* credit 3615

крем *Nm* cream 4481

кремль *Nm* Kremlin, fortress 2821

кре́пкий *A* strong 1830

кре́пко *Adv* firmly 2446

кре́пость *Nf* fortress; strength 2904

кре́сло *Nn* armchair 1436

крест *Nm* cross 2274

крестья́нин *Nm* farm worker 2056

крестья́нский *A* peasant 3830

кри́зис *Nm* crisis 1800

крик *Nm* scream 1600

крите́рий *Nm* criterion 2243

кри́тик *Nm* critic 3169

кри́тика *Nf* criticism 2269

крити́ческий *A* critical 2862

крича́ть *V* shout 1032

крова́вый *A* bloody 3460

крова́ть *Nf* bed 1343

кровь *Nf* blood 581

кровяно́й *A* blood 4838

кро́ме *Prep* besides, apart from 271

круг *Nm* circle 823

кру́глый *A* round 1803

круго́м *Adv* around 3163

кру́жка *Nf* mug 3703

кружо́к *Nm* circle; hobby group, club 4129

кру́пный *A* large 607

крыло́ *Nn* wing 1787

кры́са *Nf* rat 3548

кры́ша *Nf* roof; head (slang) 1544

кры́шка *Nf* cover, lid 3488

кста́ти *Adv* by the way 517

кто *P* who 64

кто-нибу́дь *P* anybody, somebody 2510

кто-то *P* anyone, someone 682

куда́ *P* where 365

куда́-то *P* somewhere 2326

ку́кла *Nf* doll 3753

кула́к *Nm* fist 2507

кульмина́ция *Nf* culmination 4870

культу́ра *Nf* culture 481

культу́рный *A* cultural 1454

купа́льник *Nm* swimming costume, bikini 4764

купа́ться *V* bathe 4339

купе́ *Nn* compartment, coupe 4595

купи́ть *V* buy 500

куре́ние *Nn* smoking 4615

кури́ть *V* smoke 2083

ку́рица *Nf* chicken 3318

курс *Nm* course 775

ку́ртка *Nf* jacket 3171

кусо́к *Nm* piece 1666

кусо́чек *Nm* piece 2795

куст *Nm* bush 2617

ку́хня *Nf* kitchen 1205

ку́хонный *A* kitchen 4578

ку́ча *Nf* pile 1891

Лл

лаборато́рия *Nf* laboratory 2519

ла́герь *Nm* camp 1320

ла́дно *Part* okay 1193

ладо́нь *Nf* palm, hand 1756

ла́мпа *Nf* lamp 3011

ла́мпочка *Nf* bulb 4166

ла́па *Nf* paw 2991

ла́сковый *A* tender 4096

лати́нский *A* Latin 3666

лев *Nm* lion 2030

ле́вый *A, N-* left; unauthorized 1077

легко́ *Adv* easy, easily 464

ледяно́й *A* ice 3555

лежа́ть *V* lie 389

лезть *V* climb 2642

лейтена́нт *Nm* lieutenant 2112

лека́рство *Nn* medicine 2536

ле́кция *Nf* lecture 2233

лени́вый *A* lazy 4534

ле́нта *Nf* tape, band 2699

лень *Adv* laziness 4702

лес *Nm* forest 650

лесно́й *A* forest 2700

ле́стница *Nf* stairs 1661

лета́ть *V* fly 818

лете́ть *V* fly 3344

ле́тний *A* summer 2228

ле́то *Nn* summer 1009

лече́ние *Nn* treatment 1608

лечи́ть *V* treat 3157

лечь *V* lie down 1984

лёгкий *A* easy; light 979

лёгкость *Nf* ease, lightness 4078

лёд *Nm* ice 2347

лётчик *Nm* pilot 1853

ли *Part* whether 86

либера́льный *A* liberal 3313

ли́бо *C* or 455

ли́дер *Nm* leader 1313

ликвида́ция *Nf* liquidation, elimination 4019

лингви́ст *Nm* linguist 4859

лине́йка *Nf* ruler 4642

ли́ния *Nf* line 762

лист *Nm* leaf; sheet 1177

листо́к *Nm* sheet; leaf 3759

литерату́ра *Nf* literature 738

литерату́рный *A* literary 1479

литр *Nm* litre 2693

лить *V* pour 4376

лифт *Nm* lift 3082

ли́фчик *Nm* bra 4802

лице́нзия *Nf* licence 3014

лицо́ *Nn* face 141

ли́чно *Adv* personally 1166

ли́чность *Nf* personality, identity 938

ли́чный *A* personal 622

лиша́ть *V* deprive 1820

ли́шний *A* superfluous, unnecessary 1578

лишь *Part* only 168

лоб *Nm* forehead 1953

ловить *V* catch 2548

ловушка *Nf* trap 4260

логика *Nf* logic 1745

логин *Nm* username 4969

логический *A* logical 3055

лодка *Nf* boat 1653

ложиться *V* lie (down) 2806

ложка *Nf* spoon 3328

ложный *A* false 3236

ложь *Nf* lie 2846

локоть *Nm* elbow 3417

ломать *V* break 3532

лошадь *Nf* horse 1398

лужа *Nf* puddle 3801

лук *Nm* onion, bow 3742

луна *Nf* moon 1744

лунный *A* lunar, moonlit 3591

луч *Nm* ray 2103

лучше *Part* better 676

лучший *A* best 377

лыжа *Nf* ski 4543

лысый *A* bald 4566

любимый *A, N-* favourite, beloved 902

любитель *Nm* lover; amateur 2727

любить *V* love 195

любоваться *V* admire 4345

любовник *Nm* lover 3784

любовный *A* love 3701

любовь *Nf* love 298

любой *P* any 174

любопытный *A* curious 3212

любопытство *Nn* curiosity 3120

Мм

маг *Nm* magician 3479

магазин *Nm* shop 612

магический *A* magic 3776

магия *Nf* magic 3363

магнитофон *Nm* tape recorder 4636

май *Nm* May 886

майка *Nf* T-shirt 4628

майор *Nm* major 2486

максимальный *A* maximum 2541

максимум *Nm* maximum, the most 3308

маленький *A* small 234

мало *Adv* little, not much 573

малый *A, N-* minor, small 1028

малыш *Nm* baby, child 1682

мальчик *Nm* boy 568

мальчишка *Nm* small boy 2474

мама *Nf* mum 382

мандарин *Nm* mandarin 4983

марихуана *Nf* marijuana 4839

марка *Nf* stamp; brand 2245

март *Nm* March 652

маршрут *Nm* route 2374

маска *Nf* mask 2801

масло *Nn* oil; butter 1938

масса *Nf* mass; lots; weight 855

массовый *A* mass 1195

мастер *Nm* master 1204

мастерская *Nf* workshop, repair shop 3270

мастерство *Nn* skill 3570

масштаб *Nm* scale 2222

мат *Nm* mat, obscene language 4057

математика *Nf* mathematics 2814

математический *A* mathematical 3000

материал *Nm* material 442

материальный *A* material 1493

материнский *A* maternal 4055

материя *Nf* matter; fabric 3017

матч *Nm* match 3076

мать *Nf* mother 336

махать *V* wave 2475

машина *Nf* machine; car 209

мгновение *Nn* moment 2203

мгновенно *Adv* instantly 2921

мебель *Nf* furniture 2883

мебельный *A* furniture 4860

медаль *Nf* medal 3523

медведь *Nm* bear 2877

медицина *Nf* medicine 2960

медицинский *A* medical 1448

медленный *A* slow 951

медный *A* copper 4122

медсестра *Nf* nurse 4332

между *Prep* between 155

международный *A* international 667

мелкий *A* minor; shallow 1241

мелодия *Nf* melody, song 3560

мелочь *Nf* trifle, change, nothing 2794

менеджер *Nm* manager 2134

менеджмент *Nm* management 4063

менее *Adv* less, under 457

меньшинство *Nn* minority 4336

меню *Nn* menu 3511

менять *V* change 1472

меняться *V* change 1639

ме́ра *Nf* measure 328

ме́рить *V* measure; try 4753

мероприя́тие *Nn* event; measure 1567

мести́ *V* sweep 4861

ме́стность *Nf* area, locality 2774

ме́стный *A* local 551

ме́сто *Nn* place 96

местоиме́ние *Nn* pronoun 4965

ме́сяц *Nm* month 277

мета́лл *Nm* metal 2838

металли́ческий *A* metal 2859

ме́тод *Nm* method 572

мето́дика *Nf* methodology, method 2612

метр *Nm* metre 504

метро́ *Nn* Metro, underground 2258

механи́зм *Nm* mechanism 1265

механи́ческий *A* mechanical 3862

меч *Nm* sword 2320

мечта́ *Nf* dream 1764

мечта́ть *V* dream 1731

меша́ть *V* stir; disturb, disrupt 1249

мешо́к *Nm* bag 2322

мёд *Nm* honey 3980

мёрзнуть *V* freeze 4752

мёртвый *A, N-* dead 1722

миг *Nm* instant, moment 2581

ми́зерный *A* measly 4850

микрофо́н *Nm* microphone 4152

милиционе́р *Nm* police officer 3178

мили́ция *Nf* police 1685

миллиа́рд *Nm* billion 1508

миллио́н *Nm* million 479

ми́лый *A, N-* cute, lovely 1381

ми́мо *Prep* past; miss 1620

мимохо́дом *Adv* in passing 4823

ми́на *Nf* mine, bomb; look, expression 2627

минима́льный *A* minimum, minimal 2601

ми́нимум *Nm* minimum 1881

министе́рство *Nn* ministry 1444

мини́стр *Nm* minister 1046

ми́нус *Nm* minus 3420

мину́та *Nf* minute 269

мину́точка *Nf* minute (diminutive) 4803

мир *Nm* world; peace 122

ми́рный *A* peace, peaceful 2296

мирово́й *A* world 725

ми́тинг *Nm* meeting 3878

миф *Nm* myth 2788

младе́нец *Nm* baby 3219

мла́дший *A* younger, junior 1814

мм *Nm* mm, millimetre 4104

мне́ние *Nn* opinion 398

мно́гие *P* many 193

мно́го *Num* many 121

мно́гое *P* much; many things 999

многочи́сленный *A* numerous 1694

многоэта́жный *A* multistorey 4966

мно́жество *Nn* many, multitude 968

моби́льник *Nm* mobile phone 4580

моби́льный *A* mobile 2311

моги́ла *Nf* grave 2578

могу́чий *A* powerful, strong 3549

мо́да *Nf* fashion 2745

моде́ль *Nf* model 716

моде́м *Nm* modem 4602

модерниза́ция *Nf* modernization 3875

модифици́ровать *V* modify, change 4788

мо́дный *A* fashionable 3115

мо́дуль *Nm* module 3617

мо́жет *Adv* maybe, might 945

мо́жно *Adv* may, can 67

мозг *Nm* brain 1285

мой *P* my 55

мо́крый *A* wet 2633

мол *Adv* he says, she says, etc., apparently 1657

моли́тва *Nf* prayer 2254

моли́ться *V* pray 2828

мо́лния *Nf* lightning 3498

молоде́ц *Nm* well done, great 2945

молодёжный *A* youth 3693

молодёжь *Nf* youth 1854

молодо́й *A* young 294

мо́лодость *Nf* youth 3029

молоко́ *Nn* milk 1944

моло́чный *A* milk, dairy 4179

мо́лча *Adv* silently 1972

молча́ние *Nn* silence 2473

молча́ть *V* be silent 1199

моме́нт *Nm* moment 259

монасты́рь *Nm* monastery, closter 2369

моне́та *Nf* coin 3350

монито́р *Nm* monitor 3073

моноло́г *Nm* monologue 4669

монстр *Nm* monster 4212

мора́ль *Nf* morality 3374

мора́льный *A* moral 2307

морга́ть *V* blink 4922

мо́рда *Nf* snout 3235

мо́ре *Nn* sea 608

моро́женое *Nn* ice-cream 4433

моро́з *Nm* frost 2551

морско́й *A* sea 1307

моря́к *Nm* sailor 3512

Москва́ *Nf* Moscow 173

москви́ч *Nm* Muscovite 3158

моско́вский *A* Moscow 692

мост *Nm* bridge 1704

мо́стик *Nm* small bridge; command bridge 4581

моти́в *Nm* motive; tune 2437

мотива́ция *Nf* motivation 4216

мото́р *Nm* engine 2820

мотоци́кл *Nm* motorcycle 4401

мочи́ть *V* soak; kill (slang) 4755

мочь *V* be able 30

мо́щность *Nf* power 2757

мо́щный *A* powerful 1521

мощь *Nf* power 3518

мрак *Nm* darkness 4207

мра́чный *A* miserable 2956

му́дрость *Nf* wisdom 2961

му́дрый *A* wise 3100

муж *Nm* husband 410

му́жество *Nn* courage, bravery 3913

мужи́к *Nm* man 987

мужско́й *A* male, men's 1571

мужчи́на *Nm* man 295

музе́й *Nm* museum 1284

му́зыка *Nf* music 632

музыка́льный *A* music, musical 1867

музыка́нт *Nm* musician 2755

мука́, му́ка *Nf* flour; torment 3001

му́мия *Nf* mummy 4923

муниципа́льный *A* municipal 2954

мураве́йник *Nm* anthill 4851

му́сор *Nm* rubbish 3378

мусульма́нин *Nm* Muslim 4031

мусульма́нский *A* Muslim 4443

му́ха *Nf* fly 3568

му́чить *V* torment 3578

мы *P* we 17

мы́ло *Nn* soap 3885

мы́сленно *Adv* mentally 3736

мы́слить *V* think 3469

мысль *Nf* thought 278

мыть *V* wash 3358

мы́шка *Nf* mouse 3954

мышле́ние *Nn* thinking 1980

мы́шца *Nf* muscle 3061

мышь *Nf* mouse 2985

мэр *Nm* mayor 3165

мя́гкий *A* soft 1553

мя́гко *Adv* softly, gently 3032

мя́со *Nn* meat 1883

мяч *Nm* ball 3762

Нн

на *Prep* on, onto 4

набира́ть *V* gain; recruit; dial; fill 1528

наблюда́тель *Nm* observer 3502

наблюда́ть *V* observe 1035

наблюда́ться *V* be observed 2837

наблюде́ние *Nn* observation 1878

набо́р *Nm* set; recruitment 1668

наве́рно *Adv* probably 2325

наве́рное *Adv* probably 514

наверняка́ *Adv* surely 2062

наве́рх *Adv* up 2872

наверху́ *Adv* upstairs, on top 4041

навсегда́ *Adv* forever 2012

навстре́чу *Adv* towards 2424

на́вык *Nm* skill 2430

награ́да *Nf* award 2928

награжда́ть *V* award 3765

нагру́зка *Nf* load, activity 2703

над *Prep* above 181

надави́ть *V* press, put pressure on 4924

надева́ть *V* put on 1743

наде́жда *Nf* hope 815

наде́яться *V* hope, rely 684

надёжный *A* reliable 2607

на́до *Adv* necessary, must, have to 110

надоеда́ть *V* bother 2501

надо́лго *Adv* for a long time 3450

на́дпись *Nf* inscription 2136

наём *Nm* hire, rent 4862

нажима́ть *V* press, click 2259

наза́д *Adv* back, ago 325

назва́ние *Nn* name 626

назе́мный *A* ground, overground 4579

назнача́ть *V* set, arrange; appoint 1326

назначе́ние *Nn* appointment; purpose, order 1869

называ́ть *V* name 349

называ́ться *V* be called 851

наибо́лее *Adv* most(ly) 605

наибо́льший *A* most 3146

наи́вный *A* naive 3823

наилу́чший *A* best 3786

наименова́ние *Nn* name 4361

найти́сь *V* be found 2059

наказа́ние *Nn* punishment 2302

наконе́ц *Adv* finally 364

нале́во *Adv* to the left 4009

налива́ть *V* pour 2856

нали́чие *Nn* presence, availability 1237

нало́г *Nm* tax 1450

нало́говый *A* tax 2198

налогоплате́льщик *Nm* taxpayer 4719

наме́рение *Nn* intention 2272

намно́го *Adv* much 2227

наноси́ть *V* apply 1808

наоборо́т *Adv* on the contrary 1171

напада́ть *V* attack 2676

нападе́ние *Nn* attack 2739

напеча́тать *V* print; publish, type 3161

написа́ние *Nn* writing; spelling 3873

написа́ть *V* write 254

напи́ток *Nm* drink 2809

наполня́ть *V* fill 2408

напомина́ть *V* remind 1094

направле́ние *Nn* direction 555

направля́ть *V* send; direct 795

направля́ться *V* go, come 1714

напра́во *Adv* to the right 3899

напра́сно *Adv* in vain, for nothing 4051

наприме́р *Adv* for example 202

напро́тив *Adv* opposite; on the contrary 2068

напряже́ние *Nn* voltage; strain 2055

напряжённый *A* intensive, tense 3430

напряму́ю *Adv* directly 4083

напуга́ть *V* scare, frighten 4354

нарисова́ть *V* draw 3057

нарко́тик *Nm* drug 2319

наро́д *Nm* people, nation 237

наро́дный *A* national, public; folk 1095

нару́жный *A* exterior, outside 4512

нару́жу *Adv* out 3585

наруша́ть *V* violate 1696

наруше́ние *Nn* violation 1312

насеко́мое *Nn* insect 4414

населе́ние *Nn* population 592

наси́лие *Nn* violence 2506

наско́лько *Adv* how 975

наслажда́ться *V* enjoy 3367

наслажде́ние *Nn* enjoyment 3402

на́сморк *Nm* head cold, runny nose 4946

насмотре́ться *V* see enough 4932

настава́ть *V* come 3248

наста́ивать *V* insist 2805

насто́лько *Adv* so 1089

настоя́щее *Nn* present 4446

настоя́щий *A* present 322

настрое́ние *Nn* mood 1250

настро́йка *Nf* setting 3280

наступа́ть *V* step on; come; attack, arrive 1006

наступле́ние *Nn* onset, coming; offensive, attack 2113

насчёт *Prep* about, regarding 1896

насчи́тывать *V* count 4878

натура́льный *A* natural 3751

нау́ка *Nf* science 432

научи́ть *V* teach 2403

научи́ться *V* learn 1482

нау́чный *A* scientific 724

находи́ть *V* find 154

находи́ться *V* be 212

национа́льность *Nf* nationality, ethnicity 3626

национа́льный *A* national 653

на́ция *Nf* nation 2167

нача́ло *Nn* beginning 253

нача́льник *Nm* head 751

нача́льный *A* initial 2779

начина́ть *V* begin 106

начина́ться *V* begin 352

начина́ющий *A* amateur 4431

наш *P* our, ours 56

не *Part* not 3

небе́сный *A* heavenly 2823

не́бо *Nn* sky 553

небольшо́й *A* small, little 499

нева́жный *A* unimportant, bad 4316

неве́рный *A* wrong 3634

невероя́тный *A* unbelievable 2915

неве́ста *Nf* bride; fiancée 2833

неве́сть *Adv* nobody knows, God knows 4933

невиди́мый *A* invisible 3138

невозмо́жность *Nf* impossibility 3856

невозмо́жный *A* impossible 1188

невысо́кий *A* low, small 4089

негати́вный *A* negative 2866

негро́мко *Adv* not loud, quietly 4714

неда́вно *Adv* recently 991

недалеко́ *Adv* near 3114

недви́жимость *Nf* real estate, property 3491

неде́ля *Nf* week 358

недово́льный *A* displeased, malcontent 3536

недо́лго *Adv* not long 3930

недоста́ток *Nm* disadvantage; shortage 1509

недоста́точный *A* insufficient, not enough 2696

недостижи́мый *A* unattainable 4894

не́жность *Nf* tenderness 4191

не́жный *A* tender 2404

незави́симо *Adv* regardless 2661

незави́симость *Nf* independence 2909

незави́симый *A* independent 1894

незако́нный *A* illegal 3622

незнако́мец *Nm* stranger 4232

незнако́мый *A* unfamiliar; strange 2632

незначи́тельный *A* minor, slight 3618

неизве́стно *Adv* unknown 2767

неизве́стный *A* unknown 1952

неизме́нный *A* invariable, constant 4020

не́кий *P* a certain, some 890

не́когда *Adv* no time 3721

не́который *P* some 190

некраси́вый *A* not attractive 4689

не́куда *Adv* nowhere 3817

нелегко́ *Adv* with difficulty, hard 4693

нелёгкий *A* difficult 4301

нельзя́ *Adv* impossible 351

нема́ло *Adv* many 2141

нема́лый *A* considerable 3633

неме́дленно *Adv* immediately 1597

неме́дленный *A* immediate 4606

не́мец *Nm* German 1049

неме́цкий *A* German 881

не́мка *Nf* German (female) 4955

немно́го *Adv* little, a bit 508

немно́жко *Adv* little 2938

ненави́деть *V* hate 2264

не́нависть *Nf* hatred 2664

ненадо́лго *Adv* for a (short) while, not for long 4499

ненорма́льный *A* abnormal 4643

нену́жный *A* unnecessary 3638

необходи́мо *Adv* necessary, need 625

необходи́мость *Nf* necessity 858

необходи́мый *A* necessary 441

необыкнове́нный *A* unusual 4264

необы́чный *A* unusual 2376

неоднокра́тно *Adv* repeatedly, several times 3282

неожи́данно *Adv* unexpected(ly) 1446

неожи́данный *A* unexpected 2277

непло́хо *Adv* not bad, okay 2679

неплохо́й *A* not bad, decent 2796

неподалёку *Adv* not far 3802

непонима́ние *Nn* misunderstanding, lack of understanding 4654

непоня́тный *A* incomprehensible 2318

непосре́дственный *A* direct; spontaneous 2523

непра́вда *Nf* lie 4358

непра́вильный *A* wrong; irregular 2842

непреме́нно *Adv* without fail 2689

непреры́вный *A* continuous 3705

непристо́йный *A* obscene 4925

неприя́тно *Adv* unpleasantly 4529

неприя́тность *Nf* trouble 3105

неприя́тный *A* unpleasant 2183

непросто́й *A* difficult 4157

нерв *Nm* nerve 3131

не́рвный *A* nervous 2576

нере́дко *Adv* often 2561

не́сколько *Num* several, a few 133

несмотря́ *Adv* despite 748

несовершенноле́тний *A* minor, juvenile 4635

несомне́нно *Adv* undoubtedly 2550

несправедли́вый *A* unfair 4593

несча́стный *A* unfortunate 1974

несча́стье *Nn* misfortune 3345

нет *Adv* no, not 95

нетерпе́ние *Nn* impatience 4079

неуда́ча *Nf* failure 2952

неуда́чный *A* unsuccessful 4029

неудо́бно *Adv* uncomfortable, uneasy 4558

неуже́ли *Part* really 1551

неуклю́жий *A* clumsy 4926

нефть *Nf* oil 1994

нефтяно́й *A* oil 3382

не́чего *P* nothing 1648

не́что *P* something 1254

ни *Part* no, neither, nor 127

нигде́ *P* nowhere, anywhere (double negatives) 2675

ни́же *Prep* below, lower 3766

ни́жний *A* lower; bottom 1530

низ *Nm* bottom 4668

ни́зкий *A* low 752

ни́зко *Adv* low 4452

ник *Nm* nickname, username 3780

ника́к *P* no way 913

никако́й *P* no, none, any 243

никогда́ *P* never 221

никто́ *P* no one, nobody 176

никуда́ *P* nowhere, anywhere 2392

ниско́лько *P* not at all 4253

нить *Nf* thread 3649

ничего *Adv* nothing 3287

ничто *P* nothing 117

нищий *A, N-* beggar 4468

но *C* but 15

новейший *A* newest, latest 4053

новичок *Nm* newcomer 4012

новогодний *A* New Year('s) 4229

новость *Nf* news 871

новый *A* new 73

нога *Nf* leg; foot 256

ноготь *Nm* nail 3763

нож *Nm* knife 1970

ножка *Nf* leg, foot 3320

ноль *Nm* zero, null 4427

номер *Nm* number, hotel room 530

норма *Nf* norm, standard 1123

нормально *Adv* it is normal 3103

нормальный *A* normal, regular 695

нос *Nm* nose 992

носитель *Nm* carrier; digital media; native speaker 3175

носить *V* carry; wear 483

носок *Nm* sock 3764

ноутбук *Nm* laptop 3691

ночевать *V* stay overnight, spend the night 4073

ночной *A* night 1405

ночь *Nf* night 241

ноябрь *Nm* November 1149

нравиться *V* like 588

нравственный *A* moral 2995

ну *Part* well 100

нужда *Nf* need 2397

нуждаться *V* be in need 1860

нужно *Adv* necessary 197

нужный *A* necessary 233

нулевой *A* zero, no 4605

нуль *Nm* null, zero 3487

ныне *Adv* now, at present 2310

нынешний *A* current 1175

няня *Nf* nanny, nurse 4588

Оо

о *Prep* about 33

оба *Num* both 423

обвинение *Nn* accusation 2691

обвинять *V* accuse 3425

обед *Nm* lunch 1522

обедать *V* have lunch 4372

обезьяна *Nf* monkey 4116

обеспечение *Nn* provision, securing 1178

обеспечивать *V* provide 688

обещание *Nn* promise 3264

обещать *V* promise 1217

обзор *Nm* (over)view 2733

обида *Nf* offence 2884

обидно *Adv* pity, offended 4315

обижаться *V* be offended 2746

обладать *V* own, have 998

облако *Nn* cloud 2145

областной *A* regional 2327

область *Nf* region, area, field 285

облегчение *Nn* relief 3503

обложка *Nf* cover 4337

обман *Nm* deception 3624

обманчивый *A* deceptive, false 4934

обманывать *V* deceive, cheat 2336

обмен *Nm* exchange 1959

обменивать *V* exchange 4729

обнажать *V* uncover 4789

обнаруживать *V* find, discover 686

обнимать *V* hug 2389

обниматься *V* hug 4840

обновление *Nn* update, review 3739

обожать *V* adore 4048

обозначать *V* stand for, mean 2409

оболочка *Nf* cover, shell 4240

оборачиваться *V* turn to; turn out 1910

оборона *Nf* defence 1783

оборот *Nm* turnover; turn; circulation 2443

оборудование *Nn* equipment 1591

обоюдный *A* mutual 4863

обработка *Nf* processing, treatment 2332

обрадоваться *V* rejoice, be happy 3588

образ *Nm* image, way 170

образец *Nm* sample 2006

образование *Nn* education 510

образовательный *A* educational 3024

образовывать *V* form; educate, teach 2313

обратно *Adv* back 1256

обратный *A* reverse, return 1755

обращать *V* pay; render, turn 702

обращаться *V* consult; treat 447

обращение *Nn* appeal, appointment 1466

обретать *V* find 2482

обследование *Nn* examination 3959

обслуживание *Nn* service 2517

обслуживать *V* serve 4234

обстано́вка *Nf* situation 1624

обстоя́тельство *Nn* fact 1076

обсужда́ть *V* discuss 1742

обсужда́ться *V* be discussed 3550

обсужде́ние *Nn* discussion 1614

о́бувь *Nf* footware, shoes 3592

обуча́ть *V* teach, train 3846

обуча́ться *V* learn, be trained 4546

обуче́ние *Nn* training, learning 1087

обходи́ть *V* bypass, walk around 2378

обходи́ться *V* manage; come to 1601

обши́рный *A* extensive 3365

обща́ться *V* communicate 1775

общежи́тие *Nn* hostel 3909

обще́ние *Nn* communication, talking 1235

обще́ственность *Nf* public, community 3177

обще́ственный *A* public 567

о́бщество *Nn* society 320

о́бщий *A* general, common 268

общи́тельный *A* sociable 4737

объедине́ние *Nn* association, joining 2094

объединя́ть *V* unite 1828

объе́кт *Nm* object, subject 618

объём *Nm* volume, size 928

объявле́ние *Nn* advertisement, announcement 2535

объявля́ть *V* announce 1054

объясне́ние *Nn* explanation 1899

объясня́ть *V* explain 445

объясня́ться *V* explain 3418

обыкнове́нный *A* ordinary 2927

обы́чай *Nm* custom 3006

обы́чно *Adv* usually 477

обы́чный *A* usual 595

обя́занность *Nf* duty 1583

обяза́тельно *Adv* obligatory 882

обяза́тельный *A* compulsory 2057

обяза́тельство *Nn* obligation 2574

о́вощ *Nm* vegetable 3943

овца́ *Nf* sheep 4237

огля́дываться *V* look back, look round 2370

о́гненный *A* fiery 4069

огонёк *Nm* flame 3908

ого́нь *Nm* fire, light 715

огоро́д *Nm* allotment 4106

ограниче́ние *Nn* restriction 1843

ограни́ченный *A* restricted 3148

ограни́чивать *V* restrict 4006

огро́мный *A* huge 380

огуре́ц *Nm* cucumber 4447

ода́лживать *V* lend; borrow 4734

одева́ть *V* dress 2131

одева́ться *V* dress 3949

оде́жда *Nf* clothing, clothes 1014

одея́ло *Nn* blanket 3058

оди́н *P* one 45

одина́ково *Adv* equally 3522

одина́ковый *A* same 2080

оди́ннадцать *Num* eleven 3874

одино́кий *A* lonely 2563

одино́чество *Nn* loneliness 2621

одна́жды *Adv* once 824

одна́ко *C* however 175

одновреме́нно *Adv* simultaneously 940

однокла́ссник *Nm* schoolmate 4712

ожида́ние *Nn* expectation, waiting 1687

ожида́ть *V* expect, await 809

о́зеро *Nn* lake 1804

ознако́миться *V* be familiar, know 3855

означа́ть *V* mean 837

ой *I* oh, ouch 2266

оказа́ние *Nn* providing, giving 4228

ока́зывать *V* provide 2009

ока́зываться *V* turn out, end up 156

океа́н *Nm* ocean 2194

окно́ *Nn* window 419

о́коло *Prep* near, by 436

оконча́ние *Nn* ending, termination, expiration 1857

оконча́тельно *Adv* finally 2096

оконча́тельный *A* final 2854

окре́стность *Nf* neighbourhood 4242

о́круг *Nm* constituency, district 1987

окружа́ть *V* surround 2614

окружа́ющий *A* surrounding 2101

октя́брь *Nm* October 989

октя́брьский *A* October 4417

олимпиа́да *Nf* Olympics, Olympiad 4329

олимпи́йский *A* Olympic 4392

он *P* he 8

она́ *P* she 18

они́ *P* they 16

оно́ *P* it 245

ООН *Nf* UN, United Nations 3558

опа́сность *Nf* danger 1374

опа́сный *A* dangerous 1302

о́пера *Nf* opera 3894

опера́тор *Nm* operator 2484

операцио́нный *A* operating 3710

опера́ция *Nf* operation 710

опиcáние *Nn* description 1394

опиcывать *V* describe 914

оплáта *Nf* payment 2234

оплáчивать *V* pay 2840

опóра *Nf* support 3713

оппозиция *Nf* opposition 2937

опрáвдывать *V* acquit; justify 2619

определéние *Nn* definition; determination 1130

определённый *A* definite, specific 552

определять *V* define, determine 491

определяться *V* be determined 2164

опрóс *Nm* survey, poll 2906

оптимáльный *A* optimal 3538

оптимизм *Nm* optimism 4535

опубликовáть *V* publish 1414

опускáть *V* lower, omit, sodomize 1761

опускáться *V* lower 2255

óпыт *Nm* experience, experiment 430

óпытный *A* experienced 2417

опять *Adv* again 355

орáнжевый *A* orange 3868

орáть *V* bawl 2943

оргáн *Nm* organ; authorities 596

организацио́нный *A* organizational 3861

организáция *Nf* organization 306

органи́зм *Nm* organism 1273

организóвывать *V* organize, arrange 1197

óрден *Nm* order 2713

орéх *Nm* nut 4515

орёл *Nm* eagle 3805

оригинáл *Nm* original 3646

оригинáльный *A* original 2882

ориентáция *Nf* orientation 3600

орýдие *Nn* tool, instrument, gun, cannon 2580

орýжие *Nn* weapon, firearm 793

осáдки *N-* precipitation 4973

освещáть *V* illuminate 2579

освещéние *Nn* illumination 3714

освобождáть *V* free, set free 2033

освобождéние *Nn* release 2807

осéнний *A* autumn 3828

óсень *Nf* autumn 1726

осмáтривать *V* inspect 2626

осмóтр *Nm* inspection, check 4046

оснóва *Nf* base 542

основáние *Nn* foundation, basis, setting up 926

основнóе *Nn* the main thing, the most important thing 1675

основнóй *A* main, fundamental 312

оснóвываться *V* base 1625

осóбенно *Adv* especially, particularly 372

осóбенность *Nf* feature 1071

осóбенный *A* special 2478

осóбо *Adv* particularly 1971

осóбый *A* special 556

осознáвать *V* realize 1672

оставáться *V* remain 124

оставлять *V* leave 333

остальнóе *Nn* rest 2095

остальнóй *P* other, remaining 563

останáвливать *V* stop 1421

останáвливаться *V* stop 579

останóвка *Nf* stop 2441

остáток *Nm* rest; remains 2188

осторóжно *Adv* carefully 1890

осторóжный *A* cautious 4044

óстров *Nm* island 1200

óстрый *A* sharp; severe; spicy 1705

осуществлéние *Nn* implementation 2565

осуществлять *V* implement, carry out 2170

осуществляться *V* be implemented 2314

ось *Nf* axis 4002

от *Prep* from, against 29

отбóр *Nm* selection 3384

отвéдать *V* taste, partake of 4927

отвернýться *V* turn one's back on 3663

отвéрстие *Nn* hole 3683

отвéсный *A* sheer, vertical 4903

отвéт *Nm* answer, reply 224

отвéтственность *Nf* responsibility 1124

отвéтственный *A* responsible 2629

отвечáть *V* reply, answer 139

отводить *V* bring, take 2284

отвозить *V* take 3965

отврати́тельный *A* disgusting 4058

отвращéние *Nn* disgust, repulsion 4221

отдавáть *V* return, give 577

отдéл *Nm* department 1110

отделéние *Nn* department; separation 1513

отдéльный *A* separate 628

óтдых *Nm* holiday, rest 1926

отдыхáть *V* rest 2547

отдыхáющий *Nm* holidaymaker 4804

отéль *Nm* hotel 2196

отéц *Nm* father 255

отéчественный *A* domestic, patriotic 1584

óтзыв *Nm* reference, feedback 3130

откáз *Nm* refusal 1968

отка́зывать *V* refuse 2544

отка́зываться *V* refuse 672

отклоне́ние *Nn* deviation 4095

открове́нный *A* frank 3383

открыва́ть *V* open 316

открыва́ться *V* open 1220

откры́тие *Nn* opening, discovery 1426

откры́тка *Nf* postcard 4460

откры́тый *A* open 872

отку́да *P* where (from) 805

отлича́ть *V* distinguish 4087

отлича́ться *V* differ 1036

отли́чие *Nn* difference; distinction 1240

отли́чно *Adv* excellent(ly), very well 2282

отли́чный *A* excellent 1780

отме́тка *Nf* mark 4436

отмеча́ть *V* mark, celebrate 539

относи́тельный *A* relative 3848

относи́ть *V* carry away 2172

относи́ться *V* relate, be part of 489

отноше́ние *Nn* relationship 164

отню́дь *Adv* nowhere near, by no means 2575

отопле́ние *Nn* heating 4704

отправи́тель *Nm* sender 4759

отправля́ть *V* send 842

отправля́ться *V* depart 862

о́тпуск *Nm* holiday 2375

отпуска́ть *V* let out 1627

отража́ть *V* reflect; fend off 1973

отража́ться *V* be reflected 3947

отраже́ние *Nn* reflection; fending off 2819

о́трасль *Nf* branch 1956

отреза́ть *V* cut 3311

отрица́тельный *A* negative 2751

отрица́ть *V* deny 3461

отрыва́ть *V* tear off; disturb, distract 2934

отры́вок *Nm* fragment, passage 4293

отря́д *Nm* group, squad 1531

отстава́ть *V* be behind 2899

отступа́ть *V* stand aside, step back, retreat 2638

отступле́ние *Nn* retreat; digression 4248

отсу́тствие *Nn* absence 852

отсу́тствовать *V* be absent 2207

отсю́да *P* from here 1317

отте́нок *Nm* shade 3432

отту́да *P* from there 1710

отходи́ть *V* depart; move away 1719

отхо́ды *N-* waste, refuse 4688

отча́сти *Adv* partly 3209

отча́яние *Nn* despair 2920

отчёт *Nm* report 1933

отчётливо *Adv* distinctly 3826

отъе́зд *Nm* departure 3438

о́фис *Nm* office 2165

офице́р *Nm* officer 1103

официа́льный *A* official 1286

официа́нт *Nm* waiter 4306

оформле́ние *Nn* execution; design; processing 3125

охва́тывать *V* cover; affect 2160

охо́та *Nf* hunting 2600

охра́на *Nf* protection; security 1738

охра́нник *Nm* guard 3301

охраня́ть *V* guard 3362

оце́нивать *V* evaluate, assess 1019

оце́нка *Nf* evaluation, mark 714

очеви́дный *A* evident, obvious 1988

о́чень *Adv* very 63

очередно́й *A* next, another 964

о́чередь *Nf* queue 533

о́черк *Nm* feature story 4115

очки́ *N-* glasses 2477

ошиба́ться *V* make a mistake 3016

оши́бка *Nf* mistake 754

ощуща́ть *V* feel, sense 2124

ощуще́ние *Nn* feeling, sensation 896

Пп

павли́н *Nm* peacock 4794

па́дать *V* fall 1209

паде́ж *Nm* case 4938

паде́ние *Nn* fall 2386

паке́т *Nm* package; plastic bag 1728

пала́та *Nf* ward; chamber 2022

пала́тка *Nf* tent; stall 2635

па́лец *Nm* finger 593

па́лка *Nf* stick 3255

пальто́ *Nn* coat 3540

па́мятник *Nm* monument 2157

па́мять *Nf* memory 619

пане́ль *Nf* panel 3723

па́ника *Nf* panic 4035

па́па *Nm* dad 798

па́пка *Nf* folder, file 3470

пар *Nm* steam 3795

па́ра *Nf* couple, pair 518

паралле́льный *A* parallel 3922

пара́метр *Nm* parameter 2237

па́рень *Nm* guy, boy 680

парк *Nm* park 1875

парковáть *V* park 4778

парлáмент *Nm* parliament 2714

парлáментский *A* parliamentary 4017

парóль *Nm* password 3918

пáрта *Nf* school desk 4700

партúйный *A* party 2572

пáртия *Nf* party, consignment 509

партнёр *Nm* partner 1402

пáспорт *Nm* passport 2524

пассажúр *Nm* passenger 2329

Пáсха *Nf* Easter 4600

патриóт *Nm* patriot 4505

патриотúзм *Nm* patriotism 4644

патрóн *Nm* cartridge 3709

пáуза *Nf* pause 2021

пáхнуть *V* smell 2456

пациéнт *Nm* patient 1936

пáчка *Nf* packet; wad 3274

певéц *Nm* singer 4321

певúца *Nf* singer (female) 4658

педагóг *Nm* teacher 3391

педагогúческий *A* pedagogical 3506

пейзáж *Nm* landscape 3718

пéна *Nf* foam 4444

пéние *Nn* singing 4180

пенсионéр *Nm* pensioner 3829

пенсиóнный *A* pension 4109

пéнсия *Nf* pension 2742

пéрвый *Num* first 69

перебегáть *V* run over; run across 4935

перебрóска *Nf* transfer, deployment 4824

перевестú *V* translate; transfer, put 1859

перевóд *Nm* translation; transfer 1154

перевóдчик *Nm* translator 3261

перевóзка *Nf* transportation 4027

переворóт *Nm* revolution, coup d'état 4266

переговóрный *A* communication device, intercom 4852

переговóры *N-* talks 1841

пéред *Prep* before, in front 167

передавáть *V* give, pass; tell 646

передáча *Nf* transmission, programme 1128

передвигáть *V* move 4951

перéдний *A* front 2834

передовóй *A* innovative, advanced 3639

переéзд *Nm* move; railway crossing 4484

переживáть *V* experience; worry 2298

перекрёсток *Nm* crossroads 4476

перекры́тие *Nn* ceiling, overlap 4805

перекýсывать *V* have a snack, eat 4732

перелóм *Nm* bone fracture; turning point 4626

перемéна *Nf* change; break 2285

перенóс *Nm* hyphen, transfer 4495

переносúть *V* bear; move; tolerate; undergo 1864

перепúска *Nf* correspondence 3877

переры́в *Nm* break 3159

пересказывать *V* retell 4743

переспрáшивать *V* ask again 4992

переставáть *V* stop 894

переступáть *V* go over, overstep 4871

переýлок *Nm* alley 3950

перехóд *Nm* crossing; transition 1342

переходúть *V* pass, cross, change 665

пéрец *Nm* pepper 4683

перúод *Nm* period 516

периодúчески *Adv* periodically, from time 3769

пéрсик *Nm* peach 4773

персонáж *Nm* character 2079

персонáл *Nm* staff 2471

персонáльный *A* personal 3573

перспектúва *Nf* perspective 1512

перчáтка *Nf* glove 4154

пес *Nm* dog 3218

пéсня *Nf* song 674

песóк *Nm* sand 2363

Петербýрг *Nm* St Petersburg 2182

петь *V* sing 1134

печáль *Nf* sadness 3720

печáльный *A* sad 2762

печáтать *V* print, type, publish 3717

печáтный *A* print 3702

печáть *Nf* stamp; print, printing 1547

пéчка *Nf* stove 4294

печь *Nf* oven 3914

пешехóд *Nm* pedestrian 4692

пéшка *Nf* pawn 4825

пешкóм *Adv* on foot 3571

пещéра *Nf* cave 3071

пúво *Nn* beer 1226

пиджáк *Nm* jacket, coat 3722

пижáма *Nf* pyjamas 4790

пúксель *Nm* pixel 4967

пилóт *Nm* pilot 3132

пирóг *Nm* pie 4317

писáтель *Nm* writer 899

писáть *V* write 204

писáться *V* write 4138

пистолет *Nm* pistol 2418

письменный *A* written 2812

письмо *Nn* letter 319

питание *Nn* food, power 1766

пить *V* drink 639

пища *Nf* food 1829

ПК *Nm* PC 4655

плавание *Nn* swimming 4310

плавать *V* swim; sail 1813

плакат *Nm* poster 4054

плакать *V* cry 1367

план *Nm* plan 421

планета *Nf* planet 1255

планирование *Nn* planning 3275

планировать *V* plan 2289

планироваться *V* be planned 3516

пластиковый *A* plastic 4151

пластырь *Nm* patch, plaster 4995

плата *Nf* fee, charge 1733

платёж *Nm* payment 3515

платить *V* pay 1037

платный *A* paid, pay 4347

платок *Nm* shawl 3294

платформа *Nf* platform 2878

платье *Nn* dress 1922

плащ *Nm* raincoat 3494

плеер *Nm* portable disk or tape player, walkman 4613

племянник *Nm* nephew 4547

плен *Nm* captivity 3324

пленный *Nm* captive, prisoner 4453

плесень *Nf* mould 4904

плеть *Nf* whip, vine 4928

плечо *Nn* shoulder 631

плёнка *Nf* film 3690

плита *Nf* stove, plate 3256

плод *Nm* fruit 2451

плоский *A* flat 3640

плоскость *Nf* plane 3960

плотно *Adv* tightly 3810

плотный *A* thick 3352

плохо *Adv* bad(ly) 887

плохой *A* bad 428

площадка *Nf* area; site 1908

площадь *Nf* square; area 1082

плыть *V* swim; sail 4665

плюс *C* plus, advantage 2625

пляж *Nm* beach 3109

по *Prep* along 13

победа *Nf* victory 953

победитель *Nm* winner 2651

побежать *V* run 2476

побеждать *V* win 1635

побережье *Nn* coast 3483

поблагодарить *V* thank 4060

повар *Nm* chef, cook 4440

поведение *Nn* behaviour 787

повезти *V* take; be lucky 2018

поверх *Prep* over 4383

поверхность *Nf* surface 1561

повесить *V* hang 3198

повести *V* lead, take 2756

повесть *Nf* story, novel 2831

повинность *Nf* (military, feudal) duty 4864

повлиять *V* influence, affect 3359

повод *Nm* cause, reason 584

поворачивать *V* turn 1904

поворачиваться *V* turn 1403

поворот *Nm* turn, bend 2297

повреждение *Nn* damage 3772

повседневность *Nf* everyday life 4813

повседневный *A* everyday 3599

повторение *Nn* repetition 4067

повторять *V* repeat 1586

повторяться *V* repeat 2496

повышать *V* raise, increase 2181

повышаться *V* rise 4670

повышение *Nn* rise; promotion 1542

повышенный *A* increased 3205

поговорить *V* talk 1360

погода *Nf* weather 1842

под *Prep* under 92

подавать *V* submit 1016

подарок *Nm* gift 1456

подбирать *V* pick up; match together 2260

подбородок *Nm* chin, beard 3893

подвал *Nm* basement, cellar 3237

подвергаться *V* undergo, be subjected 3601

подвиг *Nm* feat 3126

подвижность *Nf* mobility 4809

подводить *V* bring closer; let down 2438

подводный *A* underwater 3272

подготавливать *V* prepare 1640

подготовка *Nf* preparation 977

подданный *Nm* national, subject 4698

поддерживать *V* maintain; support 1090

поддержка *Nf* support 760

подземный *A* underground 3778

подключе́ние *Nn* connection 4133

подлежа́ть *V* be subject 3321

поднима́ть *V* lift, raise 529

поднима́ться *V* raise, ascend; walk up 566

подно́с *Nm* tray 4672

подо́бный *A* similar 264

подожда́ть *V* wait 2063

подозрева́ть *V* suspect 2527

подозре́ние *Nn* suspicion 3221

подоко́нник *Nm* windowsill 4448

подпи́сывать *V* sign 1691

по́дпись *Nf* signature 2811

подразделе́ние *Nn* unit 2436

подро́бность *Nf* detail 2100

подро́бный *A* detailed 1168

подро́сток *Nm* teenager 2420

подру́га *Nf* friend (female) 1396

по-друго́му *P* in a different way, differently 3340

подру́жка *Nf* friend (female) 3866

подря́д *Adv* in a row 3214

подска́зывать *V* prompt, tell 2291

подтвержда́ть *V* confirm 1271

подтвержде́ние *Nn* confirmation 3088

поду́мать *V* think 417

поду́шка *Nf* pillow 3078

подхо́д *Nm* approach 1083

подходи́ть *V* come, approach 354

подходя́щий *A* appropriate 2841

подчёркивать *V* underline; emphasize 1628

подъе́зд *Nm* entrance 2582

подъезжа́ть *V* drive up 3225

подъём *Nm* ascent, rise 2857

по́езд *Nm* train 1242

пое́здка *Nf* trip 1706

пое́сть *V* eat 3838

пое́хать *V* go 846

пожале́ть *V* feel sorry 3441

пожа́ловаться *V* complain 3890

пожа́луй *Adv* I think, probably 1463

пожа́луйста *Part* please 845

пожа́р *Nm* fire 2853

пожа́рный *A, N-* fire-fighter 4407

пожела́ние *Nn* wish 3831

пожило́й *A* elderly 2870

пожима́ть *V* press, shake (hands) 2357

по́за *Nf* pose 2989

позади́ *Adv* behind 3966

позапро́шлый *A* before last 4962

позволя́ть *V* allow, enable 523

позвони́ть *V* ring, call 1102

по́здний *A* late 675

по́здно *Adv* late 1339

поздравле́ние *Nn* congratulation, greetings 4477

поздравля́ть *V* congratulate 2353

по́зже *Adv* later 4991

позити́вный *A* positive 3419

пози́ция *Nf* position 634

по́иск *Nm* search 800

пойма́ть *V* catch 2061

пойти́ *V* go, start going 189

пока́ *C* while 211

показа́ние *Nn* indication, evidence 3196

показа́тель *Nm* indicator, figure 1610

пока́зывать *V* show 230

пока́зываться *V* appear 839

покида́ть *V* leave 1282

поко́й *Nm* peace 1892

поколе́ние *Nn* generation 1259

поко́нчить *V* stop, put a stop to 3692

покрыва́ть *V* cover 1837

покупа́тель *Nm* shopper 1717

покупа́ть *V* buy 1219

поку́пка *Nf* shopping; purchase 1834

пол *Nm* floor; sex 564

полага́ть *V* suppose, believe 1296

полго́да *N-* half a year 3674

по́лдень *Nm* noon 3471

по́ле *Nn* field 560

поле́зность *Nf* usefulness, utility 4707

поле́зный *A* useful; good 1165

полёт *Nm* flight 1388

поликли́ника *Nf* outpatient clinic 4556

политехни́ческий *A* polytechnic 4826

поли́тик *Nm* politician 2557

поли́тика *Nf* politics 534

полити́ческий *A* political 412

полице́йский *A, N-* policeman 3189

поли́ция *Nf* police 1981

по́лка *Nf* shelf 2525

полко́вник *Nm* colonel 1795

полно́ *Adv* full 3566

по́лностью *Adv* completely 700

полнота́ *Nf* fullness, corpulence 4131

по́лночь *Nf* midnight 3900

по́лный *A* full, total 242

полови́на *Nf* half 709

полово́й *A* sexual, genital; floor 2027

положе́ние *Nn* position, situation 405

положи́тельный *A* positive 1874

положи́ть *V* put 878

полоса́ *Nf* stripe, lane 2144

полоте́нце *Nn* towel 4172

полтора́ *Num* one and a half 1882

полуо́стров *Nm* peninsula 4685

получа́ть *V* receive 118

получа́ться *V* come out, be 395

получе́ние *Nn* receipt, getting 1300

полчаса́ *Nm* half an hour 2542

по́льза *Nf* benefit 1289

по́льзователь *Nm* user 1119

по́льзоваться *V* use 761

по́льский *A* Polish 2822

полюби́ть *V* fall in love 3390

по́люс *Nm* pole 4413

поля́к *Nm* Pole 4068

поменя́ть *V* change 3672

помеща́ть *V* put, place 2577

помеще́ние *Nn* room 1301

помидо́р *Nm* tomato 4663

поми́мо *Prep* besides 1870

по́мнить *V* remember, recall 348

помога́ть *V* help 222

помо́щник *Nm* assistant 2340

по́мощь *Nf* help 260

пона́добиться *V* need 2433

понеде́льник *Nm* Monday 2086

понима́ние *Nn* understanding 1073

понима́ть *V* understand 85

поно́с *Nm* diarrhoea 4939

понра́виться *V* like 1150

поны́не *Adv* to this day, still 4814

поня́тие *Nn* idea, concept 784

поня́тно *Adv* clear(ly) 1490

поня́тный *A* clear 1203

попада́ть *V* hit; get 415

попада́ться *V* occur, come about; get caught 2102

попере́к *Prep* across 4725

попола́м *Adv* fifty-fifty, in half 4549

попра́вка *Nf* correction 3048

по-пре́жнему *Adv* still 1807

популя́рность *Nf* popularity 3410

популя́рный *A* popular 1979

попы́тка *Nf* attempt 822

пора́ *Nf* it's time 317

поража́ть *V* strike, hit; cause 1815

пораже́ние *Nn* defeat; impairment; lesion 2435

по-ра́зному *Adv* differently 3934

поро́г *Nm* threshold, doorstep 2091

поро́да *Nf* breed 3309

порожда́ть *V* produce 2647

порт *Nm* port 2447

порта́л *Nm* portal 3832

по́ртить *V* spoil 4387

по́ртиться *V* deteriorate, be spoiled 4827

портре́т *Nm* portrait 2089

поруче́ние *Nn* order, assignment 4093

по́рция *Nf* portion 4038

поры́в *Nm* fit 3738

поря́док *Nm* order 406

поря́дочность *Nf* decency 4895

посади́ть *V* plant; seat 2503

поса́дка *Nf* planting, landing 3200

посвяща́ть *V* dedicate, devote; let into 1221

посереди́не *Adv* in the middle 4727

посети́тель *Nm* visitor 2204

посеща́ть *V* visit; attend 1559

посеще́ние *Nn* visit, attendance 3252

посёлок *Nm* village 2539

поско́льку *C* because 409

посла́ние *Nn* message 3107

по́сле *Prep* after, afterwards 84

после́дний *A* last 140

после́довательность *Nf* sequence, order 3188

после́довательный *A* sequential, consistent 4174

после́дствие *Nn* consequence 1489

после́дующий *A* subsequent 1982

посло́вица *Nf* saying 4695

посмотре́ть *V* watch, look 314

посо́бие *Nn* benefit, aid; textbook 3096

посо́л *Nm* ambassador 2984

посо́льство *Nn* embassy 3266

пост *Nm* post, station; fast; (blog) post, duty 1335

поста́вить *V* put 448

поста́вка *Nf* delivery, supply 3050

поставщи́к *Nm* supplier 3510

постано́вка *Nf* production; statement, formulation 3229

постановле́ние *Nn* decree, act 2356

посте́ль *Nf* bed 1676

постепе́нно *Adv* gradually 1251

посторо́нний *A* strange; outside 3377

постоя́нно *Adv* constantly 735

постоя́нный *A* constant 959

пострада́ть *V* suffer, to be injured 3039

постро́ение *Nn* building, creating 2599

постро́йка *Nf* building 3677

поступа́ть V enter, enrol; behave 711
поступле́ние Nn receipt; enrolment 3435
посту́пок Nm deed 2156
постуча́ть V knock 4449
посу́да Nf dishes 3451
посыла́ть V send 827
посы́лка Nf parcel 4469
пот Nm sweat 3449
поте́ря Nf loss 1329
потеря́ть V lose 786
поте́ть V sweat 4945
пото́к Nm stream 1248
потоло́к Nm ceiling 2361
пото́м P after, afterwards 115
пото́мок Nm descendant 3700
потреби́тель Nm consumer 1662
потреби́тельский A consumer 4032
потребле́ние Nn consumption 2804
потре́бность Nf need 1368
потре́боваться V be required, need 2816
потяну́ться V stretch 3864
поутру́ Adv in the morning 4810
похо́д Nm hike 2148
похо́же Adv it seems that, it looks like 1497
похо́жий A similar 599
по́хороны N- funeral 4140
поцелова́ть V kiss 3064
поцелу́й Nm kiss 3426
по́чва Nf soil 2606
почему́ P why 172
почему́-то P for some reason, somehow 1478
по́черк Nm handwriting 4623
почита́ть V read; respect, worship 2706
по́чта Nf post office; post 2019
почти́ Adv almost 203
почто́вый A postal 2901
поэ́зия Nf poetry 2330
поэ́ма Nf poem 3884
поэ́т Nm poet 1100
поэти́ческий A poetic 3526
поэ́тому P therefore, that's why 171
появле́ние Nn appearance 1354
появля́ться V appear 225
по́яс Nm belt; zone 2773
поясня́ть V clarify, explain 2631
пра́вда Adv truth 461
пра́вило Nn rule 375
пра́вильно Adv correct(ly) 1001
пра́вильность Nf accuracy 4544

пра́вильный A correct 937
прави́тельственный A government(al) 3527
прави́тельство Nn government 465
пра́во Nn right, rights, law 213
правово́й A legal 2195
правосла́вный A Orthodox 1916
пра́вый A, N- right 507
пра́здник Nm holiday, festival 969
пра́здничный A festive 3614
пра́зднование Nn celebration 4666
пра́здновать V celebrate 4568
пра́ктика Nf practice 949
практи́чески Adv practically 670
практи́ческий A practical 1924
пребыва́ние Nn residence 2844
превосходи́ть V exceed 4181
превраща́ть V turn into, convert 2050
превраща́ться V turn into 1070
превраще́ние Nn transformation 4217
превыша́ть V exceed 2694
предвари́тельный A preliminary, advance 2829
преде́л Nm limit, bound 944
предлага́ть V offer, propose 296
предлага́ться V be offered 3467
предло́г Nm excuse; preposition 4391
предложе́ние Nn offer, sentence 685
предме́т Nm item, subject 629
предназна́ченный V design, designate, intend 2381
пре́док Nm ancestor 2959
предоставля́ть V provide, give 1152
предохрани́тель Nm fuse 4828
предполага́ть V assume 1383
предполага́ться V be supposed 3123
предположе́ние Nn assumption 2942
предпочита́ть V prefer 2070
предпринима́тель Nm entrepreneur 2349
предпринима́ть V undertake, take 2290
предприя́тие Nn enterprise 557
председа́тель Nm chairman 1194
представи́тель Nm representative 649
представи́тельство Nn representative, office 4125
представле́ние Nn performance; idea 874
представля́ть V present; imagine 413
представля́ться V introduce; arise 1934
предстоя́ть V be in store, be ahead 1930
предстоя́щий A forthcoming 3650
предупрежда́ть V warn 1749
предупрежде́ние Nn warning; prevention 3553
предусма́тривать V foresee 1681

приорите́т *Nm* priority 3589

приро́да *Nf* nature, natural environment 611

приро́дный *A* natural 2142

прислу́шиваться *V* listen 3697

присни́ться *V* have a dream (nightmare) 4503

при́ступ *Nm* attack 3704

приступа́ть *V* set to, proceed 2468

прису́тствие *Nn* presence 1846

прису́тствовать *V* present 1443

присыла́ть *V* send 1419

приходи́ть *V* come 135

приходи́ться *V* have to 194

прихо́жая *Nf* hallway 4513

прича́стие *Nn* participle; communion 4960

причём *C* moreover, on top of that, and also 624

причёска *Nf* hairstyle, haircut 4567

причи́на *Nf* cause 341

прия́тель *Nm* friend 2249

прия́тно *Adv* nice 2129

прия́тный *A* pleasant 1201

про *Prep* about 267

про́бка *Nf* cork; traffic jam 4202

пробле́ма *Nf* problem 160

про́бовать *V* try 712

прова́йдер *Nm* provider 4640

проведе́ние *Nn* holding 1172

прове́рка *Nf* examination 1784

проверя́ть *V* check 904

про́вод *Nm* wire, line 3631

проводи́ть *V* lead; spend 627

проводи́ться *V* be conducted 1748

проводни́к *Nm* conductor 4186

провожа́ть *V* accompany 3923

прогла́тывать *V* swallow 4389

прогно́з *Nm* forecast 2873

проговори́ть *V* utter; spend time talking 3170

програ́мма *Nf* programme 252

программи́рование *Nn* programming 3833

программи́ровать *V* program 4949

программи́ст *Nm* programmer 3299

програ́ммный *A* software 2193

прогре́сс *Nm* progress 2768

прогу́лка *Nf* walk 3018

продава́ть *V* sell 791

продава́ться *V* be on sale 3257

продаве́ц *Nm* retailer; shop assistant 2049

продавщи́ца *Nf* shop assistant (female) 4709

прода́жа *Nf* sale 1020

продемонстри́ровать *V* demonstrate, show 3398

продлева́ть *V* prolong 4563

продолжа́ть *V* continue, carry on 407

продолжа́ться *V* continue 1546

продолже́ние *Nn* continuation 1991

продолжи́тельность *Nf* duration 3942

проду́кт *Nm* product 641

проду́кция *Nf* production, goods 1246

прое́зд *Nm* entry, passage; travel 3747

прое́кт *Nm* project, draft 342

проекти́рование *Nn* design, designing 4188

прое́хать *V* drive, get to 3366

прожива́ние *Nn* residence 3952

прожива́ть *V* reside 1243

про́за *Nf* prose 3049

прозра́чный *A* transparent 2802

прои́грывать *V* lose, play 2504

произведе́ние *Nn* production, creative work 1025

производи́тель *Nm* producer, manufacturer 1849

производи́тельность *Nf* productivity 3283

производи́ть *V* produce 1525

производи́ться *V* be produced, be manufactured 3094

произво́дственный *A* production 2624

произво́дство *Nn* manufacture, production 540

произноси́ть *V* pronounce, say 893

происходи́ть *V* take place, originate 347

происхожде́ние *Nn* origin 2246

происше́ствие *Nn* incident 3315

промежу́ток *Nm* interval 4251

промолча́ть *V* remain silent 4511

промы́шленность *Nf* industry 1954

промы́шленный *A* industrial 2419

проника́ть *V* penetrate, infiltrate 2348

пропага́нда *Nf* propaganda 3371

пропада́ть *V* disappear, be lost 1538

пропи́сывать *V* prescribe 4215

про́пуск *Nm* pass, permit; absence 4554

пропуска́ть *V* leave out; let pass, let through 1915

прорабо́тать *V* work; work out 4423

проси́ть *V* ask 438

просмо́тр *Nm* viewing 3043

проспе́кт *Nm* avenue 3456

про́сто *Part* simply, just 105

просто́й *A* simple 332

простота́ *Nf* simplicity 4007

простра́нство *Nn* space 781

просту́да *Nf* cold 4739

простуди́ться *V* catch cold 4958

простыня́ *Nf* bed sheet 4360

просыпа́ться *V* wake up 1319

про́сьба *Nf* request, ask 1526

проте́ст *Nm* protest 3191

про́тив *Prep* against 374

проти́вник *Nm* enemy 900

проти́вный *A* nasty 2930

противополо́жный *A* opposite 2092

противоре́чие *Nn* contradiction 2573

протоко́л *Nm* protocol, report 2530

протя́гивать *V* give, stretch 1484

протяже́ние *Nn* course, extent 2278

профессиона́л *Nm* professional 2894

профессионали́зм *Nm* professionalism 4682

профессиона́льный *A* professional 1063

профе́ссия *Nf* profession 2010

профе́ссор *Nm* professor 1147

про́филь *Nm* profile 2849

прохла́дный *A* cool 4491

прохо́д *Nm* passage 3271

проходи́ть *V* pass 163

прохо́жий *A, N-* passer-by 3964

процеду́ра *Nf* procedure, treatment 1686

проце́нт *Nm* percent, percentage 854

проце́сс *Nm* process 273

проце́ссор *Nm* processor 2863

проче́сть *V* read 2379

про́чий *P* other 1206

прочита́ть *V* read 1202

про́чный *A* firm 3906

проше́дший *A* past 3583

про́шлое *Nn* past 1218

про́шлый *A* last 758

проща́ние *Nn* farewell 4464

проща́ть *V* forgive 930

проща́ться *V* say goodbye 4254

проще́ние *Nn* forgiveness 3423

проявле́ние *Nn* show, manifestation 2166

проявля́ть *V* show 2602

проявля́ться *V* appear, be manifested 2052

пры́гать *V* jump 3005

прыжо́к *Nm* jump 3756

пря́мо *Adv* straight 931

прямо́й *A* straight, direct 853

пря́тать *V* hide 2031

пря́таться *V* hide 3403

пси́хика *Nf* mind 3804

психи́ческий *A* psychic, mental 2998

психо́лог *Nm* psychologist 2673

психологи́ческий *A* psychological, mental 1880

психоло́гия *Nf* psychology 2333

пти́ца *Nf* bird 1266

пу́блика *Nf* crowd, public 2251

публика́ция *Nf* publication, journal article 1739

публикова́ть *V* publish 3941

пуга́ть *V* scare 2922

пу́говица *Nf* button 4530

пульт *Nm* control panel, remote control 4408

пу́ля *Nf* bullet 2596

пункт *Nm* paragraph 917

пуска́ть *V* let 1565

пусто́й *A* empty 1057

пустота́ *Nf* emptiness, space 3020

пусты́ня *Nf* desert 2881

пусть *Part* let 571

путеше́ственник *Nm* traveller 4378

путеше́ствие *Nn* travel 1907

путеше́ствовать *V* travel 4175

путь *Nm* way 216

пыль *Nf* dust 2380

пыта́ться *V* try, attempt 311

пыхте́ть *V* puff, pant 4879

пье́са *Nf* play 2758

пья́ный *A, N-* drunk 2208

пятёрка *Nf* figure of five, group of five, grade five (= E), five roubles 4611

пятидеся́тый *Num* fiftieth 4772

пя́тка *Nf* heel 4638

пятна́дцатый *Num* fifteenth 4952

пятна́дцать *Num* fifteen 2226

пя́тница *Nf* Friday 2047

пятно́ *Nn* spot, mark 2589

пя́тый *Num* fifth 1798

пять *Num* five 392

пятьдеся́т *Num* fifty 1989

пятьсо́т *Num* five hundred 4366

Рр

рабо́та *Nf* work, job 79

рабо́тать *V* work 138

рабо́тник *Nm* worker, employee 1131

работода́тель *Nm* employer 3853

рабо́чий *A, N-* worker 736

ра́венство *Nn* equality 4111

равнове́сие *Nn* balance 3262

ра́вный *A* equal 357

рад *A* happy, glad 1470

рада́р *Nm* radar 4897

ра́ди *Prep* for, for the sake of 1048

ра́дио *Nn* radio 1548

радиоприёмник *Nm* radio 4853

радиоста́нция *Nf* radio station 3576

ра́довать *V* cheer up 3793

ра́доваться *V* be glad, rejoice 2232

ра́достный *A* happy 3134

ра́дость *Nf* gladness, joy 918

ра́дуга *Nf* rainbow 4705

раз *Nm* time 77

разбива́ть *V* break 2109

разбира́ть *V* dismantle; sort out; analyse; treat 2566

разбира́ться *V* know; be dissembled 1238

разбуди́ть *V* wake 3551

ра́зве *Part* really 777

разве́дка *Nf* reconnaissance, surveillance 2616

развива́ть *V* develop 2481

развива́ться *V* develop 1644

разви́тие *Nn* development 251

развито́й *A* developed 4639

ра́звитый *A* developed 3151

развлече́ние *Nn* entertainment 3447

разво́д *Nm* divorce 3544

разводи́ться *V* get divorced 4405

развя́зывать *V* untie 4681

разгова́ривать *V* talk 1358

разгово́р *Nm* talk, conversation 501

раздава́ть *V* distribute, hand out 4541

раздава́ться *V* sound, be heard; be distributed 1750

разде́л *Nm* division; branch 1325

разделе́ние *Nn* division 3379

разделя́ть *V* divide; share 1587

раздража́ть *V* irritate, annoy 3575

раздраже́ние *Nn* irritation 3863

различа́ть *V* distinguish, tell apart 4076

различа́ться *V* differ 4569

разли́чие *Nn* difference 2044

разли́чный *A* different 454

разме́нивать *V* change (money) 4989

разме́р *Nm* size 638

размеще́ние *Nn* placement, deployment 3442

размышле́ние *Nn* thought 2996

размышля́ть *V* reflect, think 3226

ра́зница *Nf* difference 1439

разнови́дность *Nf* variety, form 4252

разнообра́зие *Nn* diversity 3678

разнообра́зный *A* various 2604

разноцве́тный *A* multi-coloured 4418

ра́зный *A* different, all kinds of 265

разоблачи́ть *V* expose, reveal 4905

разочарова́ние *Nn* disappointment 3901

разраба́тывать *V* develop, work out 1338

разрабо́тка *Nf* development 1141

разрабо́тчик *Nm* developer 2749

разреша́ть *V* allow; solve 1361

разреша́ться *V* be allowed; be solved 4428

разреше́ние *Nn* permission; resolution 1519

разруша́ть *V* destroy 1983

разруше́ние *Nn* destruction 3247

разры́в *Nm* gap 3019

разря́д *Nm* category; discharge 3789

ра́зум *Nm* intelligence 1707

разуме́ется *Adv* of course 1224

разу́мный *A* sensible, reasonable 2153

рай *Nm* heaven 3260

райо́н *Nm* area, district 541

райо́нный *A* district 3290

рак *Nm* crawfish; cancer 3297

раке́та *Nf* rocket 2354

ра́ковина *Nf* shell, sink 4519

ра́мка *Nf* frame, scope 1021

ра́на *Nf* wound 2975

ранг *Nm* rank 3886

ра́нее *Adv* earlier, previously 1641

ра́нить *V* wound 3444

ра́нний *A* early 1459

ра́но *Adv* early 446

ра́ньше *Adv* earlier; used to 1735

ра́са *Nf* race 3485

раскрыва́ть *V* uncover 1985

расписа́ние *Nn* timetable, schedule 4314

расплы́вчатый *A* vague 4841

располага́ть *V* have, possess; be favourable, be conducive 1042

располага́ться *V* be (situated); make oneself comfortable 3046

расположе́ние *Nn* location, mood 2970

распоряже́ние *Nn* order, instruction 2231

распределе́ние *Nn* distribution 2728

распрода́жа *Nf* clearance sale 4745

распростране́ние *Nn* dissemination, spreading, distribution 2201

распространя́ть *V* spread 1917

распространя́ться *V* spread; be extended 3224

распя́тие *Nn* crucifixion; crucifix 4898

рассве́т *Nm* dawn 3108

рассека́ть *V* cross, dissect 4854

расска́з *Nm* story 811

расска́зывать *V* tell 238

расслéдование *Nn* investigation 3042

рассмáтривать *V* consider 1183

рассмотрéние *Nn* review, inspection 2502

расставáться *V* part, separate 2479

расстоя́ние *Nn* distance 1626

расстро́йство *Nn* disorder 4238

рассуждáть *V* argue, talk 3027

рассчи́тывать *V* rely, count; calculate 1986

растéние *Nn* plant 2388

расти́ *V* grow 935

расти́тельный *A* vegetable 4607

расхо́д *Nm* expense 1590

расходи́ться *V* disperse, leave 2513

расчёт *Nm* calculation 1460

расширéние *Nn* expansion, spread 2636

рациона́льный *A* rational 3665

рвать *V* tear; vomit 4224

рвáться *V* tear; strive 3824

реаги́ровать *V* react 2781

реáкция *Nf* reaction 1261

реализáция *Nf* realization, implementation; marketing, sales 1327

реализо́вывать *V* realize, implement; sell 2032

реалисти́чный *A* realistic 4906

реáльность *Nf* reality 1330

реáльный *A* real 603

ребёнок *Nm* child 99

ребя́та *N-* children, guys 864

рéвность *Nf* jealousy 4399

револю́ция *Nf* revolution 1104

регио́н *Nm* region 943

региона́льный *A* regional 1825

регистрáция *Nf* registration, check-in 1852

регистри́ровать *V* register 2367

регули́рование *Nn* regulation 3436

регули́ровать *V* regulate, adjust 3963

регуля́рно *Adv* regularly 3084

регуля́рный *A* regular 3931

редáктор *Nm* editor, processor 1785

редáкция *Nf* editorship; editorial office; editorial staff 1253

рéдкий *A* rare 1943

рéдко *Adv* rarely 1359

режи́м *Nm* mode, regime 932

режиссёр *Nm* director 2192

рéзать *V* cut, chop 3915

рéзкий *A* sharp 2078

рéзко *Adv* sharply 1356

результáт *Nm* result 199

рейс *Nm* flight, voyage 4036

рéйтинг *Nm* rating 2147

рекá *Nf* river 687

реклáма *Nf* advertisement 1105

реклáмный *A* advertising 2117

рекомендáция *Nf* advice; recommendation, reference 2533

рекомендовáть *V* recommend 2253

реконстру́кция *Nf* reconstruction, refurbishment 4114

реко́рд *Nm* record 4462

рéктор *Nm* rector 4603

религио́зный *A* religious 1664

рели́гия *Nf* religion 1770

ремéнь *Nm* belt 3781

ремо́нт *Nm* repair; renovation 2223

рéплика *Nf* retort, line 3806

репродукти́вный *A* reproductive 4842

ресни́ца *Nf* eyelash 4630

респу́блика *Nf* republic 843

рестора́н *Nm* restaurant 1732

ресу́рс *Nm* resource 1576

рефо́рма *Nf* reform 1581

рецéпт *Nm* recipe; prescription 3559

рéчка *Nf* small river 3728

речь *Nf* speech 411

решáть *V* decide; solve 178

решáться *V* hesitate; be resolved 1392

решéние *Nn* decision 236

решётка *Nf* bars, lattice 3975

реши́тельный *A* resolute 3584

риск *Nm* risk 1395

рисковáть *V* risk 3023

рисовáть *V* draw, paint 2748

рису́нок *Nm* drawing 1281

ритм *Nm* rhythm 3127

ро́бот *Nm* robot 3381

ро́вно *Adv* exactly; evenly 2534

ро́вный *A* even; stable 3187

рог *Nm* horn 4008

род *Nm* gender, kind 604

ро́дина *Nf* homeland 1347

роди́тель *Nm* parent 498

роди́тельский *A* parental 4225

роди́ться *V* be born 1162

родно́й *A* (one's) own 1084

родны́е *N-* family 4025

ро́дственник *Nm* relative 1727

ро́ды *N-* childbirth 3217

рожáть *V* give birth 1680

рожда́ться *V* be born 3327

рожде́ние *Nn* birth 1074

рождество́ *Nn* Christmas 4037

ро́за *Nf* rose 2726

ро́зовый *A* pink 2707

рок *Nm* fate; rock 3156

роль *Nf* role 443

рома́н *Nm* affair; novel 767

романти́ческий *A* romantic 4265

роско́шный *A* luxurious 3969

росси́йский *A* Russian 235

Росси́я *Nf* Russia 112

россия́нин *Nm* Russian 2965

рост *Nm* growth; height 585

рот *Nm* mouth 942

руба́шка *Nf* shirt 2735

рубе́ж *Nm* border; mark 2241

рубль *Nm* ruble 472

ру́брика *Nf* heading, section 3995

руга́ть *V* scold 3983

руга́ться *V* swear; argue 3785

ружьё *Nn* gun 3529

рука́ *Nf* hand; arm 88

рука́в *Nm* sleeve 3245

руководи́тель *Nm* director 802

руководи́ть *V* direct, be in charge 2993

руково́дство *Nn* guidance, management, leadership 957

рукопожа́тие *Nn* handshake 4880

руль *Nm* steering wheel 2864

ру́сский *A, N-* Russian 184

Русь *Nf* Rus', Ancient Russia 2839

руче́й *Nm* stream 3990

ру́чка *Nf* pen, handle 2077

ручно́й *A* manual, hand 4042

РФ *Nf* Russian Federation 1034

ры́ба *Nf* fish 1412

ры́бный *A* fish 4651

ры́жий *A* ginger 3147

ры́нок *Nm* market 344

ры́ночный *A* market 2339

рюкза́к *Nm* rucksack 3696

рю́мка *Nf* shotglass, shot 4290

ряд *Nm* row, number 519

ря́дом *Adv* near 420

Cc

с *Prep* with, from, since 7

сад *Nm* garden 1208

сади́ться *V* sit down 1424

сайт *Nm* site 506

сала́т *Nm* salad 4303

сало́н *Nm* salon 2641

сам *P* myself, yourself, himself 70

самодержа́вие *Nn* autocracy 4795

самолёт *Nm* (aero)plane 633

самостоя́тельно *Adv* independent(ly), by oneself 2450

самостоя́тельность *Nf* independence 4637

самостоя́тельный *A* independent 2498

самоуби́йство *Nn* suicide 3880

самоуве́ренный *A* (self-) confident, assertive 4907

самоуправле́ние *Nn* self-government 3800

са́мый *P* most, the very 60

санда́лии *Nf* sandals 4964

сантиме́тр *Nm* centimetre 1996

сапо́г *Nm* boot 2791

са́хар *Nm* sugar 2879

сбива́ть *V* knock down 2346

сбо́ку *Adv* at the side 4676

сбор *Nm* collection; fee 2276

сбо́рище *Nn* crowd, mob 4829

сбо́рная *Nf* team 4474

сбо́рник *Nm* collection 2615

сва́дьба *Nf* wedding 2459

све́дение/сведе́ние *Nn* information (the first syllable stressed); resolution (the second syllable stressed) 1452

све́жий *A* fresh 1582

сверка́ть *V* glisten 3761

све́рху *Adv* above, on top 2035

свет *Nm* light 279

свети́ть *V* shine 3807

свети́ться *V* shine 3818

светло́ *Adv* light 4680

све́тлый *A* light 1616

свеча́ *Nf* candle 2911

свёкла *Nf* beetroot 4780

свида́ние *Nn* date 2875

свиде́тель *Nm* witness 2122

свиде́тельство *Nn* certificate 2360

свиде́тельствовать *V* indicate, show, give evidence 2081

свини́на *Nf* pork 4940

свинья́ *Nf* pig 3669

сви́тер *Nm* sweater 4662

свобо́да *Nf* freedom 620

свобо́дно *Adv* freely 2797

свобóдный *A* free 661

свой *P* one's (own) 24

свóйственный *A* typical, common; appropriate 3395

свóйство *Nn* feature 1572

свя́занный *A* connected to; tied 1579

свя́зывать *V* connect; tie together 450

связь *Nf* connection, bond; communication 299

святóй *A, N-* saint 1276

свящéнник *Nm* priest 2295

свящéнный *A* sacred 2658

сгибáть *V* bend 4731

сгорéть *V* burn (down) 4071

сдавáть *V* give; let; return; betray (slang) 1416

сдáча *Nf* change; leasing 3712

сдéлать *V* do, make 108

сдéлка *Nf* deal 2190

сдéржанность *Nf* restraint 4908

сдéрживание *Nn* containment, deterrence 4830

сдéрживать *V* restrain 4120

сеáнс *Nm* screening, show 3834

себé *Part* (to) oneself 3821

себя́ *P* oneself 47

сéвер *Nm* north 1831

сéверный *A* northern 1163

сегóдня *Adv* today 183

сегóдняшний *A* today's 1298

седóй *A* grey 3562

седьмóй *Num* seventh 3092

сезóн *Nm* season 2499

сей *P* this 502

сейчáс *P* now 119

секрéт *Nm* secret 2071

секретáрь *Nm* secretary 2202

секрéтный *A* secret 3265

секс *Nm* sex 1345

сексуáльный *A* sexual, sexy 1865

сéктор *Nm* sector 2097

секýнда *Nf* second 966

сéкция *Nf* section; club 4112

селó *Nn* village 2016

сéльский *A* rural, agricultural 2066

семéйный *A* family 1598

сéмеро *Num* seven (people) 4746

семёрка *Nf* figure of seven, seven 4758

семинáр *Nm* seminar 2312

семнáдцатый *Num* seventeenth 4767

семнáдцать *Num* seventeen 4616

семь *Num* seven 1138

сéмьдесят *Num* seventy 4144

семьсóт *Num* seven hundred 4972

семья́ *Nf* family 327

сентя́брь *Nm* September 1000

сéрвер *Nm* server 2257

сéрвис *Nm* service 3093

сердéчный *A* heart 4139

сердиться *V* be angry 4322

сéрдце *Nn* heart 431

серебрó *Nn* silver 4130

серéбряный *A* silver 2971

середина *Nf* middle 1455

сериáл *Nm* serial, soap opera 3945

сéрия *Nf* episode; series, number 1671

сéрый *A* grey 1500

серьёзно *Adv* seriously 2120

серьёзный *A* serious 644

сéссия *Nf* session; examination period 3809

сестрá *Nf* sister, nurse 1030

сесть *V* sit down 820

сетевóй *A* network 2711

сеть *Nf* network, chain 648

сжимáть *V* grip 2684

сзáди *Adv* behind, from behind 2620

сигарéта *Nf* cigarette 2139

сигнáл *Nm* signal 1603

сидéнье *Nn* seat 3657

сидéть *V* sit 206

сила *Nf* strength, force 143

сильно *Adv* strongly, considerably 701

сильный *A* strong, powerful 397

символ *Nm* symbol, character 1858

симпатичный *A* attractive; nice 3253

симпáтия *Nf* affection, sympathy 4102

симптóм *Nm* symptom 3951

синий *A* blue 1753

синхронизáция *Nf* synchronization 4815

систéма *Nf* system 150

систéмный *A* system 3176

ситуáция *Nf* situation 284

скáжем *Adv* let us say, say 1532

сказáть *V* say 53

скáзка *Nf* tale 1622

скáзочный *A* fairy-tale 4419

скалá *Nf* rock, cliff 2715

скамéйка *Nf* bench 3837

скамья́ *Nf* bench 4528

скандáл *Nm* scandal 3051

скандинáвский *A* Scandinavian 4831

скáтываться *V* roll down, slide down 4936

скáчивать *V* download 4319

сквозь *Prep* through 1267

скúдка *Nf* discount 4156

склад *Nm* warehouse 2406

склáдывать *V* fold; stack; sum up, put (together) 2244

склáдываться *V* develop, take shape; consist of, be made up of 1098

сковородá *Nf* pan 4974

скóлько *Num* how many, how much 511

скорéе *Adv* quicker, rather 3667

скóро *Adv* soon 305

скóрость *Nf* speed 867

скóрый *A* quick, express 2592

скрóмный *A* modest 2585

скрывáть *V* hide 2200

скульптýра *Nf* sculpture 4525

скучáть *V* miss; be bored 3976

скýчный *A* boring 3630

слáбо *Adv* weak(ly) 3849

слáбость *Nf* weakness 2900

слáбый *A* weak 1169

слáва *Nf* glory, fame 1315

слáдкий *A* sweet 2907

слáдко *Adv* sweet(ly) 4713

слéва *Adv* left 2770

слегкá *Adv* slightly 1618

след *Nm* trace; footprint 1322

следúть *V* watch 1540

слéдователь *Nm* investigator 3263

слéдовательно *Adv* hence, consequently 1879

слéдовать *V* follow, should 287

слéдствие *Nn* consequence; investigation 1754

слéдующий *A* next 262

слезá *Nf* tear 1231

слепóй *A, N-* blind 3598

слепотá *Nf* blindness 4909

слúвочный *A* creamy 4944

слúшком *Adv* too 386

словáрь *Nm* dictionary 2974

слóвно *C* as if 657

слóво *Nn* word 94

слог *Nm* syllable 4631

слóжно *Adv* complex 2002

слóжность *Nf* complexity; complication 2321

слóжный *A* complex, sophisticated 743

слой *Nm* layer 1868

сломáть *V* break 2953

слон *Nm* elephant 3745

слýжащий *Nm* employee 3635

слýжба *Nf* service 578

служéбный *A* official 3172

служúть *V* serve 792

слух *Nm* hearing; rumour 1715

слýчай *Nm* case 125

случáйно *Adv* by chance 1570

случáйность *Nf* chance, accident 4247

случáйный *A* random; chance 2162

случáться *V* happen 497

слýшатель *Nm* listener 2029

слýшать *V* listen 528

слýшать *V* hear 416

слýшаться *V* be heard 2464

слýшно *Adv* possible to hear, audibly 3348

см *Nm* cm, centimetre 4467

смáйлик *Nm* smiley 4997

смéлость *Nf* courage 4369

смéлый *A* brave 3505

смéна *Nf* shift 1873

смертéльный *A* deadly 4098

смерть *Nf* death 388

смесь *Nf* mixture 3565

сметáна *Nf* sour cream 4748

смех *Nm* laughter 1693

смешнó *Adv* funny 3368

смешнóй *A* funny 2247

смеяться *V* laugh 1228

СМИ *N-* mass media 2214

смотрéть *V* watch 158

смочь *V* be able, can 272

СМС *Nf* SMS 4832

смысл *Nm* meaning, sense, point 326

снарýжи *Adv* outside 3729

сначáла *Adv* at first 575

снег *Nm* snow 1180

снéжный *A* snow 3625

снижáть *V* reduce 2682

снижéние *Nn* reduction, descent 2275

снúзу *Adv* from below, from the bottom 3545

снимáть *V* rent; remove; withdraw; shoot (film) 486

снúмок *Nm* picture 3325

снúться *V* dream 3580

снóва *Adv* again 297

сновидéние *Nn* dream 3944

со *Prep* with; from, since 82

собáка *Nf* dog 718

собáчий *A* dog 4271

собесéдник *Nm* interlocutor 2874

собира́ть *V* collect, pick (up) 643

собира́ться *V* prepare, plan 537

соблюда́ть *V* obey 3223

соблюде́ние *Nn* compliance 3326

собо́р *Nm* cathedral 2716

собра́ние *Nn* meeting, collection 1333

со́бственник *Nm* owner 3433

со́бственно *Adv* actually 1299

со́бственность *Nf* property 1323

со́бственный *A* own 290

собы́тие *Nn* event 458

соверша́ть *V* accomplish, do, make 849

соверше́нно *Adv* entirely 330

соверше́нный *A* advanced 3066

со́весть *Nf* conscience 2324

сове́т *Nm* council, advice 424

сове́тник *Nm* adviser 3644

сове́товать *V* advise 2623

сове́тский *A* Soviet 376

совме́стный *A* joint 1819

совоку́пность *Nf* aggregate, total 3730

совпада́ть *V* coincide, concur 3056

совпаде́ние *Nn* coincidence 4209

совреме́нник *Nm* contemporary 3771

совреме́нный *A* modern 425

совсе́м *Adv* completely, very 228

согла́сие *Nn* consent 2240

согла́сно *Prep* according to, by 1304

согла́сный *A* consonant, agree 1244

соглаша́ться *V* agree 681

соглаше́ние *Nn* agreement 1886

содержа́ние *Nn* contents 924

содержа́ть *V* contain; keep 1316

содержа́ться *V* contain 2732

содержи́мое *Nn* content(s) 4163

соедине́ние *Nn* connection 2457

соединя́ть *V* connect, join 1589

сожале́ние *Nn* regret, sympathy 981

создава́ть *V* create 249

создава́ться *V* be created, arise, form 2688

созда́ние *Nn* creation 554

созида́ние *Nn* creativity 4866

созна́ние *Nn* consciousness 698

созна́тельный *A* conscious 3883

сок *Nm* juice 2966

сокраща́ть *V* reduce 2963

сокраще́ние *Nn* reduction, cut, abbreviation 2790

солда́т *Nm* soldier 814

солёный *A* salt(y) 4594

соли́дный *A* reputable 3794

со́лнечный *A* solar; sunny 1897

со́лнце *Nn* sun 645

соль *Nf* salt 3304

сомнева́ться *V* doubt 1914

сомне́ние *Nn* doubt 1211

сон *Nm* sleep, dream 576

со́нный *A* sleepy 4498

сообща́ть *V* report 480

сообще́ние *Nn* message 433

соо́бщество *Nn* community 2377

соотве́тствие *Nn* correspondence, accordance 1099

соотве́тствовать *V* correspond 1232

соотве́тствующий *A* corresponding 984

соотéчественник *Nm* compatriot 4283

соотноше́ние *Nn* ratio 3052

сопе́рник *Nm* rival 3653

сопровожда́ть *V* accompany 2843

сопротивле́ние *Nn* resistance 2265

сопротивля́ться *V* resist 3925

соревнова́ние *Nn* competition 2720

со́рок *Num* forty 1541

сороково́й *Num* fortieth 4957

сорт *Nm* grade, type, quality 3463

сосе́д *Nm* neighbour 1225

сосе́дка *Nf* neighbour 3904

сосе́дний *A* neighbouring 1791

сосна́ *Nf* pine 4235

соста́в *Nm* composition 771

составля́ть *V* compile, make, put together 691

состоя́ние *Nn* condition, state 321

состоя́ть *V* be, consist of 706

состоя́ться *V* take place 1290

сосу́д *Nm* vessel 3796

со́тня *Nf* hundred 1212

со́товый *A* mobile 3752

сотру́дник *Nm* employee, colleague 741

сотру́дничество *Nn* cooperation 1903

со́тый *Num* one-hundredth 4941

сохране́ние *Nn* conservation, preservation 2206

сохраня́ть *V* keep 925

сохраня́ться *V* be preserved 1645

социали́зм *Nm* socialism 3243

социалисти́ческий *A* socialist 3144

социа́льно *Adv* socially 2426

социа́льный *A* social 456

сочета́ние *Nn* combination 2886

сочине́ние *Nn* composition, essay 2300

сочу́вствие *Nn* sympathy 4396

союз *Nm* union, alliance, conjunction 671

союзник *Nm* ally 2783

спадать *V* ease off 4855

спазм *Nm* spasm 4910

спальня *Nf* bedroom 3045

спасать *V* rescue 3118

спасение *Nn* saving, rescue 2518

спасибо *Part* thanks 905

спасти *V* rescue, save 1518

спать *V* sleep 478

спектакль *Nm* performance, play 2351

специализированный *A* specialized 3986

специалист *Nm* specialist 717

специально *Adv* specially 1746

специальность *Nf* profession 3199

специальный *A* special 821

специфический *A* specific 3356

спешить *V* rush 1797

спина *Nf* back 788

спинка *Nf* backrest, back 4218

список *Nm* list 873

спичка *Nf* match 4388

сплошной *A* continuous 3141

спокойно *Adv* quietly, peacefully 1010

спокойный *A* calm 1631

спокойствие *Nn* calm 3421

спонтанный *A* spontaneous 4735

спор *Nm* dispute 1802

спорить *V* dispute 2159

спорт *Nm* sport 1955

спортзал *Nm* gym 4754

спортивный *A* sport, sporting 2191

спортсмен *Nm* athlete 3839

способ *Nm* way, means 492

способность *Nf* ability 891

способный *A* capable 669

способствовать *V* facilitate, encourage, aid 1833

справа *Adv* on the right 2799

справедливость *Nf* justice 2554

справедливый *A* fair 2850

справка *Nf* certificate, statement; inquiry 2891

справляться *V* cope 1678

справочник *Nm* directory 4304

спрашивать *V* ask 162

спрос *Nm* demand 2042

спускаться *V* descend 1517

спустя *Prep* later, after 1507

спутник *Nm* satellite; fellow traveller 2702

сравнение *Nn* comparison 1159

сравнивать *V* compare 1716

сражение *Nn* battle 3232

сразу *Adv* at once 240

среда *Nf* Wednesday 740

среди *Prep* among 381

среднее *Nn* average 3342

средний *A* average, middle 640

средство *Nn* remedy, means, way 308

срок *Nm* term, period 663

срочный *A* urgent 3003

ссора *Nf* quarrel, row 4341

СССР *Nm* USSR 1026

ссылка *Nf* reference; exile 1514

стабильность *Nf* stability 3659

стабильный *A* stable 3979

ставить *V* put 844

ставка *Nf* rate 1940

стадион *Nm* stadium 4490

стадия *Nf* stage 2219

стакан *Nm* glass 1949

стальной *A* steel 4001

стандарт *Nm* standard 1932

стандартный *A* standard 2559

становиться *V* become 58

станция *Nf* station 1086

стараться *V* try 635

старик *Nm* old man 948

старинный *A* ancient, old 2987

старость *Nf* old age 3676

старт *Nm* start 3843

старуха *Nf* old woman 2777

старушка *Nf* old woman 3388

старший *A, N-* senior, elder 1015

старый *A* old 258

статистика *Nf* statistics 2861

статус *Nm* status 1937

статуя *Nf* statue 4189

статья *Nf* article 307

ствол *Nm* trunk 2914

стекло *Nn* glass 1574

стеклянный *A* glass 3489

стена *Nf* wall 414

стенка *Nf* wall 2754

степень *Nf* degree, extent; degree (academic) 678

стесняться *V* be shy, be embarrassed 3783

стиль *Nm* style 1120

стимулировать *V* stimulate 4205

стипендия *Nf* scholarship 4701

стирать *V* wash; wipe 4496

стих *Nm* poetry, verse 3206

стихи *N-* poetry 1428

стихотворе́ние *Nn* poem 2613

сто *Num* hundred 1125

сто́имость *Nf* cost 962

сто́ить *V* cost 223

стол *Nm* table 340

столбе́ц *Nm* column 4899

столе́тие *Nn* century, centenary 2645

сто́лик *Nm* table 2402

столи́ца *Nf* capital 1471

столи́чный *A* metropolitan, capital 3836

столкнове́ние *Nn* collision 3574

столо́вая *Nf* canteen, dining room 3249

столь *P* so, that 804

сто́лько *Num* so much, so many 1145

стоп *I* stop 4526

сторожи́ть *V* guard 4833

сторона́ *Nf* side 128

стоя́нка *Nf* car park, stand 3593

стоя́ть *V* stand 219

страда́ние *Nn* suffering 2555

страда́ть *V* suffer 1703

страна́ *Nf* country 137

страни́ца *Nf* page 797

стра́нно *Adv* strangely 1730

стра́нный *A* strange 750

страсть *Nf* passion 1945

стратеги́ческий *A* strategic 2306

страте́гия *Nf* strategy 1667

страх *Nm* fear, worry 796

страхова́ние *Nn* insurance 3446

страхова́ть *V* insure 4976

страхо́вка *Nf* insurance 4521

страхово́й *A* insurance 3033

стра́шный *A* terrible 808

стре́лка *Nf* arrow, hand (of clock) 3455

стреля́ть *V* shoot, fire 1967

стреми́тельно *Adv* rapidly 3698

стреми́ться *V* strive, try 1085

стремле́ние *Nn* aspiration, urge 1966

стресс *Nm* stress 4168

стро́гий *A* strict 2087

стро́го *Adv* strict(ly) 2184

строе́ние *Nn* structure, building 3689

строи́тель *Nm* builder 4124

строи́тельный *A* construction 3396

строи́тельство *Nn* construction 1222

стро́ить *V* build 550

строй *Nm* system, formation 2076

стро́йный *A* slim 3938

строка́ *Nf* line 1758

стро́чка *Nf* line 3480

структу́ра *Nf* structure 746

струя́ *Nf* jet 4173

студе́нт *Nm* student 860

студе́нтка *Nf* student (female) 4575

студе́нческий *A* student 3563

сту́дия *Nf* studio 2825

стук *Nm* knock 3852

стул *Nm* chair; stool (faeces) 1617

ступе́нь *Nf* step; stage 2944

ступе́нька *Nf* step 3645

стуча́ть *V* hit, knock; snitch (slang) 3317

стыд *Nm* shame 4194

сты́дно *Adv* shameful 3142

суббо́та *Nf* Saturday 2025

субъе́кт *Nm* subject 1711

суд *Nm* court 467

суде́бный *A* judicial 2003

суди́ть *V* try; judge 1053

су́дно *Nn* ship, vessel; chamber pot 2448

судьба́ *Nf* fate 662

судья́ *Nm* judge; referee 1734

сумасше́дший *A, N-* crazy 3059

суме́ть *V* manage 1413

су́мка *Nf* bag 2135

су́мма *Nf* amount 970

су́мрачный *A* gloomy 4843

суп *Nm* soup 3895

су́пер *Nm* super, great 4722

суперма́ркет *Nm* supermarket 4624

супру́г *Nm* spouse, husband 2871

супру́га *Nf* spouse (female), wife 3519

суро́вый *A* severe 2926

су́тки *N-* day and night 1654

суть *Nf* essence, crux 1064

су́хо *Adv* dry(ly) 4667

сухо́й *A* dry 1964

су́ша *Nf* (dry) land 4596

суши́ть *V* dry, air 4763

суще́ственный *A* significant 1965

существо́ *Nn* creature 993

существова́ние *Nn* existence, being 985

существова́ть *V* exist, be 324

существу́ющий *A* existing, current 2414

су́щность *Nf* essence, gist, nature 1752

сфе́ра *Nf* sphere, sector 901

схва́тывать *V* grab; apprehend, catch 4770

схе́ма *Nf* scheme 1411

сходи́ть *V* come down; go 1835

схо́дство *Nn* similarity 4040

сце́на *Nf* scene, stage 974

сцена́рий *Nm* scenario; film script 2345

сцени́ческий *A* stage 4865

сце́нка *Nf* sketch, skit 4834

сча́стливо *Adv* happily; good luck 4524

счастли́вый *A* happy 965

сча́стье *Nn* happiness 765

счесть *V* consider 3341

счёт *Nm* account, bill 494

счита́ть *V* count 180

счита́ться *V* be considered 1002

США *N-* USA 794

съезд *Nm* congress 2889

съе́здить *V* go 4273

съесть *V* eat up 2416

сын *Nm* son 369

сыно́к *Nm* son (diminutive) 4193

сыно́чек *Nm* son (affectionate) 4937

сыр *Nm* cheese 3620

сыро́й *A* raw; damp 3797

сырьё *Nn* raw material 4030

сы́тый *A* satiated, be full 4570

сюда́ *P* here 756

сюже́т *Nm* plot 1840

сюрпри́з *Nm* surprise 4026

Тт

таба́к *Nm* tobacco 4434

табле́тка *Nf* tablet 3504

табли́ца *Nf* table 2262

таи́нственный *A* mysterious 3300

та́йна *Nf* mystery, secret 1475

та́йный *A* secret 2470

так *P* so 31

та́кже *Part* also 147

тако́в *P* such, that 1638

таково́й *P* such 2149

тако́й *P* such, so 39

такси́ *Nn* taxi 3288

тала́нт *Nm* talent 2286

тала́нтливый *A* talented 3072

там *P* there 83

тамо́женный *A* customs 3928

та́нец *Nm* dance, dancing 2230

танцева́ть *V* dance 2719

таре́лка *Nf* plate, bowl 2941

тари́ф *Nm* rate, price 3385

таска́ть *V* pull, drag, lug 2591

ТВ *Nn* TV 3987

твёрдо *Adv* firm(ly), stern(ly) 3034

твёрдый *A* hard, firm 2218

твой *P* your, yours 208

творо́г *Nm* cottage cheese 4747

тво́рческий *A* creative 1491

тво́рчество *Nn* creation, work 1555

теа́тр *Nm* theatre 1023

театра́льный *A* theatrical 3443

те́зис *Nm* thesis, point 3490

текст *Nm* text 482

теку́щий *A* current 2180

телеви́дение *Nn* television 2168

телевизио́нный *A* television 3840

телеви́зор *Nm* television 1534

телегра́мма *Nf* telegram 3808

телекана́л *Nm* TV channel 4450

телефо́н *Nm* telephone 488

телефо́нный *A* telephone 2046

те́ло *Nn* body 313

те́ма *Nf* theme, topic 356

темно́ *Adv* dark 3468

темнота́ *Nf* darkness 1824

темп *Nm* tempo, pace 2407

температу́ра *Nf* temperature 1921

тенде́нция *Nf* tendency 1844

тень *Nf* shadow, shade 1305

теорети́ческий *A* theoretical 2845

тео́рия *Nf* theory 776

тепе́рь *P* now 123

тепло́ *Nn* warmth 2644

теракт *Nm* terrorist attack 4479

те́рмин *Nm* term 1810

терпе́ние *Nn* patience 3373

терпе́ть *V* endure, tolerate 2225

территориа́льный *A* territorial 4148

террито́рия *Nf* territory 654

террори́зм *Nm* terrorism 3961

террори́ст *Nm* terrorist 3210

террористи́ческий *A* terrorist 4532

теря́ть *V* lose 1465

теря́ться *V* be lost 4365

те́сно *Adv* closely 3814

те́сный *A* cramped, narrow; tight-fitting 2957

тест *Nm* test 2583

тести́рование *Nn* testing 3992

тéсто *Nn* dough 4608

тетрáдь *Nf* notebook, exercise book 4323

тéхника *Nf* equipment; technique 976

технúческий *A* technical 1068

технологúческий *A* technological 3013

технолóгия *Nf* technology 721

течéние *Nn* course, current 493

течь *V* flow; leak 2967

тёмный *A* dark 1044

тёплый *A* warm 1429

тётка *Nf* aunt; woman (slang) 3699

тётя *Nf* aunt 2994

тёща *Nf* mother-in-law 4561

тигр *Nm* tiger 4295

тип *Nm* type 422

типúчный *A* typical 2933

тúхий *A* quiet 1437

тúхо *Adv* quiet(ly) 1157

тишинá *Nf* silence 1712

ткань *Nf* cloth 2394

то *P* that, what 20

товáр *Nm* product, item 683

товáрищ *Nm* comrade 694

товáрный *A* trade 3932

тогдá *P* then, at the time 131

тóже *Part* too, also 134

ток *Nm* electric current 3603

толкáть *V* push 4198

толпá *Nf* crowd 1257

тóлстый *A* thick; fat, plump 1779

толчóк *Nm* push 4239

толщинá *Nf* thickness 4451

тóлько *Part* only 43

том *Nm* volume 2154

тон *Nm* tone 1782

тóнкий *A* thin, fine 1227

тóнна *Nf* tonne 2876

тóпливо *Nn* fuel 3331

топóр *Nm* axe 3775

торговáть *V* trade; sell 3242

торгóвец *Nm* trader, trafficker 3748

торгóвля *Nf* trade 1473

торгóвый *A* trading, shopping 1393

торжéственный *A* ceremonial 3528

торжествó *Nn* celebration, ceremony; triumph 3872

тóрмоз *Nm* brake 4424

тормозúть *V* brake; freeze (slang) 4516

тормознóй *A* brake 4796

торопúться *V* hurry, rush 2784

торт *Nm* cake 4632

тоскá *Nf* melancholy; boredom 2741

тост *Nm* toast 4589

тот *P* that, the 40

точúть *V* sharpen 4881

тóчка *Nf* point 350

тóчно *Adv* exactly 451

тóчность *Nf* precision 2466

тóчный *A* exact 1417

травá *Nf* grass 1605

трáвма *Nf* injury 3694

трагéдия *Nf* tragedy 2654

трагúческий *A* tragic 3798

традициóнно *Adv* traditionally 4160

традициóнный *A* traditional 1389

традúция *Nf* tradition 1187

трамвáй *Nm* tram 3973

транскрúпция *Nf* transcription 4984

транслúроваться *V* be transmitted 4806

трáнспорт *Nm* transport 2115

трáнспортный *A* transport 2789

трáсса *Nf* track 3139

трáтить *V* spend 2422

трéбование *Nn* requirement, demand 868

трéбовать *V* require 538

трéбоваться *V* need 1366

тревóга *Nf* anxiety 2442

тревóжиться *V* worry 4911

тревóжный *A* anxious 4204

трéзвый *A* sober 4185

трéнер *Nm* coach (sport) 3154

трéнинг *Nm* training 3819

тренирóвка *Nf* training 3026

трéтий *Num* third 401

треть *Nf* third 3289

треугóльник *Nm* triangle 4349

три *Num* three 165

трúдцать *Num* thirty 1409

трúжды *Adv* three times 4454

тринáдцатый *Num* thirteenth 4959

тринáдцать *Num* thirteen 4648

трúста *Num* three hundred 3907

трóгать *V* touch 3203

трóе *Num* three (people) 2037

трóйка *Nf* figure of three; group of three; mark of three 4374

троллéйбус *Nm* trolley bus 4653

тропá *Nf* path 3857

тротуáр *Nm* pavement 4034

труба́ *Nf* pipe, chimney 1927

тру́бка *Nf* tube; telephone receiver 1420

труд *Nm* work 390

труди́ться *V* work 3307

тру́дно *Adv* difficult 789

тру́дность *Nf* difficulty 1898

тру́дный *A* difficult 1291

трудово́й *A* labour 2316

трудолюби́вый *A* hard-working 4762

труп *Nm* corpse, (dead) body 2299

трусы́ *N-* pants, boxers 4437

тря́пка *Nf* cloth 4346

туале́т *Nm* toilet, lavatory 2439

туда́ *P* there 570

тума́н *Nm* fog 2462

ту́мбочка *Nn* bedside 4882

тупи́к *Nm* cul-de-sac; dead end 4262

тупо́й *A* blunt; stupid 3642

тур *Nm* round 3411

тури́зм *Nm* tourism 4404

тури́ст *Nm* tourist 2743

туристи́ческий *A* tourist 4384

турни́р *Nm* tournament 3457

тут *P* here 132

ту́ча *Nf* cloud 3409

тща́тельно *Adv* meticulously 2366

ты *P* you 32

ты́сяча *Nf* thousand 266

тысячеле́тие *Nn* millennium 4197

тю́бик *Nm* tube 4978

тюльпа́н *Nm* tulip 4912

тюрьма́ *Nf* prison 1877

тяжело́ *Adv* hard; heavily 1520

тя́жесть *Nf* weight 3149

тяжёлый *A* heavy, serious 739

тяну́ть *V* pull 2125

тяну́ться *V* stretch 2962

Уу

у *Prep* by, at 23

убега́ть *V* run 2400

убежда́ть *V* convince 1619

убежда́ться *V* be convinced, be assured 1817

убежде́ние *Nn* conviction 2685

убива́ть *V* kill 515

уби́йство *Nn* murder 1660

уби́йца *Nc* killer 2868

убира́ть *V* clear 1736

уби́тый *A, N-* murdered, killed 4674

убо́рка *Nf* clean, cleaning; harvest 4509

убы́ток *Nm* loss 4084

уважа́емый *A* respected 1592

уважа́ть *V* respect 2434

уваже́ние *Nn* respect 1485

увезти́ *V* take away 4425

увеличе́ние *Nn* increase, rise 1721

увели́чивать *V* increase 1595

увели́чиваться *V* increase 3335

уве́ренно *Adv* confidently 3234

уве́ренность *Nf* confidence 2028

уве́ренный *A* confident, certain 910

уверя́ть *V* assure 1901

уви́деть *V* see 214

увлека́ться *V* be enthusiastic 4367

увлече́ние *Nn* passion, hobby 3958

уводи́ть *V* take away 4723

увольня́ть *V* sack 3773

увы́ *I* alas 2337

угова́ривать *V* persuade 3083

уго́дно *Part* you like, you want 2250

у́гол *Nm* corner, angle 866

уголо́вный *A* criminal 2126

уголо́к *Nm* corner 3153

у́голь *Nm* coal 3758

угрожа́ть *V* threaten 3145

угро́за *Nf* threat 1523

удава́ться *V* manage 426

уда́р *Nm* stroke, blow 829

ударя́ть *V* hit, strike 1923

уда́ча *Nf* luck 2270

уда́чный *A* successful 2860

уде́рживать *V* hold back 2178

удиви́тельный *A* amazing 1718

удивле́ние *Nn* surprise 2127

удивля́ть *V* surprise 2053

удивля́ться *V* be surprised 1278

удо́бный *A* comfortable; convenient 1636

удо́бство *Nn* convenience 4066

удовлетворе́ние *Nn* satisfaction 2668

удовлетворя́ть *V* satisfy 2267

удово́льствие *Nn* pleasure 889

удостовере́ние *Nn* certificate 4410

уезжа́ть *V* leave 2659

уе́хать *V* leave, go 1279

у́жас *Nm* horror 1324

ужа́сно *Adv* terribly; really 3021

ужа́сный *A* terrible 1777

уже́ *Adv* already 51

ужин *Nm* dinner 2280

ужинать *V* have dinner 4718

узел *Nm* knot 2670

узкий *A* narrow 1698

узнавать *V* recognize; find out 318

указание *Nn* instruction; indication 2150

указанный *A* indicated 3085

указатель *Nm* road sign, sign mark 4559

указывать *V* state 637

укол *Nm* injection 4540

Украина *Nf* Ukraine 1223

украинец *Nm* Ukrainian 4620

украинский *A* Ukrainian 2586

украшать *V* decorate 4142

украшение *Nn* jewellery; decoration 3939

укрепление *Nn* strengthening 3063

уксус *Nm* vinegar 4797

улетать *V* fly away, leave 3295

улица *Nf* street 343

уличный *A* street 4128

улучшать *V* improve 3183

улучшение *Nn* improvement 2765

улыбаться *V* smile 613

улыбка *Nf* smile 1287

ум *Nm* mind 677

умение *Nn* skill 2217

уменьшать *V* reduce 3193

уменьшаться *V* decrease, be reduced 4373

уменьшение *Nn* decrease 3946

умеренный *A* moderate 4591

уметь *V* be able, can 728

умирать *V* die 475

умножать *V* multiply 4980

умный *A* clever, smart 1263

умственный *A* mental 3811

умываться *V* have a wash 4775

универсальный *A* universal 3227

университет *Nm* university 1024

университетский *A* university 4514

уникальный *A* unique 2107

унитаз *Nm* toilet bowl 4629

уничтожать *V* destroy, wipe out 1391

уничтожение *Nn* destruction 3044

уносить *V* take away, carry away 3197

упаковка *Nf* packing, package 4024

упасть *V* fall 1091

упоминать *V* mention 1632

упорно *Adv* stubbornly 3896

употребление *Nn* use, application 3162

употреблять *V* use 3222

управление *Nn* management, control 434

управлять *V* manage; operate 1992

упражнение *Nn* exercise 2301

ура *I* hooray 3967

уровень *Nm* level, rate 248

урожай *Nm* harvest 4113

урок *Nm* lesson 1340

ус *Nm* moustache 3788

усики *Nm* moustache, antenna 4873

усиление *Nn* strengthening, intensification, increase 3609

усиливать *V* strengthen, increase 2925

усиливаться *V* strengthen, get stronger 4435

усилие *Nn* effort 1144

условие *Nn* condition 293

условно *Adv* conditionally, tentatively 4233

условный *A* conditional, suspended 3935

услуга *Nf* service 790

услышать *V* hear 742

усматривать *V* see, perceive 4913

успевать *V* manage 525

успех *Nm* success 679

успешно *Adv* successfully 2177

успешный *A* successful 2140

успокаивать *V* calm, pacify 2543

успокаиваться *V* calm down 2338

уставать *V* get tired 1621

усталость *Nf* tiredness 3386

усталый *A* tired 4103

устанавливать *V* establish; install 600

устанавливаться *V* be installed, be established 4081

установка *Nf* setting, installation 1569

установление *Nn* establishment 2936

устный *A* oral 4441

устойчивый *A* solid 3037

устраивать *V* organize, arrange; suit, be convenient 825

устройство *Nn* device, machine; organizing, sorting out 1230

уступать *V* give up 2395

утверждать *V* claim 1101

утверждение *Nn* approval; assertion 2084

утомлять *V* tire, tire out 4929

утренний *A* morning 3067

утро *Nn* morning 334

ухаживать *V* care for, take care; court 4430

ухо *Nn* ear 982

ухо́д *Nm* leaving; care 2423

уходи́ть *V* leave 207

уча́ствовать *V* take part 1182

уча́стие *Nn* participation, role 601

уча́стник *Nm* participant 658

уча́сток *Nm* area; district, ward; plot 1215

уча́щийся *Nm* student 3273

уче́бник *Nm* textbook 2695

уче́бный *A* learning, training 1494

уче́ние *Nn* teaching 2038

учени́к *Nm* pupil 1270

учёба *Nf* studies 3065

учёный *A, N-* academic, scientific 1097

учёт *Nm* accounting 1378

учи́лище *Nn* training school, institute 3211

учи́тель *Nm* teacher 875

учи́тельница *Nf* teacher 3815

учи́тывать *V* consider 1659

учи́ть *V* teach, learn 1308

учи́ться *V* study 782

учрежде́ние *Nn* institution 1607

уще́рб *Nm* damage 2628

ую́тный *A* comfortable, cosy 4282

Фф

фа́брика *Nf* factory 3070

фа́за *Nf* phase 3462

файл *Nm* file 1767

факс *Nm* fax 4494

факт *Nm* fact 549

факти́чески *Adv* practically 1900

факти́ческий *A* actual, real, factual 4169

фа́ктор *Nm* factor 1155

факульте́т *Nm* faculty 2611

фами́лия *Nf* surname 1432

фанта́зия *Nf* fantasy; imagination 2622

фанта́стика *Nf* science fiction 4118

фантасти́ческий *A* fantastic 3556

фанто́м *Nm* phantom 4874

фаши́ст *Nm* fascist 3453

фаши́стский *A* fascist 3726

февра́ль *Nm* February 1075

федера́льный *A* federal 1067

федера́ция *Nf* federation 1066

фестива́ль *Nm* festival 2666

фигу́ра *Nf* figure 1318

фи́зик *Nm* physicist 3917

фи́зика *Nf* physics 2514

физи́чески *Adv* physically 3926

физи́ческий *A* physical 946

фило́соф *Nm* philosopher 2895

филосо́фия *Nf* philosophy 1690

филосо́фский *A* philosophical 2655

фильм *Nm* film 474

фильтр *Nm* filter 3910

фина́л *Nm* end; final 3336

финанси́рование *Nn* financing, funding 2674

фина́нсовый *A* financial 1031

фина́нсы *N-* finances 3357

финн *Nm* Finn 4633

фи́нский *A* Finnish 3891

фиоле́товый *A* purple 4675

фи́рма *Nf* firm 689

фи́тнес *Nm* fitness 4971

флаг *Nm* flag 3095

флот *Nm* fleet, navy 1769

фо́кус *Nm* trick; focus 3953

фон *Nm* background 1905

фона́рь *Nm* (street) light, black eye (slang) 3081

фонд *Nm* fund 1033

фо́рма *Nf* form, shape 275

форма́льный *A* formal 3399

форма́т *Nm* format 2415

формирова́ние *Nn* formation, development 1604

формирова́ть *V* form 3577

формирова́ться *V* be formed 3412

фо́рмула *Nf* formula 2500

формулиро́вка *Nf* wording 4145

фо́рум *Nm* forum 1190

фо́то *Nn* photo 2935

фотоаппара́т *Nm* camera 4362

фото́граф *Nm* photographer 4296

фотогра́фия *Nf* photograph 1139

фрагме́нт *Nm* fragment, small part 3228

фра́за *Nf* phrase 1129

Фра́нция *Nf* France 1038

францу́з *Nm* Frenchman 2490

францу́зский *A* French 1013

фронт *Nm* front line 1113

фрукт *Nm* fruit 3632

фундамента́льный *A* fundamental 3353

функциона́льный *A* functional 3668

функциони́рование *Nn* functioning 3982

функциони́ровать *V* function 4249

фу́нкция *Nf* function 920

фунт *Nm* pound 3757

футбóл *Nm* football 3303

футбóльный *A* football 4412

Хх

хáкер *Nm* hacker 4471

халáт *Nm* bathrobe 3534

харáктер *Nm* character, nature 636

характерúстика *Nf* specification, letter of reference 1821

характéрный *A* characteristic 1773

хвалúть *V* praise 4487

хватáть *V* grasp; be enough 954

хвост *Nm* tail 2118

химúческий *A* chemical 3009

хúмия *Nf* chemistry 4192

хúтрый *A* sly 3749

хлеб *Nm* bread 1293

хлóпец *Nm* boy (dialect) 4883

хмель *Nm* hops 4807

ход *Nm* course 561

ходúть *V* walk 418

хозя́ин *Nm* master 807

хозя́йка *Nf* hostess, owner 2429

хозя́йственный *A* household 3112

хозя́йство *Nn* house; sector 1269

холл *Nm* hall 4394

холм *Nm* hill 2663

хóлод *Nm* cold 2618

холодúльник *Nm* refrigerator 3201

холóдный *A* cold 1059

хор *Nm* choir 3244

хорóший *A* good 129

хорошó *Adv* well, all right 188

хотéть *V* want 75

хотéться *V* want, like 359

хоть *Part* at least 610

хотя́ *C* although, but 157

храм *Nm* temple 1371

хранéние *Nn* storage, safekeeping 2946

хранúть *V* keep 2493

хранúться *V* be stored, be kept 3194

хрен *Nm* horseradish, dick (slang) 3724

христианúн *Nm* Christian 3135

христиáнский *A* Christian 2692

христиáнство *Nn* Christianity 3497

Христóс *Nm* Christ 1838

худóжественный *A* artistic, literary 1556

худóжник *Nm* artist 1116

худóжница *Nf* artist (female) 4930

худóй *A* thin 3404

хýдший *A* worst 3655

Цц

царéвна *Nf* tsarevna, princess 4844

царь *Nm* tsar, king 1245

цвет *Nm* colour 819

цветнóй *A* colour(ed) 3075

цветóк *Nm* flower 1060

целевóй *A* target 3685

целикóм *Adv* entirely 2902

целовáть *V* kiss 2917

целовáться *V* kiss 4523

цéлое *Nn* whole 1047

цéлый *A* whole 473

цель *Nf* goal 261

ценá *Nf* price 368

ценúть *V* appreciate, value 3230

цéнность *Nf* value 1156

цéнный *A* valuable 1699

цент *Nm* cent 4645

центр *Nm* centre 367

центрáльный *A* central 1062

цепóчка *Nf* chain 3376

цепь *Nf* chain 2705

церемóния *Nf* ceremony 3641

церкóвный *A* church 2905

цéрковь *Nf* church 755

цивилизáция *Nf* civilization 1935

цивилизóванный *A* civilized 4164

цикл *Nm* cycle 2132

цирк *Nm* circus 4465

цитáта *Nf* quotation, citation 2143

цитúровать *V* quote 2769

цúфра *Nf* figure 1669

цифровóй *A* digital 2949

Чч

чаевы́е *N-* tip 4986

чай *Nm* tea; tip 1164

чáйник *Nm* kettle; teapot; dummy 4082

чáйный *A* tea 4420

час *Nm* hour 177

часовóй *A, N-* security guard 4614

частúца *Nf* particle 3394

частúчно *Adv* partially 3279

чáстность *Nf* detail, particular 1236

ча́стный *A* private 1029

ча́сто *Adv* often 247

частота́ *Nf* frequency, rate 2671

ча́стый *A* frequent 3743

часть *Nf* part, proportion 146

часы́ *N-* clock, watch 1951

чат *Nm* chat room; chat 4641

ча́шка *Nf* cup 2888

чего́ *P* what; why 1126

чей *P* whose 1440

чек *Nm* cheque 4652

челове́к *Nm* human, person 35

челове́ческий *A* human 546

челове́чество *Nn* humanity, mankind 1503

че́люсть *Nf* jaw 4268

чем *C* than 107

чемода́н *Nm* suitcase 3215

чемпио́н *Nm* champion 3754

чемпиона́т *Nm* championship 3427

че́рез *Prep* in, after; across 120

че́реп *Nm* skull 4094

черне́ть *V* turn black 4914

черновик *Nm* draft 4942

черта́ *Nf* line, feature 1408

че́стно *Adv* honestly 1602

че́стный *A* honest 1909

честь *Nf* honour 1377

четве́рг *Nm* Thursday 2660

че́тверо *Num* four (people) 3841

че́тверть *Nf* quarter 3110

четвёрка *Nf* figure of four, group of four, grade four 4721

четвёртый *Num* fourth 1560

четы́ре *Num* four 452

четы́рнадцатый *Num* fourteenth 4947

четы́рнадцать *Num* fourteen 4573

чече́нец *Nm* Chechen 4355

чече́нский *A* Chechen 3486

чёрный *A* black 402

чёрт *Nm* devil 1216

чёткий *A* precise 2385

чино́вник *Nm* official 1709

чи́сленность *Nf* quantity, number 3179

число́ *Nn* number; date 263

числово́й *A* numerical 4816

чи́стить *V* clean 4363

чи́сто *Adv* cleanly; purely 1763

чистота́ *Nf* cleanliness; purity 3316

чи́стый *A* clean, pure 785

чита́тель *Nm* reader 947

чита́ть *V* read 304

чита́ться *V* be read; be pronounced 4527

член *Nm* member 487

чрезвыча́йно *Adv* extremely 2308

чрезвыча́йный *A* extraordinary, extreme 4101

чте́ние *Nn* reading 1651

что *C* that 9

что *P* what 34

что́бы *C* in order to 57

что-ли́бо *P* anything, something 3514

что-нибу́дь *P* something, anything 1160

что-то *P* something, anything 217

чу́вство *Nn* feeling 385

чу́вствовать *V* feel, sense 400

чу́вствоваться *V* be felt, be sensed 3803

чуде́сно *Adv* wonderful(ly) 4769

чуде́сный *A* wonderful 2858

чу́до *Nn* miracle 1430

чужо́й *A, N-* strange, unfamiliar 919

чуть *Adv* slightly, a bit 532

чуть-чу́ть *Adv* a little 3400

Шш

шаг *Nm* step 558

шага́ть *V* stride, walk 4195

шампа́нское *Nn* champagne 3984

шампу́нь *Nm* shampoo 4774

шанс *Nm* chance 1643

ша́пка *Nf* cap, hat 3380

шар *Nm* ball 2556

ша́хматы *N-* chess 4537

швейца́р *Nm* porter 4817

шепта́ть *V* whisper 2323

шерсть *Nf* wool 4257

шестна́дцатый *Num* sixteenth 4961

шестна́дцать *Num* sixteen 4501

шесто́й *Num* sixth 2869

шесть *Num* six 939

шестьдеся́т *Num* sixty 3567

шестьсо́т *Num* six hundred 4744

шеф *Nm* boss 3251

ше́я *Nf* neck 1637

шёлковый *A* silk 4507

ши́бко *Adv* very (dialect) 4875

ширина́ *Nf* width 3869

широ́кий *A* wide 732

широко́ *Adv* widely 1962

шить *V* sew 4508

шкаф *Nm* wardrobe, cupboard 2653
шко́ла *Nf* school 280
шко́льник *Nm* pupil 3007
шко́льный *A* school 2007
шля́ться *V* hang around, gallivant 4835
шок *Nm* shock 3405
шокола́д *Nm* chocolate 4531
шоссе́ *Nn* motorway 3314
шо́у *Nn* show 3202
шофёр *Nm* driver 3919
штаб *Nm* headquarters 1679
штат *Nm* staff; state 1449
штраф *Nm* fine 3636
шту́ка *Nf* thing, item 1999
штукату́рка *Nf* plaster 4818
штурва́л *Nm* steering wheel 4812
шум *Nm* noise 1629
шуме́ть *V* make a noise, be noisy 4325
шу́мный *A* noisy 4397
шути́ть *V* joke 3190
шу́тка *Nf* joke 1850

Щщ

щека́ *Nf* cheek 2236
щекота́ть *V* tickle 4884
щель *Nf* chink, crack 4028
щено́к *Nm* puppy 4309
щит *Nm* shield 3428

Ээ

эволю́ция *Nf* evolution 2880
экза́мен *Nm* exam 2128
экземпля́р *Nm* copy 2950
экзо́тика *Nf* exotica 4798
экипа́ж *Nm* crew 2344
экологи́ческий *A* ecological 2827
эконо́мика *Nf* economy 803
экономи́ст *Nm* economist 3985
эконо́мить *V* save 4587
экономи́ческий *A* economic 548
эконо́мия *Nf* savings, economy 4088
экра́н *Nm* screen 1334
экску́рсия *Nf* excursion 3933
экспеди́ция *Nf* expedition 2764
экспериме́нт *Nm* experiment 1826
эксперимента́льный *A* experimental 4158
экспе́рт *Nm* expert 1818
эксперти́за *Nf* examination 3686
эксплуата́ция *Nf* exploitation; operation 2851

э́кспорт *Nm* export 3708
экстреми́стский *A* extremist 4819
электри́ческий *A* electric 2978
электри́чество *Nn* electricity 4313
электри́чка *Nf* train 4463
электро́нный *A* electronic 1352
электроэне́ргия *Nf* electric power 4390
элеме́нт *Nm* element 955
элемента́рный *A* elementary 3604
эли́та *Nf* elite 3122
эмоциона́льный *A* emotional 2725
эмо́ция *Nf* emotion 2106
энерге́тика *Nf* power industry, energy 3981
энергети́ческий *A* power 3074
энерги́чный *A* energetic 4327
эне́ргия *Nf* energy 879
энтузиа́зм *Nm* enthusiasm 4090
энциклопе́дия *Nf* encyclopedia 4422
эпизо́д *Nm* episode 2710
эпо́ха *Nf* epoch, era 1476
эта́ж *Nm* floor 1364
эта́п *Nm* stage 1151
этни́ческий *A* ethnic 4126
э́то *P* this 11
э́тот *P* this 12
эфи́р *Nm* air; ether 2261
эффе́кт *Nm* effect 1390
эффекти́вность *Nf* effectiveness 2074
эффекти́вный *A* effective 1527
э́хо *Nn* echo 3241

Юю

юбиле́й *Nm* anniversary 4300
ю́бка *Nf* skirt 3652
юг *Nm* south 1957
ю́жный *A* southern 1533
ю́зер *Nm* PC user 4948
ю́мор *Nm* humour 3030
ю́ность *Nf* youth 3448
ю́ноша *Nm* youth, young boy 2305
ю́ный *A* young 2263
юриди́ческий *A* legal; law 1942
юри́ст *Nm* lawyer 3370

Яя

я *P* I, me 5
я́блоко *Nn* apple 2771
явле́ние *Nn* phenomenon, feature, fact 1107
явля́ться *V* be, appear 149

я́вный *A* evident 2639

я́года *Nf* berry 4562

яд *Nm* poison 4123

я́дерный *A* nuclear 2093

ядро́ *Nn* centre, core 2958

язы́к *Nm* language; tongue 229

языково́й *A* language 3613

яйцо́ *Nn* egg 2405

я́кобы *Part* allegedly, supposedly 2672

я́ма *Nf* pit 3323

янва́рь *Nm* January 956

янта́рный *A* amber 4915

япо́нец *Nm* Japanese 3484

япо́нский *A* Japanese 2065

я́ркий *A* bright 1229

я́рко *Adv* brightly 2929

я́рость *Nf* rage 3760

я́сли *N-* nursery 4975

я́сно *Adv* clear 1198

я́сный *A* clear 1148

я́щик *Nm* box; drawer 1612

Part-of-speech index

rank, **lemma**, English gloss

Nouns

35 **челове́к** human, person	176 **никто́** no one, nobody	276 **го́лос** voice, vote
37 **год** year	177 **час** hour	277 **ме́сяц** month
48 **вре́мя** time	179 **де́ньги** money	278 **мысль** thought
66 **день** day	182 **земля́** land, ground	279 **свет** light
68 **жизнь** life	187 **кни́га** book	280 **шко́ла** school
69 **пе́рвый** first	191 **компа́ния** company	281 **де́йствие** action, effect
71 **де́ло** business, case	192 **исто́рия** history, story	283 **ка́чество** quality
72 **два** two	196 **возмо́жность** opportunity,	284 **ситуа́ция** situation
77 **раз** time	possibility	285 **о́бласть** region, area, field
79 **рабо́та** work, job	199 **результа́т** result	286 **внима́ние** attention
88 **рука́** hand; arm	209 **маши́на** machine; car	288 **доро́га** road
89 **го́род** city	210 **гру́ппа** group, grouping	292 **взгляд** glance
90 **вопро́с** question, issue	213 **пра́во** right, rights, law	293 **усло́вие** condition
94 **сло́во** word	215 **война́** war	295 **мужчи́на** man
96 **ме́сто** place	216 **путь** way	298 **любо́вь** love
99 **ребёнок** child	220 **и́мя** name	299 **связь** connection, bond;
102 **друг** friend	224 **отве́т** answer, reply	communication
112 **Росси́я** Russia	226 **бог** God	303 **игра́** game
121 **мно́го** many	227 **вода́** water	306 **организа́ция** organisation
122 **мир** world; peace	229 **язы́к** language; tongue	307 **статья́** article
125 **слу́чай** case	236 **реше́ние** decision	308 **сре́дство** remedy, means,
128 **сторона́** side	237 **наро́д** people, nation	way
130 **глаз** eye	239 **власть** power	309 **душа́** soul
133 **не́сколько** several, a few	241 **ночь** night	313 **те́ло** body
136 **дом** home, house	246 **дверь** door	315 **жена́** wife
137 **страна́** country	248 **у́ровень** level, rate	317 **пора́** it's time
140 **после́дний** last	250 **зако́н** law	319 **письмо́** letter
141 **лицо́** face	251 **разви́тие** development	320 **о́бщество** society
143 **си́ла** strength, force	252 **програ́мма** programme	321 **состоя́ние** condition, state
144 **же́нщина** woman	253 **нача́ло** beginning	323 **ве́чер** evening
146 **часть** part, proportion	255 **оте́ц** father	326 **смысл** meaning, sense,
150 **систе́ма** system	256 **нога́** leg; foot	point
151 **вид** look; view; kind	259 **моме́нт** moment	327 **семья́** family
152 **голова́** head	260 **по́мощь** help	328 **ме́ра** measure
153 **коне́ц** end, finish	261 **цель** goal	329 **госуда́рство** state
160 **пробле́ма** problem	263 **число́** number; date	331 **вещь** thing
164 **отноше́ние** relationship	266 **ты́сяча** thousand	334 **у́тро** morning
165 **три** three	269 **мину́та** minute	336 **мать** mother
166 **второ́й** second, two	270 **информа́ция** information	337 **де́вушка** girl
170 **о́браз** image, way	273 **проце́сс** process	340 **стол** table
173 **Москва́** Moscow	274 **а́втор** author	341 **причи́на** cause
	275 **фо́рма** form, shape	342 **прое́кт** project, draft

343 **у́лица** street	451 **то́чно** exactly	555 **направле́ние** direction
344 **ры́нок** market	452 **четы́ре** four	557 **предприя́тие** enterprise
350 **то́чка** point	458 **собы́тие** event	558 **шаг** step
356 **те́ма** theme, topic	460 **большинство́** majority	560 **по́ле** field
358 **неде́ля** week	465 **прави́тельство** government	561 **ход** course
361 **ко́мната** room		562 **иссле́дование** research
367 **центр** centre	467 **суд** court	564 **пол** floor; sex
368 **цена́** price	468 **президе́нт** president	565 **кома́нда** team
369 **сын** son	472 **рубль** ruble	568 **ма́льчик** boy
371 **де́ятельность** activity	474 **фильм** film	572 **ме́тод** method
373 **иде́я** idea	476 **би́знес** business	574 **встре́ча** meeting
375 **пра́вило** rule	479 **миллио́н** million	576 **сон** sleep, dream
378 **движе́ние** movement, traffic	481 **культу́ра** culture	578 **слу́жба** service
	482 **текст** text	579 **остана́вливаться** stop
382 **ма́ма** mum	485 **докуме́нт** document	580 **во́здух** air
384 **коли́чество** quantity	487 **член** member	581 **кровь** blood
385 **чу́вство** feeling	488 **телефо́н** telephone	582 **зре́ние** sight
388 **смерть** death	492 **спо́соб** way, means	583 **врач** doctor
390 **труд** work	493 **тече́ние** course, current	584 **по́вод** cause, reason
392 **пять** five	494 **счёт** account, bill	585 **рост** growth; height
393 **зада́ча** task	498 **роди́тель** parent	589 **зна́ние** knowledge
398 **мне́ние** opinion	501 **разгово́р** talk, conversation	592 **населе́ние** population
401 **тре́тий** third	504 **метр** metre	593 **па́лец** finger
403 **приме́р** example	505 **при́нцип** principle	594 **де́сять** ten
405 **положе́ние** position, situation	506 **сайт** site	596 **о́рган** organ; authorities
	509 **па́ртия** party, consignment	597 **до́ллар** dollar
406 **поря́док** order	510 **образова́ние** education	601 **уча́стие** participation, role
408 **век** century	511 **ско́лько** how many, how much	604 **род** gender, kind
410 **муж** husband		606 **де́вочка** girl
411 **речь** speech	516 **пери́од** period	608 **мо́ре** sea
414 **стена́** wall	518 **па́ра** couple, pair	611 **приро́да** nature, natural environment
419 **окно́** window	519 **ряд** row, number	
421 **план** plan	520 **кварти́ра** flat	612 **магази́н** shop
422 **тип** type	521 **значе́ние** meaning	615 **испо́льзование** use
423 **о́ба** both	527 **жела́ние** desire, wish	618 **объе́кт** object, subject
424 **сове́т** council, advice	530 **но́мер** number, hotel room	619 **па́мять** memory
430 **о́пыт** experience, experiment	533 **о́чередь** queue	620 **свобо́да** freedom
	534 **поли́тика** politics	621 **борьба́** struggle, battle
431 **се́рдце** heart	535 **класс** class, year	626 **назва́ние** name
432 **нау́ка** science	536 **брат** brother	629 **предме́т** item, subject
433 **сообще́ние** message	540 **произво́дство** manufacture, production	631 **плечо́** shoulder
434 **управле́ние** management, control		632 **му́зыка** music
	541 **райо́н** area, district	633 **самолёт** (aero)plane
435 **да́нные** data	542 **осно́ва** base	634 **пози́ция** position
437 **интере́с** interest	543 **ве́рить** believe	636 **хара́ктер** character, nature
439 **газе́та** newspaper	544 **измене́ние** change	638 **разме́р** size
442 **материа́л** material	549 **факт** fact	641 **проду́кт** product
443 **роль** role	553 **не́бо** sky	642 **геро́й** hero
449 **а́рмия** army	554 **созда́ние** creation	645 **со́лнце** sun

899	писа́тель writer	980	ито́г total, result	1075	февра́ль February
900	проти́вник enemy	981	сожале́ние regret,	1076	обстоя́тельство fact
901	сфе́ра sphere, sector		sympathy	1078	ию́нь June
903	звезда́ star	982	у́хо ear	1081	боле́знь disease
907	знак sign, mark	983	заня́тие occupation, lesson	1082	пло́щадь square; area
908	влия́ние influence, effect	985	существова́ние existence,	1083	подхо́д approach
911	грудь chest, breast		being	1086	ста́нция station
912	двор yard	987	мужи́к man	1087	обуче́ние training,
915	банк bank	989	октя́брь October		learning
916	контро́ль control	992	нос nose	1092	за́пись note; record,
917	пункт paragraph	993	существо́ creature		recording
918	ра́дость gladness, joy	994	генера́л general	1099	соотве́тствие
920	фу́нкция function	1000	сентя́брь September		correspondence,
922	впечатле́ние impression	1003	клуб club		accordance
924	содержа́ние contents	1009	ле́то summer	1100	поэ́т poet
926	основа́ние foundation,	1014	оде́жда clothing, clothes	1103	офице́р officer
	basis, setting up	1018	автомоби́ль car	1104	револю́ция revolution
928	объём volume, size	1020	прода́жа sale	1105	рекла́ма advertisement
932	режи́м mode, regime	1021	ра́мка frame, scope	1106	вы́боры election(s)
933	во́ля will	1022	дека́брь December	1107	явле́ние phenomenon,
934	киломе́тр kilometre	1023	теа́тр theatre		feature, fact
938	ли́чность personality,	1024	университе́т university	1110	отде́л department
	identity	1025	произведе́ние production,	1111	коро́ль king
939	шесть six		creative work	1113	фронт front line
941	здоро́вье health	1026	СССР USSR	1116	худо́жник artist
942	рот mouth	1030	сестра́ sister, nurse	1117	живо́тное animal
943	регио́н region	1033	фонд fund	1119	по́льзователь user
944	преде́л limit, bound	1034	РФ Russian Federation	1120	стиль style
947	чита́тель reader	1038	Фра́нция France	1122	ию́ль July
948	стари́к old man	1040	за́пад west	1123	но́рма norm, standard
949	пра́ктика practice	1041	выраже́ние expression	1124	отве́тственность
953	побе́да victory	1045	ве́рсия version		responsibility
955	элеме́нт element	1046	мини́стр minister	1125	сто hundred
956	янва́рь January	1047	це́лое whole	1128	переда́ча transmission,
957	руково́дство guidance,	1049	не́мец German		programme
	management, leadership	1050	губа́ lip	1129	фра́за phrase
962	сто́имость cost	1052	а́кция campaign; share,	1130	определе́ние definition;
963	а́вгуст August		stock		determination
966	секу́нда second	1055	изменя́ться change	1131	рабо́тник worker, employee
967	жи́тель inhabitant, resident	1058	Аме́рика America	1135	да́та date
968	мно́жество many,	1060	цвето́к flower	1138	семь seven
	multitude	1064	суть essence, crux	1139	фотогра́фия photograph
969	пра́здник holiday, festival	1065	заво́д factory, plant	1140	волна́ wave
970	су́мма amount	1066	федера́ция federation	1141	разрабо́тка development
973	команди́р commander	1069	приём reception	1142	дохо́д income
974	сце́на scene, stage	1071	осо́бенность feature	1143	капита́н captain
976	те́хника equipment;	1072	дере́вня village	1144	уси́лие effort
	technique	1073	понима́ние understanding	1145	сто́лько so much, so many
977	подгото́вка preparation	1074	рожде́ние birth	1147	профе́ссор professor

1380 **гла́вное** the main thing	1460 **расчёт** calculation	1531 **отря́д** group, squad
1384 **катего́рия** category, class	1461 **за́пах** odour, aroma	1534 **телеви́зор** television
1385 **прика́з** order	1464 **преступле́ние** crime	1535 **во́дка** vodka
1386 **администра́ция** administration	1466 **обраще́ние** appeal, appointment	1536 **вес** weight
1387 **глубина́** depth	1468 **ка́мера** camera; cell	1537 **дед** grandfather
1388 **полёт** flight	1471 **столи́ца** capital	1541 **со́рок** forty
1390 **эффе́кт** effect	1473 **торго́вля** trade	1542 **повыше́ние** rise; promotion
1394 **описа́ние** description	1474 **больни́ца** hospital	1544 **кры́ша** roof; head (slang)
1395 **риск** risk	1475 **та́йна** mystery, secret	1545 **звоно́к** bell, ring
1396 **подру́га** friend (female)	1476 **эпо́ха** epoch, era	1547 **печа́ть** stamp; print, printing
1398 **ло́шадь** horse	1479 **литерату́рный** literary	1548 **ра́дио** radio
1399 **коридо́р** corridor	1480 **выполне́ние** accomplishment, doing	1549 **конта́кт** contact
1400 **капита́л** capital	1481 **вы́ставка** exhibition	1552 **да́ма** lady
1401 **ко́нкурс** competition	1483 **вы́пуск** edition; production	1554 **газ** gas
1402 **партнёр** partner	1485 **уваже́ние** respect	1555 **тво́рчество** creation, work
1404 **исключе́ние** exception; expulsion	1488 **бу́ква** letter	1560 **четвёртый** fourth
1406 **весна́** spring	1489 **после́дствие** consequence	1561 **пове́рхность** surface
1407 **красота́** beauty	1492 **изображе́ние** image, picture	1562 **брак** marriage; defect
1408 **черта́** line, feature	1495 **заключе́ние** setting up, conclusion; imprisonment	1567 **мероприя́тие** event; measure
1409 **три́дцать** thirty	1499 **дета́ль** detail; part	1568 **до́ступ** access
1411 **схе́ма** scheme	1501 **авто́бус** bus	1569 **устано́вка** setting, installation
1412 **ры́ба** fish	1502 **воспомина́ние** remembrance, memory	1572 **сво́йство** feature
1420 **тру́бка** tube; telephone receiver	1503 **челове́чество** humanity, mankind	1573 **бесе́да** conversation
1423 **аппара́т** apparatus, equipment	1504 **ко́рпус** block, building; body; corps; corpus (linguistics)	1574 **стекло́** glass
1426 **откры́тие** opening, discovery	1505 **вкус** taste, flavour	1576 **ресу́рс** resource
1428 **стихи́** poetry	1506 **заседа́ние** meeting	1580 **зада́ние** task, assignment
1430 **чу́до** miracle	1508 **миллиа́рд** billion	1581 **рефо́рма** reform
1432 **фами́лия** surname	1509 **недоста́ток** disadvantage; shortage	1583 **обя́занность** duty
1434 **ключ** key	1512 **перспекти́ва** perspective	1588 **биле́т** ticket
1436 **кре́сло** armchair	1513 **отделе́ние** department; separation	1590 **расхо́д** expense
1439 **ра́зница** difference	1514 **ссы́лка** reference; exile	1591 **обору́дование** equipment
1441 **во́семь** eight	1515 **конфере́нция** conference	1594 **владе́лец** owner
1444 **министе́рство** ministry	1519 **разреше́ние** permission; resolution	1599 **дя́дя** uncle
1445 **кино́** film	1522 **обе́д** lunch	1600 **крик** scream
1449 **штат** staff; state	1523 **угро́за** threat	1603 **сигна́л** signal
1450 **нало́г** tax	1524 **изуче́ние** study; research	1604 **формирова́ние** formation, development
1452 **сведе́ние/све́дение** information (the first syllable stressed); resolution (the second syllable stressed)	1526 **про́сьба** request, ask	1605 **трава́** grass
	1529 **вход** entrance; log-in	1607 **учрежде́ние** institution
1453 **конфли́кт** conflict		1608 **лече́ние** treatment
1455 **середи́на** middle		1609 **Кита́й** China
1456 **пода́рок** gift		1610 **показа́тель** indicator, figure
		1611 **замо́к** castle; lock
		1612 **я́щик** box; drawer

1858	**си́мвол** symbol, character	1948	**дворе́ц** palace	2034	**коллекти́в** group, team
1861	**кандида́т** candidate	1949	**стака́н** glass	2036	**добро́** good
1862	**ата́ка** attack	1950	**кот** cat (male)	2037	**тро́е** three (people)
1863	**кле́тка** cage; cell	1951	**часы́** clock, watch	2038	**уче́ние** teaching
1868	**слой** layer	1953	**лоб** forehead	2039	**воскресе́нье** Sunday
1869	**назначе́ние** appointment; purpose, order	1954	**промы́шленность** industry	2040	**доказа́тельство** proof, evidence
1873	**сме́на** shift	1955	**спорт** sport	2042	**спрос** demand
1875	**парк** park	1956	**о́трасль** branch	2044	**разли́чие** difference
1877	**тюрьма́** prison	1957	**юг** south	2045	**ко́рень** root
1878	**наблюде́ние** observation	1958	**взрыв** explosion	2047	**пя́тница** Friday
1881	**ми́нимум** minimum	1959	**обме́н** exchange	2049	**продаве́ц** retailer; shop assistant
1882	**полтора́** one and a half	1960	**демокра́тия** democracy	2054	**величина́** value, size, amount
1883	**мя́со** meat	1966	**стремле́ние** aspiration, urge	2055	**напряже́ние** voltage; strain
1886	**соглаше́ние** agreement	1967	**стреля́ть** shoot, fire	2056	**крестья́нин** farm worker
1888	**преиму́щество** advantage	1968	**отка́з** refusal	2058	**преподава́тель** teacher
1891	**ку́ча** pile	1969	**забо́та** care, concern	2060	**кольцо́** ring, circle
1892	**поко́й** peace	1970	**нож** knife	2064	**доска́** board
1893	**бок** side	1978	**ваго́н** carriage	2067	**верши́на** peak
1898	**тру́дность** difficulty	1980	**мышле́ние** thinking	2071	**секре́т** secret
1899	**объясне́ние** explanation	1981	**поли́ция** police	2074	**эффекти́вность** effectiveness
1902	**дура́к** fool	1987	**о́круг** constituency, district	2075	**иму́щество** property
1903	**сотру́дничество** cooperation	1989	**пятьдеся́т** fifty	2076	**строй** system, formation
1905	**фон** background	1990	**вещество́** substance	2077	**ру́чка** pen, handle
1906	**конь** horse	1991	**продолже́ние** continuation	2079	**персона́ж** character
1907	**путеше́ствие** travel	1993	**бла́го** good; amenity	2084	**утвержде́ние** approval; assertion
1908	**площа́дка** area; site	1994	**нефть** oil	2086	**понеде́льник** Monday
1912	**взаимоде́йствие** interaction	1995	**акаде́мия** academy	2089	**портре́т** portrait
1913	**импе́рия** empire	1996	**сантиме́тр** centimetre	2091	**поро́г** threshold, doorstep
1918	**едини́ца** figure of one; unit	1997	**живо́т** stomach	2094	**объедине́ние** association, joining
1921	**температу́ра** temperature	1998	**карти́нка** picture	2095	**остально́е** rest
1922	**пла́тье** dress	1999	**шту́ка** thing, item	2097	**се́ктор** sector
1925	**зло** harm, evil	2004	**возвраще́ние** return	2099	**приложе́ние** supplement, attachment; application
1926	**о́тдых** holiday, rest	2006	**образе́ц** sample	2100	**подро́бность** detail
1927	**труба́** pipe, chimney	2010	**профе́ссия** profession	2103	**луч** ray
1932	**станда́рт** standard	2011	**затра́ты** expenses	2104	**привы́чка** habit
1933	**отчёт** report	2013	**гости́ница** hotel	2105	**пре́сса** press
1935	**цивилиза́ция** civilization	2014	**заболева́ние** disease	2106	**эмо́ция** emotion
1936	**пацие́нт** patient	2015	**кампа́ния** campaign	2108	**испыта́ние** test
1937	**ста́тус** status	2016	**село́** village	2110	**восприя́тие** perception
1938	**ма́сло** oil; butter	2019	**по́чта** post office; post	2111	**де́вять** nine
1940	**ста́вка** rate	2021	**па́уза** pause	2112	**лейтена́нт** lieutenant
1941	**вина́** fault; guilt	2022	**пала́та** ward; chamber	2113	**наступле́ние** onset, coming; offensive, attack
1944	**молоко́** milk	2024	**креди́т** credit		
1945	**страсть** passion	2025	**суббо́та** Saturday		
1946	**костю́м** suit, costume	2028	**уве́ренность** confidence		
1947	**грех** sin	2029	**слу́шатель** listener		
		2030	**лев** lion		

2352 **кра́ска** paint	2437 **моти́в** motive; tune	2518 **спасе́ние** saving, rescue
2354 **раке́та** rocket	2439 **туале́т** toilet, lavatory	2519 **лаборато́рия** laboratory
2356 **постановле́ние** decree, act	2440 **ба́нка** jar	2521 **ка́пля** drop
2360 **свиде́тельство** certificate	2441 **остано́вка** stop	2524 **па́спорт** passport
2361 **потоло́к** ceiling	2442 **трево́га** anxiety	2525 **по́лка** shelf
2362 **аудито́рия** lecture theatre; audience	2443 **оборо́т** turnover; turn; circulation	2526 **ги́бель** death
		2528 **вы́зов** call
2363 **песо́к** sand	2447 **порт** port	2529 **дар** gift
2365 **грязь** dirt	2448 **су́дно** ship, vessel; chamber pot	2530 **протоко́л** protocol, report
2368 **а́нгел** angel		2531 **акти́вность** activity
2369 **монасты́рь** monastery, closter	2451 **плод** fruit	2533 **рекоменда́ция** advice; recommendation, reference
	2455 **борт** side, board	
2372 **анекдо́т** anecdote, joke	2457 **соедине́ние** connection	
2373 **выезжа́ть** leave	2458 **контра́кт** contract	2535 **объявле́ние** advertisement, announcement
2374 **маршру́т** route	2459 **сва́дьба** wedding	
2375 **о́тпуск** holiday	2460 **дове́рие** trust	
2377 **соо́бщество** community	2461 **диало́г** dialogue	2536 **лека́рство** medicine
2380 **пыль** dust	2462 **тума́н** fog	2539 **посёлок** village
2386 **паде́ние** fall	2463 **восто́рг** delight	2542 **полчаса́** half an hour
2388 **расте́ние** plant	2465 **прибо́р** device	2545 **выска́зывание** statement, remark
2390 **аргуме́нт** argument	2466 **то́чность** precision	
2391 **введе́ние** introduction	2469 **девчо́нка** young girl	2546 **карье́ра** career
2393 **бое́ц** fighter	2471 **персона́л** staff	2549 **замеча́ние** remark, comment
2394 **ткань** cloth	2473 **молча́ние** silence	
2397 **нужда́** need	2474 **мальчи́шка** small boy	2551 **моро́з** frost
2398 **го́рло** throat	2477 **очки́** glasses	2552 **альбо́м** album
2399 **до́чка** daughter	2480 **конститу́ция** constitution	2553 **вокза́л** station
2401 **кость** bone	2483 **ко́декс** code	2554 **справедли́вость** justice
2402 **сто́лик** table	2484 **опера́тор** operator	2555 **страда́ние** suffering
2405 **яйцо́** egg	2485 **бере́менность** pregnancy	2556 **шар** ball
2406 **склад** warehouse	2486 **майо́р** major	2557 **поли́тик** politician
2407 **темп** tempo, pace	2489 **иссле́дователь** researcher	2560 **запи́ска** note
2412 **запро́с** request	2490 **францу́з** Frenchman	2564 **да́ча** summer home, dacha
2413 **адвока́т** lawyer	2492 **препара́т** drug	2565 **осуществле́ние** implementation
2415 **форма́т** format	2494 **игру́шка** toy	
2418 **пистоле́т** pistol	2497 **констру́кция** construction, design	2568 **ко́смос** space
2420 **подро́сток** teenager		2569 **изде́лие** product
2421 **бо́мба** bomb	2499 **сезо́н** season	2570 **гара́нтия** guarantee; warranty
2423 **ухо́д** leaving; care	2500 **фо́рмула** formula	
2425 **заведе́ние** place, establishment	2502 **рассмотре́ние** review, inspection	2573 **противоре́чие** contradiction
	2506 **наси́лие** violence	2574 **обяза́тельство** obligation
2427 **ба́шня** tower	2507 **кула́к** fist	2575 **отню́дь** nowhere near, by no means
2428 **го́ре** grief, misfortune	2509 **жест** gesture	
2429 **хозя́йка** hostess, owner	2512 **англича́нин** Englishman	2578 **моги́ла** grave
2430 **на́вык** skill	2514 **фи́зика** physics	2580 **ору́дие** tool, instrument, gun, cannon
2431 **бога́тство** wealth	2515 **ка́рточка** card	
2435 **пораже́ние** defeat; impairment; lesion	2516 **брига́да** brigade; team	2581 **миг** instant, moment
2436 **подразделе́ние** unit	2517 **обслу́живание** service	2582 **подъе́зд** entrance

2809 **напиток** drink

2811 **подпись** signature

2814 **математика** mathematics

2818 **авторитет** authority; criminal leader (slang)

2819 **отражение** reflection; fending off

2820 **мотор** engine

2821 **кремль** Kremlin, fortress

2824 **измерение** measurement, dimension

2825 **студия** studio

2831 **повесть** story, novel

2832 **компонент** component, ingredient

2833 **невеста** bride; fiancée

2835 **гордость** pride

2836 **вклад** contribution; deposit

2838 **металл** metal

2839 **Русь** Rus', Ancient Russia

2844 **пребывание** residence

2846 **ложь** lie

2848 **катастрофа** catastrophe, crash

2849 **профиль** profile

2851 **эксплуатация** exploitation; operation

2852 **квартал** block of houses; quarter

2853 **пожар** fire

2857 **подъём** ascent, rise

2861 **статистика** statistics

2863 **процессор** processor

2864 **руль** steering wheel

2868 **убийца** killer

2869 **шестой** sixth

2871 **супруг** spouse, husband

2873 **прогноз** forecast

2874 **собеседник** interlocutor

2875 **свидание** date

2876 **тонна** tonne

2877 **медведь** bear

2878 **платформа** platform

2879 **сахар** sugar

2880 **эволюция** evolution

2881 **пустыня** desert

2883 **мебель** furniture

2884 **обида** offence

2885 **горизонт** horizon

2886 **сочетание** combination

2887 **артист** artist, actor

2888 **чашка** cup

2889 **съезд** congress

2890 **принц** prince

2891 **справка** certificate, statement; inquiry

2892 **приобретение** acquisition, purchase

2893 **график** schedule; diagram, graph

2894 **профессионал** professional

2895 **философ** philosopher

2896 **гнев** anger

2898 **ветка** branch

2899 **отставать** be behind

2900 **слабость** weakness

2903 **дедушка** grandfather

2904 **крепость** fortress; strength

2906 **опрос** survey, poll

2908 **консультант** consultant

2909 **независимость** independence

2911 **свеча** candle

2912 **каталог** catalogue

2913 **долина** valley

2914 **ствол** trunk

2918 **коллекция** collection

2919 **забор** fence; intake

2920 **отчаяние** despair

2923 **благодарность** thanks, gratitude

2928 **награда** award

2935 **фото** photo

2936 **установление** establishment

2937 **оппозиция** opposition

2939 **градус** degree

2941 **тарелка** plate, bowl

2942 **предположение** assumption

2944 **ступень** step; stage

2945 **молодец** well done, great

2946 **хранение** storage, safekeeping

2948 **издательство** publishing house

2950 **экземпляр** copy

2952 **неудача** failure

2955 **историк** historian

2958 **ядро** centre, core

2959 **предок** ancestor

2960 **медицина** medicine

2961 **мудрость** wisdom

2965 **россиянин** Russian

2966 **сок** juice

2968 **преступник** criminal

2970 **расположение** location, mood

2974 **словарь** dictionary

2975 **рана** wound

2981 **кафедра** department

2982 **блюдо** dish

2983 **заказчик** customer

2984 **посол** ambassador

2985 **мышь** mouse

2988 **верёвка** rope, line

2989 **поза** pose

2990 **волнение** excitement

2991 **лапа** paw

2994 **тётя** aunt

2996 **размышление** thought

3001 **мука, мука** flour; torment

3004 **архитектура** architecture

3006 **обычай** custom

3007 **школьник** pupil

3010 **ветеран** veteran

3011 **лампа** lamp

3014 **лицензия** licence

3017 **материя** matter; fabric

3018 **прогулка** walk

3019 **разрыв** gap

3020 **пустота** emptiness, space

3025 **замена** replacement

3026 **тренировка** training

3029 **молодость** youth

3030 **юмор** humour

3031 **Африка** Africa

3034 **твёрдо** firm(ly), stern(ly)

3038 **приговор** verdict

3040 **алкоголь** alcohol

3041 **дизайн** design

3042 **расследование** investigation

3043 **просмотр** viewing

3044 **уничтожение** destruction

3045 **спальня** bedroom

3048 **попра́вка** correction

3049 **про́за** prose

3050 **поста́вка** delivery, supply

3051 **сканда́л** scandal

3052 **соотноше́ние** ratio

3054 **ад** hell

3058 **одея́ло** blanket

3061 **мы́шца** muscle

3063 **укрепле́ние** strengthening

3065 **учёба** studies

3070 **фа́брика** factory

3071 **пеще́ра** cave

3073 **монито́р** monitor

3076 **матч** match

3078 **поду́шка** pillow

3080 **препя́тствие** obstacle

3081 **фона́рь** (street) light, black eye (slang)

3082 **лифт** lift

3086 **департа́мент** department

3088 **подтвержде́ние** confirmation

3089 **батаре́я** radiator; battery

3092 **седьмо́й** seventh

3093 **се́рвис** service

3095 **флаг** flag

3096 **посо́бие** benefit, aid; textbook

3097 **приключе́ние** adventure

3102 **доро́жка** road; path; way

3105 **неприя́тность** trouble

3106 **внук** grandson

3107 **посла́ние** message

3108 **рассве́т** dawn

3109 **пляж** beach

3110 **че́тверть** quarter

3111 **вор** thief

3120 **любопы́тство** curiosity

3122 **эли́та** elite

3125 **оформле́ние** execution; design; processing

3126 **по́двиг** feat

3127 **ритм** rhythm

3128 **заверше́ние** completion, finishing

3129 **голосова́ние** voting, ballot

3130 **о́тзыв** reference, feedback

3131 **нерв** nerve

3132 **пило́т** pilot

3133 **иллю́зия** illusion

3135 **христиани́н** Christian

3136 **акаде́мик** academician

3139 **тра́сса** track

3140 **ге́ний** genius

3149 **тя́жесть** weight

3152 **запре́т** ban

3153 **уголо́к** corner

3154 **тре́нер** coach (sport)

3155 **вы́года** benefit

3156 **рок** fate; rock

3158 **москви́ч** Muscovite

3159 **переры́в** break

3160 **бассе́йн** pool

3162 **употребле́ние** use, application

3164 **гроб** coffin

3165 **мэр** mayor

3167 **каби́на** cabin, cockpit

3168 **зая́вка** application

3169 **кри́тик** critic

3171 **ку́ртка** jacket

3173 **внедре́ние** implementation

3174 **бельё** linen; underwear

3175 **носи́тель** carrier; digital media; native speaker

3177 **обще́ственность** public, community

3178 **милиционе́р** police officer

3179 **чи́сленность** quantity, number

3180 **валю́та** currency

3181 **кла́дбище** cemetery

3185 **ико́на** icon

3188 **после́довательность** sequence, order

3191 **проте́ст** protest

3192 **боти́нок** shoe

3195 **две́сти** two hundred

3196 **показа́ние** indication, evidence

3199 **специа́льность** profession

3200 **поса́дка** planting, landing

3201 **холоди́льник** refrigerator

3202 **шо́у** show

3204 **копе́йка** kopeck

3206 **стих** poetry, verse

3210 **террори́ст** terrorist

3211 **учи́лище** training school, institute

3213 **инвали́д** disabled

3215 **чемода́н** suitcase

3216 **приглаше́ние** invitation

3217 **ро́ды** childbirth

3218 **пес** dog

3219 **младе́нец** baby

3221 **подозре́ние** suspicion

3223 **соблюда́ть** obey

3228 **фрагме́нт** fragment, small part

3229 **постано́вка** production; statement, formulation

3231 **дыра́** hole

3232 **сраже́ние** battle

3233 **бала́нс** balance

3235 **мо́рда** snout

3237 **подва́л** basement, cellar

3239 **ви́за** visa

3241 **э́хо** echo

3243 **социали́зм** socialism

3244 **хор** choir

3245 **рука́в** sleeve

3247 **разруше́ние** destruction

3249 **столо́вая** canteen, dining room

3250 **верх** top

3251 **шеф** boss

3252 **посеще́ние** visit, attendance

3254 **выдаю́щийся** outstanding, eminent

3255 **па́лка** stick

3256 **плита́** stove, plate

3258 **бровь** eyebrow

3260 **рай** heaven

3261 **перево́дчик** translator

3262 **равнове́сие** balance

3263 **сле́дователь** investigator

3264 **обеща́ние** promise

3266 **посо́льство** embassy

3268 **прие́зд** arrival

3269 **быт** daily routine

3270 **мастерска́я** workshop, repair shop

3271 **прохо́д** passage

3273 **уча́щийся** student	3354 **жи́дкость** liquid	3434 **доста́вка** delivery
3274 **па́чка** packet; wad	3357 **фина́нсы** finances	3435 **поступле́ние** receipt; enrolment
3275 **плани́рование** planning	3360 **зага́дка** mystery; riddle	
3277 **Би́блия** Bible	3363 **ма́гия** magic	3436 **регули́рование** regulation
3278 **бизнесме́н** businessman	3364 **исполни́тель** performer; executor	3437 **гипо́теза** hypothesis
3280 **настро́йка** setting		3438 **отъе́зд** departure
3281 **ветвь** branch	3370 **юри́ст** lawyer	3439 **коло́ния** colony
3283 **производи́тельность** productivity	3371 **пропага́нда** propaganda	3442 **размеще́ние** placement, deployment
	3372 **аре́ст** arrest	
3286 **грамм** gram	3373 **терпе́ние** patience	3445 **ви́део** video
3288 **такси́** taxi	3374 **мора́ль** morality	3446 **страхова́ние** insurance
3289 **треть** third	3375 **дипло́м** diploma, degree	3447 **развлече́ние** entertainment
3294 **плато́к** shawl	3376 **цепо́чка** chain	
3296 **кита́ец** Chinese man	3378 **му́сор** rubbish	3448 **ю́ность** youth
3297 **рак** crawfish; cancer	3379 **разделе́ние** division	3449 **пот** sweat
3299 **программи́ст** programmer	3380 **ша́пка** cap, hat	3451 **посу́да** dishes
3301 **охра́нник** guard	3381 **ро́бот** robot	3453 **фаши́ст** fascist
3303 **футбо́л** football	3384 **отбо́р** selection	3454 **ва́нная** bathroom
3304 **соль** salt	3385 **тари́ф** rate, price	3455 **стре́лка** arrow, hand (of clock)
3305 **вступле́ние** introduction, entry	3386 **уста́лость** tiredness	
	3387 **борода́** beard	3456 **проспе́кт** avenue
3308 **ма́ксимум** maximum, the most	3388 **стару́шка** old woman	3457 **турни́р** tournament
	3389 **защи́тник** defender	3458 **иск** lawsuit
3309 **поро́да** breed	3391 **педаго́г** teacher	3462 **фа́за** phase
3314 **шоссе́** motorway	3394 **части́ца** particle	3463 **сорт** grade, type, quality
3315 **происше́ствие** incident	3397 **звено́** link	3465 **грузови́к** lorry
3316 **чистота́** cleanliness; purity	3402 **наслажде́ние** enjoyment	3466 **дина́мика** dynamics
3318 **ку́рица** chicken	3405 **шок** shock	3470 **па́пка** folder, file
3320 **но́жка** leg, foot	3406 **банди́т** bandit	3471 **по́лдень** noon
3322 **вы́плата** payment	3407 **бли́зость** closeness	3472 **духи́** perfume
3323 **я́ма** pit	3408 **гости́ная** living room	3474 **боло́то** swamp
3324 **плен** captivity	3409 **ту́ча** cloud	3475 **ава́рия** accident
3325 **сни́мок** picture	3410 **популя́рность** popularity	3476 **инсти́нкт** instinct
3326 **соблюде́ние** compliance	3411 **тур** round	3479 **маг** magician
3328 **ло́жка** spoon	3413 **балко́н** balcony	3480 **стро́чка** line
3329 **идио́т** idiot	3416 **гита́ра** guitar	3482 **желу́док** stomach
3331 **то́пливо** fuel	3417 **ло́коть** elbow	3483 **побере́жье** coast
3332 **ковёр** carpet, rug	3420 **ми́нус** minus	3484 **япо́нец** Japanese
3334 **консульта́ция** consultation	3421 **споко́йствие** calm	3485 **ра́са** race
3336 **фина́л** end; final	3423 **проще́ние** forgiveness	3487 **нуль** null, zero
3338 **заме́тка** note; newspaper article	3424 **выпускни́к** graduate	3488 **кры́шка** cover, lid
	3426 **поцелу́й** kiss	3490 **те́зис** thesis, point
3339 **галере́я** gallery	3427 **чемпиона́т** championship	3491 **недви́жимость** real estate, property
3342 **сре́днее** average	3428 **щит** shield	
3343 **избира́тель** elector	3429 **действи́тельный** real; valid	3492 **ведро́** bucket
3345 **несча́стье** misfortune		3493 **интелле́кт** intelligence
3347 **жени́х** bridegroom, fiancé	3431 **приз** prize	3494 **плащ** raincoat
3349 **ви́рус** virus	3432 **отте́нок** shade	3495 **принадле́жность** accessory
3350 **моне́та** coin	3433 **со́бственник** owner	

3727 **жа́жда** thirst	3800 **самоуправле́ние** self-government	3874 **оди́ннадцать** eleven
3728 **ре́чка** small river	3801 **лу́жа** puddle	3875 **модерниза́ция** modernization
3730 **совоку́пность** aggregate, total	3804 **пси́хика** mind	3876 **инфраструкту́ра** infrastructure
3731 **диа́гноз** diagnosis	3805 **орёл** eagle	3877 **перепи́ска** correspondence
3732 **дра́ка** fight	3806 **ре́плика** retort, line	3878 **ми́тинг** meeting
3734 **иллюстра́ция** illustration	3808 **телегра́мма** telegram	3879 **госпожа́** Mrs
3735 **ка́ша** porridge	3809 **се́ссия** session; examination period	3880 **самоуби́йство** suicide
3738 **поры́в** fit	3812 **кинотеа́тр** cinema	3881 **гнездо́** nest
3739 **обновле́ние** update, review	3813 **компле́кт** set	3884 **поэ́ма** poem
3740 **кошма́р** nightmare	3815 **учи́тельница** teacher	3885 **мы́ло** soap
3741 **компози́ция** composition	3816 **ве́чность** eternity	3886 **ранг** rank
3742 **лук** onion, bow	3819 **тре́нинг** training	3887 **блин** pancake, damn
3744 **диапазо́н** range	3820 **интегра́ция** integration	3888 **корру́пция** corruption
3745 **слон** elephant	3822 **конья́к** cognac, brandy	3889 **жир** fat
3747 **прое́зд** entry, passage; travel	3825 **зали́в** gulf, bay	3893 **подборо́док** chin, beard
3748 **торго́вец** trader, trafficker	3827 **дефици́т** deficit	3894 **о́пера** opera
3753 **ку́кла** doll	3829 **пенсионе́р** pensioner	3895 **суп** soup
3754 **чемпио́н** champion	3831 **пожела́ние** wish	3897 **арома́т** smell, fragrance
3755 **выделе́ние** release; allotment	3832 **порта́л** portal	3898 **деся́тый** tenth
3756 **прыжо́к** jump	3833 **программи́рование** programming	3900 **по́лночь** midnight
3757 **фунт** pound	3834 **сеа́нс** screening, show	3901 **разочарова́ние** disappointment
3758 **у́голь** coal	3835 **ка́сса** cash desk	3902 **Госду́ма** State Duma
3759 **листо́к** sheet; leaf	3837 **скаме́йка** bench	3904 **сосе́дка** neighbour
3760 **я́рость** rage	3839 **спортсме́н** athlete	3905 **гражда́нство** citizenship
3762 **мяч** ball	3841 **че́тверо** four (people)	3907 **три́ста** three hundred
3763 **но́готь** nail	3843 **старт** start	3908 **огонёк** flame
3764 **носо́к** sock	3844 **изобрете́ние** invention	3909 **общежи́тие** hostel
3768 **дие́та** diet	3845 **алгори́тм** algorithm	3910 **фильтр** filter
3771 **совреме́нник** contemporary	3850 **заключённый** prisoner	3911 **бу́ря** storm
3772 **поврежде́ние** damage	3851 **кирпи́ч** brick	3912 **ерунда́** nonsense
3774 **ве́на** vein	3852 **стук** knock	3913 **му́жество** courage, bravery
3775 **топо́р** axe	3853 **работода́тель** employer	3914 **печь** oven
3777 **коммуни́зм** communism	3854 **аре́нда** rent	3916 **анали́тик** analyst
3779 **конве́рт** envelope	3856 **невозмо́жность** impossibility	3917 **фи́зик** physicist
3780 **ник** nickname, username	3857 **тропа́** path	3918 **паро́ль** password
3781 **реме́нь** belt	3859 **ЕС** EU	3919 **шофёр** driver
3782 **за́яц** hare	3860 **заты́лок** back of the head	3924 **заде́ржка** delay
3784 **любо́вник** lover	3863 **раздраже́ние** irritation	3927 **инфля́ция** inflation
3787 **каранда́ш** pencil	3865 **календа́рь** calendar	3933 **экску́рсия** excursion
3788 **ус** moustache	3866 **подру́жка** friend (female)	3936 **депре́ссия** depression
3789 **разря́д** category; discharge	3869 **ширина́** width	3939 **украше́ние** jewellery; decoration
3792 **принце́сса** princess	3870 **зака́т** sunset	3940 **при́зрак** ghost
3795 **пар** steam	3872 **торжество́** celebration, ceremony; triumph	3942 **продолжи́тельность** duration
3796 **сосу́д** vessel	3873 **написа́ние** writing; spelling	3943 **о́вощ** vegetable
3799 **и́ндекс** index; post code		

4152 **микрофо́н** microphone	4226 **ве́дьма** witch	4290 **рю́мка** shotglass, shot
4153 **прибы́тие** arrival	4227 **колле́дж** college	4291 **коло́нка** column; speaker
4154 **перча́тка** glove	4228 **оказа́ние** providing, giving	4293 **отры́вок** fragment, passage
4155 **инстру́ктор** instructor	4229 **нового́дний** New Year('s)	4294 **пе́чка** stove
4156 **ски́дка** discount	4230 **анке́та** form	4295 **тигр** tiger
4161 **акционе́р** stockholder, shareholder	4232 **незнако́мец** stranger	4296 **фото́граф** photographer
	4235 **сосна́** pine	4297 **ИТ** IT
4162 **изложе́ние** summary	4237 **овца́** sheep	4298 **деле́ние** division
4163 **содержи́мое** content(s)	4238 **расстро́йство** disorder	4299 **ввод** input, bringing in
4165 **квадра́т** square	4239 **толчо́к** push	4300 **юбиле́й** anniversary
4166 **ла́мпочка** bulb	4240 **оболо́чка** cover, shell	4302 **витри́на** showcase
4167 **за́дница** arse	4241 **вы́езд** departure, exit	4303 **сала́т** salad
4168 **стресс** stress	4242 **окре́стность**	4304 **спра́вочник** directory
4170 **индустри́я** industry	neighbourhood	4305 **ана́лог** analogue
4171 **га́лстук** tie	4245 **классифика́ция**	4306 **официа́нт** waiter
4172 **полоте́нце** towel	classification	4307 **влады́ка** sovereign, ruler
4173 **струя́** jet	4246 **деклара́ция** declaration	4309 **щено́к** puppy
4176 **грана́та** grenade	4247 **случа́йность** chance, accident	4310 **пла́вание** swimming
4177 **изме́на** betrayal, treason; adultery		4313 **электри́чество** electricity
	4248 **отступле́ние** retreat; digression	4314 **расписа́ние** timetable, schedule
4180 **пе́ние** singing		
4183 **ка́бель** cable	4250 **гром** thunder	4317 **пиро́г** pie
4184 **возраже́ние** objection	4251 **промежу́ток** interval	4318 **безу́мие** madness, frenzy
4186 **проводни́к** conductor	4252 **разнови́дность** variety, form	4320 **вели́чие** greatness, splendour
4188 **проекти́рование** design, designing		
	4255 **Алла́х** Allah	4321 **певе́ц** singer
4189 **ста́туя** statue	4256 **кла́виша** key	4323 **тетра́дь** notebook, exercise book
4191 **не́жность** tenderness	4257 **шерсть** wool	
4192 **хи́мия** chemistry	4258 **конфе́та** sweet, chocolate	4328 **вложе́ние** investment
4193 **сыно́к** son (diminutive)	4260 **лову́шка** trap	4329 **олимпиа́да** Olympics, Olympiad
4194 **стыд** shame	4262 **тупи́к** cul-de-sac; dead end	
4196 **выжива́ние** survival	4266 **переворо́т** revolution, coup d'état	4330 **армяни́н** Armenian
4197 **тысячеле́тие** millennium		4331 **клавиату́ра** keyboard
4200 **ба́бочка** butterfly	4267 **приближе́ние** approaching	4332 **медсестра́** nurse
4202 **про́бка** cork; traffic jam	4268 **че́люсть** jaw	4333 **буке́т** bouquet
4206 **восхище́ние** admiration	4272 **интона́ция** intonation	4334 **вдова́** widow
4207 **мрак** darkness	4275 **вздох** breath	4335 **европе́ец** European
4209 **совпаде́ние** coincidence	4276 **бе́женец** refugee	4336 **меньшинство́** minority
4210 **би́ржа** exchange	4277 **премье́р** premier	4337 **обло́жка** cover
4212 **монстр** monster	4278 **агре́ссия** aggression	4340 **бал** ball
4214 **интуи́ция** intuition	4280 **взвод** troop, platoon	4341 **ссо́ра** quarrel, row
4216 **мотива́ция** motivation	4281 **взя́тка** bribe	4342 **во́семьдесят** eighty
4217 **превраще́ние** transformation	4283 **сооте́чественник** compatriot	4344 **кран** tap
		4346 **тря́пка** cloth
4218 **спи́нка** backrest, back	4284 **зало́жник** hostage	4348 **апте́ка** pharmacy
4221 **отвраще́ние** disgust, repulsion	4285 **компози́тор** composer	4349 **треуго́льник** triangle
	4287 **жи́тельство** residence	4351 **аппети́т** appetite
4222 **ара́б** Arab	4289 **вы́дача** extradition; release, issue	4352 **презервати́в** condom
4223 **и́мидж** image		4353 **детекти́в** detective

4575 **студе́нтка** student (female)	4636 **магнитофо́н** tape recorder	4697 **грамма́тика** grammar
4577 **каблу́к** heel	4637 **самостоя́тельность** independence	4698 **по́дданный** national, subject
4580 **моби́льник** mobile phone	4638 **пя́тка** heel	4699 **боксёр** boxer
4581 **мо́стик** small bridge; command bridge	4640 **прова́йдер** provider	4700 **па́рта** school desk
4582 **аре́на** arena, stage	4641 **чат** chat room; chat	4701 **стипе́ндия** scholarship
4584 **казино́** casino	4642 **лине́йка** ruler	4703 **бана́н** banana
4585 **дога́дка** guess, speculation, suspicion	4644 **патриоти́зм** patriotism	4704 **отопле́ние** heating
4586 **абза́ц** paragraph	4645 **цент** cent	4705 **ра́дуга** rainbow
4588 **ня́ня** nanny, nurse	4646 **вы́веска** sign, signboard	4706 **кио́ск** small shop, kiosk
4589 **тост** toast	4647 **дворяни́н** nobleman	4707 **поле́зность** usefulness, utility
4592 **дискоте́ка** disco	4648 **трина́дцать** thirteen	4708 **вака́нсия** vacancy
4595 **купе́** compartment, coupe	4649 **въезд** entrance	4709 **продавщи́ца** shop assistant (female)
4596 **су́ша** (dry) land	4650 **загрязне́ние** pollution	4710 **брошю́ра** brochure
4597 **град** hail	4652 **чек** cheque	4711 **алфави́т** alphabet
4598 **комплиме́нт** compliment	4653 **тролле́йбус** trolley bus	4712 **однокла́ссник** schoolmate
4599 **бланк** form	4654 **непонима́ние** misunderstanding, lack of understanding	4716 **испа́нец** Spaniard
4600 **Па́сха** Easter		4717 **гид** (tour) guide
4602 **моде́м** modem	4655 **ПК** PC	4719 **налогопла́тельщик** taxpayer
4603 **ре́ктор** rector	4656 **корм** feed	
4604 **земля́к** fellow countryman	4657 **зоопа́рк** zoo	4721 **четвёрка** figure of four, group of four, grade four
4608 **те́сто** dough	4658 **певи́ца** singer (female)	
4609 **карто́фель** potatoes	4660 **занаве́ска** curtain	4722 **су́пер** super, great
4611 **пятёрка** figure of five, group of five, grade five (= E), five roubles	4661 **кастрю́ля** saucepan	4724 **весы́** scale(s), balance
	4662 **сви́тер** sweater	4730 **безрабо́тный** unemployed
	4663 **помидо́р** tomato	4738 **выключа́тель** switch
4612 **вну́чка** granddaughter	4666 **пра́зднование** celebration	4739 **просту́да** cold
4613 **пле́ер** portable disk or tape player, walkman	4668 **низ** bottom	4740 **бинт** bandage
	4669 **моноло́г** monologue	4741 **загла́вие** title
4615 **куре́ние** smoking	4671 **зять** son-in-law	4742 **восьмидеся́тый** eightieth
4616 **семна́дцать** seventeen	4672 **подно́с** tray	4744 **шестьсо́т** six hundred
4618 **аккумуля́тор** rechargeable battery	4673 **автомаши́на** car	4745 **распрода́жа** clearance sale
	4677 **ва́за** vase, bowl	4746 **се́меро** seven (people)
4619 **коро́на** crown	4679 **доба́вка** supplement, addition; more	4747 **творо́г** cottage cheese
4620 **украи́нец** Ukrainian		4748 **смета́на** sour cream
4621 **блокно́т** notebook	4682 **профессионали́зм** professionalism	4750 **гель** gel
4622 **заку́ска** appetizer, snack		4751 **ко́микс** comics
4623 **по́черк** handwriting	4683 **пе́рец** pepper	4754 **спортза́л** gym
4624 **суперма́ркет** supermarket	4684 **быстрота́** speed	4757 **като́к** ice rink
4625 **коза́** goat, she-goat	4685 **полуо́стров** peninsula	4758 **семёрка** figure of seven, seven
4626 **перело́м** bone fracture; turning point	4687 **блог** blog	
	4688 **отхо́ды** waste, refuse	4759 **отправи́тель** sender
4628 **ма́йка** T-shirt	4691 **кокте́йль** cocktail, shake	4760 **апартаме́нты** apartment
4629 **унита́з** toilet bowl	4692 **пешехо́д** pedestrian	4761 **девятна́дцатый** nineteenth
4630 **ресни́ца** eyelash	4694 **иуде́й** orthodox Jew	
4631 **слог** syllable	4695 **посло́вица** saying	4764 **купа́льник** swimming costume, bikini
4632 **торт** cake	4696 **буфе́т** cafeteria; sideboard	
4633 **финн** Finn		

4984	**транскри́пция** transcription	412	**полити́ческий** political	727	**де́тский** child's, childlike
4986	**чаевы́е** tip	425	**совреме́нный** modern	732	**широ́кий** wide
4987	**бюстга́льтер** bra	428	**плохо́й** bad	733	**прекра́сный** fine, great
4990	**бо́улинг** bowling	440	**интере́сный** interesting	736	**рабо́чий** worker
4994	**застёжка** fastener	441	**необходи́мый** necessary	737	**вне́шний** external
4995	**пла́стырь** patch, plaster	454	**разли́чный** different	739	**тяжёлый** heavy, serious
4996	**банкома́т** cash machine	456	**социа́льный** social	743	**сло́жный** complex, sophisticated
4997	**сма́йлик** smiley	462	**кра́сный** red	749	**коро́ткий** short
4999	**жалюзи́** window blind	471	**вое́нный** military	750	**стра́нный** strange
5000	**жиле́тка** waistcoat	473	**це́лый** whole	752	**ни́зкий** low

Adjectives

73	**но́вый** new	495	**живо́й** alive, live	758	**про́шлый** last
76	**до́лжен** must, have to, owe	499	**небольшо́й** small, little	763	**бы́стрый** fast, quick
104	**большо́й** big, large	503	**еди́нственный** only	773	**англи́йский** English
129	**хоро́ший** good	507	**пра́вый** right	774	**вы́сший** high, highest
140	**после́дний** last	522	**вну́тренний** internal, inside	779	**дли́нный** long
184	**ру́сский** Russian	526	**возмо́жный** possible	780	**бы́вший** ex-, former
201	**высо́кий** tall, high	545	**бли́зкий** close	785	**чи́стый** clean, pure
233	**ну́жный** necessary	546	**челове́ческий** human	808	**стра́шный** terrible
234	**ма́ленький** small	548	**экономи́ческий** economic	821	**специа́льный** special
235	**росси́йский** Russian	551	**ме́стный** local	832	**кра́йний** extreme, far
242	**по́лный** full, total	552	**определённый** definite, specific	847	**еди́ный** united
244	**гла́вный** chief, main	556	**осо́бый** special	853	**прямо́й** straight, direct
258	**ста́рый** old	559	**до́брый** good, kind	857	**до́лгий** long
262	**сле́дующий** next	567	**обще́ственный** public	865	**конкре́тный** specific
264	**подо́бный** similar	595	**обы́чный** usual	872	**откры́тый** open
265	**ра́зный** different, all kinds of	599	**похо́жий** similar	881	**неме́цкий** German
268	**о́бщий** general, common	602	**дорого́й** expensive, dear	898	**за́падный** western
290	**со́бственный** own	603	**реа́льный** real	902	**люби́мый** favourite, beloved
294	**молодо́й** young	607	**кру́пный** large	910	**уве́ренный** confident, certain
300	**ва́жный** important	616	**бо́льший** bigger, larger	919	**чужо́й** strange, unfamiliar
312	**основно́й** main, fundamental	622	**ли́чный** personal	937	**пра́вильный** correct
322	**настоя́щий** present	628	**отде́льный** separate	946	**физи́ческий** physical
332	**просто́й** simple	640	**сре́дний** average, middle	950	**знако́мый** familiar, acquainted
346	**госуда́рственный** state	644	**серьёзный** serious	951	**ме́дленный** slow
357	**ра́вный** equal	653	**национа́льный** national	952	**боево́й** battle
363	**бе́лый** white	656	**америка́нский** American	959	**постоя́нный** constant
366	**изве́стный** known	661	**свобо́дный** free	960	**же́нский** female, feminine, woman's, ladies'
376	**сове́тский** Soviet	667	**междунаро́дный** international	964	**очередно́й** next, another
377	**лу́чший** best	669	**спосо́бный** capable	965	**счастли́вый** happy
380	**огро́мный** huge	675	**по́здний** late	978	**истори́ческий** historical
383	**вели́кий** great	692	**моско́вский** Moscow	979	**лёгкий** easy; light
397	**си́льный** strong, powerful	695	**норма́льный** normal, regular	984	**соотве́тствующий** corresponding
402	**чёрный** black	720	**краси́вый** beautiful		
404	**гото́вый** ready, willing	724	**нау́чный** scientific	988	**городско́й** urban, town
		725	**мирово́й** world		

1839 **генера́льный** general

1845 **досто́йный** worthy, decent

1847 **кита́йский** Chinese

1851 **голубо́й** light blue, gay (slang)

1865 **сексуа́льный** sexual, sexy

1867 **музыка́льный** music, musical

1871 **винова́тый** guilty

1872 **индивидуа́льный** individual

1874 **положи́тельный** positive

1876 **ви́дный** visible, prominent

1880 **психологи́ческий** psychological, mental

1885 **глу́пый** silly

1887 **за́дний** back

1889 **досту́пный** accessible, affordable

1894 **незави́симый** independent

1897 **со́лнечный** solar; sunny

1909 **че́стный** honest

1911 **класси́ческий** classic

1916 **правосла́вный** Orthodox

1924 **практи́ческий** practical

1931 **злой** angry

1942 **юриди́ческий** legal; law

1943 **ре́дкий** rare

1952 **неизве́стный** unknown

1964 **сухо́й** dry

1965 **суще́ственный** significant

1974 **несча́стный** unfortunate

1975 **де́нежный** money

1977 **дово́льный** satisfied

1979 **популя́рный** popular

1982 **после́дующий** subsequent

1988 **очеви́дный** evident, obvious

2000 **земно́й** earth('s), terrestrial

2001 **жёлтый** yellow

2003 **суде́бный** judicial

2005 **деревя́нный** wooden

2007 **шко́льный** school

2017 **косми́ческий** space

2027 **полово́й** sexual, genital; floor

2041 **гря́зный** dirty

2043 **делово́й** business

2046 **телефо́нный** telephone

2051 **комме́рческий** commercial, trade

2057 **обяза́тельный** compulsory

2065 **япо́нский** Japanese

2066 **се́льский** rural, agricultural

2078 **ре́зкий** sharp

2080 **одина́ковый** same

2087 **стро́гий** strict

2092 **противополо́жный** opposite

2093 **я́дерный** nuclear

2101 **окружа́ющий** surrounding

2107 **уника́льный** unique

2117 **рекла́мный** advertising

2119 **возду́шный** air

2126 **уголо́вный** criminal

2130 **ка́менный** stone

2133 **евре́йский** Jewish

2140 **успе́шный** successful

2142 **приро́дный** natural

2146 **взро́слый** adult

2151 **веду́щий** leading

2153 **разу́мный** sensible, reasonable

2162 **случа́йный** random; chance

2180 **теку́щий** current

2183 **неприя́тный** unpleasant

2191 **спорти́вный** sport, sporting

2193 **програ́ммный** software

2195 **правово́й** legal

2198 **нало́говый** tax

2208 **пья́ный** drunk

2218 **твёрдый** hard, firm

2228 **ле́тний** summer

2239 **интеллектуа́льный** intelligent

2247 **смешно́й** funny

2248 **абсолю́тный** absolute, complete

2256 **бесконе́чный** endless, very long

2263 **ю́ный** young

2277 **неожи́данный** unexpected

2287 **дли́тельный** long

2293 **го́лый** naked

2296 **ми́рный** peace, peaceful

2306 **стратеги́ческий** strategic

2307 **мора́льный** moral

2311 **моби́льный** mobile

2316 **трудово́й** labour

2318 **непоня́тный** incomprehensible

2327 **областно́й** regional

2331 **доста́точный** sufficient

2339 **ры́ночный** market

2371 **привы́чный** habitual, usual; used

2376 **необы́чный** unusual

2382 **демократи́ческий** democratic

2384 **идеа́льный** ideal

2385 **чёткий** precise

2387 **беспла́тный** free

2404 **не́жный** tender

2411 **брита́нский** British

2414 **существу́ющий** existing, current

2417 **о́пытный** experienced

2419 **промы́шленный** industrial

2432 **верхо́вный** supreme, high

2444 **жесто́кий** cruel

2453 **администрати́вный** administrative

2470 **та́йный** secret

2472 **ка́чественный** quality

2478 **осо́бенный** special

2488 **аналоги́чный** similar

2498 **самостоя́тельный** independent

2505 **всео́бщий** universal, all-out

2511 **исхо́дный** initial, starting, original

2520 **дешёвый** cheap

2523 **непосре́дственный** direct; spontaneous

2540 **го́рный** mountain

2541 **максима́льный** maximum

2558 **вооружённый** armed

2559 **станда́ртный** standard

2563 **одино́кий** lonely

2572 **парти́йный** party

2576 **не́рвный** nervous

2585 **скро́мный** modest

2586 **украи́нский** Ukrainian

2588 **заме́тный** noticeable

2592 **ско́рый** quick, express

3144 **социалисти́ческий** socialist

3146 **наибо́льший** most

3147 **ры́жий** ginger

3148 **ограни́ченный** restricted

3150 **бытово́й** everyday; household

3151 **ра́звитый** developed

3172 **служе́бный** official

3176 **систе́мный** system

3184 **бюдже́тный** budgetary, state-financed

3186 **вчера́шний** yesterday

3187 **ро́вный** even; stable

3189 **полице́йский** policeman

3205 **повы́шенный** increased

3207 **голо́дный** hungry

3212 **любопы́тный** curious

3227 **универса́льный** universal

3236 **ло́жный** false

3238 **привлека́тельный** attractive

3240 **за́нятый** busy

3246 **а́томный** atomic

3253 **симпати́чный** attractive; nice

3254 **выдаю́щийся** outstanding, eminent

3265 **секре́тный** secret

3267 **бесполе́зный** useless

3272 **подво́дный** underwater

3285 **жу́ткий** terrible, spooky

3290 **райо́нный** district

3298 **вра́жеский** enemy

3300 **таи́нственный** mysterious

3302 **коллекти́вный** collective, team

3306 **биологи́ческий** biological

3312 **гру́стный** sad

3313 **либера́льный** liberal

3319 **бума́жный** paper

3333 **грома́дный** huge

3337 **бессмы́сленный** senseless

3351 **бу́рный** stormy

3352 **пло́тный** thick

3353 **фундамента́льный** fundamental

3355 **автомати́ческий** automatic

3356 **специфи́ческий** specific

3361 **заба́вный** funny

3365 **обши́рный** extensive

3369 **автомоби́льный** car

3377 **посторо́нний** strange; outside

3382 **нефтяно́й** oil

3383 **открове́нный** frank

3393 **и́скренний** sincere

3395 **сво́йственный** typical, common; appropriate

3396 **строи́тельный** construction

3399 **форма́льный** formal

3404 **худо́й** thin

3419 **позити́вный** positive

3429 **действи́тельный** real; valid

3430 **напряжённый** intensive, tense

3443 **театра́льный** theatrical

3452 **принципиа́льный** of principle, fundamental

3459 **звёздный** star

3460 **крова́вый** bloody

3473 **го́рький** bitter

3477 **контро́льный** control, check

3481 **кла́ссный** class; cool

3486 **чече́нский** Chechen

3489 **стекля́нный** glass

3505 **сме́лый** brave

3506 **педагоги́ческий** pedagogical

3513 **доро́жный** road, traffic

3520 **велича́йший** greatest

3526 **поэти́ческий** poetic

3527 **прави́тельственный** government(al)

3528 **торже́ственный** ceremonial

3536 **недово́льный** displeased, malcontent

3537 **ара́бский** Arabic

3538 **оптима́льный** optimal

3542 **безопа́сный** safe

3543 **драгоце́нный** precious

3549 **могу́чий** powerful, strong

3554 **весе́нний** spring

3555 **ледяно́й** ice

3556 **фантасти́ческий** fantastic

3562 **седо́й** grey

3563 **студе́нческий** student

3564 **вку́сный** tasty

3572 **идеологи́ческий** ideological

3573 **персона́льный** personal

3579 **испа́нский** Spanish

3583 **проше́дший** past

3584 **реши́тельный** resolute

3590 **дневно́й** day

3591 **лу́нный** lunar, moonlit

3596 **вре́менный** temporary

3598 **слепо́й** blind

3599 **повседне́вный** everyday

3604 **элемента́рный** elementary

3613 **языково́й** language

3614 **пра́здничный** festive

3615 **креди́тный** credit

3618 **незначи́тельный** minor, slight

3622 **незако́нный** illegal

3623 **президе́нтский** presidential

3625 **снє́жный** snow

3629 **исключи́тельный** exceptional; exclusive

3630 **ску́чный** boring

3633 **нема́лый** considerable

3634 **неве́рный** wrong

3638 **нену́жный** unnecessary

3639 **передово́й** innovative, advanced

3640 **пло́ский** flat

3642 **тупо́й** blunt; stupid

3650 **предстоя́щий** forthcoming

3654 **конституцио́нный** constitutional

3655 **ху́дший** worst

3662 **альтернати́вный** alternative

3665 **рациона́льный** rational

3666 **лати́нский** Latin

3668 **функциона́льный** functional

3680 **ко́жаный** leather

3685 **целево́й** target

3688 **го́рдый** proud

3693 **молодёжный** youth

4311 **вертика́льный** vertical, upright

4316 **нева́жный** unimportant, bad

4326 **бана́льный** banal

4327 **энерги́чный** energetic

4338 **бе́шеный** rabid, frantic

4343 **влюблённый** in love

4347 **пла́тный** paid, pay

4356 **доброво́льный** voluntary

4382 **исла́мский** Islamic

4384 **туристи́ческий** tourist

4392 **олимпи́йский** Olympic

4397 **шу́мный** noisy

4407 **пожа́рный** fire-fighter

4412 **футбо́льный** football

4415 **жи́дкий** liquid

4417 **октя́брьский** October

4418 **разноцве́тный** multi-coloured

4419 **ска́зочный** fairy-tale

4420 **ча́йный** tea

4431 **начина́ющий** amateur

4438 **ве́жливый** polite

4441 **у́стный** oral

4443 **мусульма́нский** Muslim

4459 **за́втрашний** tomorrow's

4468 **ни́щий** beggar

4472 **встре́чный** counter, oncoming

4488 **дежу́рный** on duty

4491 **прохла́дный** cool

4492 **документа́льный** documentary

4497 **запасно́й** spare

4498 **со́нный** sleepy

4507 **шёлковый** silk

4512 **нару́жный** exterior, outside

4514 **университе́тский** university

4522 **аккура́тный** neat, exact

4532 **террористи́ческий** terrorist

4533 **вино́вный** guilty

4534 **лени́вый** lazy

4538 **африка́нский** African

4560 **алкого́льный** alcoholic

4566 **лы́сый** bald

4570 **сы́тый** satiated, be full

4578 **ку́хонный** kitchen

4579 **назе́мный** ground, overground

4583 **зубно́й** dental, tooth

4591 **уме́ренный** moderate

4593 **несправедли́вый** unfair

4594 **солёный** salt(y)

4601 **голла́ндский** Dutch

4605 **нулево́й** zero, no

4606 **неме́дленный** immediate

4607 **расти́тельный** vegetable

4614 **часово́й** security guard

4617 **азиа́тский** Asian

4634 **жа́дный** greedy

4635 **несовершенноле́тний** minor, juvenile

4639 **развито́й** developed

4643 **ненорма́льный** abnormal

4651 **ры́бный** fish

4674 **уби́тый** murdered, killed

4675 **фиоле́товый** purple

4689 **некраси́вый** not attractive

4690 **жа́реный** roasted, fried

4735 **спонта́нный** spontaneous

4737 **общи́тельный** sociable

4756 **пре́сный** flavourless; fresh (water)

4762 **трудолюби́вый** hard-working

4786 **дыря́вый** holey, having holes

4787 **заму́жний** married (woman)

4791 **всеобъе́млющий** universal

4796 **тормозно́й** brake

4816 **числово́й** numerical

4819 **экстреми́стский** extremist

4821 **брази́льский** Brazilian

4826 **политехни́ческий** polytechnic

4831 **скандина́вский** Scandinavian

4836 **карто́фельный** potato

4838 **кровяно́й** blood

4841 **расплы́вчатый** vague

4842 **репродукти́вный** reproductive

4843 **су́мрачный** gloomy

4850 **ми́зерный** measly

4852 **переговор́ный** communication device, intercom

4860 **ме́бельный** furniture

4863 **обою́дный** mutual

4865 **сцени́ческий** stage

4868 **дви́жущий** driving

4872 **презри́тельный** contemptuous

4890 **вя́зкий** thick, viscous, sticky

4891 **замо́рский** foreign, overseas

4894 **недостижи́мый** unattainable

4903 **отве́сный** sheer, vertical

4906 **реалисти́чный** realistic

4907 **самоуве́ренный** (self-) confident, assertive

4915 **янта́рный** amber

4917 **ве́нчурный** venture

4920 **империалисти́ческий** imperialist

4925 **непристо́йный** obscene

4926 **неуклю́жий** clumsy

4934 **обма́нчивый** deceptive, false

4944 **сли́вочный** creamy

4962 **позапро́шлый** before last

4963 **вопроси́тельный** question

4966 **многоэта́жный** multistorey

4979 **аллерги́ческий** allergic

4985 **гомосексуа́льный** homosexual

4993 **восклица́тельный** exclamation

4998 **гла́сный** vowel

Verbs

6 **быть** be

30 **мочь** be able

53 **сказа́ть** say

58 **станови́ться** become

59 **говори́ть** talk, speak, tell

61 **знать** know

75 **хоте́ть** want

81 **име́ть** have

85 **понима́ть** understand

93 **дава́ть** give

103 **идти́** go

106 **начина́ть** begin

108 **сде́лать** do, make

691 **составля́ть** compile, make, put together

693 **заявля́ть** report; claim

702 **обраща́ть** pay; render, turn

706 **состоя́ть** be, consist of

708 **закрыва́ть** close

711 **поступа́ть** enter, enrol; behave

712 **про́бовать** try

728 **уме́ть** be able, can

729 **жела́ть** wish

742 **услы́шать** hear

761 **по́льзоваться** use

768 **вы́глядеть** look

769 **име́ться** be available, have

772 **возника́ть** occur, arise, be encountered

782 **учи́ться** study

786 **потеря́ть** lose

791 **продава́ть** sell

792 **служи́ть** serve

795 **направля́ть** send; direct

809 **ожида́ть** expect, await

818 **лета́ть** fly

820 **сесть** sit down

825 **устра́ивать** organize, arrange; suit, be convenient

827 **посыла́ть** send

833 **признава́ть** recognize; admit

835 **достига́ть** reach

836 **исчеза́ть** disappear

837 **означа́ть** mean

838 **гляде́ть** look

839 **пока́зываться** appear

840 **изменя́ть** change; be unfaithful

842 **отправля́ть** send

844 **ста́вить** put

846 **пое́хать** go

849 **соверша́ть** accomplish, do, make

851 **называ́ться** be called

862 **отправля́ться** depart

870 **бежа́ть** run

878 **положи́ть** put

880 **зави́сеть** depend

893 **произноси́ть** pronounce, say

894 **перестава́ть** stop

904 **проверя́ть** check

914 **опи́сывать** describe

923 **задава́ть** ask, give

925 **сохраня́ть** keep

927 **зака́нчивать** finish

930 **проща́ть** forgive

935 **расти́** grow

936 **звать** call

954 **хвата́ть** grasp; be enough

961 **встреча́ться** meet

986 **приглаша́ть** invite

995 **есть** eat

996 **зна́чить** mean

998 **облада́ть** own, have

1002 **счита́ться** be considered

1005 **принадлежа́ть** belong

1006 **наступа́ть** step on; come; attack, arrive

1007 **приобрета́ть** acquire, get

1011 **доходи́ть** reach

1012 **приводи́ть** bring, lead

1016 **подава́ть** submit

1017 **достава́ть** get; pester (slang)

1019 **оце́нивать** evaluate, assess

1032 **крича́ть** shout

1035 **наблюда́ть** observe

1036 **отлича́ться** differ

1037 **плати́ть** pay

1039 **выпива́ть** drink; take (tablets)

1042 **располага́ть** have, possess; be favourable, be conducive

1051 **допуска́ть** accept, admit

1053 **суди́ть** try; judge

1054 **объявля́ть** announce

1055 **изменя́ться** change

1070 **превраща́ться** turn into

1079 **добива́ться** seek to attain

1080 **выступа́ть** perform; be in favour

1085 **стреми́ться** strive, try

1090 **подде́рживать** maintain; support

1091 **упа́сть** fall

1094 **напомина́ть** remind

1098 **скла́дываться** develop, take shape; consist of, be made up of

1101 **утвержда́ть** claim

1102 **позвони́ть** ring, call

1108 **выпуска́ть** produce; let out

1114 **дока́зывать** prove

1115 **выража́ть** express

1121 **дви́гаться** move

1134 **петь** sing

1137 **вводи́ть** lead in; introduce, enter

1146 **зака́нчиваться** end

1150 **понра́виться** like

1152 **предоставля́ть** provide, give

1153 **приду́мывать** create, think up

1162 **роди́ться** be born

1167 **выдава́ть** give (out); reveal

1174 **выполня́ть** perform, do; fulfil

1181 **испо́льзоваться** be used

1182 **уча́ствовать** take part

1183 **рассма́тривать** consider

1185 **бить** beat, hit

1196 **звони́ть** ring; call

1197 **организо́вывать** organize, arrange

1199 **молча́ть** be silent

1202 **прочита́ть** read

1209 **па́дать** fall

1213 **запи́сывать** write down; record

1217 **обеща́ть** promise

1219 **покупа́ть** buy

1220 **открыва́ться** open

1221 **посвяща́ть** dedicate, devote; let into

1228 **сме́яться** laugh

1232 **соотве́тствовать** correspond

1238 **разбира́ться** know; be dissembled

1243 **прожива́ть** reside

1249 **меша́ть** stir; disturb, disrupt

1260 **принима́ться** set to, start

1264 **вступа́ть** join in, step into

1768 **интересова́ть** interest

1772 **догова́риваться** agree

1775 **обща́ться** communicate

1778 **висе́ть** hang

1796 **выясня́ть** find out, establish

1797 **спеши́ть** rush

1805 **де́латься** be made; happen; become

1808 **наноси́ть** apply

1813 **пла́вать** swim; sail

1815 **поража́ть** strike, hit; cause

1817 **убежда́ться** be convinced, be assured

1820 **лиша́ть** deprive

1828 **объединя́ть** unite

1833 **спосо́бствовать** facilitate, encourage, aid

1835 **сходи́ть** come down; go

1837 **покрыва́ть** cover

1848 **выска́зывать** express, voice

1859 **перевести́** translate; transfer, put

1860 **нужда́ться** be in need

1864 **переноси́ть** bear; move; tolerate; undergo

1884 **боле́ть** hurt; be ill; support

1901 **уверя́ть** assure

1904 **повора́чивать** turn

1910 **обора́чиваться** turn to; turn out

1914 **сомнева́ться** doubt

1915 **пропуска́ть** leave out; let pass, let through

1917 **распространя́ть** spread

1919 **выта́скивать** pull out

1920 **исключа́ть** exclude

1923 **ударя́ть** hit, strike

1928 **возража́ть** object

1929 **воспо́льзоваться** use; take advantage

1930 **предстоя́ть** be in store, be ahead

1934 **представля́ться** introduce; arise

1939 **прекраща́ть** stop

1963 **заслу́живать** deserve

1967 **стреля́ть** shoot, fire

1973 **отража́ть** reflect; fend off

1983 **разруша́ть** destroy

1984 **лечь** lie down

1985 **раскрыва́ть** uncover

1986 **рассчи́тывать** rely, count; calculate

1992 **управля́ть** manage; operate

2009 **ока́зывать** provide

2018 **повезти́** take; be lucky

2020 **выясня́ться** be established, come to light

2023 **засыпа́ть, засы́пать** fall sleep; cover

2026 **заплати́ть** pay

2031 **пря́тать** hide

2032 **реализо́вывать** realize, implement; sell

2033 **освобожда́ть** free, set free

2048 **дожида́ться** wait

2050 **превраща́ть** turn into, convert

2052 **проявля́ться** appear, be manifested

2053 **удивля́ть** surprise

2059 **найти́сь** be found

2061 **пойма́ть** catch

2063 **подожда́ть** wait

2069 **защища́ть** protect

2070 **предпочита́ть** prefer

2072 **зака́зывать** order

2073 **воспринима́ть** perceive, accept

2081 **свиде́тельствовать** indicate, show, give evidence

2083 **кури́ть** smoke

2085 **взя́ться** set to; take; come about, arise

2090 **дыша́ть** breathe

2098 **гуля́ть** walk

2102 **попада́ться** occur, come about; get caught

2109 **разбива́ть** break

2116 **издава́ть** publish

2121 **заводи́ть** start; keep, have (animals)

2124 **ощуща́ть** feel, sense

2125 **тяну́ть** pull

2131 **одева́ть** dress

2137 **восклица́ть** exclaim

2155 **владе́ть** own; master

2159 **спо́рить** dispute

2160 **охва́тывать** cover; affect

2161 **применя́ть** apply, use

2163 **восстана́вливать** restore, replace

2164 **определя́ться** be determined

2170 **осуществля́ть** implement, carry out

2172 **относи́ть** carry away

2178 **уде́рживать** hold back

2179 **запомина́ть** remember

2181 **повыша́ть** raise, increase

2185 **влия́ть** influence, affect

2187 **бе́гать** run

2197 **вынужда́ть** force

2200 **скрыва́ть** hide

2207 **отсу́тствовать** be absent

2209 **вкла́дывать** invest, put in

2210 **конча́ть** finish

2216 **заполня́ть** fill

2225 **терпе́ть** endure, tolerate

2232 **ра́доваться** be glad, rejoice

2244 **скла́дывать** fold; stack; sum up, put (together)

2253 **рекомендова́ть** recommend

2255 **опуска́ться** lower

2259 **нажима́ть** press, click

2260 **подбира́ть** pick up; match together

2264 **ненави́деть** hate

2267 **удовлетворя́ть** satisfy

2273 **преодолева́ть** overcome; go beyond

2279 **выража́ться** be expressed, be

2284 **отводи́ть** bring, take

2289 **плани́ровать** plan

2290 **предпринима́ть** undertake, take

2291 **подска́зывать** prompt, tell

2294 **доводи́ть** lead to, take to

2298 **пережива́ть** experience; worry

2309 **приближа́ться** approach

2313 **образо́вывать** form; educate, teach

2917 **целовáть** kiss

2922 **пугáть** scare

2924 **испугáться** get scared

2925 **усúливать** strengthen, increase

2931 **преслéдовать** pursue, persecute

2934 **отрывáть** tear off; disturb, distract

2940 **демонстрúровать** demonstrate, show

2943 **орáть** bawl

2947 **грозúть** threaten

2953 **сломáть** break

2962 **тянýться** stretch

2963 **сокращáть** reduce

2967 **течь** flow; leak

2969 **волновáть** agitate

2976 **класть** put

2993 **руководúть** direct, be in charge

2999 **беспокóиться** worry

3005 **прыгать** jump

3016 **ошибáться** make a mistake

3023 **рисковáть** risk

3027 **рассуждáть** argue, talk

3035 **комментúровать** comment

3039 **пострадáть** suffer, to be injured

3046 **располагáться** be (situated); make oneself comfortable

3056 **совпадáть** coincide, concur

3057 **нарисовáть** draw

3060 **исслéдовать** research, explore, study

3062 **изображáть** represent, show

3064 **поцеловáть** kiss

3077 **кидáть** throw

3083 **уговáривать** persuade

3087 **длúться** last

3094 **производúться** be produced, be manufactured

3098 **запирáть** lock

3104 **гарантúровать** ensure, guarantee

3117 **гордúться** be proud

3118 **спасáть** rescue

3123 **предполагáться** be supposed

3124 **водúть** drive; take

3145 **угрожáть** threaten

3157 **лечúть** treat

3161 **напечáтать** print; publish, type

3166 **врать** lie

3170 **проговорúть** utter; spend time talking

3183 **улучшáть** improve

3190 **шутúть** joke

3193 **уменьшáть** reduce

3194 **хранúться** be stored, be kept

3197 **уносúть** take away, carry away

3198 **повéсить** hang

3203 **трóгать** touch

3208 **закрывáться** close

3222 **употреблять** use

3223 **соблюдáть** obey

3224 **распространяться** spread; be extended

3225 **подъезжáть** drive up

3226 **размышлять** reflect, think

3230 **ценúть** appreciate, value

3242 **торговáть** trade; sell

3248 **наставáть** come

3257 **продавáться** be on sale

3259 **атаковáть** attack

3276 **беспокóить** bother; concern

3284 **догонять** chase, catch up

3291 **привéтствовать** greet, welcome

3292 **придéрживаться** hold to, stick to

3293 **засмеяться** laugh

3295 **улетáть** fly away, leave

3307 **трудúться** work

3310 **прекращáться** stop, expire

3311 **отрезáть** cut

3317 **стучáть** hit, knock; snitch (slang)

3321 **подлежáть** be subject

3327 **рождáться** be born

3335 **увелúчиваться** increase

3341 **счесть** consider

3344 **летéть** fly

3346 **голосовáть** vote

3358 **мыть** wash

3359 **повлиять** influence, affect

3362 **охранять** guard

3366 **проéхать** drive, get to

3367 **наслаждáться** enjoy

3390 **полюбúть** fall in love

3392 **выделяться** stand out

3398 **продемонстрúровать** demonstrate, show

3401 **испóртить** spoil, ruin

3403 **прятаться** hide

3412 **формировáться** be formed

3414 **вúдеться** see

3415 **бесéдовать** talk

3418 **объясняться** explain

3422 **зажигáть** light

3425 **обвинять** accuse

3440 **комáндовать** command, be in charge

3441 **пожалéть** feel sorry

3444 **рáнить** wound

3461 **отрицáть** deny

3464 **воспринимáться** be perceived

3467 **предлагáться** be offered

3469 **мыслить** think

3478 **возглавлять** lead

3496 **возрастáть** increase

3500 **заболéть** fall ill

3509 **взлетáть** take off, fly out

3516 **планúроваться** be planned

3521 **замолчáть** fall silent

3532 **ломáть** break

3547 **делúть** divide, share

3550 **обсуждáться** be discussed

3551 **разбудúть** wake

3575 **раздражáть** irritate, annoy

3577 **формировáть** form

3578 **мýчить** torment

3580 **снúться** dream

3588 **обрáдоваться** rejoice, be happy

3601 **подвергáться** undergo, be subjected

4539	**ги́бнуть** die	4785	**вноси́ться** be introduced, be made
4541	**раздава́ть** distribute, hand out	4788	**модифици́ровать** modify, change
4542	**ве́шать** hang	4789	**обнажа́ть** uncover
4546	**обуча́ться** learn, be trained	4800	**выполза́ть** crawl out

4539 **ги́бнуть** die
4541 **раздава́ть** distribute, hand out
4542 **ве́шать** hang
4546 **обуча́ться** learn, be trained
4563 **продлева́ть** prolong
4568 **пра́здновать** celebrate
4569 **различа́ться** differ
4574 **выдыха́ть** exhale, breath out
4576 **диктова́ть** dictate
4587 **эконо́мить** save
4610 **зарегистри́роваться** register, check in
4627 **ве́сить** weigh
4659 **греме́ть** thunder
4665 **плыть** swim; sail
4670 **повыша́ться** rise
4678 **выпрямля́ться** straighten up
4681 **развя́зывать** untie
4686 **измеря́ть** measure
4718 **у́жинать** have dinner
4720 **запреща́ться** prohibit
4723 **уводи́ть** take away
4726 **взросле́ть** mature
4728 **выздора́вливать** recover
4729 **обме́нивать** exchange
4731 **сгиба́ть** bend
4732 **переку́сывать** have a snack, eat
4733 **прибива́ть** fasten (by nailing)
4734 **ода́лживать** lend; borrow
4736 **вычёркивать** strike out
4743 **переска́зывать** retell
4749 **аплоди́ровать** applaud, cheer
4752 **мёрзнуть** freeze
4753 **ме́рить** measure; try
4755 **мочи́ть** soak; kill (slang)
4763 **суши́ть** dry, air
4766 **загора́ть** sunbathe
4770 **схва́тывать** grab; apprehend, catch
4775 **умыва́ться** have a wash
4778 **паркова́ть** park
4782 **враща́ть** rotate

4785 **вноси́ться** be introduced, be made
4788 **модифици́ровать** modify, change
4789 **обнажа́ть** uncover
4800 **выполза́ть** crawl out
4806 **трансли́роваться** be transmitted
4822 **захлёбываться** choke, gasp
4827 **по́ртиться** deteriorate, be spoiled
4833 **сторожи́ть** guard
4835 **шля́ться** hang around, gallivant
4840 **обнима́ться** hug
4847 **заправля́ть** fuel
4854 **рассека́ть** cross, dissect
4855 **спада́ть** ease off
4858 **вселя́ть** inspire, move
4861 **мести** sweep
4871 **переступа́ть** go over, overstep
4876 **апелли́ровать** appeal; call on
4878 **насчи́тывать** count
4879 **пыхте́ть** puff, pant
4881 **точи́ть** sharpen
4884 **щекота́ть** tickle
4887 **бри́ться** shave
4905 **разоблачи́ть** expose, reveal
4911 **трево́житься** worry
4913 **усма́тривать** see, perceive
4914 **черне́ть** turn black
4918 **вы́учиться** learn
4919 **дешеве́ть** become cheaper
4922 **морга́ть** blink
4924 **надави́ть** press, put pressure on
4927 **отве́дать** taste, partake of
4929 **утомля́ть** tire, tire out
4931 **колыха́ться** sway, flicker
4932 **насмотре́ться** see enough
4935 **перебега́ть** run over; run across
4936 **ска́тываться** roll down, slide down
4945 **поте́ть** sweat
4949 **программи́ровать** program

4950 **прикрепля́ть** attach, put
4951 **передвига́ть** move
4953 **бо́дрствовать** keep awake
4958 **простуди́ться** catch cold
4968 **дорожа́ть** get more expensive, go up
4976 **страхова́ть** insure
4980 **умножа́ть** multiply
4982 **кле́ить** glue
4988 **консульти́ровать** consult
4989 **разме́нивать** change (money)
4992 **переспра́шивать** ask again

Adverbs

38 **всё** still, all, nevertheless
49 **ещё** more, still
51 **уже́** already
63 **о́чень** very
67 **мо́жно** may, can
95 **нет** no, not
101 **бо́лее** more
110 **на́до** necessary, must, have to
159 **коне́чно** certainly
183 **сего́дня** today
185 **вообще́** generally; at all
188 **хорошо́** well, all right
197 **ну́жно** necessary
200 **бо́льше** more
202 **наприме́р** for example
203 **почти́** almost
228 **совсе́м** completely, very
232 **далеко́** far
240 **сра́зу** at once
247 **ча́сто** often
257 **вме́сте** together
297 **сно́ва** again
302 **вдруг** suddenly
305 **ско́ро** soon
325 **наза́д** back, ago
330 **соверше́нно** entirely
335 **действи́тельно** really
338 **зате́м** then
351 **нельзя́** impossible
355 **опя́ть** again
364 **наконе́ц** finally
372 **осо́бенно** especially, particularly

2450	**самостоя́тельно** independent(ly), by oneself	3209	**отча́сти** partly	4051	**напра́сно** in vain, for nothing
2452	**бли́зко** near; close	3214	**подря́д** in a row	4074	**ве́жливо** politely
2454	**впосле́дствии** subsequently	3220	**вслух** aloud	4083	**напряму́ю** directly
2467	**внизу́** below	3234	**уве́ренно** confidently	4160	**традицио́нно** traditionally
2491	**за́муж** marry	3279	**части́чно** partially	4178	**вдали́** in the distance
2495	**ве́село** merrily	3282	**неоднокра́тно** repeatedly, several times	4233	**усло́вно** conditionally, tentatively
2534	**ро́вно** exactly; evenly	3287	**ничего́** nothing	4243	**вдво́е** twice
2550	**несомне́нно** undoubtedly	3330	**е́ле** hardly	4270	**жа́рко** hot
2561	**нере́дко** often	3348	**слы́шно** possible to hear, audibly	4292	**глу́по** foolish(ly)
2562	**ко́ротко** short(ly)	3368	**смешно́** funny	4312	**да́льше** further; longer
2575	**отню́дь** nowhere near, by no means	3400	**чуть-чу́ть** a little	4315	**оби́дно** pity, offended
2620	**сза́ди** behind, from behind	3450	**надо́лго** for a long time	4375	**дру́жно** amicably; all at once
2661	**незави́симо** regardless	3468	**темно́** dark	4421	**впра́во** to the right
2678	**жа́лко** pitifully, it's a pity	3522	**одина́ково** equally	4439	**вле́во** to the left
2679	**непло́хо** not bad, okay	3533	**приблизи́тельно** approximately, roughly	4452	**ни́зко** low
2689	**непреме́нно** without fail	3545	**сни́зу** from below, from the bottom	4454	**три́жды** three times
2698	**высоко́** high(ly)	3566	**полно́** full	4475	**вероя́тно** probably
2767	**неизве́стно** unknown	3571	**пешко́м** on foot	4478	**го́рько** bitter
2770	**сле́ва** left	3585	**нару́жу** out	4483	**горячо́** hot
2792	**внача́ле** at first	3610	**за́ново** again	4499	**ненадо́лго** for a (short) while, not for long
2793	**во́время** in time, on time	3667	**скоре́е** quicker, rather	4524	**сча́стливо** happily; good luck
2797	**свобо́дно** freely	3675	**вдвоём** together, two	4529	**неприя́тно** unpleasantly
2799	**спра́ва** on the right	3679	**внутрь** inside	4549	**попола́м** fifty-fifty, in half
2830	**и́скренне** sincerely	3698	**стреми́тельно** rapidly	4558	**неудо́бно** uncomfortable, uneasy
2865	**два́жды** twice	3721	**не́когда** no time	4664	**за́мужем** married (woman)
2867	**во-пе́рвых** firstly	3729	**снару́жи** outside	4667	**су́хо** dry(ly)
2872	**наве́рх** up	3736	**мы́сленно** mentally	4676	**сбо́ку** at the side
2902	**целико́м** entirely	3769	**периоди́чески** periodically, from time	4680	**светло́** light
2921	**мгнове́нно** instantly	3791	**изнутри́** from within	4693	**нелегко́** with difficulty, hard
2929	**я́рко** brightly	3802	**неподалёку** not far	4702	**лень** laziness
2938	**немно́жко** little	3810	**пло́тно** tightly	4713	**сла́дко** sweet(ly)
2997	**аккура́тно** carefully	3814	**те́сно** closely	4714	**негро́мко** not loud, quietly
3012	**автомати́чески** automatically	3817	**не́куда** nowhere	4715	**втроём** three (people)
3021	**ужа́сно** terribly; really	3826	**отчётливо** distinctly	4727	**посереди́не** in the middle
3032	**мя́гко** softly, gently	3849	**сла́бо** weak(ly)	4769	**чуде́сно** wonderful(ly)
3034	**твёрдо** firm(ly), stern(ly)	3867	**гру́бо** harsh, roughly	4810	**поутру́** in the morning
3053	**краси́во** beautifully, nicely	3896	**упо́рно** stubbornly	4814	**поны́не** to this day, still
3079	**вы́ше** higher	3899	**напра́во** to the right	4823	**мимохо́дом** in passing
3084	**регуля́рно** regularly	3926	**физи́чески** physically	4846	**времена́ми** at times, sometimes
3103	**норма́льно** it is normal	3930	**недо́лго** not long	
3114	**недалеко́** near	3934	**по-ра́зному** differently	4875	**ши́бко** very (dialect)
3142	**сты́дно** shameful	3966	**позади́** behind	4933	**неве́сть** nobody knows, God knows
3143	**здо́рово** great; quite	4009	**нале́во** to the left	
3163	**круго́м** around	4041	**наверху́** upstairs, on top	4991	**по́зже** later
3182	**дёшево** cheap				

Most common multiword expressions

1 мо́жет быть maybe
- Может быть, она поэтому так хорошо выглядят? — Maybe that's why she looks so good?
  LL: 131123

2 а та́кже and also
- Это позволило бы более эффективно распределять общественные ресурсы, а также бороться с коррупцией. — This would allow for a more effective way of allocating public resources and also for tackling corruption.
  LL: 65998

3 во вре́мя during
- Твоя жена очень похудела во время отпуска. — Your wife lost a lot of weight during the holiday.
  LL: 53635

4 до сих пор until now
- Почему ты до сих пор молчал? — Why have you been silent until now?
  LL: 48238

5 не то́лько not only
- Он не только сочиняет, но сам и поет свои песни. — He's not only a composer, but he also sings his own songs.
  LL: 41760

6 друг дру́га one another, each other
- А, так вы уже друг друга знаете! — Ah, so you already know one another!
  LL: 39100

7 е́сли бы if
- Интересно, что бы сказала моя мама, если бы узнала, что я курю. — I wonder what my mum would say if she knew that I smoked.
  LL: 34351

8 со стороны́ from the side, from the perspective
- Вы только посмотрите на себя со стороны: ботинки не чищены, волосы не причесаны, галстуки мятые. — Just look at yourself from someone else's perspective: your shoes are dirty, your hair is messy and your ties are creased.
  LL: 34295

9 с по́мощью with the help
- Я даже перевел с помощью словаря две статьи с французского и немецкого языков. — I even translated, with the help of a dictionary, two articles from French to German.
  LL: 32425

10 хотя́ бы even
- Мяса хотелось до беспамятства, но я не решался попробовать хотя бы кусочек. — I really wanted to have some meat, but I didn't dare try even a small piece.
  LL: 31614

11 вряд ли unlikely
- От моей болезни у вас вряд ли есть лекарство. — You're unlikely to have medicine for my illness.
  LL: 31540

12 в тече́ние during, for
- В течение трех лет он страдал от головных болей. — He suffered from head pain for three years.
  LL: 29742

13 не ме́нее no less, a minimum
- Для этого нужно учиться не менее трех лет. — For this you need to study for a minimum of three years.
  LL: 29403

14 в ка́честве in the capacity, as
- Ее пригласили в качестве переводчика. — She was invited in the capacity of a translator.
  LL: 29044

15 по по́воду due to, because, about
- Врача вызвали к пациентке по поводу острых болей. — The doctor was called to the patient because she was experiencing acute pains.
  LL: 26991

16 лет наза́д years ago
- Эта башня выстроена более двух тысяч лет назад. — This tower was built over two thousand years ago.
  LL: 26620

17 по кра́йней ме́ре at least
- Она могла бегло говорить по крайней мере на девяти языках. — She could speak at least ten languages fluently.
  LL: 23023

18 как пра́вило as a rule
- Как правило, это делают в первой половине октября. — As a rule, this is done in the first half of October.
  LL: 21311

19 за счёт at the expense
- Он живет за мой счет. — He's living at my expense.
  LL: 21045

20 по отноше́нию к in relation to, towards, in comparison with, against
- Они вели себя не совсем корректно по отношению к пассажирам. — They didn't behave as appropriately as they should have towards the passengers.
- Туроператоры связывают это с ростом курса евро по отношению к доллару. — Tour operators link this to the rise of the Euro against the dollar.
  LL: 20257

21 на са́мом де́ле in actual fact
- Что же там происходит на самом деле? — What in actual fact is happening there?
  LL: 19819

22 в о́бщем in general
- Эти языки, в общем, очень похожи друг на друга. — These languages are, in general, very similar to each other.
  LL: 19038

23 до́лжен быть should be
- Ваш наряд не должен быть слишком ярким. — Your dress shouldn't be too bright.
  LL: 18736

24 после́днее вре́мя recently
- Что тут нового произошло за последнее время? — Has anything new happened here recently?
  LL: 18574

25 во́все не far from, not at all, by no means
- Страх перед врачом вовсе не редкость. — Fear of doctors is by no means uncommon.
  LL: 17231

26 по сравне́нию с compared to, in comparison to
- Так гораздо экономичнее по сравнению с тем, как это делалось раньше. — So much more economical in comparison to how it was done before.
  LL: 16166

27 в це́лом on the whole
- В целом он остался доволен. — On the whole he was satisfied.
  LL: 16013

28 в результа́те as a result
- В результате обыска в руки следствия попало немало важных документов. — As a result of the search detectives found many important documents.
  LL: 15811

29 как раз just
- А мы как раз обедаем. — We're just having lunch.
  LL: 14975

30 в ви́де in the form
- У них длинные зеленоватые волосы, темная кожа, ступни в виде плавников. — They have long greenish hair, dark skin and feet in the form of fins.
  LL: 14718

31 в ра́мках in the framework, in the programme
- Также в рамках фестиваля состоялись два балетных спектакля. — Two ballet performances were also in the programme of the festival.
  LL: 14654

32 к сожале́нию unfortunately
- В последние годы он, к сожалению, не поддерживал свою спортивную форму. — In recent years he has unfortunately lost his form.
  LL: 14352

33 ни ра́зу never, not once
- Я там ни разу не был. — I have never been there.
  LL: 14082

34 в ча́стности in particular
- Он, в частности, говорил о методах генной терапии. — He spoke, in particular, about methods of gene therapy.
  LL: 13841

35 пре́жде чем before
- Он немало колебался, прежде чем принять решение. — He hesitated somewhat before making a decision.
  LL: 13609

36 как бу́дто as if
- Он выглядел так, как будто у него болел зуб. — He looked as if he had toothache.
  LL: 13017

37 в отноше́нии with respect, for
- У нее далеко идущие планы в отношении этого юноши. — She has far-reaching plans for this boy.
  LL: 12316

38 пожа́л плеча́ми shrug one's shoulders
- Он удивленно пожал плечами и пошел дальше по своим делам. — He shrugged his shoulders in surprise and carried on with his business.
  LL: 12073

39 гла́вным о́бразом chiefly, mainly
- Мне нравятся главным образом художники 50-60-х годов. — I mainly like artists from the 50s and 60s.
  LL: 11825

40 при по́мощи with the help
- Путь туда был слишком рискованным, поэтому я решил ограничиться фотографированием скалы при помощи телеобъектива. — The road there was too dangerous, so I decided to make do with taking photos of the cliff with a telephoto lens.
  LL: 11617

41 покача́ть голово́й shake one's head
- Он отрицательно покачал головой. — He shook his head.
  LL: 11483

42 це́нные бума́ги securities
- Особенно велико отставание европейцев в сфере корпоративных ценных бумаг. — Europeans are lagging behind, particularly in the area of corporate securities.
  LL: 11324

43 в соотве́тствии с in accordance with
- Предприятие работает в соответствии с мировыми стандартами качества. — The company operates in accordance with international quality standards.
  LL: 11031

44 к приме́ру for example
- Не люблю, когда гости приходят неожиданно, а у меня, к примеру, не убрано. — I don't like it when guests come unexpectedly and, for example, my house isn't tidy.
  LL: 10825

45 в основно́м mainly
- Питаются эти птицы в основном насекомыми. — These birds eat mainly insects.
  LL: 10811

46 во вся́ком слу́чае in any case
- Неясно, на кого оно было рассчитано, но уж во всяком случае, не на человека в скафандре. — It's unclear who it was intended for, but, in any case, it wasn't for the man in the spacesuit.
  LL: 10711

47 молодо́й челове́к young man
- Да-да, я имею в виду вас, молодой человек. — Yes, yes, I mean you, young man.
  LL: 10423

48 с трудо́м with difficulty, hard
- Он с трудом встал. — He found it hard to get up.
  LL: 10359

49 речь идёт о the question is, the issue is, I'm talking about
- Она даже и не поняла, о чем идет речь. — She didn't even realize what the issue was.
  LL: 10302

50 со вре́менем over time, with time
- Опыт приходит со временем. — Experience comes with time.
  LL: 10280

51 чуть ли не almost
- Традиция эта длится чуть ли не с первого курса. — This tradition has been in place almost since the first year at university.
  LL: 10230

52 на протяже́нии during, over
- На протяжении веков она вдохновляла художников, музыкантов и писателей. — Over the centuries she has inspired artists, musicians and writers.
  LL: 9868

53 за исключе́нием with the exception, but
- Все солдаты, за исключением одного, быстро поднялись. — All but one soldier quickly got to their feet.
  LL: 9866

54 едва́ ли hardly, unlikely
- Обосновать научно эти явления едва ли возможно. — It's unlikely that these phenomena can be scientifically substantiated.
  LL: 9866

55 по су́ти in essence
- Для нас это, по сути, было компромиссное решение. — For us this is in essence a compromise.
  LL: 9659

56 с уваже́нием with respect
- Все о нем говорят с уважением и любовью. — Everyone speaks of him with respect and affection.
  LL: 9508

57 с то́чки зре́ния from the point of view
- И хотя сейчас он – знаменитый артист, жизнь продолжает воспринимать по-прежнему, с точки зрения врача. — And although he's now an eminent artist, he still perceives life as before, from the point of view of a doctor.
  LL: 9456

58 в поря́дке in order, okay, by way of
- Передайте, что я жив и у меня все в порядке — Say that I'm alive and that everything is okay.
- Они решили в порядке эксперимента поменяться машинами. — They decided to swap cars by way of an experiment.
  LL: 9420

59 окружа́ющая среда́ environment
- Это представляет большую опасность для окружающей среды. — It presents a great danger to the environment.
  LL: 9322

60 с удово́льствием with pleasure, love to
- Он бы с удовольствием купил эту квартиру, да денег нет. — He would love to buy the flat, but he doesn't have the money.
  LL: 9206

61 в пе́рвую о́чередь first of all, first
- В первую очередь удалите сухие, поломанные и больные ветки. — First remove the dry, broken and diseased branches.
  LL: 9109

62 с учётом taking into account
- Будем надеяться, что теперь вопрос разрешится в законном порядке и с учетом мнения жителей. — Let us hope that this issue will now be resolved legally and that the opinions of residents will be taken into account.
  LL: 8874

63 тем не ме́нее nevertheless, still,
- Цены фантастические, и тем не менее стадион забит до отказа. — The prices are sky-high, yet the stadium is still packed.
  LL: 8657

64 вро́де бы seemingly, as if
- Сначала все шло вроде бы неплохо. — At first, everything seemed to be going well.
  LL: 8631

65 в хо́де in progress, in the course
- Военнослужащий погиб в ходе контртеррористической операции. — The soldier was killed in the course of a counter-terrorist operation.
  LL: 8590

66 далеко́ не nowhere near, not nearly
- И это далеко не все возможности автомобиля. — And that's nowhere near all the car can do.
  LL: 8547

67 ме́стное самоуправле́ние local government
- Реформы в области местного управления при Екатерине II оставили более глубокий след. — Local government reforms made under Catherine the Great left a deeper impression.
  LL: 8242

68 в при́нципе in principle
- В принципе, меня это вполне устраивает. — In principle, I'm very happy with it.
  LL: 8118

69 за́работная пла́та wage
- В среднем рост заработной платы в этих отраслях составил 200%. — The average pay rise in these industries was 200 per cent.
  LL: 8022

70 вну́тренних дел internal affairs
- Только за 1997 год органами внутренних дел выявлено 848 подпольных лабораторий. — In 1997 alone internal affairs agents found 848 clandestine laboratories.
  LL: 7904

71 до́лгое вре́мя long time
- Долгое время я была в него влюблена. — I was in love with him for a long time.
  LL: 7713

72 к тому́ же in addition
- Парень он был симпатичный, к тому же играл на гитаре и занимался спортом. — He was a handsome boy; in addition, he played the guitar and was sporty.
  LL: 7686

73 как бы as it were, as if
- Он смотрит наверх как бы в ожидании очередного удара. — He's looking up as if he's expecting another blow.
  LL: 7676

74 сле́дующим о́бразом in the following way, thus
- Грибы в сметане готовят следующим образом: грибы укладывают на сковороду . . . — Mushrooms in sour cream are cooked in the following way: you put the mushrooms in the frying pan . . .
  LL: 7640

75 се́льского хозя́йства agriculture
- Они вкладывают деньги в развитие сельского хозяйства. — They are pumping money into developing agriculture.
  LL: 7610

76 в лу́чшем слу́чае at best, at the most
- Такой пленки хватит в лучшем случае на один сезон. — This film will last for a season at the most.
  LL: 7491

77 обрати́ть внима́ние pay attention
- Сначала, честно говоря, я обратил внимание на ее ноги. — To be honest, at first I paid attention to her legs.
  LL: 7479

78 и др. and others
- В программе фестиваля: выступления Николая Петрова, Александра Гиндина и др. — The festival programme includes performances from Nikolay Petrov, Aleksandr Gindin and others.
  LL: 7415

79 при усло́вии on condition, provided that
- Этим умением может овладеть любой при условии регулярной тренировки. — Anyone can master this technique, provided that they train regularly.
  LL: 7304

80 в отли́чие от unlike
- У меня, в отличие от него, нет ни яхты, ни виллы. — Unlike him I don't have a yacht or a villa.
  LL: 7295

81 иностра́нных дел foreign affairs
- Это вынуждены были признать министры иностранных дел стран – членов ЕС. — Foreign affairs ministers from EU member states were forced to admit it.
  LL: 7292

82 по доро́ге on the way
- Мария Ивановна по дороге в поликлинику сломала руку. — Mariya Ivanovna broke her arm on the way to the clinic.
  LL: 7262

83 с тех пор since then, since that time
- С тех пор его никто не видел. — Nobody has seen him since then.
  LL: 7254

84 за рубежо́м abroad
- Изобретение запатентовано и в России, и за рубежом. — The invention is patented both in Russia and abroad.
  LL: 7145

85 де́ло в том the fact is
- Уверен, все дело в том, что я был новичком в этой команде. — I'm certain that it's just because I was new in the team.
  LL: 7129

86 должно́ быть must, must be
- Должно быть, к этому моменту они уже спали. — They must have already been sleeping by then.
  LL: 7082

87 в си́лу into force, by virtue, because
- Настоящее постановление вступает в силу со дня его подписания. — This act will come into force as soon as it is signed.
- Этот случай далее не рассматривается в силу своей тривиальности. — Because of its triviality this case will no longer be considered.
  LL: 6905

88 по и́мени by name
- Он почему-то всегда выбирает девушек по имени Марина. — For some reason he always picks girls called Marina.
  LL: 6751

89 в зави́симости от depending on, according to
- Вы можете отрегулировать температуру в зависимости от времени суток. — You can regulate the temperature according to the time of the day.
  LL: 6721

90 за преде́лами beyond
- Объяснение этого феномена лежит за пределами научного знания. — An explanation of this phenomenon is beyond scientific knowledge.
  LL: 6707

91 как ми́нимум at least
- На это у меня ежедневно уходит как минимум два часа. — I spend at least two hours on this every day.
  LL: 6701

92 на фо́не amidst, against, against the backdrop of
- Встреча состоялась на фоне резкого обострения международного конфликта. — The meeting took place amidst a dramatic exacerbation of the international conflict.
  LL: 6694

93 в очередно́й раз again
- Нас в очередной раз обманули! — We were cheated again!
  LL: 6661

94 име́ть пра́во have the right
- Он не имеет права это делать. — He doesn't have the right to do this.
  LL: 6567

95 день рожде́ния birthday
- Что бы ты хотел получить на день рождения? — What would you like for your birthday?
- LL: 6351

96 пока́ не until
- Я решил не жениться до тех пор, пока не встречу идеальную женщину. — I decided not to get married until I met the ideal woman.
- LL: 6306

97 в том числе́ including
- Многие из них, в том числе и дети, больны астмой. — Many of them, including children, suffer from asthma.
- LL: 6240

98 за грани́цей abroad
- У тебя есть родственники за границей? — Do you have any relatives abroad?
- LL: 6169

99 исполни́тельная власть executive powers
- Необходимо отменить все решения исполнительной власти, нарушающие международное право в отношении безработных. — It is necessary to annul all decisions made by the executive powers that violate international law in relation to the unemployed.
- LL: 6124

100 по существу́ to the point, in essence
- Давайте говорить по существу. — Let's get to the point.
- Реформа, по существу, ограбила их. — They were essentially robbed by the reform.
- LL: 6095

101 до́брый день hello
- Алло, добрый день, Толю можно? — Hello, can I speak to Tolya?
- LL: 6082

102 на основа́нии on the basis, on the grounds
- На каком основании вы это утверждаете? — On what grounds do you claim this?
- LL: 6021

103 бо́лее чем more than
- Одной минуты будет более чем достаточно. — One minute will be more than enough.
- LL: 6015

104 в преде́лах within
- Атмосферное давление на протяжении всей недели удержится в пределах нормы. — Atmospheric pressure will keep within the normal range all week.
- LL: 5946

105 Вели́кая Оте́чественная война́ Great Patriotic War, Second World War
- Он участник Великой Отечественной войны, имеет награды. — He fought in the Second World War; he has medals.
- LL: 5918

106 изо всех сил for all one's worth, with all one's strength, as much as one can
- Мы стараемся изо всех сил. — We are trying as much as we can.
- LL: 5895

107 по да́нным according to data
- По данным зарубежной прессы, в последний раз его видели на одном из горнолыжных курортов. — According to the foreign press, he was last seen at a skiing resort.
- LL: 5870

108 в связи́ с in connection with, on account of
- Их подзащитного придется освободить в связи с истечением срока давности. — Their defendant will have to be released on account of the expiration of the statute of limitation.
- LL: 5834

109 по мне́нию in the opinion
- Еще 15 тысяч лет, по мнению ученых, продлится относительно теплая эпоха. — In the opinion of scientists, the relatively warm period will last another 15 thousand years.
- LL: 5797

110 це́лый ряд a whole number, many
- У нас возник целый ряд сложностей. — We had many complications.
- LL: 5639

111 под влия́нием under the influence
- А потом под влиянием друга я решил поступать в Московский архитектурный институт. — And then, influenced by a friend, I decided to study at the Moscow Architectural Institute.
- LL: 5529

112 под руково́дством under the leadership, under the supervision
- И только потом ученика допускают до практических занятий под руководством инструкторов. — And only then is the pupil allowed to take practical lessons under the supervision of an instructor.
- LL: 5528

113 то́чка зре́ния point of view, opinion
- Вы знаете, у меня другая точка зрения. — I have a different opinion, you know.
- LL: 5491

114 генера́льный дире́ктор general director
- На планерках генеральный директор ставил меня в пример сотрудникам. — At the briefing the general director held me up as an example to the workforce.
  LL: 5449

115 во главе́ с led by, under the command of
- Он был арестован прямо в Кремле группой генералов во главе с маршалом Жуковым. — He was arrested in the Kremlin by a group of generals led by Marshal Zhukov.
  LL: 5420

116 о́бе сто́роны both sides, both parties
- Для этого необходимо письменное согласие обеих сторон. — Written consent from both parties is needed for this.
  LL: 5382

117 о́браз жи́зни lifestyle, way of life
- Он ведет малоподвижный образ жизни. — He leads a sedentary way of life.
  LL: 5364

118 по а́дресу to (address)
- Замечания и пожелания вы можете отправлять по адресу XXX@YYY.ru — Your comments and suggestions can be sent to XXX@YYY.ru.
  LL: 5334

119 в конце́ концо́в eventually, in the end
- Родители невесты долго колебались, но в конце концов согласились. — The bride's parents hesitated, but agreed in the end.
  LL: 5245

120 в по́льзу in favour
- Суд решил дело в пользу режиссера. — The court ruled in favour of the director.
  LL: 5200

121 до́брый ве́чер good evening
- Добрый вечер, уважаемые радиослушатели. — Good evening, dear listeners.
  LL: 5126

122 че́стно говоря́ honestly speaking, to be honest
- При личном общении он меня, честно говоря, разочаровал. — To be honest, I was disappointed when I met him in person.
  LL: 5126

123 в да́нном слу́чае in this case
- Возмущаться в данном случае бессмысленно. — In this case there's no point getting angry.
  LL: 5116

124 всё равно́ all the same
- Делайте, что хотите, мне все равно. — Do what you want; it's all the same to me.
  LL: 5107

125 сла́ва бо́гу thank heaven, thank God
- Ту зиму мы в тепле, слава богу, прожили. — That winter we lived in warmth, thank God.
  LL: 5036

126 гражда́нское о́бщество civil society
- Собственность и семья составляют фундамент гражданского общества. — Property and family are the fundaments of a civil society.
  LL: 4991

127 по ме́ре if and when
- Растения поливают по мере необходимости. — Plants are watered if and when necessary.
  LL: 4931

128 вы́йти за́муж get married
- Одна из них недавно вышла замуж. — One of them recently got married.
  LL: 4922

129 рабо́чая си́ла work force, labour
- Без китайской и корейской рабочей силы нам Сибирь не поднять. — We won't be able to develop Siberia without Chinese and Korean labour.
  LL: 4862

130 правоохрани́тельные о́рганы law enforcement agencies
- Необходимы срочные меры со стороны правоохранительных органов. — Law enforcement agencies need to take urgent measures.
  LL: 4845

131 ра́но или по́здно sooner or later
- Человек все равно рано или поздно от чего-то умирает. — Sooner or later people nevertheless die from something.
  LL: 4844

132 во и́мя in the name
- Мы действуем во имя мира и свободы. — We are acting in the name of peace and freedom.
  LL: 4824

133 гла́вный реда́ктор chief editor
- Сотрудника газеты вызвал к себе главный редактор. — The chief editor called in one of the newspaper's employees.
  LL: 4763

134 по дела́м on issues of, on business
- Эту проблему помог решить городской комитет по делам молодежи. — The town youth affairs committee helped solve the problem.
- Он уехал по делам, будет завтра. — He's away on business; he'll be back tomorrow.
  LL: 4763

135 програ́ммное обеспече́ние software
- Современная техника и программное обеспечение позволяют автоматизировать любые технологические операции. — Modern technology and software make it possible to automate any technological process.
  LL: 4721

136 при нали́чии present, subject to the existence of, having
- Каждый покупатель при наличии пенсионного удостоверения может получить скидку в размере 10% — Every shopper who has a pension card is entitled to a 10% discount.
  LL: 4685

137 в глаза́х in the eyes of
- В глазах общественности он играет роль безвинной жертвы произвола. — In the eyes of the public he plays the role of an innocent victim of tyranny.
  LL: 4663

138 уче́бные заведе́ния education institution
- Как входят в реальную жизнь бывшие воспитанники этих учебных заведений? — How do former students of these education institutes get on in the real world?
  LL: 4607

139 одни́м сло́вом in a word
- У меня нет постоянного жилища, я путешествую из города в город, одним словом – бродяга. — I have no permanent home, I travel from town to town; in a word – I'm a vagrant.
  LL: 4567

140 принять уча́стие в take part in
- В работе круглого стола приняли участие свыше 100 человек. — More than 100 people took part in the round table.
  LL: 4557

141 вообще́ не at all, whatsoever
- Она вообще не имела права спрашивать ребенка ни о чем. — She had no right to ask the child about anything at all.
  LL: 4557

142 а и́менно namely
- Необходимо отметить, что производство вертолета Ка-226 будет осуществляться как в России, так и в Украине, а именно на нашем предприятии. — It should be noted the Ka-226 helicopter will be manufactured in both Russia and Ukraine, namely by our company.
  LL: 4547

143 желе́зная доро́га railway
- Мой дом стоял возле железной дороги. — My house was next to the railway.
  LL: 4501

144 уголо́вное де́ло criminal case, criminal trial
- Всем известно, что уголовное дело в отношении нашего соратника полностью сфабриковано. — Everyone knows that the criminal case against our colleague has been completely fabricated.
  LL: 4452

145 госуда́рственная власть government
- У вас есть право обжаловать действия органов государственной власти в суде. — You have the right to appeal against the government's actions in court.
  LL: 4450

146 в соста́ве as part
- Тогда я гастролировала в составе труппы Большого театра. — At the time I was on tour as part of the Bolshoi Theatre group.
  LL: 4447

147 е́сли же if
- Если потереть магнит чесноком, его сила исчезнет; если же помазать магнит кровью козла, его сила восстанавливается. — If you rub a magnet with garlic, it loses its magnetism; if you rub it with the blood of a goat, then its gets its magnetism back.
  LL: 4395

148 в сре́днем on average
- Слабый пол в среднем живет на 12 лет дольше. — The weaker sex lives on average 12 years longer.
  LL: 4358

149 боевы́е де́йствия military action
- Разгром армии не означал конца боевых действий. — The defeat of our army did not mean the end of military action.
  LL: 4303

150 вы́сшей сте́пени extremely, utmost
- Его все знали как человека в высшей степени достойного. — He was known by everyone as a man of utmost dignity.
  LL: 4229

151 не дай Бог God forbid
- Не дай бог, об этом узнает муж. — God forbid that my husband finds out about this.
  LL: 4184

152 тóтчас же right now, immediately
- Банкиры тотчас же стали скупать облигации. — Bankers immediately started buying bonds.
  LL: 4183

153 едвá ли не perhaps
- Он знаменитый, едва ли не самый крупный русский историк. — He's a famous, perhaps the greatest Russian historian.
  LL: 4178

154 казáлось бы it would seem
- Хотя, казалось бы, он просто обязан был победить. — Although, as it would seem, he simply had to win.
  LL: 4174

155 по словáм in the words
- Все произошло, по словам потерпевшей, среди бела дня. — In the words of the victim everything happened in broad daylight.
  LL: 4103

156 как говори́тся as they say
- Время – деньги, как говорится. — As they say, time is money.
  LL: 4083

157 правá человéка human rights
- В чем же здесь нарушение прав человека? — How have human rights been violated here?
  LL: 4053

158 на прáктике in practice
- На практике это осуществить пока невозможно. — In practice, it is for the time being impossible to implement.
  LL: 4014

159 мягко говоря to put it mildly
- Она его, мягко говоря, недолюбливает. — To put it mildly, she doesn't like him.
  LL: 3992

160 вне завúсимости от regardless of
- Из одежды покупаю, что нравится, вне зависимости от фирмы и имени. — I buy clothes that I like, regardless of the brand or name.
  LL: 3986

161 в настоящее врéмя at present
- В настоящее время невозможно подсчитать стоимость необходимой гуманитарной помощи. — At present it is impossible to calculate the cost of the humanitarian aid that is required.
  LL: 3966

162 к мéсту appropriate, in place
- Это было бессмысленно, совсем не к месту. — It was pointless, completely inappropriate.
  LL: 3949

163 как извéстно as is known
- Депутаты, как известно, на метро не ездят. — As you know, MPs don't use the metro.
  LL: 3930

164 бáза дáнных database
- Клинические данные были получены из базы данных Федерального центра по профилактике и борьбе со СПИДом. — Clinical data were obtained from the database of the Federal Centre for Control and Prevention of AIDS.
  LL: 3927

165 ну лáдно right then, well okay
- Ну ладно, мне не так срочно это нужно. — Well, okay: I don't need this right now.
  LL: 3911

166 общéственное мнéние public opinion
- Мы вынуждены были пойти на это из-за давления общественного мнения. — We were forced to do this due to public pressure.
  LL: 3903

167 по мéньшей мéре at the very least, at least
- Это, по меньшей мере, звучит нескромно. — This at the very least sounds immodest.
- За это время поменялось по меньшей мере пять министров. — At least five ministers changed post during that time.
  LL: 3788

168 информациóнные технóлогии information technology
- В области информационных технологий наш вуз занимает ведущее положение в республике. — Our university is one of the leaders in the country in the field of information technology.
  LL: 3783

169 в крáйнем случае as a last resort
- В крайнем случае можно спать и на ходу. — As a last resort you can sleep on the move.
  LL: 3757

170 по вопрóсам regarding, about
- Специалисты проконсультируют по вопросам строительства, интерьера, садоводства и огородничества. — Experts will give advice about construction, interior design, gardening and horticulture.
  LL: 3744

171 опла́та труда́ wage
- То же самое касается оплаты труда в ночные часы. — The same applies to wages for night shifts.
  LL: 3733

172 гражда́нская война́ civil war
- Еще одной гражданской войны мы не выдержим. — We can't endure another civil war.
  LL: 3721

173 до свида́ния goodbye
- Ну, мне пора, до свидания. — Well, it's time for me to go. Goodbye.
  LL: 3711

174 соверше́нно не at all, whatsoever
- Ты меня совершенно не слушаешь. — You're not listening to me at all.
  LL: 3711

175 че́стное сло́во honest word
- Я ему дала честное слово, что больше это никогда не повторится. — I gave him my honest word that it would never happen again.
  LL: 3700

176 есть ли is there
- Их спросили, есть ли среди них художники. — They were asked whether there were any artists among them.
  LL: 3686

177 рабо́чие места́ jobs
- Это сокращение числа рабочих мест стало самым значительным с марта прошлого года. — This round of job cuts was the most significant since that of March last year.
  LL: 3667

178 вме́сте с тем at the same time
- Он был грубоват, но вместе с тем отзывчив, щедр. — He was quite rude, but at the same time sympathetic and generous.
  LL: 3652

179 пе́рвым де́лом first(ly), first of all
- Когда я просыпаюсь, первым делом включаю компьютер. — When I wake up, the first thing I do is turn the computer on.
  LL: 3647

180 бо́льшей ча́стью for the most part
- Люди были большей частью незнакомые. — The people were for the most part unknown.
  LL: 3637

181 ва́жную роль important role
- Дважды он сыграл важную роль в моей спортивной судьбе. — Twice he's played an important role in my sporting life.
  LL: 3622

182 вне́шний вид (external) appearance
- Это не только портит внешний вид, но и снижает прочность изделия. — It not only spoils the appearance of the product, it also reduces its durability.
  LL: 3594

183 подо́бного ро́да similar type, of the like, such
- Я пришел на подобного рода мероприятие впервые. — It was the first time that I'd attended such an event.
  LL: 3593

184 на глаза́х before one's eyes
- В этот момент на глазах у толпы случилось нечто невероятное. — At that moment something incredible unfolded before the crowd's eyes.
  LL: 3575

185 обще́ственная организа́ция non-profit-making organization, NGO
- Мы ничего не скрываем, наши двери открыты, в том числе для общественных организаций. — We have nothing to hide; our doors are open to all, including NGOs.
  LL: 3572

186 за рулём at the wheel, driving
- – Кофе? Может, коньяк? – Спасибо, я за рулем. — 'Coffee? Maybe a brandy?' 'No, thanks. I'm driving.'
  LL: 3567

187 коро́че говоря to cut a long story short, in brief
- Но в то же время тайной для него оставались ее профессия, семейное положение, образование – короче говоря, все сугубо личное. — At the same time, her occupation, marital status, education – in short, all personal information – remained a mystery to him.
  LL: 3541

188 высо́кий у́ровень high level
- Концерт не оправдал ожиданий, несмотря на высокий уровень профессионализма музыкантов. — The concert didn't live up to expectations, despite the musicians' high level of professionalism.
  LL: 3391

189 что и́менно what on earth, what exactly
- Он сможет внятно объяснить, что именно его не устраивает? — Will he be able to clearly explain what exactly he doesn't like?
  LL: 3373

190 су́дя по всему́ judging by everything, by all accounts
- Однако, судя по всему, ситуация выходит из-под контроля. — However, the situation is by all accounts getting out of control.
  LL: 3369

191 с друго́й стороны on the other hand
- С другой стороны, возрастет число внебрачных детей. — On the other hand, there will be an increase in the number of illegitimate children.
  LL: 3360

192 свобо́дное вре́мя free time
- В свободное время мы занимаемся спортом. — We play sport in our free time.
  LL: 3348

193 в душе́ in spirit, at heart
- Он остался в душе молодым. — He has remained young at heart.
  LL: 3325

194 в любо́м слу́чае one way or another, in any case
- Мы в этой гонке в любом случае окажемся среди победителей. — One way or another we will finish this race among the winners.
  LL: 3316

195 к сча́стью fortunately
- Еще, к счастью, у меня есть любимая работа. — But, fortunately, I have a job that I like.
  LL: 3293

196 в ожида́нии in waiting, in anticipation
- Все замерли в ожидании выстрела. — Everyone froze waiting for the gunshot.
  LL: 3292

197 то вре́мя как while
- Женщины, живущие в гражданском браке, считают себя замужем, в то время как их партнёры утверждают, что свободны. — Women living in a civil partnership consider themselves to be married, while their partners claim to be single.
  LL: 3210

198 по при́нципу according to the principle
- Обычно я действую по принципу: если нельзя, но очень хочется, то можно. — I usually go by the principle: if you can't, but you want to, then you can.
  LL: 3203

199 в плен into captivity
- В августе 42-го он попал в плен. — He was taken captive in August 1942.
  LL: 3202

200 в ито́ге in sum, in the end
- Думаю, в итоге будет найден разумный компромисс. — I think that in the end a reasonable compromise will be found.
  LL: 3202

201 ли́шний раз again, once again
- Этот пример лишний раз показывает, что не стоит заниматься самолечением. — This example shows once again that self-medication is not worth the risk.
  LL: 3192

202 с удивле́нием with surprise
- На них с удивлением смотрят прохожие. — Passers-by are looking at them with surprise.
  LL: 3163

203 без исключе́ния without exception
- Налоговая политика должна быть одинаковой для всех предприятий без исключения. — Tax policy should be the same for all companies without exception.
  LL: 3148

204 вое́нные де́йствия military action
- Это привело к началу военных действий. — It led to the start of military action.
  LL: 3134

205 дава́ть возмо́жность allow
- Это дает возможность планировать свой бюджет. — It allows you to plan your budget.
  LL: 3119

206 на сего́дняшний день currently, for the moment
- Это, пожалуй, самая больная тема на сегодняшний день. — This is perhaps the most touchy subject at the moment.
  LL: 3117

207 име́ть в виду́ have in mind, mean
- Вы понимаете, что я имею в виду? — Do you know what I have in mind?
  LL: 3111

208 сове́тская власть Soviet rule
- Во время советской власти этот талант не был востребован. — During Soviet rule this talent wasn't called for.
  LL: 3101

209 по пути́ on the way
- По пути домой я выпил кружку пива. — I had a beer on the way home.
  LL: 3099

210 по зако́ну according to the law, the law states
- По закону казино обязано немедленно выплатить игроку любой выигрыш. — The law states that a casino must pay gamblers their winnings immediately.
  LL: 3096

211 на по́мощь help, for help
- Что же ты не позвала на помощь? — Why didn't you call for help?

  LL: 3083

212 приня́ть реше́ние make a decision
- Он принял решение не возвращаться в Москву. — He made the decision not to return to Moscow.

  LL: 3066

213 в после́днее вре́мя recently, of late
- Такое в последнее время редко бывает. — Of late this has rarely happened.

  LL: 3059

214 по плечу́ up to, capable of
- Этим строителям по плечу объекты любой сложности. — These builders can cope with any job no matter how hard it is.

  LL: 3041

215 по о́череди in turn
- Давай теперь мыть посуду по очереди. — Let's take it in turns to wash the dishes.

  LL: 3040

216 по определе́нию by definition
- У этой модели более слабый двигатель, поэтому она, по определению, стоит меньше. — This model has a less powerful engine and is therefore, by definition, cheaper.

  LL: 3039

217 да́же е́сли even if
- Вы меня разбудите, даже если я буду ругаться и сопротивляться. — Wake me up even if I swear and resist.

  LL: 3038

218 в повседне́вной жи́зни everyday life, day-to-day routine
- В повседневной жизни она носит практичную одежду. — She wears practical clothing in her day-to-day life.

  LL: 2977

219 в ку́рсе in the loop, aware
- Мы были в курсе дел друг друга. — We were aware what each other was doing.

  LL: 2954

220 несмотря́ на то despite
- Спрос на их продукцию падает, несмотря на то, что они снизили цены. — Demand for their products is on the decline, despite them lowering prices.

  LL: 2946

221 в по́кое in peace, alone
- Оставь меня в покое! — Leave me alone!

  LL: 2938

222 сре́дства ма́ссовой информа́ции mass media
- Я знал о своих недругах и их попытках очернить меня через средства массовой информации. — I knew about my enemies and their attempts to discredit me in the media.

  LL: 2933

223 в реа́льной жи́зни in real life
- В реальной жизни дело обстоит как раз наоборот. — Things are the other way round in real life.

  LL: 2926

224 с ра́достью with pleasure, happily
- Я с радостью вернулась в Петербург. — I happily returned to St Petersburg.

  LL: 2922

225 на нога́х on one's feet
- Давайте сядем, я весь день на ногах. — Let's sit down. I've been on my feet all day.

  LL: 2919

226 на ходу́ on the move, in working order
- Он не любит курить на ходу. — He doesn't like to smoke on the move.
- Машина не на ходу. — The car is out of order.

  LL: 2912

227 в одино́чку alone, by one's self
- Решить все эти проблемы в одиночку мне не под силу. — I cannot solve all these problems by myself.

  LL: 2898

228 от и́мени on behalf of
- Брокер совершает сделки от имени клиента. — A broker makes deals on behalf of the client.

  LL: 2887

229 име́ть смысл have sense
- На наш взгляд, имеет смысл обратиться в суд. — In our opinion, it makes sense to go to court.

  LL: 2882

230 к лу́чшему for the better
- Все, что ни делается, – к лучшему. — Everything that is done is done so for the better.

  LL: 2865

231 на борту́ on board
- Все они были в тот вечер на борту теплохода. — That evening they were all on board the ship.

  LL: 2784

232 на рука́х in the hands (figurative)
- Остальные 10% акций остаются на руках у мелких акционеров. — The other 10% of shares remain in the hands of small stockholders.
  LL: 2766

233 с одно́й стороны́ on the one hand
- С одной стороны, увеличится количество бездетных пар. — On the one hand, the number of childless couples will increase.
  LL: 2741

234 в действи́тельности in actual fact
- В действительности он не состоял вообще ни в какой партии. — In actual fact, he wasn't a member of any party.
  LL: 2704

235 смысл сло́ва meaning of the word, sense
- Президент возвращает реальный смысл слова «демократия» всем демократическим институтам. — The president is bringing back the real meaning of the word 'democracy' to all democratic institutions.
  LL: 2690

236 само́ по себе́ itself, in itself, by itself of its own accord
- Путешествие зимой по льду Байкала само по себе экстремально. — Travelling in winter on the ice of Lake Baikal is in itself extreme.
- Недели через 2–3 это заболевание проходит само по себе. — The disease disappears by itself in about 2–3 weeks.
  LL: 2679

237 со времён from the times
- Здесь некоторые участки водопровода сохранились еще со времен римлян. — Here some areas of the watercourse have remained from as early as the time of the Romans.
  LL: 2673

238 по ито́гам at the end of, on the basis of (the results)
- Сотрудники были набраны по итогам конкурса. — Staff were recruited on the basis of a competition.
  LL: 2667

239 для нача́ла to start with
- Но для начала давайте выпьем по рюмочке. — But to start with let's have a drink.
  LL: 2662

240 под контро́лем under control
- Я держу все под контролем. — I've got everything under control.
  LL: 2658

241 на́до сказа́ть it has to be said, it should be said
- Зрелище, надо сказать, эффектное. — The spectacle, it has to be said, is an effective one.
  LL: 2655

242 всего́ лишь only
- Стоит ему выпить всего лишь рюмку – и он пускается в запой. — It only takes one glass for him to go on a binge.
  LL: 2651

243 к лицу́ suit
- Военная форма была ему очень к лицу. — His military uniform really suited him.
  LL: 2650

244 мо́жно сказа́ть it can be said
- Можно сказать, что он быстро влился в коллектив. — You could say that he fitted quickly into the team.
  LL: 2621

245 прекра́сный день wonderful day
- И тогда в один прекрасный день на пороге появились милиционеры. — And then one wonderful day the police turned up on our doorstep.
  LL: 2603

246 име́ть значе́ние be significant
- Но он ответил, что это не имеет значения. — But he answered that it isn't significant.
  LL: 2598

247 со всех сторо́н from all sides
- Мы не знали, что нас со всех сторон окружают враги. — We didn't know that we were surrounded by the enemy from all sides.
  LL: 2588

248 по слу́чаю on account, on the occasion
- Президент Беларуси по случаю Дня Победы направил поздравления лидерам стран СНГ. — The president of Belarus on the occasion of Victory Day sent greetings to leaders of countries of the CIS.
  LL: 2580

249 рабо́чий день working day
- Первый рабочий день был очень напряженным, но молодой человек справился. — His first day at work was very strenuous, but the young man coped.
  LL: 2579

250 после́дний моме́нт last moment
- Они передумали в последний момент. — They changed their mind at the last moment.
  LL: 2579

251 по умолча́нию by default
- По умолчанию программа запускается на немецком языке. — By default the programme is launched in German.
  LL: 2565

252 в наде́жде in hope
- Они тянут руки в надежде получить хоть крошку хлеба. — They stretch out their hands, hoping to get at least a crumb of bread.
  LL: 2539

253 в ближа́йшее вре́мя very soon
- В ближайшее время будут опубликованы условия этого конкурса. — The terms and conditions of the competition will be published very soon.
  LL: 2452

254 по поря́дку in order, one after the other
- Рассмотрим по порядку каждый вопрос. — We'll look at each question one by one.
  LL: 2299

255 по вку́су according to taste, to one's liking
- Добавьте соль и сахар по вкусу. — Add salt or sugar according to taste.
- Такое лакомство пришлось царю по вкусу. — The tsar developed a liking for such delicacies.
  LL: 2028

256 быть мо́жет maybe, perhaps
- Быть может, дело в том, что ты не понимаешь, чего тебе, собственно, хочется. — Perhaps you yourself don't know what you want.
  LL: 1964

257 по возмо́жности where possible
- Ей нужно держать под рукой лекарства и, по возможности, побольше отдыхать. — She needs to keep her medication with her and, where possible, rest more.
  LL: 1755

258 во второ́й полови́не in the second half
- Эту проблему обострил демографический взрыв, происшедший в странах третьего мира во второй половине двадцатого века. — This problem was exacerbated by the population explosion that occurred in third-world countries in the second half of the twentieth century.
  LL: 1698

259 по большо́му счёту fundamentally, generally speaking
- К искусству он был по большому счету равнодушен. — He was generally indifferent to art.
  LL: 1673

260 тем бо́лее что the more so, so much so that
- Виктор Иванович стал усиленно с ней заниматься, тем более что девочка очень заинтересовалась музыкой. — Viktor Ivanovich started working with her more and more, so much so that she became very interested in music.
  LL: 1657

261 вре́мя от вре́мени sometimes, occasionally
- Тушите баранину в течение полутора часов, время от времени помешивая. — Braise the lamb for an hour and half, stirring occasionally.
  LL: 1590

262 по душе́ to one's liking
- Многим не по душе его категоричность. — Many don't like his assertiveness.
  LL: 1585

263 под откры́тым не́бом in the open air
- Остальным пришлось расположиться под открытым небом. — The others had to pitch up in the open air.
  LL: 1088

264 в большинстве́ слу́чаев in the majority of cases
- В подавляющем большинстве случаев их матери употребляли наркотики. — In the overwhelming majority of cases their mothers were on drugs.
  LL: 1079

265 в проти́вном слу́чае otherwise
- Он должен ухватиться за этот шанс, в противном случае он рискует своим бизнесом. — He should seize this opportunity; otherwise, he risks losing his business.
  LL: 967

266 в ско́ром вре́мени soon
- В скором времени у нас появится еще одна местная радиостанция. — We're going to have another local radio station soon.
  LL: 878

267 бок о́ бок side by side
- Она погибла в бою, сражаясь бок о бок с мужем. — She died in battle, fighting side by side with her husband.
  LL: 689

268 по су́ти де́ла essentially
- По сути дела, мэр нашего города совершил противоправный поступок. — The town mayor had essentially committed an illegal act.
  LL: 685

269 чуть бы́ло не almost
- Поначалу я чуть было не расплакалась, но потом взяла себя в руки. — At first I almost cried, but then I managed to pull myself together.
  LL: 633

270 с то́чностью до accurate within
- Все сошлось с точностью до копейки. — All came to within a penny.
  LL: 596

271 не говоря́ уже́ not to mention
- Его возмущали даже запятые, не говоря уже о двоеточиях и тире. — Even commas agitated him, not to mention semi-colons and dashes.
  LL: 584

272 сойти́ с ума́ go mad
- После этого все решили, что я сошел с ума. — After this everyone decided that I'd gone mad.
  LL: 584

273 в коне́чном счёте in the end, eventually, ultimately
- Все это в конечном счете сказывается на увеличении урожайности зерновых. — All this ultimately affects the increase in grain production.
  LL: 579

274 в чи́стом ви́де in the pure form, in the traditional sense
- Это будет не торговый центр в чистом виде, а торгово-офисный центр. — It won't be a shopping centre in the traditional sense; it's going to be a retail and office park.
  LL: 574

275 в значи́тельной ме́ре to a significant degree, to a great extent
- Он написал автобиографию, в значительной мере выдумав ее. — He wrote his autobiography, inventing considerable parts of it.
  LL: 564

276 в нали́чии in stock, available
- Если желаемого товара нет в наличии, можно оформить заказ. — If the requested item isn't in stock, then you can order it.
  LL: 563

277 по всей ви́димости apparently, probably
- Я был в Индии уже трижды, в этом году, по всей видимости, поеду еще раз. — I've been to India three times; this year I'll probably go there again.
  LL: 553

278 на пе́рвый взгляд at first glance
- На первый взгляд, это событие не заслуживает особого внимания. — At first glance this event doesn't deserve special attention.
  LL: 549

279 по ме́сту жи́тельства according to place of residence, in one's community
- Работой с детьми и подростками по месту жительства занимаются также социальные педагоги. — Social workers also work with children and teenagers in the community.
  LL: 490

280 в прямо́м эфи́ре live
- Водители узнают о пробках в прямом эфире. — Drivers get live information about traffic jams.
  LL: 476

281 по со́бственному жела́нию of one's own free will, of one's own accord
- Она подала заявление об уходе из театра по собственному желанию. — She resigned from the theatre of her own free will.
  LL: 471

282 в глубине́ души́ at the back of one's mind, in private
- Но в глубине души он еще долго верил, что сын его жив. — But at the back of his mind he believed for a long time that his son was alive.
  LL: 396

283 не дай бог God forbid
- Говори тише, чтобы, не дай бог, не разбудить нашего мальчика. — Be quiet so that you don't, God forbid, wake our little boy.
  LL: 336

284 из после́дних сил with all one's might
- Он боролся за жизнь из последних сил, преодолевая головокружение и теряя сознание от боли. — He fought for his life with all his might, overcoming dizziness and losing consciousness from the pain.
  LL: 270

285 с пе́рвого взгля́да at first sight
- Они полюбили друг друга с первого взгляда. — They fell in love with one another at first sight.
  LL: 249

286 ме́жду тем meanwhile, in the meantime
- Стал он готовиться в университет, а между тем принялся давать уроки. — He began preparing for university and in the meantime he started giving lessons.
  LL: 234

287 по своему́ усмотре́нию at one's (own) discretion
- Ка́ждый мо́жет по́льзоваться и́ми по своему́ усмотре́нию. — Everyone is free to use them at their own discretion.
  LL: 222

288 по всей вероя́тности in all likelihood
- Все начнётся, по всей вероя́тности, с социологи́ческих иссле́дований. — Everything will most likely start from sociological research.
  LL: 148

289 почему́ бы and why
- Ребя́та, почему́ бы нам сейча́с не искупа́ться? — Guys, why don't we go for a swim today?
  LL: 311

290 тем вре́менем meanwhile, in the meantime
- Тем вре́менем ре́зко похолода́ло. — In the meantime it got much colder.
  LL: 176

291 мо́жно сде́лать вы́вод be judged
- Вот то́лько по́сле э́того мо́жно сде́лать вы́вод о её эффекти́вности! — Only after this can we judge its effectiveness!
  LL: 176

292 от всей души́ with all one's heart, sincerely
- От всей души́ жела́ю всем здоро́вья, успе́хов в учёбе и рабо́те! — I sincerely wish you all good health and success in your studies and at work.
  LL: 167

293 наско́лько я понима́ю as far as I understand
- Наско́лько я понима́ю, с э́тим медици́на боро́ться не мо́жет. — As far as I understand, medicine cannot combat this.
  LL: 163

294 за вре́мя during
- За вре́мя на́шего полёта профе́ссор коро́тко рассказа́л мне програ́мму свое́й пое́здки. — During our flight the professor gave me a brief account of what he was going to do on his trip.
  LL: 136

295 в после́днюю о́чередь last
- Они́ в любо́м слу́чае бу́дут гото́вы то́лько в после́днюю о́чередь. — In any case, they will be the last to be ready.
  LL: 115

296 честь и досто́инство honour and dignity, reputation
- Он у́мер, как и жил – с че́стью и досто́инством. — He died as he had lived – with honour and dignity.
  LL: 112

297 в результа́те чего́ as a result
- У люде́й с таки́м диа́гнозом избы́ток жи́дкости вса́сывается в кле́тки, в результа́те чего́ они́ набуха́ют. — In people with this diagnosis surplus liquid is absorbed into cells, which get swollen as a result.
  LL: 112

298 в своё вре́мя some time ago, in one's day, once
- В своё вре́мя он почти́ зако́нчил филосо́фский факульте́т. — In his day he almost graduated from the Faculty of Philosophy.
  LL: 111

299 добра́ и зла good and evil
- В его́ бесе́де с Ставро́гиным Ти́хон все вре́мя сам стои́т на гра́ни добра́ и зла. — Talking to Stavrogin, Tikhon is himself on the verge of good and evil.
  LL: 111

300 с э́той це́лью with this goal
- В связи́ с э́той це́лью ста́вится конкре́тная зада́ча. — With this goal in mind we set a specific task.
  LL: 110

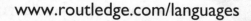